Angewandte Wirtschaftsinformatik und angewandte Informatik lernen

Diese Buchreihe stellt sich den aktuellen Herausforderungen an eine praxisorientierte, digitalisierte und personalisierte Hochschullehre auf allen Themenfeldern der angewandten Informatik sowohl für betriebliche als auch für technische Anwendungen und deren zugehörigen Grundlagen.

Der Grundgedanke ist, dass anwendungsorientiertes Lehren und Lernen an Hochschulen für Angewandte Wissenschaften das Fundament für ein erfolgreiches Studium bilden. Eine exzellente Lehre benötigt nicht nur kompetente und engagierte Hochschullehrer*Innen auf der einen und motivierte und neugierige Studierende auf der anderen Seite, sondern auch ausführbare Ideen und durchdachte Konzepte, die in Form von hochwertigen Lehrmaterialien zur Verfügung stehen.

Das Ziel der vorliegenden Reihe besteht darin, Grundlagen und anwendungsorientiertes Wissen für alle Themen der angewandten Wirtschaftsinformatik und der angewandten Informatik aufzubereiten und in kompakter und verständlicher Form darzustellen. Lehrmaterialien werden als Best Practices bereitgestellt. Die dabei eingesetzten Präsentationsformen reichen vom Buch bis zu digitalen Lernumgebungen, die auf Gamification basieren. Beispiele sind Bücher, Videos, Spiele, Apps, Karteikarten und Systeme, welche diese Medien verbinden.

Zielgruppe sind Studierende und Lehrende an Hochschulen für Angewandte Wissenschaften.

Prof. Dr. Thomas Barton ist Professor im Fachbereich Informatik an der Hochschule Worms. Er ist leidenschaftlicher Hochschullehrer und betrachtet Lehre als wesentliche Grundlage seiner Tätigkeit. Als langjähriger Studiengangleiter zeichnet er sich verantwortlich für erfolgreiche Studienprogramme und ihre stete Weiterentwicklung.

Prof. Dr. Christian Müller ist Professor für Wirtschaftsinformatik an der Technischen Hochschule Wildau. Er war viele Jahre lang Studiengangleiter für Wirtschaftsinformatik. Als Dekan des Fachbereichs Wirtschaft, Informatik, Recht ist er der festen Überzeugung, dass die Lehrinhalte ständig dem aktuellen Stand des Wissens, der Didaktik und den Möglichkeiten, die sich aus der Digitalisierung ergeben, angepasst werden müssen.

Mike Steglich · Dieter Feige

Logistik-Entscheidungen

Modellbasierte Entscheidungsunterstützung in der Logistik mit LogisticsLab

3. Auflage

Mike Steglich
TH Wildau, FB Wirtschaft, Informatik, Recht
Berlin, Deutschland

Dieter Feige
Dresden, Deutschland

ISSN 2730-6658   ISSN 2730-6666   (electronic)
Angewandte Wirtschaftsinformatik und angewandte Informatik lernen
ISBN 978-3-658-47913-8   ISBN 978-3-658-47914-5   (eBook)
https://doi.org/10.1007/978-3-658-47914-5

Die Deutsche Nationalbibliothek verzeichnet diese Publikation in der Deutschen Nationalbibliografie;
detaillierte bibliografische Daten sind im Internet über https://portal.dnb.de abrufbar.

Der/die Herausgeber bzw. der/die Autor(en), exklusiv lizenziert an Springer Fachmedien Wiesbaden
GmbH, ein Teil von Springer Nature 2025
2. Auflage: © De Gruyter 2016

Das Werk einschließlich aller seiner Teile ist urheberrechtlich geschützt. Jede Verwertung, die nicht
ausdrücklich vom Urheberrechtsgesetz zugelassen ist, bedarf der vorherigen Zustimmung des Verlags.
Das gilt insbesondere für Vervielfältigungen, Bearbeitungen, Mikroverfilmungen und die Einspeicherung
und Verarbeitung in elektronischen Systemen.
Die Wiedergabe von allgemein beschreibenden Bezeichnungen, Marken, Unternehmensnamen etc. in
diesem Werk bedeutet nicht, dass diese frei durch jede Person benutzt werden dürfen. Die Berechtigung
zur Benutzung unterliegt, auch ohne gesonderten Hinweis hierzu, den Regeln des Markenrechts. Die
Rechte des/der jeweiligen Zeicheninhaber*in sind zu beachten.
Der Verlag, die Autor*innen und die Herausgeber*innen gehen davon aus, dass die Angaben und
Informationen in diesem Werk zum Zeitpunkt der Veröffentlichung vollständig und korrekt sind. Weder
der Verlag noch die Autor*innen oder die Herausgeber*innen übernehmen, ausdrücklich oder implizit,
Gewähr für den Inhalt des Werkes, etwaige Fehler oder Äußerungen. Der Verlag bleibt im Hinblick auf
geografische Zuordnungen und Gebietsbezeichnungen in veröffentlichten Karten und Institutionsadressen
neutral.

Planung: Petra Steinmüller
Springer Vieweg ist ein Imprint der eingetragenen Gesellschaft Springer Fachmedien Wiesbaden GmbH
und ist ein Teil von Springer Nature.
Die Anschrift der Gesellschaft ist: Abraham-Lincoln-Str. 46, 65189 Wiesbaden, Germany

Wenn Sie dieses Produkt entsorgen, geben Sie das Papier bitte zum Recycling.

Vorwort zur dritten Auflage

Mit großem Bedauern muss ich bekanntgeben, dass mein geschätzter Mitautor, Kollege und Freund, Dieter Feige, leider verstorben ist. Seine tiefgehenden Kenntnisse und sein unermüdlicher Einsatz haben dieses Werk maßgeblich beeinflusst. Sein Ableben hinterlässt eine schmerzhafte Lücke. Da Peter Klaus auf eigenen Wunsch nicht mehr an dieser Auflage mitgearbeitet hat, verbleibe ich, Mike Steglich, als einziger Autor dieses Werkes und habe mich der Herausforderung gestellt, dieses Projekt, den hohen Ansprüchen von Dieter Feige und Peter Klaus gerecht werdend, fortzusetzen.

Diese Auflage wurde vollständig überarbeitet und enthält neue, realitätsnähere Beispiele, da die beiden verwendeten Software-Pakete, LogisticsLab und CMPL, grundlegend überarbeitet wurden. In LogisticsLab wurden OpenStreetMap-Funktionalitäten implementiert, die es ermöglichen, Logistiknetzwerke in einer Karte mit Markern für die Knoten und realen Straßenrouten darzustellen. Zudem können reale Straßendistanzen und Fahrzeiten sowie geografische Koordinaten und Adressen abgerufen werden. Diese Funktionen helfen, Logistikpläne genauer und realitätsnäher zu gestalten. CMPL wurde u. a. um eine interaktive Excel-Schnittstelle erweitert, die es ermöglicht, Daten aus einer geöffneten Excel-Datei direkt zu lesen und Optimierungsergebnisse in diese zu schreiben. Dies erleichtert die Integration und Analyse von Daten, indem eine nahtlose Verbindung zwischen Excel und den Optimierungsmodellen geschaffen wird.

Weiterhin wurden alle theoretischen Ausführungen gestrafft und hinsichtlich der Inhalte und der einschlägigen Literatur auf den neuesten Stand gebracht.

Ich danke herzlich Petra Steinmüller und Barbara Haider vom Springer-Verlag für ihre wertvolle Unterstützung, ebenso Ellen Deubler für das sorgfältige Korrekturlesen. Mein besonderer Dank gilt meiner Lebenspartnerin Katrin Kampe, die auf langen Autofahrten langwierige Gespräche über konzeptionelle Ideen und Programmierdetails hinsichtlich der Neuimplementierung von LogisticsLab hat ertragen müssen und durch ihre sehr guten Ideen die Neukonzeption maßgeblich beeinflusst hat.

Mike Steglich, Februar 2025

Vorwort zur zweiten Auflage

Mit der vorliegenden zweiten Auflage wird das Konzept dieses Lehrbuches, das sich in vielen Jahren in Lehrveranstaltungen an unterschiedlichen Hochschulen bewährt hat, unverändert beibehalten. Allerdings war es nach acht Jahren an der Zeit, dieses Buch zu aktualisieren, zu überarbeiten und teilweise zu erweitern.

In diesem Zusammenhang ergaben sich einige Veränderungen. So hat sich das Autorenteam um Mike Steglich erweitert, der für diese Auflage verantwortlich zeichnet. Als Professor für Allgemeine Betriebswirtschaftslehre, Quantitative Methoden und Controlling forscht und lehrt er auf dem Gebiet der entscheidungsorientierten Betriebswirtschaftslehre und des Operations Research. Zugleich ist er an mehreren Software-Projekten zur mathematischen Modellierung und Optimierung beteiligt, so dass er neben den theoretischen Aspekten dieses Buches zugleich auch die zugehörige Software einer Überarbeitung unterziehen konnte.

Als weitere wesentliche Veränderung ist der Wechsel zum Verlag De Gruyter unter dem kürzeren und prägnanteren Titel Logistik-Entscheidungen zu nennen. Einer der positiven Aspekte dieses Wechsels besteht darin, dass dieses Buch neben der klassischen Druckausgabe auch als E-Book herausgegeben wird. Außerdem erscheint im Herbst dieses Jahres ein zugehöriges Übungsbuch im selben Verlag.

Aus inhaltlicher Sicht sei zuerst auf die Zusammenführung aller allgemeinen Aspekte logistischer Entscheidungen in einem Grundlagenkapitel verwiesen. Dazu wurden die ursprünglichen ersten drei Kapitel und weitere Abschnitte der folgenden Kapitel zusammengefasst und teilweise erweitert. Die folgenden vier Fachkapitel entsprechen der Struktur der ersten Auflage. Neue fachliche Aspekte finden sich im Kapitel Transportprobleme mit der Behandlung nichtlinearer Zielfunktionen durch stückweise lineare Funktionen, mit einem mehrkriteriellen Ansatz zur simultanen Minimierung der Engpass- und der gesamten Transportzeiten im Rahmen des Bottleneck-Transportproblems und der Problematik alternativer Transportmittel. Weiterhin wird das verallgemeinerte Transportproblem mit der sogenannten Komplexmethode kombiniert. Das Kapitel Logistische Zuordnungsprobleme wurde um quadratische Zuordnungsprobleme ergänzt, während im Kapitel Planung von Routen und Touren zusätzlich das Briefträgerproblem und die Tourenplanung mit Kundenzeitfenster diskutiert werden. Die Erweiterung des Kapitels Planung von Standorten für Logistikknoten besteht in der Einbeziehung mehrstufiger Warehouse-Location-Probleme.

Didaktisch werden in jedem Fachkomplex zuerst die theoretischen Grundlagen im Sinne der Problemstellung und des mathematischen Modells behandelt, dem eine Diskussion der praktischen Lösbarkeit eines realitätsnahen Beispiels mit einer entscheidungsunterstützenden Software folgt. Bei dieser Software handelt es sich um LogisticsLab und SolverStudio/Cmpl.

LogisticsLab ist eine akademische Software für die Entscheidungsunterstützung in der Logistik, mit der sich Transport-, Netzwerkfluss-, Rundfahrt-, Briefträger-, Tourenplanungs- und Standortprobleme in unterschiedlichen Variationen modellieren und lösen lassen. Die ursprünglich unter dem Namen EUS-Lehrsoftware von Dieter Feige entwickelte Software wurde mit der zweiten Auflage dieses Lehrbuchs durch Mike Steglich grundlegend überarbeitet und erweitert.

SolverStudio ist ein durch Andrew Mason (University Auckland, New Zealand) entwickeltes Add-in für Microsoft Excel, mit dem Optimierungsprobleme unter Verwendung unterschiedlicher mathematischer Modellierungssprachen modelliert, gelöst und analysiert werden können. Eine der unterstützten mathematischen Modellierungssprachen ist CMPL (<Coliop|Coin> Mathematical Programming Language), die von Thomas Schleiff (ehem. Martin-Luther-Universität Halle-Wittenberg) und Mike Steglich entwickelt wurde. SolverStudio/Cmpl als Kombination von SolverStudio und CMPL ist auf die Lösung linearer Optimierungsprobleme orientiert und wird in diesem Buch für erweiterte Problemstellungen eingesetzt, die nicht mit LogisticsLab gelöst werden können.

Zusätzlich sei auf die Website logisticsLab.org verwiesen, auf der sich detaillierte Hinweise zur Installation und Nutzung der beiden Software-Pakete und die Dateien aller im Buch diskutierten Fallbeispiele befinden.

Abschließend wollen wir uns bei den Menschen bedanken, die uns bei der Erstellung der zweiten Auflage dieses Lehrbuchs unterstützt haben. Seitens des Verlages haben wir große Unterstützung durch Anja Cheong, Janine Conrad und Johannes Parche erfahren. Wir möchten uns weiterhin bei Ellen Deubler für das Lektorieren des Buches und Andre Wiesener für seine Unterstützung beim Korrekturlesen bedanken. Weiterhin danken wir unseren Kollegen Prof. Dr. Rolf Rogge für seine wertvollen Hinweise zur Kombination der von ihm mitentwickelten Komplexmethode mit dem verallgemeinerten Transportproblem.

Stellvertretend für alle Menschen, die im unmittelbaren Umfeld der Autoren die Erarbeitung dieses Lehrbuches erlebten, sei Katrin Kampe gedankt, die als Lebenspartnerin von Mike Steglich nicht nur durch die vielen Gespräche und ihre Hinweise einen wesentlichen Beitrag zum Gelingen dieses Buches geleistet hat.

Mike Steglich, Dieter Feige und Peter Klaus im März 2016

Vorwort zur ersten Auflage

Die Logistik wächst rapide: an Bedeutung für die Praxis des Managements wie auch an Komplexität der Entscheidungen, die die Logistiker in globaler, turbulenter, sich schneller verändernden Handlungsfeldern zu treffen haben. Es ist deshalb eine wichtige Aufgabe, für die Studenten der Logistik an den Universitäten, Fachhochschulen und Berufsakademien im deutschsprachigen Raum wie auch für erfahrene Praktiker, die „besser" werden möchten, Hilfen zur Bewältigung und Beherrschung dieser Komplexität zu entwickeln und nutzbar zu machen.

Das Anliegen des vorliegenden Bandes und des beigefügten PC-Software-Paketes ist es, eine solche Hilfe anzubieten. Dabei ist es unsere Überzeugung, dass ein besonderer Nutzen – vielleicht auch ein wenig „Alleinstellung" im Markt der Logistik-Lehrtexte – darin bestehen kann, auf wachsende Komplexität logistischer Entscheidungen in der Praxis nicht mit immer größerer Komplexität vorgestellter Modellierungsansätze und Optimierungsalgorithmen zu antworten, sondern an die in den 1970-er Jahren in den USA begonnene Entwicklung von interaktiven Entscheidungsunterstützungssystemen anzuknüpfen. Deren wesentliches Merkmal ist nicht die Bemühung, die Erfahrungen und Intuitionen der „menschlichen" Entscheider durch Computerwerkzeuge zu ersetzen, sondern das aktive Zusammenwirken dieser Erfahrungen und Intuitionen mit den Möglichkeiten computergestützter Modellierung und Optimierung systematisch zu unterstützen.

Wir hoffen, dass der Text und insbesondere auch die beigefügte Software, die für diese Zwecke vom Erstautor entwickelt und auf Robustheit und Nutzerfreundlichkeit über Jahre getestet wurde, ein guter Schritt in diese Richtung ist. Das Material sollte Studenten für Ihre Übungsprobleme – aber auch Praktikern für die Unterstützung kleinerer „echter" Logistikfragestellungen – helfen, Entscheidungen in diesem Sinne besser zu lösen. Dem Studierenden wird die selbständige Auseinandersetzung mit den Fallbeispielen des Buchs empfohlen. Diese Fallbeispiele enthalten realitätsnahe Probleme. Auch wenn es sich um fiktive Fälle handelt, die nicht mit real existierenden Unternehmen und handelnden Personen identisch sind, enthalten sie dennoch Elemente realer Situationen und praxisrelevante Vorgehensweisen zu ihrer Modellierung und Lösung.

Am Entstehen des Buches haben viele Fachkollegen durch Kritik und Anregungen Anteil genommen. Ihnen sind die Autoren zu Dank verpflichtet. Es sind das zunächst die Kollegen der Abteilung EUS der Fraunhofer Arbeitsgruppe für Technologien der Logistikdienstleistungswirtschaft (ATL), insbesondere Dr. Stephan Scheuerer und Thomas Sigl, die sowohl das Manuskript kritisch durchgesehen als auch die Materialien in der Lehre erprobt haben. An der Entstehung des EUS-

Lehrsoftwarepaketes hat Harald Werr großen Anteil. Auf ihn geht vor allem die Gestaltung der Grafik zurück. Dank gebührt auch Dr. Michael Drexl für Softwaretests und die kritische Durchsicht der Dokumentation. Ohne gemischt-ganzzahlige Optimierung wäre das Softwarepaket für Logistikplanungsaufgaben unvollständig gewesen. Deshalb danken die Autoren ganz besonders Herrn Prof. Dr. Uwe H. Suhl, Leiter des Lehrstuhls für Wirtschaftsinformatik an der Freien Universität Berlin, der eine MOPS-DLL zur Verfügung gestellt hat.

Die Autoren danken schließlich den Kollegen des Lehrstuhls für Logistik, insbesondere Frau Dr. Angela Roth und Frau Dr. Stefanie Müller, deren kritische Anmerkungen dem Werk gut getan haben.

Nicht zuletzt bedanken sich die Autoren auch für kritische Durchsicht, qualifizierte Vorschläge und Ermutigung bei Herrn Erwin Habicht (Dresden) und Frau Dr. Lieselotte Hellmann (Berlin).

Die Autoren hoffen, mit ihrer Arbeit einen breiten Leserkreis aus der Gemeinde der Logistiker anzusprechen und ihnen weitere Möglichkeiten zur eigenen Qualifizierung in die Hand gegeben zu haben.

Apl. Prof. Dr.-Ing. habil Dieter Feige   Prof. Peter Klaus, D.B.A./Boston
Univ.

Im Dezember 2007

Hinweise zur verwendeten Software

Zur Lösung der in diesem Buch vorgestellten logistischen Entscheidungsprobleme werden entweder LogisticsLab oder CMPL verwendet. Hinsichtlich beider frei verfügbarer Software-Pakete finden sich detaillierte Informationen zur Installation, der Lizenz und der Nutzung unter den folgenden Links:

http://logisticsLab.org

http://coliop.org

Da die OpenStreetMap-Datenbasis für LogisticsLab regelmäßig aktualisiert wird, können bei der Verwendung von LogisticsLab möglicherweise abweichende geografische Koordinaten, Distanzen, Fahrtzeiten oder Routen abgerufen werden. Dies kann zu unterschiedlichen Lösungen im Vergleich zu den im Buch dargestellten Ergebnissen führen. Weiterhin wird ein Teil der Probleme mit Heuristiken gelöst, die aufgrund ihres stochastischen Charakters in jedem Optimierungslauf zu etwas anderen als den dargestellten Lösungen führen können.

Den Lesern und Leserinnen stehen die Beispieldateien aller im Buch behandelten Probleme unter dem folgenden Link zur Verfügung:

http://logisticsLab.org/buch

Inhalt

Vorwort zur dritten Auflage V
Vorwort zur zweiten Auflage VI
Vorwort zur ersten Auflage VIII
Hinweise zur verwendeten Software X
Abbildungsverzeichnis XVII
Tabellenverzeichnis XXVII
Beispielverzeichnis XXIX

1 Grundlagen logistischer Entscheidungen **1**
   1.1 Logistik-Entscheidungen 1
      1.1.1 Ausgewählte Merkmale logistischer Entscheidungen 1
      1.1.2 Überblick über ausgewählte Logistik-Entscheidungen 3
   1.2 Grundlagen der Entscheidungsunterstützung 5
      1.2.1 Entscheidungstheorie und Operations Research 5
      1.2.2 Die präskriptive Entscheidungstheorie als Grundlage der Modellbildung 6
      1.2.3 Modellierung und Problemlösung als interaktiver Prozess 15
      1.2.4 Entscheidungsunterstützende Systeme in der Logistik 19
         1.2.4.1 Grundlagen entscheidungsunterstützender Systeme 19
         1.2.4.2 LogisticsLab als Beispiel für ein problemorientiertes EUS 22
         1.2.4.3 CMPL als Beispiel für ein allgemeines EUS 29
   1.3 Ausgewählte Aspekte der Modellierung logistischer Probleme 35
      1.3.1 Grundbegriffe der Graphentheorie 35
      1.3.2 Bewertungen in Graphen 42
         1.3.2.1 Bewertete Graphen als Basis logistischer Entscheidungsmodelle 42
         1.3.2.2 Distanzbestimmung als Luftlinie auf einer ebenen Fläche 43
         1.3.2.3 Distanzbestimmung als Luftlinie auf einer Kugeloberfläche 46
         1.3.2.4 Einbeziehung von Umwegfaktoren, Barrieren und Zeiten in Luftlinienentfernungen 48
         1.3.2.5 Kantenbewertungen auf der Basis von Geoinformationssystemen 49
         1.3.2.6 Logistikkosten und -leistungen als Kantenbewertungen 52

2 Transportprobleme 61

2.1 Das Transportproblem in der Geschichte der Optimierung 61
2.2 Überblick 62
    2.2.1 Grundsätzliche Problemstellung 62
    2.2.2 Das Min-Cost-Flow-Problem als Basismodell 62
    2.2.3 Varianten des Transportproblems 65
2.3 Das einstufige Transportproblem 67
    2.3.1 Problemstellung und mathematisches Modell 67
    2.3.2 Lösung einstufiger Transportprobleme mit LogisticsLab
            und CMPL 69
2.4 Mehrstufige Transportprobleme 79
    2.4.1 Problemstellung 79
    2.4.2 Mathematische Formulierung als Minimum-Cost-Flow-
            Problem 81
    2.4.3 Lösung mit LogisticsLab/NWF und CMPL 83
    2.4.4 Flussanalysen mittels des Max-Flow-Problems 94
2.5 Modellvarianten hinsichtlich der Angebots- und Bedarfsstrukturen ... 101
    2.5.1 Transportprobleme mit Angebotsüberschuss 101
            2.5.1.1 Problemstellung und mathematisches Modell 101
            2.5.1.2 Lösung mit LogisticsLab/TPP 102
    2.5.2 Transportprobleme mit Bedarfsüberschuss 104
            2.5.2.1 Problemstellung und mathematisches Modell 104
            2.5.2.2 Lösung mit LogisticsLab/TPP 104
    2.5.3 Transportprobleme mit Mindestangeboten und -bedarfen 107
            2.5.3.1 Problemstellung und mathematisches Modell 107
            2.5.3.2 Lösung mit LogisticsLab/TPP 109
    2.5.4 Zweiseitig beschränkte Transportprobleme 111
            2.5.4.1 Problemstellung und mathematisches Modell 111
            2.5.4.2 Lösung mit LogisticsLab/TPP 113
2.6 Modellvarianten hinsichtlich der Zielfunktion 116
    2.6.1 Transportprobleme mit zu maximierender Zielfunktion 116
            2.6.1.1 Problemstellung und mathematisches Modell 116
            2.6.1.2 Lösung mit LogisticsLab/TPP 116
    2.6.2 Transportprobleme mit sprungfixen Kosten 119
            2.6.2.1 Problemstellung und mathematisches Modell 119
            2.6.2.2 Lösung mit LogisticsLab/TPP 121
    2.6.3 Transportprobleme mit stückweiser linearer Zielfunktion 126
            2.6.3.1 Problemstellung und mathematische Modelle 126

		2.6.3.2	Lösung mit CMPL 132
	2.6.4	Das Bottleneck-Transportproblem 138	
		2.6.4.1	Problemstellung und mathematisches Modell 138
		2.6.4.2	Lösung mit LogisticsLab/TPP 140
		2.6.4.3	Iterative Minimierung der Transport- und der Engpasszeiten 143
2.7	Modellvarianten hinsichtlich der Lieferbeziehungen 147		
	2.7.1	Transportprobleme mit gesperrten Lieferbeziehungen 147	
		2.7.1.1	Problemstellung und Implikationen für das mathematisches Modell 147
		2.7.1.2	Lösung mit LogisticsLab/TPP 148
	2.7.2	Kapazitierte einstufige Transportprobleme 150	
		2.7.2.1	Problemstellung und mathematisches Modell 150
		2.7.2.2	Lösung mit LogisticsLab/TPP 152
	2.7.3	Das Single-Source-Transportproblem 154	
		2.7.3.1	Problemstellung und mathematisches Modell........... 154
		2.7.3.2	Lösung einstufiger Probleme mit LogisticsLabb/TPP .. 155
		2.7.3.3	Lösung mehrstufiger Probleme mit CMPL 157
	2.7.4	Das Mehrgüter-Transportproblem 160	
		2.7.4.1	Problemstellung und mathematisches Modell 160
		2.7.4.2	Lösung mit CMPL 162
	2.7.5	Transportprobleme mit alternativen Transportmitteln 167	
		2.7.5.1	Problemstellung und mathematisches Modell 167
		2.7.5.2	Lösung mit CMPL 170
	2.7.6	Das verallgemeinerte Transportproblem 175	
		2.7.6.1	Problemstellung und mathematisches Modell 175
		2.7.6.2	Lösung mit CMPL 177
	2.7.7	Erweiterung des verallgemeinerten Transportproblems mit der Komplexmethode 182	
		2.7.7.1	Grundlagen der Komplexmethode 182
		2.7.7.2	Das komplexe verallgemeinerte Transportproblem 185
		2.7.7.3	Lösung mit CMPL 188

3 Logistische Zuordnungsprobleme 197
   3.1 Zuordnungsprobleme in der Logistikplanung 197
   3.2 Das klassische lineare Zuordnungsproblem 198
        3.2.1 Problemstellung und mathematisches Modell 198
        3.2.2 Erweiterungen des linearen Zuordnungsmodells 200

		3.2.3	Lösung mit CMPL 201
3.3	Das Bottleneck-Zuordnungsproblem 206
	3.3.1	Problemstellung und mathematisches Modell 206
	3.3.2	Lösung mit CMPL 207
3.4	Das kardinalitätsmaximale Matching-Problem 209
	3.4.1	Problemstellung und mathematisches Modell 209
	3.4.2	Lösung mit CMPL 211
3.5	Das quadratische Zuordnungsproblem 215
	3.5.1	Problemstellung und mathematisches Modell 215
	3.5.2	Lösung mit CMPL 219
3.6	Das verallgemeinerte Zuordnungsproblem 223
	3.6.1	Problemstellung und mathematisches Modell 223
	3.6.2	Lösung mit CMPL 225
3.7	Nicht-bipartite Probleme 230
	3.7.1	Problemstellung und mathematisches Modell 230
	3.7.2	Lösung mit CMPL 232

4 Touren- und Routenprobleme 239
- 4.1 Sammeln und Verteilen von Gütern als Logistikaufgabe 239
- 4.2 Kürzeste Wege und Entfernungen 241
  - 4.2.1 Problemstellung und mathematisches Modell 241
  - 4.2.2 Lösung mit LogisticsLab/NWF 243
- 4.3 Rundreiseprobleme 249
  - 4.3.1 Grundlegende Aufgabenstellung 249
  - 4.3.2 Problemstellung und mathematisches Modell 250
  - 4.3.3 Überblick über die Lösungsverfahren für Rundreiseprobleme .. 255
  - 4.3.4 Lösung mit LogisticsLab/TSP 256
    - 4.3.4.1 Symmetrische Rundreiseprobleme in vollständigen Graphen 256
    - 4.3.4.2 Asymmetrische Rundreiseprobleme 262
    - 4.3.4.3 Rundreiseprobleme in unvollständigen Graphen 265
- 4.4 Durchfahrtprobleme 272
  - 4.4.1 Problemstellung und mathematisches Modell 272
  - 4.4.2 Lösung mit LogisticsLab/TSP 276
- 4.5 Briefträgerprobleme 280
  - 4.5.1 Grundsätzliche Problemstellung 280
  - 4.5.2 Mathematisches Modell zur kostenminimalen Erweiterung eines Graphen 284

Inhalt XV

    4.5.3 Lösung mit LogisticsLab/TSP 286
  4.6 Tourenplanung 293
    4.6.1 Grundsätzliche Problemstellung 293
    4.6.2 Das kapazitierte Tourenplanungsproblem 294
      4.6.2.1 Problemstellung und mathematisches Modell 294
      4.6.2.2 Überblick über Lösungsverfahren des kapazitierten
          Tourenproblems 298
      4.6.2.3 Lösung mit LogisticsLab/VRP 300
    4.6.3 Kapazitierte Tourenprobleme mit Kundenzeitfenstern 307
      4.6.3.1 Problemstellung und mathematisches Modell 307
      4.6.3.2 Lösung mit LogisticsLab/VRP 311

5 Standortprobleme 319
  5.1 Einführung in die Standortplanung 319
  5.2 Kontinuierliche Median- und Zentren-Probleme 321
    5.2.1 Überblick 321
    5.2.2 Median-Probleme 321
      5.2.2.1 Das Median-Problem mit einem Standort 321
      5.2.2.2 Das p-Median-Problem 323
      5.2.2.3 Lösung mit LogisticsLab/CLP 325
    5.2.3 Zentren-Probleme 332
      5.2.3.1 Das Zentrum-Problem mit einem Standort 332
      5.2.3.2 Das p-Zentren-Problem 333
      5.2.3.3 Lösung mit LogisticsLab/CLP 334
  5.3 Diskrete Median- und Zentren-Probleme 340
    5.3.1 Überblick 340
    5.3.2 Median-Probleme 341
      5.3.2.1 Das Median-Problem mit einem Standort 341
      5.3.2.2 Das p-Median-Problem 342
      5.3.2.3 Lösung mit LogisticsLab/DLP 344
    5.3.3 Zentren-Probleme 350
      5.3.3.1 Das Zentrum-Problem mit einem Standort 350
      5.3.3.2 Das p-Zentren-Problem 352
      5.3.3.3 Lösung mit LogisticsLab/DLP 353
  5.4 Überdeckungsprobleme 360
    5.4.1 Überblick 360
    5.4.2 Das Set-Covering-Location-Problem 361
      5.4.2.1 Problemstellung und mathematisches Modell 361

              5.4.2.2   Lösung mit LogisticsLab/DLP 364
       5.4.3   Das Maximal-Covering-Location-Problem 370
              5.4.3.1   Problemstellung und mathematisches Modell 370
              5.4.3.2   Lösung mit LogisticsLab/DLP 371
5.5   Warehouse-Location-Probleme 375
       5.5.1   Überblick 375
       5.5.2   Einstufige Warehouse-Location-Probleme 376
              5.5.2.1   Problemstellung und mathematisches Modell 376
              5.5.2.2   Lösung mit LogisticsLab/DLP 378
       5.5.3   Mehrstufige Warehouse-Location-Probleme 384
              5.5.3.1   Problemstellung und mathematisches Modell 384
              5.5.3.2   Lösung mit CMPL 389

Personen- und Sachverzeichnis 401

Abbildungsverzeichnis

Abb. 1.1	Ausgewählte Planungsprobleme in Logistiknetzwerken	3
Abb. 1.2	Grundmodell der präskriptiven Entscheidungstheorie	8
Abb. 1.3	Ausgewählte Höhenpräferenzen	10
Abb. 1.4	Entscheidungsunterstützung als rückgekoppelter interaktiver Prozess	16
Abb. 1.5	Komponenten eines Entscheidungsunterstützungssystems	20
Abb. 1.6	Aufgabenspezialisierung von Entscheidungsunterstützungssystemen	21
Abb. 1.7	Benutzeroberfläche von LogisticsLab	23
Abb. 1.8	Marker für Knoten in LogisticsLab	24
Abb. 1.9	Marker mit Pop-Up	25
Abb. 1.10	Darstellung einer Lösung in LogisticsLab/NWF	25
Abb. 1.11	Knotenliste vor Ermittlung der Koordinaten in LogisticsLab/VRP	26
Abb. 1.12	Knotenliste nach Ermittlung der Koordinaten in LogisticsLab/VRP	26
Abb. 1.13	Adresssuche in LogisticsLab	27
Abb. 1.14	Hinzugefügter Knoten nach Adresssuche	27
Abb. 1.15	Anlegen eines Knoten in LogisticsLab/TSP	28
Abb. 1.16	Dialog zur Bestimmung von Distanzen und Fahrtzeiten in LogisticsLab/VRP	29
Abb. 1.17	Excel-Arbeitsblatt mit den Daten für Beispiel 1.1	32
Abb. 1.18	Coliop für Beispiel 1.1	33
Abb. 1.19	Lösung für Beispiel 1.1	35
Abb. 1.20	Das Königsberger Brückenproblem als Graph	36
Abb. 1.21	Gerichteter, ungerichteter und gemischter Graph	37
Abb. 1.22	Parallele Kanten und Schlingen in gerichteten und ungerichteten Graphen	38
Abb. 1.23	Vollständiger Graph	38
Abb. 1.24	Einfache gerichtete und ungerichtete Graphen	39
Abb. 1.25	Bipartiter Graph	42
Abb. 1.26	Luftlinie zwischen zwei Knoten in einer flachen Ebene	43
Abb. 1.27	Manhattan-Distanz	44
Abb. 1.28	OpenStreetmap-Karte für Manhattan	45
Abb. 1.29	Euklidische Distanz	46
Abb. 1.30	Distanzbestimmung unter Beachtung einer Barriere	49

Abb. 1.31	Routenplanung mit OpenStreetMap.org	53
Abb. 2.1	Schematische Darstellung des Transportproblems	67
Abb. 2.2	Anlegen des Baukies-Problems in LogisticsLab/TPP	71
Abb. 2.3	Eingabe der Daten der Kieswerke in LogisticsLab/TPP	71
Abb. 2.4	Eingabe der Baustellendaten in LogisticsLab/TPP	72
Abb. 2.5	Schaltflächen im Bereich Sources und Destinations	72
Abb. 2.6	Datenbereich Sources nach Abrufen der Koordinaten	72
Abb. 2.7	Kartendarstellung der Werke und Baustellen	73
Abb. 2.8	Dialog zur Kalkulation variabler Transportkosten in LogisticsLab/TPP	73
Abb. 2.9	Datenbereich Variable Costs in LogisticsLab/TPP	74
Abb. 2.10	Optimierungsdialog in LogisticsLab/TPP	74
Abb. 2.11	Numerische Darstellung der Lösung für Beispiel 2.1 in LogisticsLab/TPP	75
Abb. 2.12	Grafische Darstellung der Lösung für Beispiel 2.1 in LogisticsLab/TPP	75
Abb. 2.13	Excel-Arbeitsblatt mit den Daten für Beispiel 2.1	76
Abb. 2.14	Coliop für CMPL-Modell für Beispiel 2.1	77
Abb. 2.15	Lösung in Excel für Beispiel 2.1	80
Abb. 2.16	Schematische Darstellung eines mehrstufigen Transportproblems	80
Abb. 2.17	Kantenbewertungen	82
Abb. 2.18	Knotensplittung	82
Abb. 2.19	Anlegen eines Problems in LogisticsLab/NWF	84
Abb. 2.20	Eingabe der Knotendaten für Beispiel 2.2	84
Abb. 2.21	Schaltflächen im Datenbereich Nodes in LogisticsLab/NWF	85
Abb. 2.22	Anzeige der Knoten nach Abruf der Koordinaten für Beispiel 2.2	85
Abb. 2.23	Eingabe der Kantendaten für Beispiel 2.2	86
Abb. 2.24	Dialog zur Kalkulation variabler Transportkosten in LogisticsLab/NWF	86
Abb. 2.25	Datenbereich All edges für Beispiel 2.2	87
Abb. 2.26	Datenbereich All edges mit Lösung für Beispiel 2.2	88
Abb. 2.27	Datenbereich Nodes mit Lösung für Beispiel 2.2	88
Abb. 2.28	Netzwerkbereich mit Lösung für Beispiel 2.2	89
Abb. 2.29	Knotenliste in Excel für Beispiel 2.2	90
Abb. 2.30	Kantenliste in Excel für Beispiel 2.2	90
Abb. 2.31	Knotenliste in Excel mit Lösung für Beispiel 2.2	93
Abb. 2.32	Kantenliste in Excel mit Lösung für Beispiel 2.2	93
Abb. 2.33	Beispiel eines q-s-Netzwerks für ein Max-Flow-Problem	95

Abbildungsverzeichnis

Abb. 2.34	Knotenliste in Excel für Beispiel 2.3	96
Abb. 2.35	Kantenliste in Excel für Beispiel 2.3	97
Abb. 2.36	Lösungen für die Knoten für Beispiel 2.3	100
Abb. 2.37	Lösungen für die Kanten für Beispiel 2.3	100
Abb. 2.38	Beispiel eines mehrstufigen Transportproblems bei Angebotsüberschuss	102
Abb. 2.39	Veränderte Angebote für Beispiel 2.4	103
Abb. 2.40	Grafische Darstellung der Lösung für Beispiel 2.4 in LogisticsLab/TPP	103
Abb. 2.41	Beispiel eines mehrstufigen Transportproblems bei Bedarfsüberschuss	105
Abb. 2.42	Veränderte Bedarfe für Beispiel 2.5	105
Abb. 2.43	Grafische Darstellung der Lösung für Beispiel 2.5 in LogisticsLab/TPP	106
Abb. 2.44	Mehrstufiges Transportproblem mit Mindestangeboten und -bedarfen	108
Abb. 2.45	Angebotsintervalle für Beispiel 2.6	109
Abb. 2.46	Bedarfsintervalle für Beispiel 2.6	110
Abb. 2.47	Ausschnitt aus dem Optimierungsdialog für Beispiel 2.6	110
Abb. 2.48	Grafische Darstellung der Lösung für Beispiel 2.6	111
Abb. 2.49	Mehrstufiges, zweiseitiges beschränktes Transportproblem als q-s-Flussmodell	113
Abb. 2.50	Angebotsintervalle für Beispiel 2.7	114
Abb. 2.51	Bedarfsintervalle für Beispiel 2.7	115
Abb. 2.52	Grafische Darstellung der Lösung für Beispiel 2.7	115
Abb. 2.53	Daten der Auslieferungslager für Beispiel 2.8	117
Abb. 2.54	Daten der Händler für Beispiel 2.8	118
Abb. 2.55	Eingabe der Stückdeckungsbeiträge für Beispiel 2.8	118
Abb. 2.56	Ausschnitt aus dem Optimierungsdialog für Beispiel 2.8	119
Abb. 2.57	Grafische Darstellung der Lösung für Beispiel 2.8	120
Abb. 2.58	Daten der Werke für Beispiel 2.9	122
Abb. 2.59	Daten der Auslieferungslager für Beispiel 2.9	123
Abb. 2.60	Dialog zur Kalkulation variabler Transportkosten für Beispiel 2.9	123
Abb. 2.61	Variable Transportkosten für Beispiel 2.9	124
Abb. 2.62	Eingabe der sprungfixen Kosten für Beispiel 2.9	124
Abb. 2.63	Ausschnitt aus dem Optimierungsdialog für Beispiel 2.9	124
Abb. 2.64	Lösungsbereich in LogisticsLab/TPP für Beispiel 2.9	125
Abb. 2.65	Grafische Darstellung der Lösung für Beispiel 2.9	126

Abb. 2.66	Konvexer Kostenverlauf für Transportkosten	127
Abb. 2.67	Konkaver Kostenverlauf für Transportkosten	128
Abb. 2.68	Weitere stückweise lineare Kostenverläufe für Transportkosten	130
Abb. 2.69	Weder konvexe noch konkave Transportkostenverläufe	131
Abb. 2.70	Excel-Arbeitsblatt für Beispiel 2.10	135
Abb. 2.71	Lösung für Beispiel 2.10	138
Abb. 2.72	Daten der Werke für Beispiel 2.11	141
Abb. 2.73	Daten der Kunden für Beispiel 2.11	142
Abb. 2.74	Dialog zur Bestimmung der Fahrtzeiten für Beispiel 2.11	142
Abb. 2.75	Ausschnitt der Fahrtzeitmatrix für Beispiel 2.11	143
Abb. 2.76	Ausschnitt aus dem Optimierungsdialog für Beispiel 2.11	143
Abb. 2.77	Lösung für Beispiel 2.11	144
Abb. 2.78	Grafische Lösung für Beispiel 2.11	144
Abb. 2.79	Lösung als klassisches Transportproblem für Beispiel 2.11	146
Abb. 2.80	Ausschnitt aus dem Optimierungsdialog für Beispiel 2.12	146
Abb. 2.81	Lösung für Beispiel 2.12	147
Abb. 2.82	Belieferung von Baustelle B2 aus der Lösung gemäß Beispiel 2.1	149
Abb. 2.83	Big-M-Sperrungen von Lieferbeziehungen in LogisticsLab/TPP	149
Abb. 2.84	Belieferung von Baustelle B2 aus der Lösung gemäß Beispiel 2.13	150
Abb. 2.85	Kapazitäten für Beispiel 2.14	153
Abb. 2.86	Ausschnitt aus dem Optimierungsdialog für Beispiel 2.14	153
Abb. 2.87	Ausschnitt aus dem Optimierungsdialog für Beispiel 2.15	157
Abb. 2.88	Knotenliste in Excel mit Lösung für Beispiel 2.16	159
Abb. 2.89	Kantenliste in Excel mit Lösung für Beispiel 2.16	160
Abb. 2.90	Knotenliste für Beispiel 2.17	164
Abb. 2.91	Kantenliste für Beispiel 2.17	165
Abb. 2.92	Knotenliste in Excel mit Lösung für Beispiel 2.17	167
Abb. 2.93	Kantenliste in Excel mit Lösung für Beispiel 2.17	168
Abb. 2.94	Knotenliste für Beispiel 2.18	171
Abb. 2.95	Kantenliste für Beispiel 2.18	172
Abb. 2.96	Lösung für die Knoten für Beispiel 2.18	174
Abb. 2.97	Lösung für die Kanten für Beispiel 2.18	175
Abb. 2.98	Excel-Arbeitsblatt für Beispiel 2.19	179
Abb. 2.99	Lösung für Beispiel 2.19	181
Abb. 2.100	Excel-Arbeitsblatt für Beispiel 2.20	190
Abb. 2.101	Lösung für Beispiel 2.20	193
Abb. 3.1	Leerfahrten einer Rückladung	202

Abb. 3.2	Excel-Arbeitsblatt mit den Daten für Beispiel 3.1	203
Abb. 3.3	Lösung in Excel für Beispiel 3.1	206
Abb. 3.4	Lösung in Excel für Beispiel 3.2	209
Abb. 3.5	Umwandlung des kardinalitätsmaximalen Problems in ein q-s-Netzwerk	210
Abb. 3.6	Knoten- und Kantenliste in Excel für Beispiel 3.3	213
Abb. 3.7	Lösung mittels CMPL für Beispiel 3.3	216
Abb. 3.8	Schematische Darstellung des quadratischen Zuordnungsproblems	217
Abb. 3.9	Excel-Arbeitsblatt für Beispiel 3.4	221
Abb. 3.10	Lösung für Beispiel 3.4	224
Abb. 3.11	Excel-Arbeitsblatt für Beispiel 3.5	228
Abb. 3.12	Lösung für Beispiel 3.5	230
Abb. 3.13	Excel-Arbeitsblatt für Beispiel 3.6	234
Abb. 3.14	Lösung für Beispiel 3.6	236
Abb. 4.1	Beispiel für Fernverkehrstouren	240
Abb. 4.2	Verbindung von Fern- und Nahverkehr	240
Abb. 4.3	Schematische Darstellung der Kanten für Beispiel 4.1	244
Abb. 4.4	Daten der Knoten in LogisticsLab/NWF für Beispiel 4.1	245
Abb. 4.5	Eingabe der Kantendaten in LogisticsLab/NWF für Beispiel 4.1	246
Abb. 4.6	Ausschnitt der bewerteten Kantenliste für Beispiel 4.1	246
Abb. 4.7	Grafische Darstellung der Lösung für Beispiel 4.1 in LogisticsLab/NWF	247
Abb. 4.8	Kantenliste mit der Lösung für Beispiel 4.1 in LogisticsLab/NWF	248
Abb. 4.9	Beispiel eines Rundreiseproblems mit ausgewählten deutschen Städten	249
Abb. 4.10	Beispiel einer zulässigen und einer unzulässigen Rundreise mit acht Knoten	253
Abb. 4.11	Überblick über das zu untersuchende Gebiet gemäß Beispiel 4.2	257
Abb. 4.12	Eingabe der Knoten für Beispiel 4.2	258
Abb. 4.13	Darstellung der Knoten in LogisticsLab/TSP für Beispiel 4.2	259
Abb. 4.14	Dialog zur Berechnung der Distanzmatrix in LogisticsLab/TSP	259
Abb. 4.15	Berechnete Distanzmatrix in LogisticsLab/TSP	260
Abb. 4.16	Optimierungsdialog in LogisticsLab/TSP	261
Abb. 4.17	Grafische Darstellung der Lösung für Beispiel 4.2 in LogisticsLab/TSP	261
Abb. 4.18	Lösung für Beispiel 4.2 in LogisticsLab/TSP	262
Abb. 4.19	Anlegen von Beispiel 4.3 in LogisticsLab/TSP	263

Abb. 4.20	Daten der Knoten in LogisticsLab/TSP für Beispiel 4.3	264
Abb. 4.21	Distanzen für Beispiel 4.3 in LogisticsLab/TSP	264
Abb. 4.22	Grafische Darstellung der Lösung für Beispiel 4.3	265
Abb. 4.23	Lösung für Beispiel 4.3 in LogisticsLab/TSP	266
Abb. 4.24	Teilstück der Lösung gemäß Beispiel 4.3	267
Abb. 4.25	Zusätzlich notwendige Knoten für Beispiel 4.4	267
Abb. 4.26	Daten der Knoten in LogisticsLab/TSP für Beispiel 4.4	268
Abb. 4.27	Kanteneditor in LogisticsLab/TSP	269
Abb. 4.28	Anlegen einer Kante in der Karte von LogisticsLab/TSP	269
Abb. 4.29	Darstellung von Kanten in LogisticsLab/TSP	270
Abb. 4.30	Distanzen für Beispiel 4.4 in LogisticsLab/TSP	271
Abb. 4.31	Grafische Darstellung der Lösung für Beispiel 4.4	271
Abb. 4.32	Lösung für Beispiel 4.4 in LogisticsLab/TSP	272
Abb. 4.33	Beispiel eines Netzes für ein Durchfahrtproblem	273
Abb. 4.34	Netz für ein Durchfahrtproblem mit fixiertem Start- und Endpunkt	273
Abb. 4.35	Netz für ein Durchfahrtproblem mit fixiertem Start- und freiem Endpunkt	274
Abb. 4.36	Netz für ein Durchfahrtproblem mit fixiertem Endpunkt und freiem Startpunkt	275
Abb. 4.37	Netz für ein Durchfahrtproblem mit freiem Start- und Zielpunkt	275
Abb. 4.38	Auszug aus dem Verzeichnis der politisch selbständigen Gemeinden	277
Abb. 4.39	Von LogisticsLab exportierte Excel-Datei mit Daten für Beispiel 4.5	277
Abb. 4.40	Darstellung der Knoten nach Abruf der Koordinaten für Beispiel 4.5	278
Abb. 4.41	Distanzmatrix für Beispiel 4.5 in LogisticsLab/TSP	278
Abb. 4.42	Optimierungsdialog in LogisticsLab/TSP für Beispiel 4.5	279
Abb. 4.43	Lösung für Beispiel 4.5 in LogisticsLab/TSP	280
Abb. 4.44	Beispiele für ungerichtete Netzwerke	282
Abb. 4.45	Beispiele für gerichtete Netzwerke	282
Abb. 4.46	Beispiel für die Transformation eines ungerichteten Nicht-Euler-Netzwerkes	283
Abb. 4.47	Beispiel für die Transformation eines gerichteten Nicht-Euler-Netzwerkes	283
Abb. 4.48	Gebiet für den Winterdienst gemäß Beispiel 4.6	287
Abb. 4.49	Anlegen von Konten in LogisticsLab/TSP für Beispiel 4.6	288

Abb. 4.50	Anlegen einer Kante für Beispiel 4.6 in LogisticsLab/TSP	289
Abb. 4.51	Angelegte Kanten für Beispiel 4.6 in LogisticsLab/TSP	289
Abb. 4.52	Distanzmatrix für Beispiel 4.6 in LogisticsLab/TSP	290
Abb. 4.53	Optimierungsdialog in LogisticsLab/TSP für Beispiel 4.6	291
Abb. 4.54	Ausschnitt aus der Lösung für Beispiel 4.6 in LogisticsLab/TSP	291
Abb. 4.55	Darstellung der Lösung für Beispiel 4.6 LogisticsLab/TSP	292
Abb. 4.56	Grafische Lösung für Beispiel 4.6 als Simple-Map in LogisticsLab/TSP	292
Abb. 4.57	Beispiel einer Rundreise und eines Tourenplans	293
Abb. 4.58	Anlegen des Problems in LogisticsLab/VRP	301
Abb. 4.59	Eingabe der Knotendaten in LogisticsLab/VRP für Beispiel 4.7	301
Abb. 4.60	Geografische Koordinaten der Knoten für Beispiel 4.7	302
Abb. 4.61	Eingabe der Vorgabedaten in LogisticsLab/VRP für Beispiel 4.7	303
Abb. 4.62	Dialog zur Bestimmung der Distanz- und Fahrtzeitmatrix in LogisticsLab/VRP	303
Abb. 4.63	Distanzmatrix für Beispiel 4.7 in LogisticsLab/VRP	304
Abb. 4.64	Fahrtzeitmatrix für Beispiel 4.7 in LogisticsLab/VRP	304
Abb. 4.65	Übersicht über die Touren für Beispiel 4.7 in LogisticsLab/VRP	305
Abb. 4.66	Darstellung der Lösung für Beispiel 4.7 in LogisticsLab/VRP	305
Abb. 4.67	Grafische Darstellung der Lösung für Beispiel 4.7 in LogisticsLab/VRP	306
Abb. 4.68	Vorgabedaten für die erweiterte Problemstellung für Beispiel 4.7	306
Abb. 4.69	Lösung für die erweiterte Problemstellung für Beispiel 4.7	307
Abb. 4.70	Grafische Lösung für die erweiterte Problemstellung für Beispiel 4.7	308
Abb. 4.71	Kundenzeitfenster in LogisticsLab/VRP für Beispiel 4.8	312
Abb. 4.72	Eingabe der Vorgabedaten in LogisticsLab/VRP für Beispiel 4.8	312
Abb. 4.73	Übersicht über die Touren für Beispiel 4.8 in LogisticsLab/VRP	313
Abb. 4.74	Grafische Darstellung der Lösung für Beispiel 4.8 in LogisticsLab/VRP	313
Abb. 4.75	Darstellung der Lösung für Beispiel 4.8 in LogisticsLab/VRP	314
Abb. 5.1	Anlegen des Problems für Beispiel 5.1 in LogisticsLab/CLP	327
Abb. 5.2	Kundendaten für Beispiel 5.1 in LogisticsLab/CLP	327
Abb. 5.3	Lage der Kundenknoten für Beispiel 5.1 in LogisticsLab/CLP	328
Abb. 5.4	Problemdaten für Beispiel 5.1 in LogisticsLab/CLP	329
Abb. 5.5	Zielfunktionswert einer Variantenrechnung für Beispiel 5.1 in LogisticsLab/CLP	329

Abb. 5.6	Lösung einer Variantenrechnung für Beispiel 5.1 in LogisticsLab/CLP	330
Abb. 5.7	Lage eines der gefundenen Standorte für Beispiel 5.1	331
Abb. 5.8	Bearbeitung der Daten für Beispiel 5.2 in Excel	336
Abb. 5.9	Daten und Lage der Nachfrageknoten für Beispiel 5.2 in LogisticsLab/CLP	336
Abb. 5.10	Problemdaten für Beispiel 5.2 in LogisticsLab/CLP	337
Abb. 5.11	Zielfunktionswert einer Variantenrechnung für Beispiel 5.2 in LogisticsLab/CLP	337
Abb. 5.12	Lösung einer Variantenrechnung für Beispiel 5.2 in LogisticsLab/CLP	338
Abb. 5.13	Lage eines der gefundenen Standorte für Beispiel 5.2	339
Abb. 5.14	Lage von drei gefundenen Standorten für Beispiel 5.2	340
Abb. 5.15	Daten der potenziellen Standorte für Beispiel 5.3 in LogisticsLab/DLP	345
Abb. 5.16	Lage der potenziellen Standorte und der Nachfrageknoten für Beispiel 5.3	346
Abb. 5.17	Dialog zur Berechnung der Kostenmatrix in LogisticsLab/DLP	347
Abb. 5.18	Distanzmatrix für Beispiel 5.3 in LogisticsLab/DLP	347
Abb. 5.19	Problemparameter für Beispiel 5.3 in LogisticsLab/DLP	348
Abb. 5.20	Zielfunktionswert einer Variantenrechnung für Beispiel 5.3	348
Abb. 5.21	Lösung einer Variantenrechnung für Beispiel 5.3 in LogisticsLab/DLP	349
Abb. 5.22	Bearbeitung der Daten für Beispiel 5.4 in Excel	356
Abb. 5.23	Daten und Lage der Knoten für Beispiel 5.4 in LogisticsLab/CLP	356
Abb. 5.24	Distanzmatrix für Beispiel 5.4 in LogisticsLab/DLP	357
Abb. 5.25	Problemparameter für Beispiel 5.4 in LogisticsLab/DLP	358
Abb. 5.26	Lösung mit zehn Standorten für Beispiel 5.4 in LogisticsLab/DLP	358
Abb. 5.27	Lösungen mit zehn Standorten für die Standorte für Beispiel 5.4	359
Abb. 5.28	Lösungen mit zehn Standorten für die Nachfrager für Beispiel 5.4	359
Abb. 5.29	Überdeckungsproblem mit vier Standorten	361
Abb. 5.30	Anlegen eines neuen Problems in LogisticsLab/DLP	365
Abb. 5.31	Eingabe der Daten der Standorte für Beispiel 5.5	366
Abb. 5.32	Eingabe der Daten der Nachfrager für Beispiel 5.5	366
Abb. 5.33	Distanzmatrix für Beispiel 5.5 in LogisticsLab/DLP	367
Abb. 5.34	Problemparameter für Beispiel 5.5 in LogisticsLab/DLP	367

Abb. 5.35	Zielfunktionswert für Beispiel 5.5	368
Abb. 5.36	Grafische Lösungen für Beispiel 5.5	368
Abb. 5.37	Lösungen der Standorte für Beispiel 5.5	369
Abb. 5.38	Lösungen der Nachfrageknoten für Beispiel 5.5	369
Abb. 5.39	Änderung der Nachfragen für Beispiel 5.6 in LogisticsLab/DLP	372
Abb. 5.40	Problemparameter für Beispiel 5.6 in LogisticsLab/DLP	373
Abb. 5.41	Zielfunktionswert für Beispiel 5.6	373
Abb. 5.42	Grafische Lösung für Beispiel 5.6	374
Abb. 5.43	Lösungen der Standorte für Beispiel 5.6	374
Abb. 5.44	Lösungen der Nachfrageknoten für Beispiel 5.6	375
Abb. 5.45	Daten der Standorte für Beispiel 5.7 in LogisticsLab/DLP	379
Abb. 5.46	Daten der Geschäftskunden für Beispiel 5.7 in LogisticsLab/DLP	380
Abb. 5.47	Bestimmung der Transportkostenmatrix für Beispiel 5.7 in LogisticsLab/DLP	380
Abb. 5.48	Transportkostenmatrix für Beispiel 5.7 in LogisticsLab/DLP	381
Abb. 5.49	Problemparameter für Beispiel 5.7 in LogisticsLab/DLP	381
Abb. 5.50	Zielfunktionswert für Beispiel 5.7	382
Abb. 5.51	Grafische Lösung für Beispiel 5.7	382
Abb. 5.52	Lösungen der Standorte für Beispiel 5.7	383
Abb. 5.53	Lösungen der Nachfrageknoten für Beispiel 5.7	383
Abb. 5.54	Teillösung für Beispiel 5.7 in LogisticsLab/DLP	384
Abb. 5.55	Knotensplittung im Rahmen von Fixed-Charge-Minimum-Cost-Flow-Problemen	387
Abb. 5.56	Schematisches Distributionsnetz für Beispiel 5.8	389
Abb. 5.57	Knotenliste für Beispiel 5.8	392
Abb. 5.58	Kantenliste für Beispiel 5.8	393
Abb. 5.59	Lösung mittels CMPL für die Knoten für Beispiel 5.8	396
Abb. 5.60	Lösung mittels CMPL für die Kanten für Beispiel 5.8	397
Abb. 5.61	Grafische Darstellung der Lösung für Beispiel 5.8	397

Alle Abbildungen im Buch sind, sofern nicht anders gekennzeichnet, eigene Darstellungen.

Alle Kartendarstellungen basieren auf OpenStreetMap.

Tabellenverzeichnis

Tab. 1.1	Standardproblemstellungen und -lösungsansätze nach Klaus	2
Tab. 1.2	Daten für Beispiel 1.1	30
Tab. 1.3	Adjazenzmatrix für den gerichteten Graphen in Abb. 1.24	39
Tab. 1.4	Adjazenzmatrix für den ungerichteten Graphen in Abb. 1.24	39
Tab. 1.5	Inzidenzmatrix für den gerichteten Graphen in Abb. 1.24	40
Tab. 1.6	Inzidenzmatrix für den ungerichteten Graphen in Abb. 1.24	40
Tab. 1.7	JSON-Objekt für den Distanz- und Fahrtzeitvektor zwischen Berlin, Paris und Rom	50
Tab. 1.8	JSON-Objekt für die Bestimmung der Koordinaten des Brandenburger Tors	51
Tab. 1.9	Ausgewählte Beispiele für Logistikkosten	54
Tab. 2.1	Daten für Beispiel 2.1	70
Tab. 2.2	Lösung für Beispiel 2.1	76
Tab. 2.3	Daten für Beispiel 2.2	83
Tab. 2.4	Lösung für Beispiel 2.4	103
Tab. 2.5	Lösung für Beispiel 2.5	106
Tab. 2.6	Lösung für Beispiel 2.6	110
Tab. 2.7	Angebotsmengen für Beispiel 2.7	114
Tab. 2.8	Bedarfsmengen für Beispiel 2.7	114
Tab. 2.9	Lösung für Beispiel 2.7	116
Tab. 2.10	Stückdeckungsbeiträge und Mengen für Beispiel 2.8	117
Tab. 2.11	Lösung für Beispiel 2.8	119
Tab. 2.12	Daten der Anbieter und Nachfrager für Beispiel 2.9	122
Tab. 2.13	Mengenmäßige Lösung für Beispiel 2.9	125
Tab. 2.14	Variable Transportkosten und Mengen für Beispiel 2.10	133
Tab. 2.15	Mengenabhängige Preise für Beispiel 2.10	133
Tab. 2.16	Daten der Anbieter und Nachfrager für Beispiel 2.11	140
Tab. 2.17	Lösung für Beispiel 2.13	150
Tab. 2.18	Lösung für Beispiel 2.1	152
Tab. 2.19	Lösung für Beispiel 2.14	153
Tab. 2.20	Lösung für Beispiel 2.4	156
Tab. 2.21	Lösung für Beispiel 2.15	157
Tab. 2.22	Angebote, Bedarfe und Kapazitäten für Beispiel 2.17	163
Tab. 2.23	Kostensätze für Beispiel 2.17	163
Tab. 2.24	Kostensätze für Beispiel 2.18	170
Tab. 2.25	Mengen und Kosten für Beispiel 2.19	178

Tab. 2.26	Übersicht der möglichen Optimierungsklassen	184
Tab. 3.1	Distanzmatrix in Kilometern für die Rückladungen	203
Tab. 3.2	Zulässige Zuordnungen von Flugkapitänen zu Copiloten	212
Tab. 3.3	Zulässige Zuordnungen für die Fahrzeuge und Stationen	219
Tab. 3.4	Mengenabhängige Kosten [€]	220
Tab. 3.5	Distanzabhängige Inner-Dock-Transportkosten [€]	220
Tab. 3.6	Entfernungen zu den Kundenorten in Kilometern	226
Tab. 3.7	Zeitbedarf für die Abholungen in Stunden	226
Tab. 3.8	Kosten der Einzeldurchführung von Touren	232
Tab. 3.9	Mögliche Kombinationen von Touren	233
Tab. 4.1	Daten der Knoten für Beispiel 4.1	244
Tab. 4.2	Lösung für Beispiel 4.1	248
Tab. 4.3	Daten des Depots und der Kunden für Beispiel 4.3	263
Tab. 4.4	Daten der zusätzlichen Knoten für Beispiel 4.4	268
Tab. 4.5	Daten des Depots und der Kunden für Beispiel 4.7	300
Tab. 4.6	Kundenzeitfenster für Beispiel 4.8	311
Tab. 5.1	Daten der Kundenorte für Beispiel 5.1	326
Tab. 5.2	Ergebnisse verschiedener Variantenrechnungen für Beispiel 5.1	331
Tab. 5.3	Daten der Nachfrageknoten für Beispiel 5.2	334
Tab. 5.4	Ergebnisse verschiedener Variantenrechnungen für Beispiel 5.2	338
Tab. 5.5	Lage der potenziellen Standorte für Beispiel 5.3	345
Tab. 5.6	Ergebnisse verschiedener Variantenrechnungen für Beispiel 5.3	350
Tab. 5.7	Daten der Nachfrageorte und potenziellen Standorte für Beispiel 5.4	354
Tab. 5.8	Ergebnisse verschiedener Varianten für Beispiel 5.4	360
Tab. 5.9	Daten der potenziellen Lagerstandorte und der Kunden für Beispiel 5.5	364
Tab. 5.10	Daten der potenziellen Lagerstandorte und der Kunden für Beispiel 5.7	378
Tab. 5.11	Sprungfixe Kosten der potenziellen Standorte für Beispiel 5.8	390
Tab. 5.12	Frachtsätze in €/t für Transporte zu den Zentrallagern für Beispiel 5.8	390
Tab. 5.13	Frachtsätze in €/t für Transporte zu den Regionallagern für Beispiel 5.8	390
Tab. 5.14	Frachtsätze in €/t für Transporte zu den Distributionszentren für Beispiel 5.8	391

Beispielverzeichnis

Beispiel 1.1:	Produktionsprogrammplanung	30
Beispiel 2.1:	Belieferung von Baustellen mit Kies	10
Beispiel 2.2:	Mehrstufige Europadistribution	23
Beispiel 2.3:	Kapazitätsanalyse der Europadistribution	35
Beispiel 2.4:	Angebotsüberschuss bei der Belieferung mit Baukies	42
Beispiel 2.5:	Bedarfsüberschuss bei der Belieferung mit Baukies	45
Beispiel 2.6:	Mindestangebote und -bedarfe bei der Belieferung mit Baukies	49
Beispiel 2.7:	Zweiseitig beschränkte Angebote und Bedarfe für Baukieslieferungen	53
Beispiel 2.8:	Autotransport	56
Beispiel 2.9:	Auslieferung mit sprungfixen Kosten	61
Beispiel 2.10:	Simultane Optimierung der Beschaffungs- und der Transportkosten	72
Beispiel 2.11:	Zeitkritischer Transport	80
Beispiel 2.12:	Iterative Minimierung der Transport- und der Engpasszeiten	85
Beispiel 2.13:	Beschränkte Belieferung mit Baukies	88
Beispiel 2.14:	Kapazitätsbeschränkte Belieferung mit Baustoffen	92
Beispiel 2.15:	Baukies mit Single-Source-Bedingung	96
Beispiel 2.16:	Mehrstufige Europadistribution mit Single-Source-Bedingung	97
Beispiel 2.17:	Mehrstufige Europadistribution mit mehreren Gütern	102
Beispiel 2.18:	Mehrstufige Europadistribution mit mehreren Transportmitteln	110
Beispiel 2.19:	Produktions- und Transportoptimierung eines Futtermittelherstellers	117
Beispiel 2.20:	Komplexe Produktions- und Transportoptimierung eines Futtermittelherstellers	128
Beispiel 3.1:	Frachtbörse	201
Beispiel 3.2:	Engpassanalyse für die Frachtbörse	208
Beispiel 3.3:	Pilotenzuordnungen	211
Beispiel 3.4:	Interne Logistik eines Cross-Docking-Standorts	219
Beispiel 3.5:	Fahrzeugeinsatz für die Vorholung von Ladungsgut in einer Spedition	226
Beispiel 3.6:	Linienzusammenlegung im Nahverkehr	232
Beispiel 4.1:	Kürzester Weg	243
Beispiel 4.2:	Waldüberwachung mit einer Drohne	256
Beispiel 4.3:	Auslieferung von Essen in der Region Wandlitz	263

Beispiel 4.4:	Auslieferung von Essen in der Region Wandlitz mit Straßenstörungen	266
Beispiel 4.5:	Durchreise über ausgewählte deutschen Städte und Gemeinden	276
Beispiel 4.6:	Winterdienst in Schulzendorf	287
Beispiel 4.7:	Tourenplanung in der Region Wandlitz	300
Beispiel 4.8:	Tourenplanung mit Kundenzeitfenstern in der Region Wandlitz	311
Beispiel 5.1:	Kontinuierliches Median-Problem	325
Beispiel 5.2:	Kontinuierliches Zentren-Problem	334
Beispiel 5.3:	Diskretes p-Median-Problem	344
Beispiel 5.4:	Diskretes p-Zentren-Problem	353
Beispiel 5.5:	Set-Covering-Location-Problem	364
Beispiel 5.6:	Maximal-Covering-Problem	371
Beispiel 5.7:	Einstufiges Warehouse-Location-Problem	378
Beispiel 5.8:	Mehrstufiges Warehouse-Location-Problem	389

1 Grundlagen logistischer Entscheidungen

Dieses Kapitel gibt einen Überblick über die Grundlagen logistischer Entscheidungen. Nach einem Überblick über logistische Entscheidungen werden entscheidungstheoretische Grundlagen im Kontext logistischer Entscheidungen erörtert und die beiden in diesem Buch verwendeten Softwarepakete vorgestellt. Abschließend werden ausgewählte Aspekte der Modellierung logistischer Entscheidungsprobleme, inklusive der Graphentheorie und der Distanzbestimmung zwischen logistischen Knoten als Luftlinienentfernungen sowie auf Geoinformationssystemen basierend, diskutiert.

1.1 Logistik-Entscheidungen

1.1.1 Ausgewählte Merkmale logistischer Entscheidungen

Typische Merkmale wirtschaftlicher Entscheidungen wie

- die Komplexität von Entscheidungen in wechselhaften Umfeldern,
- die Unvollkommenheit von Informationen,
- Aufgabenfelder, die aus tausendfach zu treffenden Standardentscheidungen des betrieblichen Alltags und langfristig bindenden strategischen Weichenstellungen bestehen,
- durch Zeitdruck, Ressourcenknappheit, verteilte Ressourcen und vielfältige Zielvorgaben beschränkte Möglichkeiten einer rationalen und systematischen Alternativenfindung und -bewertung,

treffen auch auf die Logistik zu, die mit einem Umsatz von 294 Milliarden Euro und 3,36 Millionen Beschäftigten im Jahre 2021[1] einen der größten deutschen Wirtschaftsbereiche darstellt.

Eine weit verbreitete Logistikdefinition[2] besteht in der Interpretation der Logistik als das Management von Fließsystemen, denen die Modellvorstellung von Unternehmen und deren Agieren in der Umwelt in Gestalt eines Netzwerks zugrunde liegt.[3]

---

1 Bundesvereinigung-Logistik (2023).
2 Je eine ältere und aktuellere Diskussion sind in Ihde (1987) und Rushton et al. (2014), S. 3 ff. zu finden.
3 Vgl. Klaus (2003), Muchna et al. (2021), S. 9 ff.

Das Netzwerk als Strukturmodell und die Flüsse in ihm als Modell der ablaufenden Prozesse ermöglichen die weitgehend ganzheitliche Betrachtung einer Unternehmenslogistik. In dieser Modellvorstellung sind sowohl die Verkettung und Vernetzung von Aktivitäten als auch zeitlich ablaufende Prozesse enthalten. Aus diesem betriebswirtschaftlichen Modellansatz ergeben sich Cluster von Aufgaben- und Zielstellungen, die darauf gerichtet sind, das Netzwerk adaptions- und überlebensfähig zu gestalten, die Flüsse gleichmäßig und kostengünstig abzuwickeln und den Wert der Objekte beim Fluss durch das Netzwerk zu steigern. Diese Unternehmensnetzwerke sind keine statischen, sondern lebendige Gebilde, die mit ihrer Umwelt auf vielfältige und komplexe Weise interagieren. Deshalb sind ein sorgfältiges Management des Netzwerkes und dessen Anpassung an veränderte Bedingungen erforderlich. Daraus ergeben sich drei grundsätzliche Aufgabenbereiche:

- Optimierung der Netzkonfiguration auf der strategischen Netzgestaltungsebene,
- Programmierung und Rationalisierung der Flüsse im Netzwerk auf der taktischen Ebene und
- Flussmobilisierung, -steuerung und -regelung auf der operativen Ebene,[4]

für die in Tab. 1.1 eine Systematisierung dargestellt ist.

Tab. 1.1 Standardproblemstellungen und -lösungsansätze nach Klaus[5]

Standardproblemstellungen	Standardlösungsansätze
Flusskosten senken, insbesondere im Bereich der • Distributionsflüsse • Materialbeschaffungsflüsse • Fertigungsflüsse • administrativen Prozesse	Optimierte Netzkonfiguration, insbesondere durch • Kettenverkürzung • Netzstrukturvereinfachung • Fließinselbildung • höhere Netzintegration • Flussaufwärts-Positionierung von Koppelungspunkten
Objektwerte steigern, insbesondere durch • erhöhte Verfügbarkeit • größere Schnelligkeit	Kontinuierliche Netzrationalisierung • Eliminierung von Schnittstellenbrüchen • vorsteuernde Fehlervermeidung • Fehler-Signalverstärkung
Netz- bzw. Systemadaptionsfähigkeit und Überlebensfähigkeit verbessern, insbesondere durch • Reduzierung von Objektbeständen • Schlankheit der Strukturen • Reaktionsschnelligkeit	Verbesserte Steuerung • Bedarfs-/ Engpassorientierung • Flussglättung • Impulsreduktion

---

4 Vgl. Ebner (1997), S. 28.
5 Vgl. Klaus (2002), S. 28 ff.

1.1.2 Überblick über ausgewählte Logistik-Entscheidungen

Versteht man unter Logistik alle Planungs-, Steuerungs-, Kontroll- und Realisationsprozesse zur optimalen Gestaltung des Flusses und der Lagerung von Gütern von den Orten ihrer Entstehung zu den Orten ihrer Verwendung[6], erkennt man, dass im Sinne der in diesem Buch behandelten Planungsprozesse unterschiedliche Planungsprobleme wie z. B. die Bestimmung von Standorten, die Gestaltung von Lieferbeziehungen im Rahmen der Transportplanung, die Zuordnung von Bedarfs- zu Angebotspunkten sowie die Bestimmung von Routen und Touren in der logistischen Praxis auftreten. Abb. 1.1 zeigt einen Überblick über ausgewählte Planungsprobleme für Logistiknetzwerke.

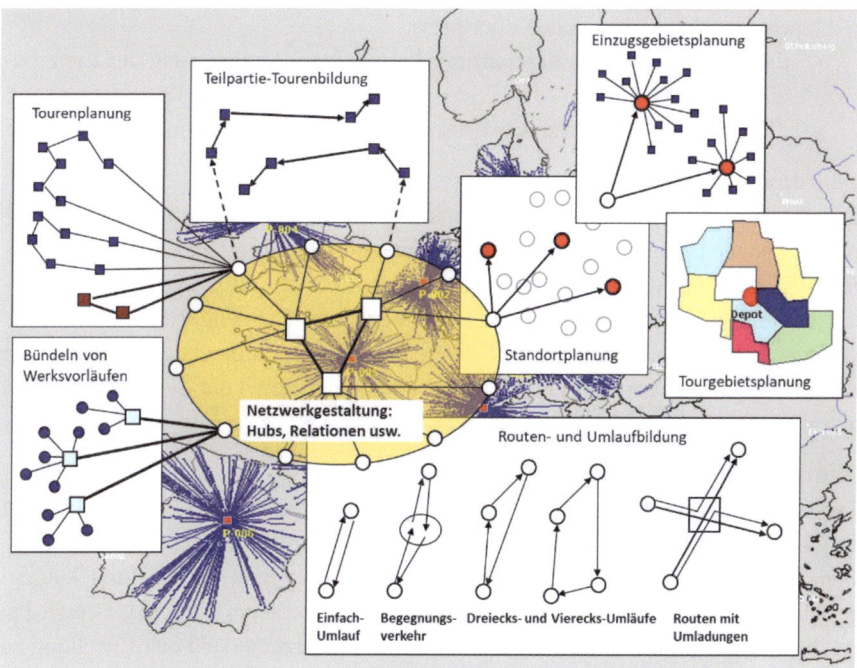

Abb. 1.1 Ausgewählte Planungsprobleme in Logistiknetzwerken

Transportprobleme

Im Rahmen eines einstufigen Transportmodells werden optimale Lieferbeziehungen zwischen einer Anzahl von Versendern und einer Anzahl von Empfängern gestaltet. Bei mehrstufigen Transportproblemen sind zusätzlich sogenannte Umladeknoten einzubeziehen. In der Regel sind die Liefermengen zwischen den Versendern und den Empfängern so zu bestimmen, dass die gesamten Transportkosten

---

6 Vgl. Pfohl (2021), S. 3 ff., Rushton et al. (2014), S. 4, Muchna et al. (2021), S. 6 ff.

minimiert werden. Andere Zielstellungen können z.B. in der Minimierung der Distanzen oder der Transportzeiten, der Minimierung von Engpasszeiten oder der Maximierung eines Gesamtdeckungsbeitrags bestehen. Gegebenenfalls sind sprungfixe Kosten für Transportrelationen einzubeziehen. In Transportprobleme können eine Vielzahl zusätzlicher Beschränkungen wie Kapazitäten oder sogenannte Single-Source-Bedingungen einbezogen werden. Typische in Form eines Transportmodells abbildbare Logistikprobleme sind z. B.:

- die Ermittlung optimaler Lieferbeziehungen zwischen Werken und Lagern sowie Distributionszentren und Kundengebieten,
- die Gestaltung der Distribution von Industrieunternehmen zur Minimierung von Transport- und Produktionskosten durch optimale Anpassung der Produktionskapazitäten und Güterflüsse,
- die Minimierung der Beschaffungskosten durch Optimierung der Lieferbeziehungen sowie
- die optimale Verteilung von Ressourcen an Engpasskapazitäten.

Zuordnungsprobleme

Eine Reihe von Logistikentscheidungen in der Standort-, Transport- und Verkehrsplanung sowie der Fahrzeug- und Personaleinsatzplanung enthält Zuordnungsprobleme. Diese können z. B. darin bestehen, dass Personal einzelnen Touren, Fahrzeuge einzelnen Aufträgen oder Standorte einzelnen Kundengebieten zugeordnet werden. Letztlich gilt es, aus einer Menge von Objekten eindeutige Zuordnungen dieser Objekte zu Paaren vorzunehmen, wobei in der Regel die Zuordnungskosten zu minimieren sind.

Touren- und Routenprobleme

Das Sammeln und Verteilen von Gütern oder Personen gehört zu den wichtigsten Logistikaufgaben. Hier treten die Unternehmen in direkten Kontakt mit ihren Kunden. In Netzwerken von Transportdienstleistern findet man Routen- und Tourenprobleme bei der Auflösung von Ladungen des Fernverkehrs in Stückgut- oder Paketdienstdepots, ihrer Aufteilung auf Nahverkehrsfahrzeuge und der Zustellung zu den Kunden. Dazu gehört weiterhin die Abholung von Kundensendungen auf Abholtouren und ihre Übergabe an den Fernverkehr in den Depots. Für diese damit verbundenen Problemstellungen existiert eine große Zahl von Modellen, zu denen unter anderem

- das Kürzeste-Wege-Problem,
- das Rundreiseproblem,
- das Briefträgerproblem und
- das Tourenplanungsproblem gehören.

Standortprobleme

Die Wahl geeigneter Standorte für Logistikknoten ist eine der zentralen Planungsaufgaben bei der Neugestaltung oder Reorganisation von Logistiknetzen. Der gewählte Standort von Produktionsstätten, Lagern, Distributionszentren usw. soll das Unternehmen hinsichtlich seiner Strategie richtig positionieren und seine Konkurrenzfähigkeit für einen langen Zeitraum sicherstellen. Oftmals sind die Standorte für logistische Knoten in einem Logistiknetzwerk so zu bestimmen, dass die gesamten Betriebs- und Transportkosten minimal werden und ein vorgegebener Servicegrad gesichert wird. Diese allgemeine Problemstellung besteht aus einer Reihe von miteinander verknüpften Einzelaufgaben, die oft auch gemeinsam gelöst werden müssen. Es handelt sich dabei um die Ermittlung

- der optimalen Anzahl von Knoten,
- der optimalen Standorte für die Knoten und
- der Zuordnung der Bedarfsorte zu den Knoten.

1.2 Grundlagen der Entscheidungsunterstützung

1.2.1 Entscheidungstheorie und Operations Research

Das Logistikmanagement enthält eine Vielzahl strategischer, taktischer und operativer Entscheidungsprobleme, deren Lösung durch die Entscheidungstheorie und das Operations Research unterstützt werden können. Versteht man unter einer Entscheidung eine „(mehr oder weniger bewusste) Auswahl einer von mehreren Handlungsalternativen"[7], so befasst sich die *Entscheidungstheorie* interdisziplinär und systematisch mit dem Entscheidungsverhalten von einzelnen Entscheidungsträgern oder von Gruppen von Entscheidern.[8] In diesem Kontext ist in die präskriptive und die deskriptive Entscheidungstheorie zu unterscheiden.[9]

Die *deskriptive Entscheidungstheorie* beschreibt reales Entscheidungsverhalten. Auf der Basis unterschiedlicher Ansätze, wie z. B. der Betriebs- bzw. Volkswirtschaftslehre, der Soziologie oder der Psychologie, werden oft anhand statistischer Verfahren Hypothesen über Individual- oder Gruppenentscheidungen aufgestellt und für zukünftige Entscheidungssituationen verwendet.[10]

Im Gegensatz dazu werden mit der *präskriptiven Entscheidungstheorie* Vorgehensweisen für das Treffen rationaler Entscheidungen aufgezeigt. Unter einem rationalen Verhalten wird in der Literatur überwiegend verstanden, dass aus einer

---

7 Laux et al. (2014), S. 3., S. 3.
8 Vgl. Laux et al. (2014), S. 3, Sieben und Schildbach (1994), S. 1, Domschke und Scholl (2008), S. 47.
9 Vgl. Peterson (2009), S. 3.
10 Vgl. Laux et al. (2014), S. 4, Peterson (2009), S. 2, Domschke und Scholl (2008), S. 47.

Menge von alternativen Wahlmöglichkeiten die Alternative zu wählen ist, mit der das durch den Entscheider definierte Ziel am besten erfüllt wird.[11] EISENFÜHR, WEBER UND LANGER verweisen auf die Schwierigkeit einer eindeutigen Definition des Begriffs der Rationalität und führen mit der prozeduralen Rationalität und der Konsistenz der Entscheidungsgrundlagen zwei Kriterien für rationale Entscheidungsprozesse ein.[12] Mit der *prozeduralen Rationalität* werden Anforderungen an die Entscheidungsprozedur formuliert. So ist beispielsweise zu analysieren, ob das Problem unter Umständen in einem größeren Kontext zu betrachten oder vielleicht in Teilprobleme aufzuspalten ist. Weiterhin soll der Aufwand des eigentlichen Entscheidungsprozesses der Bedeutung des Problems angemessen sein. Zudem sind alle zur Bildung von Erwartungen über die Zukunft relevanten objektiven Daten in die Entscheidung einzubeziehen. Letztlich sollte der Entscheider die eigenen Ziele und Präferenzen eindeutig bestimmen können.[13] Im Sinne der *Konsistenz der Entscheidungsgrundlagen* soll eine Entscheidung auf widerspruchsfreien Prämissen basieren. Zusätzlich bedeutet Rationalität in diesem Kontext die Berücksichtigung allgemein anerkannter Anforderungen wie z. B. die Transitivität von Alternativen.[14]

Die deskriptive und die präskriptive Entscheidungstheorie können zwar voneinander getrennt betrachtet werden, schließen sich aber nicht gegenseitig aus. Vielmehr kann man die Ergebnisse der deskriptiven Entscheidungstheorie in die Prozesse der präskriptiven Entscheidungstheorie zur Unterstützung eines neuen Entscheidungsproblems einfließen lassen.

Für die in diesem Buch betrachteten logistischen Entscheidungsprobleme liegt der Schwerpunkt auf der präskriptiven Entscheidungstheorie. In den folgenden Kapiteln werden auf der Basis adäquater Entscheidungsmodelle Wege zur Lösung und Interpretation ausgewählter logistischer Entscheidungsprobleme aufgezeigt. Dabei werden Ansätze des *Operations Research* verwendet, das komplexe Entscheidungsprobleme in Unternehmen und anderen Organisationen mittels mathematischer Modelle und Methoden unterstützt[15], wobei die Optimierung und die Simulation als wichtigste Ansätze zu nennen sind.

1.2.2 Die präskriptive Entscheidungstheorie als Grundlage der Modellbildung

Mit der *präskriptiven Entscheidungstheorie* werden Vorgehensweisen für das Treffen rationaler Entscheidungen aufgezeigt. Sie stellt einen formalen Weg zur Er-

---

11 Vgl. Sieben und Schildbach (1994), S. 1, Laux et al. (2014), S. 4, Peterson (2009), S. 5, Domschke und Scholl (2008), S. 4, Bermúdez (2009), S. 2 f.
12 Vgl. Eisenführ et al. (2010), S. 5.
13 Vgl. Eisenführ et al. (2010), S. 5 f.
14 Vgl. Eisenführ et al. (2010), S.7 ff.
15 Vgl. Domschke et al. (2015), S. 1, Suhl und Mellouli (2013), S. 1 f.

Grundlagen der Entscheidungsunterstützung

stellung adäquater Entscheidungs- bzw. Optimierungsmodelle dar, die die Grundlage der in diesem Buch betrachteten logistischen Entscheidungen bilden. Ein Optimierungsmodell umfasst

- *Variablen*,
- eine *Zielfunktion*,
- eine Anzahl von *Restriktionen* und
- die in die Zielfunktion und in die Restriktionen einzubeziehenden *Parameter*.[16]

In der folgenden allgemeinen Formulierung eines Optimierungsmodells[17] werden die Variablen durch den Vektor x dargestellt, dessen Elemente reellwertige, nichtnegative Variablen sind.

$$f(\mathbf{x}) \to \min oder \max! \tag{1.1}$$

u.d.N.

$$g_i(\mathbf{x}) \begin{Bmatrix} \leq \\ = \\ \geq \end{Bmatrix} b_i \ ; i \in \{1, 2, \ldots, m\} \tag{1.2}$$

$$\mathbf{x} \geq 0 \tag{1.3}$$

Gemeinsam mit den Zielfunktionskoeffizienten werden die Variablen in die Zielfunktion $f(x)$ einbezogen, die es unter Beachtung des Systems der Nebenbedingungen zu minimieren oder zu maximieren gilt. Die Nebenbedingungen bestehen aus einem System von m Gleichungen bzw. Ungleichungen, wobei die linken Seiten durch Funktionen $g_i(x)$, in die wiederum die Variablen und entsprechenden Parameter einbezogen werden, und die korrespondierenden rechten Seiten durch die Parameter b_i gebildet werden.

Die Elemente eines Optimierungsmodells sind auf der Basis der präskriptiven Entscheidungstheorie zu bestimmen. Wie in Abb. 1.2 dargestellt, sind als grundlegende Elemente eines Entscheidungsproblems das *Zielsystem* inklusive der einzubeziehenden *Ergebnisgrößen* und der zugehörigen Nutzenvorstellungen (*Präferenzen*) sowie das *Entscheidungsfeld* inklusive der *Alternativen*, mit denen das formulierte Ziel erreicht werden soll, und die erwarteten *Umweltzustände*, die einen Einfluss auf die Ergebnisse der Alternativen besitzen, zu bestimmen.[18]

---

16 Vgl. Briskon (2023), S. 29 ff.
17 Vgl. Domschke et al. (2015), S. 4 f.
18 Vgl. zu den Elementen des Grundmodells der präskriptiven Entscheidungstheorie Sieben und Schildbach (1994), S. 15 ff., Domschke und Scholl (2008), S. 48 ff., Laux et al. (2014), S. 30 ff., Eisenführ et al. (2010), S. 20 ff.

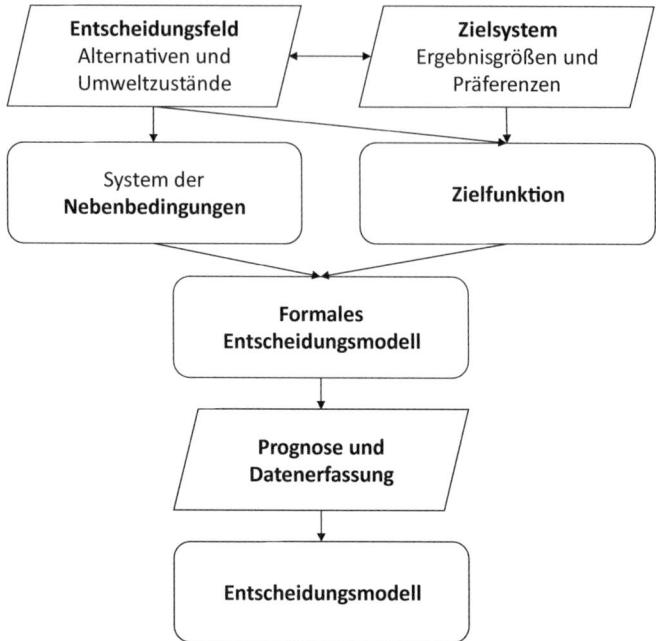

Abb. 1.2 Grundmodell der präskriptiven Entscheidungstheorie

Aus der Kombination des Zielsystems und des Entscheidungsfeldes entsteht ein formales Entscheidungsmodell und unter Einbeziehung der speziell für das betrachtete Problem relevanten Parameter das eigentliche Entscheidungsmodell. Es ist zu erwähnen, dass die Elemente des Grundmodells der präskriptiven Entscheidungstheorie in einer iterativen und zugleich partiell simultanen Vorgehensweise zu bestimmen sind.

Zielsystem

Im Rahmen der Definition des Zielsystems ist im ersten Schritt zu entscheiden, anhand welcher *Ergebnisgrößen* der Nutzen der unterschiedlichen Alternativen gemessen werden soll. Es handelt sich um *Kennzahlen,* die mittels der Instrumente der Unternehmensrechnung eindeutig bestimmbar bzw. planbar sein müssen.[19] Typische Kennzahlen sind z. B. Gewinne, Kosten, Cash-Flows und Kapitalwerte. Im Rahmen der in diesem Buch betrachteten Logistikentscheidungen werden vielfach Transportkosten, Transportdistanzen, Transportleistungen, Transportzeiten, Lagerkosten etc. als relevante Ergebnisgrößen angesehen.[20]

Grundsätzlich ist in diesem Zusammenhang zu beachten, ob in die Entscheidung eine oder mehrere Kennzahlen als Ergebnisgrößen einzubeziehen sind, ob ein oder

---

19 Vgl. zur Definition und Anforderungen z. B. Ewert et al. (2023), S. 471 ff.
20 Vgl. zu einen Überblick über Logistikkennzahlen z. B. Piontek (2021), S. 316 ff.

mehrere Szenarien existieren und, ob das Problem ein- oder mehrperiodig zu lösen ist.

Für die Ergebnisgrößen als Abbildung der Konsequenzen der Alternativen sind von einem Entscheidungsträger oder einer Gruppe von Entscheidungsträgern individuelle oder gruppenorientierte Nutzenvorstellungen in Form von *Präferenzen* zu definieren. In diesem Zusammenhang ist zwischen den folgenden drei Relationen hinsichtlich zweier Alternativen a und b und deren von den Ergebnisausprägungen $e(a)$ und $e(b)$ abhängigen Nutzen $N(e(a))$ und $N(e(b))$ zu unterscheiden.[21]

$$a \succ b \Leftrightarrow N\big(e(a)\big) > N\big(e(b)\big) \tag{1.4}$$

$$a \sim b \Leftrightarrow N\big(e(a)\big) = N\big(e(b)\big) \tag{1.5}$$

$$a \succeq b \Leftrightarrow N\big(e(a)\big) \geq N\big(e(b)\big) \tag{1.6}$$

Im ersten Fall wird Alternative a gegenüber der Alternative b vorgezogen, da ihr Nutzen größer als der der Alternative b ist. Im zweiten Fall mit identischen Nutzen ist ein Entscheider indifferent zwischen den beiden Alternativen. Im dritten Fall wird Alternative a gegenüber der Alternative b entweder präferiert oder es liegt Indifferenz zwischen beiden Alternativen vor, da der Nutzen der Alternative a größer oder gleich zum Nutzen der Alternative b ist.

Diese Präferenzrelationen gelten für alle hinsichtlich eines betrachteten Entscheidungsproblems zu definierenden Präferenzen, die in

- die Höhenpräferenz,
- die Artenpräferenz,
- die Risikopräferenz und
- die Zeitpräferenz

zu unterscheiden sind.[22]

Die *Höhenpräferenz* definiert den Nutzen der Ergebnisgrößen anhand ihrer Ausprägung (Höhe)[23], wie in Abb. 1.3 für ausgewählte Höhenpräferenzen dargestellt ist. Die *Maximierung* bzw. *Minimierung* einer Ergebnisgröße stellen die am weitesten verbreiteten Ziele dar. Steigt der Nutzen mit einer ansteigenden Ergebnisausprägung $e(x)$, liegt es auf der Hand, eine Maximierung der von der Ausprägung der Alternativen $x = \{x_1, x_2, ..., x_n\}$ abhängigen Ergebnisgröße vorzunehmen. Sinkt hingegen der Nutzen mit steigender Ergebnisausprägung, liegt eine Minimierung vor.

---

21 Vgl. Eisenführ et al. (2010), S. 35.
22 Vgl. zu den Präferenzen z. B. Sieben und Schildbach (1994), S. 25 ff., Eisenführ et al. (2010), S. 35 ff.
23 Vgl. Sieben und Schildbach (1994), S. 25.

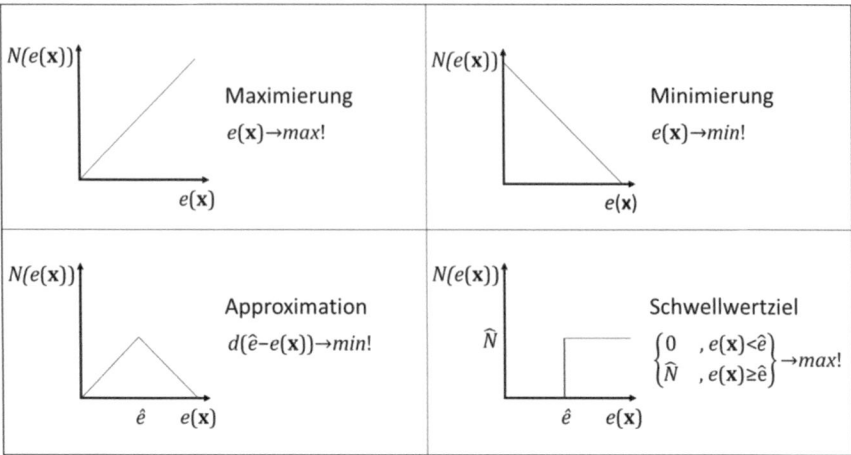

Abb. 1.3 Ausgewählte Höhenpräferenzen

Diese Extremierungsziele werden oft im Rahmen von Logistikentscheidungen z. B. für die Minimierung von Transportkosten oder Distanzen bzw. für Maximierung des Gesamtdeckungsbeitrages aller Transportaufträge verwendet. Liegt der höchste Nutzen bei einer bestimmten Ergebnisausprägung $\hat{e}$ vor, während jede Abweichung von $\hat{e}$ zu einem fallenden Nutzen führt, ist eine *Approximierung* auf diese Ergebnisausprägung vorzunehmen. Hinsichtlich der Annäherung an $\hat{e}$ ist eine Distanzfunktion $d()$ einzuführen, die in Abhängigkeit von $\hat{e}$ und der konkreten Ergebnisausprägung $e(x)$ zu minimieren ist. Als ein weiteres Beispiel für eine Höhenpräferenz seien die *Schwellwertziele* genannt, bei denen bei einer Ergebnisausprägung unter $\hat{e}$ ein Nutzen von null und ab diesem Schwellwert ein konstanter oder ansteigender Nutzen $\hat{N}$ vorliegt. Die genannten und weitere Höhenpräferenzen können auch in Kombinationen auftreten. So ist es z. B. möglich, dass sprungfixe Kosten in Form einer Schwellwertfunktion in eine zu minimierende Kostenfunktion oder zu maximierende Deckungsbeitragsfunktion einbezogen werden.[24]

Es existieren Entscheidungsprobleme, bei denen mehrere unterschiedliche Zielstellungen in Form einer Anzahl zu minimierender oder zu maximierenden Ergebnisgrößen vorliegen. Wenn diese Kriterien konkurrierender Natur und simultan in eine Entscheidung einzubeziehen sind, gilt es, eine Präferenzordnung hinsichtlich dieser Kriterien einzuführen und darauf basierend ein mehrkriterielles Entscheidungsmodell zu definieren, mit dem ein Kompromiss über diese Kriterien gefunden werden kann. Diese Präferenzordnung hinsichtlich der einzubeziehenden Ergebnisgrößen nennt man eine *Artenpräferenz*.[25] Der einfachste Ansatz zur Formulierung

---

[24] Vgl. z. B. Hillier und Lieberman (2015), S. 486 ff.
[25] Vgl. Sieben und Schildbach (1994), S. 26.

einer Artenpräfenz besteht in der *lexikografischen Ordnung*.[26] Dazu werden die Ergebnisgrößen gemäß ihrer Vorziehenswürdigkeit in eine Rangfolge gebracht und das Entscheidungsproblem anhand der im Sinne der Rangfolge wichtigsten Ergebnisgröße gelöst. Besteht die Lösung aus mehreren gleichwertigen optimalen Alternativen, ist das Problem erneut anhand der in der Rangfolge folgenden Ergebnisgröße zu lösen, wobei die Menge der Alternativen auf die bisher gefundenen gleichwertigen Alternativen reduziert wird. Diese Vorgehensweise wird so lange fortgesetzt, bis eine eindeutige Lösung vorliegt. Eine weitere Möglichkeit besteht in der *Zielgewichtung*.[27] Dabei werden allen Ergebnisgrößen $e_l(x)$; $l = 1,2, \ldots, u$ gemäß ihrer Vorziehenswürdigkeit Gewichte w_l zugeordnet, die in der Summe den Wert eins ergeben müssen. Mit diesen Gewichten wird eine Ersatzzielfunktion gebildet und das Problem gelöst. Diese Zielfunktion stellt ein gewogenes arithmetisches Mittel über alle einzubeziehenden Ziele dar.

$$\sum_{l=1}^{u} w_l e_l(\mathbf{x}) \to \max oder \min! \qquad (1.7)$$

Einen der wichtigsten Ansätze in der mehrkriteriellen Optimierung stellt das *Goal-Programming* dar. Generell wird beim Goal-Programming ein Referenzpunkt $r^T = (r_1, \ldots, r_u)$ vorgegeben, wobei r_l das Anspruchsniveau des l-ten Kriteriums ist. Es wird eine Kompromisslösung $e(x)^T = (e_1(x), \ldots, e_u(x))$ mit minimalem (und oftmals gewichtetem) Abstand d bezüglich der gewählten Metrik[28] zum Referenzpunkt gesucht.[29]

$$d(\mathbf{r} - \mathbf{e}(\mathbf{x})) = \left(\sum_{l=1}^{u} w_l \cdot |r_l - e_l(\mathbf{x})|^p \right)^{\frac{1}{p}} \qquad (1.8)$$

Eine weitere zu definierende Nutzenvorstellung ist die *Risikopräferenz*, die den Nutzen einer Ergebnisgröße aufgrund der Unsicherheit ihrer Ergebnisse bei einem Vorliegen von mehreren möglichen Umweltzuständen spezifiziert.[30] Im Gegensatz zu Entscheidungen unter Sicherheit, bei denen unterstellt wird, dass ein geplantes Ereignis aufgrund der Annahme eines einzigen zu erwartenden Szenarios tatsächlich eintreten wird, sind bei *Entscheidungen unter Unsicherheit* aufgrund mehrerer möglicher Umweltzustände für die Ergebnisse der Alternativen unterschiedliche szenarienabhängige Ergebnisse zu erwarten.[31] Im Sinne der spezifischen Chancen und Risiken eines betrachteten Entscheidungsproblems ist mit der Risikopräferenz in eine pessimistische Einstellung, bei der sich ein Entscheider stärker von den

---

26 Vgl. Domschke und Scholl (2008), S. 56 f.
27 Vgl. Domschke et al. (2015), S. 63, Collette und Siarry (2004), S. 45 ff.
28 Vgl. zu den Metriken z. B. Domschke et al. (2015), S. 63 ff., Collette und Siarry (2004), S. 52 ff.
29 Vgl. Domschke et al. (2015), S. 63 f., Suhl und Mellouli (2013), S. 118 f.
30 Vgl. Eisenführ et al. (2010), S. 36, Sieben und Schildbach (1994), S. 26.
31 Vgl. Eisenführ et al. (2010), S. 23 f.

Risiken in seiner Entscheidung leiten lässt, in eine neutrale Einstellung, in der ein Entscheider hinsichtlich der Risiken und Chancen indifferent ist, und in eine optimistische Einstellung, in der der Entscheider die Chancen stärker als die Risiken gewichtet, zu unterscheiden. Vor allem im Kontext der Entscheidungen unter Risiko werden diese spezifischen Risikopräferenzen auch als *risikoavers, risikoneutral* und *risikofreudig* bezeichnet.[32] Die präskriptive Entscheidungstheorie unterstützt Entscheidungsträger einerseits darin, die individuelle Risikoeinstellung zu messen[33] und stellt andererseits Kriterien zur Verfügung, mit denen diese Präferenzen mathematisch abgebildet werden können. Typische Vertreter für Entscheidungsregeln unter Ungewissheit (ohne vorliegende Wahrscheinlichkeiten für die Szenarien) sind u. a. die *Hurwicz-Regel*[34], die *Regel des kleinsten Bedauerns*[35] und die *Regel des unzureichenden Grundes*[36], während für Entscheidungen unter Risiko (mit gegebenen Wahrscheinlichkeiten für die Szenarien) vor allem die (μ, σ)-*Regel*[37] und die *Erwartungsnutzentheorie*[38] zu nennen sind.

Liegt ein Entscheidungsproblem vor, bei dem die Ergebnisse der Alternativen zu unterschiedlichen Zeitpunkten anfallen, ist eine *Zeitpräferenz* zu definieren, die den Nutzen einer Ergebnisgröße aufgrund ihres zeitlichen Anfalls bei einem mehrperiodigen Betrachtungshorizont abbildet.[39] Ein praktikabler Ansatz aus der Menge der alternativen Möglichkeiten der Formulierung von Zeitpräferenzen[40] besteht in der Anwendung der *Kapitalwertmethode*[41], bei der die Ergebnisse $e_t(x_j)$ der $j = 1, 2, \ldots, n$ Alternativen in den einzelnen Zeitpunkten $t = 0, 1, 2, \ldots, T$ auf den Entscheidungszeitpunkt mit einem gegebenen Zinssatz r diskontiert werden.

$$KW_j = \sum_{t=0}^{T} e_t(x_j) \cdot (1+r)^{-t} \qquad (1.9)$$

Abschließend ist festzuhalten, dass auf der Basis der einzubeziehenden Ergebnisgrößen und der zugehörigen Präferenzen die Zielfunktion des betrachteten Entscheidungsproblems gebildet wird. In die Formulierung der Ergebnisgrößen fließen dabei die die Alternativen des Problems abbildenden Variablen und die Zielfunktionsparameter ein.

---

32 Vgl. Laux et al. (2014), S. 95
33 Vgl. Eisenführ et al. (2010), S. 245 ff. und 303 ff.
34 Vgl. Domschke und Scholl (2008), S. 53, Laux et al. (2014), S. 85 ff., Peterson (2009), S. 46 ff.
35 Vgl. Drury und Tayles (2020), S. 307 f, Laux et al. (2014), S. 87 ff., Peterson (2009), S. 49 ff.
36 Vgl. Sieben und Schildbach (1994), S. 54 f., Laux et al. (2014), S. 89 ff., Peterson (2009), S. 53 ff.
37 Vgl. Drury und Tayles (2020), S. 300 ff., Laux et al. (2014), S. 107 ff.
38 Vgl. Eisenführ et al. (2010), S. 248 ff., Laux et al. (2014), S. 113 ff.
39 Vgl. Eisenführ et al. (2010), S. 37.
40 Vgl. Eisenführ et al. (2010), S. 339 ff., Laux et al. (2014), S. 455 ff.
41 Vgl. Becker und Peppmeier (2022), S. 60 ff.

Entscheidungsfeld

Die im Rahmen des Entscheidungsfeldes zu bestimmenden *Alternativen* bezeichnen unterschiedliche Wege, mit denen die verfolgten Ziele erreicht werden können. Um eine Entscheidung treffen zu können, werden mindestens zwei Alternativen benötigt. Dabei ist es für die Formulierung eines korrekten Entscheidungsmodells notwendig, dass der Entscheidungsträger alle relevanten und sich gegenseitig ausschließenden Alternativen erfasst.[42]

Alternativen lassen sich im Sinne eines Entscheidungsmodells als veränderliche Größen, d. h. als Variable abbilden.[43] So werden in einem klassischen Transportproblem[44] die zwischen der Menge der Versender S und der Menge der Empfänger D transportkostenminimierend festzulegenden Transportmengen über die Variablen $x_{ij}; i \in S, j \in D$ abgebildet.

Hinsichtlich der Variablen ist zu unterscheiden, ob diese kontinuierlicher oder diskreter Natur sind. Oft werden in logistischen Entscheidungsproblemen die Transportmengen als ganzzahlige und damit diskrete Größen gefordert, wobei es bestimmte Modellkonstellationen z. B. im klassischen Transportmodell erlauben, diese Variablen als kontinuierliche Variable zu definieren.[45] Binäre Variablen werden für die Abbildung logischer Zusammenhänge, wie das Einbeziehen sprungfixer Kosten[46], oder für Zuordnungsprobleme, wie die Zuordnung eines Kundenauftrags zu einer Tour[47], verwendet.

Die Ausprägungen der Variablen sind aufgrund des konkreten Entscheidungsumfeldes beschränkt. So werden in der Regel die Variablen in logistischen Entscheidungsproblemen (z. B. Transportmengenvariablen) als nichtnegative Variablen definiert. Weiterhin können die Ausprägungen der Variablen z. B. aufgrund der Ladekapazität von Fahrzeugen, den Angeboten der Versender, den Bedarfen von Empfängern oder konkreten Zuständen der zu verwendenden Straßen beschränkt sein. Diese Restriktionen sind nach eingehender Analyse des betrachteten Entscheidungsproblems in das Entscheidungsmodell als Nebenbedingungen in Form eines Systems von Gleichungen bzw. Ungleichungen einzubeziehen. In diese Nebenbedingungen fließen die Variablen des Modells und die die Restriktionen beschreibenden Parameter ein.

Die Modellparameter stellen die von einem Entscheidungsträger nicht beeinflussbaren Größen des Entscheidungsproblems dar. Wenn für die Ausprägung der

---

42 Vgl. Eisenführ et al. (2010), S. 22, Sieben und Schildbach (1994), S. 16.
43 Vgl. Laux et al. (2014), S. 31.
44 Vgl. Grünert und Irnich (2005), S.50 f., Dempe und Schreier (2006), S.72 f.
45 Vgl. Hillier und Lieberman (2015), S. 325., Williams (2013), S. 82 ff., Vanderbei (2020), S. 257 ff., Domschke (2007), 51, 52, 102.
46 Vgl. Domschke und Scholl (2010), S. 72 ff., Hillier und Lieberman (2015), S. 486 ff.
47 Vgl. Mattfeld und Vahrenkamp (2014), S. 277 f., Domschke und Scholl (2010), S. 208, Williams (2013), S. 198 f.

Parameter in der zu planenden Periode keine oder nur geringe Schwankungen erwartet werden, wird vereinfachend angenommen, dass die geplanten Ausprägungen der Parameter und damit die von den Parametern beeinflussten Ergebnisse der Alternativen sicher eintreten. Es wird damit unterstellt, dass hinsichtlich der Parameter und Ergebnisse der Alternativen lediglich ein einziger Umweltzustand existiert.[48] Oftmals sind allerdings für Modellparameter unterschiedliche Ausprägungen und damit mehrfache *Umweltzustände* zu erwarten.[49] So können z. B. die Bedarfe der Empfänger oder die vom Verkehr abhängigen Transportzeiten auf den zu benutzenden Straßen unsicher sein. Das führt dazu, dass auch die auf diesen unsicheren Ausprägungen der Modellparameter basierenden Ergebnisse der Alternativen als unsicher anzusehen sind, d. h. in den einzelnen Umweltzuständen unterschiedliche Ergebnisse auftreten können. Dieser Sachverhalt führt zu Modellen unter Unsicherheit, für die Risikopräferenzen im Sinne des Zielsystems zu bestimmen sind. Im Rahmen des Entscheidungsfeldes sind alle zu erwartenden Umweltzustände, die einen Einfluss auf die Ergebnisse der Alternativen besitzen, und die daraus resultierenden Wirkungen auf die Alternativen und deren Ergebnisse vollständig zu erfassen. Können für die einzelnen Szenarien Wahrscheinlichkeiten ermittelt werden, liegt, wie schon erwähnt, eine Entscheidung unter Risiko und, wenn keine Wahrscheinlichkeiten existieren, eine Entscheidung unter Ungewissheit vor.[50] Hinsichtlich der Modellparameter und der von ihnen abhängigen Ergebnisse der Alternativen ist weiterhin zu unterscheiden, ob die unterschiedlichen Ausprägungen kontinuierlicher oder diskreter Natur sind.[51] Im Falle eines Modells unter Risiko können sie so als kontinuierliche oder diskrete Zufallsvariable mit einem Erwartungswert und einem Streuungsmaß interpretiert werden.[52]

All diese Aspekte sind im Rahmen der Erstellung eines Entscheidungsmodells während der Formulierung der Zielfunktion und der Nebenbedingungen zu berücksichtigen. So fließen die von den Umweltzuständen abhängigen unterschiedlichen Ausprägungen der Ergebnisse der Alternativen zusammen mit den entsprechend zu formulierenden Risikopräferenzen in die Zielfunktion des Entscheidungsmodells ein. Das kann im diskreten Fall in Form von unterschiedlichen Szenarien erfolgen, während im kontinuierlichen Fall, wenn z. B. die Ergebnisse als kontinuierliche normalverteilte Zufallsvariable abbildbar sind, der Erwartungswert und die Standardabweichung in die Zielfunktion eingehen können. Betreffen unsichere Modellparameter das System der Nebenbedingungen, sind diese Aspekte in adäquater

---

48   Vgl. Eisenführ et al. (2010), S. 23 f.
49   Vgl. Laux et al. (2014), S. 32.
50   Vgl. Laux et al. (2014), S. 32.
51   Vgl. Eisenführ et al. (2010), S. 24.
52   Vgl. Haack et al. (2017), S. 471 ff.

Weise z. B. in Form szenarienabhängiger Obergrenzen von Nebenbedingungen einzubeziehen.

Entscheidungsmodell
Im folgenden Arbeitsschritt sind das Zielsystem und das Entscheidungsfeld in Form eines formalen Entscheidungsmodells zusammenzufassen. Für dieses Modell sind dann mit speziellen Planungsansätzen und unter Verwendung der Systeme der Unternehmensrechnung die für das betrachtete Problem relevanten Parameter zu planen bzw. zu erfassen und darauf aufbauend das eigentliche Entscheidungsmodell zu formulieren.

Die in diesem Abschnitt überblickend erörterten Bestandteile eines Entscheidungsmodells verleihen diesem Eigenschaften, die einen unmittelbaren Einfluss auf den zu verwendenden Lösungsalgorithmus und damit auf den Aufwand zur Lösung des eigentlichen Entscheidungsproblems besitzen. Deshalb ist es für einen Entscheidungsträger wichtig, die Eigenschaften des erstellten Optimierungsmodells zu verstehen, die sich u. a. nach den folgenden ausgewählten Merkmalen unterscheiden lassen.[53]

Hinsichtlich des *Typs der Modellfunktionen* sind lineare und nichtlineare Modelle zu unterscheiden. Der *Typ der Entscheidungsvariablen* führt zu kontinuierlichen und diskreten Modellen. Diskrete Modelle treten in Form binärer, ganzzahliger oder gemischt-ganzzahliger Modelle auf. Anhand der *Anzahl einzubeziehender Umweltzustände* lassen sich Optimierungsmodelle in deterministische und stochastische Modelle bzw. in Modelle unter Sicherheit oder Unsicherheit einteilen. Die *Anzahl einzubeziehender Perioden* bestimmt, ob es sich um statische oder dynamische Modelle handelt. Im Sinne der *Anzahl der einzubeziehenden Ergebnisgrößen* bzw. Kriterien sind ein- bzw. mehrkriterielle Entscheidungsmodelle zu unterscheiden.

Diese Einteilungen lassen sich mehrfach miteinander kombinieren. So handelt es sich bei den in dieser Arbeit behandelten logistischen Entscheidungsproblemen oftmals um deterministische, statische, kontinuierliche oder gemischt-ganzzahlige, lineare Optimierungsmodelle mit nur einer Zielfunktion.

1.2.3 Modellierung und Problemlösung als interaktiver Prozess

Die in diesem Buch behandelte Entscheidungsunterstützung logistischer Probleme beruht im Sinne der präskriptiven Entscheidungstheorie auf der modellhaften Abbildung eines Problems in mathematischer Form. Allgemein handelt es sich bei einem Modell um ein vereinfachtes Abbild eines realen Problems. Liegt ein isomorphes Modell vor, bei dem jedem Element des realen Problems ein adäquates

---

53 Vgl. zu Unterteilungen von Optimierungsmodellen z. B. Domschke et al. (2015), S. 7, Laux et al. (2014), S. 51 f.

Element im Modell gegenübersteht, können modellhaft gefundene Erkenntnisse wiederum auf das reale Problem überführt werden.[54] Die Modellierung eines logistischen Problems und die eigentliche Lösung des Planungsproblems ist als rückgekoppelter interaktiver Prozess zu gestalten (Abb. 1.4).

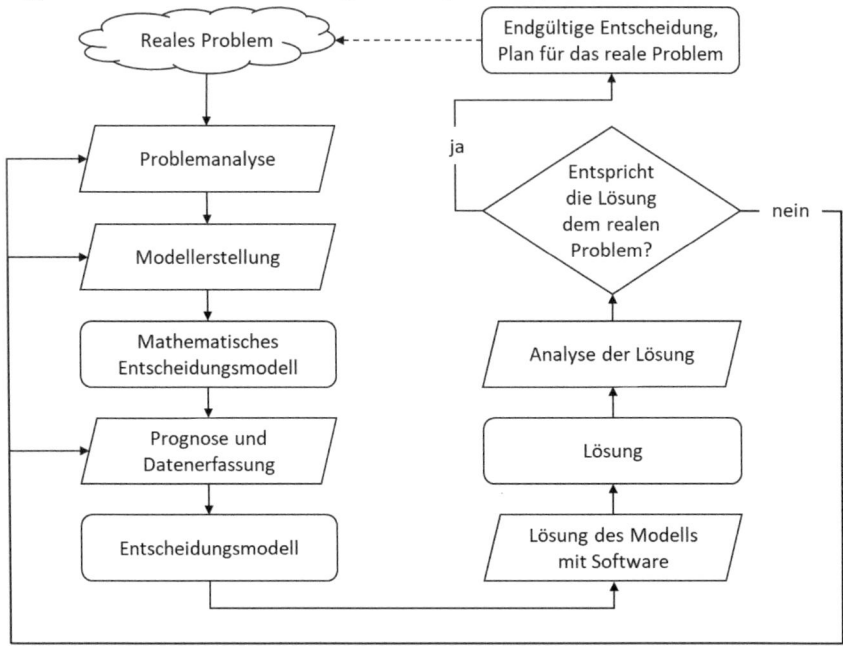

Abb. 1.4 Entscheidungsunterstützung als rückgekoppelter interaktiver Prozess[55]

Problemanalyse

Im Rahmen der Problemanalyse sind die für das betrachtete Unternehmen zu verfolgenden Ziele zu formulieren sowie das hinsichtlich dieser Ziele relevante Handlungsumfeld und die Menge der Handlungsmöglichkeiten zu analysieren. In einem strategischen Kontext handelt es dabei um den Aufbau bzw. die Sicherung von Unternehmenspotentialen, während in der Operation die optimale Umsetzung der durch strategische Entscheidungen geschaffenen Unternehmenspotentiale zu gestalten ist. Die Problemanalyse hat sowohl eine exogene als auch eine endogene Sichtweise zu enthalten. So sind bei einem strategisch orientierten Projekt die exogen vorhandenen Chancen und Risiken sowie die im Unternehmen oder der Organisation beeinflussbaren Stärken und Schwächen sowie die daraus resultierenden Handlungsmöglichkeiten zu analysieren.[56]

---

54 Vgl. Domschke und Scholl (2008), S. 30, Suhl und Mellouli (2013), S. 7.
55 Vgl. eine ähnliche Darstellungsweise in Suhl und Mellouli (2013), S. 7.
56 Vgl. Charifzadeh und Taschner (2017), S. 312.

Modellerstellung
Im Anschluss an die Problemanalyse ist ein zur Lösung des betrachteten Problems geeignetes Modell zu erstellen. Im Rahmen von Logistikentscheidungen werden oftmals *Optimierungsmodelle* angewendet, für die mit einem geeigneten Lösungsverfahren eine hinsichtlich einer Zielfunktion optimale Lösung unter Beachtung der Nebenbedingungen zu finden ist.[57] Eine weitere Möglichkeit besteht in der Anwendung von *Simulationsmodellen*, mit denen sich die Reaktion eines Systems auf verschiedene Bedingungen studieren lässt.[58]

In Bezug auf die in diesem Buch behandelten Logistikprobleme stehen im Weiteren Optimierungsmodelle im Fokus der Betrachtungen. Die Erstellung eines Optimierungsmodells entspricht dabei der Vorgehensweise der *präskriptiven Entscheidungstheorie*.[59] Als Ergebnis dieser Modellierungsprozesse liegt für das betrachtete Logistikproblem ein rein mathematisches Optimierungsmodell vor, für das im folgenden Arbeitsschritt die benötigten Daten zu ermitteln sind.

Prognose und Datenerfassung
Im folgenden Schritt ist das rein mathematisch formulierte Entscheidungsmodell mit den für die Abbildung des realen Problems notwendigen Parametern zu verbinden. Dazu sind die notwendigen zu erwartenden Ausprägungen der Modellparameter zu planen bzw. zu prognostizieren, wobei die aus der Unternehmensrechnung bekannten Ansätze, wie z. B. die Grenzkosten- und -leistungsrechnung[60], die Deckungsbeitragsrechnung[61], die Cash-Flow-Rechnung[62] bzw. speziell auf die Logistik ausgerichtete Rechnungs- bzw. Kennzahlensysteme[63] zu verwenden sind.

In diesem Zusammenhang können ggf. Ergebnisse der deskriptiven Entscheidungstheorie einfließen, indem Analyseergebnisse über das Verhalten von Entscheidungsträgern in realen Entscheidungssituationen in die Bestimmung der Modellparameter einfließen. Weiterhin kann es sinnvoll sein, die Ergebnisse von Simulationsrechnungen zur Bestimmung der Modellparameter einzubeziehen.

Lösung mit geeigneter Software
Der sich an die Modellierung des Problems anschließende Lösungsprozess wird wesentlich von der Art der Modellierung bestimmt. So sind Optimierungsmodelle mit Optimierungssoftware und Simulationsmodelle mit entsprechender Simulationssoftware zu lösen. Handelt es sich um ein kombiniertes Optimierungs- und

---

57 Vgl. Briskon (2023), S. 29 ff.
58 Vgl. Ivanov et al. (2021), S. 74.
59 Vgl. zu den Elementen der präskriptiven Entscheidungstheorie Sieben und Schildbach (1994), S. 1 ff., Domschke und Scholl (2008), S. 48 ff.
60 Vgl. Ewert et al. (2023), S. 603 ff..
61 Vgl. Ewert et al. (2023), S. 638 ff.
62 Vgl. Becker und Peppmeier (2022), S. 16 ff.
63 Vgl. Piontek (2021), S. 322 ff., Weber (2012).

Simulationsmodell, ist eine Softwareumgebung notwendig, die beide mathematische Welten in sich vereinigt.[64]

Die Eigenschaften der diesem Buch betrachteten Optimierungsmodelle besitzen einen großen Einfluss auf den zu verwendenden Algorithmus. So bedingen z. B. lineare und nichtlineare Modelle unterschiedliche Lösungsverfahren, die nochmals in kontinuierliche und ganzzahlige Ansätze zu unterscheiden sind. Unter Umständen erscheint es aufgrund der Verfügbarkeit einer benötigen Software bzw. der ggf. ungünstigen Laufzeiteigenschaften einzelner Algorithmen sinnvoll, das ursprüngliche Modell in einen anderen Modelltyp äquivalent oder näherungsweise zu transformieren. Als Beispiel sei die stückweise Linearisierung nichtlinearer Funktionen zu nennen[65], um nach erfolgter Transformation der nichtlinearen Funktionen lineare Lösungsalgorithmen nutzen zu können.

Weiterhin ist in diesem Zusammenhang zu entscheiden, ob das Problem mit einem exakten oder einem heuristischen Verfahren gelöst werden soll. Mit einem exakten Verfahren kann, wenn das Problem generell lösbar ist, ein Nachweis erbracht werden, dass die beste gefundene Lösung tatsächlich das Optimum des betrachteten Problems darstellt. Allerdings ist es möglich, dass derartige Algorithmen für bestimmte Modelle nur sehr langsam konvergieren bzw. den Optimalitätsnachweis erbringen.[66] In diesem Fall bieten sich heuristische Verfahren an, die innerhalb einer deutlich besseren Laufzeit zulässige und im Sinne des Zielkriteriums gute Lösungen ermitteln können. Ein Optimalitätsnachweis kann allerdings nicht erbracht werden. Im Rahmen der logistischen Entscheidungsprobleme haben sich z. B. für Rundreise- und Tourenprobleme spezielle heuristische Lösungsverfahren aufgrund ihrer Laufzeiteigenschaften durchgesetzt.

Analyse der Lösung

Die mittels eines geeigneten Lösungsalgorithmus gefundene Lösung ist einer eingehenden Analyse zu unterziehen. In keinem Fall sollte eine per Software gefundene Lösung des betrachteten Entscheidungsproblems automatisiert umgesetzt werden. Vielmehr sind in diesem Arbeitsschritt die Erfahrungen, das Wissen und ggf. die Intuition der Entscheidungsträger und weiterer Experten in die Analyse der bisher gefundenen Lösung einzubeziehen.

So ist die Lösung hinsichtlich der im Rahmen der Modellierung getroffenen Annahmen und Prämissen sowie hinsichtlich des gewählten Modells zu untersuchen. Da das Modell immer eine vereinfachte Abbildung der Realität darstellt, ist zu untersuchen, ob die aus der Lösung des Modells gefundenen Erkenntnisse im Sinne eines isomorphen Modells auf das reale Problem überführt werden können. Ist das

---

64 Vgl. Steglich und Müller (2013).
65 Vgl. Domschke et al. (2015), S. 216 f., Domschke und Scholl (2010), S. 80, Williams (2013), S. 147 ff.
66 Vgl. Briskon (2023), S. 11 f.

Grundlagen der Entscheidungsunterstützung

nicht der Fall, ist der interaktive Prozess der Modellierung und Problemlösung im Schritt Problemanalyse oder im Schritt Modellerstellung erneut zu beginnen. Weiterhin ist die Güte der einbezogenen Daten und die der gefundenen Lösung zu evaluieren. Das kann z. B. durch eine modellhafte Nachstellung der Ist-Situation geschehen, indem das Modell mit vergangenheitsbezogenen Daten evaluiert wird. Die so gewonnenen Ergebnisse werden mit den bekannten Daten der gegenwärtigen Situation verglichen und erlauben eine Kalibrierung des Modells. Gleichzeitig erhält man eine Vergleichsbasis für nachfolgende Rechnungen. Zusätzlich kann die Lösung einer Optimierungsrechnung mit einem Simulationsmodell evaluiert werden. So können eine gezielte Variation der Lösungselemente in einem gewissen Umfeld der optimalen Lösung und die Bewertung dieser Varianten in einem Simulationsmodell erfolgen.

Letztlich sollte dieser interaktive Prozess der Modellierung und Problemlösung mehrfach iterativ durchlaufen werden, bis durch den Entscheidungsträger festgestellt wird, dass die so gefundene Lösung dem realen Entscheidungsproblem entspricht. Erst dann erfolgt die endgültige Entscheidung durch den verantwortlichen Entscheider. Die gefundene Lösung wird dann zu einem Plan bzw. einer Vorgabe für die mit der Durchsetzung dieses Problems beauftragten Mitarbeiter.

1.2.4 Entscheidungsunterstützende Systeme in der Logistik

1.2.4.1 Grundlagen entscheidungsunterstützender Systeme

Betrachtet man den interaktiven Prozess der Modellierung und Lösung von Entscheidungsproblemen, erkennt man, dass Entscheidungsträger mit vielfältigen Aspekten und Anforderungen der Problemanalyse, der Modellierung, der Datengewinnung, der Analyse einer gefundenen Lösung und der Präsentation von Planungsergebnissen konfrontiert werden. In Anbetracht dieser vielfältigen Einzelaspekte bietet es sich an, eine Software zu nutzen, die alle Aspekte des interaktiven Entscheidungsprozesses unterstützt. Derartige Softwaresysteme werden *Decision-Support-Systems* (DSS) oder synonym *Entscheidungsunterstützungssysteme* (EUS) genannt. In diesem Sinn ist ein entscheidungsunterstützendes System als interaktive Software zu verstehen, die einen Entscheidungsträger mit Problemdaten, Modellen und Methoden sowie Präsentationsansätzen unterstützt.[67]

> „A DSS is an interactive computer-based system or subsystem intended to help decision makers use communications technologies, data, documents, knowledge and/or models to identify and solve problems, complete decision process tasks, and make decisions."[68]

---

67 Vgl. Hansen et al. (2019), S. 296 ff.
68 Power (2023).

Die Fähigkeit eines EUS, den Entscheidungsprozess in wesentlichen Aspekten zu unterstützen, erfordert eine Reihe von zu implementierenden Funktionalitäten wie z. B.:

- Datenübernahme, Prüfung und Speicherung,
- Datenanalyse und -visualisierung,
- modellhafte Abbildung des Problems,
- Verwaltung von Projekten und Szenarien,
- Vorgabe und Änderung von Parametern,
- Optimierung und/ oder Simulation sowie
- Resultatpräsentation in grafischer bzw. Textform.

Aus diesen Anforderungen ergibt sich die in Abb. 1.5 dargestellte Grundarchitektur eines Entscheidungsunterstützungssystems.[69]

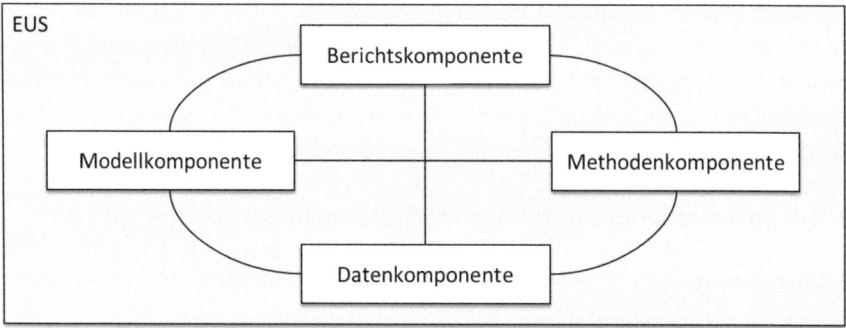

Abb. 1.5 Komponenten eines Entscheidungsunterstützungssystems

In einem solchen System sind mit der *Datenkomponente* alle für das Problem relevanten Daten auf der Basis interner und externer Quellen bereitzustellen. Neben den Werkzeugen zur Datendefinition und -manipulation müssen auch Sicherheits- und Zugriffsmechanismen zur Verfügung stehen. Die Datenkomponente ist mit allen anderen Bestandteilen der EUS-Architektur adäquat zu verbinden. So haben die in der *Berichtskomponente* bereitgestellten Berichtsgeneratoren einen unkomplizierten und schnellen Zugriff auf die Daten des EUS zu erlauben. Generell besteht die Aufgabe dieser Komponente darin, alle aus der Datenkomponente stammenden Basisdaten und die auf der Basis der Modell- und Methodenkomponente ermittelbaren Ergebnisse von Optimierungs- oder Simulationsrechnungen nutzeradäquat aufzubereiten. Mit der *Modellkomponente* sind vorbereitete Optimierungs- bzw. Simulationsmodelle bereitzustellen, die vom Nutzer entsprechend dem betrachteten Problem angepasst und verwendet werden können. Darüber hinaus kann diese Komponente auch spezielle Prognose- und Analysemodelle vorhalten, die den eigentlichen

---

69 Vgl. zur Architektur von EUS z. B. Hansen et al. (2019), S. 296 ff..

Entscheidungsprozess flankierend unterstützen. Zur Lösung des mittels der Modell- und Datenkomponente erstellten Optimierungs- oder Simulationsmodells werden spezielle Lösungsalgorithmen benötigt, die neben den zusätzlich benötigten Prognose- und Analyseverfahren durch die *Methodenkomponente* bereitzustellen sind.

Im Sinne der Spezialisierung auf eines oder mehrere Problemgebiete können Entscheidungsunterstützungssysteme, wie in Abb. 1.6 zu sehen, in spezialisierte, in problemorientierte und in allgemeine EUS unterschieden werden.

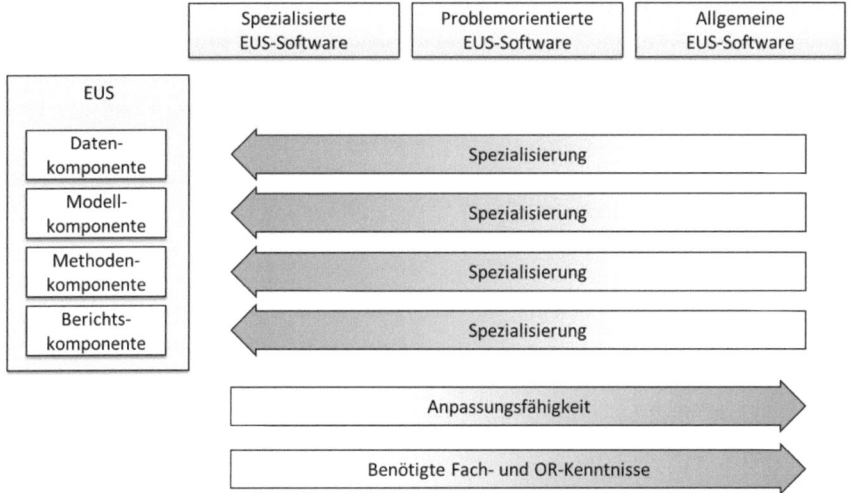

Abb. 1.6 Aufgabenspezialisierung von Entscheidungsunterstützungssystemen

Eine *spezialisierte EUS-Software* wird ausschließlich für ein bestimmtes Entscheidungsproblem eines Unternehmens oder einer sonstigen Organisation erstellt. Da sie nur für diesen einen Zweck anwendbar ist, liegt bei einer solchen Software die höchste Spezialisierung hinsichtlich der einzelnen Komponenten des Entscheidungsunterstützungssystems vor. Eine spezialisierte EUS-Software ist ohne eine softwareseitige Veränderung nicht oder nur kaum anpassbar, wobei aufgrund der geringen Möglichkeiten der Anpassungen die benötigten Fachkenntnisse bzw. die Kenntnisse auf dem Gebiet des Operations Research eher geringer Natur sind. Als Beispiel für diese Gruppe der Entscheidungsunterstützungssysteme sei eine Tourenplanungssoftware genannt, die speziell für die Verhältnisse eines Logistikunternehmens entwickelt wurde und nicht ohne Änderung der Software für ein anderes Unternehmen anwendbar ist.

Problemorientierte EUS-Software kann für eine bestimmte Gruppe von Entscheidungsproblemen angepasst und verwendet werden. So könnte ein Logistik-EUS generell Transport-, Touren- und Standortprobleme unterstützen, wobei die Datenbasis sowie die Modelle und Methoden noch auf die Besonderheiten eines speziellen Problems anzupassen sind. Generell ist diese Gruppe von EUS-Software weniger spezialisiert, wobei zu beachten ist, dass die unterstützten Entscheidungsprobleme auf die durch die Modell- und Methodenkomponente vorgehaltenen Probleme beschränkt sind. Aufgrund der höheren Anpassungsfähigkeit steigen allerdings auch die von einem Nutzer benötigten Fachkenntnisse.

Allgemeine EUS-Software ist für eine Vielzahl von Entscheidungsproblemen anwendbar und besitzt die geringste Spezialisierung aller drei erwähnter Ausprägungen entscheidungsunterstützender Software. Dabei kann es sich u. a. um eine um Optimierungskomponenten erweiterte Tabellenkalkulationssoftware[70], um mathematische Softwarepakete[71], um mathematische Programmierungssprachen[72] oder um Bibliotheken von Optimierungs- oder Simulationssoftware[73] handeln. Allerdings stellen solche Systeme aufgrund der Anpassungsfähigkeit und des Freiheitsgrades hohe fachliche Anforderungen an einen Nutzer.

In diesem Buch werden mit LogisticsLab ein Vertreter der problemorientierten EUS und mit CMPL ein allgemeines EUS eingeführt und intensiv für die Beispiele in den einzelnen Fachkapiteln genutzt.

1.2.4.2 LogisticsLab als Beispiel für ein problemorientiertes EUS

LogisticsLab ist eine akademische Software für die Entscheidungsunterstützung in der Logistik. Diese Software lässt sich hinsichtlich der Spezialisierung auf eines oder mehrere Problemgebiete als problemorientiertes Entscheidungsunterstützungssystem einordnen, da sie einzelne Softwaretools enthält, mit denen sich Transport-, Netzwerkfluss-, Rundfahrt-, Briefträger-, Tourenplanungs- und Standortprobleme in unterschiedlichen Variationen modellieren und lösen lassen.[74]

LogisticsLab wurde ursprünglich unter dem Namen EUS Lehrsoftware von DIETER FEIGE für die Studiengänge Betriebswirtschaftslehre und Logistik an der Friedrich-Alexander-Universität Erlangen-Nürnberg entwickelt und von MIKE STEGLICH von der Technischen Fachhochschule Wildau grundlegend überarbeitet und erweitert.

LogisticsLab wird unter der *LogisticsLab-Academic-License* bereitgestellt. Die Software kann für akademische Zwecke (wie Forschung und Lehre bzw. für das Nachvollziehen von Fallstudien in akademischen Lehrbüchern) kostenlos und ohne Gewährleistung genutzt werden.[75] LogisticsLab steht für Microsoft Windows zur Verfügung und kann unter http://logisticslab.org heruntergeladen werden. Die

---

70 Als Beispiel seien die Solver-Add-Ins für Excel bzw. LibreOffice genannt.
71 Z. B. Wolfram Mathematica (Wolfram-Research (2025)).
72 Als kommerzielles Beispiel sei AMPL (AMPL-Optimization (2025)) und als ein Beispiel für ein Open-Source-Projekt CMPL (Steglich und Schleiff (2025)) genannt.
73 Z. B. Google-OR-Tools (Google (2025b)).
74 Vgl. Steglich (2021a)
75 Vgl. Steglich (2021a)

Grundlagen der Entscheidungsunterstützung

Installation ist detailliert auf der Website http://logisticslab.org/installation.html beschrieben.

LogisticsLab enthält folgende eigenständige Module:

- TPP.exe   Transportation-Problems,
- NWF.exe   Network-Flow-Problems,
- TSP.exe   Travelling-Salesman and Chinese-Postman-Problems,
- VRP.exe   Vehicle-Routing-Problems,
- DLP.exe   Discrete-Location-Problems und
- CLP.exe   Continuous-Location-Problems,

mit denen klassische Transport- und Engpass-Transportprobleme, Netzwerkflussprobleme (z. B. Transshipment-Probleme), geschlossene und offene Travelling-Salesman- sowie Briefträger-Probleme, kapazitierte Tourenplanungsprobleme mit und ohne Kundenzeitfenster, diskrete Single-Source-Standortprobleme (insbesondere Warehouse-Location-, Set-Covering-Location- und Maximal-Covering-Probleme) sowie kontinuierliche p-Median- und p-Zentrenproblemen in unterschiedlichen Varianten gelöst werden können.

LogisticsLab ist auf eine intuitive und interaktive Arbeitsweise ausgerichtet und unterstützt das durch eine moderne Benutzeroberfläche. Diese besitzt für jeden Programmteil eine einheitliche Struktur, wie sie in Abb. 1.7 für LogisticsLab/VRP beispielhaft dargestellt ist.

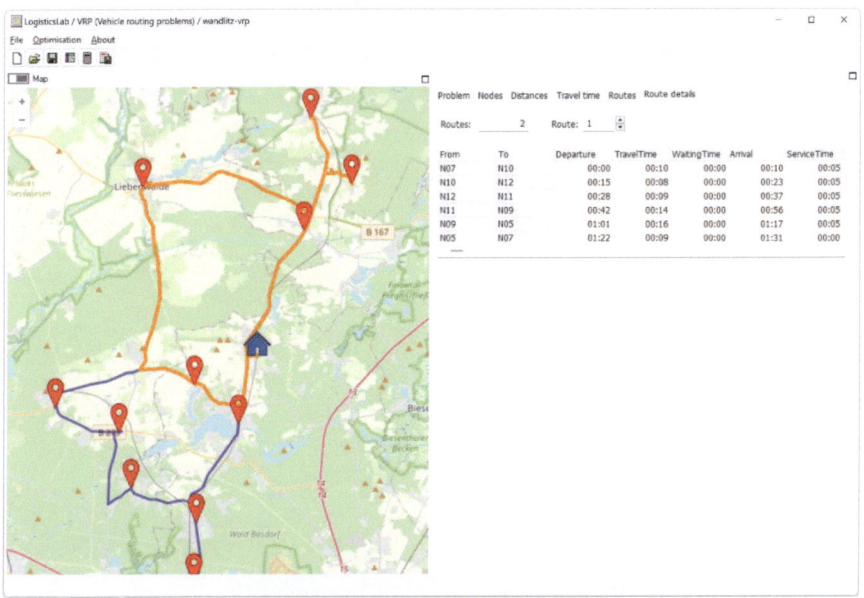

Abb. 1.7 Benutzeroberfläche von LogisticsLab

Neben den üblichen Elementen verfügt die Benutzeroberfläche über einen Netzwerkbereich auf der linken Seite und einen Datenbereich auf der rechten Seite des Programmfensters. Der Netzwerkbereich dient der grafischen Darstellung des Problems in einer OpenStreetMap-Karte. Im Datenbereich können die Daten über spezifische Register interaktiv eingegeben und geändert werden.

Auf eine umfassende Beschreibung der funktionalen Eigenschaften dieser Software wird an dieser Stelle verzichtet, da in den folgenden problemorientierten Kapiteln die Modellierung und Lösung ausgewählter logistischer Entscheidungsprobleme mit LogisticsLab sowie die Analyse der gefundenen Lösung detailliert beschrieben werden.

Neben den vielfältigen Funktionalitäten, mit denen diverse Logistikentscheidungsprobleme gelöst werden können, besteht eine weitere wichtige Eigenschaft dieser Software darin, dass OpenStreetMap-Karten benutzt werden, um das Problem mit seinen Knoten und Kanten sowie dessen Lösung darzustellen. Die Karte kann vergrößert bzw. verkleinert sowie gedreht werden. In erster Linie dient die Karte der Darstellung der Netzwerkknoten eines Problems. In Abhängigkeit des Typs eines Knotens ergänzt LogisticsLab die Karte um problemspezifische Marker. So stellt die linke Karte in Abb. 1.8 ein Transportproblem mit blauen Häuschen für Anbieter und roten Pins für die Kunden dar. In der rechten Karte ist ein Umladeproblem mit Angebotsknoten, die durch blaue Pins visualisiert werden, Umladeknoten mit Pins in Ocker und Nachfrageknoten mit roten Pins dargestellt. Fährt ein Nutzer mit der Maus über einen Marker wird ein Pop-Up-Fenster mit zusätzlichen Informationen eingeblendet, wie in Abb. 1.9 für das Depot eines Tourenplanungsproblems zu sehen ist.

Abb. 1.8 Marker für Knoten in LogisticsLab

Grundlagen der Entscheidungsunterstützung 25

Abb. 1.9 Marker mit Pop-Up

Zusätzlich werden die Karten in LogisticsLab zur Visualisierung gefundener Lösungen verwendet, indem die über OpenStreetMap-Funktionalitäten zu findenden Routen auf realen Straßen in der Karte durch blaue Verbindungen dargestellt werden. Dabei können einzelne Routen bzw. Teilstücke mit der Farbe Ocker hervorgehoben werden. So zeigt Abb. 1.10 einen Teil der Lösung für ein Umladeproblem in LogisticsLab/NWF, wobei die Route zwischen einem Werk in Soria, Spanien und einem Umladeknoten in Frebuans, Frankreich markiert wurde.

Abb. 1.10 Darstellung einer Lösung in LogisticsLab/NWF

Die Erfassung und Eingabe von Daten der Netzwerkknoten ist problemabhängig teilweise sehr aufwändig. Dabei liegt ein Schwerpunkt auf den geografischen Koordinaten, die einerseits für die Darstellung in der Karte und andererseits für die Ermittlung von Distanzen und ggf. Fahrtzeiten zwischen den einzelnen Knoten benötigt werden. Hierbei bietet es sich an, die geografischen Koordinaten des Knotens mittels eines *Geocoders* zu ermitteln.[76]

LogisticsLab verwendet dazu die Open-Source-Geocoder *Photon*[77] und *Nominatim*[78], die mit OpenStreetMap-Daten arbeiten.

In LogisticsLab kann das Abrufen der Koordinaten auf unterschiedliche Art und Weise erfolgen. Eine Möglichkeit besteht darin, die Adressen oder Teile der Adressen der Knoten in den entsprechenden Spalten einer Knotenliste einzutragen und dann die geografischen Koordinaten über den entsprechenden Geocoder zu ermitteln. In Abb. 1.11 ist ein Beispiel für ein Tourenplanungsproblem in LogisticsLab/VRP gegeben, wobei zu erwähnen ist, dass aus Darstellungsgründen mehrere Spalten der Tabelle ausgeblendet wurden. Im Datenbereich dieses Moduls wurden im Register *Nodes* zwei Kunden mit ihren Adressen eingegeben. Im Anschluss können die Breiten- und Längengrade aller Knoten über die Schaltfläche *All coords* oder für den ausgewählten Knoten über *Node coords* abgerufen werden.

Nr.	ID	Name	Lat	Long	City	PostCode	Street
1	N01	K1			Schönwalde	16384	Hauptstr. 63b
2	N02	K2			Basdorf	16384	Fuchsienstr. 7

Add   Search & Add   Delete   All Coords   Node Coords   Print

Abb. 1.11 Knotenliste vor Ermittlung der Koordinaten in LogisticsLab/VRP

Nach erfolgreichem Abruf der Koordinaten werden diese automatisch in der Knotenliste eingetragen (Abb. 1.12) und die Knoten mittels der Koordinaten in der Karte dargestellt.

Nr.	ID	Name	Lat	Long	City	PostCode	Street
1	N01	K1	52,68601	13,44322	Schönwalde	16384	Hauptstr. 63b
2	N02	K2	52,71357	13,44019	Basdorf	16384	Fuchsienstr. 7

Abb. 1.12 Knotenliste nach Ermittlung der Koordinaten in LogisticsLab/VRP

Zusätzlich ist es möglich, über die in allen Programmteilen für Knoten zur Verfügung stehende Schaltfläche *Search & Add* mit einem Adressfragment nach einer vollständigen Adresse sowie den zugehörigen geografischen Koordinaten zu

---

76 Vgl. Steglich (2023).
77 Photon (2025).
78 Nominatim (2025).

suchen und in der Knotenliste als neuen Knoten einzufügen. So kann man z. B., wie in Abb. 1.13 zu sehen, den Eintrag für das Jagdschloss in Groß Schönebeck im Land Brandenburg zu suchen. Die Adresse und die zugehörigen Koordinaten werden im Anschluss an die Knotenliste angefügt (Abb. 1.14).

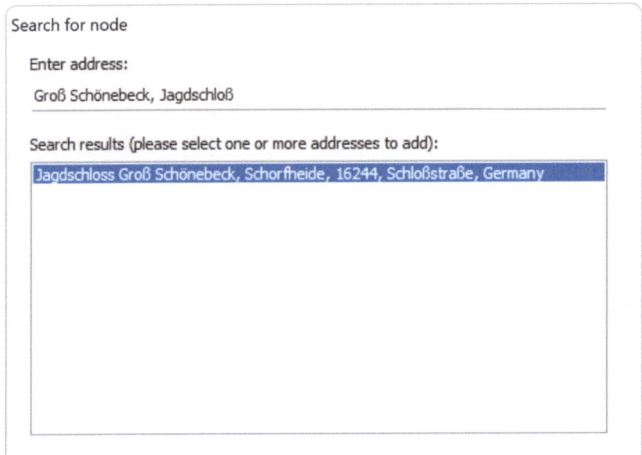

Abb. 1.13 Adresssuche in LogisticsLab

Nr.	ID	Name	Lat	Long	City	PostCode	Street
1	N01	K1	52,68601	13,44322	Schönwalde	16384	Hauptstr. 63b
2	N02	K2	52,71357	13,44019	Basdorf	16384	Fuchsienstr. 7
3	N03	Jagdschloss Groß Schönebeck	52,90501	13,53151	Schorfheide	16244	Schloßstraße

Abb. 1.14 Hinzugefügter Knoten nach Adresssuche

Weiterhin ist es in allen LogisticsLab-Modulen möglich, Knoten durch einen Doppelklick in der Karte anzulegen, wenn im Datenbereich das entsprechende Register zur Bearbeitung der Knotendaten geöffnet ist. So zeigt Abb. 1.15, dass in LogisticsLab/TSP einzelne Knoten in einem Waldstück durch Doppelklicken in der Karte erzeugt wurden. LogisticsLab fragt nach dem Doppelklick, ob tatsächlich an dieser Stelle ein Knoten angelegt werden soll. Wenn das bejaht wird, ermittelt LogisticsLab die geografische Koordinaten und, wenn möglich, über die integrierten OpenStreetMap-Funktionalitäten die Adresse des Knotens. Diese Daten werden automatisch in die entsprechenden Spalten für den neuen Knoten eingetragen.

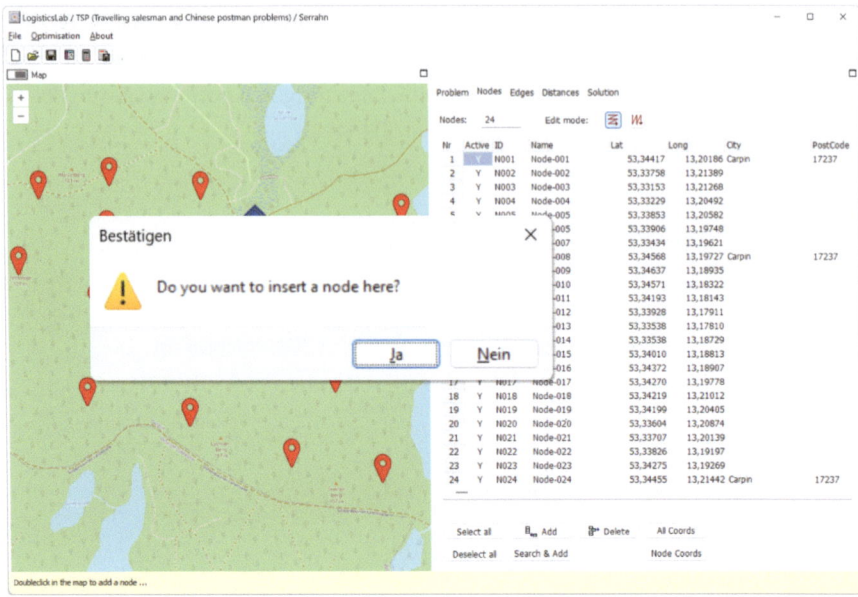

Abb. 1.15 Anlegen eines Knoten in LogisticsLab/TSP

Um ein logistisches Entscheidungsproblem lösen zu können, ist es notwendig, die Gewichte der die einzelnen Knoten verbindenden Kanten zu bestimmen. Für Aufgabenstellungen mit realen Adressen und Straßen können in LogisticsLab die Distanzen und Fahrtzeiten über *Open-Source-Routing-Machine* (OSRM)[79] oder Openrouteservice (ORS)[80] abgerufen werden.

Sind alle Knoten mit ihren geografischen Koordinaten in LogisticsLab verfügbar, kann der Dialog zur Bestimmung der Distanz- bzw. Fahrtzeit- oder der darauf basierenden Kostenmatrix, wie in Abb. 1.16 beispielhaft für LogisticsLab/VRP dargestellt, aufgerufen werden. Die generierten Matrizen werden anschließend in den entsprechenden Datenbereichen automatisch eingefügt

Nachdem alle Daten eines Problems inklusive der Distanz- oder Fahrtzeit- oder einer darauf basierenden Kostenmatrix vorliegen, kann das Problem gelöst werden. Um die Lösung auf adäquate Weise in der Karte darzustellen, werden durch LogisticsLab automatisch über OSRM oder ORS die Routen auf den realen Straßen abgerufen. Diese werden anschließend, wie in Abb. 1.10 zu sehen, in der Karte dargestellt und können ggf. hervorgehoben werden.

---

79 OSRM (2025).
80 Openrouteservice (2025).

Grundlagen der Entscheidungsunterstützung

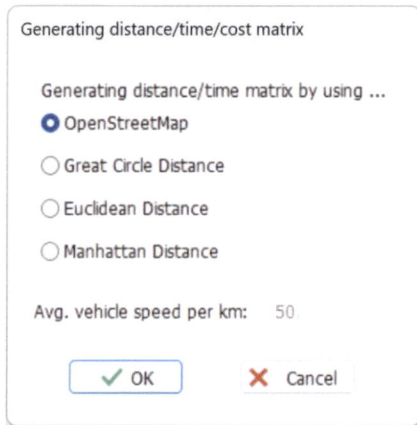

Abb. 1.16 Dialog zur Bestimmung von Distanzen und Fahrtzeiten in LogisticsLab/VRP

1.2.4.3 CMPL als Beispiel für ein allgemeines EUS

Da LogisticsLab nicht alle der in diesem Buch behandelten logistischen Entscheidungsprobleme unterstützt, wird mit *CMPL* eine zweite entscheidungsunterstützende Software verwendet.

CMPL wurde von THOMAS SCHLEIFF und MIKE STEGLICH entwickelt und ist ein Projekt der Technischen Hochschule Wildau und des Instituts für Unternehmensforschung und Unternehmensführung an der Martin-Luther-Universität Halle-Wittenberg. Weiterhin wurde CMPL als Open-Source-Projekt in die COIN-OR Foundation (Computational Infrastructure for Operations Research) aufgenommen, die es sich zum Ziel gesetzt hat, Open-Source-Software für das Gebiet des Operations Research zu unterstützen und bereitzustellen.[81] Die Hauptintention bei der Entwicklung von CMPL war es, eine einfach zu erlernende, flexible und doch mächtige Programmierungssprache für lineare Optimierungsprobleme zu schaffen.

> „The CMPL syntax is similar in formulation to the original mathematical model but also includes syntactic elements from modern programming languages. CMPL is intended to combine the clarity of mathematical models with the flexibility of programming languages."[82]

Als Optimierungsumgebung unterstützt CMPL eine Vielzahl Solver wie HiGHS, CBC, SCIP, GUROBI und CPLEX und ruft diese direkt zum Lösen der generierten Modellinstanz auf. Die CMPL-Distribution enthält Coliop, die integrierte Entwicklungsumgebung (IDE) von CMPL, Anwendungsprogrammierschnittstellen (APIs)

---

81 COIN-OR-Foundation (2024).
82 Steglich und Schleiff (2010), S. 4.

für Python3 und Java (pyCmpl und jCmpl) und mit CMPLServer[83] einen XML-RPC-basierten Webservice für verteilte und Grid-Optimierung. Für weitere Informationen sei auf die Website http://coliop.org verwiesen.

Ein wichtiges Merkmal von CMPL besteht mit *CmplXlsData* in der interaktiven Schnittstelle zu Microsoft-Excel. CmplXlsData wurde mit CMPL-Version 2 eingeführt und ist die Schnittstelle von CMPL zum Lesen von Sets und Parametern aus einer Excel-Datei und zum Schreiben von Optimierungsergebnissen in eine geöffnete Excel-Datei. Wenn die Excel-Datei nicht geöffnet ist, wird sie von CMPL automatisch geöffnet und die Ergebnisse der Optimierung können sofort eingesehen werden. Um diese Funktionalität unter Windows und macOS nutzen zu können, muss Microsoft-Excel installiert sein.[84]

Die Vorgehensweise zur Lösung eines linearen Optimierungsproblems wird anhand des folgenden einfachen Beispiels zur Planung eines Produktionsprogramms dargestellt.

Beispiel 1.1: Produktionsprogrammplanung
(Beispieldatei: Grundlagen.xlsx→Produktionsprogramm und Produktionsprogramm.cmpl)

Ein Unternehmen hat für die drei Produkte P1, P2 und P3 die den Gesamtdeckungsbeitrag maximierenden Produktionsmengen zu planen, wobei die beschränkten Kapazitäten der bei der Produktion aller drei Produkte zu benutzenden Maschinen M1 und M2 zu beachten sind. Die zugehörigen Daten sind in Tab. 1.2 gegeben.

Tab. 1.2 Daten für Beispiel 1.1

	P1	P2	P3	Kapazitätsobergrenze [h]
Stückdeckungsbeitrag [€/Stück]	35	50	20	
Maschinenbeanspruchung [h/Stück]				
M1	4	6	3	1.500
M2	9	4	1	2.500

Das mathematische Modell für dieses Problem kann wie folgt allgemein formuliert werden:

---

83 Steglich (2016).
84 Steglich (2021b).

$$\mathbf{c}^T \cdot \mathbf{x} \to \max! \quad (1.10)$$

u.d.N.

$$\mathbf{a} \cdot \mathbf{x} \leq \mathbf{b} \quad (1.11)$$

$$\mathbf{x} \in \{0,1,\ldots\} \quad (1.12)$$

mit
Parameter:

c   Vektor der Zielfunktionskoeffizienten (Stückdeckungsbeiträge)

a   Koeffizientenmatrix der linken Seiten der Nebenbedingungen (Maschinenbeanspruchungen je Stück)

b   Vektor der rechten Seiten der Nebenbedingungen (Kapazitäten der Maschinen)

Variablen:

x   Vektor der Entscheidungsvariablen (Produktionsmengen)

Die zugehörigen Vektoren und die Matrix lauten wie folgt:

$$\mathbf{c} = \begin{pmatrix} 35 \\ 50 \\ 20 \end{pmatrix},\ \mathbf{a} = \begin{pmatrix} 4 & 6 & 3 \\ 9 & 4 & 1 \end{pmatrix},\ \mathbf{b} = \begin{pmatrix} 1500 \\ 2500 \end{pmatrix},\ \mathbf{x} = \begin{pmatrix} x_1 \\ x_2 \end{pmatrix} \quad (1.13)$$

Zum Lösen dieses Problems mit CMPL in Verbindung mit Microsoft-Excel ist in Excel ein neues Arbeitsblatt anzulegen und die zur Lösung dieses Problems notwendigen Daten einzugeben. In dem für dieses Problem angelegten Excel-Arbeitsblatt wurden, wie in Abb. 1.17 dargestellt, im Zellbereich B3:F7 die Grunddaten eingegeben. Da CMPL einen Zellbereich benötigt, in dem die Lösungen für die einzelnen Produktionsmengen nach dem Optimierungslauf automatisch eingetragen werden, wurde in diesem Arbeitsblatt der Bereich C11:E11 vorbereitet. Der Zellbereich C13:F15 enthält Formeln für die Berechnung der von den Produktionsmengen abhängigen Kapazitätsbeanspruchungen und Deckungsbeiträge sowie die entsprechenden Zeilensummen.

Im folgenden Schritt ist das CMPL-Modell zu definieren. Dazu bietet es sich an, CMPLs Benutzeroberfläche Coliop zu nutzen (Abb. 1.18). Wie im Rahmen der präskriptiven Entscheidungstheorie beschrieben, umfasst ein Optimierungsmodell Variablen, eine Zielfunktion, eine Anzahl von Nebenbedingungen und die in die Zielfunktion und in die Nebenbedingungen einzubeziehenden Parameter.

	A	B	C	D	E	F
1						
2		Parameter				
3				P1	P2	P3	Kapazitäts-obergrenze [h]
4		Stückdeckungsbeitrag [€/Stück]		35	50	20	
5		Maschinenbeanspruchung [h/Stück]					
6		M1		4	6	3	1.500
7		M2		9	4	1	2.500
8							
9		Lösung					
10				P1	P2	P3	Gesamt
11		Produktionsmengen [Stück]					
12		Maschinenbeanspruchung [h]					
13		M1		0	0	0	0
14		M2		0	0	0	0
15		Deckungsbeitrag [€]		0	0	0	0

Abb. 1.17 Excel-Arbeitsblatt mit den Daten für Beispiel 1.1

Zur Definition dieser Bestandteile eines Optimierungsmodells existieren in CMPL, wie im allgemeinen CMPL-Modell 1.1 gezeigt, die Sektionen par, var, obj und con, die in einem CMPL-Modell mehrfach verwendet werden können.

CMPL-Modell 1.1 Grundsätzliche Struktur eines CMPL-Modells

```
1   par:
2         # Definition der Indexmengen und der Parameter
3   var:
4         # Definition der Variablen
5   obj:
6         # Definition der Zielfunktion(en)
7   con:
8         # Definition der Nebenbedingungen
```

Da bei Verwendung von CmplXlsData die Indexmengen und die Parameter eines Problems nicht innerhalb eines CMPL-Modells definiert, sondern die Daten im zugehörigen Excel-Arbeitsblatt eingegeben werden und die Spezifikation der Namen und der Zellbereiche in der zugehörigen CmplXlsData-Datei erfolgt, ist die Sektion par nicht notwendig. Stattdessen werden die Indexmengen und Parameter im CMPL-Modell 1.2 in Zeile 1 mit dem CMPL-Header-Eintrag %xlsdata eingelesen. Nach diesem Schlüsselwort könnte ein Dateiname spezifiziert werden. Ist kein Name angegeben, wird angenommen, dass die CmplXlsData-Datei den identischen Namen wie die CMPL-Datei besitzt, allerdings mit der Endung XDATA. Nach dem Doppelpunkt können die Namen der einzulesenden Indexmengen und Parameter angegeben werden. Entfällt diese Angabe, werden alle in der CmplXlsData-Datei spezifizierten Indexmengen und Parameter eingelesen.

Grundlagen der Entscheidungsunterstützung 33

CMPL-Modell 1.2 CMPL-Modell für Beispiel 1.1

```
1    %xlsdata : P set, M set, c[P], a[M, P], b[M]
2
3    var:
4       x[P] : integer;
5
6    obj:
7       c^T * x ->max;
8
9    con:
10      a * x <= b;
```

Die folgende Sektion var dient zur Definition des Variablenvektors x, dessen einzelne Elemente gemäß Ausdruck (1.12) ganzzahlige, nichtnegative Größen darstellen (Zeile 4). In der Sektion obj (Zeilen 6–7) wird die Zielfunktion gemäß Ausdruck (1.10) als Produkt des transponierten Vektors c^T und des Entscheidungsvektors x gebildet und angegeben, dass diese Zielfunktion zu maximieren ist. Es ist anzumerken, dass mit dem Ausdruck c der gesamte Vektor c adressiert und mittels des Schlüsselwortes **T** transponiert wird. Abschließend sind die Nebenbedingungen für die beiden Maschinen in der Sektion con gemäß Ausdruck (1.11) in Matrix-Vektor-Form in Zeile 10 zu spezifizieren.

Wenn das CMPL-Modell in Coliop eingegeben und mit dem Dateinamen *Produktionsprogramm.cmpl* gespeichert wurde, erscheint, wie in Abb. 1.18 zu sehen, in Coliop auf der rechten Seite eine Liste mit den zu diesem Projekt gehörenden Dateien.

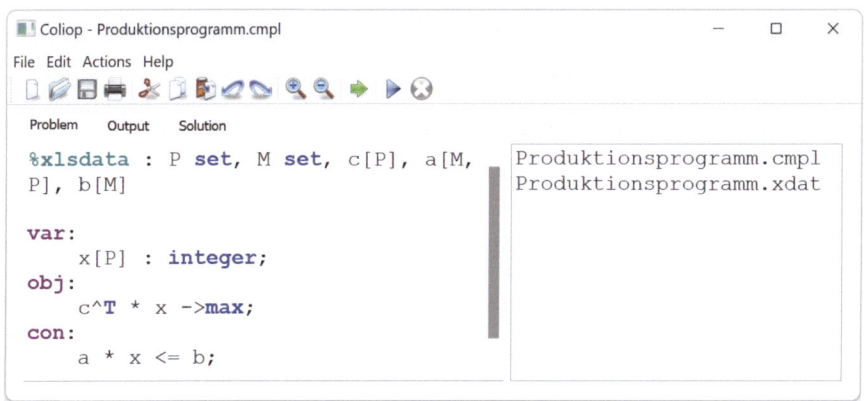

Abb. 1.18 Coliop für Beispiel 1.1

Da in der ersten Zeile des CMPL-Modells mit %xlsdata kein Dateiname angegeben wurde, wird wie schon erwähnt automatisch angenommen, dass die Spezifikationen in einer CmplXlsData-Datei mit dem Namen *Produktionsprogramm.xdata* festgelegt wurden. Wählt man den Eintrag der CmplXlsData-Datei, kann diese im Editor bearbeitet werden. Wie im CMPL-Modell 1.3 zu sehen, besteht eine CmplXlsData-Definition aus drei Sektionen: @source, @input und @output. Generell beginnt ein Eintrag in den Sektionen mit %, gefolgt von einem Bezeichner und dem zugehörigen Datum in spitzen Klammern.

CMPL-Modell 1.3 CmplXlsData für Beispiel 1.1

```
1    @source
2    %file <Grundlagen.xlsx>
3    %sheet <Produktionsprogramm>
4
5    @input
6    %P set <C3:E3>
7    %M set <B6:B7>
8
9    %c[P] <C4:E4>
10   %a[M,P] <C6:E7>
11   %b[M] <eF6:F7>
12
13   @output
14   %x[P].activity <C11:E11>
```

Der Abschnitt @source dient zur Angabe der Excel-Datei und optional des Blattes, das zum Lesen der Indexmengen und Parameter sowie zum Schreiben der Optimierungsergebnisse verwendet werden soll. In diesem Beispiel soll die Excel-Datei *Grundlagen.xlsx* mit dem Blatt *Produktionsprogramm* verwendet werden. Im @input-Abschnitt sind die in das CMPL-Modell einzulesenden Indexmengen und Parameter mit ihren Zellbereichen anzugeben. Es bietet sich an, mit den Indexmengen für die Produkte und die Maschinen zu beginnen, da diese für die Definition der Parametervektoren und der Aufwandmatrix verwendet werden. So wird für die Produkte eine Indexmenge mit dem Namen P angelegt und dieser Menge die Werte aus dem Bereich C3:E3 zugewiesen. Analog erfolgt die Spezifikation der Indexmenge M im Zellbereich B6:B7. Diese Indexmengen werden für die Definitionen des Vektors der Zielfunktionskoeffizienten c und des Vektors der rechten Seiten b in den Zellbereichen C4:E4 und F6:F7 sowie für die Aufwandmatrix a im Zellbereich C6:E7 verwendet. Der @output-Abschnitt gibt die Elemente des Optimierungsergebnisses an, die in die Excel-Datei geschrieben werden sollen. Diese Ergebnisse werden direkt in der Excel-Datei angezeigt. Für dieses Beispiel sollen, wie in Abb. 1.19 zu sehen, die Aktivitäten des Variablenvektors x in den Zellbereich C11:E11 nach Abschluss der Optimierung automatisch geschrieben werden.

	A	B	C	D	E	F
1						
2		**Parameter**				
3			P1	P2	P3	Kapazitäts-obergrenze [h]
4		Stückdeckungsbeitrag [€/Stück]	35	50	20	
5		Maschinenbeanspruchung [h/Stück]				
6		M1	4	6	3	1.500
7		M2	9	4	1	2.500
8						
9		**Lösung**				
10			P1	P2	P3	Gesamt
11		Produktionsmengen [Stück]	234	94	0	
12		Maschinenbeanspruchung [h]				
13		M1	936	564	0	1.500
14		M2	2.106	376	0	2.482
15		Deckungsbeitrag [€]	8.190	4.700	0	12.890

Abb. 1.19 Lösung für Beispiel 1.1

Nach Abschluss der Eingaben kann das Modell gelöst werden, indem in Coliop das Menü *Actions → Solve* oder in der Symbolleiste der entsprechende Eintrag gewählt wird. Nachdem das Modell gelöst wurde, schreibt CMPL die gefundenen Lösungen der Variablen in den Zellbereich, der in der CmplXlsData-Datei spezifiziert wurde. In den Zellen C11:E11 wurden die optimalen Produktionsmengen der drei Produkte geschrieben, die zu einen Gesamtdeckungsbeitrag von 12.890 Euro (Zelle F15) führen. Während für die zweite Maschine noch eine Restkapazität von 18 Maschinenstunden vorliegt, wird die erste Maschine komplett mit 1.500 Maschinenstunden beansprucht.

Auf eine ausführlichere Beschreibung von CMPL wird an dieser Stelle verzichtet, da in den folgenden problemorientierten Kapiteln die Modellierung und Lösung ausgewählter logistischer Entscheidungsprobleme mit CMPL beschrieben wird.

1.3 Ausgewählte Aspekte der Modellierung logistischer Probleme

1.3.1 Grundbegriffe der Graphentheorie

In der Logistikplanung werden sehr oft die Modellierungs- und Berechnungsmöglichkeiten der mathematischen Graphentheorie verwendet. Die Abbildung eines Netzwerks als Graphenmodell erlaubt sowohl seine anschauliche grafische Repräsentation als auch verschiedene Berechnungen und Optimierungsanwendungen auf dem Graphen.

Als Geburtsjahr der Graphentheorie wird oft das Jahr 1736 angesehen. In diesem Jahr stellte LEONHARD EULER das sogenannte Königsberger Brückenproblem in einer Abhandlung über die Lösung von geometrischen Lageproblemen vor.[85] Das Brückenproblem besteht darin, einen Weg zu finden, auf dem man die sieben Brücken der Stadt Königsberg genau einmal überquert und dann wieder zum Ausgangspunkt zurückkehrt. Leonhard Euler konnte beweisen, dass es einen solchen Rundweg nicht gibt.

Betrachtet man dazu in Abb. 1.20 das Problem als Graphen, ist ersichtlich, dass man die vier mit den Brücken zu verbindenden Bereiche als *Knoten* und die sie über die Brücken verbindenden Wege als *Kanten* darstellen kann. Wenn jede Brücke nur einmal zu überqueren ist, dann darf jede Kante nur einmal benutzt werden. Da aber jeder Knoten mit einer ungeraden Anzahl von Kanten verbunden ist, kann gezeigt werden, dass eine Anzahl von Brücke zweimal überquert werden muss. Eine mögliche Rundtour wäre z. B. bei einem mehrfachen Überqueren von Brücken A→D→B→A→B→D→C→A→C→A.

Die Graphentheorie entwickelte sich in der ersten Hälfte des 20. Jahrhunderts als wissenschaftliches Instrument u. a. zur Modellierung von elektrischen Netzwerken und für die Molekularforschung. Eine erste grundlegende Darstellung der Graphentheorie wurde von dem ungarischen Mathematiker DÉNES KÖNIG im Jahre 1936 veröffentlicht.[86]

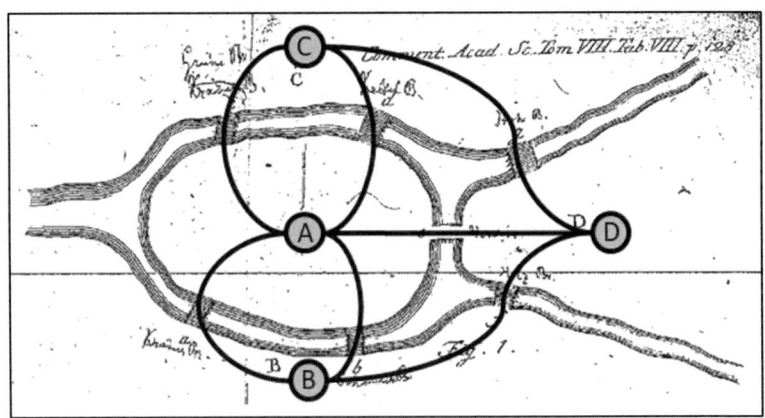

Abb. 1.20 Das Königsberger Brückenproblem als Graph[87]

Seit den 1950er Jahren entwickelten sich vor allem Anwendungen der Graphentheorie für die Modellierung, Planung und Optimierung von Transport- und Ablaufnetzwerken. Heute gehören Graphenmodelle und darauf beruhende Rechen- und Optimierungsverfahren zu den wichtigsten mathematischen Planungsinstrumenten eines Logistikers.

---

85 Vgl. Euler (1741).
86 Vgl. König (1936).
87 Quelle: Euler (1741), S. 129, eigene Darstellung.

Im Folgenden werden ausgewählte Grundbegriffe der Graphentheorie angeführt, soweit sie für die Modellierung von Logistiknetzwerken benötigt werden.

Graph und Kanten
Ein *Graph* $G = (N, A)$ besteht aus einer nichtleeren Menge von Knoten N und einer Menge von *Kanten* A, die die Knoten verbinden. Besitzt eine Kante eine eindeutige Richtung, d. h. sie startet von einem Knoten $i \in N$ und endet an einen Knoten $j \in N$ wird sie als gerichtete Kante oder Pfeil (i, j) bezeichnet. Verbindet eine Kante zwei Knoten $i \in N$ und $j \in N$ ohne eine eindeutige Richtung, liegt eine ungerichtete Kante $[i, j] = [j, i]$ vor.[88]

Gerichteter, ungerichteter und gemischter Graph
Besteht die Kantenmenge A nur aus gerichteten Kanten, wird der Graph als *gerichteter Graph* bezeichnet. Enthält die Kantenmenge A nur ungerichtete Kanten, handelt es sich um einen *ungerichteten Graphen*. Ein *gemischter Graph* liegt vor, wenn die Kantenmenge sowohl gerichtete als auch ungerichtete Kanten umfasst. Für jede diese drei Varianten ist Abb. 1.21 jeweils ein Beispiel angegeben.[89]

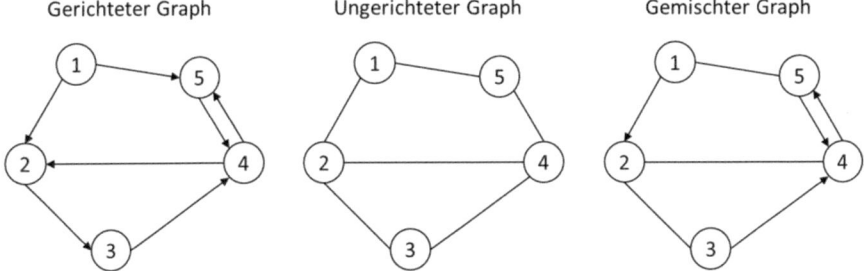

Abb. 1.21 Gerichteter, ungerichteter und gemischter Graph

Schlingen, parallele Kanten und einfacher Graph
Als eine *Schlinge* bezeichnet man eine gerichtete Kante (i, i) oder ungerichtete Kante $[i, i]$, die an einem Knoten i startet und endet. So existiert in den beiden, in Abb. 1.22 dargestellten Graphen eine Schlinge am Knoten 5. Als *parallele gerichtete Kanten* werden Kanten bezeichnet, die identische Start- und Endknoten besitzen. *Parallele ungerichtete Kanten* verbinden jeweils die gleichen Knoten. So befinden sich in Abb. 1.22 zwischen den Knoten 4 und 2 parallele Kanten. Besitzt ein Graph weder Schlingen noch parallele Kanten, wird er *einfacher Graph* genannt.[90]

---

88 Vgl. Iwanowski und Lang (2014), S. 231 f., Diestel (2017), S. 2 f.
89 Vgl. Krumke und Noltemeier (2012), S. 7 und 12 f., Hartmann (2019), S. 270 und 292.
90 Vgl. Krumke und Noltemeier (2012), S. 7 f.

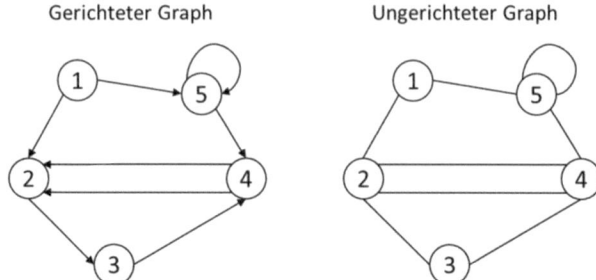

Abb. 1.22 Parallele Kanten und Schlingen in gerichteten und ungerichteten Graphen

Vollständiger Graph

Wenn in einem einfachen ungerichteten Graphen alle Knoten $i \in N$ und $j \in N$ jeweils durch eine Kante $[i, j]$ verbunden sind, handelt es sich um einen vollständigen Graphen.[91] Abb. 1.23 zeigt einen vollständigen Graphen mit vier Knoten, die alle direkt miteinander durch Kanten verbunden sind.

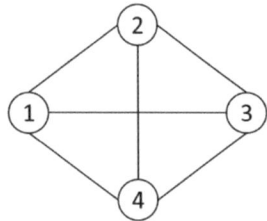

Abb. 1.23 Vollständiger Graph

Inzidenz und Adjazenz

Ein Knoten und eine Kante sind *inzident*, wenn der Knoten i entweder der Start- oder der Endknoten der gerichteten Kante (i, j) bzw. (j, i) oder mit der ungerichteten Kante $[i, j]$ verbunden ist. Zwei Kanten (i, j) und (j, k) bzw. $[i, j]$ und $[j, k]$ sind inzident, wenn ein Knoten j existiert, der mit beiden Kanten inzident ist. Zwei Knoten i und j sind *adjazent*, wenn eine Kante (i, j) oder (j, i) bzw. $[i, j]$ existiert, die mit beiden Knoten inzident ist.[92]

Adjazenz- und Inzidenzmatrix

Die Abbildung der Inzidenz und der Adjazenz eines Graphen wird üblicherweise in Matrixform vorgenommen. So ist die $|N| \times |N|$ *Adjazenzmatrix* $A(G) = (\alpha_{ij})$; $i \in N, j \in N$ des Graphs G eine Matrix, die pro Matrixelement α_{ij} die Anzahl der

---

91 Vgl. Iwanowski und Lang (2014), S. 274.
92 Vgl. Krumke und Noltemeier (2012), S. 78 f., Iwanowski und Lang (2014), S. 236.

Ausgewählte Aspekte der Modellierung logistischer Probleme

Kanten angibt, die einen Knoten i mit einem Knoten j verbindet. Sie ist für einfache Graphen wie folgt definiert:[93]

$$\alpha_{ij} = \begin{cases} 1, & \text{wenn } (i,j) \in A \text{ bzw. } [i,j] \in A \\ 0, & \text{sonst} \end{cases} \qquad (1.14)$$

In Tab. 1.3 und Tab. 1.4 sind die Adjazenzmatrizen für die in Abb. 1.24 dargestellten einfachen gerichteten und ungerichteten Graphen gegeben.

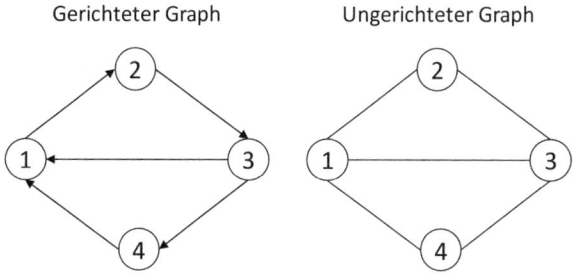

Abb. 1.24 Einfache gerichtete und ungerichtete Graphen

Tab. 1.3 Adjazenzmatrix für den gerichteten Graphen in Abb. 1.24

von / nach	1	2	3	4
1	0	1	0	0
2	0	0	1	0
3	1	0	0	1
4	1	0	0	0

Tab. 1.4 Adjazenzmatrix für den ungerichteten Graphen in Abb. 1.24

von / nach	1	2	3	4
1	0	1	1	1
2	1	0	1	0
3	1	1	0	1
4	1	0	1	0

Wie in Tab. 1.4 ersichtlich, ist die Adjazenzmatrix für ungerichtete Graphen symmetrisch, sodass oftmals nur die obere Dreiecksmatrix, d. h. nur die Matrixelemente α_{ij} mit $i < j$, verwendet wird.[94]

---

[93] Vgl. Diestel (2017), S. 29.
[94] Vgl. Krumke und Noltemeier (2012), S. 19.

Die Inzidenzmatrix $B(G) = (\beta_{ik})$; $i \in N, k \in A$ des Graphen G bildet die Verbindungen der $|N|$ Knoten mit den $|A|$ Kanten ab. Für einen einfachen gerichteten Graphen ist die Inzidenzmatrix wie folgt zu bilden:[95]

$$\beta_{ik} = \begin{cases} 1, & \text{wenn } i \text{ Startknoten der Kante } k \text{ ist} \\ -1, & \text{wenn } i \text{ Endknoten der Kante } k \text{ ist} \\ 0, & \text{sonst} \end{cases} \quad (1.15)$$

Für den in Abb. 1.24 abgebildeten gerichteten Graphen lautet die Inzidenzmatrix wie in Tab. 1.5 angegeben.

Tab. 1.5 Inzidenzmatrix für den gerichteten Graphen in Abb. 1.24

Knoten / Kante	(1,2)	(2,3)	(3,1)	(3,4)	(4,1)
1	1	0	-1	0	-1
2	-1	1	0	0	0
3	0	-1	1	1	0
4	0	0	0	-1	1

Für einfache ungerichtete Graphen wird das Matrixelement β_{ik} mit dem Wert eins belegt, wenn der Knoten i mit der Kante k inzident ist, oder ist gleich null, wenn das nicht zutrifft.[96] Für den ungerichteten Graphen in Abb. 1.24 ist die Inzidenzmatrix gemäß Tab. 1.6 zu definieren.

Tab. 1.6 Inzidenzmatrix für den ungerichteten Graphen in Abb. 1.24

Knoten /Kante	[1,2]	[1,3]	[1,4]	[2,3]	[3,4]
1	1	1	1	0	0
2	1	0	0	1	0
3	0	1	0	1	1
4	0	0	1	0	1

Grad, Minimal- und Maximalgrad

Der *Grad* $d(i)$ eines Knotens $i \in N$ gibt die Anzahl der mit i inzidenten Kanten an.[97] Bei gerichteten Graphen unterscheidet man dabei noch in den *Außengrad* $d^+(i)$, der die Anzahl der aus diesen Knoten herausgehenden gerichteten Kanten

---

[95] Vgl. Diestel (2017), S. 29.
[96] Vgl. Iwanowski und Lang (2014), S. 242 f.
[97] Vgl. Mattfeld und Vahrenkamp (2014), S. 267.

bezeichnet, und den *Innengrad* $d^-(i)$, der die Anzahl der in diesen Knoten eingehenden gerichteten Kanten definiert.[98] So besitzt der Knoten 3 in beiden Graphen in Abb. 1.24 einen Grad mit dem Wert drei, wobei im gerichteten Graphen der Außengrad dieses Knotens gleich dem Wert zwei und der Innengrad gleich eins ist.

Der gesamte Grad eines Knotens in einem gerichteten Graphen ergibt sich aus der Summe des Außen- und des Innengrades. Der *Minimalgrad* eines Graphen ergibt sich aus dem minimalen Grad aller Knoten, während der *Maximalgrad* eines Graphen das Maximum der Grade aller Knoten beschreibt. Besitzt jeder Knoten eines Graphen den gleichen Grad, wird der Graph als *regulär* bezeichnet.[99]

Wege, Kreise und Zusammenhang

In einem Graphen wird eine Folge von gerichteten bzw. ungerichteten Kanten, die von einem Startknoten i zu einem Endknoten j führt, als *Weg* von i nach j bezeichnet.[100] Oft gibt es eine große Anzahl von Wegen, die von i nach j führen, von denen aber in der Regel nur derjenige Weg mit der kürzesten Distanz interessiert. Betrachtet man den gerichteten Graphen in Abb. 1.24, erkennt man, dass der Weg zwischen Knoten 1 und Knoten 4 $((1,2),(2,3),(3,4))$ lautet. Im ungerichteten Graphen sind mit $([1,4]),([1,3],[3,4])$ und $([1,2],[2,3],[3,4])$ mehrere Wege möglich. Ein Weg wird als *einfacher Weg* bezeichnet, wenn keine Kante mehrfach durchlaufen werden muss. Ein einfacher Weg, der jeden Knoten nur einmal durchläuft (außer wenn Anfangs- und Endknoten übereinstimmen), ist ein *elementarer Weg*.[101] Stimmen Anfangs- und Endknoten für einen Weg überein, handelt es sich bei diesen Weg um einen *Kreis* bzw. *Zyklus*.[102] Wenn für jedes Knotenpaar $i \in N$ und $j \in N$ ein Weg existiert, wird der Graph als *zusammenhängender Graph* bezeichnet.[103] Ein Graph heißt *stark zusammenhängender Graph*, wenn sowohl für jedes Knotenpaar $i \in N$ und $j \in N$ als auch für jedes umgekehrte Knotenpaar $j \in N$ und $i \in N$ ein Weg existiert.[104]

Bipartite Graphen

Kann man die Knotenmenge N in zwei disjunkte Mengen $N_1 \cup N_2 = N, N_1 \cap N_2 = 0$ aufteilen, wobei die Kantenmenge A lediglich Knoten der Menge N_1 mit Knoten der Menge N_2 verbindet, liegt ein *bipartiter Graph* vor.[105] In Abb. 1.25 ist ein Beispiel für einen bipartiten Graphen gegeben.

---

98 Vgl. Diestel (2017), S. 5.
99 Vgl. Diestel (2017), S. 5.
100 Vgl. Krumke und Noltemeier (2012), S. 31.
101 Vgl. Krumke und Noltemeier (2012), S. 31.
102 Vgl. Iwanowski und Lang (2014), S. 245.
103 Vgl. Mattfeld und Vahrenkamp (2014), S. 13.
104 Vgl. Suhl und Mellouli (2013), S. 169.
105 Vgl. Krumke und Noltemeier (2012), S. 42 f.

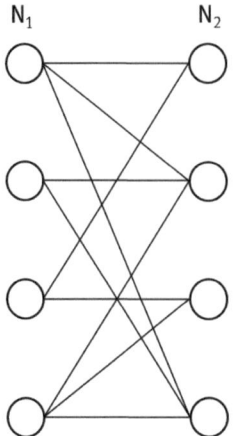

Abb. 1.25 Bipartiter Graph

Bewerteter Graph

Ein *bewerteter Graph* liegt vor, wenn für jede Kante $(i, j) \in A$ bzw. $[i, j] \in A$ ein Gewicht c_{ij} zugeordnet ist.[106] Die Kantengewichte können z. B. die Distanzen oder die Transportkosten je Mengeneinheit auf den Kanten darstellen. Weiterhin können Bewertungen von Knoten vorliegen. In logistischen Problemen können solche Bewertungen z. B. in Form der Angebote bzw. Kapazitäten von Versendern bzw. der Nachfragen von Empfängerknoten auftreten.

1.3.2 Bewertungen in Graphen

1.3.2.1 Bewertete Graphen als Basis logistischer Entscheidungsmodelle

Für die Abbildung logistischer Entscheidungsprobleme bilden bewertete Graphen die Grundlage. Die *Bewertungen der Kanten* gehen einerseits in Form von Distanzen, Zeiten, Kosten oder Leistungen in die zu minimierende oder zu maximierende Zielfunktion ein. Andererseits können Kantenbewertungen Kapazitäten einer Kante (z. B. aufgrund der Kapazität eines zu verwendenden Fahrzeugs oder der Gewichtsbeschränkung einer Brücke) darstellen, die in die Nebenbedingungen des Entscheidungsmodells einzubeziehen sind.

Mit *Knotenbewertungen* können spezifische Restriktionen für Versender-, Umlade- und Empfängerknoten abgebildet werden. Diese können z. B. Kapazitäten bzw. Angebote der Versender-, Kapazitäten der Umlade- sowie die Nachfragen der Empfängerknoten sein. Allerdings können auch Knotenbewertungen in Form

---

106 Vgl. Hartmann (2019), S. 275.

sprungfixer Kosten auftreten, die in die Zielfunktion in geeigneter Form aufzunehmen sind.

1.3.2.2 Distanzbestimmung als Luftlinie auf einer ebenen Fläche

Distanzen stellen eine der wichtigsten Bewertungen logistischer Netzwerke dar, da sie entweder direkt in die Zielfunktion des logistischen Entscheidungsmodells eingehen oder die Grundlage anderer Bewertungen wie z. B. der variablen Transpostkosten bilden.

Die Distanzbestimmung als Luftlinie auf einer ebenen Fläche eignet sich immer dann, wenn (wie in Abb. 1.26 exemplarisch dargestellt) die Koordinaten der Knoten eines Netzwerkes als (X, Y)-Koordinaten in einem *zweidimensionalen kartesischen Koordinatensystem* bestimmt werden können.[107] Generell verwendet man für die Entfernungsmessung Metriken (Abstandsfunktionen) in einem definierten Raumsystem.

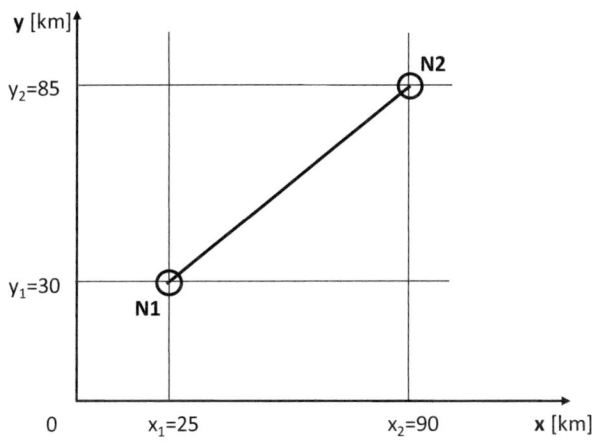

Abb. 1.26 Luftlinie zwischen zwei Knoten in einer flachen Ebene

Für zwei Punkte i und j auf einer Fläche gelten für die Abstandsfunktion d_{ij} folgenden Bedingungen:[108]

- Die Distanz zwischen zwei Knoten i und j ist richtungsunabhängig.

$$d_{ij} = d_{ji} \qquad (1.16)$$

- Die Distanz zwischen zwei Knoten i und j ist null, wenn die beiden Punkte zusammenfallen.

$$d_{ij} = 0, \text{wenn } i = j \qquad (1.17)$$

---

107 Vgl. Hartmann (2019), S. 148.
108 Vgl. de Lange (2020), S. 135.

- Gemäß der Dreiecksungleichung ist die direkte Distanz zwischen zwei Knoten i und j in Bezug auf den Umweg über einen weiteren Knoten k immer kleiner oder gleich lang.

$$d_{ij} \leq d_{ik} + d_{kj} \quad (1.18)$$

Die Distanzmessung im zweidimensionalen kartesischen Koordinatensystem erfolgt mittels der sogenannten L_p-*Norm* bzw. L_p-*Distanz*. Die L_p-Distanz zwischen zwei Punkten i und j mit den Koordinaten (x_i, y_i) und (x_j, y_j) wird gemäß der folgenden allgemeinen Beziehung ermittelt:[109]

$$d_{ij} = \left(\left| x_i - x_j \right|^p + \left| y_i - y_j \right|^p \right)^{\frac{1}{p}}, p > 0 \quad (1.19)$$

In der Logistikplanung werden vorzugsweise die nachfolgend beschriebenen L_1- und L_2-*Distanzen* verwendet.

L_1-Distanz bzw. Manhattan-Distanz

Die L_1-*Distanz* ist eine rechtwinklige Entfernung. Sie bestimmt die Länge eines Weges über die Summe der absoluten Koordinatendifferenzen:[110]

$$d_{ij} = \left| x_i - x_j \right| + \left| y_i - y_j \right| \quad (1.20)$$

Wie in Abb. 1.27 zu sehen, bildet diese Metrik Entfernungen zwischen Punkten ab, die über ein parallel zu den Koordinatenachsen verlaufendes gitterartiges Wegenetz

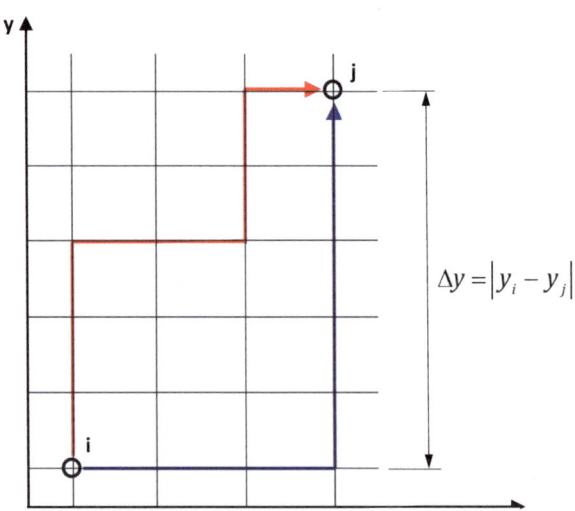

Abb. 1.27 Manhattan-Distanz

---

109 Vgl. Greenberg und Tod (2009), S. 14-28, Collette und Siarry (2004), S. 52 ff.
110 Vgl. Panigrahi (2014), S. 212, Mattfeld und Vahrenkamp (2014), S. 18.

miteinander verbunden sind.[111] Die Wegelänge zwischen zwei Punkten ist immer gleich der Summe der absoluten Werte der Koordinatendifferenzen der beiden Punkte. Dabei ist es möglich, auf verschiedenen Wegen gleicher Länge entlang des Gitternetzes zum Ziel zu gelangen. Gitterartige Wegenetze finden sich in Lagern, aber auch in manchen Wohnquartieren großer Städte. Eine ausgeprägte Gitterstruktur des Straßennetzes findet man, wie in Abb. 1.28 zu sehen, auf der Halbinsel Manhattan in New York. Deshalb wird dieses Entfernungsmaß auch *Manhattan-Distanz* genannt.

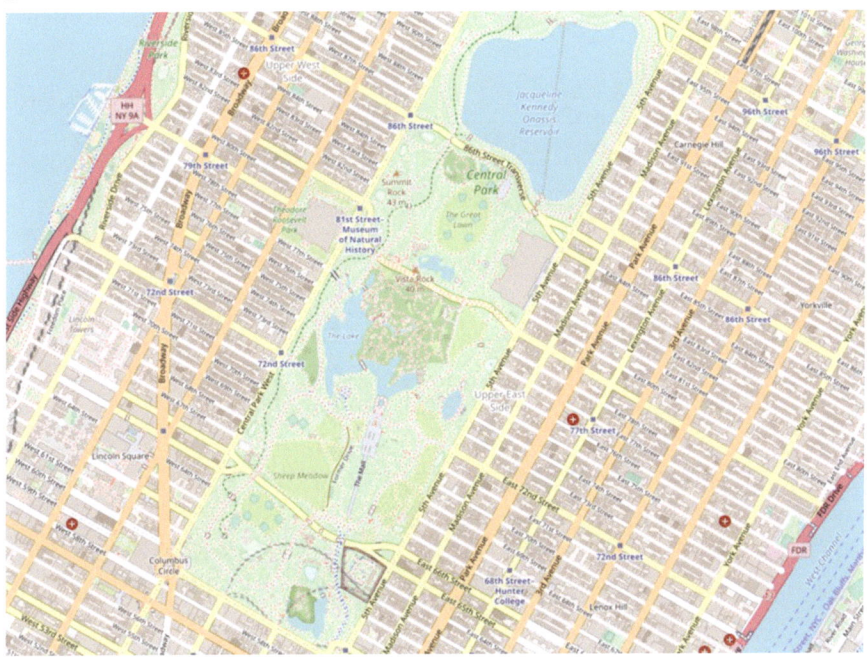

Abb. 1.28 OpenStreetmap-Karte für Manhattan[112]

L_2-Distanz bzw. euklidische Distanz

Die *L_2-Distanz* wird auch als *euklidische Distanz* bezeichnet und beschreibt, wie in Abb. 1.29 exemplarisch dargestellt, die geradlinige Luftlinien-Entfernung zwischen zwei Punkten mit folgender Formel:[113]

$$d_{ij} = \sqrt[2]{(x_i - x_j)^2 + (y_i - y_j)^2} \qquad (1.21)$$

---

111 Vgl. de Lange (2020), S. 392.
112 Quelle: https://www.openstreetmap.org/#map=15/40.7746/-73.9617, abgerufen: 11.05.2023.
113 Vgl. Panigrahi (2014), S. 211, de Lange (2020), S. 135.

Quadratische euklidische Distanz
Eine weitere Modifikation der euklidischen Distanz, die in der Standortplanung verwendet wird, ist die quadratische euklidische Entfernung:

$$d_{ij} = (x_i - x_j)^2 + (y_i - y_j)^2 \tag{1.22}$$

Das überproportionale Anwachsen der Distanzwerte bei der Verwendung quadratischer euklidischer Distanzen bestraft größere Entfernungen überproportional. Deshalb kann man diese Abstandsfunktion dazu verwenden, um logistische Probleme, bei denen die maximale Distanz minimiert werden soll, näherungsweise zu lösen.

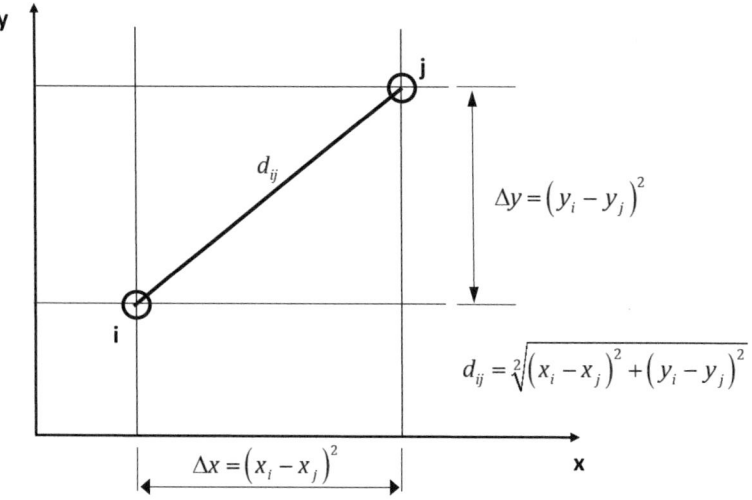

Abb. 1.29 Euklidische Distanz

1.3.2.3 Distanzbestimmung als Luftlinie auf einer Kugeloberfläche

Die bisher betrachten Möglichkeiten der Berechnung der Luftlinienentfernung sind nur für geringe Entfernungen geeignet, da bei größeren Entfernungen die Krümmung der Erdoberfläche in die Berechnungen einzubeziehen ist. Dabei wird vereinfachend davon ausgegangen, dass die Gestalt der Erde dem Ideal einer Kugel entspricht. Die in die folgenden Berechnungen eingehenden Koordinaten basieren auf dem geografischen Längen- und Breitengrad eines Punktes auf der Erde. Diese werden ausgehend vom Äquator und dem Nullmeridian definiert.

Alle parallel zum Äquator verlaufenden Kreise werden *Breitenkreise* genannt, während der Winkel zwischen einem betrachteten Punkt und der Äquatorebene auf dem zugehörigen Meridian als *geografische Breite* φ (englisch *latitude*) bezeichnet wird.[114] Eine positive geografische Breite $0 < \varphi \leq 90$ befindet sich nördlich des

---

114 Vgl. de Lange (2020), S. 138.

Äquators, während eine negative Breite $-90 \leq \varphi < 0$ zu einem Punkt südlich des Äquators gehört.[115]

Die vertikal zum Äquator und durch die Pole verlaufenden Kreise werden *Längenkreise* bzw. *Meridiane* genannt. Als *Nullmeridian* wurde der Längenkreis, der durch Greenwich (Großbritannien) verläuft, als Bezug für alle weiteren Längenkreise festgelegt. Die *geografische Länge* λ (englisch *longitude*) bezeichnet den Winkel zwischen dem Längenkreis eines betrachteten Punktes und dem Nullmeridian auf der Äquatorebene.[116] Eine positive Länge $0 < \lambda \leq 180$ bezieht sich auf einen Punkt östlich des Nullmeridians und eine negative Länge $-180 \leq \lambda < 0$ auf einen Punkt, der sich westlich des Nullmeridians befindet.[117]

Die geografische Breite und Länge werden in Grad, Minuten und Sekunden angegeben, wobei zuerst der Breiten- und dann der Längengrad zu nennen sind. So lauten die Koordinaten des Berliner Fernsehturms nahe des Alexanderplatzes 52° 31′ 14,9″ N, 13° 24′ 34″ O. Zur Umrechnung in das Dezimalsystem sind die Minuten und Sekunden umzurechnen und auf die Gradzahl aufzuaddieren. Dabei sind die Minuten durch die Zahl 60 und die Sekunden durch 3.600 zu dividieren.[118] Somit können die Koordinaten des Berliner Fernsehturms auch mit 52,5208 N und 13,4094 O angegeben werden. Vielfach ist es für Berechnungen mit Computersystemen notwendig, die Breiten- und Längengrade in Bogenmaß umzurechnen. Das erfolgt, indem die dezimalen Breiten- und Längengrade mit $\pi/180$ multipliziert werden.[119]

Die Bestimmung der kürzesten Distanz zweier sich auf einer Kugeloberfläche befindlichen Punkte berechnet sich aus dem Produkt des Radius der Kugel und dem Winkel zwischen diesen beiden Punkten. Bezogen auf geografische Koordinaten zweier Punkte auf der Erdoberfläche errechnet sich der Winkel und letztlich die Entfernung zwischen den beiden Punkten durch den Kosinussatz der sphärischen Trigonometrie. Es ist zu beachten, dass R den Erdradius bezeichnet und dass die Breiten- und Längengrade in Bogenmaß umzurechnen sind. Die kürzeste Distanz zwischen zwei Punkten i und j *auf der Erdoberfläche* (auch *Orthodrome* genannt) *mit den* Breitengraden φ_i und φ_j und den Längengraden λ_i und λ_j berechnet sich wie folgt:[120]

$$d_{ij} = R \cdot \cos^{-1}\left(\sin(\varphi_1) \cdot \sin(\varphi_2) + \cos(\varphi_1) \cdot \cos(\varphi_2) \cdot \cos(\lambda_1 - \lambda_2)\right) \quad (1.23)$$

---

115 Vgl. Mattfeld und Vahrenkamp (2014), S. 20.
116 Vgl. de Lange (2020), S. 138.
117 Vgl. Mattfeld und Vahrenkamp (2014), S. 20.
118 Vgl. de Lange (2020), S. 138.
119 Vgl. Winkels (2012), S. 67.
120 Vgl. de Lange (2020), S. 139., Panigrahi (2014), S. 211.

1.3.2.4 Einbeziehung von Umwegfaktoren, Barrieren und Zeiten in Luftlinienentfernungen

Umwegfaktoren

Die reale Transportentfernung für Landtransporte ist naturgemäß größer als die Luftliniendistanz. Näherungsweise kann diese Distanz mit einem *Umwegfaktor γ* an die realen Wegelängen angepasst werden. So kann man folgende korrigierte euklidische Entfernung

$$d_{ij} = \gamma \cdot \sqrt[2]{(x_i - x_j)^2 + (y_i - y_j)^2} \qquad (1.24)$$

oder die korrigierte Orthodrome

$$d_{ij} = \gamma \cdot R \cdot \cos^{-1}\left(\sin(\varphi_1) \cdot \sin(\varphi_2) + \cos(\varphi_1) \cdot \cos(\varphi_2) \cdot \cos(\lambda_1 - \lambda_2)\right) \qquad (1.25)$$

mit dem Umwegfaktor γ berechnen. Als Umwegfaktoren werden meist Werte zwischen eins und zwei verwendet.

Barrieren

Bei den bisher betrachteten Abstandsfunktionen wurde vorausgesetzt, dass die Wege zwischen jeweils zwei Punkten frei von Hindernissen sind. Treten jedoch im betrachteten Gebiet *Barrieren* auf, die einen direkten Weg vom Startpunkt zum Zielpunkt verhindern und umgangen werden müssen, liefern die Abstandsfunktionen fehlerhafte Distanzen. Als Beispiele für Barrieren können Flüsse, über die nur wenige Brücken führen, oder Gebirge mit einzelnen Tunneln genannt werden. Im Luftverkehr kann eine fehlende Direktverbindung zwischen zwei Städten als Barriere interpretiert werden, da die Zielstadt nur auf einem Umweg erreichbar ist. Barrieren werden für die Distanzermittlung auf folgende Weise berücksichtigt:

- Die Barriere wird als eine Strecke definiert, die durch zwei durchfahrbare Endknoten begrenzt wird.
- Kreuzt eine direkte Verbindung die Barriere, so muss der kürzeste Umweg über die Endpunkte der Barriere ermittelt werden.

Abb. 1.30 zeigt als Barriere einen Fluss mit zwei Brücken (A und B). Vom Startpunkt zum Zielpunkt kann man entweder auf dem Weg Start-A-Ziel oder Start-B-Ziel gelangen. Die einzelnen Distanzen zwischen dem Startpunkt und den Endpunkten der Barriere sowie die Distanzen zwischen den Endpunkten der Barriere und dem Zielpunkt können nach einer geeigneten Abstandsfunktion ermittelt werden. Von den beiden alternativen Wegen wird der kürzere gewählt und seine Wegelänge ist die gesuchte Distanz.

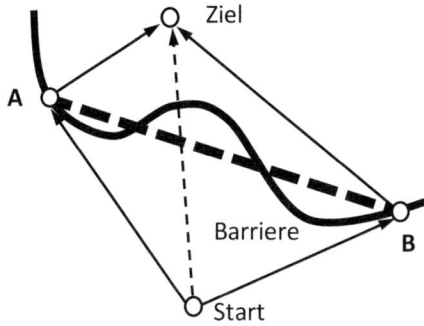

Abb. 1.30 Distanzbestimmung unter Beachtung einer Barriere

Zeiten als Kantenbewertungen

Neben den Transportdistanzen stellen die *Transportzeiten* auf den Kanten eines Netzwerkes wichtige in logistische Entscheidungen einzubeziehende Zielgrößen dar. Sofern sie nicht auf der Basis eines Geoinformationssystems ermittelbar sind, gilt es, die Transportzeiten auf der Basis der Transportdistanzen und der durchschnittlichen Geschwindigkeit auf den Kanten zu bestimmen. Möchte man die Transportzeit z_{ij} auf einer Kante (i,j) bzw. $[i,j]$ in Minuten berechnen, ist die Entfernung d_{ij} durch die in [km/h] gemessene Durchschnittsgeschwindigkeit g_{ij} zu dividieren und mit 60 [min/h] zu multiplizieren.[121]

1.3.2.5 Kantenbewertungen auf der Basis von Geoinformationssystemen

Eine weitere Möglichkeit der Bestimmung von Entfernungen besteht in der Nutzung von *Geoinformationssystemen* (GIS) (englisch *Geographic Information System*). Es handelt sich dabei um Informationssysteme über Geoobjekte (räumliche Objekte wie Punkte, Linien, Flächen und Körper), die geometrische und topografische Eigenschaften besitzen.[122]

> „Geographic Information System (GIS): […] An organized collection of computer hardware, software, geographic data, and personnel designed to efficiently capture, store, update, manipulate, analyse, and display all forms of geographically referenced information." [123]

Im Rahmen logistischer Entscheidungsprobleme können mit Geoinformationssystemen u. a. Informationen über die Lage von Orten sowie über Verbindungen zwischen einzelnen Orten und deren Art, Eigenschaften und Distanzen ermittelt werden. Besonders interessant sind webbasierte Geoinformationssysteme[124], auf die mit

---

121 Vgl. Mattfeld und Vahrenkamp (2014), S. 23.
122 Vgl. de Lange (2020), S. 127.
123 Panigrahi (2014), S. 249.
124 Vgl. zum Aufbau von webbasierten Geoinformationssystemen de Lange (2020), S. 381 ff.

einem Webbrowser oder speziellen Programmierschnittstellen (englisch: *application programming interface* API) über das Internet zugegriffen werden kann. Als Beispiele für Programmierschnittstellen kommerzieller Systeme lassen sich *Google Maps*, *Bing Maps* sowie *Apple Maps* nennen.[125] Ein weiteres Beispiel ist das quelloffene Projekt *Open Source Routing Machine* (OSRM) für *OpenStreetMap*.[126] OSRM ist ein Open-Source-Projekt, das OpenStreetMap-Daten verwendet, um kürzeste Pfade in Straßennetzen zu bestimmen. Weiterhin können Distanz- bzw. Fahrtzeitmatrizen abgerufen werden. So können die Distanzen zwischen einer Adresse in Berlin und zwei weiteren in Paris und Rom mittels des Aufrufs https://router.project-osrm.org/table/v1/driving/13.389,52.517;2.320,48.859;12.4860,41.8921?sources=0&annotations=distance abgefragt werden.[127] Für die drei Adressen sind die geografischen Koordinaten anzugeben. Als Ergebnis erhält man die in Tab. 1.7 dargestellten Daten in *JavaScript-Object-Notation* (JSON).[128] Das JSON-Objekt enthält in den Zeilen 3 bis 8 mit dem Element distances eine einzeilige Matrix der Distanzen zu allen drei Adressen ausgehend von der Berliner Adresse.

Tab. 1.7 JSON-Objekt für den Distanz- und Fahrtzeitvektor zwischen Berlin, Paris und Rom

1	{ "code": "Ok",
2	"distances": [
3	[
4	0,
5	1052728.2,
6	1505543.5
7	]
8	],
9	"destinations": [
10	{ "hint": Dv8JgCp3moUEAAAAHAAAABwAAAAAAAAAowcPQAQt-
11	fEFKZ3pBAAAAAAIAAAAOAAAADgAAAAAAAAA6-wAABUzMAH1YIQPITMwAiFghA-
12	wEA7wrXLH_K",
13	"distance": 13.291466022,
14	"name": "Friedrichstraße",
15	"location": [
16	13.388805,
17	52.516989
18	]
19	},

---

125 Apple (2025), Google (2025a), Microsoft (2025).
126 OSRM (2025).
127 Aufgrund der laufenden Aktualisierungen der Datenbasis von OpenStreetMap können die Resultate dieser Abfrage differieren. Das dargestellte JSON-Objekt wurde im Mai 2023 abgerufen.
128 Json.org (2022).

Ausgewählte Aspekte der Modellierung logistischer Probleme

```
20    { "hint": BZ0BgP___38WAAAARwAAAAgAAAAMAAAAve1xQd8sAULO47FADuAEQRYA-
21    AABHAAAACAAAAAwAAAA6-wAA1WYjAF2H6QKAZiMAeIfpAgEA7wzXLH_K",
22      "distance": 6.920455872,
23      "name": "Rue Casimir Périer",
24      "location": [
25        2.320085,
26        48.858973 ]
27    },
28    { "hint": aNRJg___38FAAAABQAAADAAAAAOAAAAy4thQAAAAAAzdQR-
29    CUx0hQQUAAAAFAAAAMAAAAA4AAAA6-wAAKIG-AD82fwJwhb4ABDl_AgEA7wfXLH_K",
30      "distance": 120.329356377,
31      "name": "Foro Romano",
32      "location": [
33        12.484904,
34        41.891391 ]
35    }
36    ],
37    "sources": [
38      { "hint": Dv8JgCp3moUEAAAAHAAAABwAAAAAAAAowcPQAQtfE-
39    FKZ3pBAAAAAAIAAAAOAAAADgAAAAAAAA6-wAABUzMAH1YIQPITMwAiFghA-
40    wEA7wrXLH_K",
41      "distance": 13.291466022,
42      "name": "Friedrichstraße",
43      "location": [
44        13.388805,
45        52.516989 ]
46    }
47    ]
48    }
```

Die benötigten Koordinaten können über *Geocoder*, wie z.B. *Nominatim* oder *Photon*, abgefragt werden. Diese Dienste nutzen OpenStreetMap-Daten, um u.a. Orte und deren Koordinaten anhand des Namens und der Adresse zu finden.[129] So können z. B. die Koordinaten des Brandenburger Tors in Berlin über den Link https://photon.komoot.io/api/?q=Berlin,Brandenburger%20Tor&limit=1 als JSON-Objekt abgerufen werden (Tab. 1.8). Das Element **coordinates** (Zeilen 5 bis 8) enthält als erstes Element den Längen- und als zweites Element den Breitengrad.

Tab. 1.8 JSON-Objekt für die Bestimmung der Koordinaten des Brandenburger Tors

```
1    { "features": [
2      {
3        "geometry": {
4          "coordinates": [
5            13.377701882994323,
6            52.51628045
7          ],
8          "type": "Point"
9        },
```

---

[129] Vgl. Nominatim (2025), Photon (2025).

```
10        "type": "Feature",
11        "properties": {
12          "osm_id": 518071791,
13          "extent": [
14            13.37758,
15            52.5164325,
16            13.377825,
17            52.5161167
18          ],
19          "country": "Deutschland",
20          "city": "Berlin",
21          "countrycode": "DE",
22          "postcode": 10117,
23          "type": "house",
24          "osm_type": "W",
25          "osm_key": "historic",
26          "housenumber": 1,
27          "street": "Pariser Platz",
28          "district": "Mitte",
29          "osm_value": "monument",
30          "name": "Brandenburger Tor"
31        }
32      }
33    ],
34    "type": "FeatureCollection"
35  }
```

Diese Daten können auch über die entsprechenden Webseiten der Anbieter ermittelt werden. So kann z. B. die Streckenlänge bei Benutzung von Straßen durch eine einfache Routenplanung ermittelt werden. In Abb. 1.31 ist als Beispiel die Routenplanung mittels OpenStreetMap zwischen Berlin und Paris gegeben. Dazu sind im linken oberen Bereich der Start- und der Zielort anzugeben, worauf anschließend eine oder mehrere Routen inklusive der benötigen Distanzen und Zeiten vorgeschlagen werden. In diesem Beispiel wird eine Route für ein Auto mit einer Distanz von 1.054 Kilometer vorgeschlagen, für die man eine Zeit von 10 Stunden und 44 Minuten benötigen würde.

1.3.2.6 Logistikkosten und -leistungen als Kantenbewertungen

Da Kosten als bewertete Güterverzehre einer Periode definiert sind, stellen *Logistikkosten* die bewerteten Güterverzehre einer Periode dar, die im Kontext der logistischen Prozesse anfallen. Im Sinne der Definition der Leistungen als bewertete Gütererstellungen einer Periode bilden *Logistikleistungen* die bewertete Erstellung logistischer Güter einer Periode ab.[130]

---

[130] Vgl. zu den allgemeinen Kosten- und Leistungsdefinitionen Horsch (2023), S. 4 ff.

Ausgewählte Aspekte der Modellierung logistischer Probleme

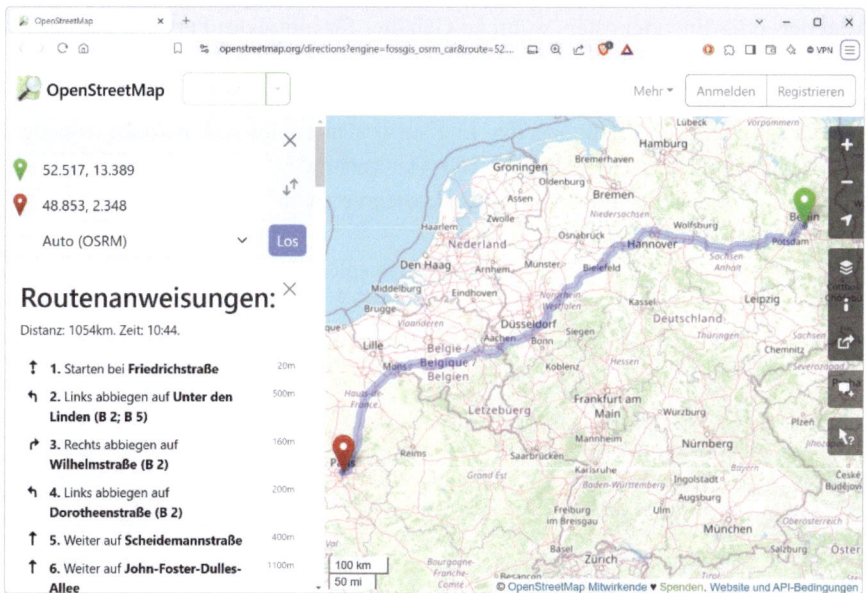

Abb. 1.31 Routenplanung mit OpenStreetMap.org[131]

Für eine effiziente Planung, Erfassung und Kontrolle der *Logistikkosten* sind adäquate Kostengliederungen zu finden. Eine erste Gliederung kann anhand der zu betrachtenden *logistischen Prozesse*, die alle Prozesse des Transportes, der Lagerung, des Umschlags, der Kommissionierung und der Bereitstellung von wirtschaftlichen Gütern unter Beachtung eines definierten Servicegrades umfassen[132], vorgenommen werden. So sind beispielsweise Transport-, Lager-, Kommissionierungs- bzw. Auftragsabwicklungskosten zu unterscheiden.[133]

Hinsichtlich der in diesem Buch betrachteten Entscheidungsmodelle ist weiterhin eine Differenzierung anhand der *Beschäftigungsabhängigkeit* notwendig. Es wird dabei unterschieden, ob die Gesamtkosten einer Kostenart im Verhältnis zu einer Bezugsgröße variabler, sprungfixer oder fixer Natur sind.[134] Als wichtigste Bezugsgrößen sind die umzuschlagenden bzw. zu transportierenden Mengen eines oder mehrerer Güter zu nennen. Weitere Bezugsgrößen können z. B. zu überwindende Distanzen oder die mit den Bedarfen von Kunden gewichteten Distanzen sein.

Weiterhin sind die Logistikkosten anhand der verbrauchten bzw. genutzten *Produktionsfaktoren* zu unterscheiden. Typische Kosten für Verbrauchsfaktoren sind

---

131 Quelle: https://www.openstreetmap.org/directions?engine=fossgis_osrm_car&route=52.517%2C13.389%3B48.853%2C2.348#map=7/50.775/8.174, abgerufen: 30.01.2025.
132 Vgl. Pfohl (2018), S. 20 ff., Weber (2012), S. 7.
133 Vgl. Pfohl (2018), S. 30 f., Winkels (2012), S. 56.
134 Vgl. Weber (2012), S. 214 ff.

Material- oder Energiekosten, während Gehälter für indirektes Personal oder Zeitabschreibungen für genutzte Anlagen als Beispiele für Kosten für Potentialfaktoren gelten können.

Die tatsächliche Gliederung der Logistikkosten ist im hohen Maße von den Strukturen und Prozessen des betrachteten Unternehmens abhängig, so dass auf eine allgemeingültige Gliederung der Logistikkosten verzichtet und auf die einschlägige Literatur verwiesen wird.[135]

Allerdings werden in Tab. 1.9 ausgewählte Beispiele für Logistikkosten gegeben, die die Gliederung nach den logistischen Prozessen, der Beschäftigungsabhängigkeit und den Produktionsfaktoren illustrieren sollen, aber keinen Anspruch auf Vollständigkeit besitzen.

Tab. 1.9 Ausgewählte Beispiele für Logistikkosten[136]

Prozess	Beschäftigungsabhängigkeit	Produktionsfaktor
Transport	variabel	– Kosten für Energie bzw. Treibstoff der eingesetzten Fahrzeuge – direkte Lohnkosten der mit dem Transport beauftragten Mitarbeiter – Dienstleistungskosten für beaftragte Transporte oder den Transportmengen direkt zuordenbare Versicherungsgebühren – entfernungsabhängige Nutzungsgebühren für Straßen, Brücken, Tunnel, etc. – nutzungsabhängige Abschreibungen für eingesetzte Fahrzeuge – nutzungsabhängige Wartungs- und Instandhaltungskosten
	sprungfix	– einmalige, nicht von der Distanz abhängige Nutzungsgebühren für Straßen, Brücken, Tunnel, etc. – einmalige, von der Versandart abhängige Gebühren wie z. B. Lösch- und Ladegeld, Umschlagskosten, Kommissionierungsgebühren, etc.

---

135 Vgl. Gudehus (2012), S. 144 ff., Weber (2012), S. 207 ff.
136 Vgl. Gudehus (2012), S. 144 ff., Weber (2012), S. 207 ff.

Prozess	Beschäftigungsabhängigkeit	Produktionsfaktor
	fix	– transportbedingte Versandkosten wie z. B. spezielle einmalig verwendbare Transportverpackungen – Zeitabschreibungen bzw. Kapitalkosten für genutzte Fahrzeuge – Kfz-Steuer der eingesetzten Fahrzeuge – Zeitabschreibungen, Kapitalkosten, Mieten und sonstige Betriebskosten der für die Transportvor- und -nachbereitung benötigten Betriebsmittel – Gehälter bzw. fixe Zeitlöhne der für die Transportvor- und -nachbereitung verantwortlichen indirekten Mitarbeiter
Lagerung	variabel	– Kapitalbindungskosten der gelagerten Güter – direkt zuordenbare Energie-, Kühlungs- bzw. sonstige Betriebskosten – den gelagerten Gütern direkt zurechenbare Versicherungen – direkte Lohnkosten der mit den Lagerungsprozessen beauftragten Mitarbeiter
	sprungfix	– Kosten für ein externes Lager, wenn dieses zeitlich beschränkt für eine Güterart angemietet wird
	fix	– Zeitabschreibungen, Kapitalkosten bzw. Leasingkosten oder Mieten der für die Lagerungsprozesse notwendigen Betriebsmittel – allgemeine Betriebskosten für das Betreiben der Lagereinrichtungen – allgemeine Versicherungen, Gebühren bzw. Steuern – Gehälter bzw. fixe Zeitlöhne der indirekten Mitarbeiter – Dienstleistungskosten z. B. für Wachschutz

Hinsichtlich der *Logistikleistungen* als bewertete Erstellungen logistischer Güter ist zu unterscheiden, ob das betrachtete Unternehmen ein Logistikunternehmen ist, das

Logistikdienstleistungen für andere erstellt, oder ob es sich um ein Unternehmen handelt, in dem Logistikleistungen im Kontext der Erstellung anderer Absatzgüter erstellt werden.

Im Falle eines Logistikunternehmens stellen die Logistikleistungen primär Absatzdienstleistungen dar, die pagatorisch (d. h. mit Preisen des Absatzmarktes) zu bewerten sind. Es handelt sich um *Logistikerlöse*, deren Ausprägungen in hohem Maße von der Vertragsgestaltung zwischen dem Logistikunternehmen und dem Kunden abhängig sind.[137] Ggf. intern anfallende Logistikleistungen sind analog den Logistikleistungen von nicht der Logistikbranche zugehörigen Unternehmen zu handhaben.

Handelt es sich bei dem betrachteten Unternehmen um kein Logistikunternehmen, sind die Logistikleistungen als *innerbetriebliche Leistungen* zu betrachten, die kostenorientiert zu bewerten sind. Die dazu benötigten Mengengerüste können im Transportbereich z. B. durch Distanzen oder davon abgeleiteten Größen wie Tonnenkilometer, Ladeeinheitenkilometer, Laderaumkilometer oder Personenkilometer und im Lagerbereich durch Zeiteinheiten wie Lagerguttage, Lagervolumentage, Palettentage oder PKW-Abstelltage gebildet werden.[138] Verbunden mit einer adäquaten Bewertung gehen diese Logistikleistungen in die innerbetriebliche Leistungsverrechnung und letztlich in die Kostenkalkulation der Absatzprodukte ein.

Die Logistikkosten und -leistungen können im *Logistikerfolg* zusammengefasst werden. Für operative logistische Entscheidungen bietet sich der zu maximierende *Logistikdeckungsbeitrag* als Differenz der Logistikerlöse und der variablen Logistikkosten an.[139]

---

137 Vgl. zur Preisgestaltung für Logistikdienstleistungen Gudehus (2012), S. 169 ff.
138 Vgl. Weber (2012), S. 55, Gudehus (2012), S. 11.
139 Vgl. Gudehus (2012), S. 157.

Literatur

AMPL-Optimization (2025): AMPL, https://ampl.com/, Letzter Zugriff: 25.01.2025.

Apple (2025): Apple Maps, https://developer.apple.com/maps/, Letzter Zugriff: 25.01.2025.

Becker, H.P. und A. Peppmeier (2022): Investition und Finanzierung, 9. Aufl., Springer Gabler Wiesbaden.

Bermúdez, J.L. (2009): Decision theory and rationality, 1. Aufl., Oxford Univ. Press, Oxford et al.

Briskon, D. (2023): Operations Research, Springer Gabler, Wiesbaden.

Bundesvereinigung-Logistik (2023): Logistikumsatz und Beschäftigung, https://www.bvl.de/service/zahlen-daten-fakten/umsatz-und-beschaeftigung, Letzter Zugriff: 14.04.2023.

Charifzadeh, M. und A. Taschner (2017): Management Accounting and Control: Tools and Concepts in a Central European Context, Wiley-VCH, Weinheim.

COIN-OR-Foundation (2024): Open Source for the Operations Research Community, https://www.coin-or.org/, Letzter Zugriff: 09.02.2024.

Collette, Y. und P. Siarry (2004): Multiobjective optimization principles and case studies, 1. Aufl., Springer, Berlin et al.

de Lange, N. (2020): Geoinformatik in Theorie und Praxis, 4. Auflage, Springer Spektrum, Berlin et al.

Dempe, S. und H. Schreier (2006): Operations Research: Deterministische Modelle und Methoden, 1. Aufl., Teubner, Wiesbaden.

Diestel, R. (2017): Graphentheorie, 5. Aufl., Springer Spektrum, Berlin.

Domschke, W. (2007): Logistik: Transport Grundlagen, lineare Transport- und Umladeprobleme, 5., überarb. Aufl., Oldenbourg, München et al.

Domschke, W., A. Drexl, R. Klein und A. Scholl (2015): Einführung in Operations Research, 9. Aufl., Springer Gabler, Berlin et. al.

Domschke, W. und A. Scholl (2008): Grundlagen der Betriebswirtschaftslehre eine Einführung aus entscheidungsorientierter Sicht, 4., verb. und aktualisierte Aufl., Springer, Berlin et al.

Domschke, W. und A. Scholl (2010): Logistik: Rundreisen und Touren, 5. Aufl., Oldenbourg, München.

Drury, C. und M. Tayles (2020): Management and Cost Accounting, 11. Aufl., Cengage Learning,, Andover.

Ebner, G. (1997): Controlling komplexer Logistiknetzwerke - Konzeption am Beispiel der Transportlogistik eines Multi-Standort-/Multi-Produkt-Unternehmens, Nürnberg.

Eisenführ, F., M. Weber und T. Langer (2010): Rationales Entscheiden, 5. Aufl., Springer, Berlin et al.

Euler, L. (1741): Solutio problematis ad geometriam situs pertinentis. Commentarii academiae scientiarum Petropolitanae 8 (1736), S. 128-140.

Ewert, R., A. Wagenhofer und A. Rohlfing-Bastian (2023): Interne Unternehmensrechnung, 9. Aufl., Springer Gabler, Berlin, Heidelberg.

Google (2025a): Google Maps Platform APIs nach Plattform, https://developers.google.com/maps/apis-by-platform, Letzter Zugriff: 25.01.2025.

Google (2025b): Google OR-Tools, https://developers.google.com/optimization, Letzter Zugriff: 25.01.2025.

Greenberg, H.J. und M. Tod (2009): Robust Optimization, in: A R Ravindran (Hrsg.): Operations research methodologies, CRC Press, Boca Raton et al., S. 14-11 - 14-33.

Grünert, T. und S. Irnich (2005): Optimierung im Transport,- Band I: Grundlagen, Shaker, Aachen.

Gudehus, T. (2012): Logistik 1, Grundlagen, Strategien, Anwendungen, 4. Aufl., Springer, Berlin.

Haack, B., U. Tippe, M. Stobernack und T. Wendler (2017): Mathematik für Wirtschaftswissenschaftler, Springer Gabler Berlin und Heidelberg.

Hansen, H.R., J. Mendling und G. Neumann (2019): Wirtschaftsinformatik Grundlagen und Anwendungen, 12. Aufl., Berlin et al.

Hartmann, P. (2019): Mathematik für Informatiker, 7. Aufl., Springer Vieweg Wiesbaden.

Hillier, F.S. und G.J. Lieberman (2015): Introduction to Operations Research, 10. Aufl., McGraw-Hill, New York et al.

Horsch, J. (2023): Kostenrechnung, 5. Aufl., Springer Gabler, Wiesbaden.

Ihde, G.B. (1987): Stand und Entwicklung der Logistik. DBW Die Betriebswirtschaft 47 (6), S. 703-716.

Ivanov, D., A. Tsipoulanidis und J. Schönberger (2021): Global Supply Chain and Operations Management, 3. Auflage, Springer Cham.

Iwanowski, S. und R. Lang (2014): Diskrete Mathematik mit Grundlagen, Springer Wiesbaden.

Json.org (2022): Einführung in JSON, http://www.json.org/json-de.html Letzter Zugriff: 13. September 2022.

Klaus, P. (2002): Die dritte Bedeutung der Logistik Beiträge zur Evolution logistischen Denkens, DVV, Hamburg.

Klaus, P. (2003): Flow Management. Nürnberger Logistik-Arbeitspapier, Nürnberg.

König, D. (1936): Theorie der endlichen und unendlichen Graphen: kombinatorische Topologie der Streckenkomplexe, Akademische Verlagsgesellschaft m. b. h., Leipzig.

Krumke, S.O. und H. Noltemeier (2012): Graphentheoretische Konzepte und Algorithmen, 3. Aufl., Springer Vieweg, Wiesbaden.

Laux, H., R.M. Gillenkirch und H.Y. Schenk-Mathes (2014): Entscheidungstheorie, 9. Aufl., Springer Gabler, Berlin et al.

Mattfeld, D.C. und R. Vahrenkamp (2014): Logistiknetzwerke : Modelle für Standortwahl und Tourenplanung, 2. Aufl., Springer Gabler, Wiesbaden.

Microsoft (2025): Bing Maps Platform, https://www.microsoft.com/en-us/maps/bing-maps, Letzter Zugriff: 25.01.2025.

Muchna, C., H. Brandenburg, J. Fottner und J. Gutermuth (2021): Grundlagen der Logistik, 2., aktualisierte Auflage, Springer Gabler, Wiesbaden.

Nominatim (2025): Nominatim - Open-source geocoding with OpenStreetMap data, https://nominatim.org/, Letzter Zugriff: 25.01.2025.

Openrouteservice (2025): https://openrouteservice.org/, Letzter Zugriff: 25.01.2025.

OSRM (2025): API-Documentation, https://project-osrm.org/docs/v5.24.0/api/#, Letzter Zugriff: 25.01.2025.

Panigrahi, N. (2014): Computing in geographic information systems, CRC Press, Boca Raton et al.

Peterson, M. (2009): An introduction to decision theory, 1. Aufl., Cambridge Univ. Press, Cambridge et al.

Pfohl, H.-C. (2018): Logistiksysteme - Betriebswirtschaftliche Grundlagen, 9. Aufl., Springer Vieweg, Berlin und Heidelberg.

Pfohl, H.-C. (2021): Logistikmanagement, 4. Aufl., Springer Vieweg, Berlin, Heidelberg.

Photon (2025): https://photon.komoot.io/, Letzter Zugriff: 28.01.2025.

Piontek, J. (2021): Bausteine des Logistikmanagements 6. Aufl. , Herne.

Power, D. (2023): Decision Support System (DSS), http://dssresources.com, Letzter Zugriff: 28.09.2023.

Rushton, A., P. Croucher und P. Baker (2014): The handbook of logistics & distribution management, 5. Aufl., Kogan Page, London et al.

Sieben, G. und T. Schildbach (1994): Betriebswirtschaftliche Entscheidungstheorie, 4. Aufl., Werner, Düsseldorf.

Steglich, M. (2016): An open source approach for distributed and grid optimisation. Anwendungen und Konzepte der Wirtschaftsinformatik 4, S. 9-21.

Steglich, M. (2021a): LogisticsLab: An academic software for decision-making in logistics. AKWI - Anwendungen und Konzepte der Wirtschaftsinformatik 14, S. 42-52.

Steglich, M. (2021b): Optimisation Modelling with Excel and CMPL2, in: SIMUL 2021 - The Thirteenth International Conference on Advances in System Simulation, Barcelona, Spain, S. 24-30.

Steglich, M. (2023): Zur Integration von OpenStreetMap in LogisticsLab für Lehrveranstaltungen zu logistischen Entscheidungen, in: 36. Jahrestagung des Arbeitskreises Wirtschaftsinformatik (AKWI), Wildau, S. 107-120.

Steglich, M. und C. Müller (2013): An open source software approach to combine simulation and optimization of business processes, in: Proceedings 27th European Conference on Modelling and Simulation 2013, Ålesund, S. 808-813.

Steglich, M. und T. Schleiff (2010): CMPL Coliop Mathematical Programming Language, in: Wildauer Schriftenreihe : Entscheidungsunterstützung und Operations Research. Technische Hochschule Wildau, Wildau.

Steglich, M. und T. Schleiff (2025): CMPL, http://coliop.org, Letzter Zugriff: 25.01.2025.

Suhl, L. und T. Mellouli (2013): Optimierungssysteme Modelle, Verfahren, Software, Anwendungen, 3. Aufl., Springer Gabler, Berlin et al.

Vanderbei, R.J. (2020): Linear programming - Foundations and extensions 5. Aufl., Springer Cham.

Weber, J. (2012): Logistikkostenrechnung: Kosten-, Leistungs- und Erlösinformationen zur erfolgsorientierten Steuerung der Logistik, 3. Aufl., Springer, Berlin et al.

Williams, H.P. (2013): Model building in mathematical programming, 5., Wiley, Chichester, West Sussex.

Winkels, H.-M. (2012): Modellbasiertes Logistikmanagement mit Excel - Lösungen von Problemen in der Logistik unter Verwendung der Tabellenkalkulation, 1. Aufl., DVV Media Group, Hamburg.

Wolfram-Research (2025): Wolfram Mathematica, https://www.wolfram.com/mathematica/, Letzter Zugriff: 28.01.2025.

2 Transportprobleme

In diesem Kapitel werden die Grundlagen von Transportproblemen diskutiert und vielfältige Varianten vorgestellt. Für diese unterschiedlichen Problemtypen wird jeweils das mathematische Modell vorgestellt und auf der Basis der mathematischen Grundlagen die Lösung eines realistischen Problems mithilfe LogisticsLab oder CMPL illustriert.

2.1 Das Transportproblem in der Geschichte der Optimierung

Das Transportproblem ist eines der ersten formulierten und gelösten Optimierungsprobleme und wird deshalb oft als klassisch bezeichnet. Die früheste Formulierung eines Problems für den optimalen Transport von Massegütern stammt von dem französischen Mathematiker GASPARD MONGE aus dem Jahre 1781.[1]

Im Zusammenhang mit der Planung von Produktionsprozessen formulierte L. V. KANTOROVICH im Jahr 1939 eine dem Transportproblem verwandte erste lineare Optimierungsaufgabe und löste sie mit der von ihm entwickelten *Methode der Auflösungssummanden.*[2] Kantorovichs Arbeiten blieben im Ausland weitgehend unbekannt und wurden durch den zweiten Weltkrieg unterbrochen. T. C. KOOPMANS beschäftigte sich während seiner Tätigkeiten in den Jahren 1942 bis 1944 für das Combined Shipping Adjustment Board mit Transportproblemen für die Handelsschifffahrt.[3]

Im Jahre 1941 formulierte der amerikanische Mathematiker F. L. HITCHCOCK das Transportproblem in seiner heutigen Form und gab ein Lösungsverfahren an[4], das bereits Prinzipien der später von DANTZIG entwickelten *Simplexmethode*[5] verwendet. Seine Arbeit wurde aber ebenso wie die Kantorovichs lange Zeit nicht beachtet. Wenig Beachtung fanden auch die Arbeiten des russischen Mathematikers A. N. TOLSTOJ aus den 1930er Jahren zur Lösung praktischer Transportprobleme.[6]

---

1   Vgl. Monge (1784), Schrijver (2005), S. 2 f.
2   Vgl. Kantorovich (1939), Schrijver (2005), S. 15 ff.
3   Vgl. Schrijver (2005), S. 23 ff.
4   Vgl. Hitchcock (1941), Schrijver (2005), S. 22 ff., Burkard (2001), S. 249 f.
5   Vgl. Dantzig (1951b).
6   Vgl. Schrijver (2005), S. 13 ff., Burkard (2001), S. 249 f.

Die heute noch oft verwendete *Modifizierte Distributionsmethode* (MODI) wurde als spezialisierte Anpassung der Simplexmethode an das Transportproblem 1951 von DANTZIG entwickelt.[7] FORD und FULKERSON lösten in den 1950er Jahren das Transportproblem mit einem flussorientierten Verfahren.[8] Das 1961 von FULKERSON entwickelte und als *Out-of-Kilter-Methode* bezeichnete Verfahren schlägt die Brücke von einfachen Transportproblemen zu den komplexeren Netzwerkflussproblemen.[9]

Heute existiert eine große Zahl von sehr effizienten Algorithmen und Softwaretools, die es gestatten, selbst sehr große Transportprobleme in relativ kurzer Zeit optimal zu lösen.

2.2 Überblick

2.2.1 Grundsätzliche Problemstellung

Allgemein geht es bei einem Transportmodell um die optimale Ausgestaltung der Lieferbeziehungen zwischen einer Anzahl von Versendern und einer Anzahl von Empfängern. Dabei sind die Liefermengen zwischen den Versendern und Empfängern so zu bestimmen, dass die gesamten Transportkosten minimal werden.[10]

Diese Aufgabenstellung findet man häufig bei unterschiedlichen realen Logistikproblemen. Zu den typischen Logistikproblemen, die sich mit dem Transportmodell abbilden lassen, gehören z. B. die folgenden Aufgaben:

- Ermittlung optimaler Lieferbeziehungen zwischen Werken und Lagern sowie Distributionszentren und Kundengebieten,
- Gestaltung der Distribution von Industrieunternehmen zur Minimierung von Transport- und Produktionskosten durch optimale Anpassung der Produktionskapazitäten und Güterflüsse,
- Minimierung der Beschaffungskosten durch Optimierung der Lieferbeziehungen,
- optimale Verteilung von Ressourcen an Engpasskapazitäten.

2.2.2 Das Min-Cost-Flow-Problem als Basismodell

Die allgemeinste mathematische Formulierung eines Transportproblems ist das *Minimum-Cost-Flow-Problem*.[11] Dabei wird ein Transportproblem als gerichteter Graph $G = (N, A)$ dargestellt, wobei N die Knotenmenge und A die Menge der

---

7 Vgl. Dantzig (1951a).
8 Vgl. Ford und Fulkerson (1956).
9 Vgl. Fulkerson (1961).
10 Vgl. Ivanov et al. (2021), S. 242 ff.
11 Vgl. Ghiani et al. (2022), S. 456 ff., Hillier und Lieberman (2015), S. 397 f.

gerichteten Kanten, die die Knoten miteinander verbinden, bezeichnet. Für jede gerichtete Kante $(i,j) \in A$ existieren Kosten c_{ij} je Mengeneinheit[12] des zu transportierenden homogenen Gutes[13]. Stellt ein Knoten $i \in N$ einen Versender dar, besitzt er ein ganzzahliges Angebot a_i. Als Empfänger verfügt ein Knoten $i \in N$ über einen ganzzahligen Bedarf b_j. Weiterhin können Umladeknoten $i \in N$ auftreten, bei denen die eingehenden Güter auf die aus diesen Knoten ausgehenden Sendungen aufgeteilt werden. Sie besitzen weder ein Angebot noch einen Bedarf. Die über die gerichteten Kanten $(i,j) \in A$ zu transportierenden Mengen werden in Form der Variablen x_{ij} abgebildet, wobei der Fluss auf einer gerichteten Kante $(i,j) \in A$ durch eine untere Schranke x_{ij}^u sowie eine obere Schranke x_{ij}^o beschränkt ist. Auf der Basis dieser Definitionen lässt sich das Minimum-Cost-Flow-Problem wie folgt formulieren.[14]

$$\sum_{(i,j)\in A} c_{ij} \cdot x_{ij} \to \min! \tag{2.1}$$

u.d.N.

$$\sum_{\{j:(i,j)\in A\}} x_{ij} - \sum_{\{j:(j,i)\in A\}} x_{ji} = a_i - b_i \quad ; i \in N \tag{2.2}$$

$$x_{ij}^u \leq x_{ij} \leq x_{ij}^o \quad ;(i,j)\in A \tag{2.3}$$

mit
Indexmengen:

A Menge der Kanten

N Menge der Knoten

Indizes:

(i,j) Index der Kanten, $i,j \in A$

i Index der Knoten, $i \in N$

Parameter:

c_{ij} Kostensatz für den Transport einer Mengeneinheit auf der Kante $(i,j) \in A$

a_i Angebotsmenge des i-ten Knotens

b_i Bedarfsmenge des i-ten Knotens

x_{ij}^u Untergrenze der Liefermenge auf der Kante $(i,j) \in A, x_{ij} \geq 0$

---

12   Weitere alternative Kantengewichte können je nach Anwendungsfall Distanzen oder Fahrtzeiten sein.
13   Unter einem homogenen Gut können eine einzelne Güterart oder standardisierte Transportbehältnisse wie Paletten oder Transportboxen verstanden werden.
14   Vgl. Ghiani et al. (2022), S. 456 ff., Hillier und Lieberman (2015), S. 395 ff., Domschke et al. (2015), S. 100 ff.

x_{ij}^o Obergrenze der Liefermenge auf der Kante $(i,j) \in A$

Variablen:

x_{ij} Liefermenge auf der Kante $(i,j) \in A$

Um hinsichtlich des Ausdrucks (2.2) zulässige Lösungen bestimmen zu können, muss gemäß der folgenden Bilanzgleichung die Summe der Angebote gleich der Summe der Nachfragen sein:

$$\sum_{i \in N} a_i = \sum_{i \in N} b_i \qquad (2.4)$$

Die Zielfunktion (2.1) ist eine lineare Kostenfunktion. Die Transportkosten auf jeder gerichteten Kante $(i,j) \in A$ werden als Produkt der Menge x_{ij} mit dem konstanten Kostensatz c_{ij} ermittelt. Die Gesamtkosten werden aus der Summe der Kosten aller Kanten gebildet.

Die Flusserhaltungsbedingungen in (2.2) stellen für reine Umladeknoten sicher, dass die gesamte in einen Knoten eingehende Menge den Knoten auch wieder vollständig verlässt, da die rechten Seiten dieser Bedingungen aufgrund der nicht existierenden Angebote oder Bedarfe für diese Knoten den Wert null besitzen.

Für einen reinen Versender reduziert sich diese Bedingung gemäß Ausdruck (2.5), da in diesem Fall kein Bedarf und keine eingehenden Kanten in einem solchen Knoten existieren. Es wird sichergestellt, dass die aus diesen Knoten ausgehenden Mengen dem Angebot a_i entsprechen.

$$\sum_{\{j:(i,j) \in A\}} x_{ij} = a_i \qquad (2.5)$$

Analog reduziert sich die Flusserhaltungsbedingung für Empfänger auf den Ausdruck (2.6), da ein solcher Knoten kein Angebot und keine ausgehenden Kanten besitzt.

$$\sum_{\{j:(j,i) \in A\}} x_{ji} = b_i \qquad (2.6)$$

Die in einem Empfängerknoten eingehende Menge soll identisch zum Bedarf dieses Knotens sein. Ausdruck (2.3) stellt sicher, dass die Flussmengen innerhalb der vorgesehenen Unter- und Obergrenzen verbleiben.

Mit der Formulierung des Minimalkosten-Netzwerkflussproblems (2.1) bis (2.3), erhält man eine lineare Optimierungsaufgabe, die sich z. B. mit dem Simplexalgorithmus lösen lässt. Alternativ können spezielle Lösungsverfahren für Flussprobleme wie das *Netzwerk-Simplexverfahren*[15] verwendet werden.

---

15 Vgl. Ghiani et al. (2022), S. 458 ff., Hillier und Lieberman (2015), S. 403 ff., Vanderbei (2020), S. 237 ff.

2.2.3 Varianten des Transportproblems

Transportprobleme können in einer Vielzahl von Varianten auftreten. So existieren z. B. *ein- und mehrstufige Probleme*. Transportprobleme können unterschiedliche Angebots- *und Bedarfsstrukturen* bzw. unterschiedliche *Zielfunktionen* besitzen. Auch hinsichtlich unterschiedlicher *Lieferbeziehungen* können Varianten auftreten.

Ein- und mehrstufige Transportprobleme

Eine wichtige Unterscheidung für Transportprobleme besteht hinsichtlich der Eigenschaften der Knotenmenge N. Enthält die Knotenmenge nur Versender- und Empfängerknoten, handelt es sich um ein *einstufiges Transportproblem*. Sobald Umladeknoten im Netzwerk vorhanden sind, besteht zwischen den Versendern und den Empfängern mindestens eine weitere Schicht im Transportnetzwerk. In diesem Fall liegt ein *mehrstufiges Transportproblem* vor.

Varianten hinsichtlich der Angebots- und Bedarfsstrukturen

Das Minimum-Cost-Flow-Modell geht grundsätzlich gemäß Ausdruck (2.4) von identischen Angeboten und Bedarfen aus. Es können allerdings Transportprobleme auftreten, bei denen ein *Angebotsüberschuss* oder ein *Bedarfsüberschuss* vorliegt. Weiterhin können einseitig beschränkte Probleme im Sinne der *Transportprobleme mit Mindestangeboten und -bedarfen* existieren. Eine weitere Variante besteht in *zweiseitig beschränkten Transportproblemen*, wenn für die Angebote und/oder Bedarfe Unter- und Obergrenzen auftreten.

Varianten hinsichtlich der Zielfunktionen

Bei Transportproblemen wird in der Regel von einer *Minimierung* einer von der Transportmenge linear abhängigen Funktion (Ausdruck (2.1)) ausgegangen. Hierbei kann es sich um Transportkosten, um die gesamte zu fahrende Distanz oder um die Fahrtzeit handeln. Allerdings können auch Varianten mit einer *Maximierung* einer linearen Funktion auftreten, wenn z. B. Lieferbeziehungen gefunden werden sollen, die zu einer Maximierung des Gesamtdeckungsbeitrags aller Transporte führen.

Für manche Transportprozesse kann aber ein anderes Optimierungsziel als z. B. die Minimierung der gesamten Transportzeit wichtiger sein: die Belieferung aller Kunden in kürzester Zeit. Diese Probleme werden als *Bottleneck-Transportprobleme* bezeichnet.

Weitere Varianten des Transportproblems bestehen darin, dass zusätzlich zu den variablen Zielfunktionskomponenten auch sprungfixe Kosten einzubeziehen sind. Der wichtigste Vertreter dieser Transportprobleme ist das *Fixkosten-Transportproblem*.

Zusätzlich sind Transportprobleme mit *nichtlinearen Zielfunktionen* zu nennen. Eine Möglichkeit, diese Probleme zu lösen, besteht in einer Linearisierung dieser Zielfunktion durch stückweise lineare Funktionen.

Varianten hinsichtlich der Lieferbeziehungen
Hinsichtlich der Menge der gerichteten Kanten $(i,j) \in A$ ist zu hinterfragen, ob die Knoten des Netzwerkes vollständig oder nur teilweise miteinander durch Kanten verbunden sind. Im zweiten Fall handelt es sich um *Transportprobleme mit Sperrungen von Lieferbeziehungen*.

Das Minimum-Cost-Flow-Modell sieht gemäß Ausdruck (2.3) Unter- und Obergrenzen der Flussmengen auf den Kanten vor. Wenn die Obergrenzen x_{ij}^o der Mengen einen Wert besitzen, der beschränkend auf die Bestimmung der optimalen Lieferbeziehungen wirkt, handelt es sich um ein *kapazitiertes Transportproblem*. Wirken die Obergrenzen x_{ij}^o nicht beschränkend, liegt de facto ein *unkapazitiertes Transportproblem* vor.

Klassisch wird vom Transport eines homogenen Gutes (bzw. eines standardisierten Transportbehältnisses) ausgegangen. Sind in die Bestimmung der optimalen Lieferbeziehungen mehrere Güterarten aufgrund der gemeinsamen Nutzung von Transportmitteln einzubeziehen, ist das Problem als *Mehrgüter-Transportproblem* zu bezeichnen.

Existiert für den Transport zwischen den Knoten nur jeweils ein Typ von Transportmitteln, ist dieses *unimodale Transportproblem* vom *multimodalen Transportproblem* zu unterscheiden, bei dem neben den Lieferbeziehungen auch eine Wahl der Transportmittel zu treffen ist.

Alle bisher betrachteten Varianten des Transportproblems gehen davon aus, dass keine Zu- oder Abnahmen der Mengeneinheiten des zu transportierenden Guts auftreten können. Lässt man solche Zu- oder Abnahmen zu, liegt ein sogenanntes *verallgemeinertes Transportproblem* vor.

Modellbildung durch Kombination von Eigenschaften
All diese Kriterien sind miteinander kombinierbar, so dass eine Vielzahl unterschiedlicher Arten von Transportproblemen auftreten kann. So handelt es sich beim *klassischen Transportproblem* um ein Problem, bei dem eine lineare, von der Transportmenge abhängige Zielfunktion minimiert wird. Die Summe der Angebote entspricht der Summe der Nachfragen. Da nur Versender und Empfänger vorliegen, ist es ein einstufiges Problem. Die Liefermengen auf allen Kanten sind unbeschränkt. Es wird nur eine homogene Güterart betrachtet, für deren Transport nur ein Typ von Transportmittel einzubeziehen ist. Alle Knoten sind vollständig miteinander verbunden.

Im Folgenden können aus Platzproblemen nicht alle denkbaren Variationen betrachtet werden. Nach einer eingehenden Diskussion des klassischen einstufigen und des mehrstufigen Transportproblems wird eine Auswahl der aus den Angebots- und Bedarfsstrukturen, aus den Aspekten der Zielfunktion sowie aus unterschiedlichen Lieferbeziehungen ableitbaren Varianten des Transportproblems erörtert.

2.3 Das einstufige Transportproblem

2.3.1 Problemstellung und mathematisches Modell

Im Rahmen des Grundmodells der einstufigen Transportplanung ist ein homogenes Gut von m Versendern zu n Empfängern zu transportieren. Die Versender und die Empfänger sind vollständig und direkt miteinander verbunden. Die Transportkosten pro Mengeneinheit sind für jeden Transportweg zwischen einem Versender und einem Empfänger gegeben. Die Transportwege sind in ihrer Kapazität nicht beschränkt und es steht nur ein Typ von Transportmittel zur Verfügung. Jeder Empfänger hat einen individuellen Bedarf und die Angebotsmengen der Versender sind vorgegeben. Es gilt, den kostenminimalen Transportplan zu bestimmen.

In allgemeiner Form kann das Transportproblem durch folgende Grafik dargestellt werden (Abb. 2.1).

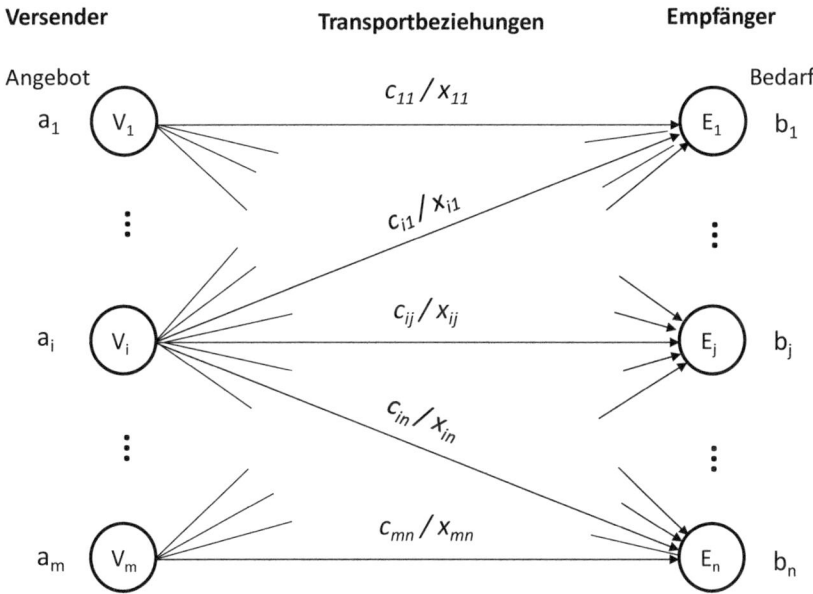

Abb. 2.1 Schematische Darstellung des Transportproblems

Unter Beachtung der oben genannten Spezifikationen kann das Minimum-Cost-Flow-Modell vereinfacht werden. Dabei wird das Transportproblem als bipartiter Graph $G = (N, A)$ verstanden, wobei die Knotenmenge N aufgrund des Fehlens von Umladeknoten in die disjunkten Teilmengen S für die $m = |S|$ Versender und D für die $n = |D|$ Empfänger zerlegt ist.[16] Die Menge A enthält die gerichteten Kanten

---

16 Vgl. Suhl und Mellouli (2013), S. 184 f.

(i, j) zwischen den Versendern und den Empfängern. Die mathematische Formulierung lautet dann wie folgt:[17]

$$\sum_{(i,j) \in A} c_{ij} \cdot x_{ij} \to \min! \tag{2.7}$$

u.d.N.

$$\sum_{\{j:(i,j) \in A\}} x_{ij} = a_i \quad ; i \in S \tag{2.8}$$

$$\sum_{\{i:(i,j) \in A\}} x_{ij} = b_j \quad ; j \in D \tag{2.9}$$

$$x_{ij} \geq 0 \quad ;(i,j) \in A \tag{2.10}$$

Zusätzlich zu den im Abschnitt 2.2.2 eingeführten Bezeichnungen werden folgende Definitionen verwendet:

Indexmengen:

S Menge der Versender, $S \in N$

D Menge der Empfänger, $D \in N$

Indizes:

i Index der Versender

j Index der Empfänger.

Gemäß Ausdruck (2.7) sind die gesamten Transportkosten zwischen den Versendern und den Empfängern zu minimieren, wobei beachtet wird, dass die Versender ihre kompletten Angebote ausliefern (Ausdruck (2.8)) sowie die Bedarfe aller Empfänger befriedigt werden (Ausdruck (2.9)). Diese Bedingungen können nur erfüllt werden, wenn das Gesamtangebot genau dem Gesamtbedarf entspricht:

$$\sum_{i \in S} a_i = \sum_{j \in D} b_j \tag{2.11}$$

Hinsichtlich der Koeffizienten c_{ij} der Zielfunktion ist zu erwähnen, dass diese auch andere Kennzahlen als Transportkosten abbilden können. So sind z. B. zu fahrende Distanzen als Zielfunktionskoeffizienten denkbar.

Eine interessante Eigenschaft des Transportproblems besteht darin, dass die Lösungen der Variablen immer ganzzahlig sind, wenn die Angebote und Nachfragen ganzzahlige Werte besitzen. Diese Eigenschaft wird totale Unimodularität der Koeffizientenmatrix genannt.[18]

Das einstufige Transportproblem ist aufgrund seiner Eigenschaften ein lineares Optimierungsproblem, das mittels des Simplexalgorithmus oder anderer Verfahren der linearen Optimierung gut gelöst werden kann.[19]

---

17 Vgl. Hillier und Lieberman (2015), S. 322 ff., Vanderbei (2020), S. 258 f.
18 Vgl. Domschke (2007), 51, 52, 102 bzw. Hillier und Lieberman (2015), S. 325.
19 Vgl. Suhl und Mellouli (2013), S. 185.

Zusätzlich zu den Standardalgorithmen der linearen Optimierung wurde für das einstufige Transportproblem eine große Zahl von Verfahren zur näherungsweisen Lösung entwickelt. Näherungsverfahren werden oft als Eröffnungsverfahren für die Berechnung einer Ausgangslösung verwendet, die durch nachfolgende Verbesserungsschritte in eine optimale Lösung überführt wird. Sie können aber auch als selbständige Verfahren angewendet werden, wenn in kurzer Zeit eine ausreichend gute Lösung gesucht wird. Zu diesen Verfahren lassen sich z. B. die Nordwesteckenregel[20], die Zeilenminimummethode[21] und die Vogelsche Approximationsmethode[22] zählen.

Weiterhin existieren eine Anzahl spezieller exakter Verfahren, die sich in primale und primal-duale Verfahren unterscheiden lassen. Das bekannteste primale Verfahren ist die modifizierte Distributionsmethode (MODI) von Dantzig.[23] Als primal-duale Verfahren sind der *Out-of-Kilter-Algorithmus*[24] von FORD und FULKERSON und das *Augmenting-Path-Verfahren*[25] von TOMIZAWA am bekanntesten.

2.3.2 Lösung einstufiger Transportprobleme mit LogisticsLab und CMPL

Zur Lösung einstufiger Transportprobleme existiert eine Vielzahl von Software-Paketen. In dieser Arbeit wird aus der Gruppe der problemorientierten Entscheidungsunterstützungssysteme LogisticsLab/TPP und aus der Gruppe der allgemeinen Entscheidungsunterstützungssysteme CMPL zur Lösung von Transportproblemen verwendet.

Die Aufgabe eines Entscheidungsträgers besteht in der Beschaffung der benötigten Parameter für das im Abschnitt 2.3.1 dargestellte mathematische Modell. Es gilt, die Zielfunktionskoeffizienten c_{ij}, $(i,j) \in A$, die Angebote der Versender a_i, $i \in S$ sowie die Bedarfe der Empfänger $b_j, j \in D$ zu bestimmen und in die Software einzugeben. Im folgenden Schritt ist das Problem zu lösen. Der letzte Arbeitsschritt besteht in der Interpretation der gefundenen Lösung und der Erarbeitung eines daraus abgeleiteten Plans.

Im Folgenden wird die Lösung einstufiger Transportprobleme anhand des folgenden Beispiels illustriert.

---

20 Vgl. Hillier und Lieberman (2015), S. 337, Dempe und Schreier (2006), S. 86 f.
21 Vgl. Domschke (2007), S. 139 f., Dempe und Schreier (2006), S. 87.
22 Vgl. Hillier und Lieberman (2015), S. S. 337 f., Dempe und Schreier (2006), S. 88.
23 Vgl. Domschke (2007), S. 109 ff.
24 Vgl. Domschke (2007), S. 203 ff.
25 Vgl. Suhl und Mellouli (2013), S. 200 f., Domschke (2007), S. 206 ff.

Beispiel 2.1: Belieferung von Baustellen mit Kies

Aufgabenstellung

Die Logistikabteilung eines deutschen Bauunternehmens plant die Beschaffung von Kies für vier größere Bauvorhaben. Geeigneter Baukies kann aus drei Werken bezogen werden. Die Planungsaufgabe besteht darin, zu bestimmen, welche Werke welche Baustellen mit welchen Mengen transportkostenminimal beliefern sollen. Die Transportkosten verhalten sich dabei proportional zur Transportleistung, die für dieses Problem in Tonnenkilometern[26] gemessen wird. Die Daten der Kieswerke und der Baustellen sind in Tab. 2.1 angegeben.

Tab. 2.1 Daten für Beispiel 2.1

ID	Stadt	PLZ	Angebot [t]	Nachfrage [t]
W1	Lanke	16348	35	0
W2	Haida bei Elsterwerda	04932	25	0
W3	Lübbecke	32312	40	0
B1	Neubrandenburg	17033	0	25
B2	Winsen (Aller)	29308	0	20
B3	Zörbig	06780	0	40
B4	Bleicherode	99752	0	15

Vorgehensweise mit LogisticsLab/TPP

(Beispieldatei: baukies.tppx)

In einem ersten Schritt ist in LogisticsLab/TPP ein neues Problem zu generieren. Dazu lassen sich der Menüeintrag *File → New Problem* oder die Schaltfläche *New Problem* in der Symbolleiste verwenden. Für dieses Problem können in dem erscheinenden Dialog die Standardwerte genutzt werden. Einzig die Anzahl der *Sources* (hier die Kieswerke) und die Anzahl der *Destinations* (Baustellen) ist einzugeben (Abb. 2.2).

Im folgenden Schritt können die Daten für die Kieswerke im Datenbereich *Sources* (Abb. 2.3) und die der Baustellen im Datenbereich *Destinations* (Abb. 2.4) eingegeben werden.

Sowohl für die Kieswerke als auch für die Baustellen liegen noch keine geografischen Koordinaten vor, die einerseits für eine korrekte Darstellung in der Karte und andererseits für die Berechnung der Distanzen zwischen den Netzwerkknoten benötigt werden.

---

26 Vgl. Muchna et al. (2021), S. 5.

Das einstufige Transportproblem 71

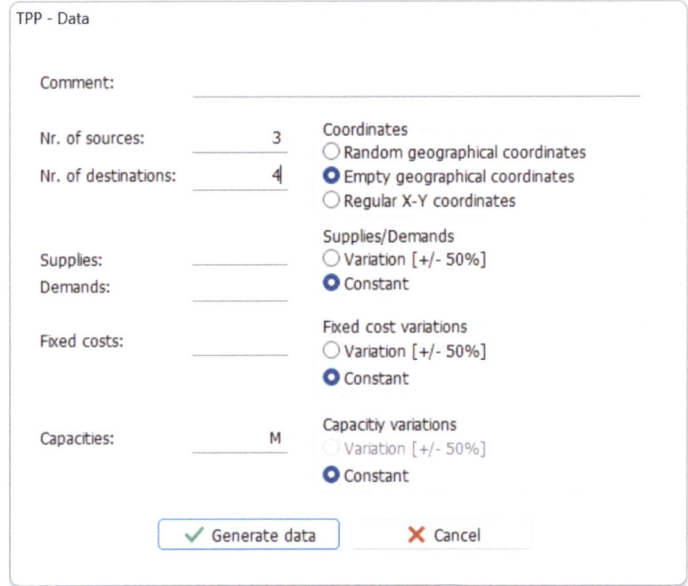

Abb. 2.2 Anlegen des Baukies-Problems in LogisticsLab/TPP

Problem Sources Destinations Variable costs Fixed costs Capacities Solution

Sources: 3   Edit mode: ⋛ 𝓜

Nr	Name	Lat	Long	City	PostCode	Supply
1	W1	0,00000	0,00000	Lanke	16348	35
2	W2	0,00000	0,00000	Haida bei Elsterwerda	04932	25
3	W3	0,00000	0,00000	Lübbecke	32312	40

Abb. 2.3 Eingabe der Daten der Kieswerke in LogisticsLab/TPP

Die Koordinaten können mittels der in LogisticsLab implementierten OpenStreetMap-Funktionalitäten bestimmt werden. Dazu existieren in den Datenbereichen *Sources* und *Destinations* die Schaltflächen *All coords* und *Node coords*, mit denen die Koordinaten aller Knoten oder für den ausgewählten Knoten abgerufen werden können (Abb. 2.5).

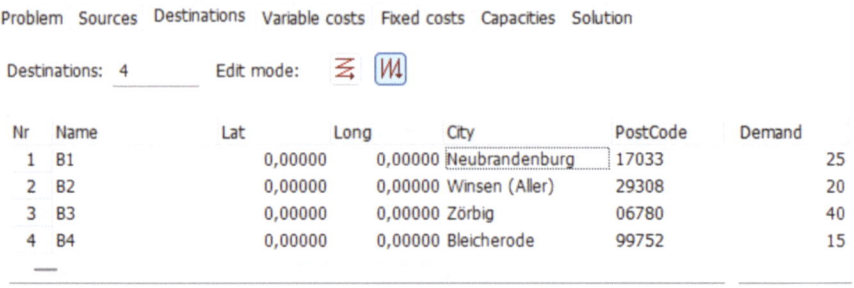

Nr	Name	Lat	Long	City	PostCode	Demand
1	B1	0,00000	0,00000	Neubrandenburg	17033	25
2	B2	0,00000	0,00000	Winsen (Aller)	29308	20
3	B3	0,00000	0,00000	Zörbig	06780	40
4	B4	0,00000	0,00000	Bleicherode	99752	15

Abb. 2.4 Eingabe der Baustellendaten in LogisticsLab/TPP

Abb. 2.5 Schaltflächen im Bereich *Sources* und *Destinations*

Nach erfolgreichem Abruf der Koordinaten werden diese automatisch in die entsprechenden Spalten eingetragen (z. B. für die Werke in Abb. 2.6) und die Knoten mittels der Koordinaten in der Karte (Abb. 2.7) dargestellt, wobei für die Anbieter jeweils ein blaues Haus und für die Nachfrager ein roter Pin verwendet wird.

Nr	Name	Lat	Long	City	PostCode
1	W1	52,75978	13,56550	Lanke	16348
2	W2	51,48663	13,47319	Haida bei Elsterwerda	04932
3	W3	52,30272	8,61831	Lübbecke	32312

Abb. 2.6 Datenbereich *Sources* nach Abrufen der Koordinaten

Da sich in diesem Problem die Transportkosten proportional zur Transportleistung in Tonnenkilometer verhalten, sind die Distanzen zwischen den Kieswerken und den Baustellen einzubeziehen. Die Bestimmung der Distanzen erfolgt über die in LogisticsLab implementierten OpenStreetMap-Funktionalitäten, indem in der Symbolleiste die Schaltfläche *Calculate Variable Costs* gedrückt oder im Menü *Optimisation* der Punkt *Calculate Variable Costs* gewählt wird und der in Abb. 2.8 dargestellte Dialog erscheint. Zur Generierung der Transportkosten je Kilometer wird vereinfacht ein Kostenfaktor mit dem Wert 1 [€/km] angesetzt und zur Bestimmung der Distanzen die Option *OpenStreetMap/Distances* gewählt.

Das einstufige Transportproblem 73

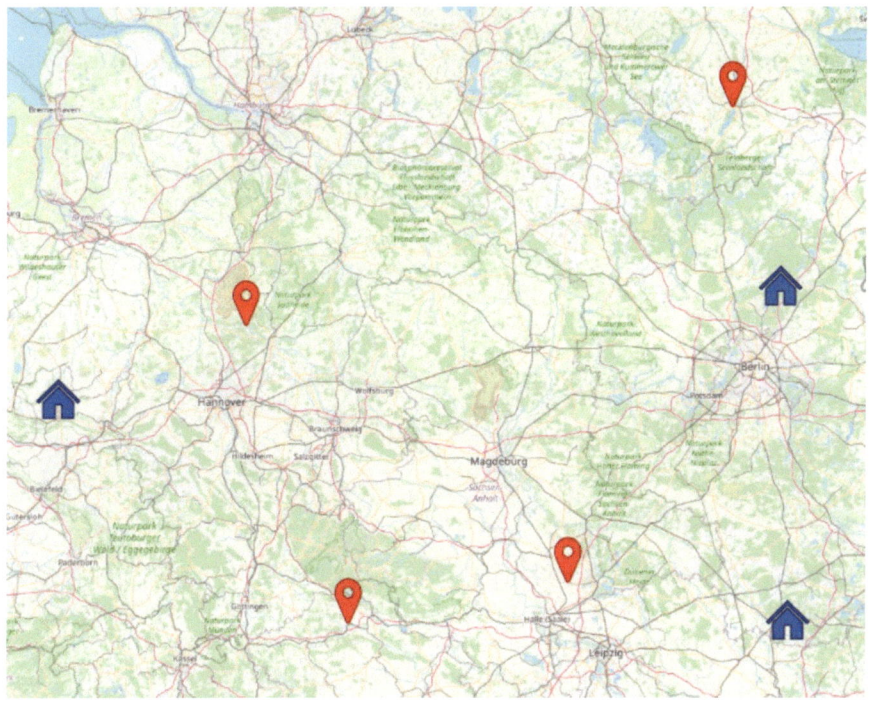

Abb. 2.7 Kartendarstellung der Werke und Baustellen

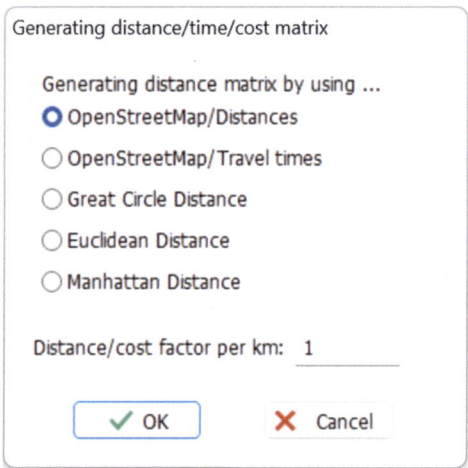

Abb. 2.8 Dialog zur Kalkulation variabler Transportkosten in LogisticsLab/TPP

Als Ergebnis erscheinen die in Abb. 2.9 angegebenen Transportstückkosten zwischen den drei Kieswerken und den vier Baustellen, die letztlich numerisch den Distanzen entsprechen.

Problem	Sources	Destinations	Variable costs	Fixed costs	Capacities	Sc

Costs based on: OSM/Distances in km

Problem size: 3 x 4   Edit mode:

	Nr.	1	2	3	4
Nr.	from\to	B1	B2	B3	B4
1	W1	146,13	372,16	216,33	383,03
2	W2	355,94	408,85	160,63	266,19
3	W3	556,51	151,36	335,60	276,38

Abb. 2.9 Datenbereich *Variable Costs* in LogisticsLab/TPP

Nachdem für dieses Transportproblem alle Daten vorliegen, kann das Problem gelöst werden, indem entweder das Menü *Optimisation → Start Optimisation* oder die Schaltfläche *Optimise* in der Symbolleiste gewählt wird und der in Abb. 2.10 dargestellte Dialog erscheint. Für das Baukies-Beispiel sind als Zielfunktionsrichtung *Min* und als Problemtyp *Standard* zu wählen und die Optimierung zu starten.

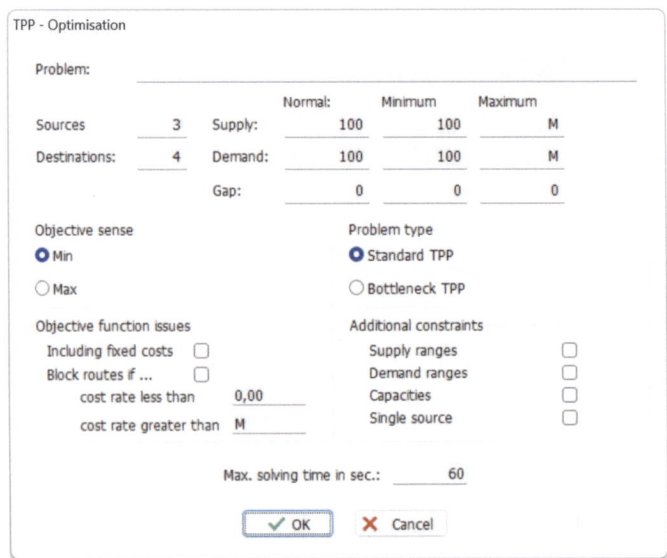

Abb. 2.10 Optimierungsdialog in LogisticsLab/TPP

Das einstufige Transportproblem

Nach dem Lösen dieses Transportproblems erscheint im Datenbereich *Solution* die numerische Lösung (Abb. 2.11) sowie im Bereich *Netzwerk* die optimale Lösung als Netzwerkgrafik (Abb. 2.12). Der Zielfunktionswert beträgt 18.683,20 € (*Total costs*).

Problem	Sources	Destinations	Variable costs	Fixed costs	Capacities	Solution

Supply:	100	Total costs:	18.683,20	Min. cost rate	146,13
Demand:	100	Variable costs:	18.683,20	Max. cost rate:	335,60
Gap:	0	Fixed costs:	0,00		
Flow:	100				

From	Source	To	Destination	Cost per unit	Capacity	Flow	Variable costs	Fixed costs
1	W1	1	B1	146,13	M	25	3.653,25	0,000
1	W1	3	B3	216,33	M	10	2.163,30	0,000
2	W2	3	B3	160,63	M	25	4.015,75	0,000
3	W3	2	B2	151,36	M	20	3.027,20	0,000
3	W3	3	B3	335,60	M	5	1.678,00	0,000
3	W3	4	B4	276,38	M	15	4.145,70	0,000

Abb. 2.11 Numerische Darstellung der Lösung für Beispiel 2.1 in LogisticsLab/TPP

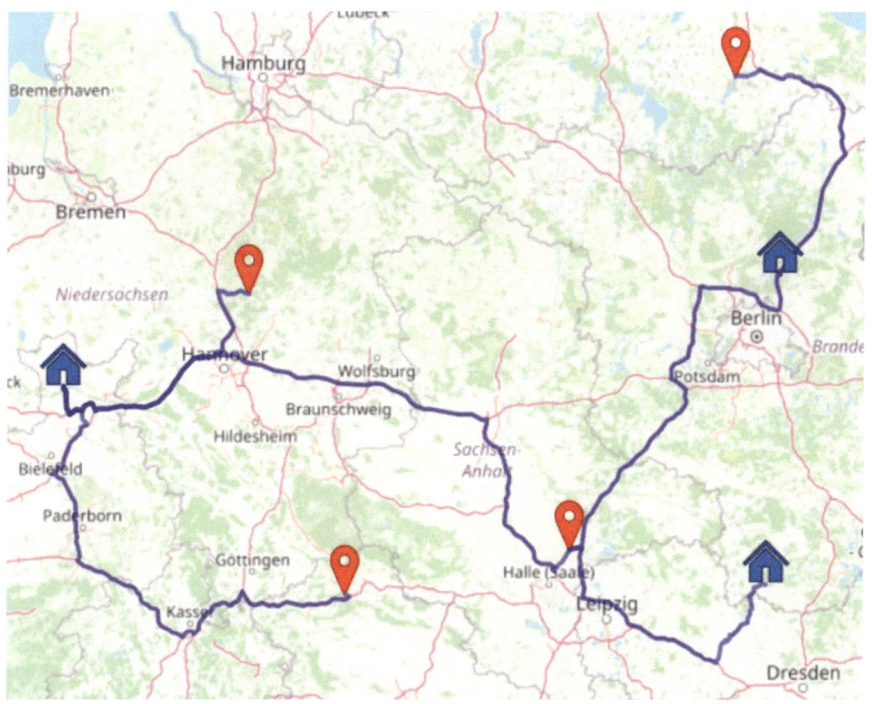

Abb. 2.12 Grafische Darstellung der Lösung für Beispiel 2.1 in LogisticsLab/TPP

Die optimalen Mengen sind nochmals in Tab. 2.2 angegeben. Es ist ersichtlich, dass alle Angebots- und Nachfragenebenbedingungen eingehalten werden, d. h., dass alle Kieswerke ihr komplettes Angebot ausliefern und die Nachfragen aller Baustellen vollständig erfüllt werden. Weiterhin ist festzuhalten, dass Baustelle B3 von allen Kieswerken beliefert wird.

Tab. 2.2 Lösung für Beispiel 2.1

Lieferungen [t]	B1	B2	B3	B4	Gesamt [t]	Angebote [t]
W1	25		10		35	35
W2			25		25	25
W3		20	5	15	40	40
Gesamt [t]	25	20	40	15	100	100
Nachfragen [t]	25	20	40	15	100	

Vorgehensweise mit CMPL

(Beispieldatei: Baukies.cmpl, transport.xlsx → Baukies)

Zum Lösen eines Transportproblems mit CMPL ist in Excel ein neues Arbeitsblatt anzulegen und die zur Lösung dieses Problems notwendigen Daten einzugeben (Abb. 2.13). Die Zellen C4:F6 enthalten die Kostensätze, die hier vereinfachend aus Abb. 2.9 entnommen wurden.

	A	B	C	D	E	F	G
1	Parameter:						
2		Kostensätze					
3		Werke\Baustellen	B1	B2	B3	B4	Angebote
4		W1	146,13	372,16	216,33	383,03	35
5		W2	355,94	408,85	160,63	266,19	25
6		W3	556,51	151,36	335,6	276,38	40
7		Bedarfe	25	20	40	15	100
8							
9							
10	Lösung	Mengen					
11		Werke\Baustellen	B1	B2	B3	B4	Gesamt
12		W1					0
13		W2					0
14		W3					0
15		Gesamt	0	0	0	0	0
16							
17		Kosten					
18		Werke\Baustellen	B1	B2	B3	B4	Gesamt
19		W1	0	0	0	0	0
20		W2	0	0	0	0	0
21		W3	0	0	0	0	0
22		Gesamt	0	0	0	0	0

Abb. 2.13 Excel-Arbeitsblatt mit den Daten für Beispiel 2.1

Die Spalten- und Zeilenköpfe enthalten die Bezeichnungen der Baustellen und die der Werke und werden für die Indexmengen der Anbieter (S) und der Nachfrager (D) verwendet. Da alle Anbieter und Nachfrager vollständig miteinander verbunden sind, wurde im Excel-Arbeitsblatt keine Indexmenge der Kanten eingegeben. Diese Indexmenge wird später im CMPL-Modell erzeugt. Die Angebote der Werke sowie die Nachfragen der Baustellen sind in den Zellen G4:G6 bzw. C7:F7 gegeben. Für die zu bestimmende Lösung wurde eine leere Tabelle im Zellbereich B11:G15 erstellt, die in C12:F14 die Lösung und in den Zellbereichen G12:G14 bzw. C15:F15 die entsprechenden Zeilen- und Spaltensummen aufnehmen soll. Der Zellbereich B18:G22 enthält eine Tabelle, in der nach dem Optimierungslauf die Transportkosten in Abhängigkeit der Kostensätze in C4:F6 und den gefundenen Liefermengen C12:F14 automatisch berechnet werden. So lautet in Zelle C19 die Formel =C4*C12.

Im folgenden Schritt ist die CMPL-Datei *Baukies.cmpl* zu erstellen, wobei es sich anbietet, CMPLs Benutzeroberfläche Coliop zu nutzen (Abb. 2.14). Wie im Listing für CMPL-Modell 2.1 zu sehen, startet das Modell mit dem Einlesen der in der zugehörigen CmplXlsData-Datei definierten Indexmengen und Parameter (Zeile 1). Da nur das Schlüsselwort %xlsdata, nicht aber ein Dateiname bzw. die einzulesenden Indexmengen und Parameter angegeben wurde, werden alle in der Datei *Baukies.xdat* definierten Indexmengen und Parameter gelesen.

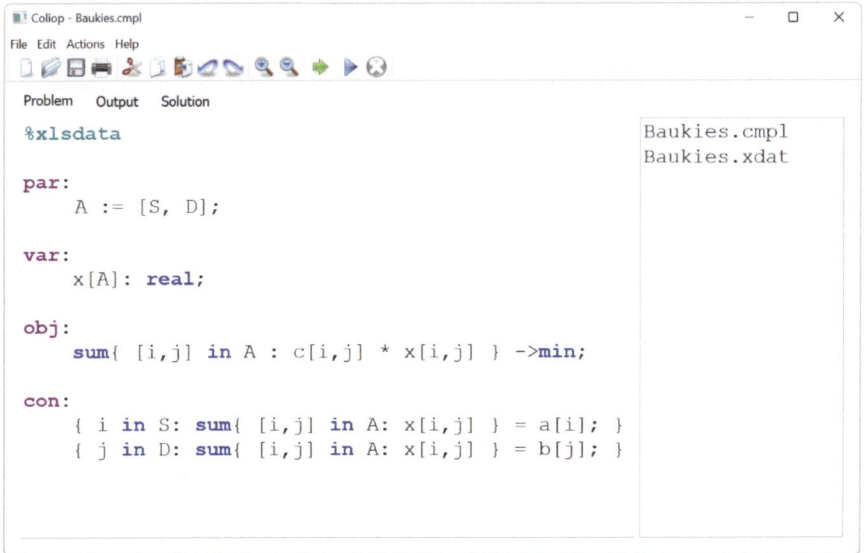

Abb. 2.14 Coliop für CMPL-Modell für Beispiel 2.1

Da die Indexmenge der Kanten bisher noch nicht definiert wurde und alle Werke und Baustellen vollständig miteinander verbunden sind, ist die Indexmenge A in der

Sektion par in der vierten Zeile aus der Kombination der Mengen der Anbieter S und der Nachfrager D zu erzeugen. Die Sektion var dient der Definition der Variablen. Für dieses Beispiel werden in der siebten Zeile die Liefermengen x_{ij} als nichtnegative kontinuierliche Variablen unter Verwendung der Indexmenge A definiert. Die Sektion obj dient der Definition der zu minimierenden Zielfunktion, indem gemäß Ausdruck (2.7) eine Summe über alle Kanten des Netzwerks der Produkte der Transportstückkosten und der Liefermengen gerechnet wird. In der Sektion con, die der Definition der Nebenbedingungen dient, werden die Angebotsrestriktion gemäß Ausdruck (2.8) in Zeile 13 und die Nachfragerestriktion gemäß Ausdruck (2.9) in Zeile 14 spezifiziert. In Zeile 13 ist innerhalb der geschweiften Klammern eine Schleife definiert, die über alle Versender (Elemente i in der Indexmenge S) iteriert, wobei im Schleifenkörper in jedem Schritt die Angebotsrestriktion erzeugt wird. Analog werden in Zeile 14 die Nachfragebedingungen für alle Empfänger definiert.

CMPL-Modell 2.1 CMPL-Modell für Beispiel 2.1

```
1    %xlsdata
2
3    par:
4      A := [S, D];
5
6    var:
7      x[A]: real;
8
9    obj:
10     sum{ [i,j] in A : c[i,j] * x[i,j] } ->min;
11
12   con:
13     { i in S: sum{ [i,j] in A: x[i,j] } = a[i]; }
14     { j in D: sum{ [i,j] in A: x[i,j] } = b[j]; }
```

Nachdem das CMPL-Modell eingegeben und unter dem Namen *Baukies.cmpl* gespeichert wurde, erscheint, wie in Abb. 2.14 zu sehen, in Coliop in einer rechten Spalte ein Eintrag *Baukies.xdat*. Dieser Eintrag kann für die Eingabe der CmplXlsData-Datei (CMPL-Modell 2.2) genutzt werden. Der Abschnitt @source (Zeilen 1 bis 3) dient zur Angabe der Excel-Datei (*transport.xlsx*) und des Blatts (*Baukies*), das zum Lesen der Indexmengen und Parameter sowie zum Schreiben der Optimierungsergebnisse verwendet werden soll. Im Abschnitt @input, der der Definition der Indexmengen und Parameter dient, werden in den Zeilen 6 bis 7 die Indexmengen mittels des Schlüsselwortes set für die Werke (S) und die Baustellen (D) eingeführt. Die korrespondierenden Zellbereiche in der Excel-Tabelle sind in spitzen Klammern angegeben. In den Zeilen 9 bis 11 werden diese Indexmengen für die Definition der Angebote (a), der Bedarfe (b) und der Transportkosten (c) verwendet. Da es sich um Vektoren bzw. Matrizen handelt, sind nach dem Namen des jeweiligen Parameterfeldes die zugehörigen Indexmengen in eckigen Klammern anzugeben. Die Zellbereiche in der Excel-Tabelle, aus denen diese Parameter gelesen werden sollen, sind wiederum in spitzen Klammern anzugeben. Im @output-Abschnitt wird definiert, welche Werte nach Abschluss der Optimierung nach Excel geschrieben werden sollen. Für dieses Beispiel sollen die Aktivitäten der Flussvariablen x_{ij}; $(i,j) \in A = S \times D$ in den Zellbereich C12:F14 der Excel-Tabelle geschrieben werden (Zeile 14).

CMPL-Modell 2.2 CmplXlsData für Beispiel 2.1

```
1   @source
2   %file < Transport.xlsx >
3   %sheet < Baukies >
4
5   @input
6   %S set < B4:B6 >
7   %D set < C3:F3 >
8
9   %a[S] < G4:G6 >
10  %b[D] < C7:F7 >
11  %c[S,D] < C4:F6 >
12
13  @output
14  %x[S,D].activity < C12:F14 >
```

Nach Abschluss der Eingaben kann das Modell gelöst werden, indem in Coliop entweder das Menü *Actions → Solve* oder in der Symbolleiste der entsprechende Eintrag gewählt wird. Nachdem das Modell mittels CMPL gelöst wurde, schreibt CMPL die gefundenen Lösungen der Variablen in den Zellbereich, der zuvor im Dateneditor spezifiziert wurde (Abb. 2.15). Letztlich handelt es sich um die Lösung, die auch mit LogisticsLab/TPP gefunden wurde, so dass auf die dort angeführte Interpretation verwiesen werden kann.

2.4 Mehrstufige Transportprobleme

2.4.1 Problemstellung

Viele Logistikprozesse erstrecken sich über mehrere Stufen in Form von miteinander verketteten Teilprozessen. Derartige Probleme lassen sich als mehrstufige Transportprobleme modellieren. Wie bei einem einstufigen Transportproblem werden auch hier die optimalen Lieferbeziehungen zwischen Versendern und Empfängern gesucht. Der Transport erfolgt aber nicht direkt von den Versendern zu den

	A	B	C	D	E	F	G
10	Lösung		Mengen				
11		Werke\Baustellen	B1	B2	B3	B4	Gesamt
12		W1	25	0	10	0	35
13		W2	0	0	25	0	25
14		W3	0	20	5	15	40
15		Gesamt	25	20	40	15	100
16							
17		Kosten					
18		Werke\Baustellen	B1	B2	B3	B4	Gesamt
19		W1	3653,25	0	2163,3	0	5816,55
20		W2	0	0	4015,75	0	4015,75
21		W3	0	3027,2	1678	4145,7	8850,9
22		Gesamt	3653,25	3027,2	7857,05	4145,7	18683,2

Abb. 2.15 Lösung in Excel für Beispiel 2.1

Empfängern, sondern über Zwischenebenen, in denen das Transportgut gelagert oder umgeschlagen wird. Die Logistikknoten der Zwischenebenen (Lager, Umladeknoten usw.) verfügen über spezifische Kapazitäten, die den Durchfluss begrenzen können.

In Abb. 2.16 wird als Beispiel ein einfaches mehrstufiges Transportproblem dargestellt. Es gibt drei Werke (W1–W3), die ein Zwischenprodukt herstellen, das in zwei Montagewerken (U1, U2) endmontiert wird. Die Waren werden dann an vier Vertriebszentren (K1–K4) versandt und dort an die Endkunden verkauft. Die Aufgabe für dieses Beispiel besteht darin, zu entscheiden, welche Mengen von welchen Werken zu welchen Montagewerken und von dort an welche Vertriebszentren kostenminimal zu senden sind.

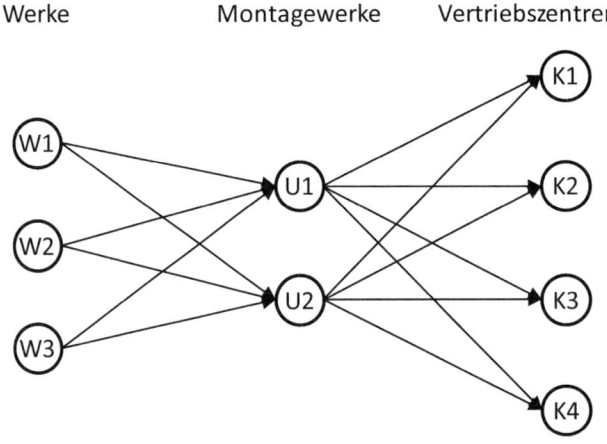

Abb. 2.16 Schematische Darstellung eines mehrstufigen Transportproblems

2.4.2 Mathematische Formulierung als Minimum-Cost-Flow-Problem

Mehrstufige Transportprobleme weisen eine Netzstruktur auf und lassen sich deshalb gut als sogenannte *Transport-Umlade-Probleme* (*Transshipment-Problems*) in Form des Minimum-Cost-Flow-Modells formulieren.

Wie schon in Abschnitt 2.2.2 beschrieben, wird ein gerichteter Graph $G = (N, A)$ betrachtet, wobei N die Knotenmenge und A die Menge der gerichteten Kanten bezeichnet. Die Knotenmenge besteht aus den Versendern, den Empfängern und Umladeknoten. Ein Versender $i \in N$ besitzt ein ganzzahliges Angebot a_i, während für einen Empfängerknoten $i \in N$ ein ganzzahliger Bedarf b_i vorliegt. Für einen Umladeknoten $i \in N$ liegt weder ein Angebot noch eine Nachfrage vor.

Für jede gerichtete Kante $(i, j) \in A$ existiert ein Kostensatz c_{ij} je Mengeneinheit des zu transportierenden homogenen Gutes.[27] Die über die gerichteten Kanten $(i, j) \in A$ zu transportierenden Mengen werden in Form der Variablen x_{ij} abgebildet. Weiterhin ist der Fluss auf einer gerichteten Kante $(i, j) \in A$ durch eine untere Schranke x_{ij}^u sowie eine obere Schranke x_{ij}^o beschränkt. Auf der Basis dieser Definitionen lässt sich das mehrstufige Transportproblem als Minimum-Cost-Flow-Problem wie folgt formulieren:[28]

$$\sum_{(i,j) \in A} c_{ij} \cdot x_{ij} \to \min! \tag{2.12}$$

u.d.N.

$$\sum_{\{j|(i,j) \in A\}} x_{ij} - \sum_{\{j|(j,i) \in A\}} x_{ji} = a_i - b_i \quad ; i \in N \tag{2.13}$$

$$x_{ij}^u \leq x_{ij} \leq x_{ij}^o \quad ;(i,j) \in A \tag{2.14}$$

Um gemäß Ausdruck (2.13) zulässige Lösungen zu erhalten, ist im Grundmodell die folgende Bilanzgleichung einzuhalten:

$$\sum_{i \in N} a_i = \sum_{i \in N} b_i \tag{2.15}$$

Mit der Zielfunktion (2.12) ist die Summe der Transportkosten über alle gerichteten Kanten $(i, j) \in A$ zu minimieren. Die Flusserhaltungsbedingungen in (2.13) stellen für Umladeknoten sicher, dass die gesamte in einen Knoten eingehende Flussmenge den Knoten auch wieder vollständig verlässt, da der Wert der rechten Seiten aufgrund der fehlenden Angebote und Bedarfe gleich dem Wert null ist. Für einen Versender muss aufgrund dieser Bedingung die ausgehende Menge dem Angebot des Knotens entsprechen und für einen Empfänger hat die eingehende Menge identisch zum Bedarf des Knotens zu sein. Man beachte weiter, dass die Bedingung (2.14) keine Ganzzahligkeitsforderungen an die zu ermittelten Flüsse x_{ij} stellt. Dennoch

---

27 Als Kantengewichte können auch Distanzen oder Fahrtzeiten verwendet werden.
28 Vgl. Ghiani et al. (2022), S. 456 ff., Hillier und Lieberman (2015), S. 395 ff., Domschke et al. (2015), S. 100 ff.

wird ein Optimierungsverfahren für ein solches Problem immer ganzzahlige Lösungen liefern, wenn die Kantenkapazitäten sowie die Angebote und Bedarfe mit ganzzahligen Werten vorgegeben sind.[29]

Mit der bisherigen Modellformulierung sind keine Bewertungen der Knoten möglich, da nur Bewertungen von Kanten zulässig sind (Abb. 2.17).

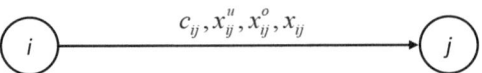

Abb. 2.17 Kantenbewertungen

Daher ist es z. B. nicht möglich, für einen Umladeknoten eine Kapazität, die den Durchfluss begrenzt, zu formulieren. Allerdings ist eine solche Knotenbewertung für viele reale Probleme notwendig und kann durch folgende einfache Manipulationen der Knoten- und Kantenmenge ermöglicht werden. Sind z. B. Kapazitätsbeschränkungen kap_i^u, kap_i^o eines Umladeknotens $i \in N$ miteinzubeziehen, ist dieser Knoten in zwei Knoten (ia und ib) aufzuspalten und durch eine Kante (ia, ib) zu verbinden. Die aufgespalteten Knoten sind anstelle des ursprünglichen Knotens in die Knotenmenge und die künstliche Kante zusätzlich in die Kantenmenge aufzunehmen. Die Flussmenge dieser neuen Kante wird durch die Kapazität des Knotens $kap_i^u \leq x_{ia,ib} \leq kap_i^o$ beschränkt (Abb. 2.18). Der Kostensatz dieser künstlichen gerichteten Kante ist mit dem Wert null zu belegen[30]

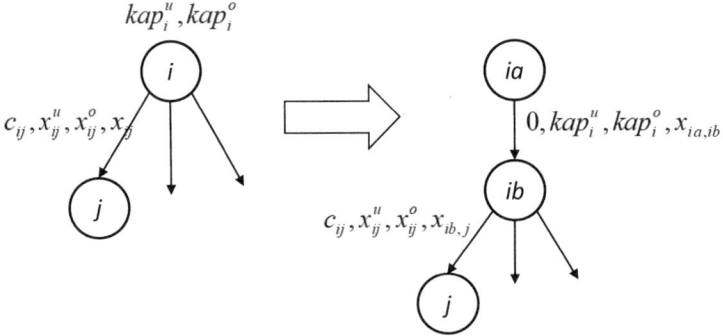

Abb. 2.18 Knotensplittung

Die in den ursprünglichen Knoten i eingehenden Kanten sind nun mit den ersten der beiden gesplitteten Knoten ia und die aus dem Knoten i ausgehenden Kanten mit dem Knoten ib zu verbinden.

---

29 Vgl. Yildirim (2009), S. 4-4.
30 Vgl. Suhl und Mellouli (2013), S. 194 f.

2.4.3 Lösung mit LogisticsLab/NWF und CMPL

In diesem Abschnitt wird die Lösung mehrstufiger Transportprobleme mit LogisticsLab/NWF und CMPL aufgezeigt.

Beispiel 2.2: Mehrstufige Europadistribution

Aufgabenstellung

EuroTech plant, seine Lieferkette umzustrukturieren. Wie in Abb. 2.16 gezeigt, besteht das Netz aus drei Werken (W1–W3), die ein Zwischenprodukt herstellen, das in zwei Montagewerken (U1, U2) endmontiert wird. Die Waren werden dann an vier Vertriebszentren (K1–K4) versandt und dort an die Kunden verkauft. Die Knoten mit ihren Angeboten, Bedarfen und Kapazitäten sind in der folgenden Tabelle angegeben.

Tab. 2.3 Daten für Beispiel 2.2

ID	Stadt	Land	Angebot [Stück]	Bedarf [Stück]	Kapazität [Stück]
W1	Rivalta di Torino	Italy	400	0	
W2	Brest	France	500	0	
W3	Nürnberg	Germany	600	0	
U1	Savigny-le-Temple	France	0	0	800
U2	Ortenberg	Germany	0	0	750
K1	Laon	France	0	350	
K2	Massarosa	Italy	0	450	
K3	Köflach	Austria	0	500	
K4	Gif-sur-Yvette	France	0	200	

Weiterhin ist bekannt, dass die variablen Transportkosten pro Einheit des Produkts und pro Kilometer 20 Cent betragen. Aufgrund der zur Verfügung stehenden Fahrzeuge sind die Kapazitäten aller Kanten jeweils auf 500 Stück begrenzt. Die Geschäftsleitung muss entscheiden, welche Mengen von welchen Werken zu welchen Montagewerken und von dort an welche Vertriebszentren zu senden sind. Das Ziel ist es, die Transportkosten zu minimieren.

Vorgehensweise mit LogisticsLab/TPP
(Beispieldatei: netzwerk-distribution.nwfx)

In einem ersten Schritt ist in LogisticsLab/NWF ein neues Problem zu generieren. Dazu lassen sich der Menüeintrag *File → New Problem* oder die Schaltfläche *New Problem* in der Symbolleiste verwenden. Für dieses Problem können in dem erscheinenden Dialog die Standardwerte genutzt werden. Einzig die Anzahl der Knoten *Nodes* ist einzugeben (Abb. 2.19).

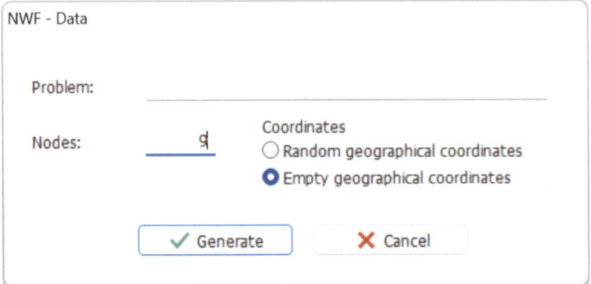

Abb. 2.19 Anlegen eines Problems in LogisticsLab/NWF

Anschließend sind die Daten der Netzwerkknoten aus Tab. 2.3 im Datenbereich *Nodes* (Abb. 2.20) einzugeben. Es ist zu beachten, dass LogisticsLab/NWF der Notation der rechten Seite der Flusserhaltungsrestriktion (2.13) des Minimum-Cost-Flow-Modells folgt, so dass Versender mit ihren Angeboten durch positive Werte in der Spalte *Volume* und Empfänger mit ihren Bedarfen durch negative Werte in dieser Spalte gekennzeichnet sind. Die Kapazitäten der beiden Umladeknoten (Montagewerke) sind in der Spalte *Max. Cap.* einzugeben. Da LogisticsLab/NWF die Behandlung von Knotenbewertungen automatisch vornimmt, sind keine Knotensplittungen hinsichtlich der Kapazitäten notwendig.

Nr	ID	Name	Lat	Long	City	Country	Volume	Max. Cap.
1	W1	Rivalta di Tori	0,00000	0,00000	Rivalta di Torino	Italy	400	
2	W2	Brest	0,00000	0,00000	Brest	France	500	
3	W3	Nuremberg	0,00000	0,00000	Nuremberg	Germany	600	
4	U1	Savigny-le-Temple	0,00000	0,00000	Savigny-le-Temple	France	0	800
5	U2	Ortenberg	0,00000	0,00000	Ortenberg	Germany	0	750
6	K1	Laon	0,00000	0,00000	Laon	France	-350	
7	K2	Massarosa	0,00000	0,00000	Massarosa	Italy	-450	
8	K3	Köflach	0,00000	0,00000	Köflach	Austria	-500	
9	K4	Gif-sur-Yvette	0,00000	0,00000	Gif-sur-Yvette	France	-200	

Abb. 2.20 Eingabe der Knotendaten für Beispiel 2.2

Für die einzelnen Knoten liegen noch keine geografischen Koordinaten vor, die einerseits für eine korrekte Darstellung in der Karte und andererseits für die Berechnung der Distanzen zwischen den Netzwerkknoten benötigt werden. Die Koordinaten können mittels der in LogisticsLab implementierten OpenStreetMap-Funktionalitäten bestimmt werden. Dazu können im Datenbereich *Nodes* die Schaltflächen *All coords* und *Node coords* zum Abruf der Koordinaten aller Knoten oder für den ausgewählten Knoten verwendet werden (Abb. 2.21).

Abb. 2.21 Schaltflächen im Datenbereich Nodes in LogisticsLab/NWF

Nach erfolgreichem Abruf der Koordinaten werden diese im Datenbereich Nodes in die entsprechenden Spalten automatisch eingetragen und die Knoten in der Karte anhand der Koordinaten angezeigt (Abb. 2.22).

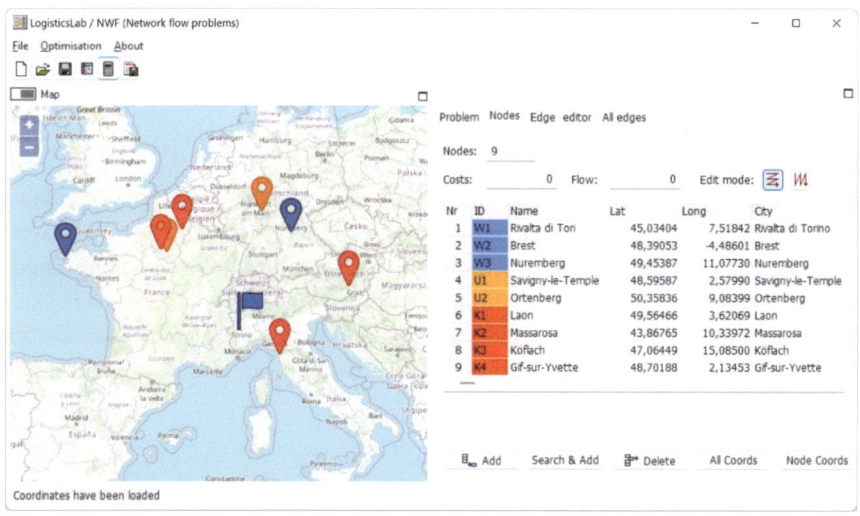

Abb. 2.22 Anzeige der Knoten nach Abruf der Koordinaten für Beispiel 2.2

Für die unterschiedlichen Arten von Knoten (Anbieter-, Umlade- und Nachfrageknoten) werden unterschiedliche Farben für die Marker der Knoten in der Karte und zugleich in der Knotenliste im Datenbereich *Nodes* verwendet.

Im folgenden Schritt sind die Daten der gerichteten Kanten im Datenbereich *Edge editor* einzugeben. Dabei ist zu beachten, dass laut Aufgabenstellung die drei Werke vollständig mit den zwei Montagewerken und diese vollständig mit den vier Vertriebszentren verbunden sind. In Abb. 2.23 ist exemplarisch für das Werk W1 zu sehen, dass mit der Combobox *From node* der Knoten zu wählen ist, dessen ausgehende direkte Kanten in der Liste *To nodes* mit den entsprechenden Kapazitäten einzugeben sind. Alternativ kann eine von dem in der Combobox *From node* gewählten Knoten ausgehende Kante durch ein Doppelklick auf einen Knoten-Marker in der Karte angelegt und dann im Editor bearbeitet werden.

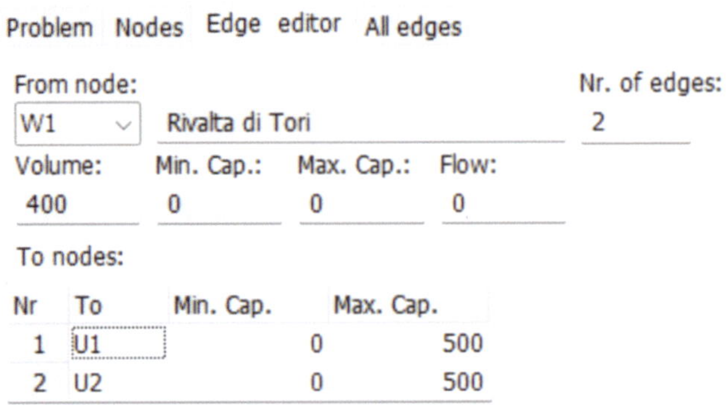

Abb. 2.23 Eingabe der Kantendaten für Beispiel 2.2

Im folgenden Schritt sind die Transportstückkosten für alle eingegebenen Kanten zu ermitteln. Dazu sind die Distanzen der Kanten mit dem Kostensatz von 20 Cent je Kilometer zu multiplizieren. Zur Ermittlung der Distanzen können die in LogisticsLab implementierten OpenStreetMap-Funktionalitäten verwendet werden. Dazu ist entweder in der Symbolleiste die Schaltfläche *Calculate Variable Costs* oder im Menü *Optimisation* der Punkt *Calculate Variable Costs* zu wählen, worauf der in Abb. 2.24 dargestellte Dialog erscheint.

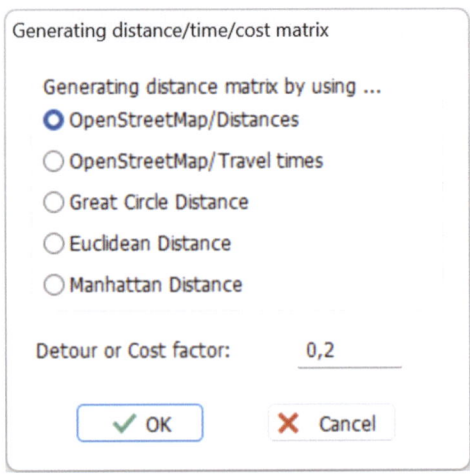

Abb. 2.24 Dialog zur Kalkulation variabler Transportkosten in LogisticsLab/NWF

Zur Generierung der Transportkosten je Kilometer wird ein Kostenfaktor mit dem Wert 0,2 [€/km] angesetzt und zur Bestimmung der Distanzen die Option *Open-StreetMap/Distances* gewählt. Die so berechneten variablen Transportkosten werden automatisch im Datenbereich *All edges* in der Spalte *Cost rate* als Kantenbewertung eingetragen (Abb. 2.25).

Problem	Nodes	Edge editor	All edges			
Edges:	14		Costs based on:	OSM/Distances in km		
Costs:		0,00	Flow:	0		
From	Name	To	Name	Cost rate	Min. Cap.	Max. Cap.
W1	Rivalta di Tori	U1	Savigny-le-Temple	148,81	0	500
W1	Rivalta di Tori	U2	Ortenberg	171,81	0	500
W2	Brest	U1	Savigny-le-Temple	118,97	0	500
W2	Brest	U2	Ortenberg	243,02	0	500
W3	Nuremberg	U1	Savigny-le-Temple	154,39	0	500
W3	Nuremberg	U2	Ortenberg	50,86	0	500
U1	Savigny-le-Temple	K1	Laon	33,39	0	500
U1	Savigny-le-Temple	K2	Massarosa	206,59	0	500
U1	Savigny-le-Temple	K3	Köflach	257,33	0	500
U1	Savigny-le-Temple	K4	Gif-sur-Yvette	9,05	0	500
U2	Ortenberg	K1	Laon	111,37	0	500
U2	Ortenberg	K2	Massarosa	199,15	0	500
U2	Ortenberg	K3	Köflach	156,33	0	500
U2	Ortenberg	K4	Gif-sur-Yvette	131,76	0	500

Abb. 2.25 Datenbereich *All edges* für Beispiel 2.2

Nachdem alle Daten erfasst wurden, kann das Problem über das Menü *Optimisation* → *Start Optimisation* oder die Schaltfläche *Optimise* in der Symbolleiste optimiert werden.

Die Kanten- und die Knotenliste sowie die Karte werden nach der Optimierung automatisch um die Angaben der optimalen Flüsse ergänzt (Abb. 2.26, Abb. 2.27 und Abb. 2.28). Wie im Datenbereich *All edges* im Feld *Costs* zu sehen, betragen die gesamten Transportkosten 347.617.00 Euro. Die Transportkapazitäten werden auf allen genutzten Kanten eingehalten, wobei die Fahrzeuge auf den Kanten W2–U1, W3–U2 und U2–K3 vollständig ausgelastet werden. Vergleicht man im Datenbereich *Nodes* die Transportmengen in der Spalte *Flow* mit den Bedarfen, Angeboten bzw. Kapazitäten der einzelnen Knoten, erkennt man, dass alle Restriktionen eingehalten werden. Es ist zu erwähnen, dass das Montagewerk U1 mit 800 Mengeneinheiten vollständig ausgelastet ist, während im Montagewerk U2 eine Restkapazität von 50 Stück existiert.

Problem Nodes Edge editor All edges

Edges: 14   Costs based on: OSM/Distances in km

Costs: 347.617,00 Flow: 1.500

From	Name	To	Name	Cost rate	Max. Cap.	Flow	Costs
W1	Rivalta di Tori	U1	Savigny-le-Temple	148,81	500	200	29.762,00
W1	Rivalta di Tori	U2	Ortenberg	171,81	500	200	34.362,00
W2	Brest	U1	Savigny-le-Temple	118,97	500	500	59.485,00
W2	Brest	U2	Ortenberg	243,02	500		
W3	Nuremberg	U1	Savigny-le-Temple	154,39	500	100	15.439,00
W3	Nuremberg	U2	Ortenberg	50,86	500	500	25.430,00
U1	Savigny-le-Temple	K1	Laon	33,39	500	350	11.686,50
U1	Savigny-le-Temple	K2	Massarosa	206,59	500	250	51.647,50
U1	Savigny-le-Temple	K3	Köflach	257,33	500		
U1	Savigny-le-Temple	K4	Gif-sur-Yvette	9,05	500	200	1.810,00
U2	Ortenberg	K1	Laon	111,37	500		
U2	Ortenberg	K2	Massarosa	199,15	500	200	39.830,00
U2	Ortenberg	K3	Köflach	156,33	500	500	78.165,00
U2	Ortenberg	K4	Gif-sur-Yvette	131,76	500		

Abb. 2.26 Datenbereich *All edges* mit Lösung für Beispiel 2.2

Problem Nodes Edge editor /

Nodes: 9

Costs: 347.617 Flow:

Nr	ID	Name	Volume	Min. Cap.	Max. Cap.	Flow	Costs
1	W1	Rivalta di Tori	400			400	64.124,00
2	W2	Brest	500			500	59.485,00
3	W3	Nuremberg	600			600	40.869,00
4	U1	Savigny-le-Temple	0	0	800	800	65.144,00
5	U2	Ortenberg	0	0	750	700	117.995,00
6	K1	Laon	-350			350	
7	K2	Massarosa	-450			450	
8	K3	Köflach	-500			500	
9	K4	Gif-sur-Yvette	-200			200	

Abb. 2.27 Datenbereich *Nodes* mit Lösung für Beispiel 2.2

Hinsichtlich der Engpässe wäre zu analysieren, ob mit einer anderen Kapazitätssituation bessere Transportkosten generiert werden könnten. Es sollte auch untersucht werden, ob dieses Distributionsnetzwerk auf stärkere Nachfrageschwankungen eingestellt ist. Eine Möglichkeit besteht in der Bestimmung des maximalen Flusses über das gesamte Netzwerk.

Mehrstufige Transportprobleme

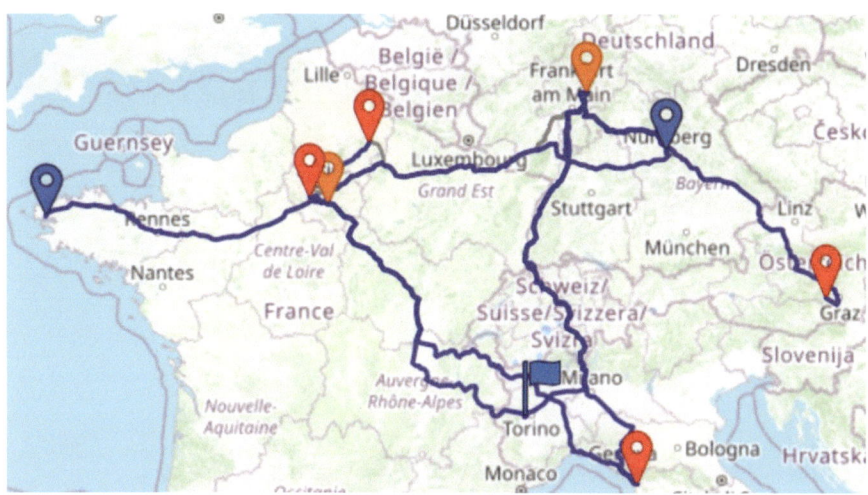

Abb. 2.28 Netzwerkbereich mit Lösung für Beispiel 2.2

Vorgehensweise mit CMPL

(Beispieldatei: netz-distribution.cmpl, transport.xlsx → Netz-Distribution))

Da die Knoten- und die Kantenliste die erforderlichen Parameter für das Minimum-Cost-Flow-Modell darstellen, sind sie in einem Excel-Arbeitsblatt bereitzustellen. In Abb. 2.29 ist die Knotenliste für dieses Beispiel enthalten. Im Zellbereich C3:D13 wurden die Angebote und Nachfragen der einzelnen Knoten eingetragen, wobei nur die Werke W1 bis W3 Angebote und die Vertriebszentren K1 bis K4 Nachfragen aufweisen. Die Montagewerke U1 und U2 besitzen weder Angebot noch Bedarfe. Der Zellbereich B3:B13 ist für die Berechnung der Nettoflüsse gemäß der linken Seiten des Ausdrucks (2.13) vorgesehen. Diese Berechnung erfolgt durch Excel-Formeln auf der Basis der Mengen der einzelnen gerichteten Kanten. Es ist weiterhin zu beachten, dass für die Montagewerke keine Kapazitäten angegeben wurden. Diese werden im Sinne des Minimum-Cost-Flow-Modells mittels Knotensplittung auf entsprechende Kanten übertragen. Daher existieren in dieser Liste nicht die originalen Knoten U1 und U2, sondern die aufgesplitteten Knoten U1a und U1b sowie U2a und U2b, wobei die zwischen diesen Knoten liegenden gerichteten Kanten die Kapazitätsschranken aufnehmen. Das ist in der Kantenliste ersichtlich, die in Abb. 2.30 dargestellt ist. So weist z. B. die gerichtete Kante U1a→U1b im Zellbereich H9:J9 die Kapazität des Knotens U1 als maximale Kapazität mit 800 Stück bei einem Kostensatz von null aus.

In der Kantenliste sind in den Spalten F und G für jede Kante der Start- und der Endknoten und in den Spalten H, I und J die Kostensätze sowie die unteren und oberen Kapazitätsschranken angegeben.

	A	B	C	D
1	Knoten			
2		Nettofluss	Angebot	Nachfrage
3	W1	0	400	0
4	W2	0	500	0
5	W3	0	600	0
6	U1a	0	0	0
7	U1b	0	0	0
8	U2a	0	0	0
9	U2b	0	0	0
10	K1	0	0	350
11	K2	0	0	450
12	K3	0	0	500
13	K4	0	0	200

Abb. 2.29 Knotenliste in Excel für Beispiel 2.2

	F	G	H	I	J	K	L
1	Kanten						
2	Von	Nach	Kostensatz	Min. Kap.	Max. Kap.	Fluss	Kosten
3	W1	U1a	148,81	0	500		0
4	W1	U2a	171,81	0	500		0
5	W2	U1a	118,97	0	500		0
6	W2	U2a	243,02	0	500		0
7	W3	U1a	154,39	0	500		0
8	W3	U2a	50,86	0	500		0
9	U1a	U1b	0,00	0	800		0
10	U2a	U2b	0,00	0	750		0
11	U1b	K1	33,39	0	500		0
12	U1b	K2	206,59	0	500		0
13	U1b	K3	257,33	0	500		0
14	U1b	K4	9,05	0	500		0
15	U2b	K1	111,37	0	500		0
16	U2b	K2	199,15	0	500		0
17	U2b	K3	156,33	0	500		0
18	U2b	K4	131,76	0	500		0

Abb. 2.30 Kantenliste in Excel für Beispiel 2.2

Die maximale Kapazität aller originalen gerichteten Kanten ist mit 500 Stück angegeben. Die beiden auf der Knotensplittung basierenden gerichteten Kanten sind mit den originalen Kapazitäten der Montagewerke kapazitiv beschränkt. Es ist für diese Knoten zu beachten, dass die originalen eingehenden Kanten in den ersten der beiden gesplitteten Knoten eingehen und die originalen ausgehenden Kanten aus dem zweiten der gesplitteten Knoten herausgehen. So wird z. B. aus der ursprüngliche Kante W1→U1 die Kante W1→U1a und aus U1→K1 wird U1b→K1. Die durch die Optimierung zu bestimmenden Liefermengen sind je Kante durch CMPL in die Spalte K einzutragen. In der Spalte L werden dann durch Multiplikation der Flüsse in Spalte K und der zugehörigen Kostensätze in Spalte H die Transportkosten je Kante berechnet, die in der Summe die gesamten Transportkosten ergeben.

Im folgenden Schritt ist ein neues CMPL-Modell in CMPLs Benutzeroberfläche Coliop zu erstellen und unter dem Namen *netz-distribution.cmpl* zu speichern. Wie im Listing für CMPL-Modell 2.3 zu sehen, startet das Modell mit dem Einlesen der in der zugehörigen CmplXlsData-Datei definierten Indexmengen und Parameter. In Zeile 4 werden die Flussvariablen x[i,j] für alle Kanten A als reellwertige Variablen mit den in den Parameterfeldern minKap und maxKap gegebenen Unter- und Obergrenzen definiert. Die zu minimierende Zielfunktion wird als Summe über alle Kanten in A der Produkte der Kostensätze c[i,j] und der korrespondierenden Variablen x[i,j] in Zeile 7 spezifiziert. Die Zeilen 10 bis 12 dienen zur Definition der Flussrestriktionen gemäß Ausdruck (2.13) für alle Knoten.

CMPL-Modell 2.3 CMPL-Modell für Beispiel 2.2

```
1    %xlsdata
2
3    var:
4        { [i,j] in A: x[i,j] : real[minKap[i, j]..maxKap[i, j]]; }
5
6    obj:
7        sum { [i,j] in A: c[i,j] * x[i,j] } ->min;
8
9    con:
10       { i in N :
11           sum{[i,j] in A  : x[i,j] } - sum{[j,i] in A  : x[j,i] } = a[i] - b[i];
12       }
```

Nachdem das CMPL-Modell definiert wurde, sind die aus Excel einzulesenden Indexmengen und Parameter und die nach Excel zu schreibenden Lösungselemente in der zugehörigen CmplXlsData-Datei (CMPL-Modell 2.4) zu definieren.

Der Abschnitt @source (Zeilen 1 bis 3) dient zur Angabe der Excel-Datei (*transport.xlsx*) und des Datenblatts (*Netz-Distribution*), das zum Lesen der Indexmengen und Parameter sowie zum Schreiben der Optimierungsergebnisse verwendet werden soll. Im Abschnitt @input werden in den Zeilen 6 bis 7 die Indexmengen für die Kanten (A) und die Knoten (N) eingeführt. Nach der Definition des Namens wird mit dem Schlüsselwort set definiert, dass es sich bei dem Element um eine Indexmenge handelt. Die Zellbereiche, aus denen die Daten dieser Mengen aus Excel gelesen werden sollen, sind in spitzen Klammern anzugeben. Hinsichtlich der Indexmenge A ist zu beachten, dass diese nicht aus einzelnen, sondern aus zwei zusammenhängenden Indizes besteht. Es handelt sich um eine sogenannte 2-Tupel-Indexmenge. Daher ist nach dem Schlüsselwort set in eckigen Klammern der Wert zwei anzugeben. In den Zeilen 9 bis 11 werden diese Indexmengen für die Definition der Transportkosten (c) auf den Kanten sowie der Angebote (a) und der Bedarfe (b) der Knoten verwendet. Da es sich um Vektoren bzw. Matrizen handelt, sind nach dem Namen des jeweiligen Parameterfeldes die zugehörigen Indexmengen in eckigen Klammern anzugeben. Wiederum sind die Zellbereiche, aus denen die Daten gelesen und den Parameterfeldern zugewiesen werden sollen, in spitzen Klammern anzugeben. Weiterhin gilt es, die Kapazitätsunter- und -obergrenzen (minKap und maxKap) für die einzelnen Kanten in den Zeilen 12 und 13 einzuführen. Im @output-Abschnitt wird definiert, dass die Aktivitäten der Variablen x_{ij}; $(i,j) \in A$ in den Zellbereich K3:K18 und der Zielfunktionswert mittels des Schlüsselwortes objValue in die Zelle B15 geschrieben werden sollen.

CMPL-Modell 2.4 CmplXlsData für Beispiel 2.2

```
1    @source
2    %file < Transport.xlsx >
3    %sheet < Netz-Distribution >
4
5    @input
6    %A set[2] < F3:G18 >
7    %N set < A3:A13 >
8
9    %c[A] < H3:H18 >
10   %b[N] < D3:D13 >
11   %a[N] < C3:C13 >
12   %minKap[A] < I3:I18 >
13   %maxKap[A] < J3:J18 >
14
15   @output
16   %x[A].activity < K3:K18 >
17   %objValue < B15 >
```

Nach Abschluss der Eingaben, kann das Modell gelöst werden, indem in Coliop das Menü *Actions* → *Solve* oder in der Symbolleiste der entsprechende Eintrag gewählt wird. Nachdem das Modell gelöst wurde, schreibt CMPL die gefundenen Lösungen in die in der CmplXlsData-Datei spezifizierten Zellbereiche (Abb. 2.31, Abb. 2.32). Letztlich handelt es sich um die Lösung, die auch mit LogisticsLab/NWF gefunden wurde, so dass auf die dort angeführte Interpretation verwiesen werden kann.

Mehrstufige Transportprobleme

	A	B	C	D
1	**Knoten**			
2		Nettofluss	Angebot	Nachfrage
3	W1	400	400	0
4	W2	500	500	0
5	W3	600	600	0
6	U1a	0	0	0
7	U1b	0	0	0
8	U2a	0	0	0
9	U2b	0	0	0
10	K1	-350	0	350
11	K2	-450	0	450
12	K3	-500	0	500
13	K4	-200	0	200
14				
15	Gesamtkosten	340.613		

Abb. 2.31 Knotenliste in Excel mit Lösung für Beispiel 2.2

	F	G	H	I	J	K	L
1	**Kanten**						
2	Von	Nach	Kostensatz	Min. Kap.	Max. Kap.	Fluss	Kosten
3	W1	U1a	148,81	0	500	200	29.762
4	W1	U2a	171,81	0	500	200	34.362
5	W2	U1a	118,97	0	500	500	59.485
6	W2	U2a	243,02	0	500	0	0
7	W3	U1a	154,39	0	500	100	15.439
8	W3	U2a	50,86	0	500	500	25.430
9	U1a	U1b	0,00	0	800	800	0
10	U2a	U2b	0,00	0	750	700	0
11	U1b	K1	33,39	0	500	350	11.687
12	U1b	K2	206,59	0	500	250	51.648
13	U1b	K3	257,33	0	500	0	0
14	U1b	K4	9,05	0	500	200	1.810
15	U2b	K1	111,37	0	500	0	0
16	U2b	K2	199,15	0	500	200	39.830
17	U2b	K3	156,33	0	500	500	78.165
18	U2b	K4	131,76	0	500	0	0

Abb. 2.32 Kantenliste in Excel mit Lösung für Beispiel 2.2

2.4.4 Flussanalysen mittels des Max-Flow-Problems

Oftmals ist es sinnvoll, neben den transportkostenminimierenden Lieferbeziehungen auch die Flusskapazitäten und damit den maximal möglichen Fluss in einem gegebenen Netzwerk zu untersuchen. Eine solche Analyse ist z. B. dann sinnvoll, wenn untersucht werden soll, ob ein bestehendes Distributionsnetz mit den gegenwärtigen Kapazitäten in der Lage ist, starke Nachfragen zu bewältigen. Derartige Sachverhalte können auf der Basis des *Maximum-Flow-Problems* untersucht werden.

Dazu ist ein bestehendes Netzwerk in einem ersten Schritt in ein spezielles *q-s-Netzwerk* zu transformieren.[31] Dieses Netzwerk besitzt nur eine einzige Quelle q und nur eine einzige Senke s. Die bisherigen Versender- und Empfängerknoten werden zu Umladeknoten. Von der neuen Quelle führen zu allen früheren Quellknoten (Versendern) gerichtete Kanten, die in ihren Kapazitäten unbeschränkt sind. Als Kapazitätsuntergrenze einer solchen Kante wird das originale Angebot des jeweiligen Versenders verwendet. Die früheren Senken (Empfänger) werden jeweils durch eine gerichtete, kapazitiv nicht beschränkte Kante mit der neuen Senke verbunden. Die Kapazitätsuntergrenzen dieser Kanten bilden die originalen Bedarfe der Empfängerknoten ab. Alle sonstigen Kantenkapazitäten bleiben unverändert. Weiterhin werden die Kostensätze aller gerichteten Kanten auf den Wert null gesetzt. Die Angebote und Bedarfe der Knoten werden in diesem Modell nicht explizit beachtet. Es gilt, den Maximalfluss, d. h. die maximale Flussmenge von der Quelle q zur Senke s, zu bestimmen.[32] Das Maximum-Flow-Problem lässt sich wie folgt formulieren:[33]

$$f \to max! \tag{2.16}$$

u.d.N.

$$\sum_{\{j|(i,j)\in A\}} x_{ij} - \sum_{\{j|(j,i)\in A\}} x_{ji} = \begin{cases} f & \text{für} & i=q \\ -f & \text{für} & i=s \\ 0 & \text{sonst} \end{cases} \quad ; i \in N \tag{2.17}$$

$$x_{ij}^u \leq x_{ij} \leq x_{ij}^o \quad ;(i,j)\in A \tag{2.18}$$

Zusätzlich zu den im Abschnitt 2.2.2 eingeführten Bezeichnungen werden folgende Definitionen verwendet:

Parameter:

q Quelle

s Senke

---

31   Gebräuchlich ist auch die Bezeichnung s-t-Flussproblem (single-source-single-target-problem).
32   Vgl. Hillier und Lieberman (2015), S. 387 ff., Williams (2013), S. 93 f.
33   Vgl. Vanderbei (2020), S. 266 ff., Carter et al. (2019), S. 92 f.

Variable:

f Maximaler Fluss

Die Zielfunktion besteht in der Maximierung des Flusses im Netzwerk (Ausdruck (2.16)). Die Flussbedingungen gemäß Ausdruck (2.17) leiten sich aus denen des Minimum-Cost-Flow-Problems ab, wobei der Quellknoten q die Flussvariable f als variables Angebot und die Senke s die variable Nachfrage $-f$ als rechte Seiten besitzen. Alle weiteren Knoten fungieren als Umladeknoten und besitzen daher eine rechte Seite mit dem Wert null.

Betrachtet man wiederum das in Abb. 2.16 dargestellte Netzwerk mit drei Werken, zwei Montagewerken und vier Vertriebszentren, stellt sich das zugehörige q-s-Netzwerk wie in Abb. 2.33 dar.

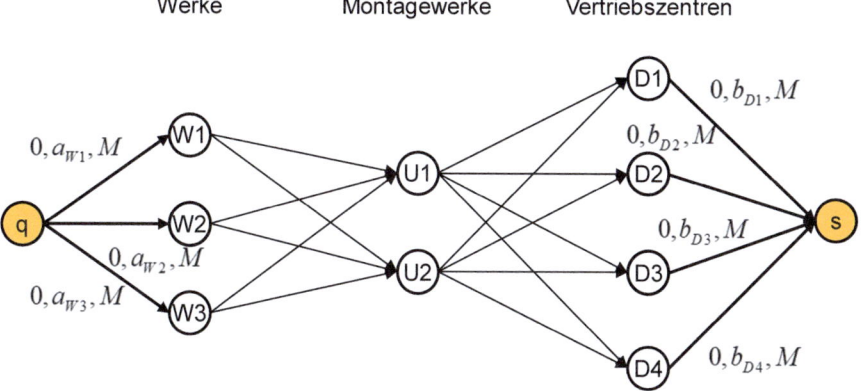

Abb. 2.33 Beispiel eines q-s-Netzwerks für ein Max-Flow-Problem

Dieses Problem lässt sich unproblematisch mit Lösungsverfahren der linearen Optimierung oder mit speziellen Algorithmen für Netzwerkflussmodelle lösen.[34]

Beispiel 2.3: Kapazitätsanalyse der Europadistribution

Aufgabenstellung

Nachdem ein transportkostenminimaler Lieferplan für die Europadistribution der EuroTech gemäß Beispiel 2.2 gefunden wurde, soll untersucht werden, ob eine höhere Gütermenge mit dem bisherigen Distributionsnetzwerk transportierbar ist. Diese höhere Gütermenge basiert auf potenziell höheren Bedarfen in den Distributionszentren, auf die mit höheren Produktions- bzw. Auslieferungskapazitäten der drei Werke W1–W3 reagiert werden kann. Es wird davon ausgegangen, dass die Untergrenzen der Kapazitäten der drei Werke den bisherigen Obergrenzen

---

34 Vgl. zu den entsprechenden Netzwerkfluss-Algorithmen z. B. Carter et al. (2019), S. 92 ff., Hillier und Lieberman (2015), S. 387 ff., Williams (2013), S. 94 f.

entsprechen und dass jedes Vertriebszentrum mindestens eine Gütermenge in Höhe des bisherigen Bedarfs nachfragt. Die bisherigen Kapazitätsrestriktionen der Montagewerke bleiben unverändert.

Vorgehensweise mit CMPL

(Beispieldatei: netz-distribution-max-flow.cmpl, transport.xlsx → Netz-Distribution-Max-Flow))

In einem ersten Schritt ist in Excel wiederum eine Knotenliste (Abb. 2.34) zu erstellen, die nur der Benennung der Knoten sowie der Aufnahme der Nettoflussmengen dient. Um das bisherige Netzwerk in ein q-s-Netzwerk zu überführen, wurden ein neuer Quellknoten mit der Bezeichnung Q und eine neue Senke mit der Bezeichnung S) eingeführt. In Spalte B werden die Nettoflüsse gemäß Ausdruck (2.24) durch Excelformeln aus den Kantenflüssen berechnet.

	A	B
1	Knoten	
2		Nettofluss
3	Q	0
4	W1	0
5	W2	0
6	W3	0
7	U1a	0
8	U1b	0
9	U2a	0
10	U2b	0
11	K1	0
12	K2	0
13	K3	0
14	K4	0
15	S	0

Abb. 2.34 Knotenliste in Excel für Beispiel 2.3

Abb. 2.35 zeigt die Kantenliste für dieses Problem, die neben den Start- und Endknoten auch die minimalen und maximalen Kapazitäten der gerichteten Kanten enthält. Spalte H dient der Aufnahme der durch die Optimierung zu findenden Flussmengen. In Spalte I werden die Engpässe identifiziert, indem in einer solchen Zelle ein X per Excel-Formel eingetragen wird, wenn die Flussmenge identisch zur Kapazitätsobergrenze ist. Zu den bisherigen gerichteten Kanten sind die gerichteten Kanten von der neuen Quelle Q zu den bisherigen Quellknoten sowie die gerichteten Kanten von den Distributionszentren zur neuen Senke S dazugekommen. Die Kapazitätsobergrenzen dieser neuen Kanten wurden mit dem Wert 10.000 belegt, so dass der Fluss auf diesen Kanten de facto nach oben unbeschränkt ist. Die Kapazitätsuntergrenzen der Kanten von der neuen Quelle Q zu den drei Werken besitzen

	D	E	F	G	H	I
1	**Kanten**					
2	Von	Nach	Min. Kap.	Max. Kap.	Fluss	Engpass
3	Q	W1	400	10000		
4	Q	W2	500	10000		
5	Q	W3	600	10000		
6	W1	U1a	0	500		
7	W1	U2a	0	500		
8	W2	U1a	0	500		
9	W2	U2a	0	500		
10	W3	U1a	0	500		
11	W3	U2a	0	500		
12	U1a	U1b	0	800		
13	U2a	U2b	0	750		
14	U1b	K1	0	500		
15	U1b	K2	0	500		
16	U1b	K3	0	500		
17	U1b	K4	0	500		
18	U2b	K1	0	500		
19	U2b	K2	0	500		
20	U2b	K3	0	500		
21	U2b	K4	0	500		
22	K1	S	350	10000		
23	K2	S	450	10000		
24	K3	S	500	10000		
25	K4	S	200	10000		

Abb. 2.35 Kantenliste in Excel für Beispiel 2.3

den Wert der bisherigen Kapazitätsobergrenzen (F3:F5), so dass sichergestellt ist, dass diese ursprünglichen Versender mindestens ihre bisherigen Angebote ausliefern. Die Kapazitätsuntergrenzen der Kanten von den Distributionszentren zur neuen Senke S entsprechen den bisherigen Bedarfen (F22:F25), so dass diese mindestens ihren bisherigen Bedarf geliefert bekommen.

Analog zum Beispiel 2.2 ist im folgenden Schritt das CMPL-Modell in CMPLs Benutzeroberfläche Coliop zu erstellen. Das CMPL-Modell 2.5 beginnt in der ersten Zeile mit dem Einlesen der in der zugehörigen CmplXlsData-Datei definierten Indexmengen und Parameter. Die Indexmenge A sowie die Kapazitätsschranken minKap und maxKap werden in der Sektion var zur Definition der Flussvariablen x[i,j] verwendet (Zeile 12). Zusätzlich ist eine Variable f für den gesamten Fluss über das Netzwerk einzuführen. Diese Variable wird gemäß Ausdruck (2.16) in der Zielfunktion maximiert (Zeile 16). In den Zeilen 19–21 werden in der Sektion con die Flussbedingungen gemäß Ausdruck (2.17) spezifiziert.

CMPL-Modell 2.5 CMPL-Modell für Beispiel 2.3

```
1    %xlsdata
2
3    par:
4     { i in N :
5        {   i = q:      w[i] := 1; |
6            i = s:      w[i] := -1; |
7            default:    w[i] := 0;
8        }
9     }
10
11   var:
12    { [i,j] in A: x[i,j] : real[minKap[i,j]..maxKap[i, j]]; }
13    f : real;
14
15   obj:
16    f ->max;
17
18   con:
19    { i in N :
20        sum{ [i,j] in A : x[i,j] } - sum{ [j,i] in A : x[j,i] } = w[i]*f;
21    }
```

Auf der linken Seite der Restriktion steht die Differenz der in einen Knoten hineinund herausgehenden Mengen. Die rechten Seiten sind gemäß Ausdruck (2.17) davon abhängig, ob es sich um die Quelle, die Senke oder sonstige Knoten handelt. Das wird durch das Produkt des Parameters w[i] und der Flussvariable f abgebildet, wobei die Belegung des Vektors w in der Sektion par in den Zeilen 4 bis 9 vorgenommen wird. Es handelt sich dabei um eine Schleife über alle Knoten. Wenn der Index i gleich dem Parameter q ist[35], dann wird das korrespondierende Element im Vektor w mit dem Wert eins belegt. Im Fall i=s, d. h. der Knoten ist die Senke, wird w[i] der Wert -1 zugewiesen. Für alle anderen Knoten ist der Wert des Elementes im Vektor w gleich null. Mit diesem Trick entsprechen die Produkte w[i] * f den originalen rechten Seiten gemäß Ausdruck (2.17).

Nachdem das CMPL-Modell definiert wurde, sind die aus Excel einzulesenden Indexmengen und Parameter und die nach Excel zu schreibenden Lösungselemente in der zugehörigen CmplXlsData-Datei (CMPL-Modell 2.6) zu definieren. Im Abschnitt @source (Zeilen 1 bis 3) wird angegeben, dass die Excel-Datei *transport.xlsx* und des Datenblatt *Netz-Distribution-Max-Flow* zum Lesen der Indexmengen und Parameter sowie zum Schreiben der Optimierungsergebnisse verwendet wird. Im Abschnitt @input werden in den Zeilen 6 bis 7 die Indexmengen für die Kanten (A) und die Knoten (N) spezifiziert. Die Zeilen 9 und 10 dienen der

---

35 Es handelt sich dabei um die Quelle.

Definition der Kapazitätsunter- und -obergrenzen (minKap und maxKap) für die in A definierten Kanten. Weiterhin werden in den Zeilen 12 und 13 die Quelle q und die Senke s als einfache Parameter eingeführt. Für die Indexmengen und die Parameter werden die Zellbereiche der jeweilig einzulesenden Daten in spitzen Klammern angegeben. Im @output-Abschnitt wird definiert, dass die Aktivitäten der Flussvariablen x_{ij}; $(i,j) \in A$ in den Zellbereich H3:H25 geschrieben werden sollen.

CMPL-Modell 2.6 CmplXlsData für Beispiel 2.3

```
1   @source
2   %file < Transport.xlsx >
3   %sheet < Netz-Distribution-Max-Flow >
4
5   @input
6   %A set[2] < D3:E25 >
7   %N set < A3:A15 >
8
9   %minKap[A] < F3:F25 >
10  %maxKap[A] < G3:G25 >
11
12  %q < A3 >
13  %s < A15 >
14
15  @output
16  %x[A].activity < H3:H25 >
```

Löst man dieses Problem mit CMPL, erhält man einen Maximalfluss von 1.550 Stück, wie aus den Nettoflüssen der Quelle und der Senke in Abb. 2.36 ersichtlich ist (Zellen B3 und B15). Gegenüber der Flussmenge des originalen Modells von 1.500 Stück ist das ein Puffer von lediglich 50 Stück, so dass eine Erweiterung der Produktionskapazitäten gemeinsam mit einer Erweiterung der Transport- und Lagerkapazitäten des Distributionsnetzwerkes erfolgen müsste.

Für die Analyse der potenziellen Kapazitätsengpässe im Distributionsnetzwerk sind die Lösungen der gerichteten Kanten zu Rate zu ziehen (Abb. 2.37). Es ist ersichtlich, dass neben den Kanten W3→U1 und U2→K3 beide Montagewerke kapazitiv beschränkt sind. Diese Informationen stellen die Ausgangsbasis einer tiefergehenden Kapazitätsanalyse dar, in die auch die Kosten bzw. Investitionsausgaben für Kapazitätserweiterungen einzubeziehen sind.

Würde man z. B. die Kapazitäten beider Montagewerke auf 1.000 Stück erhöhen, könnte der Maximalfluss des Distributionsnetzes von 2.000 Stück erhöht werden.

	A	B
1	Knoten	
2		Nettofluss
3	Q	1.550
4	W1	0
5	W2	0
6	W3	0
7	U1a	0
8	U1b	0
9	U2a	0
10	U2b	0
11	K1	0
12	K2	0
13	K3	0
14	K4	0
15	S	-1.550

Abb. 2.36 Lösungen für die Knoten für Beispiel 2.3

	D	E	F	G	H	I
2	Von	Nach	Min. Kap.	Max. Kap.	Fluss	Engpass
3	Q	W1	400	10000	400	
4	Q	W2	500	10000	550	
5	Q	W3	600	10000	600	
6	W1	U1a	0	500	0	
7	W1	U2a	0	500	400	
8	W2	U1a	0	500	300	
9	W2	U2a	0	500	250	
10	W3	U1a	0	500	500	X
11	W3	U2a	0	500	100	
12	U1a	U1b	0	800	800	X
13	U2a	U2b	0	750	750	X
14	U1b	K1	0	500	350	
15	U1b	K2	0	500	450	
16	U1b	K3	0	500	0	
17	U1b	K4	0	500	0	
18	U2b	K1	0	500	50	
19	U2b	K2	0	500	0	
20	U2b	K3	0	500	500	X
21	U2b	K4	0	500	200	
22	K1	S	350	10000	400	
23	K2	S	450	10000	450	
24	K3	S	500	10000	500	
25	K4	S	200	10000	200	

Abb. 2.37 Lösungen für die Kanten für Beispiel 2.3

2.5 Modellvarianten hinsichtlich der Angebots- und Bedarfsstrukturen

2.5.1 Transportprobleme mit Angebotsüberschuss

2.5.1.1 Problemstellung und mathematisches Modell

Das ein- und das mehrstufige Transportproblem gehen von der in der Praxis selten anzutreffenden Übereinstimmung des Gesamtangebots mit dem Gesamtbedarf aus. Oftmals tritt ein Angebotsüberschuss auf:

$$\Delta a = \sum_{i \in S} a_i - \sum_{j \in D} b_j > 0, \qquad (2.19)$$

der dazu führt, dass mit den bisherigen Modellen keine zulässigen Lösungen bestimmt werden können.

Handelt es sich um ein einstufiges Transportproblem, kann dieses Problem durch folgende Änderungen der Nebenbedingungen gelöst werden:[36]

$$\sum_{\{i \mid (i,j) \in A\}} x_{ij} \leq a_i \quad ; i \in S \qquad (2.20)$$

$$\sum_{\{i \mid (i,j) \in A\}} x_{ij} = b_j \quad ; j \in D \qquad (2.21)$$

Die bisherigen Angebotsrestriktionen sind von Gleichungen zu Ungleichungen umzuwandeln, die sicherstellen, dass ein Versender maximal die Angebotsmenge ausliefern kann.

Für ein mehrstufiges Problem bzw. für den Fall, dass man das einstufige Modell unverändert verwenden möchte, lässt sich der Angebotsüberschuss leicht ausgleichen, indem das Modell um einen zusätzlichen fiktiven Empfänger $z \in N$ erweitert wird, dem man den Überschussbetrag als Bedarf zuordnet:

$$b_z = \Delta a \qquad (2.22)$$

Zusätzlich sind Kanten zwischen den Angebotsknoten und diesem künstlichen Empfänger mit einem Kostensatz von null in die Kantenliste einzufügen:

$$c_{iz} = 0 \quad ; i \in S, (i,z) \in A \qquad (2.23)$$

Zur Illustration soll wiederum das in Abb. 2.16 dargestellte einfache mehrstufige Transportproblem mit drei Werken, die mit zwei Montagewerken und diese mit vier Vertriebszentren verbunden sind, verwendet werden. Im Fall eines Angebotsüberschusses ist ein künstlicher Empfängerknoten einzuführen, dessen Bedarf gleich dem Angebotsüberschuss ist, und der direkt mit den drei Werken jeweils mit einem Kostensatz gleich null verbunden ist (Abb. 2.38).

---

[36] Vgl. Domschke (2007), S. 124 ff., Dempe und Schreier (2006), S. 111 ff.

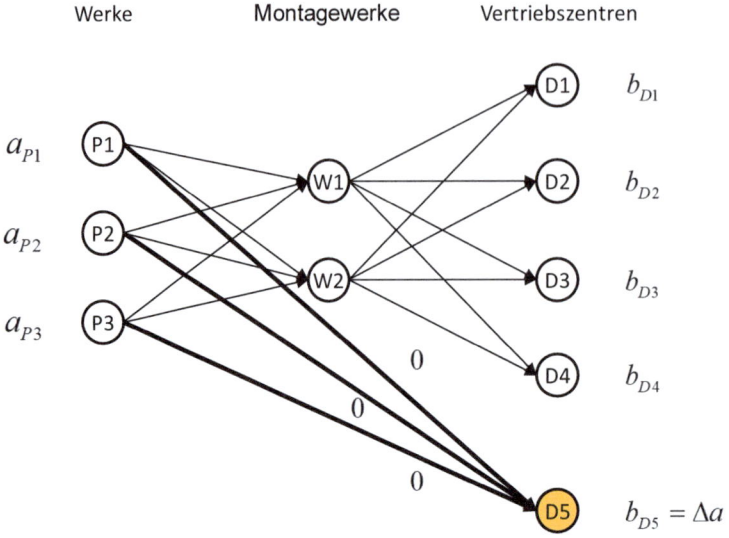

Abb. 2.38 Beispiel eines mehrstufigen Transportproblems bei Angebotsüberschuss

2.5.1.2 Lösung mit LogisticsLab/TPP

LogisticsLab/TPP nimmt die genannten Modellumformungen automatisch vor, so dass sich ein Nutzer auf die eigentliche Aufgabe konzentrieren kann.

Beispiel 2.4: Angebotsüberschuss bei der Belieferung mit Baukies
(Beispieldatei: baukies-angebotsueberschuss.tppx)

Aufgabenstellung
Es gelten weiterhin alle Informationen aus dem einstufigen Beispiel 2.1. Die Tagesmengen der Kieswerke wurden erhöht und betragen nun 40, 30 und 50 Tonnen pro Tag. Bei der bisherigen Nachfragemenge der Baustellen von täglich 100 Tonnen kann nun mit einem Angebotsüberschuss von 20 Tonnen geplant werden.

Vorgehensweise
Zur Lösung dieses veränderten Problems sind im Datenbereich *Sources* in der Spalte *Supply* die neuen Angebote der drei Kieswerke einzutragen (Abb. 2.39) und das Problem erneut zu lösen.

Der neue Plan kann aufgrund des Angebotsüberhangs günstigere Transportbeziehungen stärker ausnutzen. Wie in Tab. 2.4 und Abb. 2.40 zu sehen, treten nun zwei geografisch getrennte Liefergebiete auf, so dass Lieferungen mit hohen Distanzen zwischen beiden Gebieten unterbleiben. Daher sind für dieses Beispiel geringere Transportkosten von 17.808,35 Euro gegenüber dem ursprünglichen Beispiel zu verzeichnen.

Modellvarianten hinsichtlich der Angebots- und Bedarfsstrukturen

Problem Sources Destinations Variable costs Fixed costs Capacities Solu

Sources: 3   Edit mode:

Nr	Name	Lat	Long	City	Supply
1	W1	52,75978	13,56550	Lanke	40
2	W2	51,48663	13,47319	Haida bei Elsterwerda	30
3	W3	52,30272	8,61831	Lübbecke	50

Abb. 2.39 Veränderte Angebote für Beispiel 2.4

Tab. 2.4 Lösung für Beispiel 2.4

Lieferungen [t]	B1	B2	B3	B4	Gesamt [t]	Angebote [t]
W1	25		10		35	40
W2			30		30	30
W3		20		15	35	50
Gesamt [t]	25	20	40	15	100	120
Nachfragen [t]	25	20	40	15	100	

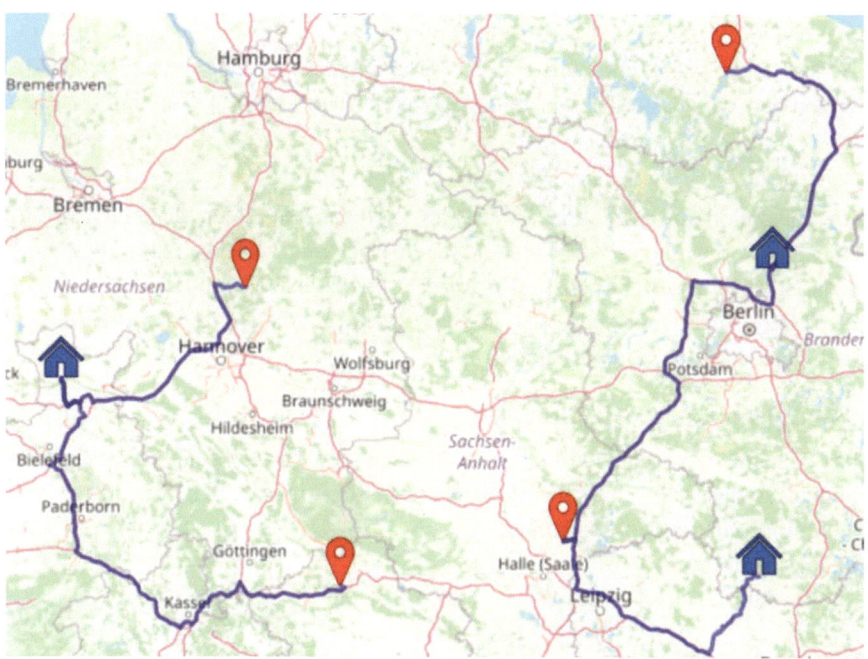

Abb. 2.40 Grafische Darstellung der Lösung für Beispiel 2.4 in LogisticsLab/TPP

Die Produktionskapazitäten der Werke W1 und W3 werden nicht vollständig ausgenutzt. Einzig Werk W2 liefert die volle Kapazität von 30 Tonnen aus. Insgesamt verbleibt ein Rest ungenutzter Kapazität von 20 Tonnen.

2.5.2 Transportprobleme mit Bedarfsüberschuss

2.5.2.1 Problemstellung und mathematisches Modell

Übersteigt der Gesamtbedarf das Angebot um den Betrag

$$\Delta b = \sum_{j \in D} b_j - \sum_{i \in S} a_i > 0 \tag{2.24}$$

sind zur Sicherstellung einer zulässigen Lösung die Nebenbedingungen des einstufigen Transportproblems wie folgt zu verändern:[37]

$$\sum_{\{j:(i,j) \in A\}} x_{ij} = a_i \quad ; i \in S \tag{2.25}$$

$$\sum_{\{i:(i,j) \in A\}} x_{ij} \leq b_j \quad ; j \in D \tag{2.26}$$

Ist ein mehrstufiges Problem zu lösen bzw. möchte man das einstufige Modell unverändert verwenden, ist ein zusätzlicher fiktiver Anbieter $z \in N$ einzuführen, der als Angebot den Überschussbetrag übernimmt.

$$a_z = \Delta b \tag{2.27}$$

Der künstliche Anbieterknoten ist mit allen Bedarfsknoten zu verbinden, wobei die Kostensätze der aus diesen Knoten ausgehenden Kanten auf den Wert null zu setzen sind.

$$c_{zj} = 0 \quad ; j \in D, (z,j) \in A \tag{2.28}$$

Zur Illustration soll wiederum das in Abb. 2.16 dargestellte einfache mehrstufige Transportproblem betrachtet werden. Wie in Abb. 2.41 zu sehen, ist im Fall eines Bedarfsüberschusses ein künstlicher Anbieterknoten einzuführen, dessen Angebot gleich dem Bedarfsüberschuss ist, und der direkt mit den Vertriebszentren mit einem Kostensatz gleich null verbunden ist.

2.5.2.2 Lösung mit LogisticsLab/TPP

Analog zu den Problemen mit Angebotsüberschuss wird auch bei Transportproblemen mit Bedarfsüberschuss automatisch durch LogisticsLab/TPP eine interne Modellumformulierung vorgenommen.

---

37 Vgl. Domschke (2007), S. 124 ff.

Modellvarianten hinsichtlich der Angebots- und Bedarfsstrukturen

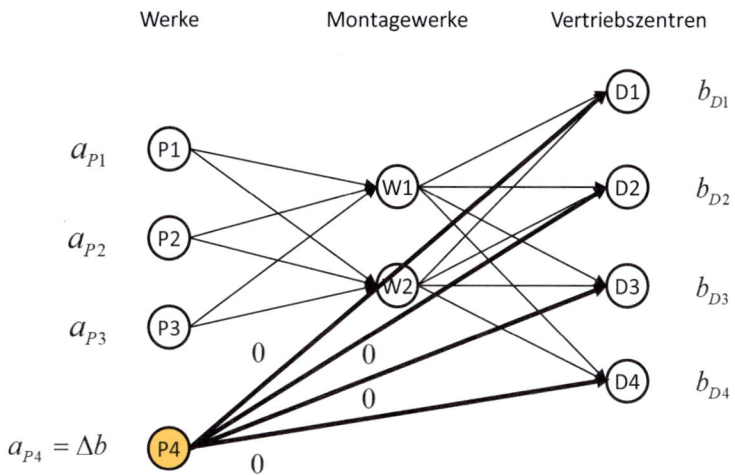

Abb. 2.41 Beispiel eines mehrstufigen Transportproblems bei Bedarfsüberschuss

Beispiel 2.5: Bedarfsüberschuss bei der Belieferung mit Baukies
(Beispieldatei: baukies-bedarfsueberschuss.tppx)

Aufgabenstellung

Es gelten weiterhin alle Informationen aus dem einstufigen Beispiel 2.1. Die Kieswerke besitzen ihre ursprünglichen Tageskapazitäten von insgesamt 100 Tonnen. Die Bedarfe der Baustellen sind aber kurzfristig angestiegen und betragen 40, 30, 50 und 30 Tonnen. Der gesamte Bedarf übersteigt somit den Tagesbedarf um 50 Tonnen.

Vorgehensweise

Zur Lösung dieses veränderten Problems sind im Datenbereich *Destinations* in der Spalte *Demand* die neuen Bedarfe der vier Baustellen einzutragen und das Problem erneut zu lösen (Abb. 2.42).

Problem Sources Destinations Variable costs Fixed costs Capacities Solut

Destinations: 4   Edit mode:

Nr	Name	Lat	Long	City	Demand
1	B1	53,55655	13,24459	Neubrandenburg	40
2	B2	52,67962	9,91014	Winsen (Aller)	30
3	B3	51,62911	12,11750	Zörbig	50
4	B4	51,44006	10,57275	Bleicherode	30

Abb. 2.42 Veränderte Bedarfe für Beispiel 2.5

In der optimalen Lösung (Tab. 2.5 und Abb. 2.43) mit minimalen Transportkosten von 16.434.90 Euro wird einzig Baustelle B2 mit dem gesamten Bedarf von 30 Tonnen beliefert, während alle weiteren Baustellen nur einen Teil ihres Bedarfs erhalten. Teilweise liegen die Belieferungen unter den Werten der originalen Lösung gemäß Beispiel 2.1. Dadurch werden in erster Linie kostengünstige Transportrelationen verwendet, was zu den geringeren Transportkosten gegenüber dem originalen Beispiel 2.1 führt.

Tab. 2.5 Lösung für Beispiel 2.5

Lieferungen [t]	B1	B2	B3	B4	Gesamt [t]	Angebote [t]
W1	35				35	35
W2			25		25	25
W3		30		10	40	40
Gesamt [t]	35	30	25	10	100	100
Nachfragen [t]	40	30	50	30	150	

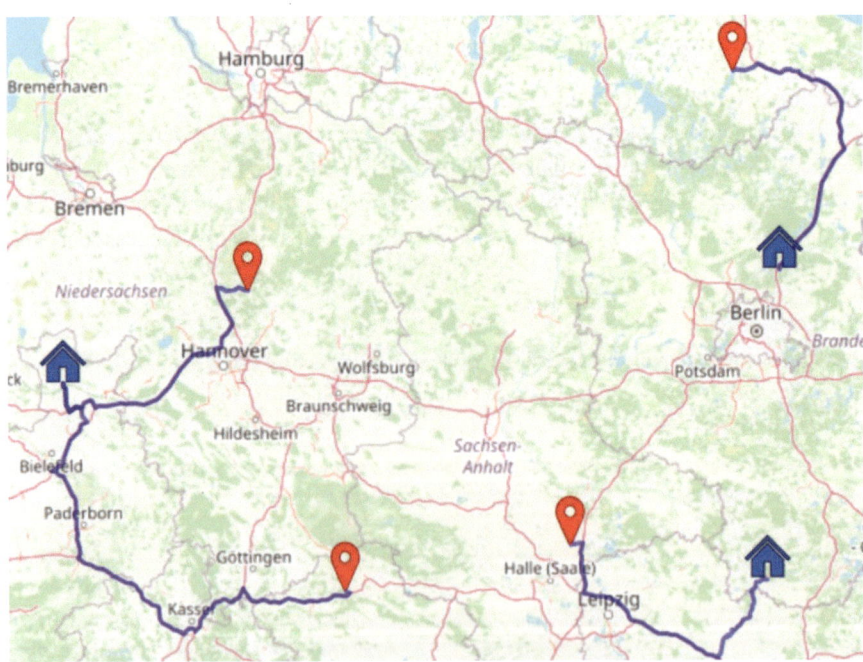

Abb. 2.43 Grafische Darstellung der Lösung für Beispiel 2.5 in LogisticsLab/TPP

Es ist jedoch oft erforderlich, wichtige Kunden vollständig zu beliefern, auch wenn dafür höhere Kosten aufgewendet werden müssen. Dieses Problem kann mit Untergrenzen für die Summe der Liefermengen zu einem Empfänger gelöst werden. Diese Aspekte werden in einem folgenden Abschnitte diskutiert.

2.5.3 Transportprobleme mit Mindestangeboten und -bedarfen

2.5.3.1 Problemstellung und mathematisches Modell

Im Jahre 1971 erschienen mehrere Arbeiten zu einem Paradoxon bei Transportproblemen. Die Autoren stellten bei der Bearbeitung von realen Problemen fest, dass eine Vergrößerung der Transportmenge trotz linearer Zielfunktion zu sinkenden Transportkosten führen kann.[38] Dieses Phänomen findet seine Erklärung darin, dass die Vergrößerung der Angebots- und Bedarfsmengen eine bessere Nutzung von kostengünstigen Lieferbeziehungen erlaubt und dadurch die Gesamtkosten sinken können. Die Ausnutzung möglicher Kostensenkungspotenziale durch Mengenvergrößerung erfordert die Öffnung der Angebots- und Bedarfsschranken.

Der allgemeine Fall eines einstufigen Transportproblems mit Untergrenzen für die Angebote und Bedarfe besitzt folgende Restriktionen:

$$\sum_{\{j|(i,j)\in A\}} x_{ij} \geq a_i^u \quad ; i \in S \tag{2.29}$$

$$\sum_{\{i|(i,j)\in A\}} x_{ij} \geq b_j^u \quad ; j \in D \tag{2.30}$$

Zusätzlich zu den im Abschnitt 2.2.2 definierten Bezeichnungen gelten folgende Definitionen:
Parameter:

a_i^u \quad Mindestangebot des Versenders i

b_j^u \quad Minimalbedarf des Empfängers j

Das vollständige einstufige Modell kann dann wie folgt formuliert werden:[39]

$$\sum_{(i,j)\in A} c_{ij} \cdot x_{ij} \to \min! \tag{2.31}$$

u.d.N.

$$\sum_{\{j|(i,j)\in A\}} x_{ij} \geq a_i^u \quad ; i \in S \tag{2.32}$$

$$\sum_{\{i|(i,j)\in A\}} x_{ij} \geq b_j^u \quad ; j \in D \tag{2.33}$$

$$x_{ij} \geq 0 \quad ; (i,j) \in A \tag{2.34}$$

---

38 Vgl. Szwarc (1971).
39 Vgl. Dempe und Schreier (2006), S. 122 f.

Wiederum sind die gesamten Transportkosten zu minimieren, wobei die bisherigen Angebots- und Nachfragemengen als Untergrenzen aus Sicht der Versender und der Empfänger agieren. Letztlich kann mit einen solchen Ansatz die bestehende Lösung eines einstufigen Transportproblems strukturell hinsichtlich positiver Angebots- und Nachfrageverschiebungen untersucht werden.

Bei mehrstufigen Transportproblemen bzw. im Fall, dass man das mathematische Modell nicht ändern möchte, ist das zugrundeliegende Netzwerk in ein spezielles q-s-Flussproblem zu transformieren. Zur Illustration soll wiederum das bisher betrachtete einfache mehrstufige Transportproblem (Abb. 2.16) mit den drei Werken, zwei Montagewerken und den vier Vertriebszentren verwendet werden. Hinsichtlich der Angebote und Bedarfe liegen Untergrenzen vor, während die Obergrenzen nicht beschränkt sind. Um die Mindestangebote und -bedarfe mit dem *Minimum-Cost-Flow-Model* verarbeiten zu können, ist dieses Netzwerk in ein q-s-*Flussmodell* zu transformieren (Abb. 2.44). Die drei Werke sind als neue Umladeknoten mit der Quelle q zu verbinden, wobei die Kantengewichte gleich dem Wert null sind, die Kapazitätsuntergrenzen dem Mindestangebot der jeweiligen Werke entsprechen und die Kapazitätsobergrenzen unbegrenzt sind $(0, a_i^u, M), i \in S$.

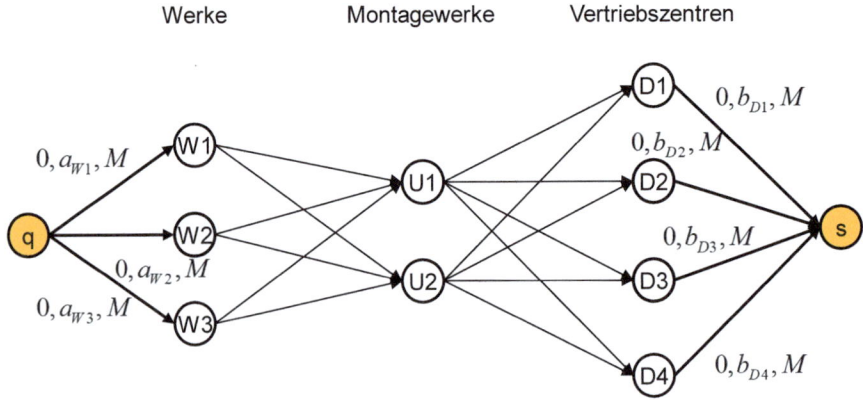

Abb. 2.44 Mehrstufiges Transportproblem mit Mindestangeboten und -bedarfen als q-s-Flussmodell

Für die Quelle wird als defacto unbeschränktes Angebot eine sehr hohe positive Zahl M angesetzt. Analog sind die Vertriebszentren als neue Umladeknoten mit der Senke mit Kosten gleich null zu verbinden. Auf diesen nach oben in ihrer Kapazität unbeschränkten Kanten entspricht die Kapazitätsuntergrenze dem Mindestbedarf des jeweiligen Vertriebszentrums $(0, b_j^u, M), j \in D$. Der Bedarf der Senke ist identisch zum Angebot der Quelle $a_q = b_s = M$ und die Bilanzgleichung gemäß Ausdruck (2.15) wird eingehalten.

Transportprobleme mit Mindestangeboten und -bedarfen lassen sich unproblematisch mit Verfahren der linearen Optimierung lösen. Für einstufige Transportprobleme ist es möglich, ein solches Problem in ein klassisches Transportproblem zu überführen, um die auf die Transportoptimierung spezialisierten Lösungsverfahren nutzen zu können.[40]

2.5.3.2 Lösung mit LogisticsLab/TPP

Für einstufige Transportprobleme mit Mindestangeboten und -bedarfen kann wiederum LogisticsLab/TPP genutzt werden.

Beispiel 2.6: Mindestangebote und -bedarfe bei der Belieferung mit Baukies
(Beispieldatei: baukies-untergrenzen.tppx)

Es wird erneut Beispiel 2.1 betrachtet. Die bereits optimierten Baustofftransporte der drei Kieswerke W1 bis W3 mit den gegenwärtigen Tageskapazitäten von 35, 25 und 40 Tonnen zu den vier Baustellen B1 bis B4, deren Tagesbedarfe 25, 20, 40 und 15 Tonnen betragen, sollen auf weitere Kosteneinsparungspotentiale untersucht werden. Die ursprüngliche Lösung führt bei genauer Einhaltung der Angebots- und Bedarfsrestriktionen zu Transportkosten von 18.683,20 Euro (Tab. 2.1), wobei die gesamte Liefermenge genau 100 Tonnen beträgt. Es soll nun untersucht werden, ob mit einer Freigabe von Angeboten und Nachfragen Kosteneinsparungspotentiale gefunden werden können. Die bisherigen Bestellmengen und Tagesverbräuche dürfen nicht unterschritten werden.

Vorgehensweise
Zur Lösung dieses veränderten Problems sind im Datenbereich *Sources* die bisherigen Bedarfe als Untergrenze in der Spalte *Min. supply* und ein symbolisches *M* als Obergrenze der Bedarfe in der Spalte *Max. supply* für die drei Werke (Abb. 2.45) einzutragen. Analog sind die Nachfrageintervalle der vier Baustellen im Datenbereich *Destinations* zu behandeln (Abb. 2.46).

Problem	Sources	Destinations	Variable costs	Fixed costs	Capacities	Solut

Sources: 3   Edit mode: ≋ M

Nr	Name	Lat	Long	City	Supply	Min. supply	Max. supply
1	W1	52,75978	13,56550	Lanke	35	35	M
2	W2	51,48663	13,47319	Haida bei Elsterwerda	25	25	M
3	W3	52,30372	8,61831	Lübbecke	40	40	M

Abb. 2.45 Angebotsintervalle für Beispiel 2.6

---

[40] Vgl. Domschke (2007), S. 124 ff.

| Problem | Sources | Destinations | Variable costs | Fixed costs | Capacities | S(|

Destinations: 4   Edit mode:

Nr	Name	Lat	Long	City	Demand	Min. demand	Max. demand
1	B1	53,55655	13,24459	Neubrandenburg	25	25	M
2	B2	52,67962	9,91014	Winsen (Aller)	20	20	M
3	B3	51,62911	12,11750	Zörbig	40	40	M
4	B4	51,44006	10,57275	Bleicherode	15	15	M

Abb. 2.46 Bedarfsintervalle für Beispiel 2.6

Zur Lösung dieses speziellen Transportproblems sind im Optimierungsdialog im Bereich *Additional constraints* die Optionen *Supply ranges* und *Demand ranges* auszuwählen (Abb. 2.47).

Objective sense
- Min
- Max

Problem type
- Standard TPP
- Bottleneck TPP

Objective function issues
- Including fixed costs ☐
- Block routes if … ☐
  - cost rate less than   0,00
  - cost rate greater than M

Additional constraints
- Supply ranges ☑
- Demand ranges ☑
- Capacities ☐
- Single source ☐

Abb. 2.47 Ausschnitt aus dem Optimierungsdialog für Beispiel 2.6

Die Lösung dieses Transportproblems mit Mindestangeboten und -bedarfen vergrößert die Gesamtmenge im Vergleich zu Beispiel 2.1 um 5 Tonnen (Tab. 2.6), wobei die Transportkosten um 118,05 Euro auf einen Wert von 18.565,15 Euro sinken.

Tab. 2.6 Lösung für Beispiel 2.6

Lieferungen [t]	B1	B2	B3	B4	Gesamt [t]	Untergrenze der Angebote [t]
W1	25		10		35	35
W2			30		30	25
W3		25		15	40	40
Gesamt [t]	25	25	40	15	105	100
Untergrenzen der Nachfragen [t]	25	20	40	15	100	

In dieser Lösung werden zusätzlich 5 Tonnen vom Kieswerk W2 geliefert und zusätzlich 5 Tonnen Kies auf der Baustelle B2 verarbeitet. Da die erhöhte Liefermenge von Werk W2 an die Baustelle B3 geht, ist (wie auch in Abb. 2.48 zu sehen) die frühere Lieferung von 5 Tonnen Kies über die Lieferbeziehung W3–B3 mit der langen Wegstrecke von 336,38 km überflüssig geworden. Die von der Baustelle B3 benötigte Kiesmenge kann nun von den Werken W1 und W2 bezogen werden.

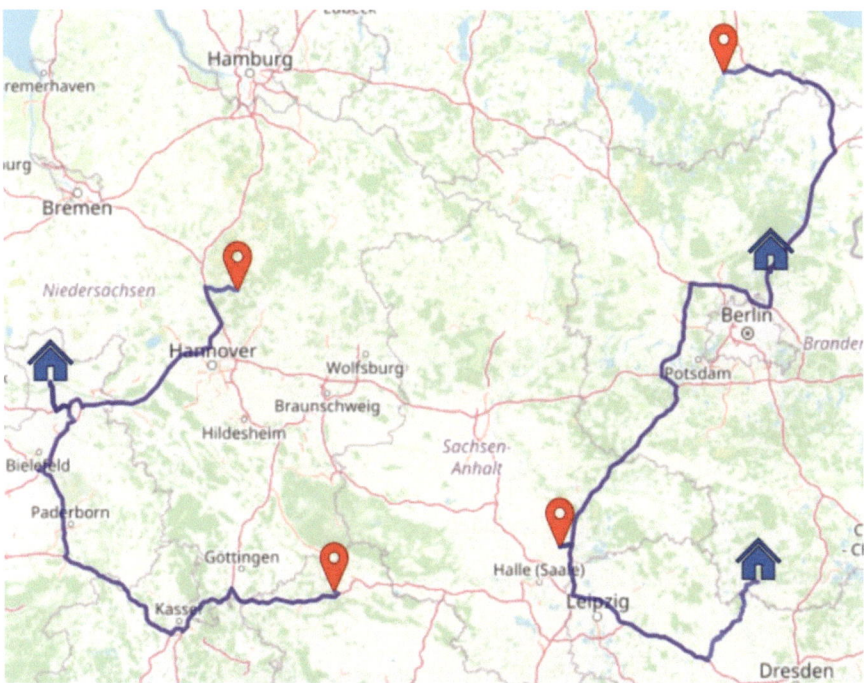

Abb. 2.48 Grafische Darstellung der Lösung für Beispiel 2.6

2.5.4 Zweiseitig beschränkte Transportprobleme

2.5.4.1 Problemstellung und mathematisches Modell

Am einseitig beschränkten Transportproblem mit Mindestangeboten und -bedarfen wurde ersichtlich, dass bereits kleine Änderungen der Angebots- und Bedarfsmengen die Kosten einer Lösung stark verändern können. Eine völlige Öffnung der Angebots- und Bedarfsmengen ist selten möglich. Oft treten aber Situationen auf, in denen für einen Teil der Versender Mindest- und Höchstangebote bekannt sind, und bei denen gleichzeitig auch für die Empfänger Mindest- und Höchstbedarfe abgeschätzt werden können. Aufgaben dieses Typs sind sogenannte zweiseitig beschränkte Transportprobleme.

Auch bei dieser Optimierungsaufgabe müssen die Lieferbeziehungen gefunden werden, die die Gesamtkosten minimieren. Zusätzlich gehören auch die von den

Versendern zu liefernden Mengen und die von den einzelnen Empfängern abzunehmenden Mengen zu den Resultaten der Optimierungsrechnung. Allerdings müssen diese innerhalb vorgegebener Grenzen liegen.

Für einstufige Transportprobleme kann folgendes lineare Optimierungsmodell formuliert werden:[41]

$$\sum_{(i,j)\in A} c_{ij} \cdot x_{ij} \to \min! \quad (2.35)$$

u.d.N.

$$a_i^u \leq \sum_{\{j:(i,j)\in A\}} x_{ij} \leq a_i^o \qquad ; i \in S \quad (2.36)$$

$$b_j^u \leq \sum_{\{i:(i,j)\in A\}} x_{ij} \leq b_j^o \qquad ; j \in D \quad (2.37)$$

$$x_{ij} \geq 0 \qquad ;(i,j) \in A \quad (2.38)$$

Zusätzlich zu den im Abschnitt 2.2.2 eingeführten Bezeichnungen werden folgende Definitionen verwendet:

Parameter:

a_i^u Mindestangebot des Versenders i

a_i^o Maximalangebot des Versenders i

b_j^u Mindestbedarf des Empfängers j

b_j^o Maximalbedarf des Empfängers j

Bei mehrstufigen Problemen oder im Fall, dass das mathematische Modell für einstufige Probleme unverändert verwendet werden soll, ist das zugrundeliegende Netzwerk wiederum in ein spezielles *q-s-Flussproblem* zu transformieren. Der einzige Unterschied zu den im vorherigen Abschnitt diskutierten Problem mit Mindestangeboten und -bedarfen besteht darin, dass die Kapazitäten der von der Quelle ausgehenden und zur Senke eingehenden Kanten nicht mehr unbeschränkt sind, sondern den Obergrenzen der Anbieter- bzw. Empfängerknoten entsprechen.

Betrachtet man zur Illustration wiederum das in Abb. 2.16 dargestellte mehrstufige Transportproblem, dann sind die Kosten auf den Kanten zwischen der Quelle q und den drei Werken gleich dem Wert null. Wie in Abb. 2.49 dargestellt, entsprechen die Kapazitätsuntergrenzen dem Mindestangebot und die Kapazitätsobergrenzen dem Maximalangebot des jeweiligen Werkes $(0, a_i^u, a_i^o), i \in S$. Für die Quelle wird als de facto unbeschränktes Angebot eine sehr hohe positive Zahl M angesetzt. Analog sind die Vertriebszentren als neue Umladeknoten mit der Senke mit Kosten gleich null zu verbinden.

---

[41] Vgl. Hellmann und Richter (1988), S. 110 ff.

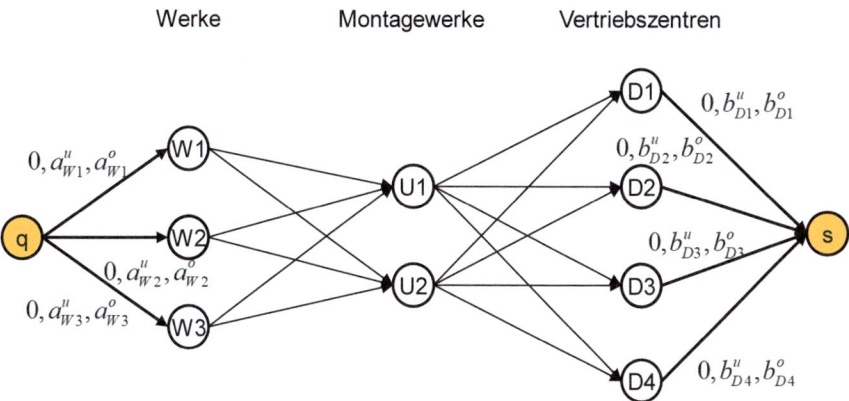

Abb. 2.49 Mehrstufiges, zweiseitiges beschränktes Transportproblem als q-s-Flussmodell

Auf diesen nach oben in ihrer Kapazität gemäß des Maximalbedarfs des jeweiligen Vertriebszentrums beschränkten Kanten beträgt die Kapazitätsuntergrenze dem entsprechenden Mindestbedarf $(0, b_j^u, b_j^o), j \in D$. Der Bedarf der Senke ist identisch zum Angebot der Quelle $a_q = b_s = M$ und die Bilanzgleichung gemäß Ausdruck (2.15) wird eingehalten.

Diese Probleme können mittels der Verfahren der linearen Optimierung gelöst werden. Einstufige, zweiseitig beschränkte Probleme können in ein klassisches Transportproblem konvertiert werden[42], um die auf das klassische Transportproblem spezialisierten Lösungsverfahren nutzen zu können.

2.5.4.2 Lösung mit LogisticsLab/TPP

Zweiseitig beschränkte einstufige Transportprobleme können mit LogisticsLab/TPP gelöst werden.

Beispiel 2.7: Zweiseitig beschränkte Angebote und Bedarfe für Baukieslieferungen

(Beispieldatei: baukies-zweiseitig-beschraenkt.tppx)

Es gelten weiterhin alle Informationen aus Beispiel 2.6. Nach Absprachen mit den Werken und den Baustellen kann die Baustoffversorgung mit den in Tab. 2.7 und Tab. 2.8 gegebenen Angeboten und Nachfragen geplant werden.

---

42 Vgl. Hellmann und Richter (1988), S. 112 ff.

Tab. 2.7 Angebotsmengen für Beispiel 2.7

Angebote [t]	Mindestmenge	Maximalmenge
W1	20	50
W2	15	40
W3	20	60

Tab. 2.8 Bedarfsmengen für Beispiel 2.7

Bedarfe [t]	Mindestmenge	Maximalmenge
B1	25	40
B2	20	30
B3	40	50
B4	15	20

Es sind wiederum die Lieferbeziehungen zu bestimmen, die die Transportkosten minimieren, wobei zu beachten ist, dass die gesamten Lieferungen und Belieferungen innerhalb der in Tab. 2.7 und Tab. 2.8 gegebenen Angebots- und Nachfrageintervalle liegen.

Vorgehensweise

Die Vorgehensweise bei zweiseitig beschränkten Transportproblemen ist identisch zu der bei Transportproblemen mit Mindestangeboten und -bedarfen. Es sind in den Datenbereichen *Sources* und *Destinations* in den Spalten *Min. supply* und *Max. supply* bzw. *Min. demand* und *Max. demand* die Angebots- und Nachfrageintervalle der Versender und Empfänger einzugeben (Abb. 2.50 und Abb. 2.51) sowie im Optimierungsdialog im Bereich *Additional constraints* die Optionen *Supply ranges* und *Demand ranges* auszuwählen (Abb. 2.47).

Nr	Name	Lat	Long	City	Supply	Min. supply	Max. supply
1	W1	52,75978	13,56550	Lanke	35	20	50
2	W2	51,48663	13,47319	Haida bei Elsterwerc	25	15	40
3	W3	52,30272	8,61831	Lübbecke	40	20	60

Abb. 2.50 Angebotsintervalle für Beispiel 2.7

Modellvarianten hinsichtlich der Angebots- und Bedarfsstrukturen

Problem	Sources	Destinations	Variable costs	Fixed costs	Capacities	

Destinations: 4   Edit mode: ⌇ Ⱳ

Nr	Name	Lat	Long	City	Demand	Min. demand	Max. demand
1	B1	53,55655	13,24459	Neubrandenburg	25	25	40
2	B2	52,67962	9,91014	Winsen (Aller)	20	20	30
3	B3	51,62911	12,11750	Zörbig	40	40	50
4	B4	51,44006	10,57275	Bleicherode	15	15	20

Abb. 2.51 Bedarfsintervalle für Beispiel 2.7

Mit dem neu berechneten Plan (Abb. 2.52 und Tab. 2.9) werden alle Angebots- und Bedarfsrestriktionen eingehalten. Die Transportkosten haben sich gegenüber dem Transportproblem mit Untergrenzen für die Angebote und Bedarfe (Beispiel 2.6) von 18.565,15 Euro auf 17.251,35 Euro verringert.

Von allen Werken wird einzig das Werk W2 bis zu seiner maximalen Kapazität von 40 Tonnen ausgelastet. Die Liefermengen der Werke W1 und W3 liegen mit ihren Lieferungen zwischen den angebotenen Mindest- und Maximalmengen. Gegenüber Beispiel 2.6 muss W2 seine Lieferung um 15 Tonnen erhöhen, während für W1 eine Reduktion der Liefermenge von 10 Tonnen und für W3 von 5 Tonnen vorliegt. Die Gesamtmenge verringert sich um 5 Tonnen auf 100 Tonnen.

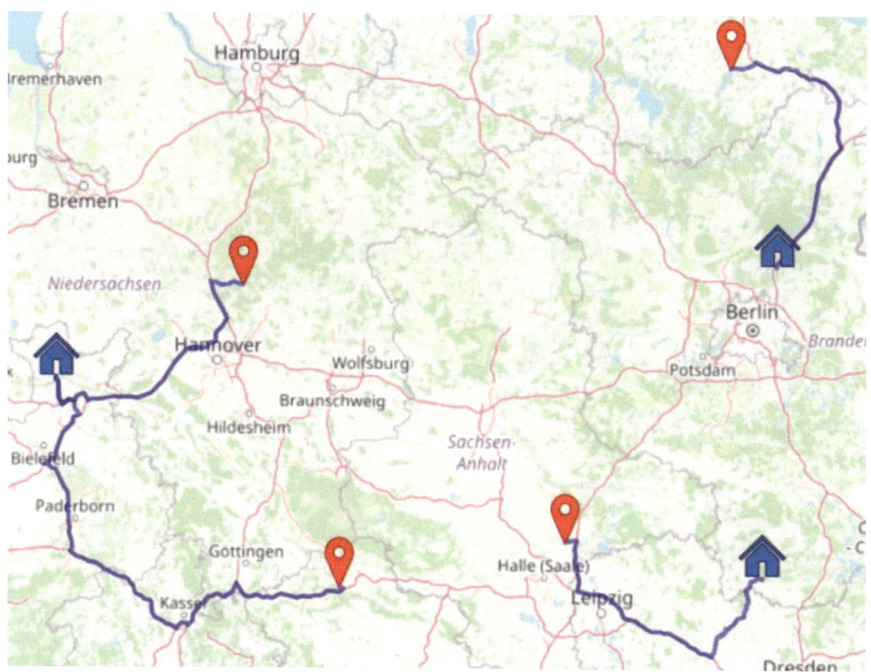

Abb. 2.52 Grafische Darstellung der Lösung für Beispiel 2.7

Tab. 2.9 Lösung für Beispiel 2.7

Lieferungen [t]	B1	B2	B3	B4	Gesamt [t]	Min. Angebot [t]	Max. Angebot [t]
W1	25				25	20	50
W2			40		40	15	40
W3		20		15	35	20	60
Gesamt [t]	25	20	40	15	100		
Min. Bedarf [t]	25	20	40	15			
Max. Bedarf [t]	40	30	50	20			

2.6 Modellvarianten hinsichtlich der Zielfunktion

2.6.1 Transportprobleme mit zu maximierender Zielfunktion

2.6.1.1 Problemstellung und mathematisches Modell

Es existiert eine Vielzahl von Problemstellungen, bei denen ein Transportproblem mit einer zu maximierenden Zielfunktion zu lösen ist. Das ist z. B. der Fall, wenn die Koeffizienten der Zielfunktion Deckungsbeiträge oder Gewinne für eine Lieferbeziehung zwischen einem Versender und einem Anbieter darstellen.[43] Die mathematische Formulierung des Transportproblems in Maximumform unterscheidet sich vom ein- bzw. mehrstufigen Transportmodell nur in der Richtung der Zielfunktion.

$$\sum_{(i,j) \in A} c_{ij} \cdot x_{ij} \to \max! \qquad (2.39)$$

Das ein- bzw. das mehrstufige Problem kann mittels der Verfahren der linearen Optimierung gelöst werden. Hinsichtlich des einstufigen Problems kann auch eine Umformung in ein klassisches Transportproblem[44] vorgenommen und dieses mittels spezialisierter Lösungsverfahren für Transportoptimierung gelöst werden.

2.6.1.2 Lösung mit LogisticsLab/TPP

Zur Lösung von Transportproblemen in Maximumform kann LogisticsLab/TPP genutzt werden.

Beispiel 2.8: Autotransport
(Beispieldatei: auto-transport.tppx)

Aufgabenstellung

---

43 Vgl. Dempe und Schreier (2006), S. 95.
44 Vgl. Dempe und Schreier (2006), S. 95 f.

Betrachtet wird ein amerikanisches Unternehmen, das ein Spezialfahrzeug herstellt und international veräußert. Zur Befriedigung der Bedarfe der in Europa verteilten Händler hat dieses Unternehmen in Kopenhagen und Athen zwei Auslieferungslager mit unterschiedlichen Lagerkapazitäten errichtet. Die Absatzpreise sind bei identischen Stückkosten in den einzelnen europäischen Ländern aus Marketinggründen unterschiedlich. Die Transportkosten sind bekannt und von den Distanzen abhängig. Zieht man die Transportkosten und die Stückkosten vom Absatzpreis ab, erhält man die Stückdeckungsbeiträge, die gemeinsam mit den Kapazitäten der beiden Auslieferungslager und der Bedarfe der Händler in Tab. 2.10 angegeben sind. Die gesamten Kapazitäten betragen 2.500 Stück, denen eine gesamte Nachfrage von 2.125 Stück gegenübersteht.

Tab. 2.10 Stückdeckungsbeiträge und Mengen für Beispiel 2.8

	Stückdeckungsbeiträge [€/Stück]							Angebote [Stück]
	Belgrad	Berlin	Bern	Bratislava	Brüssel	Budapest	Bukarest	
Athen	9.442	8.944	9.086	8.748	8.908	8.624	9.005	1.500
Kopenhagen	8.919	10.394	9.715	9.106	10.234	8.736	8.174	1.000
Bedarfe [Stück]	325	350	375	250	250	350	225	

Es sollen die Lieferbeziehungen gefunden werden, die unter Beachtung der Nachfrage- und Angebotsbedingungen den Gesamtdeckungsbeitrag als Summe der mit den Stückdeckungsbeiträgen multiplizierten Liefermengen maximieren.

Vorgehensweise

In einem ersten Schritt ist ein Transportproblem mit drei Versendern und sieben Empfängern zu generieren. Im Dialog zur Generierung eines neuen Problems ist nur die Anzahl der Anbieter und der Nachfrager eingegeben, während für alle anderen Parameter die Standardeinstellungen verwendet werden können. Anschließend sind für die Auslieferungslager und für die Händler die entsprechenden Daten einzugeben (Abb. 2.53 und Abb. 2.54). Da die Namen der Städte weltweit mehrfach auftreten können und die zugehörigen geografischen Koordinaten über die in

Problem	Sources	Destinations	Variable costs	Fixed costs	Capacities	Solut
Sources:	2		Edit mode:			

Nr	Name	Lat	Long	City	Country	Supply
1	ATHEN	0,00000	0,00000	Athen	Greece	1500
2	KOPENHAGEN	0,00000	0,00000	Kopenhagen	Danmark	1000

Abb. 2.53 Daten der Auslieferungslager für Beispiel 2.8

LogisticsLab implementierten OpenStreetMap-Funktionalitäten abgerufen werden sollen, ist in beiden Datenbereichen in der Spalte *Country* das jeweilige Land in englischer Sprache einzugeben.

Problem   Sources   Destinations   Variable costs   Fixed costs   Capacities   Solut

Destinations: 7   Edit mode: ⇌ [M]

Nr	Name	Lat	Long	City	Country	Demand
1	BELGRAD	0,00000	0,00000	Belgrad	Serbia	325
2	BERLIN	0,00000	0,00000	Berlin	Germany	350
3	BERN	0,00000	0,00000	Bern	Switzerland	375
4	BRATISLAVA	0,00000	0,00000	Bratislava	Slovakia	250
5	BRUESSEL	0,00000	0,00000	Brüssel	Belgium	250
6	BUDAPEST	0,00000	0,00000	Budapest	Hungary	350
7	BUKAREST	0,00000	0,00000	Bukarest	Romania	225

Abb. 2.54 Daten der Händler für Beispiel 2.8

Zum Abrufen der geografischen Koordinaten können in den Datenbereichen *Sources* und *Destinations* die Schaltflächen *All coords* und *Node coords* verwendet werden, mit denen die Koordinaten aller Knoten oder für den ausgewählten Knoten abgerufen werden. Nach erfolgreichem Abruf der Koordinaten werden diese automatisch in die entsprechenden Spalten eingetragen und die Knoten mittels der Koordinaten in der Karte dargestellt. Anschließend sind die Stückdeckungsbeiträge im Datenbereich *Variable costs* einzugeben (Abb. 2.55).

Problem   Sources   Destinations   Variable costs   Fixed costs   Capacities   Solution

Costs based on: Own definition

Problem size: 2 x 7

	Nr.	1	2	3	4	5	6	7
Nr.	from\to	BELGRAD	BERLIN	BERN	BRATISLAVA	BRUESSEL	BUDAPEST	BUKAREST
1	ATHEN	9442,00	8944,00	9086,00	8748,00	8908,00	8624,00	9005,00
2	KOPENHAGEN	8919,00	10394,00	9715,00	9106,00	10234,00	8736,00	8174,00

Abb. 2.55 Eingabe der Stückdeckungsbeiträge für Beispiel 2.8

Zur Lösung dieses Problems ist im Optimierungsdialog als *Objective sense* die Option *Max* auszuwählen und dann das Problem zu optimieren (Abb. 2.56).

Abb. 2.56 Ausschnitt aus dem Optimierungsdialog für Beispiel 2.8

Der gefundene optimale Transportplan führt zu einem Gesamtdeckungsbeitrag von 20.148.650 Euro, wobei die Bedarfe aller Händler in den europäischen Städten vollständig befriedigt werden. Wie in Tab. 2.11 zu sehen, wird das Auslieferungslager Kopenhagen voll ausgelastet, während in Athen eine Restlagerkapazität von 375 Fahrzeugen vorliegt.

Tab. 2.11 Lösung für Beispiel 2.8

	Mengen [Stück]								Angebote [Stück]
	Belgrad	Berlin	Bern	Bratislava	Brüssel	Budapest	Bukarest	Gesamt	
Athen	325			225		350	225	1.125	1.500
Kopenhagen		350	375	25	250			1.000	1.000
Gesamt	325	350	375	250	250	350	225	2.125	
Bedarfe [Stück]	325	350	375	250	250	350	225		

Wie auch zusätzlich in Abb. 2.57 zu sehen, beliefert das Auslieferungslager Kopenhagen die Händler in den Städten Bern, Berlin und Brüssel, während die Händler in Belgrad, Budapest und Bukarest von Athen aus beliefert werden. Der Händler in Bratislava wird aus Kapazitätsgründen von beiden Auslieferungslagern bedient.

Hinsichtlich der Darstellung der Lösung in der Karte ist zu erwähnen, dass LogisticsLab/TPP immer dann Linien für die verwendeten Transportrelationen verwendet, wenn die Bewertungen der Kanten nicht über OpenStreetMap bestimmt wurden.

2.6.2 Transportprobleme mit sprungfixen Kosten

2.6.2.1 Problemstellung und mathematisches Modell

In Logistikprozessen treten oft sprungfixe Kosten für Lieferbeziehungen auf, deren Berücksichtigung zu einem erweiterten Transportmodell, dem so genannten *Fix-*

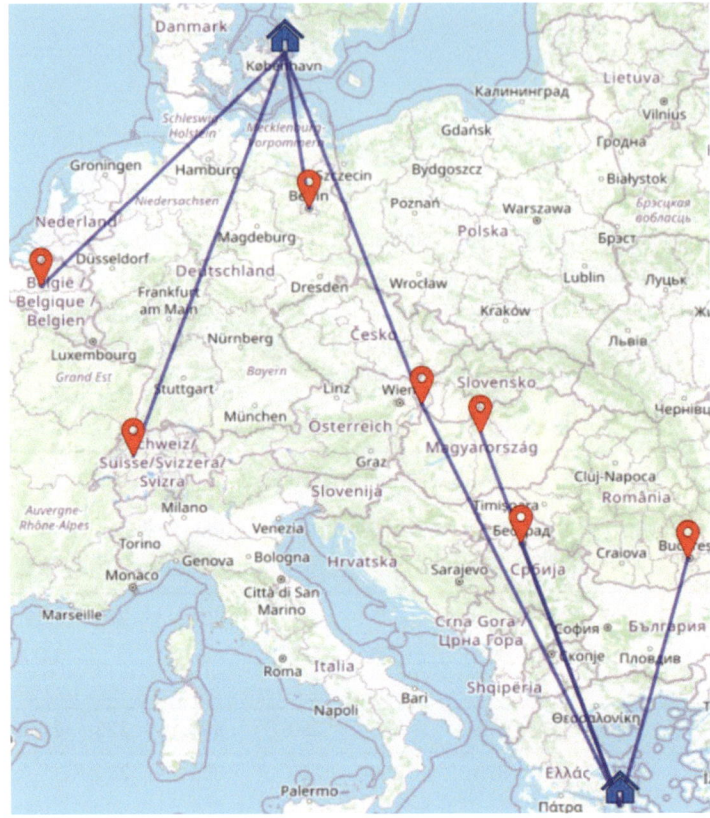

Abb. 2.57 Grafische Darstellung der Lösung für Beispiel 2.8

kosten-Transportproblem führt.[45] Da das einstufige Transportmodell ein Sonderfall des Minimum-Cost-Flow-Modells ist, werden die Modellierungsaspekte anhand des mehrstufiges Transportproblems diskutiert. Als Erweiterung des bisherigen Transportproblems enthält das Fixkosten-Transportproblem für alle Transportbeziehungen (i,j) sprungfixe Kosten F_{ij}, die nur dann wirksam werden, wenn über die entsprechenden Lieferbeziehungen ein Transport erfolgt, also $x_{ij} > 0$ gilt.

Dieses Kostenverhalten kann mittels Binärvariablen y_{ij} formuliert werden, indem in der Zielfunktion die sprungfixen Kosten F_{ij} mit den korrespondierenden Binärvariablen y_{ij} multipliziert werden (Ausdruck (2.40)) und als zusätzliche Nebenbedingung für alle Lieferbeziehungen $(i,j) \in A$ gefordert wird, dass $x_{ij} \leq x_{ij}^o \cdot y_{ij}$ gilt (Ausdruck (2.42)). Diese Nebenbedingung führt dazu, dass eine Variable y_{ij} nur dann den Wert eins annimmt, wenn die korrespondierende Variable x_{ij} einen

---

45 Obwohl die in der Literatur vorhandenen Modelle in der Regel sprungfixe Kosten einbeziehen, werden diese mehrheitlich als Fixkosten-Transportprobleme bzw. als Fixed-Charge-Transportation-Problems bezeichnet.

Wert größer null besitzt. Das mehrstufige Fixkosten-Transportproblem kann wie folgt formuliert werden:[46]

$$\sum_{(i,j)\in A} \left(c_{ij} \cdot x_{ij} + F_{ij} \cdot y_{ij} \right) \to \min! \qquad (2.40)$$

u.d.N.

$$\sum_{\{j|(i,j)\in A\}} x_{ij} - \sum_{\{j|(j,i)\in A\}} x_{ji} = a_i - b_i \qquad ; i \in N \qquad (2.41)$$

$$x_{ij}^u \leq x_{ij} \leq x_{ij}^o \cdot y_{ij} \qquad ; (i,j) \in A, \qquad (2.42)$$

$$y_{ij} \in \{0,1\} \qquad ; (i,j) \in A \qquad (2.43)$$

Zusätzlich zu den im Abschnitt 2.2.2 eingeführten Bezeichnungen gilt folgende Definition:

Parameter:

F_{ij} sprungfixe Kosten für die Lieferbeziehung $(i,j) \in A$

Es handelt sich um ein gemischt-ganzzahliges lineares Optimierungsmodell, das sich mittels Verfahren der ganzzahligen linearen Optimierung bzw. durch spezielle Lösungsverfahren[47] gut lösen lässt.

2.6.2.2 Lösung mit LogisticsLab/TPP

Einstufige Fixkosten-Transportprobleme können mit LogisticsLab/TPP mittels eines Verfahrens der gemischt-ganzzahligen linearen Optimierung gelöst werden.

Beispiel 2.9: Auslieferung mit sprungfixen Kosten
(Beispieldatei: europa-transport-fixkosten.tppx)

Ein Unternehmen will die Lieferbeziehungen zwischen drei Werken und fünf Auslieferungslagern neu gestalten. Die Daten der Werke und der Auslieferungslager sind in Tab. 2.12 angegeben.

Die variablen Transportstückkosten betragen je Kilometer 20 Cent. Zusätzlich fallen für jede vom Werk W1 ausgehende Lieferung zusätzlich 600 Euro Kosten an. Bei Werk W2 betragen diese sprungfixen Kosten je Lieferung 500 Euro und für Werk W3 800 Euro.

Die Lieferbeziehungen zwischen den drei Werken und den fünf Auslieferungslagern sind so zu gestalten, dass die Summe der Transport- und sprungfixen Kosten minimiert wird. Dabei ist sicherzustellen, dass die Kapazitäten der Werke nicht überschritten und die von den Auslieferungslagern georderten Mengen befriedigt werden.

---

46 Vgl. z. B. Ghiani et al. (2022), S. 473 ff., Hillier und Lieberman (2015), S. 486 ff.
47 Vgl. Domschke und Scholl (2010), S. 73 ff.

Tab. 2.12 Daten der Anbieter und Nachfrager für Beispiel 2.9

ID	Stadt	Land	Angebot [Stück]	Nachfrage [Stück]
W1	Olevano sul Tusciano	Italy	20	0
W2	Andorra	Andorra	10	0
W3	Marsberg	Germany	20	0
K1	Riorges	France	0	10
K2	Barentin	France	0	9
K3	Ozimek	Poland	0	8
K4	Montigny-lès-Cormeilles	France	0	14
K5	Gossau	Switzerland	0	9

Vorgehensweise

In einem ersten Schritt ist ein Transportproblem mit drei Versendern und fünf Empfängern anzulegen, indem im Dialog zur Generierung eines neuen Problems die Anzahl der Anbieter und der Nachfrager eingegeben und alle anderen Parameter in ihren Standardeinstellungen belassen werden.

Anschließend sind für die Werke und für die Auslieferungslager die Daten in den Datenbereichen *Sources* und *Destinations* einzugeben. Da die Namen der Städte weltweit mehrfach auftreten können und die zugehörigen geografischen Koordinaten über die in LogisticsLab implementierten OpenStreetMap-Funktionalitäten abgerufen werden sollen, ist in beiden Datenbereichen in der Spalte *Country* das jeweilige Land in englischer Sprache einzugeben.

Das Abrufen der geografischen Koordinaten aller Knoten oder für den ausgewählten Knoten erfolgt über die Schaltflächen *All coords* und *Node coords*. Im Anschluss werden die Koordinaten automatisch in die entsprechenden Spalten eingetragen und die Knoten mittels der Koordinaten in der Karte dargestellt. Die eingetragenen und abgerufenen Daten in den beiden Datenbereichen sind in Abb. 2.58 und Abb. 2.59 dargestellt.

Problem	Sources	Destinations	Variable costs	Fixed costs	Capacities	Solut

Sources: 3   Edit mode:

Nr	Name	Lat	Long	City	Country	Supply
1	W1	40,66890	15,03261	Olevano sul Tusciano	Italy	20
2	W2	42,54072	1,57320	Andorra	Andorra	10
3	W3	51,46022	8,85521	Marsberg	Germany	20

Abb. 2.58 Daten der Werke für Beispiel 2.9

Da sich die Transportkosten proportional zu den realen Straßendistanzen verhalten, sind die Distanzen zwischen den Werken und den Auslieferungslagern über die in

Modellvarianten hinsichtlich der Zielfunktion 123

| Problem | Sources | Destinations | Variable costs | Fixed costs | Capacities | Solut |

Destinations: 5   Edit mode: ≥ |w|

Nr	Name	Lat	Long	City	Country	Demand
1	K1	46,04375	4,03372	Riorges	France	10
2	K2	49,54597	0,95226	Barentin	France	9
3	K3	50,67892	18,21252	Ozimek	Poland	8
4	K4	48,99591	2,19892	Montigny-lès-Cormeille	France	14
5	K5	47,41559	9,24936	Gossau	Switzerland	9

Abb. 2.59 Daten der Auslieferungslager für Beispiel 2.9

LogisticsLab implementierten OpenStreetMap-Funktionalitäten zu bestimmen, indem in der Symbolleiste die Schaltfläche *Calculate Variable Costs* gedrückt oder im Menü *Optimisation* der Punkt *Calculate Variable Costs* gewählt wird und der in Abb. 2.60 dargestellte Dialog erscheint. In diesem Dialog ist *OpenStreetMap/Distances* zu wählen und als *Distance/cost factor per km* der Wert 0,2 einzugeben.

```
Generating distance/time/cost matrix

  Generating distance matrix by using ...
  ● OpenStreetMap/Distances
  ○ OpenStreetMap/Travel times
  ○ Great Circle Distance
  ○ Euclidean Distance
  ○ Manhattan Distance

  Distance/cost factor per km:  0,2

         ✓ OK         ✗ Cancel
```

Abb. 2.60 Dialog zur Kalkulation variabler Transportkosten für Beispiel 2.9

Anschließend werden die variablen Transportkosten automatisch im Datenbereich *Variable costs* eingetragen (Abb. 2.61). Im folgenden Schritt sind die sprungfixen Kosten im Datenbereich *Fixed costs* einzugeben (Abb. 2.62).

Nach Abschluss der Dateneingabe ist das Problem zu lösen, wobei im Optimierungsdialog zusätzlich anzugeben ist, dass die sprungfixen Kosten in die Zielfunktion einzubeziehen sind. Das geschieht, indem im Bereich *Objective function issues* die Option *Including fixed costs* gewählt wird (Abb. 2.63).

| Problem | Sources | Destinations | Variable costs | Fixed costs | Capacities | Solution |

Costs based on: OSM/Distances in km

Problem size: 3 x 5   Edit mode:

	Nr.	1	2	3	4	5
Nr.	from\to	K1	K2	K3	K4	K5
1	W1	275,95	366,19	375,61	344,92	235,60
2	W2	133,88	197,64	424,76	174,59	230,33
3	W3	201,80	141,91	155,11	136,35	125,11

Abb. 2.61 Variable Transportkosten für Beispiel 2.9

| Problem | Sources | Destinations | Variable costs | Fixed costs | Capacities | Solution |

Problem size: 3 x 5   Edit mode:

	Nr.	1	2	3	4	5
Nr.	from\to	K1	K2	K3	K4	K5
1	W1	600,00	600,00	600,00	600,00	600,00
2	W2	500,00	500,00	500,00	500,00	500,00
3	W3	800,00	800,00	800,00	800,00	800,00

Abb. 2.62 Eingabe der sprungfixen Kosten für Beispiel 2.9

Objective sense
● Min
○ Max

Objective function issues
  Including fixed costs ☑
  Block routes if ... ☐
    cost rate less than   0,00
    cost rate greater than M

Problem type
● Standard TPP
○ Bottleneck TPP

Additional constraints
  Supply ranges ☐
  Demand ranges ☐
  Capacities ☐
  Single source ☐

Abb. 2.63 Ausschnitt aus dem Optimierungsdialog für Beispiel 2.9

Modellvarianten hinsichtlich der Zielfunktion

Es ist zu erwähnen, dass kleinere Transportprobleme mit sprungfixen Kosten exakt gelöst werden, während für größere Probleme eine eigenständige, auf ganzzahliger linearer Optimierung basierenden Heuristik in LogisticsLab implementiert wurde. Aufgrund des stochastischen Charakters dieser Heuristik können für größere Probleme bei unterschiedlichen Optimierungsläufen unterschiedliche Lösungen auftreten.

Betrachtet man nach der Optimierung des betrachteten kleinen Beispiels den Lösungsbereich in LogisticsLab/TPP (Abb. 2.64), erkennt man, dass bei einer Liefermenge von 50 Mengeneinheiten minimale Gesamtkosten von 14.175,88 Euro auftreten, die sich aus 10.275,88 Euro variablen Transportkosten und zusätzlichen sprungfixen Kosten von 3.900 Euro zusammensetzen.

Problem	Sources	Destinations	Variable costs	Fixed costs	Capacities	Solution

Supply:	50	Total costs:	14.175,88	Min. cost rate	133,88	
Demand:	50	Variable costs:	10.275,88	Max. cost rate:	375,61	
Gap:	0	Fixed costs:	3.900,00			
Flow:	50					

From	Source	To	Destination	Cost per unit	Capacity	Flow	Variable costs	Fixed costs
1	W1	3	K3	375,61	M	8	3.004,88	600,000
1	W1	4	K4	344,92	M	3	1.034,76	600,000
1	W1	5	K5	235,60	M	9	2.120,40	600,000
2	W2	1	K1	133,88	M	10	1.338,80	500,000
3	W3	2	K2	141,91	M	9	1.277,19	800,000
3	W3	4	K4	136,35	M	11	1.499,85	800,000

Abb. 2.64 Lösungsbereich in LogisticsLab/TPP für Beispiel 2.9

Die einzelnen Transportmengen mit den zugehörigen variablen und sprungfixen Transportkosten sind zeilenweise den Spalten *Flow*, *Variable costs* und *Fixed costs* zu entnehmen. Fasst man diese Lieferflüsse nochmals in Tab. 2.13 zusammen, ist ersichtlich, dass alle Angebots- und Nachfragebedingungen eingehalten wurden.

Tab. 2.13 Mengenmäßige Lösung für Beispiel 2.9

	Transportmengen [ME]						Kapazität [ME]
	K1	K2	K3	K4	K5	Gesamt	
W1			8	3	9	20	20
W2	10					10	10
W3		9		11		20	20
Gesamt	10	9	8	14	9	50	
Nachfrage [ME]	10	9	8	14	9		50

Weiterhin ist aufgrund dieser Mengen und der grafischen Lösung in Abb. 2.65 festzustellen, dass das Auslieferungslager K4 von mehr als einem Werk beliefert wird.

Abb. 2.65 Grafische Darstellung der Lösung für Beispiel 2.9

2.6.3 Transportprobleme mit stückweiser linearer Zielfunktion

2.6.3.1 Problemstellung und mathematische Modelle

In den bisherigen Betrachtungen wurden, außer bei den Fixkosten-Transportproblemen, lineare Kostenverläufe unterstellt. Diese Annahme gilt immer dann, wenn je Mengeneinheit des zu transportierenden Gutes ein konstanter Kostensatz vorliegt. Falls die vertraglichen Regelungen eines Versenders oder die im eigenen Unternehmen vorliegenden Kostenstrukturen eine solche Annahme näherungsweise zulassen, können die betrachteten Modelle ohne Einschränkungen angewendet werden. Für alle nichtlinearen Kostenverläufe sind erweiterte Modellierungen zu finden, die Gegenstand dieses Abschnitts sind.

Konvexe Transportkostenverläufe

So kann z. B. ein konvexer Kostenverlauf wie in Abb. 2.66 vorliegen, wenn eine steigende Transportmenge zwischen einem Versender i und einem Empfänger j zu einer steigenden Intensität des Transports und damit zu überproportional steigenden Kosten führt.

Eine Möglichkeit, derartige konvexe Transportkosten in ein Transportmodell aufzunehmen, besteht darin, die konvexe Funktion durch stückweise lineare Funktionen zu approximieren.[48]

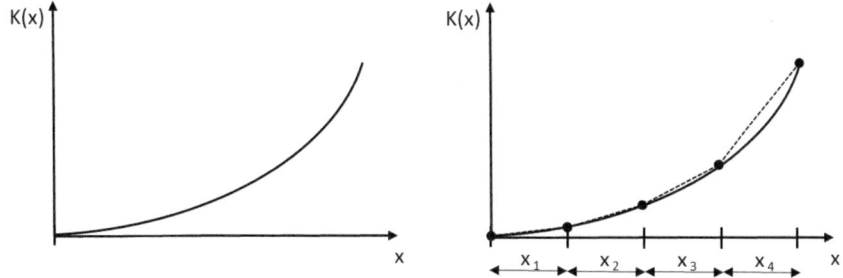

Abb. 2.66 Konvexer Kostenverlauf für Transportkosten

Dazu wird der Wertebereich einer Transportmenge x_{ij} in Intervalle $q \in Q = \{1, 2, \ldots, p\}$ mit entsprechenden Untermengen x_{ijq} aufgeteilt. Die Untermengen müssen in Summe die eigentliche Transportmenge ergeben (Ausdruck (2.45)). Sie sind nichtnegativ und besitzen Obergrenzen x_{ijq}^o, die über die einzelnen Intervalle nicht zwingend identisch sein müssen (Ausdruck (2.46)). Jedes Linearisierungsintervall besitzt, wie im rechten Bereich von Abb. 2.66 zu sehen ist, einen spezifischen Anstieg c_{ijq}, so dass sich die Transportkosten zwischen einem Versender i und einem Empfänger j aus der über alle Linearisierungsintervalle gehenden Summe der Produkte der Intervallanstiege und der Intervallmengen ergeben (Ausdruck (2.44)). Die gesamten Transportkosten K entsprechen dann der Summe der Transportkosten über alle einzubeziehenden Lieferbeziehungen.

$$K = \sum_{q \in Q} c_{ijq} \cdot x_{ijq} \quad ; (i,j) \in A \tag{2.44}$$

$$\sum_{q \in Q} x_{ijq} = x_{ij} \quad ; (i,j) \in A \tag{2.45}$$

$$0 \leq x_{ijq} \leq x_{ijq}^o \quad ; (i,j) \in A \tag{2.46}$$

---

48 Vgl. Domschke et al. (2015), S. 216 f., Domschke und Scholl (2010), S. 80, Williams (2013), S. 147 ff.

Adaptiert man das Minimum-Cost-Flow-Modell für solche Kostenverläufe lässt sich das gesamte Transportmodell gemäß den Ausdrücken (2.47) bis (2.51) formulieren und mittels Verfahren der linearen Optimierung lösen.

$$\sum_{(i,j)\in A}\sum_{q\in Q} c_{ijq} \cdot x_{ijq} \to \min! \tag{2.47}$$

u.d.N.

$$\sum_{\{j:(i,j)\in A\}} x_{ij} - \sum_{\{j:(j,i)\in A\}} x_{ji} = a_i - b_i \quad ; i \in N \tag{2.48}$$

$$x_{ij}^u \le x_{ij} \le x_{ij}^o \quad ;(i,j)\in A \tag{2.49}$$

$$\sum_{q\in Q} x_{ijq} = x_{ij} \quad ;(i,j)\in A \tag{2.50}$$

$$0 \le x_{ijq} \le x_{ijq}^o \quad ;(i,j)\in A, q\in Q \tag{2.51}$$

Zusätzlich zu den Bezeichnungen aus Abschnitt 2.2.2 gelten folgende Definitionen:

Indexmenge:

Q Linearisierungsintervalle, $q \in Q = \{1,2,\ldots,p\}$

Parameter:

c_{ijq} Anstieg der variablen Transportstückkosten im Linearisierungsintervall q für die Lieferbeziehung zwischen Versender i und Empfänger j

x_{ijq}^o Obergrenze der Teilmenge im Linearisierungsintervall q für die Lieferbeziehung zwischen Versender i und Empfänger j

Variablen:

x_{ijq} Teilmenge im Linearisierungsintervall q für die Lieferbeziehung zwischen Versender i und Empfänger j

Konkave Transportkostenverläufe

Der für konvexe Transportkosten vorgeschlagene Linearisierungsansatz lässt sich für konkave Transportkostenverläufe (wie in Abb. 2.67 beispielhaft dargestellt)

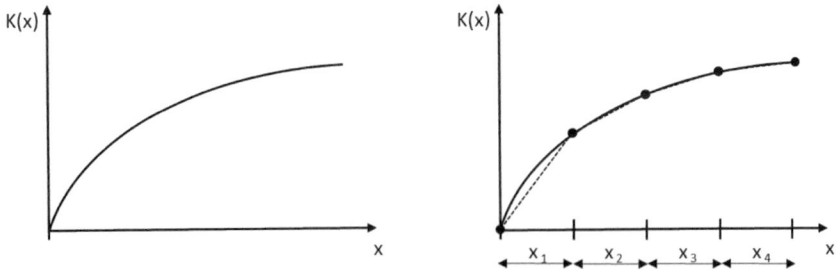

Abb. 2.67 Konkaver Kostenverlauf für Transportkosten

nicht unverändert verwenden, da aufgrund der mit steigenden Linearisierungsintervallen sinkenden Anstiege der stückweise linearen Funktionen der Fall $x_{ijq} > 0 \wedge x_{ijq-1} = 0$ eintreten kann.[49]

Würde z. B. der Verlauf der Transportkosten in Abb. 2.67 auf einer Art stetigem mengenabhängigen Rabatt basieren, könnte in einem solchen Fall aufgrund der absteigenden Anstiege der Linearisierungsintervalle bei einer Minimierung der Kosten zuerst unsinnigerweise die Teilmenge x_4 mit einem Wert größer null belegt werden, obwohl die Mengen der vorherigen Intervalle gleich null sind. Daher ist für die Intervalluntermengen eine Reihenfolgebedingung einzuführen.[50] Eine Menge x_{ijq} soll nur dann einen Wert größer null annehmen, wenn die vorherige Untermenge x_{ijq-1} ihren Maximalwert angenommen hat. Dazu werden binäre Realisationsvariablen y_{ijq} eingeführt, die der Kodierung der Reihenfolgebedingung dienen und für die folgende Bedingungen gelten:

$$x_{ijq} \geq y_{ijq} \cdot x_{ijq}^o \quad ;(i,j) \in A,\ q \in \{1,2,\ldots,p-1\} \tag{2.52}$$

$$x_{ijq} \leq y_{ijq-1} \cdot x_{ijq}^o \quad ;(i,j) \in A,\ q \in \{2,3,\ldots,p\} \tag{2.53}$$

$$y_{ijq} \in \{0,1\} \quad ;(i,j) \in A,\ q \in \{1,2,\ldots,p-1\} \tag{2.54}$$

Mit Ausdruck (2.52) (in Verbindung mit Ausdruck (2.53)) wird für die Intervalle 1 bis $p-1$ sichergestellt, dass ein y_{ijq} nur dann den Wert eins annimmt, wenn das korrespondierende x_{ijk} gleich seiner Obergrenze x_{ijq}^o ist. Gemäß Ausdruck (2.53) kann eine Intervallmenge x_{ijq} nur dann größer als null sein, wenn die binäre Reihenfolgevariable y_{ijq-1} des vorhergehenden Intervalls den Wert eins besitzt und daher die vorherige Intervallmenge x_{ijq-1} gleich ihrer Obergrenze ist.

Das linearisierte Modell für Transportprobleme mit konkaven Kostenfunktionen kann wie folgt formuliert werden:

$$\sum_{(i,j) \in A} \sum_{q \in Q} c_{ijq} \cdot x_{ijq} \to \min! \tag{2.55}$$

u.d.N.

$$\sum_{\{j:(i,j) \in A\}} x_{ij} - \sum_{\{j:(j,i) \in A\}} x_{ji} = a_i - b_i \quad ; i \in N \tag{2.56}$$

$$x_{ij}^u \leq x_{ij} \leq x_{ij}^o \quad ;(i,j) \in A \tag{2.57}$$

$$\sum_{q \in Q} x_{ijq} = x_{ij} \quad ;(i,j) \in A \tag{2.58}$$

---

49 Vgl. Domschke et al. (2015), S. 217.
50 Vgl. Hillier und Lieberman (2015), S. 584 ff., Domschke und Scholl (2010), S. 85.

$x_{ijq} \geq y_{ijq} \cdot x_{ijq}^o$ $\quad\quad ;(i,j) \in A,\ q \in \{1,2,\ldots,p-1\}$ (2.59)

$x_{ijq} \leq y_{ijq-1} \cdot x_{ijq}^o$ $\quad ;(i,j) \in A,\ q \in \{2,3,\ldots,p\}$ (2.60)

$y_{ijq} \in \{0,1\}$ $\quad\quad\quad\quad ;(i,j) \in A,\ q \in \{1,2,\ldots,p-1\}$ (2.61)

Zusätzlich zu den Bezeichnungen aus Abschnitt 2.2.2 gelten folgende Definitionen:
Variablen:

y_{ijq} binäre Reihenfolgevariable im Linearisierungsintervall q für die Lieferbeziehung zwischen Versender i und Empfänger j

Aufgrund der Binärvariablen y_{ijq} handelt es sich um ein gemischt-ganzzahliges, lineares Optimierungsmodell, das mit entsprechenden Verfahren der ganzzahligen linearen Optimierung zu lösen ist.

Dieser Modellansatz lässt sich auch für Kostenverläufe, wie in Abb. 2.68 dargestellt, anwenden, indem für die einzelnen linearen Teilfunktionen die Anstiege sowie die Mengenintervalle bestimmt und in das oben genannte Modell eingeführt werden. Der linke Kostenverlauf kann einer Rabattstaffel entsprechen, bei der die Preise der einzelnen Rabattstaffeln nur für die zugehörigen Mengen gelten. Der rechte Kostenverlauf kann ein Beispiel für die in der Realität anzutreffenden Stückguttarife sein.[51]

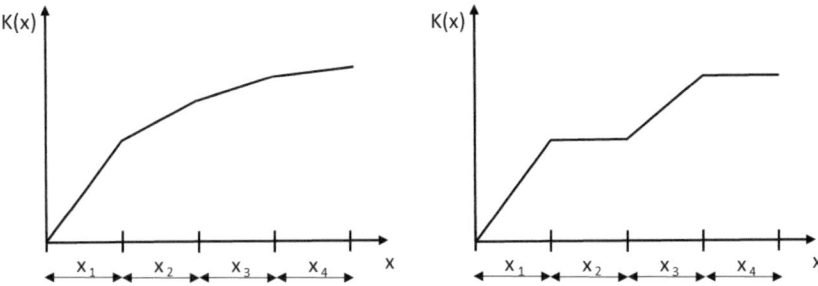

Abb. 2.68 Weitere stückweise lineare Kostenverläufe für Transportkosten

Weder konvexe noch konkave Transportkostenverläufe
Wie in Abb. 2.69 dargestellt, können im Kontext der Transportprobleme Kostenverläufe auftreten, die weder konvex noch konkav sind. Ein solcher Verlauf kann z. B. vorliegen, wenn ein Versender ab einer bestimmten Rabattstaffel einen Mengenrabatt auf alle zu transportierenden Güter vergibt.[52]

---

51 Vgl. Domschke und Scholl (2010), S. 85.
52 Vgl. Domschke und Scholl (2010), S. 84.

Modellvarianten hinsichtlich der Zielfunktion

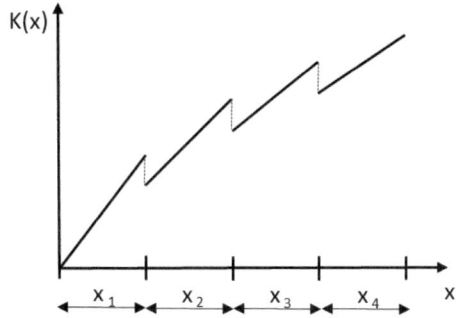

Abb. 2.69 Weder konvexe noch konkave Transportkostenverläufe

Für derartige Kostenverläufe ist ein neuer Modellansatz zu erstellen, der wiederum auf den Intervallmengen x_{ijq} basiert. Diese Teilmengen sind nichtnegative Größen, die spezifische Unter- und Obergrenzen besitzen.

Im Gegensatz zu den bisherigen Linearisierungen darf für eine Lieferbeziehung zwischen einem Versender i und einem Empfänger j aber nur eine dieser Intervallmengen einen Wert größer eins annehmen. Dazu wird wiederum eine binäre Variable y_{ijq} eingeführt, die den Wert eins nur dann annimmt, wenn die korrespondierende Variable x_{ijq} einen Wert größer null besitzt. Dieses Verhalten wird durch den Ausdruck (2.63) sichergestellt. Ist die Variable x_{ijq} gleich null, dann muss die Variable y_{ijq} ebenso den Wert null besitzen. Im Fall, dass x_{ijq} einen positiven Wert zugewiesen bekommt, muss $y_{ijq} = 1$ gelten. Mit dieser Nebenbedingung ist zugleich sichergestellt, dass die Variable x_{ijk} in ihrem definierten Intervall liegt. Ausdruck (2.64) legt fest, dass lediglich eine der Binärvariablen y_{ijq} gleich eins ist und damit nur eine Variable x_{ijq} einen Wert größer null besitzt. Letztlich wird gemäß Ausdruck (2.62) über die Summe der Intervallvariablen x_{ijq} die Liefermenge x_{ij} bestimmt.

$$\sum_{q \in Q} x_{ijq} = x_{ij} \qquad ; (i,j) \in A \qquad (2.62)$$

$$y_{ijq} \cdot x_{ijq}^{u} \leq x_{ijq} \leq y_{ijq} \cdot x_{ijq}^{o} \qquad ; (i,j) \in A, \, q \in Q \qquad (2.63)$$

$$\sum_{q \in Q} y_{ijq} = 1 \qquad ; (i,j) \in A \qquad (2.64)$$

$$y_{ijq} \in \{0,1\} \qquad ; (i,j) \in A, \, q \in Q \qquad (2.65)$$

zusätzlich mit
Parameter:

x_{ijq}^{u} Untergrenze der Teilmenge im Linearisierungsintervall q für die Lieferbeziehung zwischen Versender i und Empfänger j

Das gesamte Transportmodell mit einer solchen stückweise linearen Zielfunktion lässt sich als adaptiertes Minimum-Cost-Flow-Modell gemäß der Ausdrücke (2.66) bis (2.72) formulieren. Auch dieses Modell ist aufgrund der Binärvariablen y_{ijq} ein gemischt-ganzzahliges, lineares Optimierungsmodell, das mit den entsprechenden Verfahren der ganzzahligen linearen Optimierung gelöst werden kann.

$$\sum_{(i,j) \in A} \sum_{q \in Q} c_{ijq} \cdot x_{ijq} \rightarrow \min! \tag{2.66}$$

u.d.N.

$$\sum_{\{j|(i,j) \in A\}} x_{ij} - \sum_{\{j|(j,i) \in A\}} x_{ji} = a_i - b_i \qquad ; i \in N \tag{2.67}$$

$$x_{ij}^u \leq x_{ij} \leq x_{ij}^o \qquad ;(i,j) \in A \tag{2.68}$$

$$\sum_{q \in Q} x_{ijq} = x_{ij} \qquad ;(i,j) \in A \tag{2.69}$$

$$y_{ijq} \cdot x_{ijq}^u \leq x_{ijq} \leq y_{ijq} \cdot x_{ijq}^o \qquad ;(i,j) \in A, q \in Q \tag{2.70}$$

$$\sum_{q \in Q} y_{ijq} = 1 \qquad ;(i,j) \in A \tag{2.71}$$

$$y_{ijq} \in \{0,1\} \qquad ;(i,j) \in A, q \in Q \tag{2.72}$$

Es sei zu erwähnen, dass dieser zuletzt diskutierte Modellansatz auch für konvexe und konkave Kostenverläufe anwendbar ist.

2.6.3.2 Lösung mit CMPL

Wie jedes andere lineare Optimierungsmodell können Transportprobleme mit stückweise-linearen Kostenfunktionen mit CMPL gelöst werden.

Beispiel 2.10: Simultane Optimierung der Beschaffungs- und der Transportkosten

(Beispieldateien: rabatte.cmpl, transport.xlsx → Rabatte)

Aufgabenstellung

Das betrachtete Unternehmen betreibt fünf Märkte, in denen es ein Elektronikprodukt an Endkunden veräußert. Dieses Produkt kann von drei unterschiedlichen Herstellern geordert werden. Die Angebote und Nachfragen sowie die Transportkosten je Mengeneinheit sind in Tab. 2.14 gegeben. Das Gesamtangebot beträgt 375 Mengeneinheiten, während insgesamt 250 Mengeneinheiten nachgefragt werden. Zusätzlich ist bekannt, dass alle drei Anbieter mengenabhängige Rabatte anbieten. Diese Rabatte und letztlich die Beschaffungspreise gelten innerhalb der Rabattstufen für die gesamte eingekaufte Menge. Die Beschaffungspreise der drei Anbieter des Elektronikproduktes in fünf definierten Mengenklassen sind in Tab. 2.15 gegeben. Es liegt damit ein Kostenverlauf analog zum Kostenverlauf in Abb. 2.69 vor.

Tab. 2.14 Variable Transportkosten und Mengen für Beispiel 2.10

	Var. Transportkosten [€/ME]					Angebote [ME]
	M1	M2	M3	M4	M5	
A1	350	240	200	250	350	150
A2	320	260	325	210	350	100
A3	200	370	325	205	320	125
Nachfrage [ME]	50	45	80	40	35	

Tab. 2.15 Mengenabhängige Preise für Beispiel 2.10

Preise [€/ME]	0–20 [ME]	21–40 [ME]	41–60 [ME]	61–80 [ME]	ab 81 [ME]
A1	38	36	34	32	32
A2	50	40	30	20	10
A3	40	35	35	30	25

Die Lieferbeziehungen sind so zu gestalten, dass die Summe der Transport- und Beschaffungskosten minimiert und zugleich alle Angebots- und Nachfragebedingungen eingehalten werden.

Vorgehensweise

Da es sich bei diesem Beispiel nicht um ein Standardmodell handelt, ist in einem ersten Schritt ein angepasstes mathematisches Modell zu erstellen. Es handelt sich um eine Adaption des Modells für Transportmodelle mit weder konvexen nach konkaven Zielfunktionen für dieses einstufige Transportproblem und ist wie folgt formuliert:

$$\sum_{i \in S} \sum_{q \in Q} pb_{iq} \cdot rx_{iq} + \sum_{(i,j) \in A} c_{ij} \cdot x_{ij} \to \min! \tag{2.73}$$

u.d.N.

$$\sum_{\{j:(i,j) \in A\}} x_{ij} \leq a_i \qquad ; i \in S \tag{2.74}$$

$$\sum_{\{i:(i,j) \in A\}} x_{ij} = b_j \qquad ; j \in D \tag{2.75}$$

$$\sum_{q \in Q} rx_{iq} = \sum_{\{j:(i,j) \in A\}} x_{ij} \qquad ; i \in S \tag{2.76}$$

$$y_{iq} \cdot rx_q^u \leq rx_{iq} \leq y_{iq} \cdot rx_q^o \qquad ; i \in S, q \in Q \qquad (2.77)$$

$$\sum_{q \in Q} y_{iq} = 1 \qquad ; i \in S \qquad (2.78)$$

$$y_q \in \{0,1\} \qquad ; i \in S, q \in Q \qquad (2.79)$$

Zusätzlich zu den bisher in diesem Abschnitt und den im Abschnitt 2.2.2 vereinbarten Bezeichnungen gelten folgende Definitionen:

Parameter:

rx_q^u Untergrenze der Teilmenge in der Rabattstaffel q aller Anbieter

rx_q^o Obergrenze der Teilmenge in der Rabattstaffel q aller Anbieter

pb_{iq} Beschaffungspreis in der Rabattstaffel q des Anbieters i

Variablen:

rx_{iq} Teilmenge in der Rabattstaffel q des Anbieters i

Da sich die Rabattstaffeln auf die Beschaffungs- und nicht auf die Transportmengen beziehen, sind die Beschaffungs- und Transportkosten in der Zielfunktion gemäß Ausdruck (2.73) voneinander zu trennen, wobei die Transportkosten wie im klassischen Transportmodell behandelt werden. Die Beschaffungskosten verhalten sich in diesem Beispiel analog dem Verlauf in Abb. 2.69. Daher ist der in den Ausdrücken (2.62) bis (2.65) dargestellte Linearisierungsansatz gemäß der Ausdrücke (2.76) bis (2.79) zu adaptieren. Dazu werden die Teillieferungen rx_{iq} eines Anbieters i im Rabattintervall q eingeführt, die, mit den Beschaffungspreisen pb_{iq} des Anbieters i im Rabattintervall q multipliziert, den ersten Teil der Zielfunktion bilden (Ausdruck (2.73)) und in Summe mit der Gesamtliefermenge dieses Anbieters an alle Märkte übereinstimmen muss (Ausdruck (2.76)). Die Ausdrücke (2.77) bis (2.79) stellen sicher, dass lediglich eine einzige Teilmenge rx_{iq} größer als null sein darf. Die Angebots- und Nachfragerestriktionen (2.74) und (2.75) sind identisch zu denen des einstufigen Transportmodells im Fall eines Überangebotes.

Zur Umsetzung dieses Modells ist, wie in Abb. 2.70 dargestellt, ein Excel-Arbeitsblatt zu erstellen. Dieses Excel-Arbeitsblatt enthält im Zellbereich B3:H7 die variablen Transportkosten je Mengeneinheit des Elektronikproduktes sowie die Angebote der drei Anbieter und die Bedarfe der fünf Märkte. Die Zeilen- und Spaltenköpfe dieser Matrix werden später für die Spezifikation der Indexmengen der Anbieter S und der Nachfrager D verwendet. Im folgenden Zellbereich B10:G15 sind die Beschaffungspreise der drei Anbieter in den einzelnen Rabattstufen sowie die Unter- und Obergrenzen der Rabattstufen angegeben.

Modellvarianten hinsichtlich der Zielfunktion

	A	B	C	D	E	F	G	H
1	Parameter:							
2		Transportkosten [€/ME]						
3			M1	M2	M3	M4	M5	Angebote [ME]
4		A1	350	240	200	250	350	150
5		A2	320	260	325	210	350	100
6		A3	200	370	325	205	320	125
7		Nachfragen [ME]	50	45	80	40	35	
8								
9		Beschaffungspreise [€/ME]						
10		Rabattstufe	1	2	3	4	5	
11		Stufenuntergrenze	0	21	41	61	81	
12		Stufenobergrenze	20	40	60	80	1.000	
13		A1	38	36	34	32	32	
14		A2	50	40	30	20	10	
15		A3	40	35	35	30	25	
16								
17	Lösung	Mengen [ME]						
18			M1	M2	M3	M4	M5	Gesamt [ME]
19		A1						0
20		A2						0
21		A3						0
22		Gesamt [ME]	0	0	0	0	0	0
23								
24		Transportkosten [€]						
25			M1	M2	M3	M4	M5	Gesamt [€]
26		A1	0	0	0	0	0	0
27		A2	0	0	0	0	0	0
28		A3	0	0	0	0	0	0
29		Gesamt [€]	0	0	0	0	0	0
30								
31		Beschaffungskosten [€]						
32		A1	0					
33		A2	0					
34		A3	0					
35		Gesamt [€]	0					
36								
37		Gesamtkosten [€]	0					

Abb. 2.70 Excel-Arbeitsblatt für Beispiel 2.10

Im Zellbereich C19:G21 sollen nach der Optimierung die Liefermengen durch CMPL automatisch eingetragen sowie in der angrenzenden Spalte H und in der Zeile 22 die daraus resultierenden Zeilen- und Spaltensummen berechnet werden.

Auf der Basis dieser Mengen werden zusätzlich die Transport- und Beschaffungskosten ermittelt. Die Transportkosten werden im Zellbereich C26:G28 über die Multiplikation der Mengen in C19:G21 und der Transportkostensätze in C4:G6 berechnet und durch die entsprechenden Zeilen- und Spaltensummen ergänzt. Zur Berechnung der Beschaffungskosten je Anbieter sind die Summen der Liefermengen jedes Anbieters in den Zellen H19:H21 mit den Unter- und Obergrenzen der Rabattstufen im Zellbereich C11:G12 zu vergleichen und der entsprechende Preis mit der Liefermenge zu multiplizieren. Dies geschieht mittels einer geschachtelten *Wenn-Klausel*, die z. B. für Anbieter A1 in Zelle C32 =WENN(UND(H19>=0; H19<$D$11); H19*C13; WENN(UND (H19>=$D$11; H19<$E$11); H19*D13;

WENN(UND(H19>=$E$11;H19<$F$11);H19*E13;WENN(UND(H19>=$F$11; H19<$G$11);H19*F13;H19*G13)))) lautet. Die gesamten Kosten in Zelle C37 ergeben sich aus den gesamten Transportkosten (H22) und den gesamten Beschaffungskosten (C35).

Im folgenden Schritt ist das CMPL-Modell im CMPL-Editor Coliop zu spezifizieren. Wie im Listing für CMPL-Modell 2.7 zu sehen, startet es mit dem Einlesen der in der zugehörigen CmplXlsData-Datei definierten Indexmengen und Parameter. Da die Indexmenge der Kanten bisher noch nicht definiert wurde und alle Werke und Baustellen vollständig miteinander verbunden sind, kann die Indexmenge A in der par Sektion aus der Kombination der Mengen der Anbieter S und der Nachfrager D erzeugt werden (Zeile 4).

CMPL-Modell 2.7 CMPL-Modell für Beispiel 2.10

```
1   %xlsdata
2
3   par:
4     A := [S, D];
5
6   var:
7     x[A] : real;
8     rx[S, Q] : real;
9     y[S, Q] : binary;
10
11  obj:
12    sum{i in S, q in Q: pb[i,q] * rx[i,q] } + sum{ [i,j] in A : c[i,j] * x[i,j] } ->min;
13
14  con:
15    { i in S: sum{ [i,j] in A: x[i,j] } <= a[i]; }
16    { j in D: sum{ [i,j] in A: x[i,j] } = b[j]; }
17
18    { i in S: sum { q in Q: rx[i,q]} = sum{j in D: x[i,j]}; }
19    { i in S, q in Q: rxUg[q] * y[i,q] <= rx[i,q] <= rxOg[q] * y[i,q] ; }
20    { i in S: sum{q in Q: y[i,q] } = 1; }
```

Die Sektion var dient der Definition der Variablen. So sind die Liefermengen x_{ij} und die für die Linearisierung der Beschaffungskostenfunktion notwendigen Teilmengen rx_{iq} als nichtnegative kontinuierliche Variablen und die zugehörigen Binärvariablen y_{iq} zu spezifizieren (Zeilen 7 bis 9).

Die Sektion obj dient der Definition der Zielfunktion gemäß Ausdruck (2.73). In Zeile 12 werden die Beschaffungs- und die Transportkosten spezifiziert, die in Summe minimiert werden sollen.

In der Sektion con wird in Zeile 15 die Angebotsrestriktion für alle Hersteller definiert. Da die Angebote die Nachfragen übersteigen, muss die Summe der ausgehenden Mengen kleiner oder gleich dem Angebot des jeweiligen Herstellers sein.

In Zeile 16 wird für jeden Markt definiert, dass die Summe der eingehenden Mengen gleich der Nachfrage des Marktes sein muss. In den Zeilen 18 bis 20 werden die drei Gruppen von Linearisierungsnebenbedingungen gemäß der Ausdrücke (2.76) bis (2.78) definiert.

Nachdem das CMPL-Modell eingegeben und unter dem Namen *rabatte.cmpl* gespeichert wurde, erscheint in Coliop in einer rechten Spalte ein Eintrag *rabatte.xdat*, für die Eingabe der CmplXlsData-Datei (CMPL-Modell 2.8). Der Abschnitt @source (Zeilen 1 bis 3) dient zur Angabe der Excel-Datei (*transport.xlsx*) und des Arbeitsblatts (*Rabatte*), das zum Lesen der Indexmengen und Parameter sowie zum Schreiben der Optimierungsergebnisse verwendet werden soll. Im folgenden Abschnitt @input werden in den Zeilen 6 bis 8 die Indexmengen mittels des Schlüsselwortes set für die Hersteller (S), die Märkte (D) und die Rabattstaffeln bzw. Linearisierungsintervalle (Q) eingeführt. Die korrespondierenden Zellbereiche in der Excel-Tabelle sind in spitzen Klammern angegeben. In den Zeilen 10 bis 15 werden diese Indexmengen für die Definition der Angebote (a), der Bedarfe (b), der Transportkosten (c), der Beschaffungspreise (pb) sowie für die Unter- (rxUg) und Obergrenzen (rxOg) der Intervallmengen verwendet. Da es sich um Vektoren bzw. Matrizen handelt, sind nach dem Namen des jeweiligen Parameterfeldes die zugehörigen Indexmengen in eckigen Klammern anzugeben. Die Zellbereiche in der Excel-Tabelle, aus denen diese Parameter gelesen werden sollen, sind wiederum in spitzen Klammern anzugeben.

CMPL-Modell 2.8 CmplXlsData-Spezifikationen für Beispiel 2.10

```
1   @source
2   %file < transport.xlsx >
3   %sheet < Rabatte >
4
5   @input
6   %S set < B4:B6 >
7   %D set < C3:G3 >
8   %Q set < C10:G10 >
9
10  %a[S] < H4:H6 >
11  %b[D] < C7:G7 >
12  %c[S,D] < C4:G6 >
13  %pb[S,Q] < C13:G15 >
14  %rxUg[Q] < C11:G11 >
15  %rxOg[Q] < C12:G12 >
16
17  @output
18  %x[S,D].activity < C19:G21 >
```

Im @output-Abschnitt wird in Zeile 18 angegeben, dass die Aktivitäten der Flussvariablen in den Zellbereich C19:G21 der Excel-Tabelle nach Abschluss der Optimierung geschrieben werden sollen.

Nach Abschluss der Eingaben kann das Modell gelöst werden, indem in Coliop das Menü *Actions* → *Solve* oder in der Symbolleiste der entsprechende Eintrag gewählt wird. Nachdem das Modell gelöst wurde, schreibt CMPL die gefundenen Lösungen der Variablen in den Zellbereich, der in der CmplXlsData-Datei spezifiziert wurde.

Betrachtet man die Lösung in Abb. 2.71, erkennt man, dass die Angebots- und die Nachfragerestriktionen eingehalten wurden. Aus den Liefermengen in den Zellen C19:G21 resultieren gesamte Transportkosten von 57.300 Euro (Zelle H29). Die Summen der Liefermengen (Zellen H19:H21) führen dazu, dass für die Anbieter A2 und A3 die höchste Rabattklasse ($x \geq 81$) und für Anbieter A1 die vierte Rabattklasse ($61 \leq x \leq 80$) wirksam ist. Daraus ergeben sich gesamte Beschaffungskosten von 5.535 Euro (Zelle C35), so dass gesamte Kosten von 62.835 Euro anfallen.

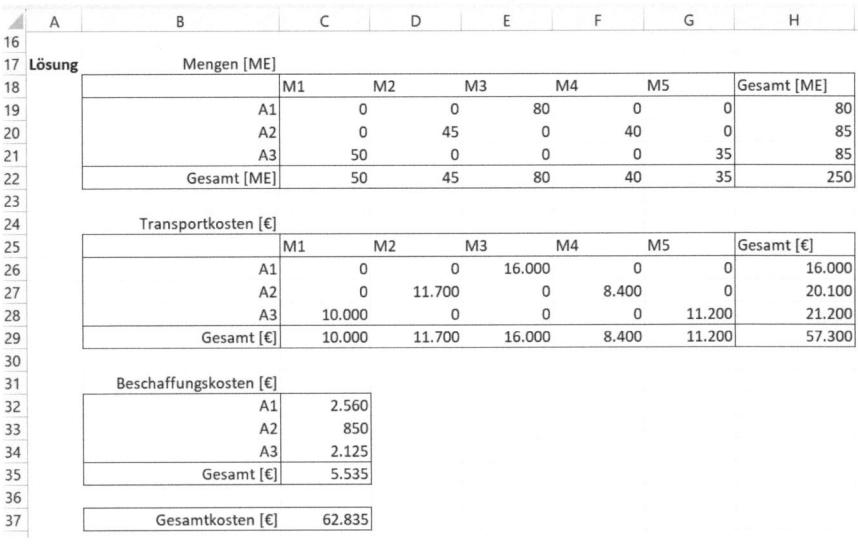

Abb. 2.71 Lösung für Beispiel 2.10

2.6.4 Das Bottleneck-Transportproblem

2.6.4.1 Problemstellung und mathematisches Modell

Das klassische Transportproblem verfolgt das Ziel, eine linear von den Transportbeziehungen abhängende Kostenfunktion zu minimieren. Für manche Transport-

Modellvarianten hinsichtlich der Zielfunktion

prozesse kann es aber wichtiger sein, die Kunden in kürzester Zeit zu beliefern. Zeitkritische Transportprozesse sind u. a. die Distribution von Kühlgut oder anderer leicht verderblicher Güter sowie Transporte für Katastrophen- und Hilfseinsätze.

Das Ziel dieser Problemstellung besteht in der Minimierung der maximalen Transportzeit[53], die für den Transportprozess erforderlich ist. Diese längste Zeit des Transportplans bildet den Engpass bzw. Flaschenhals für das Problem. Daraus resultiert die in der Literatur häufig anzutreffende Bezeichnung *Bottleneck-Transportproblem*.[54]

Das Bottleneck-Transportproblem besitzt dieselben Nebenbedingungen wie das klassische Transportproblem, unterscheidet sich aber in der Zielfunktion. Die Zielfunktion des Bottleneck-Transportproblems besteht in der Minimierung des maximalen Koeffizienten c_{ij} für die genutzten Lieferbeziehungen. Stellen die Bewertungen Transportzeiten dar, wird so die maximale Transportzeit minimiert. Das vollständige einstufige Bottleneck-Transportproblem lässt sich wie folgt formulieren:[55]

$$B = \max_{i,j}\left(c_{ij} \mid x_{ij} > 0\right) \to \min! \quad (2.80)$$

u.d.N.

$$\sum_{\{j \mid (i,j) \in A\}} x_{ij} = a_i \quad ; i \in S \quad (2.81)$$

$$\sum_{\{i \mid (i,j) \in A\}} x_{ij} = b_j \quad ; j \in D \quad (2.82)$$

$$x_{ij} \geq 0 \quad ; (i,j) \in A \quad (2.83)$$

Zusätzlich zu den im Abschnitt 2.2.2 eingeführten Bezeichnungen gilt:
Variablen:

B Zu minimierende maximale Bewertung über alle Lieferbeziehungen

Alternativ lässt sich dieses Problem in ein gemischt-ganzzahliges, lineares Optimierungsproblem umwandeln und mit entsprechenden Verfahren der ganzzahligen linearen Optimierung oder spezielle Transportalgorithmen[56] lösen. Dazu wird ein Minimax-Ansatz gewählt, der die maximale Bewertung (z.B. Transportzeit) B über alle Lieferbeziehungen minimiert (Ausdrücke (2.84) und (2.85)). Die eigentlichen Bewertungen (z. B. Transportzeiten) je Lieferbeziehung ergeben sich aus dem Produkt einer binären Variable y_{ij} und der Bewertung c_{ij} (Ausdruck (2.85)). Eine Variable y_{ij} soll nur dann den Wert eins besitzen, wenn die korrespondierende Liefervariable x_{ij} größer null ist. Dieses Verhalten wird durch die Nebenbedingung (2.86)

---

53   Alternativ kann es sich um die Minimierung der maximalen Distanz oder Kosten handeln.
54   Die Bezeichnung *Bottleneck Transportation Problem* geht auf Garfinkel und Rao (1971) zurück, die in dieser Veröffentlichung mit dem Threshold-Algorithmus ein effektives primal-duales Lösungsverfahren beschrieben haben.
55   Vgl. Domschke und Scholl (2010), S. 46 f., Kacher und Singh (2021), S. 4 f.
56   Vgl. Domschke und Scholl (2010), S. 49 ff., Dempe und Schreier (2006), S. 161 ff.

erzwungen. Alle weiteren Nebenbedingungen sind identisch zu denen des bisherigen Problems.

$$B \to \min! \tag{2.84}$$

u.d.N.

$$c_{ij} \cdot y_{ij} \leq B \quad ;(i,j) \in A \tag{2.85}$$

$$x_{ij} \leq y_{ij} \cdot b_j \quad ;(i,j) \in A \tag{2.86}$$

$$\sum_{\{j|(i,j)\in A\}} x_{ij} = a_i \quad ;i \in S \tag{2.87}$$

$$\sum_{\{i|(i,j)\in A\}} x_{ij} = b_j \quad ;j \in D \tag{2.88}$$

$$x_{ij} \geq 0 \quad ;(i,j) \in A \tag{2.89}$$

$$y_{ij} \in \{0,1\} \quad ;(i,j) \in A \tag{2.90}$$

Zusätzlich zu den im Abschnitt 2.2.2 eingeführten Bezeichnungen gilt:
Variablen:

y_{ij} binäre Realisationsvariable für die Lieferbeziehung zwischen Versender i und Empfänger j.

2.6.4.2 Lösung mit LogisticsLab/TPP

Einstufige Bottleneck-Transportprobleme können mit LogisticsLab/TPP gelöst werden.

Beispiel 2.11: Zeitkritischer Transport
(Beispieldatei: bottleneck.tppx)

Aufgabenstellung

Ein Unternehmen betreibt zwei Werke (W1 und W2), in denen ein Produkt hergestellt wird, das an zehn Kunden (K1 bis K10) geliefert werden soll. Die Daten der Werke und der Kunden sind in Tab. 2.16 gegeben.

Tab. 2.16 Daten der Anbieter und Nachfrager für Beispiel 2.11

ID	Stadt	Land	Angebot [Stück]	Nachfrage [Stück]
W1	Graz	Austria	500	0
W2	Nürnberg	Germany	500	0
K1	Grande-Synthe	France	0	100
K2	Stoke Gifford	United Kingdom	0	100
K3	Celle Ligure	Italy	0	130
K4	Andorra	Andorra	0	65
K5	Schijndel	Netherlands	0	120
K6	Sanary-sur-Mer	France	0	55

ID	Stadt	Land	Angebot [Stück]	Nachfrage [Stück]
K7	Schöppenstedt	Germany	0	70
K8	Tiszafüred	Hungary	0	140
K9	Muzillac	France	0	100
K10	Halle / Saale	Germany	0	77

Bei dem Produkt handelt es sich um ein zu kühlendes Gut, das auf schnellstem Weg in Nonstop-Transporten (mit Fahrerwechsel) zu den Kunden zu transportieren ist. Daher soll die maximale Transportzeit über alle Relationen hinweg minimiert werden.

Vorgehensweise

In einem ersten Schritt sind in LogisticsLab/TPP ein neues Problem mit zwei Versendern und zehn Empfängern anzulegen und in den entsprechenden Datenbereichen die Daten für die Werke (*Sources*) und die Kunden (*Destinations*) einzugeben (Abb. 2.73 und Abb. 2.72).

Die Transportzeiten zwischen den Knoten des Netzwerkes sollen über die in LogisticsLab implementierten OpenStreetMap-Funktionalitäten abgerufen werden. Dazu werden die geografischen Koordinaten benötigt, die in einem Schritt für alle Knoten über die Schaltfläche *All coords* oder für einen einzelnen Knoten über *Node coords* in den Datenbereichen *Sources* und *Destinations* abzurufen sind. Im Anschluss werden die Koordinaten automatisch in die entsprechenden Spalten eingetragen und die Knoten mittels der Koordinaten in der Karte dargestellt. Die eingetragenen und abgerufenen Daten in den beiden Datenbereichen sind in Abb. 2.72 und Abb. 2.73 dargestellt.

Nr	Name	Lat	Long	City	Country	Supply
1	W1	47,07087	15,43828	Graz	Austria	500
2	W2	49,45387	11,07730	Nürnberg	Germany	500

Abb. 2.72 Daten der Werke für Beispiel 2.11

Im folgenden Schritt sind die Fahrzeiten zwischen allen Werken und Kunden mittels der in LogisticsLab implementierten OpenStreetMap-Funktionalitäten zu ermitteln, indem in der Symbolleiste die Schaltfläche *Calculate Variable Costs* oder im Menü *Optimisation* der Punkt *Calculate Variable Costs* gewählt wird und der in Abb. 2.74 dargestellte Dialog erscheint.

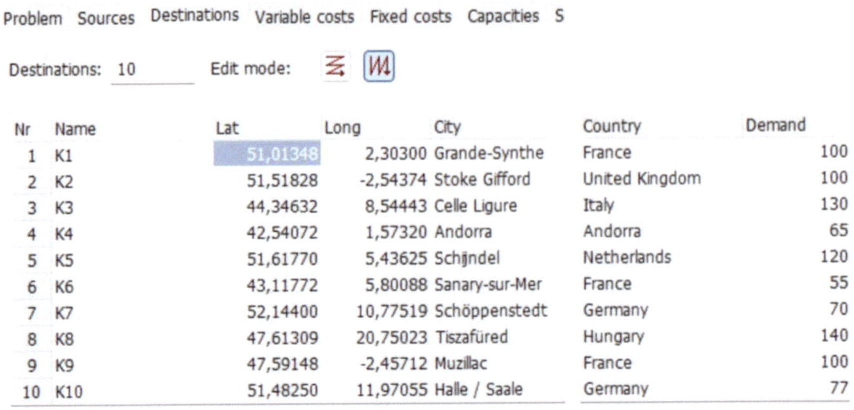

Nr	Name	Lat	Long	City	Country	Demand
1	K1	51,01348	2,30300	Grande-Synthe	France	100
2	K2	51,51828	-2,54374	Stoke Gifford	United Kingdom	100
3	K3	44,34632	8,54443	Celle Ligure	Italy	130
4	K4	42,54072	1,57320	Andorra	Andorra	65
5	K5	51,61770	5,43625	Schijndel	Netherlands	120
6	K6	43,11772	5,80088	Sanary-sur-Mer	France	55
7	K7	52,14400	10,77519	Schöppenstedt	Germany	70
8	K8	47,61309	20,75023	Tiszafüred	Hungary	140
9	K9	47,59148	-2,45712	Muzillac	France	100
10	K10	51,48250	11,97055	Halle / Saale	Germany	77

Abb. 2.73 Daten der Kunden für Beispiel 2.11

In diesem Dialog ist als Methode *OpenStreetMap/Travel times* zu wählen und ein *Detour or cost factor* gleich eins einzutragen. Die abgerufenen Fahrtzeiten werden automatisch im Datenbereich *Variable costs* eingetragen (Abb. 2.75).

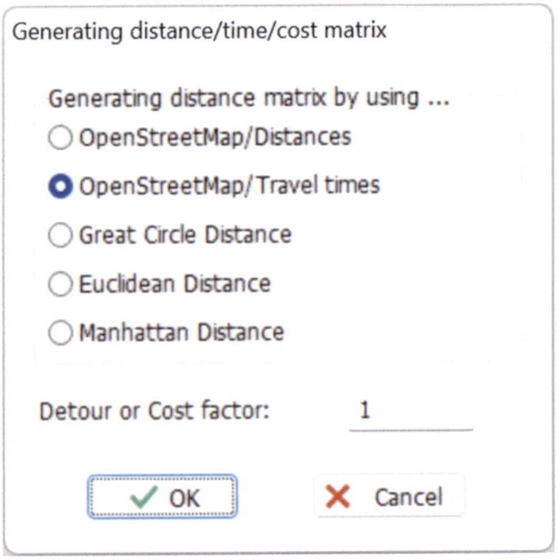

Abb. 2.74 Dialog zur Bestimmung der Fahrtzeiten für Beispiel 2.11

Nach Abschluss der Dateneingabe ist das Problem zu lösen, wobei im Optimierungsdialog als Problemtyp *Bottleneck TPP* und dann als Optimierungsrichtung *MiniMax* zu wählen ist (Abb. 2.76).

Modellvarianten hinsichtlich der Zielfunktion

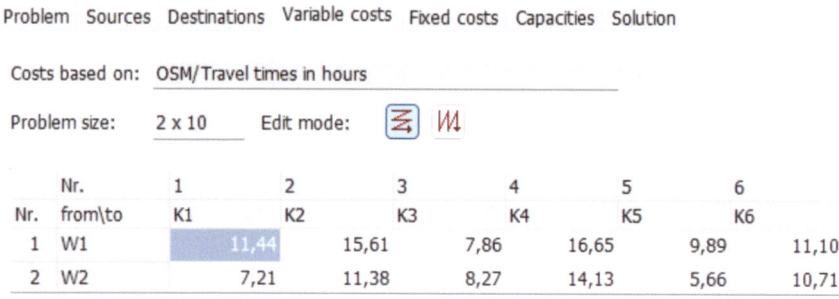

Abb. 2.75 Ausschnitt der Fahrtzeitmatrix für Beispiel 2.11

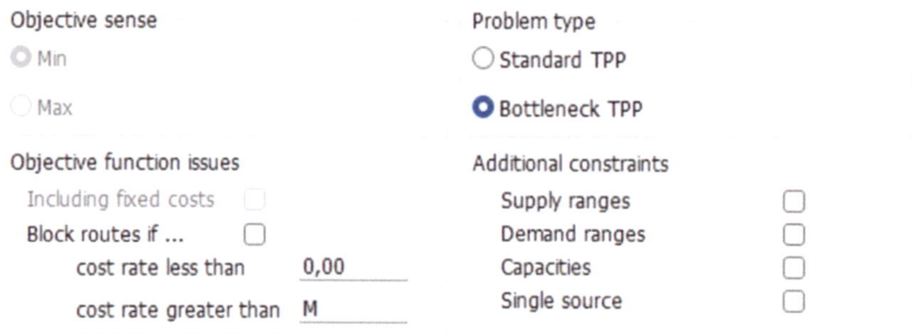

Abb. 2.76 Ausschnitt aus dem Optimierungsdialog für Beispiel 2.11

Mit dem mit LogisticsLab/TPP ermittelten Transportplan (Abb. 2.77) können alle Kunden innerhalb einer maximalen Transportzeit von 14,13 Stunden (*Max. cost rate*) beliefert werden. Insgesamt fällt eine gesamte Transportzeit, die sich proportional zu den Transportkosten verhält, von 8.863,44 Stunden (*Total costs*) an. Über den in Abb. 2.78 hervorgehobenen Engpass zwischen dem Werk W2 in Nürnberg und dem Kunden K4 in Andorra müssen 65 Stück des betrachteten Produktes transportiert werden.

2.6.4.3 Iterative Minimierung der Transport- und der Engpasszeiten

Wurde für ein Bottleneck-Transportproblem eine minimale Engpasszeit $B^* = max(c_{ij}|x_{ij} > 0)$ gefunden, kann es sein, dass mehrere Lösungen (Transportpläne) mit unterschiedlichen gesamten Transportzeiten auftreten. Daher ist es in einem zweiten Schritt sinnvoll, diese alternativen Transportpläne zusätzlich hinsichtlich der gesamten Transportzeiten zu analysieren.

Problem	Sources	Destinations	Variable costs	Fixed costs	Capacities	Solution	
Supply:	1.000	Total costs:	8.863,44	Min. cost rate	5,56		
Demand:	957	Variable costs:	8.863,44	Max. cost rate:	14,13		
Gap:	43	Fixed costs:	0,00				
Flow:	957						

From	Source	To	Destination	Cost per unit	Capacity	Flow	Variable costs	Fixed costs
1	W1	3	K3	7,86	0	130	1.021,80	0,000
1	W1	5	K5	9,89	0	120	1.186,80	0,000
1	W1	6	K6	11,10	0	55	610,50	0,000
1	W1	7	K7	8,00	0	70	560,00	0,000
1	W1	8	K8	5,56	0	48	266,88	0,000
1	W1	10	K10	6,77	M	77	521,29	0,000
2	W2	1	K1	7,21	0	100	721,00	0,000
2	W2	2	K2	11,38	0	100	1.138,00	0,000
2	W2	4	K4	14,13	0	65	918,45	0,000
2	W2	8	K8	8,66	0	92	796,72	0,000
2	W2	9	K9	11,22	0	100	1.122,00	0,000

Abb. 2.77 Lösung für Beispiel 2.11

Abb. 2.78 Grafische Lösung für Beispiel 2.11

Dazu wird das Problem als klassisches Transportproblem optimiert, wobei alle Relationen mit einer Transportzeit $c_{ij} > B^*$ gesperrt werden, so dass die Engpasszeit im jeden Fall eingehalten wird.[57] Mit einem solchen Ansatz ist es möglich, neben der Engpasszeit die gesamten Transportzeiten in die Bestimmung optimaler Transportbeziehungen iterativ einzubeziehen. Es ist auch möglich, für die nicht gesperrten Transportbeziehungen andere Bewertungen in der Nachoptimierung zu verwenden. So können z. B. die Transportzeiten durch Kostensätze ersetzt und damit die Transportkosten unter Einhaltung der zuvor gefundenen minimalen Engpasszeit minimiert werden.

Mit der iterativen Minimierung der Transport- und der Engpasszeiten soll ein Kompromiss zwischen diesen beiden Zielgrößen hergestellt werden, wobei diese Vorgehensweise einer mehrkriteriellen Optimierung mittels der sogenannten lexikografischen Ordnung entspricht.[58]

Beispiel 2.12: Iterative Minimierung der Transport- und der Engpasszeiten
(Beispieldatei: bottleneck.tppx)

Aufgabenstellung
Für das betrachtete Beispiel 2.11 soll in einem weiteren Schritt die gesamte Fahrzeit unter Einhaltung der kritischen Engpasszeit von 15,10 Stunden minimiert werden.

Vorgehensweise mit LogisticsLab/TPP
Bevor die Transport- und Engpasszeiten iterativ minimiert werden, soll in einem ersten Schritt das Problem als klassisches Transportproblem gelöst werden, um einen Vergleich zur bisherigen Lösung zu haben. Wie in Abb. 2.79 zu sehen, würde eine solche Lösung zu einer gesamten Transportzeit von lediglich 7.908,04 Stunden führen, was gegenüber der Engpass-Lösung eine Verringerung von 955,40 Stunden bedeuten würde. Allerdings wäre in diesem Fall die maximale Transportzeit 16,65 Stunden.

Bei der in diesem Abschnitt behandelten iterativen Minimierung der Transport- und der Engpasszeiten wird das Problem zuerst als Bottleneck-Problem gelöst und die minimale maximale Transportzeit für alle Transportrelationen bestimmt. Das ist im letzten Abschnitt geschehen und führte zu einer minimalen maximalen Transportzeit von 14,13 Stunden. Im zweiten Schritt wird das Problem als klassisches Transportproblem gelöst, wobei im Optimierungsdialog (Abb. 2.80) alle Relationen mit einer Transportzeit, die größer als die ermittelte Engpasszeit ist, gesperrt werden.

---

57 Sperrt man hingegen alle Transportbeziehungen mit $c_{ij} \geq B^*$, würde das Problem keine zulässige Lösung besitzen.
58 Vgl. Domschke et al. (2015), S. 62.

Problem	Sources	Destinations	Variable costs	Fixed costs	Capacities	Solution
Supply:	1.000	Total costs:	7.908,04	Min. cost rate		2,69
Demand:	957	Variable costs:	7.908,04	Max. cost rate:		16,65
Gap:	43	Fixed costs:	0,00			
Flow:	957					

From	Source	To	Destination	Cost per unit	Capacity	Flow	Variable costs	Fixed costs
1	W1	3	K3	7,86	0	130	1.021,80	0,000
1	W1	4	K4	16,65	0	65	1.082,25	0,000
1	W1	6	K6	11,10	0	55	610,50	0,000
1	W1	7	K7	8,00	0	67	536,00	0,000
1	W1	8	K8	5,56	0	140	778,40	0,000
2	W2	1	K1	7,21	0	100	721,00	0,000
2	W2	2	K2	11,38	0	100	1.138,00	0,000
2	W2	5	K5	5,66	0	120	679,20	0,000
2	W2	7	K7	3,92	0	3	11,76	0,000
2	W2	9	K9	11,22	0	100	1.122,00	0,000
2	W2	10	K10	2,69	M	77	207,13	0,000

Abb. 2.79 Lösung als klassisches Transportproblem für Beispiel 2.11

Objective sense
● Min
○ Max

Objective function issues
Including fixed costs ☐
Block routes if ... ☑
   cost rate less than   0
   cost rate greater than   14,13

Problem type
● Standard TPP
○ Bottleneck TPP

Additional constraints
Supply ranges ☐
Demand ranges ☐
Capacities ☐
Single source ☐

Abb. 2.80 Ausschnitt aus dem Optimierungsdialog für Beispiel 2.12

Wie in Abb. 2.81 zu sehen, erhält man eine Lösung, die die Maximalzeit von $B^* = 14{,}13$ Stunden (siehe *Max. cost rate*) nicht übersteigt, aber den Zeitaufwand von 8.863,44 auf 8.009,44 Fahrzeugstunden (*Total costs*) reduziert. Der Engpassfluss befindet sich immer noch auf der Relation zwischen W1 und K4 mit 65 Mengeneinheiten.

Problem	Sources	Destinations	Variable costs	Fixed costs	Capacities	Solution		
Supply:	1.000	Total costs:	8.009,44	Min. cost rate	2,69			
Demand:	957	Variable costs:	8.009,44	Max. cost rate:	14,13			
Gap:	43	Fixed costs:	0,00					
Flow:	957							

From	Source	To	Destination	Cost per unit	Capacity	Flow	Variable costs	Fixed costs
1	W1	3	K3	7,86	0	130	1.021,80	0,000
1	W1	6	K6	11,10	0	55	610,50	0,000
1	W1	7	K7	8,00	0	70	560,00	0,000
1	W1	8	K8	5,56	0	140	778,40	0,000
1	W1	10	K10	6,77	M	62	419,74	0,000
2	W2	1	K1	7,21	0	100	721,00	0,000
2	W2	2	K2	11,38	0	100	1.138,00	0,000
2	W2	4	K4	14,13	0	65	918,45	0,000
2	W2	5	K5	5,66	0	120	679,20	0,000
2	W2	9	K9	11,22	0	100	1.122,00	0,000
2	W2	10	K10	2,69	M	15	40,35	0,000

Abb. 2.81 Lösung für Beispiel 2.12

2.7 Modellvarianten hinsichtlich der Lieferbeziehungen

2.7.1 Transportprobleme mit gesperrten Lieferbeziehungen

2.7.1.1 Problemstellung und Implikationen für das mathematisches Modell

Für reale Probleme ist es möglich, dass nicht alle Verbindungen zwischen Versendern und Empfängern zugelassen sind. Dieser Sachverhalt kann auftreten, wenn z. B. zwischen Versendern und Empfängern aufgrund der Struktur des Straßen-, Flug- oder Schiffstransportnetzes keine Verbindungen existieren. Weiterhin können bestimmte Verbindungen aus technischen bzw. betriebswirtschaftlichen Gründen irrelevant sein, wenn z. B. die Distanzen bzw. die daraus resultierenden Transportzeiten für bestimmte Transportmittel zu lang sind oder die aus den Distanzen resultierenden Transportkosten ein wirtschaftliches Betreiben einer solchen Verbindung verhindern.

Eine Möglichkeit, solche Lieferbeziehungen aus dem Transportplan auszuschließen, ist der *Big-M-Ansatz*, bei dem die unerwünschten Lieferbeziehungen mit sehr hohen Kostensätzen M auf den entsprechenden Kanten bewertet werden.[59] Mit diesen Kostensätzen sollen die korrespondierenden Variablen auf den Wert null gezwungen werden. Es ist allerdings aufgrund der Angebots- und Nachfragebedingungen möglich, dass eine solche Lieferbeziehung rein mathematisch doch gewählt wird und der Zielfunktionswert einen sehr hohen, unrealistischen Wert aufweist.

---

59 Vgl. Hillier und Lieberman (2015), S. 331 f.

Eine elegante Möglichkeit besteht darin, derartige Lieferbeziehungen grundsätzlich aus dem mathematischen Modell auszuschließen. Dazu wird im ein- bzw. mehrstufigen Modell die Menge A der zulässigen Kanten um diese nichtzulässigen Lieferbeziehungen gekürzt.

Es ist zu erwähnen, dass die Sperrung von vielen Lieferbeziehungen dazu führen kann, dass die Aufgabe nicht mehr lösbar ist.

2.7.1.2 Lösung mit LogisticsLab/TPP

In LogisticsLab/TPP können unzulässige Lieferbeziehungen auf zwei unterschiedliche Arten ausgeschlossen werden. Wird im Datenbereich *Variable Costs* statt eines Kostensatzes ein symbolisches M eingetragen, dann wird die Lieferbeziehung zwischen dem Versender und dem Empfänger aus der Optimierung ausgeschlossen.[60] Weiterhin können durch entsprechende Einstellungen im *Optimierungsdialog* Lieferbeziehungen ausgeschlossen werden, deren Kostensatz eine Obergrenze über- oder eine Untergrenze unterschreitet.

Beispiel 2.13: Beschränkte Belieferung mit Baukies
(Beispieldatei: baukies-sperrungen.tppx)

Aufgabenstellung
Es gelten weiterhin alle Informationen aus Beispiel 2.1. Zusätzlich ist bekannt, dass die Kiesqualität des Werkes W3 für das Bauvorhaben B2 nicht geeignet ist. Es ist zu beachten, dass diese Baustelle in der bisherigen Lösung gemäß Beispiel 2.1 durch das Werk W3, wie in Abb. 2.82 und Tab. 2.2 zu sehen, mit 20 Tonnen beliefert wurde. Unter Beachtung der Sperrung dieser Lieferbeziehung ist ein neuer Transportplan zu bestimmen.

Vorgehensweise
Zur Sperrung dieser Lieferbeziehung wird in LogisticsLab/TPP im Datenbereich *Variable Costs* die Lieferbeziehung zwischen Werk W3 und Baustelle B2 mit einem symbolischen M versehen (Abb. 2.83). Der Optimierungslauf liefert die in Tab. 2.17 gegebenen Lieferbeziehungen, die die Transportkosten unter Beachtung der Angebots- und Nachfragebedingungen minimieren. Die Sperrungen führen dazu, dass eine Belieferung der Baustelle B2 durch das Werk W3 vermieden wird. Dadurch muss diese Baustelle von den weiter entfernten Werken W1 und W2 beliefert werden (Abb. 2.84), wodurch ein Anstieg der Transportkosten von 18.683,20 auf 26.408,50 Euro zu verzeichnen ist.

---

60 Es handelt sich dabei nicht um einen Big-M-Ansatz, da diese Lieferbeziehungen nicht mit hohen Kosten bestraft, sondern tatsächlich aus dem Lösungsprozess ausgeschlossen werden.

Modellvarianten hinsichtlich der Lieferbeziehungen 149

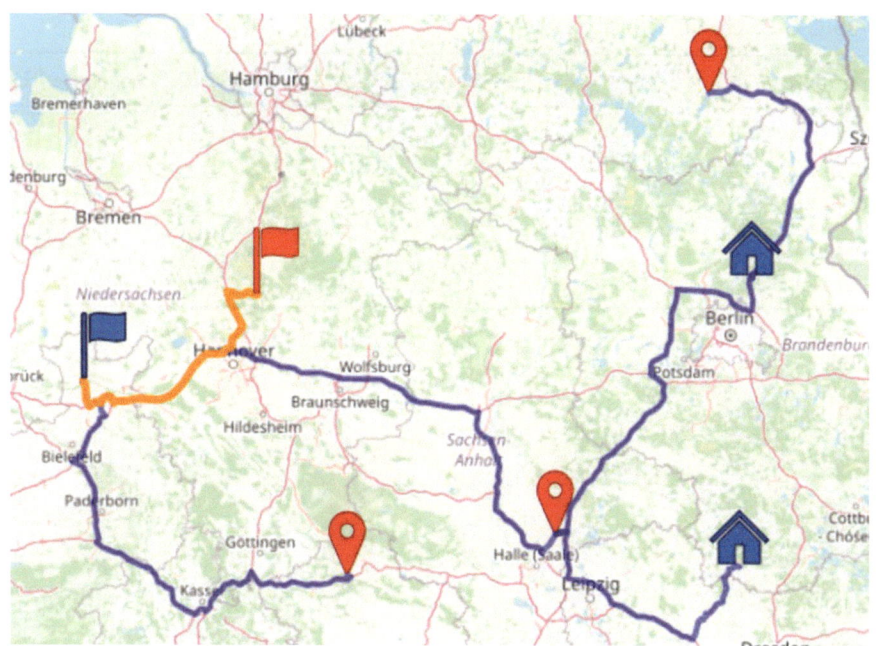

Abb. 2.82 Belieferung von Baustelle B2 aus der Lösung gemäß Beispiel 2.1

Problem Sources Destinations Variable costs Fixed costs Capacities Sc

Costs based on: OSM/Distances in km

Problem size: 3 x 4   Edit mode:

Nr.	Nr.	1	2	3	4
	from\to	B1	B2	B3	B4
1	W1		146,13	372,16	216,33	383,03
2	W2	355,94	408,85	160,63	266,19
3	W3	556,51	M	335,60	276,38

Abb. 2.83 Big-M-Sperrungen von Lieferbeziehungen in LogisticsLab/TPP

Tab. 2.17 Lösung für Beispiel 2.13

Lieferungen [t]	B1	B2	B3	B4	Gesamt [t]	Angebote [t]
W1	25	10			35	35
W2		10	15		25	25
W3			25	15	40	40
Gesamt [t]	25	20	40	15	100	100
Nachfragen [t]	25	20	40	15	100	

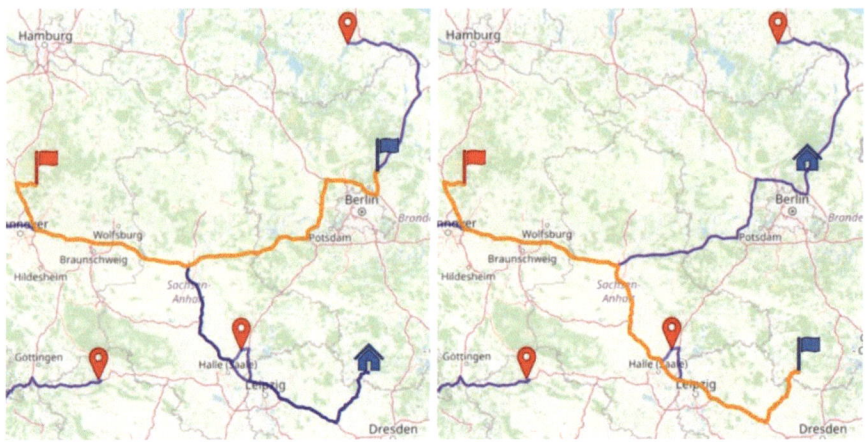

Abb. 2.84 Belieferung von Baustelle B2 aus der Lösung gemäß Beispiel 2.13

2.7.2 Kapazitierte einstufige Transportprobleme

2.7.2.1 Problemstellung und mathematisches Modell

Eine über die einstufige Problemstellung hinausgehende Anforderung an ein Transportmodell besteht darin, dass die Belegung einzelner Verbindungen x_{ij} nur bis zu einer vorgegebenen Höchstgrenze $0 \leq x_{ij} \leq x_{ij}^o$; $(i,j) \in A$ erlaubt ist. Mit einem solchen Modell sind die Lieferbeziehungen zu finden, die die gesamten Transportkosten unter Beachtung der Angebots- und Nachfrage- sowie der Kapazitätsbedingungen minimieren. Das vom Modell des einstufigen Transportproblems abgeleitete mathematische Modell lautet wie folgt:[61]

---

61 Vgl. Domschke (2007), S. 118 ff., Dempe und Schreier (2006), S. 137 f.

Modellvarianten hinsichtlich der Lieferbeziehungen

$$\sum_{(i,j)\in A} c_{ij} \cdot x_{ij} \to \min! \qquad (2.91)$$

u.d.N.

$$\sum_{\{j|(i,j)\in A\}} x_{ij} = a_i \qquad ; i \in S \qquad (2.92)$$

$$\sum_{\{i|(i,j)\in A\}} x_{ij} = b_j \qquad ; j \in D \qquad (2.93)$$

$$0 \leq x_{ij} \leq x_{ij}^o \qquad ;(i,j) \in A \qquad (2.94)$$

Zusätzlich zu den im Abschnitt 2.3.1 eingeführten Bezeichnungen werden folgende Definitionen verwendet:

Parameter:

x_{ij}^o Kapazitätsobergrenze auf der Kante $(i,j) \in A$

Besitzt eine Kapazitätsschranke den Wert $x_{ij}^o = 0$, so ist die Verbindung (i,j) vollständig gesperrt. Wenn jedoch die Kapazitätsobergrenze den Wert der möglichen Maximalbelegung dieser Transportbeziehung übersteigt, ist sie wirkungslos. Für eine wirksame Kapazitätsschranke muss daher gelten:

$$0 \leq x_{ij}^o \leq \min(a_i, b_j) \quad ;(i,j) \in A \qquad (2.95)$$

Diese Erweiterung gilt nur für das einstufige Transportproblem. Grundsätzlich bietet sich die Anwendung des Minimum-Cost-Flow-Modells gemäß der Ausdrücke (2.1) bis (2.3) an, da dieses Modell für jegliche Netzwerkstrukturen funktioniert und per se ein kapazitiertes Modell darstellt.[62]

Werden zu starke Kapazitätsbeschränkungen verwendet, kann das Problem unter Umständen nicht mehr gelöst werden. In diesen Fällen verhindern die verwendeten Kapazitätsschranken die vollständige Verteilung des Angebots der Versender oder die vollständige Belieferung der Empfänger.

Kapazitierte einstufige Transportprobleme sind wie klassische Transportprobleme unproblematisch mit Verfahren der linearen Optimierung lösbar. Sollen allerdings die speziellen Verfahren für klassische Transportprobleme genutzt werden, lassen sich kapazitätsbeschränkte einstufige Transportprobleme in gewöhnliche Transportprobleme überführen.[63] Alternativ bieten sich Verfahren an, die speziell für die Lösung von kapazitätsbeschränkten Transportproblemen entwickelt wurden.[64]

---

[62] Vgl. Ghiani et al. (2022), S. 456 ff., Hillier und Lieberman (2015), S. 395 ff.
[63] Vgl. Hellmann und Richter (1988), S. 78 f.
[64] Hinsichtlich spezieller Lösungsverfahren für kapazitierte Transportprobleme sei auf Domschke (2007), S. 118 ff. sowie Dempe und Schreier (2006), S. 141 ff. verwiesen.

2.7.2.2 Lösung mit LogisticsLab/TPP

Kapazitierte Transportprobleme können mit LogisticsLab/TPP bzw. LogisticsLab/NWF gelöst werden, wobei in diesem Abschnitt LogisticsLab/TPP genutzt wird.

Beispiel 2.14: Kapazitätsbeschränkte Belieferung mit Baustoffen
(Beispieldatei: Baukies-kapazitiert.tppx)

Aufgabenstellung

Es wird wiederum Beispiel 2.1 betrachtet, in dem ein Bauunternehmens den Transport von Kies von drei Kieswerken zu vier Bauvorhaben plant. Zusätzlich zu den bisherigen Daten ist bekannt, dass die Werke W1 und W3 Fahrzeuge zur Verfügung haben, mit denen 20 Tonnen Kies transportiert werden können. Im Werk W2 können nur Fahrzeuge mit einer Kapazität von zehn Tonnen genutzt werden. Betrachtet man in Tab. 2.18 nochmals die Lösung für Beispiel 2.1, erkennt man, dass diese Lösung mit dem existierenden Fuhrpark nicht realisiert werden kann, da auf den Relationen W1→B1 und W2→B3 gegen die Kapazitätsbeschränkungen verstoßen wird.

Tab. 2.18 Lösung für Beispiel 2.1

Lieferungen [t]	B1	B2	B3	B4	Gesamt [t]	Angebote [t]
W1	25		10		35	35
W2			25		25	25
W3		20	5	15	40	40
Gesamt [t]	25	20	40	15	100	100
Nachfragen [t]	25	20	40	15	100	

Daher soll dieses Transportproblem nochmals kostenminimierend unter Beachtung der Kapazitätsbeschränkungen gelöst werden.

Vorgehensweise

Da alle bisherigen Daten weiterverwendet werden können, bietet es sich an, die originale Problemdatei *Baukies.tppx* ist unter dem Namen *Baukies-kapazitiert.tppx* zu speichern. Darauffolgend sind im Datenbereich *Capacities* die Kapazitäten der Fahrzeuge der einzelnen Werke einzugeben (Abb. 2.85) und das Problem zu lösen,

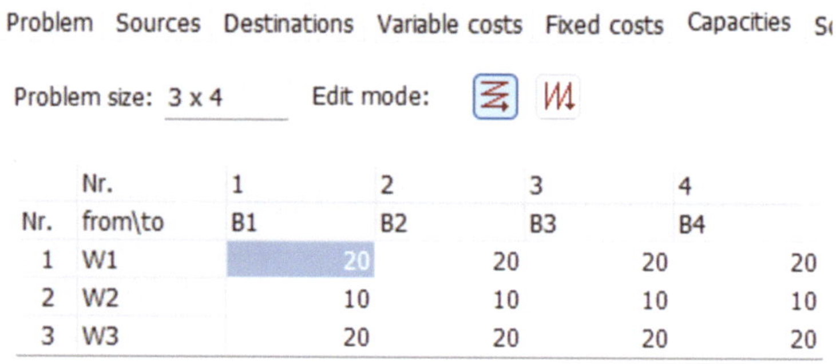

Modellvarianten hinsichtlich der Lieferbeziehungen

	Nr.	1	2	3	4
Nr.	from\to	B1	B2	B3	B4
1	W1	20	20	20	20
2	W2	10	10	10	10
3	W3	20	20	20	20

Abb. 2.85 Kapazitäten für Beispiel 2.14

wobei im Optimierungsdialog im Bereich *Additional constraints* die Auswahl *Capacities* zu wählen ist (Abb. 2.86).

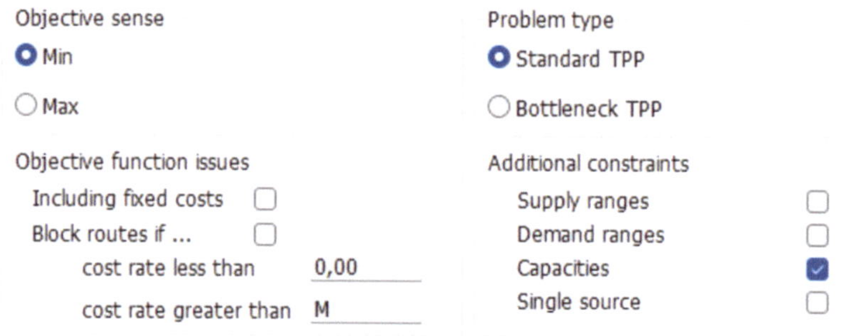

Abb. 2.86 Ausschnitt aus dem Optimierungsdialog für Beispiel 2.14

Betrachtet man die Lösung des kapazitierten Problems in Tab. 2.19, erkennt man, dass neben den Angebots- und Nachfragebedingungen auch alle Kapazitätsrestriktionen eingehalten werden.

Tab. 2.19 Lösung für Beispiel 2.14

Lieferungen [t]	B1	B2	B3	B4	Gesamt [t]	Angebote [t]
W1	20		15		35	35
W2	5		10	10	25	25
W3		20	15	5	40	40
Gesamt [t]	25	20	40	15	100	100
Nachfragen [t]	25	20	40	15	100	

Die Lieferbeziehungen führen zu einem Minimum der Transportkosten in Höhe von 21.658,55 Euro, was gegenüber dem nicht kapazitierten Problem eine Erhöhung von 2.975,35 Euro bedeutet, da aufgrund der Kapazitätsbeschränkungen kostengünstige Transportrelationen nur im eingeschränkten Maße genutzt werden können.

2.7.3 Das Single-Source-Transportproblem

2.7.3.1 Problemstellung und mathematisches Modell

In Lösungen von Transportproblemen können gesplittete Lieferungen auftreten, d. h. Empfänger werden von mehreren Versendern beliefert. Das ist aber nicht in jedem Falle wünschenswert. Die Forderung, dass jeder Empfänger vollständig von einem einzigen Versender oder Umladeknoten beliefert wird, führt zum *Single-Source-Transportproblem*[65], bei dem für jeden Empfängerknoten $j \in D$ gefordert wird, dass die Liefermenge auf jeder in diesen Knoten eingehenden Kante entweder gleich null oder gleich dem Bedarf b_j ist:

$$x_{ij} \in \{0, b_j\} \quad ; (i,j) \in A \land j \in D \tag{2.96}$$

Da die eingehende Menge in einen Empfängerknoten aufgrund der Nachfragebedingung gleich dem Bedarf sein muss, ist sichergestellt, dass der Empfänger nur durch exakt einen der vorgelagerten Anbieter- oder Umladeknoten bedient wird.

Weiterhin ist es für eine lösbare Aufgabenstellung notwendig, dass die folgenden zwei Bedingungen erfüllt werden müssen:

$$\sum_{i \in S} a_i \geq \sum_{j \in D} b_j \tag{2.97}$$

$$\max_i (a_i) \geq \max_j (b_j) \tag{2.98}$$

Für ein einstufiges Transportproblem lässt sich das mathematische Modell wie folgt formulieren:[66]

$$\sum_{(i,j) \in A} c_{ij} \cdot b_j \cdot y_{ij} \to \min! \tag{2.99}$$

u.d.N.

$$\sum_{\{j|(i,j) \in A\}} b_j \cdot y_{ij} \leq a_i \quad ; i \in S \tag{2.100}$$

$$\sum_{\{i|(i,j) \in A\}} y_{ij} = 1 \quad ; j \in D \tag{2.101}$$

$$y_{ij} \in \{0,1\} \quad ;(i,j) \in A \tag{2.102}$$

Zusätzlich zu den im Abschnitt 2.3.1 eingeführten Bezeichnungen wird folgende Definition verwendet:

Variablen:

---

65 Vgl. Schönsleben (2020), S. 80.
66 Vgl. Domschke und Scholl (2010), S. 57 f.

y_{ij} binäre Realisationsvariable für die Lieferbeziehung zwischen Versender i und Empfänger j

Anstelle der bisherigen Flussvariablen x_{ij}; $(i,j) \in A$ werden in diesem Modell binäre Realisationsvariablen y_{ij}; $(i,j) \in A$ verwendet, die, wenn eine Relation $(i,j) \in A$ in der Lösung verwendet wird, den Wert eins oder anderenfalls den Wert null annehmen. Die in der Zielfunktion (2.99) und in den Angebotsrestriktionen (2.100) enthaltenen Produkte $b_j \cdot y_{ij}$ bilden das Verhalten der Flussvariablen gemäß Ausdruck (2.96) ab, da das Ergebnis entweder gleich null oder b_j ist. Zusätzlich wird mit den Restriktionen (2.101), die die ursprünglichen Bedarfsrestriktionen ersetzen, sichergestellt, dass ein Empfänger durch exakt einen Anbieter beliefert wird.

Bei mehrstufigen Single-Source-Transportproblemen soll sichergestellt werden, dass ein Nachfrageknoten nur durch exakt einen vorgelagerten Umladeknoten beliefert wird. Für Relationen zwischen Anbieter- und Umladeknoten bzw. zwischen Umladeknoten sind gesplittete Lieferungen zulässig.[67] Dazu ist das Minimum-Cost-Flow-Modell um binäre Realisationsvariablen y_{ij} zu erweitern, die allerdings nur für die in die Empfängerknoten eingehenden Kanten $(i,j) \in A \wedge j \in D$ definiert werden. Zur Abbildung des Verhaltens der Flussvariablen gemäß Ausdruck (2.96) sind für diese Kanten die Beziehungen $x_{ij} = b_j \cdot y_{ij}$ als zusätzliche Restriktionen einzuführen (Ausdruck (2.106)). Zusätzlich wird mit Ausdruck (2.107) sichergestellt, dass ein Empfängerknoten nur durch exakt einen Umladeknoten bedient wird. Das vollständige Modell lautet wie folgt:

$$\sum_{(i,j) \in A} c_{ij} \cdot x_{ij} \to \min! \qquad (2.103)$$

u.d.N.

$$\sum_{\{j|(i,j) \in A\}} x_{ij} - \sum_{\{j|(j,i) \in A\}} x_{ji} = a_i - b_i \qquad ; i \in N \qquad (2.104)$$

$$x_{ij}^u \leq x_{ij} \leq x_{ij}^o \qquad ;(i,j) \in A \qquad (2.105)$$

$$x_{ij} = b_j \cdot y_{ij} \qquad ;(i,j) \in A \wedge j \in D \qquad (2.106)$$

$$\sum_{\{i|(i,j) \in A\}} y_{ij} = 1 \qquad ; j \in D \qquad (2.107)$$

$$y_{ij} \in \{0,1\} \qquad ;(i,j) \in A \wedge j \in D \qquad (2.108)$$

Beide Modelle lassen sich mit Verfahren der gemischt-ganzzahligen linearen Optimierung lösen. Für große Probleme bieten sich heuristische Lösungsverfahren an.

2.7.3.2 Lösung einstufiger Probleme mit LogisticsLabb/TPP

Einstufige Single-Source-Transportprobleme können mit LogisticsLab/TPP gelöst werden. Diese Software übernimmt automatisch die interne Transformation in ein

---

[67] Vgl. Domschke und Scholl (2010), S. 59.

gemischt-ganzzahliges lineares Optimierungsproblem. Dabei werden kleine Probleme exakt und größere Probleme mit einer eigenständigen Heuristik gelöst. Aufgrund des stochastischen Charakters dieser Heuristik können bei größeren Problemen bei jedem Optimierungslauf etwas andere Lösungen auftreten.

Beispiel 2.15: Baukies mit Single-Source-Bedingung
(Beispieldatei: baukies-single-source.tppx)

Aufgabenstellung
Es gelten weiterhin alle Informationen aus Beispiel 2.4, das das ursprüngliche Beispiel 2.1 erweiterte. In diesem Beispiel gilt es, den Transport von Kies von drei Kieswerken zu vier Bauvorhaben kostenminimierend zu planen. Gegenüber Beispiel 2.1 wurden die Kapazitäten der drei Kieswerke erhöht, so dass es sich um ein Problem mit Angebotsüberschuss handelt.

Betrachtet man die Lösung dieses klassischen Transportproblems in Tab. 2.20, erkennt man, dass die Baustelle B3 von zwei unterschiedlichen Kieswerken beliefert wird. Aus nicht näher diskutierten logistischen Gründen, sollen alle Baustellen künftig nur noch von einem Kieswerk beliefert werden.

Tab. 2.20 Lösung für Beispiel 2.4

Lieferungen [t]	B1	B2	B3	B4	Gesamt [t]	Angebote [t]
W1	25		10		35	40
W2			30		30	30
W3		20		15	35	50
Gesamt [t]	25	20	40	15	100	120
Nachfragen [t]	25	20	40	15	100	

Vorgehensweise
Zur Lösung dieses Problems genügt es, das ursprüngliche Beispiel 2.4 nochmals unter Beachtung der Single-Source-Bedingung neu zu lösen. Nach dem Öffnen der der LogisticsLab-Datei ist im Optimierungsdialog, wie in Abb. 2.87 zu sehen, im Bereich *Additional constraints* die Option *Single source* auszuwählen und das Problem zu lösen.

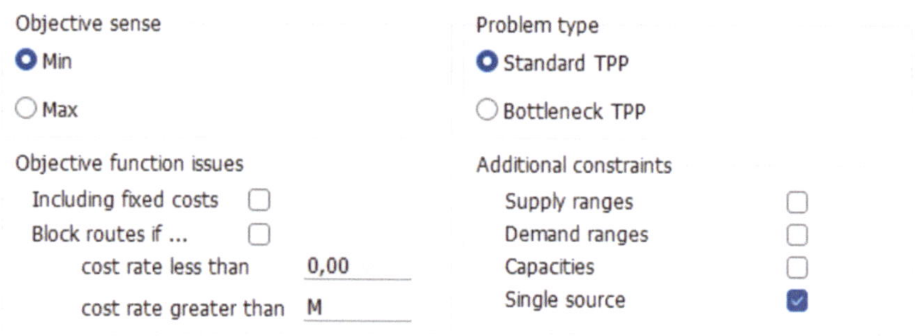

Modellvarianten hinsichtlich der Lieferbeziehungen

Objective sense	Problem type
● Min	● Standard TPP
○ Max	○ Bottleneck TPP

Objective function issues

Including fixed costs ☐

Block routes if ...

    cost rate less than   0,00

    cost rate greater than   M

Additional constraints

Supply ranges ☐

Demand ranges ☐

Capacities ☐

Single source ☑

Abb. 2.87 Ausschnitt aus dem Optimierungsdialog für Beispiel 2.15

Es ergibt sich ein neuer Lieferplan, der unter Einhaltung aller Angebots-, Nachfrage- sowie der Single-Source-Bedingungen die gesamten Transportkosten minimiert. Diese steigen gegenüber der Lösung für Beispiel 2.4 von 17.808,35 Euro auf 24.724,60 Euro. Diese Kostensteigerung basiert auf den veränderten Lieferbeziehungen. Wie in Tab. 2.21 zu sehen ist, werden alle Baustellen jeweils nur von einem einzigen Kieswerk beliefert, so dass nicht wie bisher die kostengünstigeren, gesplitteten Lieferbeziehungen genutzt werden können.

Tab. 2.21 Lösung für Beispiel 2.15

Lieferungen [t]	B1	B2	B3	B4	Gesamt [t]	Angebote [t]
W1			40		35	40
W2	25				30	30
W3		20		15	35	50
Gesamt [t]	25	20	40	15	100	120
Nachfragen [t]	25	20	40	15	100	

2.7.3.3 Lösung mehrstufiger Probleme mit CMPL

Single-Source-Transportprobleme können grundsätzlich mit CMPL mittels Verfahren der linearen Optimierung gelöst werden.

Beispiel 2.16: Mehrstufige Europadistribution mit Single-Source-Bedingung
(Beispieldatei: netz-distribution-single-source.cmpl, transport.xlsx → Netz-Distribution-Single-Source))

Aufgabenstellung

Es wird erneut Beispiel 2.2 betrachtet, in dem EuroTech plant, seine Lieferkette zwischen drei Werke (W1–W3), zwei Montagewerken (U1, U2) und vier Vertriebszentren (K1–K4) neu zu gestalten. In der ursprünglichen Lösung stellte es sich heraus, dass das Vertriebszentrum K2 von beiden Montagewerken beliefert wurde. Aus logistischen Gründen soll das ausgeschlossen werden, so dass dieses Problem nochmals unter Einbeziehung der Single-Source-Bedingung transportkostenminimal zu lösen ist.

Vorgehensweise

Da die Struktur des Netzwerkes und die Daten unverändert zum Beispiel 2.2 sind, bietet es sich an, das ursprüngliche Excel-Arbeitsblatt zu kopieren und unter dem Namen *Netz-Distribution-Single-Source* in die Excel-Datei einzufügen.

Im folgenden Schritt ist das CMPL-Modell in CMPLs Benutzeroberfläche Coliop zu erstellen. Wie im Listing für CMPL-Modell 2.9 zu sehen, handelt es sich um eine Erweiterung des für Beispiel 2.2 formulierten Minimum-Cost-Flow-Problems. Zusätzlich zu den ursprünglichen Formulierungen werden in der fünften Zeile die binären Realisationsvariablen gemäß Ausdruck (2.108) und die beiden zusätzlichen Restriktionen (2.106) und (2.107) in den Zeilen 15 und 16 eingeführt.

CMPL-Modell 2.9 CMPL-Modell für Beispiel 2.16

```
1    %xlsdata
2
3    var:
4        { [i,j] in A: x[i,j] : real[minKap[i, j]..maxKap[i, j]]; }
5        { j in D, [i,j] in A : y[i,j] : binary;}
6
7    obj:
8        sum { [i,j] in A: c[i,j] * x[i,j] } ->min;
9
10   con:
11       { i in N :
12           sum{[i,j] in A  : x[i,j] } - sum{[j,i] in A  : x[j,i] } = a[i] - b[i];
13       }
14
15       { j in D, [i,j] in A : x[i,j] = b[j] * y[i,j];}
16       { j in D : sum{ [i,j] in A: y[i,j]} = 1;}
```

Nachdem das CMPL-Modell definiert wurde, sind die aus Excel einzulesenden Indexmengen und Parameter und die nach Excel zu schreibenden Lösungselemente in der zugehörigen CmplXlsData-Datei (CMPL-Modell 2.10) zu definieren.

Gegenüber der CmplXlsData-Datei für Beispiel 2.2 (CMPL-Modell 2.4) ändert sich nur die Angabe des aktuellen Arbeitsblattes in der dritten Zeile und die zusätzliche Definition der Indexmenge für die Nachfrager (D) in achten Zeile.

Modellvarianten hinsichtlich der Lieferbeziehungen

CMPL-Modell 2.10 CmplXlsData für Beispiel 2.16

```
1   @source
2   %file < Transport.xlsx >
3   %sheet < Netz-Distribution-Single-Source >
4
5   @input
6   %A set[2] < F3:G18 >
7   %N set < A3:A13 >
8   %D set < A10:A13 >
9
10  %c[A] < H3:H18 >
11  %b[N] < D3:D13 >
12  %a[N] < C3:C13 >
13  %minKap[A] < I3:I18 >
14  %maxKap[A] < J3:J18 >
15
16  @output
17  %x[A].activity < K3:K18 >
18  %objValue < B15 >
```

Optimiert man dieses Problem, erhält man die für die Knoten in Abb. 2.88 und für die Kanten in Abb. 2.89 dargestellte Lösung. In der Knotenliste ist ersichtlich, dass alle Angebots-, Nachfrage- und Flussbilanzrestriktionen der Knoten eingehalten wurden.

	A	B	C	D
1	**Knoten**			
2		Nettofluss	Angebot	Nachfrage
3	W1	400	400	0
4	W2	500	500	0
5	W3	600	600	0
6	U1a	0	0	0
7	U1b	0	0	0
8	U2a	0	0	0
9	U2b	0	0	0
10	K1	-350	0	350
11	K2	-450	0	450
12	K3	-500	0	500
13	K4	-200	0	200
14				
15	Gesamtkosten	373.647		

Abb. 2.88 Knotenliste in Excel mit Lösung für Beispiel 2.16

Der Lösung in der Kantenliste ist zu entnehmen, dass auch alle Kapazitätsrestriktionen eingehalten wurden. Hinsichtlich der Single-Source-Restriktion sind die Lösungen der Kanten, die in die Nachfrageknoten K1 bis K4 eingehen, zu betrachten.

	F	G	H	I	J	K	L
1	Kanten						
2	Von	Nach	Kostensatz	Min. Kap.	Max. Kap.	Fluss	Kosten
3	W1	U1a	148,81	0	500	200	29.762
4	W1	U2a	171,81	0	500	200	34.362
5	W2	U1a	118,97	0	500	500	59.485
6	W2	U2a	243,02	0	500	0	0
7	W3	U1a	154,39	0	500	100	15.439
8	W3	U2a	50,86	0	500	500	25.430
9	U1a	U1b	0,00	0	800	800	0
10	U2a	U2b	0,00	0	750	700	0
11	U1b	K1	33,39	0	500	350	11.687
12	U1b	K2	206,59	0	500	450	92.966
13	U1b	K3	257,33	0	500	0	0
14	U1b	K4	9,05	0	500	0	0
15	U2b	K1	111,37	0	500	0	0
16	U2b	K2	199,15	0	500	0	0
17	U2b	K3	156,33	0	500	500	78.165
18	U2b	K4	131,76	0	500	200	26.352

Abb. 2.89 Kantenliste in Excel mit Lösung für Beispiel 2.16

Im Zellbereich K11:K18 ist zu sehen, dass keine Mehrfachbelieferungen der Vertriebszentren zu verzeichnen sind und somit die Single-Source-Bedingungen befriedigt wurden. Allerdings geht dieser Sachverhalt mit einer Erhöhung der Transportkosten von 347.617 Euro im originalen Modell zu 373.647 Euro unter Einbeziehung der Single-Source-Bedingungen einher, da die kostengünstigeren Transportrelationen nur noch in einem eingeschränkten Maße genutzt werden können.

2.7.4 Das Mehrgüter-Transportproblem

2.7.4.1 Problemstellung und mathematisches Modell

Die bisher betrachteten Transportprobleme gehen davon aus, dass ein einziges homogenes Gut transportiert wird. Wenn die Lieferbeziehungen mehrerer Güterarten geplant werden sollen, die um die Transportkapazitäten und ggf. Kapazitäten der Umladeknoten konkurrieren, ist das Modell eines *Mehrgüter-Transportproblems* zu verwenden. Dieses Modell stellt eine Erweiterung des Minimum-Cost-Flow-Modells dar und ist auch als *Multicommodity-Minimum-Cost-Flow- Model* bekannt.[68] Es wird wiederum ein gerichteter Graph $G = (N, A)$ mit der Knotenmenge N und der Kantenmenge A betrachtet. Zusätzlich wird die Menge K eingeführt, die die Menge der unterschiedlichen Güter darstellt. Für jedes Gut $k \in K$ und jede gerichtete Kante $(i, j) \in A$ ist ein Kostensatz c_{ijk} je Mengeneinheit des Gutes definiert.

---

[68] Vgl. zu unterschiedlichen Varianten des Multicommodity-Problems Ghiani et al. (2022), S. 465 ff., Barnhart et al. (1996), S. 58 ff., Chekuri et al. (2009), S. 401 ff.

Die Transportkosten je Gut und Kante ergeben sich aus dem Produkt der Transportstückkosten mit der Flussmenge x_{ijk} des Gutes $k \in K$ auf der Kante $(i,j) \in A$. Gemäß der Zielfunktion (2.109) ist die Summe der gesamten Transportkosten über alle Kanten und Güter zu minimieren. Für jeden Versender $i \in N$ ist je Gut $k \in K$ ein ganzzahliges Angebot a_{ik} zu definieren. Dementsprechend muss für jeden Empfängerknoten $i \in N$ ein ganzzahliger Bedarf b_{ik} für jedes Gut $k \in K$ vorliegen. Für einen Umladeknoten liegt weder ein Angebot noch eine Nachfrage vor. Dementsprechend sind die ursprünglichen Flusserhaltungsbedingungen im Minimum-Cost-Flow-Modell gemäß Ausdruck (2.110) nicht nur für die einzelnen Knoten $i \in N$ sondern auch für alle Güter $k \in K$ zu formulieren. Die Summe der Flussmengen aller Güter ist auf einer Kante $(i,j) \in A$ durch eine Kapazitätsuntergrenze x_{ij}^u sowie eine Kapazitätsobergrenze x_{ij}^o beschränkt. Dabei ist zu beachten, dass die unterschiedlichen Güter diese Kapazität in einem unterschiedlichen Maß ihren Kapazitätsfaktoren cf_{ijk} entsprechend beanspruchen. Gemäß Ausdruck (2.111) hat die Summe der mit den Kapazitätsfaktoren multiplizierten Flussmengen aller Güter innerhalb der Kapazitätsschranken zu liegen. Auf der Basis dieser Definitionen lässt sich das Mehrgüter-Problem wie folgt formulieren:[69]

$$\sum_{(i,j) \in A} \sum_{k \in K} c_{ijk} \cdot x_{ijk} \to \min! \tag{2.109}$$

u.d.N.

$$\sum_{\{j \mid (i,j) \in A\}} x_{ijk} - \sum_{\{j \mid (j,i) \in A\}} x_{jik} = a_{ik} - b_{ik} \quad ; i \in N, k \in K \tag{2.110}$$

$$x_{ij}^u \leq \sum_{k \in K} cf_{ijk} \cdot x_{ijk} \leq x_{ij}^o \quad ;(i,j) \in A \tag{2.111}$$

Zusätzlich zu den im Abschnitt 2.2.2 eingeführten Bezeichnungen werden folgende Definitionen verwendet:

Indexmenge:

K Menge der Güter

Index:

k Index der Güter, $k \in K$

Parameter:

c_{ijk} Kostensatz für den Transport einer Mengeneinheit des Gutes $k \in K$ auf der Kante $(i,j) \in A$

a_{ik} Angebotsmenge des i-ten Knotens für das Gut $k \in K$

b_{ik} Bedarfsmenge des i-ten Knotens für das Gut $k \in K$

---

[69] Vgl. Ghiani et al. (2022), S. 465 ff.

x_{ij}^u Kapazitätsuntergrenze auf der Kante $(i,j) \in A$

x_{ij}^o Kapazitätsobergrenze auf der Kante $(i,j) \in A$

cf_{ijk} Kapazitätsfaktor auf der Kante $(i,j) \in A$ das Gut $k \in K$

Variablen:

x_{ijk} Liefermenge des Gutes k auf der Kante $(i,j) \in A$

Grundsätzlich ist für alle Güter $k \in K$ die folgende Bilanzgleichung einzuhalten.

$$\sum_{i \in N} a_{ik} = \sum_{i \in N} b_{ik} \qquad (2.112)$$

Liegt für ein Gut $k \in K$ ein Angebotsüberschuss vor, ist ein künstlicher Empfänger als zusätzlicher Knoten einzuführen, der den Angebotsüberschuss als Bedarf aufnimmt und mit den Versendern direkt verbunden ist, wobei diese Kanten mit einem Kostensatz gleich null zu bewerten sind. Analog ist bei einem Bedarfsüberschuss ein künstlicher Versender als neuer mit allen Nachfrageknoten verbundener Knoten mit einem Angebot, das dem Bedarfsüberschuss entspricht, zu verwenden. Die entsprechenden neuen Kanten sind mit Kosten von null zu bewerten.

Es liegt wiederum ein lineares Optimierungsmodell vor, das mit geeigneten Lösungsverfahren der linearen Optimierung lösbar ist.

2.7.4.2 Lösung mit CMPL

Wie jedes andere lineare Optimierungsmodell können Mehrgüter-Transportprobleme mit CMPL gelöst werden.

Beispiel 2.17: Mehrstufige Europadistribution mit mehreren Gütern
(Beispieldatei: multi-commodity.cmpl, transport.xlsx → Netz-Distribution-Mehrgueter)

Aufgabenstellung
Es wird erneut Beispiel 2.2 als Ausgangspunkt betrachtet, in dem EuroTech plant, seine Lieferkette zwischen drei Werken (W1–W3), zwei Montagewerken (U1, U2) und vier Vertriebszentren (K1–K4) neu zu gestalten. Im ursprünglichen Problem wurde nur ein einziges Gut betrachtet. In diesem Beispiel wird neben dem ursprünglich zu transportierenden Gut ein zweites Produkt einbezogen, das mit dem ersten Produkt um die Transportkapazitäten und die Kapazitäten der beiden Montagewerke konkurriert. Die Bedarfe und Angebote der Knoten hinsichtlich der beiden Güterarten sowie die Kapazitäten der beiden Montagewerke sind in Tab. 2.22 gegeben.

Modellvarianten hinsichtlich der Lieferbeziehungen

Tab. 2.22 Angebote, Bedarfe und Kapazitäten für Beispiel 2.17

ID	Angebot [Stück]		Bedarf [Stück]		Kapazität [Stunden]
	P1	P2	P1	P2	
W1	400	450	0	0	
W2	500	450	0	0	
W3	600	500	0	0	
U1	0	0	0	0	4.000
U2	0	0	0	0	4.000
K1	0	0	0	0	
K2	0	0	0	0	
K3	0	0	350	250	
K4	0	0	450	500	

Weiterhin ist bekannt, dass die variablen Transportkosten pro Stück und Kilometer für Produkt P1 20 Cent und für Produkt P2 25 Cent betragen. Da die Transportkosten ursprünglich mit LogisticsLab ermittelt wurden, sind sie aus Vereinfachungsgründen nochmals in Tab. 2.23 gegeben.

Tab. 2.23 Kostensätze für Beispiel 2.17

Von	Nach	Kostensatz	
		P1	P2
W1	U1	148,81	186,01
W1	U2	171,81	214,76
W2	U1	118,97	148,71
W2	U2	243,02	303,78
W3	U1	154,39	192,99
W3	U2	50,86	63,58
U1	K1	33,39	41,74
U1	K2	206,59	258,24
U1	K3	257,33	321,66
U1	K4	9,05	11,31
U2	K1	111,37	139,21
U3	K2	199,15	248,94
U4	K3	156,33	195,41
U5	K4	131,76	164,70

Aufgrund der zur Verfügung stehenden Fahrzeuge sind die Kapazitäten aller Kanten jeweils auf 10 Tonnen begrenzt. Ein Stück des Produktes P1 wiegt 10 Kilogramm und des Produktes P2 17 Kilogramm. Die beiden Montagewerke besitzen jeweils eine Kapazität von 4.000 Stunden, wobei für die Endmontage eines Stücks von Produkt P1 2,5 Stunden bzw. eines Stücks von Produkt P2 zwei Stunden benötigt werden. Es soll wiederum ein transportkostenminimaler Transportplan bestimmt werden.

Vorgehensweise

Wie in Abb. 2.90 zu sehen, ist in einem ersten Schritt ein Excel-Arbeitsblatt einzurichten, das die Benennung der Güter (B2:C2) sowie die Knotenliste (A5:G17) aufnimmt. Da wiederum für die kapazitätsbeschränkten Umladeknoten eine Knotensplittung vorgenommen wurde, existieren für die ursprünglichen Umladeknoten U1 und U2 nun die Umladeknoten U1a, U1b bzw. U2a, U2b. Die Knotenliste enthält die Angebote der Knoten für die beiden Güter (B7:C17) sowie die entsprechenden Bedarfe (D7:E17). Die folgenden zwei Spalten dienen zur Aufnahme der Nettoflüsse der Güterarten gemäß der linken Seiten der Flussbedingungen (2.110) und werden nach der Optimierung via Excel-Formeln automatisch auf der Basis der Flussmengen in der Kantenliste (Abb. 2.91) berechnet.

	A	B	C	D	E	F	G
1							
2	Güter	P1	P2				
3							
4	Knoten						
5		Angebot		Nachfrage		NettoFluss	
6		P1	P2	P1	P2	P1	P2
7	W1	400	450	0	0	0	0
8	W2	500	450	0	0	0	0
9	W3	600	500	0	0	0	0
10	U1a	0	0	0	0	0	0
11	U1b	0	0	0	0	0	0
12	U2a	0	0	0	0	0	0
13	U2b	0	0	0	0	0	0
14	K1	0	0	350	250	0	0
15	K2	0	0	450	500	0	0
16	K3	0	0	500	450	0	0
17	K4	0	0	200	200	0	0

Abb. 2.90 Knotenliste für Beispiel 2.17

In dieser befinden sich neben den Indizes für die gerichteten Kanten in A22:B37 die Kapazitätsgrenzen der Kanten in C22:D37, die Kapazitätsfaktoren in E22:F37 sowie die Kostensätze je Güterart in G22:H37. Die aus der Knotensplittung der Umladeknoten (Montagewerke) hervorgegangenen künstlichen Kanten U1a→U1b und U2a→U2b nehmen als maximale Kapazität die Kapazität dieser Knoten bei einem Kostensatz von null auf (D28:D29 und G28:H29). Die Zellen I22:J37 werden nach

Modellvarianten hinsichtlich der Lieferbeziehungen

	A	B	C	D	E	F	G	H	I	J	K	L	M
19	Kanten												
20	Von	Nach	Min. Kap.	Max. Kap.	Kapazitätsfaktor		Kostensatz		Fluss		Kapazitätsnutzung		
21					P1	P2	P1	P2	P1	P2	P1	P2	Gesamt
22	W1	U1a	0	10.000	18,0	17,0	148,81	186,01			0	0	0
23	W1	U2a	0	10.000	18,0	17,0	171,81	214,76			0	0	0
24	W2	U1a	0	10.000	18,0	17,0	118,97	148,71			0	0	0
25	W2	U2a	0	10.000	18,0	17,0	243,02	303,78			0	0	0
26	W3	U1a	0	10.000	18,0	17,0	154,39	192,99			0	0	0
27	W3	U2a	0	10.000	18,0	17,0	50,86	63,58			0	0	0
28	U1a	U1b	0	4.000	2,5	2,0	0,00	0,00			0	0	0
29	U2a	U2b	0	4.000	2,5	2,0	0,00	0,00			0	0	0
30	U1b	K1	0	10.000	18,0	17,0	33,39	41,74			0	0	0
31	U1b	K2	0	10.000	18,0	17,0	206,59	258,24			0	0	0
32	U1b	K3	0	10.000	18,0	17,0	257,33	321,66			0	0	0
33	U1b	K4	0	10.000	18,0	17,0	9,05	11,31			0	0	0
34	U2b	K1	0	10.000	18,0	17,0	111,37	139,21			0	0	0
35	U2b	K2	0	10.000	18,0	17,0	199,15	248,94			0	0	0
36	U2b	K3	0	10.000	18,0	17,0	156,33	195,41			0	0	0
37	U2b	K4	0	10.000	18,0	17,0	131,76	164,70			0	0	0
38	Summe												
39													
40	Kosten		0										

Abb. 2.91 Kantenliste für Beispiel 2.17

der Optimierung automatisch durch CMPL mit den Flussmengen der beiden Güterarten gefüllt und in Zelle B40 die Transportkosten eingetragen.

Im folgenden Schritt ist das CMPL-Modell 2.11 in CMPLs Benutzeroberfläche Coliop zu erstellen. Die Indexmengen und die davon abhängigen Parameterfelder werden in der ersten Zeile mittels %xlsdata eingelesen. Die Flussvariablen x_{ijk} werden in der Sektion var in der fünften Zeile für alle Kombinationen der Kanten und Güter als nichtnegative, reellwertige Variable definiert.

CMPL-Modell 2.11 CMPL-Modell für Beispiel 2.17

```
1    %xlsdata
2
3    var:
4      { [i,j] in A, k in K: x[i,j,k] : real; }
5
6    obj:
7      sum { [i,j] in A, k in K: c[i,j,k] * x[i,j,k] } ->min;
8
9    con:
10     { i in N, k in K :
11       sum{ [i,j] in A : x[i,j,k] } - sum{ [j,i] in A : x[j,i,k] } = a[i,k] - b[i,k];
12     }
13
14     { [i,j] in A: minKap[i,j] <= sum{k in K: cf[i,j,k] * x[i,j,k]} <= maxKap[i,j];}
```

Gemäß Ausdruck (2.109) sind in der zu minimierenden Zielfunktion (Zeile 7) die Produkte der Kostensätze und der Flussvariablen über alle Kanten und Güter zu summieren. In der Sektion con werden in den Zeilen 10 bis 12 die Flussrestriktionen gemäß Ausdruck (2.110) für alle Kombinationen aus Kanten und Gütern gebildet. Abschließend werden in Zeile 14 für alle Kanten die Kapazitätsschranken gemäß

Ausdruck (2.111) definiert, wobei die Summe der Kapazitätsbeanspruchungen aller Güter nicht kleiner als die minimale Kapazität und nicht größer als die maximale Kapazität dieser Kante sein darf.

Nachdem das CMPL-Modell definiert wurde, sind die aus Excel einzulesenden Indexmengen und Parameter und die nach Excel zu schreibenden Lösungselemente in der zugehörigen CmplXlsData-Datei (CMPL-Modell 2.12) zu definieren.

CMPL-Modell 2.12 CmplXlsData für Beispiel 2.17

```
1    @source
2    %file < transport.xlsx >
3    %sheet < Netz-Distribution-Mehrgueter >
4
5    @input
6    %N set < A7:A17 >
7    %A set[2] < A22:B37 >
8    %K set < B2:C2 >
9
10   %a[N,K] < B7:C17 >
11   %b[N,K] < D7:E17 >
12   %cf[A,K] < E22:F37 >
13   %c[A,K]  < G22:H37 >
14
15   %minKap[A] < C22:C37 >
16   %maxKap[A] < D22:D37 >
17
18   @output
19   %x[A,K].activity < I22:J37 >
20   %objValue < B40 >
```

Der Abschnitt @source (Zeilen 1 bis 3) dient zur Angabe der Excel-Datei (*transport.xlsx*) und des Blatts (*Netz-Distribution-Mehrgueter*), das zum Lesen der Indexmengen und Parameter sowie zum Schreiben der Optimierungsergebnisse verwendet werden soll. Im Abschnitt @input werden in den Zeilen 6 bis 8 die Indexmengen für die Knoten (N), die Kanten (A) sowie der Güter (K) und eingeführt. In den Zeilen 10 bis 13 werden diese Indexmengen für die Definition der Angebote (a) sowie der Bedarfe (b) der Knoten für die beiden Güter und der Kapazitätsfaktoren (cf) der beiden Güter sowie der zugehörigen Transportkosten (c) auf den Kanten verwendet. Weiterhin sind die Kapazitätsunter- und -obergrenzen (minKap und maxKap) für die einzelnen Kanten in den Zeilen 15 und 16 zu definieren.

Im @output-Abschnitt wird definiert, dass die Aktivitäten der Flussvariablen x_{ijk}; $(i,j) \in A, k \in K$ in den Zellbereich I22:J37 und der Zielfunktionswert mittels des Schlüsselwortes objValue in die Zelle B40 geschrieben werden sollen.

Nach der Optimierung werden die Ergebnisse in das Excel-Arbeitsblatt geschrieben. Betrachtet man die Lösung für die Knotenliste in Abb. 2.92, erkennt man, dass für alle Knoten und Güter die Angebots-, Nachfrage- und Kapazitätsrestriktionen eingehalten wurden.

	A	B	C	D	E	F	G
4	**Knoten**						
5		Angebot		Nachfrage		NettoFluss	
6		P1	P2	P1	P2	P1	P2
7	W1	400	450	0	0	400	450
8	W2	500	450	0	0	500	450
9	W3	600	500	0	0	600	500
10	U1a	0	0	0	0	0	0
11	U1b	0	0	0	0	0	0
12	U2a	0	0	0	0	0	0
13	U2b	0	0	0	0	0	0
14	K1	0	0	350	250	-350	-250
15	K2	0	0	450	500	-450	-500
16	K3	0	0	500	450	-500	-450
17	K4	0	0	200	200	-200	-200

Abb. 2.92 Knotenliste in Excel mit Lösung für Beispiel 2.17

In Abb. 2.93 ist die Lösung für Kanten angegeben, wobei aus Darstellungsgründen die Spalten E bis H ausgeblendet wurden. Die minimalen gesamten Transportkosten betragen 891.694 Euro (Zelle B40). Vergleicht man die in den Spalten C und D gegebenen Kapazitäten mit den von der Flussmenge (Spalten I und J) abhängigen Kapazitätsnutzungen in den Spalten K bis M, erkennt man, dass alle Transport- und Montagekapazitäten eingehalten wurden. Dabei werden die Transportkapazitäten auf den Kanten W1→U1, W2→U1, W3→U2, U2→K2 und U2→K3 vollständig ausgelastet werden. Für beide Montagewerke sind Restkapazitäten zu verzeichnen.

2.7.5 Transportprobleme mit alternativen Transportmitteln

2.7.5.1 Problemstellung und mathematisches Modell

Eine weitere interessante Problemstellung besteht darin, dass im Rahmen einer Transportoptimierung nicht nur die im Sinne der Transportkosten optimalen Lieferbeziehungen zwischen Versendern und Empfängern zu bestimmen sind, sondern gleichzeitig auch eine optimale Wahl alternativer Transportmittel zu treffen ist.

Wenn der Einsatz der Transportmittel keinerlei Kapazitätsschranken unterliegt und nur variable Transportkosten in die Entscheidung einzubeziehen sind, ist die Lösung dieses Problems trivial, da lediglich das pro Strecke günstigere Transportmittel auszuwählen und dann mit dieser Auswahl das normale Transportproblem zu lösen ist. Liegen Kapazitätsbeschränkungen hinsichtlich der Transportmittel und ggf. mit

	A	B	C	D	I	J	K	L	M
19	Kanten								
20	Von	Nach	Min. Kap.	Max. Kap.	Fluss		Kapazitätsnutzung		
21					P1	P2	P1	P2	Gesamt
22	W1	U1a	0	10.000	189	388	3.400	6.600	10.000
23	W1	U2a	0	10.000	211	62	3.800	1.050	4.850
24	W2	U1a	0	10.000	131	450	2.350	7.650	10.000
25	W2	U2a	0	10.000	369	0	6.650	0	6.650
26	W3	U1a	0	10.000	517	0	9.300	0	9.300
27	W3	U2a	0	10.000	83	500	1.500	8.500	10.000
28	U1a	U1b	0	4.000	836	838	2.090	1.676	3.767
29	U2a	U2b	0	4.000	664	562	1.660	1.124	2.783
30	U1b	K1	0	10.000	267	250	4.800	4.250	9.050
31	U1b	K2	0	10.000	0	388	0	6.600	6.600
32	U1b	K3	0	10.000	369	0	6.650	0	6.650
33	U1b	K4	0	10.000	200	200	3.600	3.400	7.000
34	U2b	K1	0	10.000	83	0	1.500	0	1.500
35	U2b	K2	0	10.000	450	112	8.100	1.900	10.000
36	U2b	K3	0	10.000	131	450	2.350	7.650	10.000
37	U2b	K4	0	10.000	0	0	0	0	0
38	Summe								
39									
40	Kosten		891.694						

Abb. 2.93 Kantenliste in Excel mit Lösung für Beispiel 2.17

dem Einsatz der Transportmittel verknüpfte sprungfixe Kosten vor, sind der Einsatz der Transportmittel sowie die optimalen Lieferbeziehungen zwischen Versendern und Empfängern simultan zu bestimmen.

Ein geeignetes Modell für diese Problemstellung ist das sogenannte *Fixed-Charge-Minimum-Cost-Flow-Problem*[70], das eine Kombination aus dem Minimalkosten-Flussmodell und dem Fixkosten-Transportproblem darstellt. Es wird wiederum ein gerichteter Graph $G = (N, A)$ mit einer Knotenmenge N und einer Kantenmenge A betrachtet. Die Knotenmenge N besteht aus den Versendern, den Umladeknoten und den Empfängern. Die Kantenmenge A wird mit der Menge der auf diesen gerichteten Kanten einsetzbaren Transportmittelalternativen $v \in V$ kombiniert. Für jede dieser Kombinationen $(i, j, v) \in A \times V$ ist ein Kostensatz c_{ijv} je Mengeneinheit des zu transportierenden Gutes definiert. Hinsichtlich der mit einem Transportmittel $v \in V$ auf einer gerichteten Kante $(i, j) \in A$ zu transportierenden Menge wird eine Flussvariable x_{ijv} mit einer unteren Schranke x^u_{ijv} und einer oberen Schranke x^o_{ijv} eingeführt. Wird auf einer Kante $(i, j) \in A$ das Transportmittel $v \in V$ genutzt, fallen einmalig sprungfixe Kosten F_{ijv} an. Dieses Kostenverhalten wird mittels Binärvariablen y_{ijv} abgebildet, indem in der Zielfunktion die sprungfixen Kosten F_{ijv} mit den korrespondierenden Binärvariablen y_{ijv} multipliziert werden (Ausdruck (2.113)). Eine Variable y_{ijv} nimmt gemäß Ausdruck (2.115) nur dann den Wert eins an, wenn die korrespondierende Flussvariable x_{ijv} einen Wert größer

---

[70] Vgl. Ghiani et al. (2022), S. 472 ff.

Modellvarianten hinsichtlich der Lieferbeziehungen

null besitzt. Für jeden Versender $i \in N$ ist für das betrachtete homogene Gut ein ganzzahliges Angebot a_i und für jeden Empfänger $i \in N$ ein ganzzahliger Bedarf b_i zu definieren. Für einen Umladeknoten liegt weder ein Angebot noch eine Nachfrage vor. Auf der Basis dieser Definitionen lässt sich das Transportproblem mit alternativen Transportmitteln wie folgt formulieren:[71]

$$\sum_{(i,j) \in A} \sum_{v \in V} \left(c_{ijv} \cdot x_{ijv} + F_{ijv} \cdot y_{ijv} \right) \to \min! \tag{2.113}$$

u.d.N.

$$\sum_{\{j|(j,i) \in A\}} \sum_{v \in V} x_{ijv} - \sum_{\{j|(j,i) \in A\}} \sum_{v \in V} x_{jiv} = a_i - b_i \qquad ; i \in N \tag{2.114}$$

$$x_{ijv}^u \leq x_{ijv} \leq x_{ijv}^o \cdot y_{ijv} \qquad ;(i,j) \in A, v \in V \tag{2.115}$$

$$y_{ijv} \in \{0,1\} \qquad ;(i,j) \in A, v \in V \tag{2.116}$$

Zusätzlich zu den im Abschnitt 2.2.2 definierten Bezeichnungen gelten folgende Definitionen:

Indexmenge:

V Menge der Transportmittel

Index:

v Index der Transportmittel, $v \in V$

Parameter:

c_{ijv} Kostensatz für den Transport einer Mengeneinheit auf der Kante $(i,j) \in A$ unter Verwendung des Transportmittels $v \in V$

F_{ijv} sprungfixe Kosten für gerichtete Kante $(i,j) \in A$ bei Verwendung des Transportmittels $v \in V$

Variablen:

x_{ijv} Liefermenge auf der Kante $(i,j) \in A$ unter Verwendung des Transportmittels $v \in V$

y_{ijv} Realisation des Transports auf der Kante $(i,j) \in A$ unter Verwendung des Transportmittels $v \in V$.

Mit der Zielfunktion (2.113) sind simultan die Liefermengen und die Transportmittel so zu bestimmen, dass die gesamten variablen und sprungfixen Transportkosten unter Beachtung der Flussrestriktionen (2.114), die die mit den unterschiedlichen Transportmitteln transportierten Mengen einbeziehen, und der Kantenkapazitäten (2.115) minimiert werden. Es handelt sich aufgrund der reellen Variablen x_{ijv} sowie der binären Variablen y_{ijv} um ein gemischt-ganzzahliges lineares Optimierungsproblem.

---

71   Vgl. Ghiani et al. (2022), S. 472 ff., Matuschke (2014), S. 46 f.

2.7.5.2 Lösung mit CMPL

Dieser Abschnitt ist den Erläuterungen zur Lösung des Transportproblems mit alternativen Transportmitteln als gemischt-ganzzahliges lineares Optimierungsproblem mit CMPL gewidmet.

Beispiel 2.18: Mehrstufige Europadistribution mit mehreren Transportmitteln
(Beispieldatei: multimodal.cmpl, transport.xlsx → Netz-Distribution-Multimodal)

Aufgabenstellung

Es wird erneut Beispiel 2.2 betrachtet, in dem EuroTech plant, seine Lieferkette zwischen drei Werke (W1–W3), zwei Montagewerken (U1, U2) und vier Vertriebszentren (K1–K4) neu zu gestalten.

Im Gegensatz zum ursprünglichen Problem werden in diesem Beispiel zwei unterschiedliche Fahrzeugtypen betrachtet, die sich in ihren Kosten bei identischen Kapazitäten von jeweils 500 Stück unterscheiden. Der originale Fahrzeugtyp F1 verursacht variable Transportkosten von 20 Cent pro Kilometer und Stück sowie zusätzlich pro Fahrt 150 Euro an sprungfixen Kosten. Das Fahrzeug F2 kostet 22 Cent je Kilometer und Stück des Produktes bei einmaligen Kosten je Fahrt von 80 Euro. Die variablen Transportkosten je Kante und Fahrzeug sind in Tab. 2.24 gegeben.

Tab. 2.24 Kostensätze für Beispiel 2.18

Von	Nach	Kostensatz	
		P1	P2
W1	U1	148,81	163,69
W1	U2	171,81	188,99
W2	U1	118,97	130,87
W2	U2	243,02	267,32
W3	U1	154,39	169,83
W3	U2	50,86	55,95
U1	K1	33,39	36,73
U1	K2	206,59	227,25
U1	K3	257,33	283,06
U1	K4	9,05	9,96
U2	K1	111,37	122,51
U3	K2	199,15	219,07
U4	K3	156,33	171,96
U5	K4	131,76	144,94

Es ist kostenminimal zu entscheiden, welche Mengen des Produktes von welchem Werk zu welchem Montagewerk und von dort zu welchem Vertriebszentrum unter Verwendung welchen Fahrzeugs zu transportieren sind.

Vorgehensweise
Wie bei allen Lösungsbeispielen mit CMPL ist in einem ersten Schritt ein Excel-Arbeitsblatt zu erstellen, das die Indexmengen, die Parameter des Problems sowie die Zellbereiche, die später die Lösung und daraus abgeleitete Daten aufnehmen sollen, enthält. In Abb. 2.94 sind die Menge der Transportmittel (C1:D1), die Menge der Knoten (A6:A16), die Angebote und Nachfragen der Knoten (B6:C16) sowie in Spalte D die Zellbereiche, die ausgehend von den zu bestimmenden Flussmengen der gerichteten Kanten die Nettoflüsse der Knoten gemäß den linken Seiten im Ausdruck (2.114) aufnehmen sollen, dargestellt. Für die kapazitierten Umladeknoten (Montagewerke) wurde eine Knotensplittung vorgenommen, so dass in der Knotenliste statt der originalen Knoten U1 und U2 die Knoten U1a, U1b sowie U2a, U2b auftreten.

	A	B	C	D
1	Transportmittel	F1	F2	
2				
3	Knoten			
4		An-	Nach-	Netto-
5		gebot	frage	fluss
6	W1	400	0	0
7	W2	500	0	0
8	W3	600	0	0
9	U1a	0	0	0
10	U1b	0	0	0
11	U2a	0	0	0
12	U2b	0	0	0
13	K1	0	350	0
14	K2	0	450	0
15	K3	0	500	0
16	K4	0	200	0

Abb. 2.94 Knotenliste für Beispiel 2.18

Die Kantenliste (Abb. 2.95) enthält im Bereich A21:B36 die Indexmenge der Kanten, gefolgt von den minimalen und maximalen Kapazitäten der beiden Transportmittel auf diesen Kanten in den Spalten C bis F. Die Kapazitäten der beiden Montagewerke sollten als Obergrenzen für die neuen künstlichen Kanten verwendet werden, die durch die Knotensplittung entstehen (A27:J28).

	A	B	C	D	E	F	G	H	I	J	K	L	M
18	Kanten												
19	Von	Nach	Min. Kap.		Max. Kap.		Kostensatz		Fixkosten		Fluss		
20			F1	F2	F1	F2	F1	F2	F1	F2	F1	F2	Ges.
21	W1	U1a	0	0	500	500	148,81	163,69	150	80			0
22	W1	U2a	0	0	500	500	171,81	188,99	150	80			0
23	W2	U1a	0	0	500	500	118,97	130,87	150	80			0
24	W2	U2a	0	0	500	500	243,02	267,32	150	80			0
25	W3	U1a	0	0	500	500	154,39	169,83	150	80			0
26	W3	U2a	0	0	500	500	50,86	55,95	150	80			0
27	U1a	U1b	0	0	800	0	0,00	0,00	0	0			0
28	U2a	U2b	0	0	750	0	0,00	0,00	0	0			0
29	U1b	K1	0	0	500	500	33,39	36,73	150	80			0
30	U1b	K2	0	0	500	500	206,59	227,25	150	80			0
31	U1b	K3	0	0	500	500	257,33	283,06	150	80			0
32	U1b	K4	0	0	500	500	9,05	9,96	150	80			0
33	U2b	K1	0	0	500	500	111,37	122,51	150	80			0
34	U2b	K2	0	0	500	500	199,15	219,07	150	80			0
35	U2b	K3	0	0	500	500	156,33	171,96	150	80			0
36	U2b	K4	0	0	500	500	131,76	144,94	150	80			0
37	Summe												
38													
39	Kosten		0										

Abb. 2.95 Kantenliste für Beispiel 2.18

Da eine Wahl eines Transportmittels auf einer solchen künstlichen gerichteten Kante irrelevant ist, wird nur die Kapazität für das Transportmittel F1 verwendet, während das nicht notwendige Transportmittel F2 mit einer Unter- und Obergrenze mit dem Wert null de facto gesperrt wird. Die Kostensätze beider künstlicher Kanten betragen null. In den Spalten G bis J sind die variablen Transportkostensätze sowie die sprungfixen Kosten für die beiden Transportmittel auf den Kanten angegeben. Nach der Optimierung werden im Zellbereich K21:L36 die Lösungen der Flussvariablen sowie in Zelle B29 die gesamten variablen und sprungfixen Transportkosten automatisch durch CMPL eingetragen.

Im folgenden Schritt ist das CMPL-Modell in CMPLs Benutzeroberfläche Coliop zu erstellen. Wie im Listing für CMPL-Modell 2.13 zu sehen, werden die Indexmengen und die davon abhängigen Parameterfelder in der ersten Zeile mittels %xlsdata eingelesen. In der Sektion var werden in der vierten Zeile für alle Kombinationen aus den Kanten A und den Transportmitteln V die Flussmengen $x[i,j,v]$ als nichtnegative reellwertige Variablen definiert. Die folgende Zeile dient der Definition der korrespondierenden binären Variablen $y[i,j,v]$. In der Sektion obj wird in der achten Zeile die zu minimierende Zielfunktion als Summe der über alle Kanten und Transportmittel zu berechnenden variablen Transportkosten $c[i,j,v] * x[i,j,v]$ und der sprungfixen Transportkosten $F[i,j,v] * y[i,j,v]$ spezifiziert. In der Sektion con werden in den Zeilen 11–13 die Flussrestriktionen gemäß Ausdruck (2.114) und in Zeile 15 die Kapazitätsrestriktionen gemäß Ausdruck (2.115) erzeugt.

CMPL-Modell 2.13 CMPL-Modell für Beispiel 2.18

```
1    %xlsdata
2
3    var:
4      { [i,j] in A, v in V: x[i,j,v] : real; }
5      { [i,j] in A, v in V: y[i,j,v] : binary; }
6
7    obj:
8      sum { [i,j] in A, v in V: c[i,j,v] * x[i,j,v] + F[i,j,v] * y[i,j,v] } ->min;
9
10   con:
11     { i in N :
12       sum{ [i,j] in A , v in V : x[i,j,v] } - sum{ [j,i] in A , v in V : x[j,i,v] } = a[i] - b[i];
13     }
14
15     { [i,j] in A, v in V: minKap[i,j,v] <= x[i,j,v] <= maxKap[i,j,v] * y[i,j,v];}
```

Nachdem das CMPL-Modell definiert wurde, sind die aus Excel einzulesenden Indexmengen und Parameter und die nach Excel zu schreibenden Lösungselemente in der zugehörigen CmplXlsData-Datei (CMPL-Modell 2.14) zu definieren.

Der Abschnitt @source (Zeilen 1 bis 3) dient zur Angabe der Excel-Datei (*transport.xlsx*) und des Arbeitsblatts (*Netz-Distribution-Multimodal*), das zum Lesen der Indexmengen und Parameter sowie zum Schreiben der Optimierungsergebnisse verwendet werden soll. Im Abschnitt @input werden in den Zeilen 6 bis 8 die Indexmengen für die Knoten (N), die Kanten (A) sowie der unterschiedlichen Transportmittel (V) spezifiziert. In den Zeilen 10 bis 13 werden die Angebote (a) und Bedarfe (b) der Knoten sowie die variablen und sprungfixen Kosten je Kante und Transportmittel (c und F) definiert. Weiterhin sind die Kapazitätsunter- und -obergrenzen (minKap und maxKap) für die einzelnen Kanten und Fahrzeuge in den Zeilen 15 und 16 einzuführen. Im @output-Abschnitt wird definiert, dass die Lösungen der Flussvariablen x_{ijv}; $(i,j) \in A, v \in V$ in den Zellbereich K21:L36 und der Zielfunktionswert mittels des Schlüsselwortes objValue in die Zelle B39 geschrieben werden sollen.

Anschließend ist das Problem zu lösen und die entsprechenden Lösungselemente werden in die vorgesehenen Zellbereiche des Excel-Arbeitsblattes geschrieben. Vergleicht man in Abb. 2.96 die Angebote und Nachfragen mit den Nettoflüssen erkennt man, dass alle Angebots-, Nachfrage- und Kapazitätsrestriktionen eingehalten wurden.

CMPL-Modell 2.14 CmplXlsData für Beispiel 2.18

```
1    @source
2    %file < transport.xlsx >
3    %sheet < Netz-Distribution-Multimodal >
4
5    @input
6    %N set < A6:A16 >
7    %A set[2] < A21:B36 >
8    %V set < C1:D1 >
9
10   %a[N] < B6:B16 >
11   %b[N] < C6:C16 >
12   %c[A,V] < G21:H36 >
13   %F[A,V] < I21:J36 >
14
15   %minKap[A,V] < C21:D36 >
16   %maxKap[A,V] < E21:F36 >
17
18   @output
19   %x[A,V].activity < K21:L36 >
20   %objValue < B39 >
```

	A	B	C	D
3	Knoten			
4		An-	Nach-	Netto-
5		gebot	frage	fluss
6	W1	400	0	400
7	W2	500	0	500
8	W3	600	0	600
9	U1a	0	0	0
10	U1b	0	0	0
11	U2a	0	0	0
12	U2b	0	0	0
13	K1	0	350	-350
14	K2	0	450	-450
15	K3	0	500	-500
16	K4	0	200	-200

Abb. 2.96 Lösung für die Knoten für Beispiel 2.18

In der Kantenliste in Abb. 2.97 ist anhand der Flussmengen je Kante und Transportmittel in den Spalten K und L sowie der Kapazitäten in den Spalten E und F ersichtlich, dass alle Transport- und Montagekapazitäten eingehalten werden. Weiterhin ist festzustellen, dass bei optimalen gesamten variablen und sprungfixen Transportkosten von 336.903 Euro (Zelle B39) vor allem Fahrzeugtyp F1 genutzt wird. Einzig auf der Kante W3→U2 werden 100 Sück mit dem Fahrzeugtyp F2 transportiert.

	A	B	C	D	E	F	G	H	I	J	K	L	M
18	Kanten												
19	Von	Nach	Min. Kap.		Max. Kap.		Kostensatz		Fixkosten		Fluss		
20			F1	F2	F1	F2	F1	F2	F1	F2	F1	F2	Ges.
21	W1	U1a	0	0	500	500	148,81	163,69	150	80	300	0	300
22	W1	U2a	0	0	500	500	171,81	188,99	150	80	100	0	100
23	W2	U1a	0	0	500	500	118,97	130,87	150	80	500	0	500
24	W2	U2a	0	0	500	500	243,02	267,32	150	80	0	0	0
25	W3	U1a	0	0	500	500	154,39	169,83	150	80	0	0	0
26	W3	U2a	0	0	500	500	50,86	55,95	150	80	500	100	600
27	U1a	U1b	0	0	800	0	0,00	0,00	0	0	800	0	800
28	U2a	U2b	0	0	750	0	0,00	0,00	0	0	700	0	700
29	U1b	K1	0	0	500	500	33,39	36,73	150	80	350	0	350
30	U1b	K2	0	0	500	500	206,59	227,25	150	80	250	0	250
31	U1b	K3	0	0	500	500	257,33	283,06	150	80	0	0	0
32	U1b	K4	0	0	500	500	9,05	9,96	150	80	200	0	200
33	U2b	K1	0	0	500	500	111,37	122,51	150	80	0	0	0
34	U2b	K2	0	0	500	500	199,15	219,07	150	80	200	0	200
35	U2b	K3	0	0	500	500	156,33	171,96	150	80	500	0	500
36	U2b	K4	0	0	500	500	131,76	144,94	150	80	0	0	0
37	Summe												
38													
39	Kosten	336.903											

Abb. 2.97 Lösung für die Kanten für Beispiel 2.18

2.7.6 Das verallgemeinerte Transportproblem

2.7.6.1 Problemstellung und mathematisches Modell

Mit dem verallgemeinerten Transportproblem wird der Sachverhalt abgebildet, dass es auf Transportrelationen zwischen Versendern und Empfängern zu Veränderungen der Mengeneinheiten des zu betrachtenden Gutes kommen kann. Teilweise werden diese Probleme auch als Flussprobleme mit Kantengewinnen und -verlusten bezeichnet.[72] Derartige Problemstellungen können dann auftreten, wenn das zu liefernde Gut durch Verarbeitungsstufen verändert wird, wobei die Verarbeitungsstufen durch gerichtete Kanten abgebildet werden.

---

72 Vgl. Domschke und Scholl (2010), S. 45.

Betrachtet man das verallgemeinerte Transportproblem als einstufiges Problem, besteht der Unterschied zum klassischen Transportproblem in den Angebotsrestriktionen der Versender. Gemäß Ausdruck (2.118) darf das Angebot eines Versenders darf nicht durch die Summe der mit dem Parameter g_{ij} multiplizierenden ausgehenden Mengen überschritten werden. Der positive Parameter g_{ij} bildet die Kantengewinne oder -verluste ab. So könnte das Angebot eines Versenders durch eine Maschinenkapazität definiert sein, die durch die speziellen Ansprüche der einzelnen Empfänger unterschiedlich beansprucht wird. Die Nachfragerestriktion (2.119) entspricht der des klassischen Transportproblems. Zusammenfassend lässt sich das einstufige verallgemeinerte Transportproblem wie folgt mathematisch formulieren:[73]

$$\sum_{(i,j)\in A} c_{ij} \cdot x_{ij} \to \min! \tag{2.117}$$

u.d.N.

$$\sum_{\{j|(i,j)\in A\}} g_{ij} \cdot x_{ij} \leq a_i \quad ; i \in S \tag{2.118}$$

$$\sum_{\{i|(i,j)\in A\}} x_{ij} = b_j \quad ; j \in D \tag{2.119}$$

$$x_{ij} \geq 0 \quad ;(i,j) \in A \tag{2.120}$$

Zusätzlich zu den im Abschnitt 2.3.1 definierten Bezeichnungen gilt folgende Definition:
Parameter:

g_{ij} positiver Faktor zur Abbildung von Kantengewinnen oder -verlusten für die Lieferbeziehung zwischen Versender i und Empfänger j

Die andere Problemstellung kann in diesem Kontext darin bestehen, dass es oft nicht möglich ist, aus verschiedenen Quellen stammende Güter mit dem gleichen Effekt bei den Empfängern zu verwerten. Beispielsweise kann sich der Heizwert von Kohle abhängig vom Lieferanten unterscheiden. Der Empfänger benötigt aber keine beliebige Menge an Kohle, sondern eine exakte Heizleistung, die je nach Herkunft der Kohle unterschiedlich ausfallen kann. Ebenso können die bei den Empfängern verwendeten Technologien zur Weiterverarbeitung der gelieferten Güter das Ergebnis beeinflussen. Die unterschiedliche Eignung der Lieferung eines Versenders i für den Bedarf b_j eines Empfängers j wird durch den Wirkungskoeffizienten g_{ij} ausgedrückt. Der Bedarf eines Empfängers wird demnach nicht wie bei dem oben angeführten Modell durch die Summe der Liefermengen befriedigt, sondern durch die Wirkung, die aus dem Produkt aus der Liefermenge und dem Wirkungskoeffizienten beim Empfänger erzielt werden kann. Basierend auf dieser etwas anders

---

73 Vgl. Domschke und Scholl (2010), S. 45, Balachandran und Srinivasan (1977), S. 2.

gelagerten Interpretation lässt sich das verallgemeinerte Transportproblem wie folgt formulieren:[74]

$$\sum_{(i,j)\in A} c_{ij} \cdot x_{ij} \to \min! \quad (2.121)$$

u.d.N.

$$\sum_{\{j|(i,j)\in A\}} x_{ij} \leq a_i \quad ; i \in S \quad (2.122)$$

$$\sum_{\{i|(i,j)\in A\}} g_{ij} \cdot x_{ij} = b_j \quad ; j \in D \quad (2.123)$$

$$x_{ij} \geq 0 \quad ;(i,j) \in A \quad (2.124)$$

Der Unterschied zum zuerst genannten Modell besteht darin, dass der Faktor g_{ij} in die Bedarfsrestriktionen (2.123) eingeführt wurde und so einen direkten Einfluss auf die Erfüllung der Bedarfe b_j besitzt.

Beide Modellformulierungen können auch bei einem Vorliegen ganzzahliger Angebote und Nachfragen zu reellwertigen Lösungen der Variablen führen und sind daher bei Bedarf um Ganzzahligkeitsforderungen hinsichtlich der Flussvariablen x_{ij} zu erweitern.

2.7.6.2 Lösung mit CMPL

Verallgemeinerte Transportprobleme lassen sich als spezielle lineare Optimierungsprobleme mit CMPL lösen, was anhand des folgenden Beispiels demonstriert wird.

Beispiel 2.19: Produktions- und Transportoptimierung eines Futtermittelherstellers

(Beispieldatei: futtermittel.cmpl, transport.xlsx → Futtermittel)

Aufgabenstellung

Ein Futtermittelhersteller produziert in drei Werken (B1, B2 und B3) auf der Basis eines Rohmaterials, das von sieben landwirtschaftlichen Betrieben (A1–A7) bezogen wird, ein Futtermittel. In den Werken B1 und B2 wird mit traditionellen Fertigungslinien gearbeitet, bei denen das eingebrachte Rohmaterial mit gewissen Verlusten verarbeitet werden. Am Standort B3 wurde ein neues Werk errichtet und mit verlustarmen Fertigungslinien ausgestattet. Da zusätzlich die Qualität des Rohmaterials in Abhängigkeit der Lieferanten schwankt, liegen für alle Relationen zwischen den Lieferanten und den Werken unterschiedliche Wirkungsgrade vor, die gemeinsam mit den anderen Problemdaten in Tab. 2.25 gegeben sind. Die in dieser Tabelle angegebenen Kosten je Tonne ergeben sich für jede der Transportrelationen kalkulatorisch aus den Beschaffungs-, den distanzabhängigen Transport- und den von den Wirkungsgraden abhängigen Produktionskosten.

---

[74] Vgl. Hellmann und Richter (1988), S.58 ff., Anholcer (2013), S. 10 f.

Tab. 2.25 Mengen und Kosten für Beispiel 2.19

	Kosten [€/t]			Ange-bote [t]	Wirkungsgrade		
	B1	B2	B3		B1	B2	B3
A1	28	16	19	54	0,6	0,7	1,2
A2	15	40	29	36	1,0	1,0	1,8
A3	7	39	24	22	0,3	0,4	0,8
A4	31	40	26	64	0,8	0,8	1,5
A5	39	23	21	35	1,0	1,0	1,0
A6	27	30	7	29	1,2	1,2	2,0
A7	14	33	19	40	0,5	0,5	1,0
Bedarfe [t]	85	65	50				

Für die Sicherstellung der Futtermittelproduktion ist die Beschaffung so zu planen, dass bei vollständiger Bedarfssicherung der Produktionsstätten die Summe der Transport-, Beschaffungs- und Produktionskosten minimal wird. Da das Unternehmen mit den landwirtschaftlichen Betrieben immer auf Tonnenbasis abrechnet, sind nur ganzzahlige Liefermengen in Tonnen zulässig.

Vorgehensweise

Auch für dieses Problem ist für die Indexmengen, die Parameter und die Lösungsbereiche ein Excel-Arbeitsblatt anzulegen. Wie in Abb. 2.98 zu sehen, wurden in der Excel-Beispieldatei Zellbereiche für die Indexmengen der landwirtschaftlichen Betriebe (A4:A10) bzw. der Futtermittelwerke (C3:E3), für die Kostenmatrix (C4:E10) die Vektoren der Angebote (F4:F10) bzw. der Bedarfe (C11:E11) und für die Matrix der Wirkungsgrade (G6:I10) angelegt und mit den entsprechenden Daten gefüllt. In die Zellen C16:E22 sollen nach der Optimierung die Lösungen der Flussvariablen automatisch durch CMPL eingetragen werden. Aus diesen Zellen leiten sich dann die effektiven Mengen inklusive der Zeilen- und Spaltensummen in G16:J23 als Produkt der Wirkungsgrade und der Flussvariablen $g_{ij} \cdot x_{ij}$ ab. Weiterhin werden auf der Basis der Liefermengen und der Kostensätze in C27:F34 die Kosten berechnet.

Modellvarianten hinsichtlich der Lieferbeziehungen

	A	B	C	D	E	F	G	H	I	J
1		Parameter:								
2			Kostensätze				Wirkungskoeffizienten			
3			B1	B2	B3	Angebote	B1	B2	B3	
4		A1	28	16	19	54	0,6	0,7	1,2	
5		A2	15	40	29	36	1,0	1,0	1,8	
6		A3	7	39	24	22	0,3	0,4	0,8	
7		A4	31	40	26	64	0,8	0,8	1,5	
8		A5	39	23	21	35	1,0	1,0	1,0	
9		A6	27	30	7	29	1,2	1,2	2,0	
10		A7	14	33	19	40	0,5	0,5	1,0	
11		Bedarfe	85	65	50					
12										
13		**Lösung:**								
14			Mengen				Effektive Mengen			
15			B1	B2	B3	Gesamt	B1	B2	B3	Gesamt
16		A1				0	0,0	0,0	0,0	0,0
17		A2				0	0,0	0,0	0,0	0,0
18		A3				0	0,0	0,0	0,0	0,0
19		A4				0	0,0	0,0	0,0	0,0
20		A5				0	0,0	0,0	0,0	0,0
21		A6				0	0,0	0,0	0,0	0,0
22		A7				0	0,0	0,0	0,0	0,0
23		Gesamt	0	0	0	0	0,0	0,0	0,0	0,0
24										
25			Kosten							
26			B1	B2	B3	Gesamt				
27		A1	0	0	0	0				
28		A2	0	0	0	0				
29		A3	0	0	0	0				
30		A4	0	0	0	0				
31		A5	0	0	0	0				
32		A6	0	0	0	0				
33		A7	0	0	0	0				
34		Gesamt	0	0	0	0				

Abb. 2.98 Excel-Arbeitsblatt für Beispiel 2.19

Die Indexmengen und die Parameter werden in das CMPL-Modell 2.15 in der ersten Zeile über die Definitionen in der korrespondierenden CmplXlsData-Datei eingelesen. Da die Indexmenge der Kanten bisher noch nicht definiert wurde und alle Werke und Baustellen vollständig miteinander verbunden sind, kann die Indexmenge A in der vierten Zeile aus der Kombination der Mengen der Anbieter S und der Nachfrager D erzeugt werden. Da die Liefermengen ganzzahlig gefordert sind, werden in der siebten Zeile die Elemente der Variablenmatrix als nichtnegative, ganzzahlige Größen definiert. Die Zielfunktion in Zeile 10 entspricht gemäß Ausdruck (2.121) der Zielfunktion des klassischen Transportproblems. Die Angebotsrestriktionen in Zeile 13 sind gemäß Ausdruck (2.122) in ihrer Form als Obergrenzen dem Angebotsüberschuss geschuldet.

CMPL-Modell 2.15 CMPL-Modell für Beispiel 2.19

```
1    %xlsdata
2
3    par:
4        A := [S, D];
5
6    var:
7        x[A]: integer;
8
9    obj:
10       sum{ [i,j] in A:  c[i,j] * x[i,j] } ->min;
11
12   con:
13       { i in S: sum{ [i,j] in A: x[i,j] } <= a[i]; }
14       { j in D: sum{ [i,j] in A: g[i,j] * x[i,j] } = b[j]; }
```

Den Abschluss bildet die veränderte und für alle Empfänger zu definierende Bedarfsrestriktion, die in Zeile 14 gemäß Ausdruck (2.123) auf der linken Seite der Gleichung das Produkt g[i,j] * x[i,j] aus dem Wirkungsfaktor und der Flussmenge enthält.

Nachdem das CMPL-Modell definiert wurde, sind die aus Excel einzulesenden Indexmengen und Parameter und die nach Excel zu schreibenden Lösungselemente in der zugehörigen CmplXlsData-Datei (CMPL-Modell 2.16) zu definieren.

CMPL-Modell 2.16 CmplXlsData für Beispiel 2.19

```
1    @source
2    %file < transport.xlsx >
3    %sheet < Futtermittel >
4
5    @input
6    %S set < B4:B10 >
7    %D set < C3:E3 >
8
9    %a[S] < F4:F10 >
10   %b[D] < C11:E11 >
11   %c[S,D] < C4:E10 >
12   %g[S,D] < G4:I10 >
13
14   @output
15   %x[S,D].activity < C16:E22 >
```

Der Abschnitt @source (Zeilen 1 bis 3) dient zur Angabe der Excel-Datei (*transport.xlsx*) und des Blatts (*Futtermittel*), das zum Lesen der Indexmengen und Parameter sowie zum Schreiben der Optimierungsergebnisse verwendet werden soll. Im Abschnitt @input werden in den Zeilen 6 bis 7 die Indexmengen für die Anbieter

(S) sowie der Nachfrager (D) eingeführt. In den Zeilen 9 bis 12 werden die Angebote (a) und Bedarfe (b) der Knoten, die variablen Transportkosten (c) sowie die Wirkungsgrade (g) definiert. Im @output-Abschnitt wird festgelegt, dass die Lösungen der Flussvariablen x_{ij}; $(i,j) \in A$ in den Zellbereich C16:E22 geschrieben werden sollen.

CMPL findet für dieses Problem eine optimale Lösung mit einem Zielfunktionswert von 3.709 Euro. Betrachtet man in Abb. 2.99 die Liefermengen, erkennt man, dass alle Angebots- und Bedarfsrestriktionen eingehalten werden.

	A	B	C	D	E	F	G	H	I	J
1		Parameter:								
2			Kostensätze				Wirkungskoeffizienten			
3			B1	B2	B3	Angebote	B1	B2	B3	
4			A1	28	16	19	54	0,6	0,7	1,2
5			A2	15	40	29	36	1,0	1,0	1,8
6			A3	7	39	24	22	0,3	0,4	0,8
7			A4	31	40	26	64	0,8	0,8	1,5
8			A5	39	23	21	35	1,0	1,0	1,0
9			A6	27	30	7	29	1,2	1,2	2,0
10			A7	14	33	19	40	0,5	0,5	1,0
11			Bedarfe	85	65	50				
12										
13		Lösung:								
14			Mengen				Effektive Mengen			
15			B1	B2	B3	Gesamt	B1	B2	B3	Gesamt
16			A1	0	50	0	50	0,0	35,0	0,0	35,0
17			A2	36	0	0	36	36,0	0,0	0,0	36,0
18			A3	22	0	0	22	6,6	0,0	0,0	6,6
19			A4	22	0	0	22	17,6	0,0	0,0	17,6
20			A5	0	30	0	30	0,0	30,0	0,0	30,0
21			A6	4	0	25	29	4,8	0,0	50,0	54,8
22			A7	40	0	0	40	20,0	0,0	0,0	20,0
23			Gesamt	124	80	25	229	85,0	65,0	50,0	200,0
24										
25			Kosten							
26			B1	B2	B3	Gesamt				
27			A1	0	800	0	800				
28			A2	540	0	0	540				
29			A3	154	0	0	154				
30			A4	682	0	0	682				
31			A5	0	690	0	690				
32			A6	108	0	175	283				
33			A7	560	0	0	560				
34			Gesamt	2044	1490	175	3709				

Abb. 2.99 Lösung für Beispiel 2.19

Hinsichtlich der Angebotsrestriktionen sind dazu die Zeilensummen der Liefermengen im Zellbereich F16:F22 mit den Angeboten der landwirtschaftlichen Betriebe in F4:F10 zu vergleichen. Es ist erkennbar, dass die Angebote der Anbieter A2, A3, A6 und A7 vollständig verbraucht werden. Die Bedarfsbefriedigung der Futtermittelbetriebe orientiert sich gemäß Ausdruck (2.123) an der effektiven Menge. Daher sind die Spaltensummen der effektiven Mengen im Zellbereich G23:I23 mit den Bedarfen der Betriebe im Zellbereich C11:E11 zu vergleichen.

Die optimalen Lieferstrukturen ergeben sich für dieses Problem auf der Basis der Struktur der Angebote und Bedarfe, der Kostenstruktur sowie den spezifischen Wirkungsgraden. Grundsätzlich wäre es interessant zu analysieren, inwieweit im Sinne der Transportprobleme mit Mindestangeboten und -bedarfen eine partielle Erhöhung von Angebotsmengen und zusätzlich eine Verbesserung der Wirkungsgrade der beiden älteren Futtermittelwerke B1 und B2 zu Kostensenkungen führen könnten. Eine solche Analyse ist Gegenstand des nächsten Abschnitts, in dem mittels der Komplexmethode die verallgemeinerte Transportaufgabe erweitert wird.

2.7.7 Erweiterung des verallgemeinerten Transportproblems mit der Komplexmethode

2.7.7.1 Grundlagen der Komplexmethode

Bei den bisher betrachteten Optimierungsaufgaben wurde von der Voraussetzung ausgegangen, dass alle Modellparameter konstante Werte sind, wobei diese Vorgehensweise den üblichen Planungsansätzen der operativen Planung entspricht. So werden entscheidungsrelevante Kosten und Erlöse üblicherweise mit der Grenzkosten- und Grenzerlösrechnung geplant, wobei gemäß den Prämissen dieser Systeme alle Einflussgrößen bis auf die Produktions-, Absatz- bzw. Transportmengen als konstant unterstellt werden.[75] Eine optimal bestimmte Lösung wird durch die Nebenbedingungen beschränkt, so dass sich die Frage stellt, ob eine Lockerung von Schranken zu besseren Ergebnissen führen kann.

Mit der von LASSMANN und ROGGE entwickelten *Komplexmethode der linearen Optimierung* ist eine erhebliche Erweiterung und Flexibilisierung der linearen Optimierung gegeben, da sie Ansätze zu einer optimalen Änderung der konstanten Parameter eines linearen Optimierungsmodells zur Verfügung stellt.[76] Die Komplexmethode vollzieht sich in einem interaktiven Planungszyklus, bei dem ausgehend von der Lösung der sogenannten Grundaufgabe ein komplexes Modell zu modellieren ist, in dem die Änderungsmöglichkeiten der Parameter des Problems festgelegt werden. Die Lösung dieses komplexen Optimierungsmodells ist zu analysieren und ggf. ein weiterer Komplexschritt vorzunehmen, bis ein adäquater Zielfunktionswert erreicht wird.[77]

---

75 Vgl. Ewert et al. (2023), S. 604 f.
76 Vgl. Lassmann und Rogge (1990), S. 25 ff.
77 Vgl. Lassmann und Rogge (1989), S. 134 f., Lassmann und Rogge (1990), S. 28 ff.

Zur Diskussion der Komplexmethode soll das folgende allgemeine lineare Optimierungsmodell verwendet werden, bei dem eine lineare Zielfunktion über n Variablen unter Beachtung von m linearen Nebenbedingungen maximiert wird:

$$z = \sum_{j=1}^{n} c_j \cdot x_j \quad \rightarrow \max! \tag{2.125}$$

u.d.N.

$$\sum_{j=1}^{m} a_{ij} \cdot x_j \leq b_i \quad ; i = 1,2,\ldots,m \tag{2.126}$$

$$x_j \geq 0 \quad ; j = 1,2,\ldots,n \tag{2.127}$$

mit
Parameter:

c_j Zielfunktionskoeffizient der Variablen j

a_{ij} Aufwandskoeffizient für Restriktion i und Variable j

b_i Obergrenze der Restriktion i

Variablen:

x_j Variable j

Die Elemente der Parametervektoren c und b sowie die der Parametermatrix a sind konstante Größen, wobei es im Rahmen des Planungs- und Entscheidungsprozesses sinnvoll sein kann, die Annahme konstanter Modellparameter fallen zu lassen. So argumentieren LASSMANN und ROGGE, dass im Fall einer durch die optimale Lösung eines Problems verfehlten Zielvorgabe $z < z^*$ „das Optimierungsmodell im Sinne einer Ausdehnung des Zulässigkeitsbereiches verändert werden"[78] müsse.

Die Grundidee der Komplexmethode besteht darin, konstante Problemdaten zur Veränderung zuzulassen, diese als Variable in die Modellrechnung einzubeziehen und letztlich optimale Veränderungswerte des Modells zur größtmöglichen Verbesserung des Zielkriteriums zu ermitteln. Aus den unterschiedlichen Vorgehensweisen der Veränderung konstanter Modelldaten ergeben sich die in Tab. 2.26 angegebenen Klassen von Optimierungsmodellen.

Grundsätzlich sind dabei die Optimierungsklasse I *Extensive Modellverbesserung*, bei der die Obergrenzen der Restriktionen erweitert werden können, die Optimierungsklasse II *Intensive Modellverbesserung*, bei der die Aufwandskoeffizienten veränderlich gestaltet werden, die Optimierungsklasse III *Zielextreme Modellverbesserung* mit veränderlichen Zielfunktionskoeffizienten sowie mit den Optimierungsklassen IV–VII Kombinationen aus diesen Modellklassen zu unterscheiden.

---

78 Lassmann und Rogge (1990), S. 26.

Tab. 2.26 Übersicht der möglichen Optimierungsklassen[79]

Optimierungsklasse	I Extensive Modellverbesserung	II Intensive Modellverbesserung	III Zielextreme Modellverbesserung	IV Restriktive Modellverbesserung	V Zielintensive Modellverbesserung	VI Zielextensive Modellverbesserung	VII Zielrestriktive Modellverbesserung
b	X			X		X	X
a		X		X	X		X
c			X		X	X	X

Hinsichtlich der konkreten Modellformulierungen bietet die Komplexmethode zwei alternative Ansätze, die am Beispiel der Optimierungsklasse VII *Zielrestriktive Modellverbesserungen* im Folgenden erörtert werden.

Bei der Formulierung des komplexen Optimierungsmodells werden die Veränderungen der Modellkonstanten als Variable formuliert und mit den Modellkonstanten durch Addition oder Subtraktion verknüpft. So kann das obige allgemeine Optimierungsmodell in das folgende komplexe Optimierungsmodell überführt werden:[80]

$$\sum_{j=1}^{n}(c_j + \Delta c_j) \cdot x_j \to \max! \quad (2.128)$$

u.d.N.

$$\sum_{j=1}^{n}(a_{ij} - \Delta a_{ij}) \cdot x_j \leq (b_i + \Delta b_i) \quad ; i = 1,2,\ldots,m \quad (2.129)$$

$$0 \leq x_j \leq x_j^o \quad ; j = 1,2,\ldots,n \quad (2.130)$$

$$\Delta c_j^u \leq \Delta c_j \leq \Delta c_j^o; \ \Delta c_j^u \leq 0 \leq \Delta c_j^o \quad ; j = 1,2,\ldots,n \quad (2.131)$$

$$\Delta a_{ij}^u \leq \Delta a_{ij} \leq \Delta a_{ij}^o; \ \Delta a_{ij}^u \leq 0 \leq \Delta a_{ij}^o \quad ; i = 1,2,\ldots,m, j = 1,2,\ldots,n \quad (2.132)$$

$$\Delta b_i^u \leq \Delta b_i \leq \Delta b_i^o; \ \Delta b_i^u \leq 0 \leq \Delta b_i^o \quad ; i = 1,2,\ldots,m \quad (2.133)$$

Zur Lösung dieses nichtlinearen Modellansatzes wurde von LASSMANN und ROGGE ein sogenannter Komplexschritt vorgeschlagen, der in der Formulierung und Lösung einer linearen Ersatzaufgabe besteht, deren numerische Lösung wieder in das ursprüngliche komplexe Modell einbezogen wird. Wenn der Zielfunktionswert nicht dem vorgegebenen Zielwert entspricht, ist die Lösung zu analysieren, die Schranken von Δc, Δa sowie von Δb anzupassen und letztlich ein weiterer

---

[79] Lassmann und Rogge (1990), S. 28.
[80] Vgl. Lassmann und Rogge (1990), S. 28 ff.

Komplexschritt vorzunehmen.[81] Dieser Modellansatz inklusive der linearen Ersatzaufgabe funktioniert auch für ganzzahlige lineare Modelle.

Für den Fall eines ganzzahligen komplexen Modells hat ROGGE ein Modell erarbeitet, bei dem die ursprünglichen Modellkonstanten als Variable angesehen werden. Wendet man diesen Ansatz auf das obige allgemeine Optimierungsmodell an, ergibt sich folgendes Modell:

$$\sum_{j=1}^{n} c_j \cdot x_j \to \max! \tag{2.134}$$

u.d.N.

$$\sum_{j=1}^{m} a_{ij} \cdot x_j \leq b_i \quad ; i = 1,2,\ldots,m \tag{2.135}$$

$$x_j \in \{0,1,\ldots,x_j^o\} \quad ; j = 1,2,\ldots,n \tag{2.136}$$

$$c_j^u \leq c_j \leq c_j^o \quad ; j = 1,2,\ldots,n \tag{2.137}$$

$$a_{ij}^u \leq a_{ij} \leq a_{ij}^o \quad ; i = 1,2,\ldots,m,; j = 1,2,\ldots,n \tag{2.138}$$

$$b_i^u \leq b_i \leq b_i^o \quad ; i = 1,2,\ldots,m \tag{2.139}$$

Dieses ganzzahlige komplexe Optimierungsmodell ist aufgrund der Variablenprodukte $c_j \cdot x_j$ bzw. $a_{ij} \cdot x_j$ nichtlinear. Da ROGGE einen allgemeinen Ansatz zur äquivalenten Transformation von Variablenprodukten in Form eines spezifischen Ungleichungssystems erarbeitet hat[82], kann das ganzzahlige komplexe Modell in ein ganzzahliges lineares komplexes Optimierungsmodell überführt und gelöst werden. Analog zum ersten Modellansatz ist dieser vereinfachte Komplexschritt ggf. mehrfach zu durchlaufen, bis ein befriedigender Zielfunktionswert erreicht wird.

2.7.7.2 Das komplexe verallgemeinerte Transportproblem

Im Rahmen der Anwendung der Komplexmethode auf das verallgemeinerte Transportproblem bieten sich die konstanten Wirkungskoeffizienten g_{ij} sowie die Angebote der Versender a_i als Ansatzpunkte an. So kann, wie im Rahmen der Transportprobleme mit Mindestangeboten und -bedarfen schon diskutiert, eine (teilweise) beschränkte Freigabe der bisher konstanten Angebote unter Umständen geringere Transportkosten induzieren, wenn aufgrund der Freigaben günstigere Lieferbeziehungen nutzbar sind. Weiterhin kann eine Erhöhung der Wirkungskoeffizienten zu einer verringerten zu transportierenden Menge und damit zu verringerten Transportkosten führen.

---

81 Vgl. Lassmann und Rogge (1989), S. 134 f., Lassmann und Rogge (1990), S. 28 ff.
82 Vgl. Rogge (2003), S. 55 f., Rogge (2004), S. 85 ff., Rogge und Steglich (2007), S. 26 ff., Steglich (2010), S. 17 ff.

Daher sind im komplexen verallgemeinerten Transportproblem die Wirkungskoeffizienten g_{ij} sowie die Angebote der Versender a_i als Variable mit zugehörigen Unter- und Obergrenzen einzuführen. Zur Definition der Obergrenzen der Angebote ist die Lösung des ursprünglichen verallgemeinerten Transportproblems zu analysieren. Handelt es sich um ein kontinuierliches lineares Optimierungsproblem, sind die Schattenpreise für die Angebote einzubeziehen, wobei die Anbieter mit den höchsten Schattenpreisen die Kandidaten für eine Öffnung der Angebotsobergrenzen darstellen. Bei einem ganzzahligen oder gemischt ganzzahligen Modell gilt es, aufgrund der fehlenden Schattenpreise, vorrangig die Anbieter zu betrachten, deren Angebot entweder vollständig oder nahezu vollständig verbraucht wird. Für diese Anbieter ist die Obergrenze über das bisherige Niveau des Angebotes zu erhöhen. Alle anderen Anbieter erhalten für die Angebote eine Obergrenze, die dem bisherigen Angebot entspricht. Da bei konstanten Bedarfen mit einer Erhöhung der Angebote einzelner Anbieter eine Verringerung der Liefermengen anderer Anbieter einhergehen kann, sollten die Untergrenzen der Angebote aller Anbieter reduziert bzw. auf den Wert null gesetzt werden.

Weiterhin sind die Wirkungskoeffizienten und die Kostensituation der Empfänger zu analysieren. Grundsätzlich sollten die Untergrenzen der Wirkungskoeffizienten den bisherigen konstanten Werten entsprechen. Falls ein schlechter Wirkungskoeffizient auf eine hohe Flussmenge und damit auf hohe Kosten trifft, ist dieser Koeffizient ein Kandidat für eine Erhöhung der Obergrenze über das bisherige Niveau hinaus. Allerdings ist zu prüfen, ob eine solche Erhöhung technologisch und ökonomisch realisierbar ist. Für alle anderen Wirkungskoeffizienten sind die Obergrenzen den Untergrenzen gleichzusetzen. Das komplexe verallgemeinerte Transportproblem lautet dann wie folgt:

$$\sum_{(i,j) \in A} c_{ij} \cdot x_{ij} \to \min! \tag{2.140}$$

u.d.N.

$$\sum_{\{j \mid (i,j) \in A\}} x_{ij} \leq a_i \quad ; i \in S \tag{2.141}$$

$$\sum_{\{i \mid (i,j) \in A\}} g_{ij} \cdot x_{ij} = b_j \quad ; j \in D \tag{2.142}$$

$$x_{ij} \in \{0, 1, ..., x_{ij}^o\} \quad ;(i,j) \in A \tag{2.143}$$

$$g_{ij}^u \leq g_{ij} \leq g_{ij}^o \quad ;(i,j) \in A \tag{2.144}$$

$$a_i^u \leq a_i \leq a_i^o \quad ;i \in S \tag{2.145}$$

Zusätzlich zu den im Abschnitt 2.7.6.1 definierten Bezeichnungen werden folgende Definitionen verwendet:

Parameter:

a_i^u Untergrenze des Angebotes für Anbieter i

a_i^o Obergrenze des Angebotes für Anbieter i

g_{ij}^u Untergrenze des Wirkungskoeffizienten für die Lieferbeziehung zwischen Versender i und dem Empfänger j

g_{ij}^o Obergrenze des Wirkungskoeffizienten für die Lieferbeziehung zwischen Versender i und dem Empfänger j

x_i^o Obergrenze der Transportmenge vom Versender i zum Empfänger j

Variablen:

a_i Angebot für Anbieter i

g_{ij} Wirkungskoeffizient für die Lieferbeziehung zwischen Versender i und dem Empfänger j

Es handelt sich bei diesem Modell im Sinne der Klassen der Komplexmethode um ein Modell der Klasse IV *Restriktive Modellverbesserung*. Aufgrund der Variablenprodukte $g_{ij} \cdot x_j$ besitzt dieses Modell einen nichtlinearen Charakter und ist entweder durch die Formulierung der komplexen Ersatzaufgabe oder durch die äquivalente Transformation dieser Variablenprodukte in lineare Ungleichungsysteme in ein lineares gemischt-ganzzahliges Modell zu überführen[83] und durch adäquate Lösungsverfahren zu lösen.

Wenn die Erhöhung der Wirkungsgrade nicht nur implizit im Sinne der Transportkosten, sondern auch explizit, z. B. aufgrund der technologischen Bedingungen, zu Veränderungen der variablen Produktionskosten oder zu sprungfixen Kosten führt, ist die Zielfunktion des komplexen verallgemeinerten Transportproblems anzupassen.

Zusammenfassend ist festzustellen, dass mit der Komplexmethode und vorhergehenden Analysen ein verbesserter Lieferplan und damit reduzierte Kosten generiert werden können. Mittels der Komplexmethode sind ausgehend von der Grundaufgabe (verallgemeinertes Transportproblem) die Angebotssituation und die Wirkungsgrade systematisch zu untersuchen und die entsprechenden Unter- und Obergrenzen der neuen Variablen für die Angebote und die Wirkungsgrade zu definieren. Mit dem komplexen Modell werden nicht nur die optimalen Liefermengen, sondern auch die optimalen Angebotsgrenzen und Wirkungsgrade simultan bestimmt. Es ist allerdings für reale Anwendungen zu hinterfragen, ob die Erhöhungen der Angebote und der Wirkungsgrade tatsächlich technologisch bzw. ökonomisch realisierbar sind.

---

83   Vgl. Rogge und Steglich (2007), S. 26 ff.

2.7.7.3 Lösung mit CMPL

Verwendet man für die oben genannten Variablenprodukte gemäß ROGGE eine äquivalente Umformung in entsprechende lineare Ungleichungssysteme, stellt das komplexe verallgemeinerte Transportproblem ein spezielles lineares gemischt-ganzzahliges Optimierungsproblem dar und kann mit CMPL gelöst werden.

Beispiel 2.20: Komplexe Produktions- und Transportoptimierung eines Futtermittelherstellers
(Beispieldatei: futtermittel-komplex.cmpl, transport.xlsx → Futtermittel-komplex)

Aufgabenstellung

Es gelten weiterhin alle Informationen aus Beispiel 2.19, in dem ein Transport- und Produktionsplan gefunden wurde, der unter Beachtung der Angebots- und Nachfragebedingungen die gesamten Transport-, Beschaffungs- und Produktionskosten minimiert. Es stellt sich allerdings die Frage, ob mit einer Neugestaltung der Angebotssituation sowie einer partiellen Verbesserung der Wirkungsgrade der Futtermittelwerke eine Kostensenkung realisiert werden könnte.

Betrachtet man die Lösung des bisherigen Problems in Abb. 2.99, erkennt man, dass die Angebote der regionalen Anbieter A2, A3, A6 und A7 vollständig verbraucht werden. Daher stellen diese Anbieter im Sinne der Komplexmethode Kandidaten für eine Erhöhung der Obergrenzen der Angebotsmengen dar. Nach Verhandlungen mit diesen regionalen Anbietern erscheint eine Erhöhung des Angebotes von A2 auf 50 Tonnen und für A3 auf 40 Tonnen möglich. Die Obergrenzen der nun variablen Angebote werden für diese beiden Anbieter auf diese Werte erhöht, während die Obergrenzen der Angebote für alle anderen Anbietern den bisherigen Mengenangeboten entsprechen. Die Untergrenzen aller regionalen Anbieter werden auf den Wert null gesetzt.

Es wurde weiterhin analysiert, dass die Wirkungsgrade aller Futtermittelwerke erhöht werden können und so im Sinne der Komplexmethode Kostensenkungspotentiale enthalten. Aus technologischen Gründen kann der Wirkungsgrad für das Werk B1 maximal um den Wert 0,4, für das Werk B2 maximal um 0,2 und für das Werk B3 maximal um 0,1 erhöht werden. Die dafür notwendigen Anpassungskosten sind linearer Natur, wobei für alle Arten von Futtermitteln eine volle Erhöhung eines Wirkungsgrades um 0,4 im Werk B1 zu zusätzlichen Kosten von jeweils 300 Euro führt. Im Werk B2 betragen die zusätzlichen Kosten 200 Euro pro Futtermittelart, wenn der Wirkungsgrad um den maximal möglichen Wert von 0,2 erhöht wird. Im Werk B3 würde eine Erhöhung des Wirkungsgrades um 0,1 zu zusätzlichen Kosten 400 Euro pro Futtermittelart führen.

Vorgehensweise

Da die Erhöhung der Wirkungsgrade variable Anpassungskosten auslöst, ist das komplexe Modell des verallgemeinerten Transportproblems zu erweitern. Die in der

Modellvarianten hinsichtlich der Lieferbeziehungen

Aufgabenstellung genannten Kostensätze würden bei einer maximalen Verbesserung der Wirkungsgrade $g_{ij} = g_{ij}^o$ anfallen. Bezeichnet man diese zusätzlichen Kosten einer maximalen Wirkungsgradverbesserung eines Werkes mit $cf_j; j \in D$, ergeben sich die zusätzlich anfallenden Kosten einer teilweisen Verbesserung des Wirkungsgrades aus der Multiplikation der Kostenfaktoren cf_j mit der Erhöhung des jeweiligen Wirkungsgrades $(g_{ij} - g_{ij}^u)$. Daher ist die bisherige Zielfunktion (2.140) entsprechend zu erweitern (Ausdruck (2.146)). Das angepasste Modell lautet dann wie folgt:

$$\sum_{(i,j) \in A} c_{ij} \cdot x_{ij} + \sum_{j=1}^{n} cf_j \cdot \left(g_{ij} - g_{ij}^u\right) \to \min! \qquad (2.146)$$

u.d.N.

$$\sum_{\{j|(i,j) \in A\}} x_{ij} = a_i \qquad ; i \in S \qquad (2.147)$$

$$\sum_{\{i|(i,j) \in A\}} g_{ij} \cdot x_{ij} = b_j \qquad ; j \in D \qquad (2.148)$$

$$x_{ij} \in \{0, 1, \ldots, x_{ij}^o\} \qquad ;(i,j) \in A \qquad (2.149)$$

$$g_{ij}^u \leq g_{ij} \leq g_{ij}^o \qquad ;(i,j) \in A \qquad (2.150)$$

$$a_i^u \leq a_i \leq a_i^o \qquad ;i \in S \qquad (2.151)$$

Zusätzlich zu den in diesem Abschnitt definierten Bezeichnungen gelten folgende Bezeichnungen:
Parameter:

cf_{ij} Anpassungskosten für die maximale Erhöhung des Wirkungsgrades im Werk j für das Futtermittel des Anbieters i

Zur Lösung dieses Problems mit CMPL ist in einem ersten Schritt ein Excel-Arbeitsblatt mit den Daten für die Indexmengen und die Parameter des Problems sowie den Zellbereichen, in die die Lösung nach der Optimierung automatisch durch CMPL eingetragen wird, anzulegen (Abb. 2.100). Analog zum Beispiel 2.19 existieren Zellbereiche für die Indexmengen der landwirtschaftlichen Betriebe (A4:A10) bzw. der Futtermittelwerke (C3:E3), für die Kostenmatrix (C4:E10) sowie der Bedarfe (C11:E11). Hinsichtlich der Angebote wurden die ursprünglichen Angebote im Zellbereich F4:F10 sowie, da es sich in diesem Modell um Variablen handelt, im Zellbereich G4:H10 die Unter- und Obergrenzen angegeben. Ebenso wurden für die Wirkungsgrade die Unter- und Obergrenzen im Zellbereich I4:N10 eingegeben. Zusätzlich wurde in den Zellen L11:N11 der Vektor cf für die werksbezogenen maximalen Anpassungskosten definiert. Für die Flussmengen, die variablen Angebote und Wirkungsgrade wurden mit C16:E22, G16:G22 und H16:J22 entsprechende Zellbereiche vorbereitet, in denen CMPL nach Abschluss der Optimierung die Lösungen dieser Variablen schreiben soll.

	A	B	C	D	E	F	G	H	I	J	K	L	M	N
1		Parameter:												
2			Kostensätze			Angebote			Min. Wirkungskoeffizienten			Max. Wirkungskoeffizienten		
3			B1	B2	B3	alt	Min.	Max	B1	B2	B3	B1	B2	B3
4		A1	28	16	19	54	0	54	0,6	0,7	1,2	1,0	0,9	1,3
5		A2	15	40	29	36	0	50	1,0	1,0	1,8	1,4	1,2	1,9
6		A3	7	39	24	22	0	40	0,3	0,4	0,8	0,7	0,6	0,9
7		A4	31	40	26	64	0	64	0,8	0,8	1,5	1,2	1,0	1,6
8		A5	39	23	21	35	0	35	1,0	1,0	1,0	1,4	1,2	1,1
9		A6	27	30	7	29	0	29	1,2	1,2	2,0	1,6	1,4	2,1
10		A7	14	33	19	40	0	40	0,5	0,5	1,0	0,9	0,7	1,1
11		Bedarfe	85	65	50				Anpassungskostensatz			300	200	400
12														
13		Lösung:												
14			Mengen						Wirkungskoeffizienten			Effektive Mengen		
15			B1	B2	B3	Gesamt	Angebot		B1	B2	B3	B1	B2	B3	Gesamt
16		A1				0						0,0	0,0	0,0	0,0
17		A2				0						0,0	0,0	0,0	0,0
18		A3				0						0,0	0,0	0,0	0,0
19		A4				0						0,0	0,0	0,0	0,0
20		A5				0						0,0	0,0	0,0	0,0
21		A6				0						0,0	0,0	0,0	0,0
22		A7				0						0,0	0,0	0,0	0,0
23		Gesamt	0	0	0	0	0					0,0	0,0	0,0	0,0
24														
25			Kosten											
26			B1	B2	B3	Gesamt								
27		A1	0	0	0	0								
28		A2	0	0	0	0								
29		A3	0	0	0	0								
30		A4	0	0	0	0								
31		A5	0	0	0	0								
32		A6	0	0	0	0								
33		A7	0	0	0	0								
34		Gesamt	0	0	0	0								

Abb. 2.100 Excel-Arbeitsblatt für Beispiel 2.20

Aus den zu findenden Lösungen der Flussvariablen und der Wirkungsgrade leiten sich die effektiven Mengen inklusive der Zeilen- und Spaltensummen in K16:N23 als Produkt der Wirkungsgrade und der Flussvariablen $g_{ij} \cdot x_{ij}$ ab. Weiterhin werden in den Zellen C27:F34 die Kosten gemäß der angepassten Zielfunktion (2.146) berechnet.

Im folgenden Schritt ist das CMPL-Modell 2.17 zu formulieren. Erneut werden in der ersten Zeile die in der korrespondierenden CmplXlsData-Datei spezifizierten Indexmengen und Parameter eingelesen. Da auch in diesem Modell die Indexmenge der Kanten bisher noch nicht definiert wurde und alle Futtermittelhersteller und die Werke vollständig miteinander verbunden sind, wird die Indexmenge A in der vierten Zeile aus der Kombination der Mengen der Anbieter S und der Nachfrager D erzeugt. In der Sektion var werden in den Zeilen 7 bis 10 die Matrizen der Flussvariablen x[i,j] sowie die der Wirkungsgrade g[i,j] für alle Kombinationen A definiert.

CMPL-Modell 2.17 CMPL-Modell für Beispiel 2.20

```
1    %xlsdata
2
3    par:
4        A := [S, D];
5
6    var:
7        {[i,j] in A:
8            x[i,j]: integer[0..ceil(b[j]/gMin[i,j])];
9            g[i,j]: real[gMin[i,j]..gMax[i,j]];
10       }
11       { i in S : a[i]: real[aMin[i]..aMax[i]]; }
12
13   obj:
14       sum{ [i,j] in A: c[i,j] * x[i,j] + cf[j] * ( g[i,j] - gMin[i,j]) } ->min;
15
16   con:
17       { i in S: sum{ [i,j] in A: x[i,j] } = a[i]; }
18       { j in D: sum{ [i,j] in A: g[i,j] * x[i,j] } = b[j]; }
```

Die ganzzahligen Variablen x[i,j] bekommen als Untergrenze den Wert null zugewiesen. Die maximal auf einer Transportbeziehung transportierbare Menge tritt nur dann auf, wenn ein Anbieter den Bedarf eines Werkes vollständig befriedigt, d. h. $g_{ij} \cdot x_{ij} = b_j$ gilt. In Abhängigkeit des Wirkungsgrades muss dann die Liefermenge $x_{ij} = \lceil b_j / g_{ij} \rceil$ betragen. Daher kann die Obergrenze in Zeile 8 durch den Ausdruck ceil(b[j]/gMin[i,j]) spezifiziert werden, wobei die CMPL-Funktion ceil() der Aufrundungsfunktion entspricht. Der Parameter gMin[i,j] bezeichnet die Untergrenze der reellwertigen Variablen g[i,j] (Wirkungsfaktoren), die zusätzlich durch die Obergrenzen gMax[i,j] beschränkt sind. Weiterhin werden in Zeile 11 die Angebotsvariablen a[i] mit ihren Unter- und Obergrenzen (aMin[i], aMax[i]) für alle regionalen Anbieter definiert.

Die bisherige Zielfunktion des verallgemeinerten Transportproblems ist in Zeile 14 um die einzubeziehenden Anpassungskosten für die Erhöhung der Wirkungsgrade gemäß Ausdruck (2.146) zu erweitern. Die Angebotsrestriktionen in Zeile 17 entsprechen Ausdruck (2.147) sowie die Bedarfsrestriktionen in Zeile 18 dem Ausdruck (2.148). Die Formulierung g[i,j] * x[i,j] ist aufgrund des Variablenproduktes nichtlinear und müsste grundsätzlich nach ROGGE durch ein System linearer Ungleichungen äquivalent transformiert werden.[84] Allerdings ist CMPL als Modellierungssprache in der Lage, diese äquivalenten Umformungen automatisch

---

84 Gemäß ROGGE kann ein Variablenprodukt äquivalent in ein System linearer Ungleichungen transformiert werden, wenn mindestens einer der Faktoren ganzzahlig ist. Vgl. Rogge (2003), S. 55 f., Rogge (2004), S. 85 ff., Rogge und Steglich (2007), S. 26 ff., Steglich (2010), S. 17 ff.

vorzunehmen[85], so dass das Variablenprodukt in den Bedarfsrestriktionen unverändert im CMPL-Modell verwendet werden kann.

Anschließend sind die aus Excel einzulesenden Indexmengen und Parameter und die nach Excel zu schreibenden Lösungselemente in der zugehörigen CmplXls-Data-Datei (CMPL-Modell 2.18) zu definieren. Der Abschnitt @source (Zeilen 1 bis 3) dient zur Angabe der Excel-Datei (*transport.xlsx*) und des Blatts (*Futtermittel-komplex*), das zum Lesen der Indexmengen und Parameter sowie zum Schreiben der Optimierungsergebnisse verwendet werden soll.

CMPL-Modell 2.18 CmplXlsData für Beispiel 2.20

```
1    @source
2    %file < transport.xlsx >
3    %sheet < Futtermittel-komplex >
4
5    @input
6    %S set < B4:B10 >
7    %D set < C3:E3 >
8
9    %aMin[S] < G4:G10 >
10   %aMax[S] < H4:H10 >
11   %b[D] < C11:E11 >
12   %c[S,D] < C4:E10 >
13   %cf[D] < L11:N11 >
14
15   %gMin[S,D] < I4:K10 >
16   %gMax[S,D] < L4:N10 >
17
18   @output
19   %a[S].activity < G16:G22 >
20   %x[S,D].activity < C16:E22 >
21   %g[S,D].activity < H16:J22 >
```

Im Abschnitt @input werden in den Zeilen 6 bis 7 die Indexmengen für die Anbieter (S) sowie der Nachfrager (D) eingeführt. In den Zeilen 9 bis 13 werden die Unter- und Obergrenzen der Angebote (aMin und aMax), die Bedarfe (b), die variablen Transportkosten (c) sowie die Kostenfaktoren der Anpassungen der Wirkungsgrade (cf) definiert. Die Definition der Unter- und Obergrenzen der Wirkungsgrade (gMin und gMax) erfolgt in den folgenden Zeilen 15 und 16. Im @output-Abschnitt werden die Zellbereiche definiert, in denen die Lösungen der Angebote (%a[S].activity), der Flussvariablen (%x[S,D].activity) und der Wirkungsgrade geschrieben (%g[S,D].activity) werden sollen.

---

85 Vgl. Steglich und Schleiff (2010), S. 35 f.

Nach der Optimierung erhält man einen neuen, in Abb. 2.101 dargestellten Liefer- und Produktionsplan. Gegenüber dem verallgemeinerten Transportproblem reduzieren sich die Kosten von 3.709 auf 2.567 Euro (Zelle F34), wobei alle Angebots- und Bedarfsrestriktionen eingehalten werden. Im Zellbereich G16:G22 wurden die Anbieter, deren variables Angebot sich vom ursprünglichen Angebot unterscheidet, mittels bedingter Formatierung sichtbar gemacht. So ist erkennbar, dass sich die Angebote und damit die Liefermengen der Anbieter A2 und A3 gegenüber der ursprünglichen Lösung erhöht haben.

	A	B	C	D	E	F	G	H	I	J	K	L	M	N
13		Lösung:												
14			Mengen					Wirkungskoeffizienten			Effektive Mengen			
15			B1	B2	B3	Gesamt	Angebot	B1	B2	B3	B1	B2	B3	Gesamt
16		A1	0	54	0	54	54	0,60	0,90	1,20	0,0	48,6	0,0	48,6
17		A2	41	0	0	41	41	1,40	1,00	1,80	57,4	0,0	0,0	57,4
18		A3	40	0	0	40	40	0,69	0,40	0,80	27,6	0,0	0,0	27,6
19		A4	0	0	0	0	0	0,80	0,80	1,50	0,0	0,0	0,0	0,0
20		A5	0	14	0	14	14	1,00	1,17	1,00	0,0	16,4	0,0	16,4
21		A6	0	0	25	25	25	1,20	1,20	2,00	0,0	0,0	50,0	50,0
22		A7	0	0	0	0	0	0,50	0,50	1,00	0,0	0,0	0,0	0,0
23		Gesamt	81	68	25	174	174				85,0	65,0	50,0	200,0
24														
25			Kosten											
26			B1	B2	B3	Gesamt								
27		A1	0	904	0	904								
28		A2	735	0	0	735								
29		A3	397	0	0	397								
30		A4	0	0	0	0								
31		A5	0	356	0	356								
32		A6	0	0	175	175								
33		A7	0	0	0	0								
34		Gesamt	1132	1260	175	2567								

Abb. 2.101 Lösung für Beispiel 2.20

Hinsichtlich der Anbieter A5 und A6 ist eine Minderung der Liefermengen zu verzeichnen. Weiterhin ist festzuhalten, dass die Anbieter A4 und A7 nicht mehr als Lieferanten auftreten. Im Zellbereich H16:I22 sind die Wirkungsgrade einzusehen, wobei entsprechende Änderungen wiederum per bedingter Formatierung hervorgehoben wurden. Insgesamt sinkt aufgrund der erhöhten Wirkungsgrade die gesamte zu transportierende Menge von 229 auf 174 Tonnen (Zelle G23).

Literatur

Anholcer, M. (2013): Stochastic generalized transportation problem with discrete distribution of demand. OPERATIONS RESEARCH AND DECISIONS 4, S. 9-19e.

Balachandran, V. und V. Srinivasan (1977): A Survey of the Applications of the Operator Theory of Parametric Programming for the Transportation and Generalized Transportation Problems, Discussion Papers Nr. 300 / Center for Mathematical Studies in Economics and Management Science (CMS-EMS), Kellogg Graduate School of Management, Northwestern University, Evanston.

Barnhart, C., C. Hane und P. Vance (1996): Integer multicommodity flow problems, in: W Cunningham, S T McCormick und M Queyranne (Hrsg.): Integer Programming and Combinatorial Optimization, Springer Berlin et al., S. 58-71.

Burkard, R.E. (2001): Transporation Problems, in: P Kischka, R H Möhring, U Leopold-Wildburger und F-J Rademacher (Hrsg.): Models, methods and decision support for management essays in honor of Paul Stähly Physica-Verl., Heidelberg et al., S. IX, 417 S.

Carter, M.W., C.C. Price und G. Rabadi (2019): Operations Research: A Practical Introduction, 2. Aufl., CRC Press,

Chekuri, C., S. Khanna und F.B. Shepherd (2009): A Note on Multiflows and Treewidth. Algorithmica 54 (3), S. 400-412.

Dantzig, G.B. (1951a): Application of the simplex method to a transportation problem, in: T C Koopmans (Hrsg.): Activity Analysis of Production and Allocation - Proceedings of a Conference, Wiley, New York, S. 359-373.

Dantzig, G.B. (1951b): Maximization of a linear function of variables subject to linear inequalities, in: T C Koopmans (Hrsg.): Activity Analysis of Production and Allocation Proceedings of a Conference, Wiley, New York, S. 339-347.

Dempe, S. und H. Schreier (2006): Operations Research: Deterministische Modelle und Methoden, 1. Aufl., Teubner, Wiesbaden.

Domschke, W. (2007): Logistik: Transport Grundlagen, lineare Transport- und Umladeprobleme, 5., überarb. Aufl., Oldenbourg, München et al.

Domschke, W., A. Drexl, R. Klein und A. Scholl (2015): Einführung in Operations Research, 9. Aufl., Springer Gabler, Berlin et. al.

Domschke, W. und A. Scholl (2010): Logistik: Rundreisen und Touren, 5. Aufl., Oldenbourg, München.

Ewert, R., A. Wagenhofer und A. Rohlfing-Bastian (2023): Interne Unternehmensrechnung, 9. Aufl., Springer Gabler, Berlin, Heidelberg.

Ford, L.R. und D.R. Fulkerson (1956): Maximal flow through a network. Canadian Journal of Mathematics 8, S. 399-404.

Fulkerson, D.R. (1961): An Out-of-Kilter Method for Minimal-Cost Flow Problems. Journal of the Society for Industrial and Applied Mathematics 9 (1), S. 18-27.

Garfinkel, R.S. und M.R. Rao (1971): The bottleneck transportation problem. Naval Research Logistics Quarterly 18, S. 465-472.

Ghiani, G., G. Laporte und R. Musmanno (2022): Introduction to Logistics Systems Management, 3. Aufl., Wiley, Hoboken und Chichester.

Hellmann, L. und K.-J. Richter (1988): Produktions-Transport-Optimierung, 1. Aufl., Transpress, Berlin.

Hillier, F.S. und G.J. Lieberman (2015): Introduction to Operations Research, 10. Aufl., McGraw-Hill, New York et al.

Hitchcock, F.L. (1941): The distribution of a product from several sources to numerous localities. Journal of Mathematics and Physics 20, S. 224-230.

Ivanov, D., A. Tsipoulanidis und J. Schönberger (2021): Global Supply Chain and Operations Management, 3. Auflage, Springer Cham.

Kacher, Y. und P. Singh (2021): A comprehensive literature review on transportation problems. International Journal of Applied and Computational Mathematics 7, S. 1-49.

Kantorovich, L.V. (1939): Mathematical methods in the organization and planning of production. Leningrad State University, Englische Übersetzung und Nachdruck in: Management Science, Vol. 6, No. 4 (1960), S. 366-422.

Lassmann, W. und R. Rogge (1989): The Complex Method for Mixed Integer Linear Programs, in: 14th IFIP Conference on System Modelling and Optimization, Leipzig, S. 134 ff.

Lassmann, W. und R. Rogge (1990): Die Komplexmethode in der computergestützten Planoptimierung und Entscheidungsvorbereitung. OR Spektrum 1/1990, S. 25-34.

Matuschke, J. (2014): Network flows and network design in theory and practice, Dissertation, Technische Universität Berlin.

Monge (1784): Memoire sur la théorie des déblais et des remblais. Histoire de l'Académie Royale des Sciences 1781, S. 666-704.

Muchna, C., H. Brandenburg, J. Fottner und J. Gutermuth (2021): Grundlagen der Logistik, 2., aktualisierte Auflage, Springer Gabler, Wiesbaden.

Rogge, R. (2003): Ganzzahlige lineare Quotientenoptimierung und Erweiterungen, Internationales Kolloquium "Wirtschaftsinformatik und Operations Research" (Vorträge Teil 2), hrsg. von R. Rogge. Diskussionsbeiträge zu Wirtschaftsinformatik und Operations Research, Martin-Luther-Universität Halle-Wittenberg 2/2003, S. 55-60.

Rogge, R. (2004): Linear 0-1-Optimization and Recurrent Properties of the Gaussian Coefficients, in: W Lassmann und J Schwarzer (Hrsg.): Optimieren und Entscheiden in der Wirtschaft - Gewidmet dem

Nobelpreisträger Leonid W. Kantorowitsch Edition am Gutenbergplatz, Leipzig, S. 85-92.

Rogge, R. und M. Steglich (2007): Betriebswirtschaftliche Entscheidungsmodelle zur Verfahrenswahl sowie Auflagen- und Lagerpolitiken. Diskussionsbeiträge zu Wirtschaftsinformatik und Operations Research, Martin-Luther-Universität Halle-Wittenberg 10/2007.

Schönsleben, P. (2020): Integrales Logistikmanagement - Operations und Supply Chain Management innerhalb des Unternehmens und unternehmensübergreifend, 8. Aufl., Springer Vieweg, Berlin, Heidelberg.

Schrijver, A. (2005): On the History of Combinatorial Optimization (Till 1960), in: A K., G L Nemhauser und W R. (Hrsg.): Handbooks in Operations Research and Management Science: Volume 12: Discrete Optimization, Elsevier B.V., Amsterdam et al., S. 1-68.

Steglich, M. (2010): Zur Begründung von Parameteränderungen im Rahmen der Komplexmethode durch Gutenberg-Verbrauchsfunktionen. Diskussionsbeiträge zu Wirtschaftsinformatik und Operations Research 23/2010.

Steglich, M. und T. Schleiff (2010): CMPL Coliop Mathematical Programming Language, in: Wildauer Schriftenreihe : Entscheidungsunterstützung und Operations Research. Technische Hochschule Wildau, Wildau.

Suhl, L. und T. Mellouli (2013): Optimierungssysteme Modelle, Verfahren, Software, Anwendungen, 3. Aufl., Springer Gabler, Berlin et al.

Szwarc, W. (1971): The transportation paradox. Naval Research Logistics Quarterly 18(2), S. 185-202.

Vanderbei, R.J. (2020): Linear programming - Foundations and extensions 5. Aufl., Springer Cham.

Williams, H.P. (2013): Model building in mathematical programming, 5., Wiley, Chichester, West Sussex.

Yildirim, M.B. (2009): Network Optimization, in: A R Ravindran (Hrsg.): Operations research methodologies, The operations research series, CRC Press, Boca Raton et al., S. 4-1 ff.

3 Logistische Zuordnungsprobleme

In diesem Kapitel werden die Grundlagen logistischer Zuordnungsprobleme behandelt und verschiedene Varianten vorgestellt. Für die verschiedenen Problemtypen wird jeweils ein mathematisches Modell erläutert. Anschließend wird die Lösung eines realitätsnahen Problems auf Basis der mathematischen Grundlagen mit CMPL veranschaulicht und die Ergebnisse werden interpretiert.

3.1 Zuordnungsprobleme in der Logistikplanung

Eine Reihe von Logistikentscheidungen enthält Zuordnungsprobleme. Diese können z. B. darin bestehen, dass Fahrer einzelnen Touren bzw. Fahrzeuge einzelnen Aufträgen zugeordnet werden. Letztlich gilt es, aus einer Menge von Objekten eindeutige Zuordnungen dieser Objekte zu Paaren zielgerichtet vorzunehmen.

Dieser Problemgruppe kann man sich über das *Matching* in Graphen nähern. Dabei wird das Problem als Graph $G = (N, A)$ dargestellt, wobei die Knotenmenge N die Menge der zuzuordnenden Objekte und die Kantenmenge A die zulässigen Kombinationen zwischen den Zuordnungsobjekten abbilden. Ein Matching in einem solchen Graphen besteht aus einer Teilmenge der Kanten $Z \subseteq A$, wobei jeder Knoten $i \in N$ mit höchstens einer Kante in der Menge Z inzident und damit mit höchstens einem anderen Knoten $j \in N$ verbunden ist.[1]

Kann man die Menge N der Knoten (Menge der Zuordnungsobjekte) in zwei voneinander verschiedene Mengen $N = N_1 \cup N_2$ aufteilen, entsteht ein sogenanntes *bipartites Matching*.[2] Ein solches Problem besteht z. B. in der Zuordnung von Arbeitern (N_1) zu einer Menge von durchzuführenden Aufträgen (N_2). Paarungen aus einer nichtteilbaren Objektmenge nennt man ein *nicht-bipartites Matching*.[3] In diesem Fall kann jedes Zuordnungsobjekt mit jedem anderen Zuordnungsobjekt, wie z. B. bei der Bildung von Zweierteams aus einer Gruppe von Menschen, gepaart werden.

---

1 Vgl. Briskon (2023), S. 464, Büsing (2010), S. 204, Chen et al. (2010), S. 115.
2 Vgl. Diestel (2017), S. 38.
3 Vgl. Briskon (2023), S. 491 f., Ahuja et al. (2013), S. 475 f.

Weiterhin können auch Probleme mit einer Bottleneck-Zielfunktion[4] bzw. einer quadratischen Zielfunktion[5] auftreten. Bei einem kardinalitätsmaximalen Matching wird hingegen die maximale Anzahl von Paarungen von Objekten gesucht.[6]

Bei bipartiten Problemen wird angenommen, dass ein Element der Menge N_1 genau oder höchstens einem Element der zweiten Menge N_2 zugeordnet werden kann. Kann jedoch ein Element der Menge N_1 mehreren Elementen der Menge N_2 zugeordnet werden, wobei für jedes Element der Menge N_1 eine Kapazität vorliegt, die durch die Zuordnung zu einem Element in N_2 in einem gewissen Maße beansprucht wird, handelt es sich um ein *verallgemeinertes Zuordnungsproblem*.[7]

Es ist ersichtlich, dass anhand dieser genannten und teilweise miteinander kombinierbaren Eigenschaften eine Vielzahl von Modellvarianten auftreten kann, die aus Platzgründen nicht vollständig behandelt werden können. Daher werden in diesem Kapitel das klassische lineare Zuordnungsproblem und als weitere bipartite Probleme das Bottleneck-Zuordnungsproblem, das kardinalitätsmaximale Matching-Problem, das quadratische sowie das verallgemeinerte Zuordnungsproblem behandelt. Den Abschluss bildet die Diskussion eines nicht-bipartiten Matching-Problems.

In diesem Zusammenhang werden nicht nur die jeweiligen Aufgabenstellungen und mathematischen Formulierungen, sondern auch die konkrete Lösbarkeit mit CMPL diskutiert.

3.2 Das klassische lineare Zuordnungsproblem

3.2.1 Problemstellung und mathematisches Modell

Das klassische lineare Zuordnungsproblem stellt ein bipartites, gewichtetes Matching-Problem mit einer zu minimierenden Zielfunktion dar.[8] Wenn man von einer Zuordnung von Arbeitern zu Aufträgen ausgeht, dann gilt für die gesamte Menge der Zuordnungsobjekte $N = N_1 \cup N_2$ mit $n = |N_1| = |N_2|$, dass n Arbeiter (Menge N_1) n Aufträgen (Menge N_2) kostenminimal zuzuordnen sind. Zusätzlich existiert die Kantenmenge A, die die zulässigen potenziellen Zuordnungen zwischen den Mengen N_1 und N_2 abbildet.

Die Entscheidung über eine Zuordnung von Elementen der Menge N_1 (z. B. Arbeiter) zu Elementen der Menge N_2 (z. B. Aufträge) wird mit den Binärvariablen

---

4 Vgl. Pentinco (2007), S. 776 f.
5 Vgl. Drezner (2015), S. 345 ff., Domschke et al. (2015), S. 131 f.
6 Vgl. Briskon (2023) S. 492 ff., Ahuja et al. (2013), S. 469.
7 Vgl. Domschke und Scholl (2010), S. 56 ff., Ahuja et al. (2013), S. 470 f., Williams (2013), S. 87 f.
8 Vgl. Ahuja et al. (2013), S. 470 f., Suhl und Mellouli (2013), S. 190.

Das klassische lineare Zuordnungsproblem

$$x_{ij} = \begin{cases} 1 & \text{falls Element } i \in N_1 \text{ Element } j \in N_2 \text{ zugeordnet wird} \\ 0 & \text{sonst} \end{cases} \quad (3.1)$$

ausgedrückt.[9] Die Bewertungen der Zuordnungen c_{ij} stellen in der Regel Kosten dar, wobei auch andere zu minimierende Kennzahlen wie Distanzen, Gewichte oder Volumina denkbar sind. Formuliert man dieses Problem zusammenfassend als einen gerichteten, bipartiten Graphen $G = (N_1 \cup N_2, A)$ mit $N_1 \cap N_2 = \emptyset$ und $|N_1| = |N_2|$, kann das lineare Zuordnungsproblem wie folgt dargestellt werden:[10]

$$\sum_{(i,j) \in A} c_{ij} \cdot x_{ij} \to \min! \quad (3.2)$$

u.d.N.

$$\sum_{\{j \mid (i,j) \in A\}} x_{ij} = 1 \quad ; i \in N_1 \quad (3.3)$$

$$\sum_{\{i \mid (i,j) \in A\}} x_{ij} = 1 \quad ; j \in N_2 \quad (3.4)$$

$$x_{ij} \geq 0 \quad ; (i,j) \in A \quad (3.5)$$

mit

Indexmengen:

A Menge der potenziellen Zuordnungen

N_1, N_2 disjunkte Mengen von Zuordnungsobjekten

Indizes:

i Index der Menge der Zuordnungsobjekte N_1

j Index der Menge der Zuordnungsobjekte N_2

(i,j) Index der potenziellen Zuordnungen, $(i,j) \in A$

Parameter:

c_{ij} Kosten für die Zuordnung von Element $i \in N_1$ zu Element $j \in N_2$

Variablen:

x_{ij} Zuordnungsvariable für Element $i \in N_1$ zu Element $j \in N_2$

Gemäß Ausdruck (3.2) ist die Summe der Zuordnungskosten, die sich aus den Produkten der Kostensätze c_{ij} und der Zuordnungsvariablen x_{ij} ergibt, zu minimieren. Mit Ausdruck (3.3) wird gefordert, dass ein Element aus der Menge N_1 (z. B. Arbeiter) genau einem Element der Menge N_2 (z. B. Aufträge) zugeordnet werden muss. Weiterhin ist gemäß (3.4) sicherzustellen, dass ein Element der Menge N_2 nur durch ein Element der Menge N_1 übernommen werden darf.

---

9   Vgl. Vanderbei (2020), S. 259 f.
10   Vgl. Hillier und Lieberman (2015), S. 349 ff., Domschke et al. (2015), S. 99 f.

Da die Koeffizienten der linken sowie der rechten Seiten in den Ausdrücken (3.3) und (3.4) den Wert eins besitzen und so die Ganzzahligkeit der Lösung immer gewährleistet ist, kann gemäß (3.5) auf die in der Bedingung (3.1) geforderte Ganzzahligkeit verzichtet werden.[11]

Letztlich handelt es sich beim linearen Zuordnungsproblem um ein spezielles lineares Transportproblem, bei dem alle Angebote und alle Bedarfe den Wert eins besitzen. Wie Transportprobleme kann das lineare Zuordnungsproblem mit Verfahren der linearen Optimierung oder mit speziellen Transportalgorithmen[12] gelöst werden. Das klassische Lösungsverfahren ist die von KUHN entwickelte *Ungarische Methode*.[13]

3.2.2 Erweiterungen des linearen Zuordnungsmodells

Das lineare Zuordnungsproblem enthält einige Annahmen, die für eine praktische Anwendung teilweise hinderlich sind. So wird angenommen, dass $|N_1| = |N_2|$ gilt. Damit müsste z. B. die Anzahl der Arbeiter (N_1) mit der Anzahl der Aufträge (N_2) übereinstimmen.

Diese Problematik entspricht im Wesentlichen den bei Transportproblemen auftretenden Angebots- bzw. Bedarfsüberschüssen, so dass die für diese Probleme gefundenen Modellformulierungen genutzt werden können. Im Folgenden wird unterstellt, dass die Menge N_1 der zuzuordnenden Objekte $m = |N_1|$ Elemente und die Menge N_2, denen diese zuzuordnen sind, $n = |N_2|$ Elemente enthält.

Gilt $m > n$, führen die Nebenbedingungen (3.3) dazu, dass keine Lösung gefunden werden kann. So könnte z. B. im Rahmen der Zuordnung von Arbeitern zu Aufträgen mindestens ein Arbeiter keinen Auftrag übernehmen. In diesem Fall, der einem Angebotsüberschuss bei Transportproblemen entspricht, sind die Nebenbedingungen des linearen Zuordnungsmodells wie folgt zu verändern:[14]

$$\sum_{\{j|(i,j)\in A\}} x_{ij} \leq 1 \quad ; i \in N_1 \quad (3.6)$$

$$\sum_{\{i|(i,j)\in A\}} x_{ij} = 1 \quad ; j \in N_2 \quad (3.7)$$

Alternativ kann man ein fiktives Element in die Menge N_2 einführen, wobei der Wert der rechten Seite des Ausdrucks (3.4) für dieses Element von eins auf den De-

---

11 Vgl. Vanderbei (2020), S. 260.
12 Vgl. Abschnitt 2.3.2.
13 KUHN wählte die Bezeichnung *Ungarische Methode* zu Ehren der ungarischen Mathematiker D. KÖNIG (1884 bis 1944) und J. EGERVÁRY (1891 bis 1958), auf deren Arbeiten sein Lösungsverfahren aufgebaut ist. Vgl. Kuhn (1955), Ahuja et al. (2013), S. 471 ff.
14 Vgl. Hillier und Lieberman (2015), S. 350 f.

facto-Angebotsüberschuss $m - n$ zu ändern ist. Alle Kanten $(i, n + 1) \in A$ zu diesem neuen Element in der Menge N_2 besitzen einen Kostensatz von null.

Im entgegengesetzten Fall $m < n$ kann aufgrund (3.4) keine zulässige Lösung gefunden werden, da z. B. im verwendeten Anwendungsbeispiel mindestens ein Auftrag aufgrund fehlender Arbeiter nicht übernommen werden würde. Daher sind in diesem dem Bedarfsüberschuss in Transportproblemen entsprechenden Fall die Nebenbedingungen des linearen Zuordnungsmodells wie folgt zu verändern:[15]

$$\sum_{\{j|(i,j)\in A\}} x_{ij} = 1 \quad ; i \in N_1 \tag{3.8}$$

$$\sum_{\{i|(i,j)\in A\}} x_{ij} \leq 1 \quad ; j \in N_2 \tag{3.9}$$

Auch in diesem Fall kann alternativ das unveränderte lineare Zuordnungsmodell verwendet werden, indem in die Menge N_1 ein fiktives Element aufgenommen wird, wobei der Wert der rechten Seite des Ausdrucks (3.3) für dieses Element von eins auf den De-facto-Bedarfsüberschuss $n - m$ zu ändern ist. Alle Kombinationen bzw. Kanten $(m + 1, j) \in A$ von diesem neuen Element in der Menge N_1 zu den Elementen der Menge N_2 werden mit dem Wert null bewertet.

Als weitere möglicherweise einschränkende Annahme ist die zu minimierende Zielfunktion zu nennen. Es können in der Realität Aufgabenstellungen auftreten, bei denen im Rahmen der Zuordnung von Objekten eine Kennzahl wie z. B. der Gewinn oder der Deckungsbeitrag zu maximieren ist. Die mathematische Formulierung des zu maximierenden linearen Zuordnungsproblems unterscheidet sich vom klassischen linearen Zuordnungsproblem nur in der Richtung der Zielfunktion (Ausdruck (3.10)).[16]

$$\sum_{(i,j)\in A} c_{ij} \cdot x_{ij} \to \max! \tag{3.10}$$

3.2.3 Lösung mit CMPL

Lineare Zuordnungsprobleme können mittels Lösungsverfahren der linearen Optimierung oder als spezielle Transportprobleme mit den auf diese Problemklasse spezialisierten Lösungsverfahren gelöst werden. Im Weiteren konzentrieren sich die Ausführungen auf die Lösung von Zuordnungsproblemen als spezielle lineare Optimierungsprobleme mit CMPL.

Beispiel 3.1: Frachtbörse
(Beispieldatei: Frachtboerse.cmpl, zuordnung.xlsx → Frachtboerse)

---

15 Vgl. Hillier und Lieberman (2015), S. 350 f.
16 Vgl. Korte und Vygen (2012), S. 291.

Aufgabenstellung

Eine Frachtbörse vermittelt Rückladungen im Fernverkehr. In diesem Zusammenhang können Ladungen mit Start- und Zielort sowie den Abhol- und Zielzeiten angemeldet werden. Transportunternehmer, die eine Rückladung benötigen, übermitteln an die Frachtbörse ihren Standort, den gewünschten Zielort und den Zeitpunkt, an dem sie eine neue Ladung übernehmen können. Wie in Abb. 3.1 dargestellt, können dabei Leerfahrten auftreten, die in Summe zu minimieren sind.

Für den folgenden Tag gilt es, zehn Fahrzeuge (A1–A10) zehn Rückladungstouren (B1–B10) zuzuordnen. Die Distanzen der Leerfahrten sind in Tab. 3.1 gegeben. Unzulässige Zuordnungen sind dadurch gekennzeichnet, dass keine Distanz angegeben ist. Die Zuordnung von Rückladungen zu den Fahrzeugen soll so erfolgen, dass die insgesamt zu fahrenden Leerkilometer minimal werden.

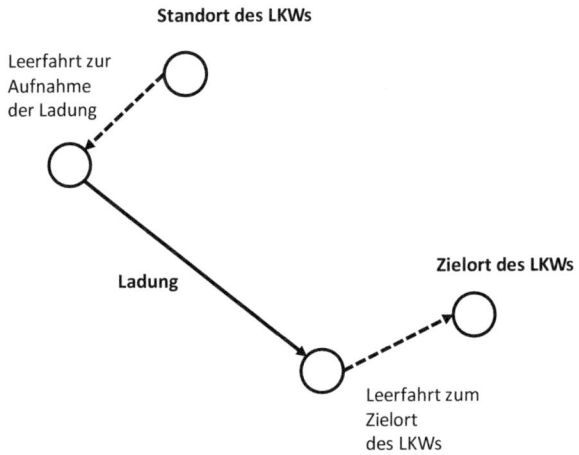

Abb. 3.1 Leerfahrten einer Rückladung

Vorgehensweise

Da die Daten in Excel bearbeitet werden, ist im ersten Schritt ein Excel-Arbeitsblatt anzulegen, das einerseits die zur Lösung des Problems notwendigen Daten und andererseits einen Zellbereich enthält, in dem die Lösung des Problems nach der Optimierung durch CMPL automatisch eingetragen werden soll (Abb. 3.2). So wurde im Zellbereich C4:L13 die Distanzmatrix der potenziellen Zuordnungen zwischen den Fahrzeugen und den Rückladungen eingetragen, wobei für nichtzulässige Zuordnungen eine hohe Distanz von 10.000 Kilometern eine Zuordnung verhindern soll. Die zugehörigen Spalten- und Zeilenköpfe werden im Rahmen des CMPL-Modells als Indexmengen verwendet.

Tab. 3.1 Distanzmatrix in Kilometern für die Rückladungen

		\multicolumn{10}{c}{Rückladungen}
		B1	B2	B3	B4	B5	B6	B7	B8	B9	B10
Fahrzeuge	A1	130	240	-	-	130	70	90	20	-	420
	A2	440	30	-	100	320	-	280	340	10	320
	A3	370	60	440	20	220	90	0	330	280	190
	A4	90	130	270	260	200	320	410	90	350	340
	A5	-	490	90	210	110	160	-	-	-	280
	A6	70	460	230	140	240	80	280	350	10	220
	A7	130	20	440	90	210	470	440	40	300	260
	A8	160	320	120	480	85	10	-	-	-	130
	A9	200	-	0	480	-	90	320	150	100	-
	A10	90	30	40	290	180	50	290	240	190	60

Der Zellbereich C18:L27 dient der Aufnahme der Lösungen der Zuordnungsvariablen, während in die Zelle C29 der Zielfunktionswert nach Abschluss der Optimierung eingetragen werden soll.

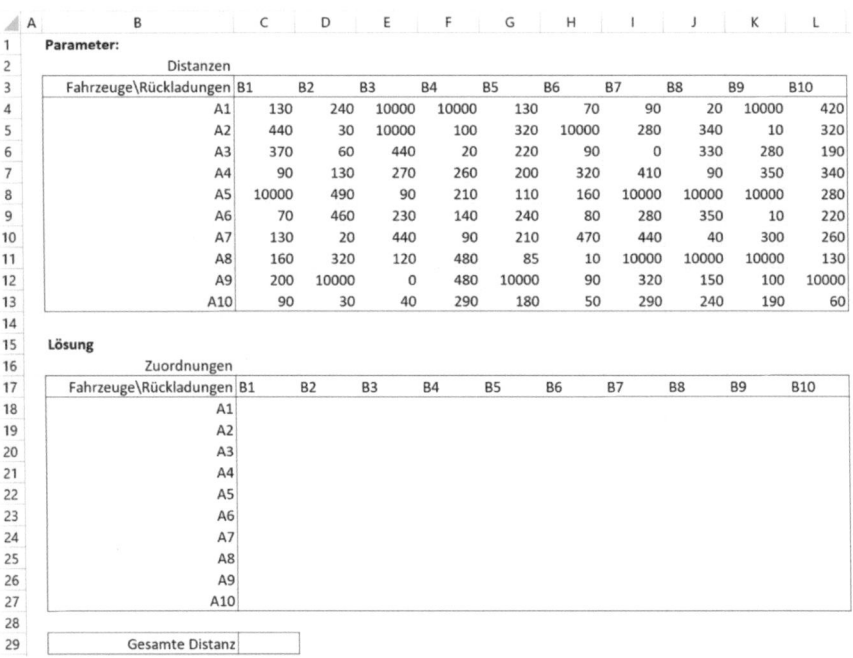

Abb. 3.2 Excel-Arbeitsblatt mit den Daten für Beispiel 3.1

Im folgenden Schritt ist die Datei *frachtboerse.cmpl* zu erstellen, wobei es sich anbietet, CMPLs Benutzeroberfläche Coliop zu nutzen. Wie im Listing für CMPL-Modell 3.1 zu sehen, startet das Modell mit dem Einlesen der in der zugehörigen CmplXlsData-Datei definierten Indexmengen und Parameter (Zeile 1). Da nur das Schlüsselwort %xlsdata, nicht aber ein Dateiname bzw. die einzulesenden Indexmengen und Parameter angegeben wurde, werden alle in der Datei *frachtboerse.xdat* definierten Indexmengen und Parameter gelesen.

CMPL-Modell 3.1 CMPL-Modell für Beispiel 3.1

```
1    %xlsdata
2
3    par:
4       A := [N1,N2];
5
6    var:
7       x[A]: real[0..1];
8
9    obj:
10      sum{ [i,j] in A: c[i,j]*x[i,j] } -> min ;
11
12   con:
13      { i in N1: sum{ [i,j] in A: x[i,j] } = 1; }
14      { j in N2: sum{ [i,j] in A: x[i,j] } = 1; }
```

Da die Indexmenge der Kanten A bisher noch nicht definiert wurde, ist diese in der Sektion par in der vierten Zeile aus der Kombination der Mengen der Fahrzeuge N1 und der Rückladungen N2 zu erzeugen. Die Sektion var dient der Definition der Variablen. Für dieses Beispiel werden in der siebten Zeile die kontinuierlichen, nichtnegativen Zuordnungsvariablen $x_{ij}; \in A$ mit einer Obergrenze gleich eins definiert. Die Sektion obj dient der Definition der zu minimierenden Zielfunktion, indem gemäß Ausdruck (3.2) eine Summe der Produkte der Distanzen und der Zuordnungsvariablen über alle Kanten des Netzwerks berechnet wird. Die Sektion con dient der Definition der Nebenbedingungen. So ist in Zeile 13 innerhalb der geschweiften Klammern eine Schleife definiert, die über alle Fahrzeuge (Elemente i in der Indexmenge N1) iteriert, wobei im Schleifenkörper in jedem Schritt die Restriktion gemäß Ausdruck (3.3) erzeugt wird. Analog werden in Zeile 14 die Bedingungen gemäß Ausdruck (3.4) für alle Rückladungen definiert.

Nachdem das CMPL-Modell in Coliop eingegeben und unter dem Namen *frachtboerse.cmpl* gespeichert wurde, kann die zugehörige CmplXlsData-Datei (CMPL-Modell 3.2) erstellt werden.

CMPL-Modell 3.2 CmplXlsData für Beispiel 3.1

```
1    @source
2    %file < zuordnung.xlsx >
3    %sheet < Frachtboerse >
4
5    @input
6    %N1 set < B4:B13 >
7    %N2 set < C3:L3 >
8    %c[N1,N2] < C4:L13 >
9
10   @output
11   %x[N1,N2].activity < C18:L27 >
12   %objValue < C29 >
```

Der Abschnitt @source (Zeilen 1 bis 3) dient zur Angabe der Excel-Datei (*zuordnung.xlsx*) und des Blatts (*Frachtboerse*), das zum Lesen der Indexmengen und Parameter sowie zum Schreiben der Optimierungsergebnisse verwendet wird. Im Abschnitt @input, der der Definition der Indexmengen und Parameter dient, werden in den Zeilen 6 bis 7 die Indexmengen für die Fahrzeuge (N1) und die Rückladungen (N2) mittels des Schlüsselwortes set eingeführt. Die korrespondierenden Zellbereiche in der Excel-Tabelle sind in spitzen Klammern angegeben. So werden die Bezeichnungen der Fahrzeuge aus dem Zellbereich B4:B13 eingelesen. In Zeile 8 werden diese Indexmengen für die Definition der Distanzmatrix c verwendet. Im @output-Abschnitt wird spezifiziert, welche Werte nach Abschluss der Optimierung nach Excel geschrieben werden sollen. So sollen gemäß Zeile 11 die Aktivitäten der Zuordnungsvariablen x_{ij}; $(i,j) \in A = N1 \times N2$ in den Zellbereich C18:L27 sowie gemäß Zeile 12 der Zielfunktionswert in die Zelle C29 des Excel-Arbeitsblatts geschrieben werden.

Nach Abschluss der Eingaben kann das Modell gelöst werden, indem in Coliop das Menü *Actions* → *Solve* oder in der Symbolleiste der entsprechende Eintrag gewählt wird. Nachdem das Modell gelöst wurde, schreibt CMPL die gefundenen Lösungen der Variablen sowie den Zielfunktionswert in die in der CmplXlsData spezifizierten Zellbereiche (Abb. 3.3). Anhand der im Zellbereich C18:L27 durch bedingte Formatierung hervorgehobenen Aktivitäten der Zuordnungsvariablen mit einem Wert von eins ist ersichtlich, welche Fahrzeuge welchen Rückladungen zugeordnet wurden. Die optimale Lösung des Zuordnungsproblems erfordert insgesamt 420 Leerkilometer (Zelle C29). Innerhalb der Distanzmatrix C4:L13 wurden die Distanzen der gefunden Zuordnungen mittels bedingter Formatierung hervorgehoben. Daher ist ersichtlich, dass die erforderlichen Leerfahrten mindestens null (A3-B7 bzw. A9-B3) und höchstens 110 Kilometer (A5-B5) betragen.

Abb. 3.3 Lösung in Excel für Beispiel 3.1

3.3 Das Bottleneck-Zuordnungsproblem

3.3.1 Problemstellung und mathematisches Modell

Verwendet man Kosten als Bewertung des linearen Zuordnungsproblems, dann ist die Summe der gesamten Zuordnungskosten zu minimieren. Bei einem Bottleneck-Zuordnungsproblem soll im Gegensatz dazu das Maximum der einzelnen Zuordnungskosten minimiert werden.[17] Dieses Zielkriterium ist natürlich auf andere, für Zuordnungsprobleme relevante Kennzahlen adäquat anwendbar.

Es handelt sich wiederum um ein bipartites Problem, das sich vom linearen Zuordnungsproblem nur durch die folgende Zielfunktion unterscheidet:[18]

$$B = \max_{(i,j) \in A} \left(c_{ij} \mid x_{ij} > 0 \right) \to \min! \qquad (3.11)$$

Zusätzlich zu den im Abschnitt 3.2.1 eingeführten Bezeichnungen wird folgende Definition verwendet:

---

[17] Vgl. Pentinco (2007), S. 776 f.
[18] Vgl. Burkard und Çela (1999), S. 172 ff., Burkard et al. (2009), S. 172, Pentinco (2007), S. 776 f.

Variable:

B maximale Zuordnungsbewertung über alle Zuordnungskombinationen.

Das Bottleneck-Zuordnungsproblem kann als Variante des Bottleneck-Transportproblems verstanden werden, bei der die Angebote und die Bedarfe jeweils den Wert eins besitzen. Das bisherige Modell lässt sich in ein gemischt-ganzzahliges, lineares Optimierungsproblem umwandeln und mit entsprechenden Verfahren der ganzzahligen linearen Optimierung oder spezielle Transportalgorithmen[19] lösen. Dazu wird ein Minimax-Ansatz gewählt, der die maximale Bewertung B minimiert (Ausdruck (3.12)).

$$B \to \min! \tag{3.12}$$

u.d.N.

$$c_{ij} \cdot x_{ij} \leq B \quad ; (i,j) \in A \tag{3.13}$$

$$\sum_{\{j \mid (i,j) \in A\}} x_{ij} = 1 \quad ; i \in N_1 \tag{3.14}$$

$$\sum_{\{i \mid (i,j) \in A\}} x_{ij} = 1 \quad ; j \in N_2 \tag{3.15}$$

$$x_{ij} \in \{0,1\} \quad ; (i,j) \in A \tag{3.16}$$

Die eigentlichen Bewertungen je Zuordnung ergeben sich aus dem Produkt der binären Variablen x_{ij} und den Bewertungen c_{ij} (Ausdruck (3.13)), wobei die Bottleneck-Variable B jeweils die (zu minimierende) Obergrenze für alle potenziellen Zuordnungsmöglichkeiten darstellt.

Analog dem Bottleneck-Transportproblem können beim Bottleneck-Zuordnungsproblem mehrere Lösungen mit optimalem Zielfunktionswert auftreten. Unter diesen gleichwertigen Lösungen kann wiederum mittels einer Nachoptimierung die gemäß der Zielfunktion des klassischen Zuordnungsproblems optimale Lösung gefunden werden. Dazu sind alle Zuordnungen zu sperren, deren Zielfunktionskoeffizienten den optimalen Zielfunktionswert des Bottleneck-Transportproblems überschreiten. Da die iterative Nachoptimierung im Rahmen des Bottleneck-Transportproblems detailliert diskutiert wurde und dieser Ansatz unverändert auf dieses spezielle Zuordnungsproblem anwendbar ist, wird auf eine weitere Erörterung verzichtet und auf diesen Abschnitt verwiesen.[20]

3.3.2 Lösung mit CMPL

Das Bottleneck-Zuordnungsproblem kann als spezielles binäres, lineares Optimierungsmodell mit CMPL gelöst werden.

---

19 Vgl. Domschke und Scholl (2010), S. 49 ff., Dempe und Schreier (2006), S. 161 ff.
20 Vgl. Abschnitt 2.6.4.2.

Beispiel 3.2: Engpassanalyse für die Frachtbörse
(Beispieldatei: Frachtboerse-Bottleneck.cmpl, zuordnung.xlsx → Frachtboerse-bottleneck)

Aufgabenstellung

Es gelten weiterhin alle Informationen aus Beispiel 3.1. Die Ladungsbörse für Transportunternehmer erhielt wiederholt Beschwerden über Ladungszuordnungen, die einzelnen Fuhrunternehmern zu hohe Leerfahrten abverlangten. Obwohl der bisherige Planungsansatz die summarischen Leerfahrten minimiert, können dennoch größere Unterschiede in den Leerfahrtdistanzen der einzelnen Zuordnungen auftreten, die den Anlass zu diesen Kritiken lieferten. Für eine bessere Ausgewogenheit der Zuordnungen zwischen den einzelnen Fuhrunternehmern wird das Planungsverfahren umgestellt. Es sollen nun die extremen Leerfahrten einzelner Zuordnungen so stark wie möglich reduziert werden.

Vorgehensweise

Da dieser Fall auf Beispiel 3.1 basiert, bietet es sich an, das ursprüngliche Excel-Arbeitsblatt zu kopieren und mit dem Namen *Frachtboerse-bottleneck* zu versehen. Da sich das Excel-Arbeitsblatt nicht ändert, kann auch die CmplXlsData-Datei für Beispiel 3.1 (CMPL-Modell 3.2) weiterverwendet werden. Einzig der Verweis auf das neue Arbeitsblatt *Frachtboerse-bottleneck* ist im Abschnitt @source (Zeile 3) anzupassen. Allerdings ist das bisherige CMPL-Modell 3.1 in das neue CMPL-Modell 3.3 zu ändern.

CMPL-Modell 3.3 CMPL-Modell für Beispiel 3.2

```
1    %xlsdata
2
3    par:
4      A := [N1,N2];
5
6    var:
7      B : real;
8      x[A]: binary;
9
10   obj:
11     B -> min ;
12
13   con:
14     { [i,j] in A: c[i,j] * x[i,j] <= B; }
15
16     { i in N1: sum{ [i,j] in A: x[i,j] } = 1; }
17     { j in N2: sum{ [i,j] in A: x[i,j] } = 1; }
```

So ist neben den Zuordnungsvariablen x_{ij}; $(i,j) \in A$ zusätzlich in Zeile 7 die nichtnegative, kontinuierliche Bottleneck-Variable B einzuführen, die gemäß Ausdruck

(3.12) zu minimieren ist (Zeile 11). Diese Variable stellt gemäß Ausdruck (3.13) für die Bewertungen $c_{ij} \cdot x_{ij}$ der Relationen $(i, j) \in A$ die zu minimierende Obergrenze dar (Zeile 14). Alle weiteren CMPL-Ausdrücke entsprechen denen des bisherigen CMPL-Modells.

Löst man dieses Problem, reduziert sich die maximale Leerfahrdistanz von ursprünglich 110 Kilometer auf 90 Kilometer (Abb. 3.4, Zelle C29). Die gefundenen Zuordnungen zwischen den Fahrzeugen und den Rückladungen sowie die korrespondierenden Distanzen können anhand der Hervorhebungen eingesehen werden.

	A	B	C	D	E	F	G	H	I	J	K	L
1		**Parameter:**										
2			Kostensätze									
3		Fahrzeuge\Rückladungen	B1	B2	B3	B4	B5	B6	B7	B8	B9	B10
4			A1	130	240	10000	10000	130	70	90	20	10000	420
5			A2	440	30	10000	100	320	10000	280	340	10	320
6			A3	370	60	440	20	220	90	0	330	280	190
7			A4	90	130	270	260	200	320	410	90	350	340
8			A5	10000	490	90	210	110	160	10000	10000	10000	280
9			A6	70	460	230	140	240	80	280	350	10	220
10			A7	130	20	440	90	210	470	440	40	300	260
11			A8	160	320	120	480	85	10	10000	10000	10000	130
12			A9	200	10000	0	480	10000	90	320	150	100	10000
13			A10	90	30	40	290	180	50	290	240	190	60
14													
15		**Lösung**										
16			Zuordnungen									
17		Fahrzeuge\Rückladungen	B1	B2	B3	B4	B5	B6	B7	B8	B9	B10
18			A1	0	0	0	0	0	0	1	0	0	0
19			A2	0	0	0	0	0	0	0	0	1	0
20			A3	0	0	0	1	0	0	0	0	0	0
21			A4	0	0	0	0	0	0	0	1	0	0
22			A5	0	0	1	0	0	0	0	0	0	0
23			A6	1	0	0	0	0	0	0	0	0	0
24			A7	0	1	0	0	0	0	0	0	0	0
25			A8	0	0	0	0	1	0	0	0	0	0
26			A9	0	0	0	0	0	1	0	0	0	0
27			A10	0	0	0	0	0	0	0	0	0	1
28													
29		Max. Zuordnungskosten	90									

Abb. 3.4 Lösung in Excel für Beispiel 3.2

3.4 Das kardinalitätsmaximale Matching-Problem

3.4.1 Problemstellung und mathematisches Modell

Im klassischen linearen Zuordnungsproblem wird unterstellt, dass alle Objekte grundsätzlich miteinander kombiniert werden können. In der Realität können Fälle auftreten, bei denen dieser Sachverhalt nicht möglich ist und bei denen man versucht ist, eine maximale Menge an Zuordnungen zu ermitteln. Die Bestimmung einer maximalen Zuordnungsmenge wird als *Maximum-Cardinality-Matching-Problem* bezeichnet.[21]

Der gebräuchlichste Weg ist die Lösung dieses Problems als *Maximum-Flow-Problem*. Dazu ist das Problem wiederum als bipartiter Graph $G = (N_1 \cup N_2, A)$ mit $N_1 \cap N_2 = \emptyset$ zu verstehen, wobei die Menge der Kanten A nur die zulässigen Kombinationen aus Elementen der Mengen N_1 und N_2 enthält. Dieser Graph ist in ein gerichtetes q-s-Netzwerk zu transformieren, wobei die Flussmengen auf allen Kanten auf das Intervall [0,1] beschränkt sind (Abb. 3.5).[22]

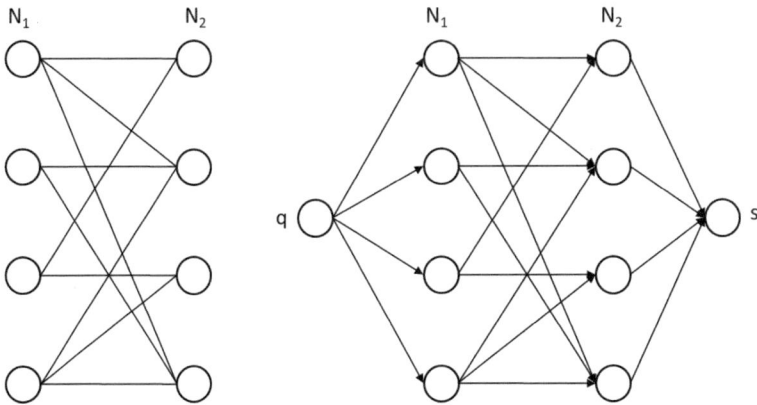

Abb. 3.5 Umwandlung des kardinalitätsmaximalen Problems in ein q-s-Netzwerk

Somit kann das als q-s-Netzwerk formulierte kardinalitätsmaximale Problem als Maximum-Flow-Problem gelöst werden, wobei folgende angepasste Modellformulierung zu verwenden ist:[23]

$$f \rightarrow max! \qquad (3.17)$$

u.d.N.

$$\sum_{\{j|(i,j)\in A\}} x_{ij} - \sum_{\{j|(j,i)\in A\}} x_{ji} = \begin{cases} f & \text{für} & i = q \\ -f & \text{für} & i = s \\ 0 & \text{sonst} \end{cases} \quad ; i \in N_1 \cup N_2 \cup \{q,s\} \qquad (3.18)$$

$$0 \le x_{ij} \le 1 \qquad ;(i,j) \in A \qquad (3.19)$$

Zusätzlich zu den im Abschnitt 3.2.1 eingeführten Bezeichnungen werden folgende Definitionen verwendet:

---

21 Vgl. Briskon (2023) S. 492 ff., Ahuja et al. (2013), S. 469.
22 Vgl. Ahuja et al. (2013), S. 469 ff., Korte und Vygen (2012), S. 257 ff.
23 Vgl. zur Formulierung des Max-Flow-Problems z. B. Vanderbei (2020), S. 266 ff., Carter et al. (2019), S. 92 f.

Parameter:

q   Quelle

s   Senke

Variable:

f   maximaler Fluss

Der gemäß der Zielfunktion (3.17) zu bestimmende Maximalfluss f gibt die maximal mögliche Anzahl von Zuordnungen von Elementen aus der Menge N_1 zu Elementen der Menge N_2 an. Die Flussbedingungen (3.18) leiten sich aus denen des *Minimum-Cost-Flow-Problems* ab, wobei der Quellknoten q die Flussvariable f als variables Angebot und die Senke s die variable Nachfrage $-f$ als rechte Seiten aufweist. Alle weiteren Knoten fungieren als Umladeknoten und besitzen daher eine rechte Seite mit dem Wert null. Die Kantenflüsse sind gemäß Ausdruck (3.19) auf das Intervall [0,1] beschränkt. Die eigentlichen Zuordnungen können an den Lösungen der Zuordnungsvariablen x_{ij}; $(i,j) \in A$ abgelesen werden.

Dieses Problem lässt sich mit Lösungsverfahren der linearen Optimierung oder mit speziellen Algorithmen für Netzwerkflussmodelle lösen.[24]

3.4.2 Lösung mit CMPL

Das kardinalitätsmaximale Matching-Problem kann als lineares Optimierungsproblem mit CMPL gelöst werden.

Beispiel 3.3: Pilotenzuordnungen

(Beispieldatei: piloten.cmpl, zuordnung.xlsx → Piloten)

Aufgabenstellung

Nach Personaländerungen in einem Luftverkehrsunternehmen sollen die Flugzeugbesatzungen neu zusammengestellt werden. Es ist vorgesehen, einer Anzahl von Flugkapitänen junge Copiloten so zuzuordnen, dass Berufserfahrung, Linienkenntnisse und auch charakterliche Eigenschaften bestmöglich aufeinander abgestimmt werden. Nach Beurteilung der Personalabteilung und der Einsatzleitung wurden die möglichen Paarungen der Flugkapitäne mit den potenziellen Copiloten festgelegt (Tab. 3.2). Da es nicht gelang, die Besatzungen vollständig aus gut passenden Paaren zusammenzustellen, wird nun eine Lösung gesucht, die die maximale Anzahl von sinnvoll zusammengestellten Besatzungen garantiert.

---

24 Vgl. zu den entsprechenden Netzwerkfluss-Algorithmen z. B. Carter et al. (2019), S. 92 ff., Hillier und Lieberman (2015), S. 387 ff., Williams (2013), S. 94 f.

Tab. 3.2 Zulässige Zuordnungen von Flugkapitänen zu Copiloten

		Copiloten							
		B1	B2	B3	B4	B5	B6	B7	B8
Kapitäne	A1	x	x						
	A2	x	x				x		
	A3		x				x		
	A4			x					x
	A5						x		
	A6				x	x			
	A7	x	x				x		
	A8	x					x	x	

Vorgehensweise

Da dieses Beispiel als Max-Flow-Problem gemäß der Ausdrücke (3.17) bis (3.19) gelöst werden soll, ist eine Knotenliste zu erstellen, die die Flugkapitäne (A1–A8), die Copiloten (B1–B8) sowie jeweils einen Knoten für die Quelle (Q) und die Senke (S) umfassen. Weiterhin ist eine Kantenliste im Sinne des zu verwendenden q-s-Netzwerkes zu erstellen.

Beides ist, wie in Abb. 3.6 zu sehen, als Arbeitsblatt in Excel geschehen. Die Zellen A3:A20 enthalten die Bezeichnungen der Knoten, während in den Zellen B3:B20 nach Abschluss der Optimierung die Nettoflüsse je Knoten aus der eigentlichen Lösung in der Kantenliste per Excel-Formeln übernommen werden. Die Kantenliste enthält in den Zellen D3:E36 die Bezeichnungen der per Kante zu verbindenden Knoten, wobei zu erkennen ist, dass der Quellknoten Q mit allen Knoten der Flugkapitäne (A1–A8) und alle Knoten der Copiloten (B1–B8) mit der Senke S verbunden sind. Alle anderen Kanten bilden die zulässigen Kombinationen der beiden Berufsgruppen gemäß Tab. 3.2 ab. Der Zellbereich F3:F36 dient der Aufnahme der Flussmengen als Ergebnis der Optimierung dieses Maximum-Flow-Problems.

Im folgenden Schritt ist das CMPL-Modell 3.4 zu formulieren, das in der ersten Zeile mit dem Einlesen der in der zugehörigen CmplXlsData-Datei definierten Indexmengen und Parameter beginnt. Die Indexmenge A wird in Zeile 12 in der Sektion var zur Definition der kontinuierlichen, nichtnegativen Zuordnung- bzw. Flussvariablen x[A] verwendet, die jeweils eine Obergrenze von eins besitzen. Zusätzlich ist eine Variable f für den gesamten Fluss über das Netzwerk einzuführen.

Das kardinalitätsmaximale Matching-Problem

	A	B	C	D	E	F
1	**Knoten**			**Kanten**		
2		Nettofluss		Von	Nach	Fluss
3	Q	0		Q	A1	
4	A1	0		Q	A2	
5	A2	0		Q	A3	
6	A3	0		Q	A4	
7	A4	0		Q	A5	
8	A5	0		Q	A6	
9	A6	0		Q	A7	
10	A7	0		Q	A8	
11	A8	0		A1	B1	
12	B1	0		A1	B2	
13	B2	0		A2	B1	
14	B3	0		A2	B2	
15	B4	0		A2	B6	
16	B5	0		A3	B2	
17	B6	0		A3	B6	
18	B7	0		A4	B3	
19	B8	0		A4	B8	
20	S	0		A5	B6	
21				A6	B4	
22				A6	B5	
23				A7	B1	
24				A7	B2	
25				A7	B6	
26				A8	B1	
27				A8	B6	
28				A8	B7	
29				B1	S	
30				B2	S	
31				B3	S	
32				B4	S	
33				B5	S	
34				B6	S	
35				B7	S	
36				B8	S	

Abb. 3.6 Knoten- und Kantenliste in Excel für Beispiel 3.3

Diese Variable wird gemäß Ausdruck (3.17) in der Zielfunktion maximiert (Zeile 16). In den Zeilen 19–21 werden die Flussbedingungen gemäß Ausdruck (3.18) spezifiziert. Auf der linken Seite der Restriktion steht die Differenz der in einen Knoten hinein- und herausgehenden Mengen. Die rechten Seiten sind gemäß Ausdruck (3.18) davon abhängig, ob es sich um die Quelle, die Senke oder sonstige Knoten handelt.

CMPL-Modell 3.4 CMPL-Modell für Beispiel 3.3

```
1   %xlsdata
2
3   par:
4     { i in N :
5         {   i = q:      w[i] := 1;  |
6             i = s:      w[i] := -1; |
7             default:    w[i] := 0;
8         }
9     }
10
11  var:
12    x[A]: real[0..1];
13    f : real;
14
15  obj:
16    f ->max;
17
18  con:
19    { i in N :
20        sum{ [i,j] in A : x[i,j] } - sum{ [j,i] in A : x[j,i] } = w[i]*f;
21    }
```

Das wird durch das Produkt des Parameters w[i] und der Flussvariable f abgebildet, wobei die Belegung des Vektors w in der Sektion par in den Zeilen 4 bis 9 vorgenommen wird. Es handelt sich dabei um eine Schleife über alle Knoten. Wenn der Index i gleich dem Parameter q ist[25], dann wird das korrespondierende Element im Vektor w mit dem Wert eins belegt. Im Fall i=s, d. h. der Knoten ist die Senke, wird w[i] der Wert -1 zugewiesen. Für alle anderen Knoten ist der Wert des Elementes im Vektor w gleich null. Mit diesem Trick entsprechen die Produkte w[i] * f den originalen rechten Seiten gemäß Ausdruck (3.18).

Nachdem das CMPL-Modell definiert wurde, sind die aus Excel einzulesenden Indexmengen und Parameter und die nach Excel zu schreibenden Lösungselemente in der zugehörigen CmplXlsData-Datei (CMPL-Modell 3.5) zu definieren. Im Abschnitt @source (Zeilen 1 bis 3) wird angegeben, dass die Excel-Datei *zuordnung.xlsx* und das Datenblatt *Piloten* zum Lesen der Indexmengen und Parameter sowie zum Schreiben der Optimierungsergebnisse verwendet wird. Im Abschnitt @input werden in den Zeilen 6 und 7 die Indexmengen für die Kanten (A) und die Knoten (N) spezifiziert. Weiterhin werden in den Zeilen 8 und 9 die Quelle q und die Senke s Zeilen als einfache Parameter eingeführt.

---

25 Es handelt sich dabei um die Quelle.

CMPL-Modell 3.5 CmplXlsData für Beispiel 3.3

```
1    @source
2    %file < zuordnung.xlsx >
3    %sheet < Piloten >
4
5    @input
6    %A set[2] < D3:E36 >
7    %N set < A3:A20 >
8    %q < A3 >
9    %s < A20 >
10
11   @output
12   %x[A].activity < H3:H36 >
```

Für die Indexmengen und die Parameter werden die Zellbereiche der jeweilig einzulesenden Daten in spitzen Klammern angegeben. Im @output-Abschnitt wird definiert, dass die Aktivitäten der Flussvariablen x_{ij}; $(i,j) \in A$ in den Zellbereich H3:H25 geschrieben werden sollen.

Löst man dieses Problem mit CMPL, erhält man einen Maximalfluss mit einem Wert von sechs, wie aus den Nettoflüssen der Quelle und der Senke in Abb. 3.7 ersichtlich ist. Es sind also maximal sechs zulässige Zuordnungen zwischen den Flugkapitänen und den Copiloten nach den gewünschten Kriterien möglich. Eine mögliche Lösung im Sinne von sechs zulässigen Zuordnungen kann der Kantenliste anhand der Flussmengen für die Kanten zwischen den Knoten der Flugkapitäne (A1–A8) und den Knoten für Copiloten (B1–B8) im Zellbereich H11:H28 entnommen werden. Es ist allerdings für dieses Beispiel festzuhalten, dass mehrere unterschiedliche Lösungen der Flussvariablen mit sechs zulässigen Kombinationen von Flugkapitänen und Copiloten existieren.

3.5 Das quadratische Zuordnungsproblem

3.5.1 Problemstellung und mathematisches Modell

Bei den bisher behandelten bipartiten Zuordnungsproblemen galt es, eine Zuordnung von Elementen einer Menge N_1 zu Elementen einer zweiten Menge N_2 zu finden, wobei eine direkte Relation zwischen den Kosten der Zuordnung c_{ij} und den eigentlichen Zuordnungen x_{ij} gegeben ist.

Bei einem quadratischen Zuordnungsproblem, das erstmals von KOOPMANS und BECKMANN im Jahre 1957 diskutiert wurde[26], ist wiederum, wie in Abb. 3.8 zu sehen, die Zuordnung von Elementen einer Menge N_1 zu Elementen einer Menge N_2 zu finden.

---

26 Vgl. Koopmans und Beckmann (1957), S. 64 ff.

	A	B	C	D	E	F
1	Knoten			Kanten		
2		Nettofluss		Von	Nach	Fluss
3	Q	6		Q	A1	0
4	A1	0		Q	A2	0
5	A2	0		Q	A3	1
6	A3	0		Q	A4	1
7	A4	0		Q	A5	1
8	A5	0		Q	A6	1
9	A6	0		Q	A7	1
10	A7	0		Q	A8	1
11	A8	0		A1	B1	0
12	B1	0		A1	B2	0
13	B2	0		A2	B1	0
14	B3	0		A2	B2	0
15	B4	0		A2	B6	0
16	B5	0		A3	B2	1
17	B6	0		A3	B6	0
18	B7	0		A4	B3	0
19	B8	0		A4	B8	1
20	S	-6		A5	B6	1
21				A6	B4	0
22				A6	B5	1
23				A7	B1	1
24				A7	B2	0
25				A7	B6	0
26				A8	B1	0
27				A8	B6	0
28				A8	B7	1
29				B1	S	1
30				B2	S	1
31				B3	S	0
32				B4	S	0
33				B5	S	1
34				B6	S	1
35				B7	S	1
36				B8	S	1

Abb. 3.7 Lösung mittels CMPL für Beispiel 3.3

Allerdings gibt es keinen unmittelbaren Zusammenhang zwischen den Kosten und den eigentlichen Zuordnungen, vielmehr sind diese abhängig von den zwischen den Elementen $i \in N_1$ und $k \in N_1$ einmalig auftretenden Kosten g_{ik} und den Kosten d_{jl}, die einmalig zwischen den Elementen $j \in N_2$ und $l \in N_2$ anfallen.

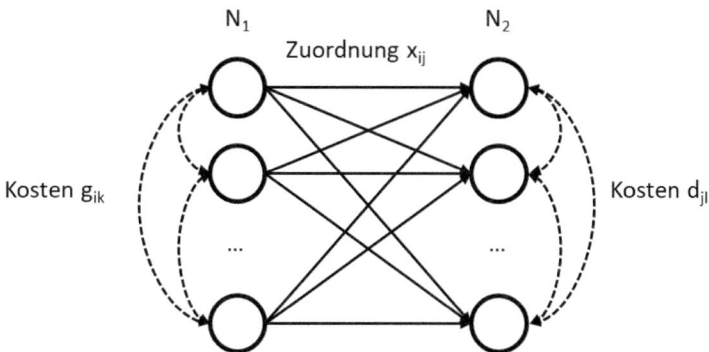

Abb. 3.8 Schematische Darstellung des quadratischen Zuordnungsproblems

Nimmt man beispielsweise an, dass eine Anzahl von Werken (N_1) einer Menge von Standorten (N_2) zugeordnet werden soll, dann können die g_{ik} die mengenabhängigen Transportkosten zwischen einem Werk i zu einem Werk k bezeichnen, während die d_{jl} die distanzabhängigen Kosten für den Transport zwischen einem Standort j und einem Standort l abbilden.[27] Diese Kosten fallen jeweils für zwei Zuordnungen an. Wenn das Werk $i \in N_1$ dem Standort $j \in N_2$ zugeordnet wird, ist die zugehörige Zuordnungsvariable $x_{ij} = 1$. Analog gilt $x_{kl} = 1$ für die Zuordnung des Werks $k \in N_1$ zum Standort $l \in N_2$. Demzufolge ist eine gleichzeitige Zuordnung gegeben, wenn das Variablenprodukt $x_{ij} \cdot x_{kl}$ gleich dem Wert eins ist. Einzig in diesem Fall sind die zwischen den Werken i und k anfallenden mengenabhängigen Transportkosten g_{ik} und gleichzeitig die distanzabhängigen Kosten d_{jl} zwischen den Werken j und l relevant.

Wenn man das Problem als bipartiter Graphen $G = (N_1 \cup N_2, A)$ mit $N_1 \cap N_2 = \emptyset$ interpretiert, wobei die Menge der Kanten A die zulässigen Kombinationen aus den Elementen der Mengen N_1 und N_2 enthält, kann die zu minimierende Zielfunktion wie folgt formuliert werden:[28]

$$\sum_{(i,j)\in A}\sum_{(k,l)\in A} g_{ik} \cdot d_{jl} \cdot x_{ij} \cdot x_{kl} \to \min! \qquad (3.20)$$

Zusätzlich zu den im Abschnitt 3.2.1 eingeführten Bezeichnungen werden folgende Definitionen verwendet:

Indizes:

i, k Indizes für Elemente der Menge N_1

j, l Indizes für Elemente der Menge N_2

---

27 Vgl. Koopmans und Beckmann (1957), S. 65, Burkard et al. (2009), S. 205 ff.
28 Vgl. Drezner (2015), S. 346, Domschke et al. (2015), S. 131 f.

(i, j) Index der potenziellen Zuordnungen, $(i, j) \in A$

(k, l) Index der potenziellen Zuordnungen, $(k, l) \in A$

Parameter:

g_{ik} zwischen zwei Elementen der Menge N_1 auftretende Kosten

d_{jl} zwischen zwei Elementen der Menge N_2 auftretende Kosten

Da die Nebenbedingungen dieses Problems denen des klassischen linearen Zuordnungsproblems (Ausdrücke (3.3) bis (3.5)) entsprechen, lautet das gesamte Problem wie folgt:[29]

$$\sum_{(i,j)\in A}\sum_{(k,l)\in A} g_{ik} \cdot d_{jl} \cdot x_{ij} \cdot x_{kl} \to \min! \tag{3.21}$$

u.d.N.

$$\sum_{\{j|(i,j)\in A\}} x_{ij} = 1 \quad ; i \in N_1 \tag{3.22}$$

$$\sum_{\{i|(i,j)\in A\}} x_{ij} = 1 \quad ; j \in N_2 \tag{3.23}$$

$$x_{ij} \geq 0 \quad ;(i,j) \in A \tag{3.24}$$

Aufgrund der in der Zielfunktion auftretenden Variablenprodukte $x_{ij} \cdot x_{kl}$ ist dieses Problem nichtlinear bzw. besitzt eine quadratische Zielfunktion. Grundsätzlich gehören quadratische Zuordnungsprobleme zu den schwer lösbaren Optimierungsproblemen, wobei Softwarelösungen wie z. B. *CPLEX*[30], *Gurobi*[31] oder *SCIP*[32] quadratische Probleme direkt lösen können. Soll das quadratische Zuordnungsproblem mittels Verfahren der ganzzahligen linearen Optimierung gelöst werden, kann gemäß ROGGE jedes der Variablenprodukte $x_{ij} \cdot x_{kl}$ äquivalent durch ein System linearer Ungleichungen abgebildet werden.[33]

Abschließend ist zu erwähnen, dass, wenn die Anzahl der Elemente in den beiden Zuordnungsmengen N_1 und N_2 nicht übereinstimmen, das Modell entsprechend den schon diskutierten Erweiterungen des linearen Zuordnungsmodells zu ändern ist.[34]

---

29 Vgl. Drezner (2015), S. 346, Burkard et al. (2013), S. 4, Domschke et al. (2015), S. 131 f.
30 IBM (2024).
31 Gurobi (2024).
32 Zuse-Institut-Berlin (2024).
33 Vgl. Rogge und Steglich (2007), S. 25 ff.
34 Vgl. Abschnitt 3.2.2.

3.5.2 Lösung mit CMPL

Quadratische Zuordnungsprobleme können mit CMPL formuliert und gelöst werden. In Abhängigkeit des gewählten Solvers kann das Problem entweder direkt oder als automatisch äquivalent transformiertes lineares Optimierungsproblem gelöst werden.

Beispiel 3.4: Interne Logistik eines Cross-Docking-Standorts
(Beispieldatei: cross-docking.cmpl, zuordnung.xlsx → Cross-Docking)

Aufgabenstellung
Betrachtet wird ein aus Darstellungsgründen vereinfachter Cross-Docking-Standort mit insgesamt acht Rampen, wobei vier Rampen auf der Wareneingangsseite (I1–I4) und vier Rampen auf der Warenausgangsseite (O1–O4) existieren. Den Rampen auf der Wareneingangsseite sind die Fahrzeuge der Lieferanten (F1–F4) und den Rampen auf der Warenausgangsseite die Auslieferungsfahrzeuge (F5–F8) zuzuordnen, so dass sich die in Tab. 3.3 gegebene Zuordnungsmatrix ergibt. Es ist bekannt, welche Mengen von einem bestimmten ankommenden Fahrzeug auf welches ausgehende Fahrzeug im zu planenden Zeitraum zu verladen sind. Die davon abhängigen Kosten sind in Tab. 3.4 gegeben. Da nur Mengenbeziehungen zwischen ein- und ausgehenden Fahrzeugen bestehen, ist diese Matrix lediglich im rechten oberen Bereich belegt. Weiterhin wurde geplant, welche distanzabhängigen Kosten für den Inner-Dock-Transport zwischen den Rampen am Wareneingang und den Rampen am Warenausgang für den zu planenden Zeitraum auftreten können (Tab. 3.5). Die ankommenden und abfahrenden Fahrzeuge sind den einzelnen Rampen so zuzuordnen, dass die Summe aller mengen- und distanzabhängigen Inner-Dock-Transportkosten minimal wird.

Tab. 3.3 Zulässige Zuordnungen für die Fahrzeuge und Stationen

		Rampen							
		I1	I2	I3	I4	O1	O2	O3	O4
Fahrzeuge	F1	x	x	x	x				
	F2	x	x	x	x				
	F3	x	x	x	x				
	F4	x	x	x	x				
	F5					x	x	x	x
	F6					x	x	x	x
	F7					x	x	x	x
	F8					x	x	x	x

Tab. 3.4 Mengenabhängige Kosten [€]

		Fahrzeuge							
		F1	F2	F3	F4	F5	F6	F7	F8
Fahrzeuge	F1	0	0	0	0	20	5	3	15
	F2	0	0	0	0	2	20	12	10
	F3	0	0	0	0	5	6	25	8
	F4	0	0	0	0	15	10	14	10
	F5	0	0	0	0	0	0	0	0
	F6	0	0	0	0	0	0	0	0
	F7	0	0	0	0	0	0	0	0
	F8	0	0	0	0	0	0	0	0

Tab. 3.5 Distanzabhängige Inner-Dock-Transportkosten [€]

		Rampen							
		I1	I2	I3	I4	O1	O2	O3	O4
Rampen	I1	0	0	0	0	30	50	70	90
	I2	0	0	0	0	50	30	50	70
	I3	0	0	0	0	70	50	30	50
	I4	0	0	0	0	90	70	50	30
	O1	0	0	0	0	0	0	0	0
	O2	0	0	0	0	0	0	0	0
	O3	0	0	0	0	0	0	0	0
	O4	0	0	0	0	0	0	0	0

Vorgehensweise

Wie bei jedem Anwendungsfall für CMPL ist in Excel ein Arbeitsblatt für die Indexmengen, Parameter und Lösungselemente des betrachteten Problems (Abb. 3.9) anzulegen. Der Zellbereich C4:J11 enthält die mengenabhängigen Kosten g_{ik}; $i \in N_1, k \in N_1$ zwischen den Fahrzeugen, wobei der Zellbereich B4:B11 für die Indexmenge N_1 der Fahrzeuge vorgesehen ist.

Analog sind in C15:J22 die distanzabhängigen Kosten d_{jl}; $j \in N_2, l \in N_2$ zwischen den Rampen sowie in B15:B22 die Indexmenge N_2 der Rampen gegeben. Im Zellbereich L4:M35 wurden die zulässigen potenziellen Zuordnungen zwischen den Fahrzeugen und Rampen eingegeben, die im CMPL-Modell als Indexmenge A verwendet werden. In den Zellen N4:N35 sollen nach der Optimierung die Lösungen der Zuordnungsvariablen und in N27 die gesamten Zuordnungskosten automatisch durch CMPL eingetragen werden.

Das quadratische Zuordnungsproblem

	A	B	C	D	E	F	G	H	I	J	K	L	M	N
1														
2		Mengenabhängige Kosten												
3		Fahrzeuge	F1	F2	F3	F4	F5	F6	F7	F8		Fahrzeuge	Rampen	Zuordnungen
4		F1	0	0	0	0	20	5	3	15		F1	I1	
5		F2	0	0	0	0	2	20	12	10		F1	I2	
6		F3	0	0	0	0	5	6	25	8		F1	I3	
7		F4	0	0	0	0	15	10	14	10		F1	I4	
8		F5	0	0	0	0	0	0	0	0		F2	I1	
9		F6	0	0	0	0	0	0	0	0		F2	I2	
10		F7	0	0	0	0	0	0	0	0		F2	I3	
11		F8	0	0	0	0	0	0	0	0		F2	I4	
12												F3	I1	
13		Distanzabhängige Kosten										F3	I2	
14		Rampen	I1	I2	I3	I4	O1	O2	O3	O4		F3	I3	
15		I1	0	0	0	0	30	50	70	90		F3	I4	
16		I2	0	0	0	0	50	30	50	70		F4	I1	
17		I3	0	0	0	0	70	50	30	50		F4	I2	
18		I4	0	0	0	0	90	70	50	30		F4	I3	
19		O1	0	0	0	0	0	0	0	0		F4	I4	
20		O2	0	0	0	0	0	0	0	0		F5	O1	
21		O3	0	0	0	0	0	0	0	0		F5	O2	
22		O4	0	0	0	0	0	0	0	0		F5	O3	
23												F5	O4	
24												F6	O1	
25												F6	O2	
26												F6	O3	
27												F6	O4	
28												F7	O1	
29												F7	O2	
30												F7	O3	
31												F7	O4	
32												F8	O1	
33												F8	O2	
34												F8	O3	
35												F8	O4	
36														
37												Gesamte Kosten		

Abb. 3.9 Excel-Arbeitsblatt für Beispiel 3.4

Die Formulierungen im CMPL-Modell 3.6 sind analog zu denen des mathematischen Modells gemäß den Ausdrücken (3.21) bis (3.24). Die Formulierungen starten in der ersten Zeile mit dem Einlesen der in der zugehörigen CmplXlsData-Datei definierten Indexmengen und Parameter.

CMPL kann grundsätzlich mit unterschiedlichen Solvern verwendet werden, die mit dem Eintrag %solver ausgewählt werden können. Ist dieses Argument nicht angegeben, wird automatisch der Standard-Solver HiGHS[35] verwendet. In diesem Fall würde dieses quadratische Optimierungsmodell automatisch gemäß ROGGE[36] in ein lineares Optimierungsmodell äquivalent transformiert und gelöst werden.[37] Eine andere Möglichkeit besteht darin, einen Solver wie z.B. SCIP zu verwenden, der quadratische Optimierungsmodelle direkt lösen kann. Daher wird in diesem Fall in der zweiten Zeile des Modells SCIP als Solver gewählt.

---

35 HiGHS (2024)
36 Vgl. Rogge und Steglich (2007), S. 25 ff.
37 HiGHS kann in der im Rahmen der Erstellung dieses Buches verwendeten Version lediglich kontinuierliche, aber keine ganzzahligen quadratischen Probleme lösen.

CMPL-Modell 3.6 CMPL-Modell für Beispiel 3.4

```
1   %xlsdata
2   %solver scip
3
4   var:
5     x[A]: binary;
6
7   obj:
8     sum{ [i,j] in A, [k,l] in A: g[i,k]* d[j,l] *x[i,j]*x[k,l] } ->min;
9
10  con:
11    { i in N1: sum{[i,j] in A: x[i,j]} = 1; }
12    { j in N2: sum{[i,j] in A: x[i,j]} = 1; }
```

In der Sektion var werden die binären Zuordnungsvariablen für alle Indexpaare in A definiert. In der achten Zeile wird die zu minimierende quadratische Zielfunktion gemäß Ausdruck (3.21) sowie in den Zeilen 11 und 12 die Restriktionen gemäß der Ausdrücke (3.22) und (3.23) eingeführt.

Nachdem das CMPL-Modell gespeichert wurde, kann die zugehörige CmplXls-Data-Datei bearbeitet werden (CMPL-Modell 3.7). Im Abschnitt @source (Zeilen 1 bis 3) wird angegeben, dass die Excel-Datei *zuordnung.xlsx* und das Datenblatt *Cross-Docking* zum Lesen der Indexmengen und Parameter sowie zum Schreiben der Optimierungsergebnisse verwendet wird.

CMPL-Modell 3.7 CmplXlsData für Beispiel 3.4

```
1    @source
2    %file < zuordnung.xlsx >
3    %sheet < Cross-Docking >
4
5    @input
6    %A set[2] < L4:M35 >
7    %N1 set < B4:B11 >
8    %N2 set < B15:B22 >
9    %g[N1,N1] < C4:J11 >
10   %d[N2,N2] < C15:J22 >
11
12   @output
13   %x[A].activity < N4:N35 >
14   %objValue < N37 >
```

Im Abschnitt @input werden in den Zeilen 6 bis 8 die Indexmengen für die Kanten (A), Fahrzeuge (N1) und die Rampen (N2) spezifiziert. Die Indexmengen N1 und N2 werden in den folgenden beiden Zeilen für die Definition der Matrizen der mengen- und distanzabhängigen Kosten g[N1,N1] und d[N2,N2] verwendet. Im

Abschnitt @output wird in den Zeilen 13 und 14 festgelegt, dass die Aktivitäten der Zuordnungsvariablen sowie der Zielfunktionswert nach Abschluss der Optimierung durch CMPL in die Zellen N4:N35 bzw. N37 zu schreiben sind.

Löst man dieses Problem, erscheint die in Abb. 3.10 dargestellte Lösung, wobei die Zuordnungsvariablen mit einem Wert gleich eins per bedingter Formatierung hervorgehoben wurden. Die minimalen gesamten Zuordnungskosten betragen 8.340 Euro. Es ist zu bemerken, dass diese Lösung auch auftreten würde, wenn nicht SCIP, sondern der Standard-Solver HiGHS verwendet wird, wobei dann das durch CMPL generierte Problem statt 32 Variablen und 16 Nebenbedingungen aufgrund der notwendigen Transformationen 288 Variablen und 784 Nebenbedingungen enthalten würde. Die Laufzeit für dieses kleine Problem ist für beide Solver allerdings nahezu identisch.

3.6 Das verallgemeinerte Zuordnungsproblem

3.6.1 Problemstellung und mathematisches Modell

Bei den bisher behandelten bipartiten Zuordnungsproblemen war eine Zuordnung von Elementen einer Menge N_1 zu Elementen einer zweiten Menge N_2 zu finden, wobei ein Element der Menge N_1 genau oder maximal einem Element der Menge N_2 zugeordnet werden konnte. Beim *verallgemeinerten Zuordnungsproblem* oder *Generalised-Assignment-Problem* geht man davon aus, dass ein Element der Menge N_1 mehreren Elementen der Menge N_2 zugeordnet werden kann, wobei für jedes Element der Menge N_1 eine Kapazität vorliegt, die durch die Zuordnung zu einem Element in N_2 in einem gewissen Maße beansprucht wird.[38]

Bezogen auf den Anwendungsfall der Zuordnung von Arbeitern zu Aufträgen lässt sich die Aufgabenstellung des verallgemeinerten Zuordnungsproblems auf folgende Art und Weise beschreiben. Für die Bearbeitung von $n = |N_2|$ Aufträgen sind $m = |N_1|$ Arbeiter vorhanden. Jeder Arbeiter i verfügt über eine Kapazität a_i und verbraucht für die Durchführung eines Auftrags j genau r_{ij} Kapazitätseinheiten. Bei der Bearbeitung des Auftrags j durch den Arbeiter i fallen die Kosten c_{ij} an. Jeder übernommene Auftrag wird vom jeweiligen Arbeiter vollständig bearbeitet. Die Aufträge sind den Arbeitern so zuzuordnen, dass die dafür erforderlichen Kosten minimal werden.

Das mathematische Modell des verallgemeinerten Zuordnungsproblems entspricht dem des verallgemeinerten Transportproblems, wobei die Elemente des Bedarfsvektors den Wert eins zugewiesen bekommen.

---

[38] Vgl. Domschke und Scholl (2010), S. 57.

	Fahrzeuge	Rampen	Zuordnungen
4	F1	I1	1
5	F1	I2	0
6	F1	I3	0
7	F1	I4	0
8	F2	I1	0
9	F2	I2	0
10	F2	I3	0
11	F2	I4	1
12	F3	I1	0
13	F3	I2	0
14	F3	I3	1
15	F3	I4	0
16	F4	I1	0
17	F4	I2	1
18	F4	I3	0
19	F4	I4	0
20	F5	O1	1
21	F5	O2	0
22	F5	O3	0
23	F5	O4	0
24	F6	O1	0
25	F6	O2	0
26	F6	O3	0
27	F6	O4	1
28	F7	O1	0
29	F7	O2	0
30	F7	O3	1
31	F7	O4	0
32	F8	O1	0
33	F8	O2	1
34	F8	O3	0
35	F8	O4	0
37	Gesamte Kosten		8340

Abb. 3.10 Lösung für Beispiel 3.4

Dazu wird das Problem wiederum als bipartiter Graph $G = (N_1 \cup N_2, A)$ interpretiert, wobei die zuzuordnenden Mengen N_1 und N_2 die Knoten bilden und die Menge der gerichteten Kanten A die zulässigen Kombinationen aus den Elementen der Mengen N_1 und N_2 enthält. Es lässt sich wie folgt formulieren:[39]

---

39 Vgl. Maniezzo et al. (2021), S. 3 f., Domschke und Scholl (2010), S. 56 ff.

Das verallgemeinerte Zuordnungsproblem

$$\sum_{(i,j)\in A} c_{ij} \cdot x_{ij} \to \min! \qquad (3.25)$$

u.d.N.

$$\sum_{\{j|(i,j)\in A\}} r_{ij} \cdot x_{ij} \leq a_i \quad ; i \in N_1 \qquad (3.26)$$

$$\sum_{\{i|(i,j)\in A\}} x_{ij} = 1 \quad ; j \in N_2 \qquad (3.27)$$

$$x_{ij} \in \{0,1\} \quad ; i \in A \qquad (3.28)$$

Zusätzlich zu den im Abschnitt 3.2.1 eingeführten Bezeichnungen werden folgende Definitionen verwendet:

Parameter:

r_{ij} benötigte Kapazitätseinheiten der Zuordnung von Element $i \in N_1$ zum Element $j \in N_2$

a_i Kapazität des Elements $i \in N_1$

Die Zielfunktion (3.25) sowie die Nebenbedingungen (3.27) für die Elemente der Menge N_2 entsprechen denen des klassischen linearen Zuordnungsmodells. Mit der Nebenbedingung (3.26) wird für alle Elemente $i \in N_1$ sichergestellt, dass mit den Zuordnungen zu Elementen der Menge N_2 die zur Verfügung stehende Kapazität nicht überschritten wird. Weiterhin ist es aufgrund dieser Nebenbedingung bei ausreichender Kapazität möglich, dass ein Element der Menge N_1 mehrere Elemente der Menge N_2 vollständig übernehmen kann. Die Koeffizienten r_{ij} führen allerdings dazu, dass das Nebenbedingungssystem des verallgemeinerten Zuordnungsproblems keine totale Unimodularität besitzt, so dass die Zuordnungsvariablen x_{ij} im Gegensatz zum klassischen Zuordnungsproblem ganzzahlig gefordert werden müssen.[40]

Es handelt sich bei diesem Problem um eine binäre, lineare Optimierungsaufgabe, für die Lösungsverfahren der ganzzahligen linearen Optimierung verwendet werden können. Außerdem existiert eine ganze Reihe von heuristischen Verfahren, die insbesondere für größere Problemstellungen vorteilhaft sind.[41]

3.6.2 Lösung mit CMPL

Im Folgenden wird die Lösung des verallgemeinerten Zuordnungsproblems als spezielles binäres lineares Optimierungsproblem mit CMPL erörtert.

---

40   Vgl. Domschke und Scholl (2010), S. 57.
41   Vgl. Maniezzo et al. (2021), S. 9 ff., Domschke und Scholl (2010), S. 60 ff., Cattryssee und Van Wassenhove (1992), S. 260 ff.

Beispiel 3.5: Fahrzeugeinsatz für die Vorholung von Ladungsgut in einer Spedition
(Beispieldatei: vorholung.cmpl, zuordnung.xlsx → Vorholung)

Aufgabenstellung

Ein Fuhrunternehmer hat drei 40-Tonnen-Lastzüge auf den Fernverkehrslinien eines Speditionsnetzes im Einsatz. Die Linien werden nachts bedient. Tagsüber können die Lastzüge für die Vorholung von Teilpartien von zehn Großkunden (K1 bis K10) zu ihren drei Speditionsdepots (D1–D3) herangezogen werden. Pro Depot steht jeweils ein Fahrzeug (F1–F3) zur Verfügung. Das Zeitfenster für diese Tätigkeit beträgt neun Stunden.

Die Entfernungen zwischen den Depots und den Großkunden sind im Sinne einer Depot-Kunde-Depot-Tour in Tab. 3.6 angegeben. Der Zeitbedarf für die Vorholung einer Sendung besteht aus der Fahrzeit, der Zeit für die Aufnahme der Ladung beim Kunden und der Zeit für das Absetzen der Ladung am Depot und ist für alle möglichen Zuordnungen in Tab. 3.7 gegeben.

Tab. 3.6 Entfernungen zu den Kundenorten in Kilometern

	K1	K2	K3	K4	K5	K6	K7	K8	K9	K10
D1	342	268	170	86	164	140	246	306	480	406
D2	360	274	394	438	250	270	144	142	158	230
D3	144	194	330	544	438	336	354	238	242	116

Tab. 3.7 Zeitbedarf für die Abholungen in Stunden

	K1	K2	K3	K4	K5	K6	K7	K8	K9	K10
D1	5,6	4,6	3,2	2,0	3,1	2,8	4,3	5,1	7,6	6,6
D2	5,9	4,7	6,4	7,0	4,3	4,6	2,8	2,8	3,0	4,0
D3	2,8	3,5	5,5	8,5	7,0	5,6	5,8	4,2	4,2	2,4

Die Aufgabe besteht darin, den drei Fahrzeugen Transportaufträge innerhalb eines Zeitrahmens von neun Stunden zuzuweisen. Die Gesamtdistanz soll als eigentlicher Kostentreiber minimiert werden.

Vorgehensweise

Das Problem wird als verallgemeinertes Zuordnungsproblem modelliert. Die Menge N_1 wird durch die Fahrzeuge (F1 bis F3), die sich jeweils an einem der Depots (D1 bis D3) befinden, und die Menge N_2 durch die Abholaufträge (K1 bis K10) gebildet. Da möglicherweise die Zeitkapazität der drei Fahrzeuge nicht für die Bedienung aller Aufträge ausreicht, wird ein fiktives Fahrzeug (F4) in die Menge der möglichen Zuordnungen aufgenommen, das mit den Kundenknoten verbunden wird. Aufträge, die dem fiktiven Fahrzeug zugeordnet werden, müssen an fremde Fuhrunternehmen vergeben werden. Da Zuordnungen zu dem fiktiven Fahrzeug nicht wünschenswert sind, werden diese mit einer hohen Bewertung von 10.000 Kilometern bestraft. Das Zeitfenster von neun Stunden wird von diesem fiktiven Fahrzeug nicht beansprucht. Die Fahrzeuge (F1 bis F3) sind den Abholaufträgen so zuzuordnen, dass die gesamten Distanzen unter Beachtung des Zeitfensters von neun Stunden minimiert werden.

Zunächst ist in Excel ein Arbeitsblatt für die Indexmengen, Parameter und Lösungselemente des betrachteten Problems (Abb. 3.11) anzulegen. In den Zellbereichen B3:B5 und B9:B18 stehen die Daten der beiden Indexmengen N_1 und N_2 für die Fahrzeuge und Kunden. Hinsichtlich der drei Fahrzeuge sind die Zeitkapazitäten in C3:C5 gegeben. In den Zellbereichen D3:D5 und E3:E5 werden in Abhängigkeit der Zuordnungsvariablen mittels SUMMEWENN-Funktionen die aus den Zuordnungen resultierenden Distanzen und Zeiten pro Fahrzeug berechnet. Die potenziellen Zuordnungen A finden sich im G3:H42, für die in I3:I42 die Distanzen c und in J3:J42 die Zeitbedarfe r gegeben sind. Der Zellbereich K3:K42 ist für die Lösungen der Zuordnungsvariablen x_{ij}; $(i,j) \in A$ vorgesehen, auf deren Basis im Zellbereich L2:L31 sowie M3:M31 die zugehörigen Distanzen und Zeiten berechnet werden.

Wie bei allen bisherigen CMPL-Beispielen werden in der ersten Zeile des CMPL-Modells die Indexmengen und Parameter eingelesen (CMPL-Modell 3.8).

CMPL-Modell 3.8 CMPL-Modell für Beispiel 3.5

```
1   %xlsdata
2
3   var:
4      x[A] : binary;
5
6   obj:
7      sum{ [i,j] in A : c[i,j]*x[i,j]} ->min;
8
9   con:
10     { i in N1 : sum{ [i,j] in A: r[i,j]*x[i,j] } <= a[i]; }
11     { j in N2 : sum{ [i,j] in A: x[i,j] } = 1; }
```

Die vierte Zeile dient der Definition der binären Variablen x[i,j] für alle Elemente der Indexmenge A. Die zu minimierende Zielfunktion in Zeile 7 ergibt sich gemäß Ausdruck (3.25) aus der über alle Elemente der Indexmenge A zu berechnenden Summe der Produkte der Distanzen je Zuordnung c[i,j] und der Zuordnungsvariablen x[i,j]. Mit dem CMPL-Ausdruck in Zeile 10 werden die Kapazitätsrestriktion gemäß Ausdruck (3.26) über eine Schleife i in N1 für alle Fahrzeuge erzeugt. Dazu

	A	B	C	D	E	F	G	H	I	J	K	L	M
2		Fahrz.	Kapa.	Dist.	Zeit		Zuordnungen		Distanz	Zeitbed.	Zuord.	Ges. Dist.	Ges. Zeit
3		F1	9	0	0		F1	K1	342	5.6		0	0.0
4		F2	9	0	0		F1	K2	268	4.6		0	0.0
5		F3	9	0	0		F1	K3	170	3.2		0	0.0
6		Ges.	27	0	0.00		F1	K4	86	2		0	0.0
7							F1	K5	164	3.1		0	0.0
8		Kunden					F1	K6	140	2.8		0	0.0
9		K1					F1	K7	246	4.3		0	0.0
10		K2					F1	K8	306	5.1		0	0.0
11		K3					F1	K9	480	7.6		0	0.0
12		K4					F1	K10	406	6.6		0	0.0
13		K5					F2	K1	360	5.9		0	0.0
14		K6					F2	K2	274	4.7		0	0.0
15		K7					F2	K3	394	6.4		0	0.0
16		K8					F2	K4	438	7		0	0.0
17		K9					F2	K5	250	4.3		0	0.0
18		K10					F2	K6	270	4.6		0	0.0
19							F2	K7	144	2.8		0	0.0
20							F2	K8	142	2.8		0	0.0
21							F2	K9	158	3		0	0.0
22							F2	K10	230	4		0	0.0
23							F3	K1	144	2.8		0	0.0
24							F3	K2	194	3.5		0	0.0
25							F3	K3	330	5.5		0	0.0
26							F3	K4	544	8.5		0	0.0
27							F3	K5	438	7		0	0.0
28							F3	K6	336	5.6		0	0.0
29							F3	K7	354	5.8		0	0.0
30							F3	K8	238	4.2		0	0.0
31							F3	K9	242	4.2		0	0.0
32							F3	K10	116	2.4		0	0.0
33							F4	K1	10000	0			
34							F4	K2	10000	0			
35							F4	K3	10000	0			
36							F4	K4	10000	0			
37							F4	K5	10000	0			
38							F4	K6	10000	0			
39							F4	K7	10000	0			
40							F4	K8	10000	0			
41							F4	K9	10000	0			
42							F4	K10	10000	0			
43							Gesamt					0	0

Abb. 3.11 Excel-Arbeitsblatt für Beispiel 3.5

wird die Summe für alle mit einem Fahrzeug i verbundenen potentiellen Zuordnungen der Produkte der Zeitbedarfe r[i,j] und der Zuordnungsvariablen x[i,j] generiert, die kleiner oder gleich zur korrespondierenden Kapazität a[i] zu sein hat. Abgeschlossen wird dieses CMPL-Modell in Zeile 12 mit der gemäß Ausdruck (3.26) zu definierenden Bedingung für die Elemente der Menge N2.

Die zugehörige CmplXlsData-Datei (CMPL-Modell 3.7) beginnt im Abschnitt @source (Zeilen 1 bis 3) mit der Angabe der verwendeten Excel-Datei *zuordnung.xlsx* und des Datenblatts *Cross-Docking*. Im Abschnitt @input werden in den Zeilen 6 bis 8 die Indexmengen für die potenziellen Zuordnungen (A), der Fahrzeuge (N1) und der Kunden (N2) spezifiziert. In Zeile 9 werden die Zeitkapazitätsobergrenzen a[N1] für die drei Fahrzeuge definiert. Die Indexmenge A geht in die Spezifikation der Distanzen c[A] und der Zeitbedarfe r[A] der potenziellen Zuordnung ein (Zeilen 10 und 11). Im Abschnitt @output wird in den Zeile 14 festgelegt, dass die Aktivitäten der Zuordnungsvariablen nach Abschluss der Optimierung durch CMPL in die Zellen K3:K42 automatisch einzutragen sind.

CMPL-Modell 3.9 CmplXlsData für Beispiel 3.5

```
1    @source
2    %file < zuordnung.xlsx >
3    %sheet < Vorholung >
4
5    @input
6    %A set[2] < G3:H42 >
7    %N1 set < B3:B5 >
8    %N2 set < B9:B18 >
9    %a[N1] < C3:C5 >
10   %c[A] < I3:I42 >
11   %r[A] < J3:J42 >
12
13   @output
14   %x[A].activity < K3:K42 >
```

Betrachtet man die Lösung in Abb. 3.12 kann man folgende Sachverhalte feststellen: Fahrzeug F1 bedient die Kunden K4, K5 und K6 (Zellen K3:K812). Es benötigt dafür 7,9 Stunden und legt 390 km zurück (Zellen D3:E3). Fahrzeug F2 bedient die Kunden K7, K8 und K9 (Zellen K13:K22). Es benötigt dafür 8,6 Stunden und legt 444 km zurück (Zellen D4:E4). Fahrzeug F3 bedient die Kunden K1, K2 und K10 (Zellen K23:K24 und K32). Es benötigt dafür 8,7 Stunden und legt 454 km zurück (Zellen D5:E5). Der Kunde K3 wird dem fiktiven Fahrzeug F4 zugeordnet und muss fremdvergeben werden. Der Zielfunktionswert beträgt exklusive der Distanzen des fiktiven Fahrzeugs 1.288 km (Zelle L43). Es verbleiben bei insgesamt benötigten 25,2 Stunden (Zelle M43) 1,8 Stunden oder rund 7 % nicht verplante Arbeitszeit der insgesamt möglichen 27 Stunden für die drei einzubeziehenden Fahrzeuge. Die verfügbare Einsatzzeit der Fahrzeuge wird also gut ausgenutzt.

	A	B	C	D	E	F	G	H	I	J	K	L	M
2		Fahrz.	Kapa.	Dist.	Zeit		Zuordnungen		Distanz	Zeitbed.	Zuord.	Ges. Dist.	Ges. Zeit
3		F1	9	390	7.9		F1	K1	342	5.6	0	0	0.0
4		F2	9	444	8.6		F1	K2	268	4.6	0	0	0.0
5		F3	9	454	8.7		F1	K3	170	3.2	0	0	0.0
6		Ges.	27	1288	25.20		F1	K4	86	2	1	86	2.0
7							F1	K5	164	3.1	1	164	3.1
8		Kunden					F1	K6	140	2.8	1	140	2.8
9		K1					F1	K7	246	4.3	0	0	0.0
10		K2					F1	K8	306	5.1	0	0	0.0
11		K3					F1	K9	480	7.6	0	0	0.0
12		K4					F1	K10	406	6.6	0	0	0.0
13		K5					F2	K1	360	5.9	0	0	0.0
14		K6					F2	K2	274	4.7	0	0	0.0
15		K7					F2	K3	394	6.4	0	0	0.0
16		K8					F2	K4	438	7	0	0	0.0
17		K9					F2	K5	250	4.3	0	0	0.0
18		K10					F2	K6	270	4.6	0	0	0.0
19							F2	K7	144	2.8	1	144	2.8
20							F2	K8	142	2.8	1	142	2.8
21							F2	K9	158	3	1	158	3.0
22							F2	K10	230	4	0	0	0.0
23							F3	K1	144	2.8	1	144	2.8
24							F3	K2	194	3.5	1	194	3.5
25							F3	K3	330	5.5	0	0	0.0
26							F3	K4	544	8.5	0	0	0.0
27							F3	K5	438	7	0	0	0.0
28							F3	K6	336	5.6	0	0	0.0
29							F3	K7	354	5.8	0	0	0.0
30							F3	K8	238	4.2	0	0	0.0
31							F3	K9	242	4.2	0	0	0.0
32							F3	K10	116	2.4	1	116	2.4
33							F4	K1	10000	0	0		
34							F4	K2	10000	0	0		
35							F4	K3	10000	0	1		
36							F4	K4	10000	0	0		
37							F4	K5	10000	0	0		
38							F4	K6	10000	0	0		
39							F4	K7	10000	0	0		
40							F4	K8	10000	0	0		
41							F4	K9	10000	0	0		
42							F4	K10	10000	0	0		
43							Gesamt					1288	25.2

Abb. 3.12 Lösung für Beispiel 3.5

3.7 Nicht-bipartite Probleme

3.7.1 Problemstellung und mathematisches Modell

Bei den bisher betrachteten Zuordnungsproblemen waren die zu verbindenden Zuordnungsobjekte in zwei Mengen (z. B. in Arbeiter und Aufträge) getrennt. Die

Nicht-bipartite Probleme

Menge der zuzuordnenden Objekte ist in diesen Fällen zweigeteilt bzw. bipartit. Für bestimmte Zuordnungsprobleme ist diese Trennung jedoch nicht möglich bzw. nicht sinnvoll, wenn jedes Objekt prinzipiell mit jedem anderen Objekt kombiniert werden kann.

Es handelt sich um sogenannte nicht-bipartite Matching-Probleme[42], die als Teilaufgaben in Logistikplanungen häufig auftreten. So kann man z. B. die optimale Verbindung von einzelnen Transporten zu Umläufen oder die Fahrer-Beifahrerwahl aus einer Menge von Fahrern als nicht-bipartites Matching-Problem modellieren.

Zur Formulierung eines geeigneten Modells ist es sinnvoll, dieses Problem als ungerichteten Graphen $G = (N, E)$ darzustellen, wobei N die Menge aller Zuordnungsobjekte enthält und E als Menge der ungerichteten Kanten nur die zulässigen Kombinationen aus den Elementen der Menge N abbildet. Zusätzlich wird für jeden Knoten $i \in N$ eine Inzidenzliste $\delta(i)$ definiert, die die ungerichteten Kanten aus E enthält, mit denen der Knoten i verbunden ist. Mit dem als *Minimum-Cost-Perfect-Matching-Problem* bekannten Ansatz kann das nicht-bipartite Zuordnungsproblem als binäres lineares Optimierungsmodell wie folgt formuliert werden.[43]

$$\sum_{[i,j] \in E} c_{ij} \cdot x_{ij} \to \min! \qquad (3.29)$$

u.d.N.

$$\sum_{[i,j] \in \delta(i)} x_{ij} = 1 \qquad ; i \in N \qquad (3.30)$$

$$x_{ij} \in \{0,1\} \qquad ; [i,j] \in E \qquad (3.31)$$

mit
Indexmengen:

N Knotenmenge bzw. Menge der Zuordnungsobjekte

E Menge der ungerichteten Kanten bzw. der zulässigen Kombinationen der Zuordnungsobjekte

$\delta(i)$ Menge der mit dem Knoten i inzidierten Kanten, $\delta(i) \in E$

Indizes:

i, j Indizes der Zuordnungsobjekte, $i \in N$ bzw. $j \in N$

$[i, j]$ Indizes der Kanten (potenzielle Zuordnungen), $[i, j] \in E$

Parameter:

c_{ij} Kosten für die Zuordnung von Element $i \in N$ zu Element $j \in N$

---

42   Vgl. Briskon (2023), S. 491 f., Ahuja et al. (2013), S. 475 f.
43   Vgl. Dempe und Schreier (2006), S. 254 f., Guenin et al. (2014), S. 30 ff. Ein äquivalentes nicht auf der Basis eines Graphens formuliertes Modell findet sich in Feige (1992).

Variablen:

x_{ij} Zuordnungsvariable für Element $i \in N$ zu Element $j \in N$

Mit diesem Modell wird ein die Zuordnungskosten gemäß Ausdruck (3.29) minimierendes perfektes Matching gesucht, bei dem jeder Knoten N mit genau einer Kante aus E verbunden und damit einem anderen Zuordnungsobjekt zugeordnet ist (Ausdruck (3.30)).[44] Dieses Modell ist nur dann lösbar, wenn die Anzahl der Zuordnungsobjekte einer geraden Zahl entspricht.[45] Ist dem nicht so bzw. lässt die Menge der möglichen Zuordnungen E keine zulässige Lösung zu, kann die Menge der Zuordnungsobjekte N um ein oder mehrere fiktive Elemente ergänzt werden, wobei diese in der Menge E mit allen originalen Zuordnungsobjekten mit einer Big-M-Bewertung zu verbinden sind.

3.7.2 Lösung mit CMPL

Im Folgenden wird die Lösung eines nicht-bipartiten Zuordnungsproblems als spezielles binäres lineares Optimierungsproblem mit CMPL erörtert.

Beispiel 3.6: Linienzusammenlegung im Nahverkehr

(Beispieldatei: nahverkehr.cmpl, zuordnung.xlsx → Nahverkehr)

Aufgabenstellung

Ein Kraftverkehrsunternehmen bedient ein Nahverkehrsgebiet mit mehreren Fahrzeugen in Einzeltouren. Aus Kostengründen ist geplant, Kombinationen von Einzeltouren einzuführen, um die Fahrzeuge nach Möglichkeit zweimal einzusetzen. Das Gebiet umfasst acht Einzeltouren (A bis H), deren tägliche Kosten in Tab. 3.8 aufgeführt sind. In Tab. 3.9 sind die sinnvollen Tourenkombinationen und die zugehörigen täglichen Kosten angegeben. Ohne eine Kombination von Touren fallen 2.460 Euro für die acht Einzeltouren an. Es sind die Kombinationen von Touren bzw. die einzeln durchzuführenden Touren zu ermitteln, die die gesamten Transportkosten minimieren.

Tab. 3.8 Kosten der Einzeldurchführung von Touren

Tour	Kosten [€/Tag]
A	430
B	350
C	210
D	280
E	170

---

44 Vgl. Büsing (2010), S. 204, Korte und Vygen (2012), S. 294 f.
45 Vgl. Dempe und Schreier (2006), S. 251.

Tour	Kosten [€/Tag]
F	220
G	190
H	510
Gesamt	2.360

Tab. 3.9 Mögliche Kombinationen von Touren

Kombinationen	Kosten [€/Tag]	Kosten der Einzeltouren [€/Tag]			Potentielle Einsparung [€/Tag]
		1. Tour	2. Tour	Gesamt	
AE	450	430	170	600	150
AG	510	430	190	620	110
BE	520	350	170	520	0
BH	660	350	510	860	200
CG	330	210	190	400	70
CH	540	210	510	720	180
DG	360	280	190	470	110
FH	500	220	510	730	230

Vorgehensweise

Das für die Lösung dieses Problems mit CMPL notwendige Excel-Arbeitsblatt (Abb. 3.13) enthält im Zellbereich B3:C10 die Indizes der möglichen Tourenkombinationen. Es ist dabei zu beachten, dass die Reihenfolge dieser Indizes im Sinne ungerichteter Kanten irrelevant ist. Die Einzeltouren werden in den Zellen B11:C18 analog behandelt, wobei eine Tour bei einer Einzeldurchführung mit sich selbst verbunden und der entsprechende Index daher zweimal aufgeführt ist. Die Bezeichnungen im Zellbereich B3:B18 stellen daher im Sinne des Modells (3.29) bis (3.31) die Mengen der ungerichteten Kanten E dar. Die zugehörigen Kosten sind im Zellbereich D3:D18 aufgeführt. Im Zellbereich E3:E18 bzw. in der Zelle E20 werden nach Abschluss der Optimierung die Lösungen der Zuordnungsvariablen bzw. der Zielfunktionswert automatisch durch CMPL eingetragen.

Im zugehörigen CMPL-Modell 3.10 werden in der ersten Zeile die in der zugehörigen CmplXlsDatei (CMPL-Modell 3.11) definierten Indexmengen und Parameter eingelesen. Da weder im Excel-Arbeitsblatt noch in der CmplXlsData-Datei die Indexmenge N der Knoten des ungerichteten Netzes (Touren) definiert wurde, ist diese in der Sektion par in Zeile 4 aus der Menge der ungerichteten Kanten zu extrahieren. Der Ausdruck E *> [*,/] findet alle 2-Tupel (Doppelindizes) in E und gibt

	A	B	C	D	E
1					
2		Kombinationen		Kosten	Zuordnung
3		A	E	450	
4		A	G	510	
5		B	E	520	
6		B	H	660	
7		C	G	330	
8		C	H	540	
9		D	G	360	
10		F	H	500	
11		A	A	430	
12		B	B	350	
13		C	C	210	
14		D	D	280	
15		E	E	170	
16		F	F	220	
17		G	G	190	
18		H	H	510	
19					
20		Gesamte Kosten			

Abb. 3.13 Excel-Arbeitsblatt für Beispiel 3.6

eine Menge von Indizes zurück, die nur aus den ersten Teilen der gefundenen Tupel besteht. Mehrfache Einträge werden nur einmal zurückgegeben.

CMPL-Modell 3.10 CMPL-Modell für Beispiel 3.6

```
1   %xlsdata
2
3   par:
4     N := E *> [*,/];
5
6   var:
7     x[E] : binary;
8
9   obj:
10    sum{ [i,j] in E: c[i,j] * x[i,j]} -> min;
11
12  con:
13    { i in N :
14          sum{ [i,j] in E : x[i,j] } +
15          sum{ [j,i] in E, i<>j : x[j,i] } =1;
16    }
```

In der Sektion var werden für alle Einträge in E binäre Variablen definiert. In Zeile 10 wird die Zielfunktion gemäß Ausdruck (3.29) spezifiziert. Gemäß Ausdruck (3.30) muss für jeden Knoten $i \in N$ die Summe der Zuordnungsvariablen x_{ij}; $[i,j] \in \delta(i)$ gleich dem Wert eins sein. Wenn ein Knoten mit einer Kante inzident ist, muss der Index des Knotens an der ersten oder zweiten Stelle des doppelten Index einer Kante auftreten. Eine entsprechende Prüfung geschieht in den Zeilen 14 und 15 für jedes Element i in N durch die in den Summen auftretenden Ausdrücken [i,j] in E bzw. [j,i] in E. Dieser Sachverhalt gilt für die Kombitouren, deren Indizes in den Zellen B3:C10 angegeben sind. Da für die Einzeltouren der Index des entsprechenden Knotens an beiden Positionen angegeben ist, ist dieser Test nur für den ersten Index durchzuführen und für den zweiten Index in Zeile 14 durch die zusätzliche Bedingung i<>j zu verhindern. In der Gesamtheit der Ausdrücke in den Zeilen 13 bis 16 wird gemäß Ausdruck (3.30) festgelegt, dass die Summe der Zuordnungsvariablen der mit diesem Knoten verbundenen Kanten gleich dem Wert eins zu sein hat.

In der zugehörigen CmplXlsData-Datei (CMPL-Modell 3.11) wird in den Zeilen 1 bis 3 festgelegt, dass die Excel-Datei *zuordnung.xlsx* und das Datenblatts *Nahverkehr* zu verwenden ist. In Zeile 6 wird die Indexmenge für die potenziellen Zuordnungen (E) spezifiziert, die in der folgenden Zeile für die Definition der Kosten (c) verwendet wird. Nach Abschluss der Optimierung sollen die Aktivitäten der Zuordnungsvariablen in die Zellen E3:E16 (Zeile 10) sowie der Zielfunktionswert in die Zelle E20 (Zeile 11) geschrieben werden.

CMPL-Modell 3.11 CmplXlsData für Beispiel 3.6

```
1    @source
2    %file < zuordnung.xlsx >
3    %sheet < Nahverkehr >
4
5    @input
6    %E set[2] < B3:C18 >
7    %c[E] < D3:D18 >
8
9    @output
10   %x[E].activity < E3:E18 >
11   %objValue < E20 >
```

Nachdem dieses Modell durch CMPL gelöst wurde, erscheint die durch CMPL automatisch in die Excel-Tabelle eingetragene Lösung (Abb. 3.14). Anhand der mittels bedingter Formatierung hervorgehobenen Werte der Lösungen der Zuordnungsvariablen erkennt man, dass eine Tour gemäß Ausdruck (3.30) entweder mit einer anderen Tour kombiniert oder einzeln durchgeführt wird.

	A	B	C	D	E
1					
2		Kombinationen		Kosten	Zuordnung
3		A	E	450	**1**
4		A	G	510	0
5		B	E	520	0
6		B	H	660	0
7		C	G	330	0
8		C	H	540	0
9		D	G	360	**1**
10		F	H	500	**1**
11		A	A	430	0
12		B	B	350	**1**
13		C	C	210	**1**
14		D	D	280	0
15		E	E	170	0
16		F	F	220	0
17		G	G	190	0
18		H	H	510	0
19					
20		Gesamte Kosten			1870

Abb. 3.14 Lösung für Beispiel 3.6

In der optimalen Lösung werden sechs Touren zu Zweifachtouren (AE, DG, FH) kombiniert, die drei Fahrzeuge benötigen. Die Touren B und C müssen auch weiterhin einzeln gefahren werden. Damit werden anstelle der früheren acht Fahrzeuge nun nur noch fünf Fahrzeuge benötigt. Die Tageskosten konnten von 2.360 Euro auf 1.870 Euro (Zelle E20) reduziert werden und das Kraftverkehrsunternehmen kann täglich 490 Euro und damit 20,8 % der ursprünglichen Kosten einsparen.

Literatur

Ahuja, R.K., T.L. Magnanti und J.B. Orlin (2013): Network Flows: Pearson New International Edition: Theory, Algorithms, and Applications, Pearson, Harlow.

Briskon, D. (2023): Operations Research, Springer Gabler, Wiesbaden.

Burkard, R.E. und E. Çela (1999): Linear Assignment Problems and Extensions, in: D-Z Du und P Pardalos (Hrsg.): Handbook of Combinatorial Optimization, Springer US, S. 75-149.

Burkard, R.E., E. Çela, P.M. Pardalos und L.S. Pitsoulis (2013): Quadratic Assignment Problems, in: P M Pardalos, D-Z Du und R L Graham (Hrsg.): Handbook of Combinatorial Optimization, Springer New York, S. 2741-2814.

Burkard, R.E., M. Dell'Amico und S. Martello (2009): Assignment Problems, siam, Philadelphia.

Büsing, C. (2010): Graphen- und Netzwerkoptimierung, Spektrum Akademischer Verlag, Heidelberg.

Carter, M.W., C.C. Price und G. Rabadi (2019): Operations Research: A Practical Introduction, 2. Aufl., CRC Press,

Cattryssee, D.G. und L.N. Van Wassenhove (1992): A Survey of Algorithms for the Generalized Assignment Problem. European Journal of Operational Research 60, S. 260-272.

Chen, D.-S., R.G. Batson und Y. Dang (2010): Applied integer programming modeling and solution, John Wiley & Sons, Hoboken.

Dempe, S. und H. Schreier (2006): Operations Research: Deterministische Modelle und Methoden, 1. Aufl., Teubner, Wiesbaden.

Diestel, R. (2017): Graphentheorie, 5. Aufl., Springer Spektrum, Berlin.

Domschke, W., A. Drexl, R. Klein und A. Scholl (2015): Einführung in Operations Research, 9. Aufl., Springer Gabler, Berlin et. al.

Domschke, W. und A. Scholl (2010): Logistik: Rundreisen und Touren, 5. Aufl., Oldenbourg, München.

Drezner, Z. (2015): The Quadratic Assignment Problem, in: G Laporte, S Nickel und F Saldanha da Gama (Hrsg.): Location Science, Springer, Cham et al., S. 345-363.

Feige, D. (1992): Ein Non-Bipartites Zuordnungsproblem zur Koordinierung von Transporten. OR Proceedings 91, S. 271-278.

Guenin, B., J. Könemann und L. Tunçel (2014): A Gentle Introduction to Optimization, Cambridge University Press, Cambridge

Gurobi (2024): Gurobi Optimizer, http://www.gurobi.com/products/gurobi-optimizer, Letzter Zugriff: 09.02.2024.

HiGHS (2024): HiGHS - high performance software

for linear optimization, https://www.maths.ed.ac.uk/hall/HiGHS/, Letzter Zugriff: 09.02.2024.

Hillier, F.S. und G.J. Lieberman (2015): Introduction to Operations Research, 10. Aufl., McGraw-Hill, New York et al.

IBM (2024): IBM ILOG CPLEX Optimization Studio, https://www.ibm.com/products/ilog-cplex-optimization-studio?mhsrc=ibmsearch_a&mhq=IBM%20ILOG%20CPLEX%20Optimization%20Studio, Letzter Zugriff: 09.02.2024.

Koopmans, T.C. und M.J. Beckmann (1957): Assignment problems and the location of economic activities. Econometrica 25 (1), S. p. 53-76.

Korte, B. und J. Vygen (2012): Kombinatorische Optimierung Theorie und Algorithmen, 2. Aufl. 2012, Springer, Berlin et al.

Kuhn, H.W. (1955): The Hungarian method for the assignment problem. Naval Research Logistics Quarterly 2, S. 83-97.

Maniezzo, V., M.A. Boschetti und T. Stützle (2021): The Generalized Assignment Problem, in: V Maniezzo, M A Boschetti und T Stützle (Hrsg.): Matheuristics: Algorithms and Implementations, Springer International Publishing, Cham, S. 3-33.

Pentinco, D.W. (2007): Assignment problems: A golden anniversary survey. European Journal of Operational Research 176 (2), S. 774-793.

Rogge, R. und M. Steglich (2007): Betriebswirtschaftliche Entscheidungsmodelle zur Verfahrenswahl sowie Auflagen- und Lagerpolitiken. Diskussionsbeiträge zu Wirtschaftsinformatik und Operations Research, Martin-Luther-Universität Halle-Wittenberg 10/2007.

Suhl, L. und T. Mellouli (2013): Optimierungssysteme Modelle, Verfahren, Software, Anwendungen, 3. Aufl., Springer Gabler, Berlin et al.

Vanderbei, R.J. (2020): Linear programming - Foundations and extensions 5. Aufl., Springer Cham.

Williams, H.P. (2013): Model building in mathematical programming, 5., Wiley, Chichester, West Sussex.

Zuse-Institut-Berlin (2024): SCIP Optimization Suite, https://scipopt.org/, Letzter Zugriff: 09.02.2024.

4 Touren- und Routenprobleme

In diesem Kapitel werden die Grundlagen von Touren- und Routenproblemen diskutiert und vielfältige Varianten vorgestellt. Für die unterschiedlichen Problemtypen, wie z. B. kürzeste Wege, Rundreise-, Briefträger- sowie Tourenplanungsprobleme, wird jeweils das mathematische Modell vorgestellt und auf der Basis der mathematischen Grundlagen die Lösung eines realistischen Problems anhand LogisticsLab illustriert.

4.1 Sammeln und Verteilen von Gütern als Logistikaufgabe

Das Sammeln und Verteilen von Gütern oder Personen gehört zu den wichtigsten Logistikaufgaben. Hier treten die Unternehmen in direkten Kontakt mit ihren Kunden und werden nach ihrer Lieferqualität beurteilt. Dieser Transportabschnitt (die sogenannte *letzte Meile*) ist aufwendig und kostenintensiv, weshalb eine gute Planung und Disposition der damit verbundenen Prozesse große Bedeutung besitzt.

In Netzwerken von Transportdienstleistern findet man Touren- und Routenprobleme u. a. bei der Auflösung von Fernverkehrsladungen in Stückgut- oder Paketdienstdepots, ihrer Aufteilung auf Nahverkehrsfahrzeuge und der Zustellung zu den Kunden. Dazu gehören weiterhin die Abholung von Kundensendungen auf Abholtouren und ihre Übergabe an den Fernverkehr in den Depots (Abb. 4.2).

Für die Gestaltung von Transportbeziehungen im Fernverkehr können ebenfalls Touren- und Routenprobleme herangezogen werden. Dabei können Tourenplanungsprobleme zwischen Versand- und Empfangsdepots, die Planung von Teil- oder Zuladungen mehrerer Depots bzw. Umladepunkte oder multiple Empfangsdepots auftreten (Abb. 4.1).

Weitere Touren- und Routenprobleme sind z. B.:

- tägliche Warenauslieferungen in Industrie und Handel,
- Organisation werksinterner Transporte,
- Hausmüllentsorgung,
- Sammeln wiederverwertbarer Sekundärstoffe,
- Touren von Servicetechnikern und
- Schulbusverkehre.

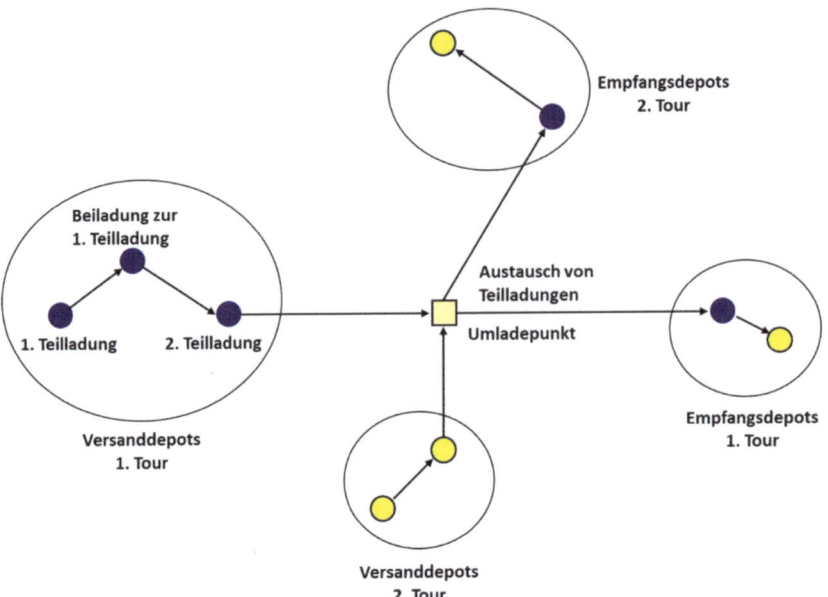

Abb. 4.1 Beispiel für Fernverkehrstouren

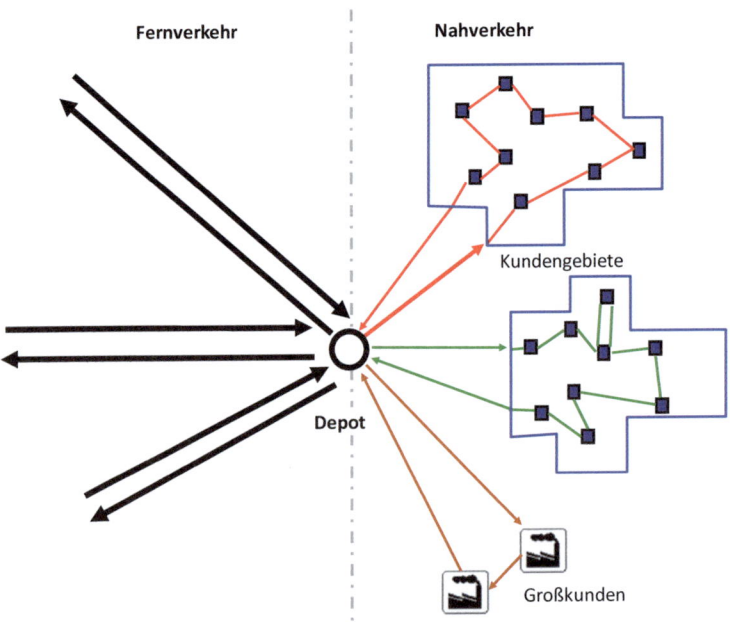

Abb. 4.2 Verbindung von Fern- und Nahverkehr

Kürzeste Wege und Entfernungen

In diesem Kapitel werden die Begriffe *Routen* und *Touren* verwendet, wobei eine *Tour* eine genau definierte Menge von Kunden oder Orten bezeichnet, die auf einer Fahrt bedient werden, während unter einer *Route* die Reihenfolge der Kundenbedienung oder der Fahrweg über die anzufahrenden Orte verstanden wird.[1] Für die damit verbundenen Problemstellungen existiert eine große Zahl von Modellen, zu denen unter anderem

- das Kürzeste-Wege-Problem,
- das Rundreiseproblem,
- das Durchfahrtproblem,
- das Briefträgerproblem,
- das Tourenplanungsproblem

sowie ihre Erweiterungen gehören. In den folgenden Abschnitten werden diese Modelle, ihre Nutzung für Logistikplanungen und ihre Lösungsmöglichkeiten näher betrachtet.

4.2 Kürzeste Wege und Entfernungen

4.2.1 Problemstellung und mathematisches Modell

Die Kenntnis möglicher Transportwege für Güter oder Personen sowie der Distanzen und Eigenschaften dieser Wege ist eine wesentliche Voraussetzung für die Gestaltung von Logistiksystemen. Gewöhnlich verfügen entscheidungsunterstützende Systeme für Probleme der Transportlogistik über Straßennetzdaten, die diese Informationen zur Verfügung stellen.

Straßennetze werden oft als bewertete Graphen ausgeführt. Die Knoten des Graphen können z. B. Adressen der Kunden oder Depots, Ortschaften oder Straßenkreuzungen sein. Die Kanten stellen die Wege zwischen den Knoten dar und werden mit ihrer Länge[2] bewertet. In einem Graphen wird eine Folge von Kanten, die von einem Startknoten i zu einem Endknoten j führt, *Weg* von i nach j genannt.[3] Mit der *Länge eines Weges* wird die Summe der Kantenbewertungen eines Weges bezeichnet. Häufig gibt es eine Anzahl von alternativen Wegen, die von i nach j führen, von denen aber oft nur der Weg mit der minimalen Länge (der *kürzeste Weg*) interessant ist.

Kürzeste Wege lassen sich auch für große Graphen problemlos ermitteln. Für die unterschiedlichen Anwendungsfälle existiert eine Vielzahl spezialisierter

---

1 Vgl. Domschke und Scholl (2010), S. 198, Suhl und Mellouli (2013), S. 241.
2 Es sind auch andere Bewertungen wie Fahrtzeiten oder Kosten möglich.
3 Vgl. Krumke und Noltemeier (2012), S. 31.

Algorithmen (z. B. der *Dijkstra-Algorithmus*), die aber in diesem Kapitel nicht betrachtet werden.[4]

Eine weitere Möglichkeit der Modellierung und der Lösung dieses Problems besteht in der Anwendung des *Minimum-Cost-Flow-Problems*. Dazu wird das Straßen- oder Streckennetz als gerichteter Graph $G = (N, A)$ dargestellt, wobei N die Knotenmenge und A die Menge der gerichteten Kanten bezeichnet. Für jede Kante $(i, j) \in A$ liegt eine Gewichtung c_{ij} vor, die die Distanz oder ggf. andere Bewertungen dieser Strecke abbilden. Liegt das Originalnetz in Form eines ungerichteten oder gemischten Graphen vor, sind für jede ungerichtete Kante zwei in der Richtung entgegengesetzte Kanten gleicher Gewichtung einzuführen. Das Angebot des Startknotens q bzw. der Bedarf des Endknotens s wird mit dem Wert eins angegeben. Die Variablen x_{ij} nehmen den Wert eins an, wenn die Kante für die gesamte Route genutzt wird oder besitzen im anderen Fall den Wert null. Die Kapazitäten aller Kanten sind unbeschränkt. Das Modell lässt sich wie folgt formulieren:[5]

$$\sum_{(i,j)\in A} c_{ij} \cdot x_{ij} \to \min! \tag{4.1}$$

u.d.N.

$$\sum_{\{j:(i,j)\in A\}} x_{ij} - \sum_{\{j:(j,i)\in A\}} x_{ji} = \begin{cases} 1 & \text{für } i = q \\ -1 & \text{für } i = s \\ 0 & \text{sonst} \end{cases} ; i \in N \tag{4.2}$$

$$x_{ij} \geq 0 \qquad\qquad\qquad ; (i,j) \in A \tag{4.3}$$

mit
Indexmengen:

A Menge der gerichteten Kanten

N Menge der Knoten

Indizes:

i Index der Menge der Knoten $i \in N$

(i,j) Index der Kanten, $(i,j) \in A$

Parameter:

c_{ij} Bewertung der Kante $(i,j) \in A$

q Startknoten

s Endknoten

---

[4] Vgl. zu den Algorithmen z. B. Dijkstra (1959), Vanderbei (2020), S. 262 f., Suhl und Mellouli (2013), S. 173 ff., Hillier und Lieberman (2015), S. 378 ff., Ahuja et al. (2013), S. 320 ff.

[5] Vgl. Ghiani et al. (2022), S. 456 ff., Hillier und Lieberman (2015), S. 395 ff.

Kürzeste Wege und Entfernungen

Variablen:

x_{ij} Nutzungsvariable für die Kante $(i,j) \in A$

Gemäß der Zielfunktion (4.1) sind die Distanzen (oder andere Bewertungen wie z. B. Kosten) aller genutzten Kanten zu minimieren. Die für alle Knoten zu definierenden Flussbedingungen (4.2) sehen einzig den Startknoten q als Angebotsknoten mit einem Angebot von eins und den Endknoten s als einzigen Bedarfsknoten mit einem Bedarf von ebenfalls eins vor, während alle anderen Knoten als reine Umladeknoten agieren. Die reellwertig geforderten Variablen x_{ij} nehmen aufgrund des Angebots und des Bedarfs mit dem Wert eins automatisch die Werte null oder eins an.[6] Letztlich kann anhand der Belegung der de facto binären Variablen die Strecke des kürzesten Weges aus der Lösung abgelesen werden.

Es liegt mit dieser Formulierung ein lineares Optimierungsmodell vor, das mit geeigneten Lösungsverfahren der linearen Optimierung oder mit auf Netzwerkflussprobleme spezialisierten Verfahren lösbar ist.[7]

4.2.2 Lösung mit LogisticsLab/NWF

Zur Lösung des Problems des kürzesten Weges in Form des Minimum-Cost-Flow-Modells bietet sich LogisticsLab/NWF an. Das Wegeproblem in Graphen wird nachfolgend an einem einfachen Beispiel betrachtet.

Beispiel 4.1: Kürzester Weg

(Beispieldatei: wandlitz-kuerzester-weg.nwfx)

Aufgabenstellung

In einem Gebiet nördlich von Berlin ist ein Paket mittels eines Kuriers auf kürzestem Weg zu transportieren.

Tab. 4.1 enthält die Menge der Knoten des Netzwerks, die aus einer Anzahl von Adressen in verschiedenen Orten und zusätzlich einer Anzahl von Kreuzungen bzw. Kreisverkehre mit den IDs, Namen und geografischen Koordinaten besteht.

Die einzelnen Knoten sind mit ihren direkten Nachbarn jeweils durch zwei gegenläufige gerichtete Kanten verbunden, wenn es die aktuelle Straßensituation zulässt. In Abb. 4.3. sind die an diesem Tag tatsächlich aufgrund von Baustellen befahrbaren Straßen schematisch abgebildet. So ist z. B. im Ort Stolzenhagen die Dorfstraße aufgrund von Bauarbeiten gesperrt, so dass zwischen den Knoten ST und ST2 keine Kante existiert.

Die Aufgabe besteht darin, das Paket auf kürzestem Weg von Basdorf nach Zehlendorf zu transportieren.

---

6 Vgl. Yildirim (2009), S. 4-4., Hillier und Lieberman (2015), S. 325.
7 Vgl. Ghiani et al. (2022), S. 458 ff., Hillier und Lieberman (2015), S. 403 ff., Vanderbei (2020), S. 237 ff.

Tab. 4.1 Daten der Knoten für Beispiel 4.1

ID	Name	Breite	Länge
WA	Wandlitz	52,75453	13,47295
WE	Wensickendorf	52,75518	13,37634
ST	Stolzenhagen	52,77800	13,43832
ST2	Stolzenhagen 2	52,77109	13,43242
KL	Klosterfelde	52,79124	13,48796
ZE	Zehlendorf	52,78482	13,39347
BA	Basdorf	52,73249	13,44746
KVWA	Wandlitz Kreisverkehr	52,74210	13,45788
KVB27	Kreisverkehr B273	52,74642	13,43271
KOCBS	Kreisverkehr B273	52,75121	13,42732
KVL29	Kreisverkehr L29	52,76795	13,47576

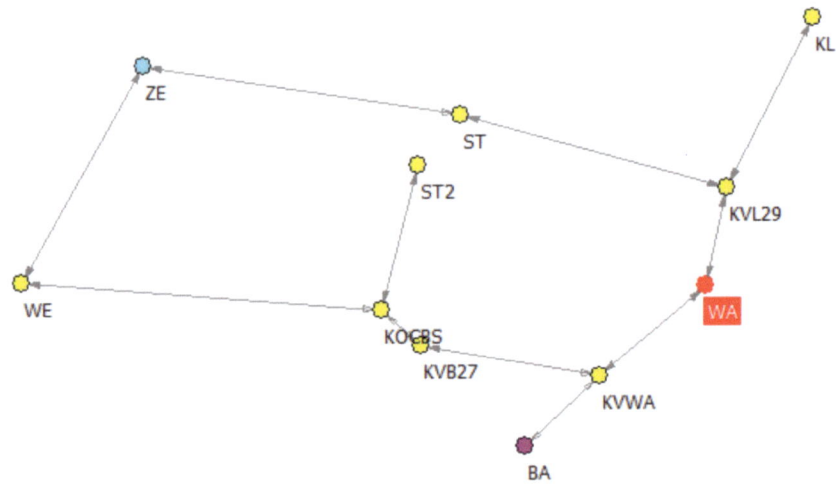

Abb. 4.3 Schematische Darstellung der Kanten für Beispiel 4.1

Vorgehensweise

In einem ersten Schritt ist in LogisticsLab/NWF ein neues Problem zu generieren. Dazu kann der Menüeintrag *File → New Problem* oder die Schaltfläche *New Problem* in der Symbolleiste verwendet werden. Für dieses Problem können in dem erscheinenden Dialog die Standardwerte genutzt werden. Einzig die Anzahl der Knoten ist einzugeben. Anschließend sind die Knotendaten gemäß Tab. 4.1 im Datenbereich *Nodes* einzugeben (Abb. 4.4). Für ein reales Problem könnte man alternativ

Kürzeste Wege und Entfernungen

```
Problem   Nodes   Edge editor   All edges

Nodes:      11

Costs:      11    Flow:     1       Edit mode

Nr   ID     Name                  Lat        Long       Volume    Min. Cap.   Max. Cap.
 1   WA     Wandlitz              52,75453   13,47295      0           0           M
 2   WE     Wensickendorf         52,75518   13,37634      0           0           M
 3   ST     Stolzenhagen          52,77800   13,43832      0           0           M
 4   KL     Klosterfelde          52,79124   13,48796      0           0           M
 5   ZE     Zehlendorf            52,78482   13,39347     -1
 6   BA     Basdorf               52,73249   13,44746      1
 7   KVWA   Wandlitz Kreisverkehr 52,74210   13,45788      0           0           M
 8   KVB27  Kreisverkehr B273     52,74642   13,43271      0           0           M
 9   KOCBS  Kreisverkehr B273     52,75121   13,42732      0           0           M
10   KVL29  Kreisverkehr L29      52,76795   13,47576      0           0           M
11   ST2    Stolzenhagen 2        52,77109   13,43242      0           0           M
```

Abb. 4.4 Daten der Knoten in LogisticsLab/NWF für Beispiel 4.1

jeden einzelnen Knoten durch Doppelklicken auf die Karte an der entsprechenden Position anlegen, wobei LogisticsLab automatisch die geografische Koordinate ermittelt und in die Knotenliste eingetragen hätte. Für diese Aktion muss der Datenbereich *Nodes* geöffnet sein.

In der Spalte *Volume* sind die Angebote und Bedarfe der Knoten einzutragen, wobei der Knoten BA (Basdorf) als Quelle ein Angebot von eins und der Knoten ZE (Zehlendorf) im Sinne des Ausdrucks (4.2) des verwendeten Minimum-Cost-Flow-Modells als Senke einen Bedarf von minus eins aufweist. Alle anderen Knoten weisen als reine Umladeknoten keine Angebote und Bedarfe aus, besitzen aber eine unbeschränkte Kapazität.

Im folgenden Schritt ist die Kantenliste im *Edge editor* zu bearbeiten (Abb. 4.5). Dazu sind für einen Ausgangsknoten (*From node*) alle abgehenden Kanten anzulegen. Für die minimalen und maximalen Kantenkapazitäten können die vorgeschlagenen Werte übernommen werden. Es ist allerdings zu beachten, dass das originale Streckennetz aufgrund der einfachen und kurzen Straßenabschnitte einem ungerichteten Graphen entspricht, während das Minimum-Cost-Flow-Problem auf einem gerichteten Graphen basiert. Daher müssen für jede ungerichtete Kante des originalen Netzes zwei gerichtete Kanten mit identischen Distanzen in der Kantenliste in LogisticsLab/NWF eingegeben werden. So sind für die Verbindung zwischen Knoten WA und Knoten KVWA zwei Kanten WA→KVWA und KVWA→WA anzulegen.

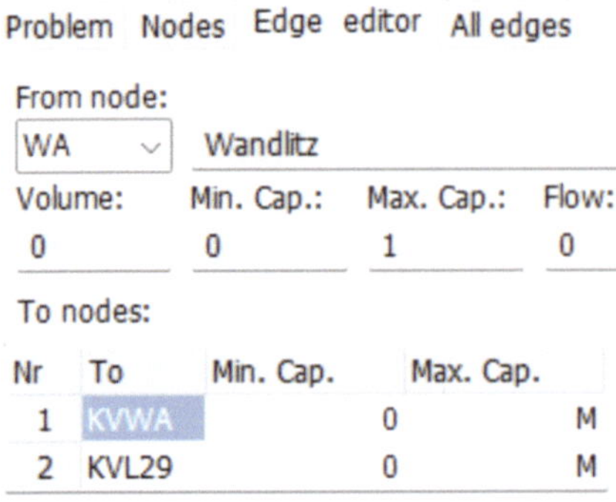

Abb. 4.5 Eingabe der Kantendaten in LogisticsLab/NWF für Beispiel 4.1

Alternativ zur Eingabe von Kanten im Kanteneditor können diese beim geöffneten Kanteneditor als vom gewählten Knoten ausgehende Kante durch einen Doppelklick auf den Marker des jeweiligen Zielknotens angelegt werden.

Im folgenden Schritt sind die Distanzen für alle eingegebenen Kanten mittels der in LogisticsLab implementierten OpenStreetMap-Funktionalitäten zu ermitteln. Dazu ist entweder in der Symbolleiste die Schaltfläche *Calculate Variable Costs* oder im Menü *Optimisation* der Punkt *Calculate Variable Costs* und im erscheinenden Dialog *OpenStreetMap/Distances* mit einem *Detour or Cost factor* von eins zu wählen. Die so ermittelten Distanzen werden automatisch im Datenbereich *All edges* in der Spalte *Cost rate* als Kantenbewertung eingetragen (Abb. 4.6).

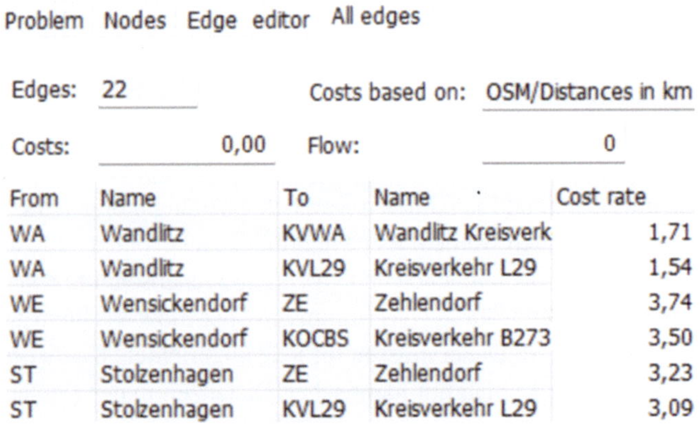

Abb. 4.6 Ausschnitt der bewerteten Kantenliste für Beispiel 4.1

Kürzeste Wege und Entfernungen

Nach der Eingabe der Knoten und Kanten kann das Problem gelöst werden, indem entweder das Menü *Optimisation* → *Start Optimisation* oder die Schaltfläche *Optimise* in der Symbolleiste gewählt und im erscheinenden Optimierungsdialog die Optimierung gestartet wird.

Nach Abschluss der Optimierung kann die Lösung als grafische Darstellung im Bereich *Network* (Abb. 4.7) eingesehen werden. Zusätzlich ist der Nutzer in der Lage, mittels der numerischen Lösung im Datenbereich *All edges* (Abb. 4.8) die Gesamtlänge des Weges (*Costs*) und anhand der Flussvariablen mit einem Wert von eins (Spalte Flow) die eigentliche Wegeliste herauszulesen. Wie in Tab. 4.2 aufbereitet, führt der kürzeste Weg von Knoten BA zu Knoten ZE über die Knoten KVWA, WA, KVL29 und ST und besitzt eine Länge von 10,89 Kilometer.

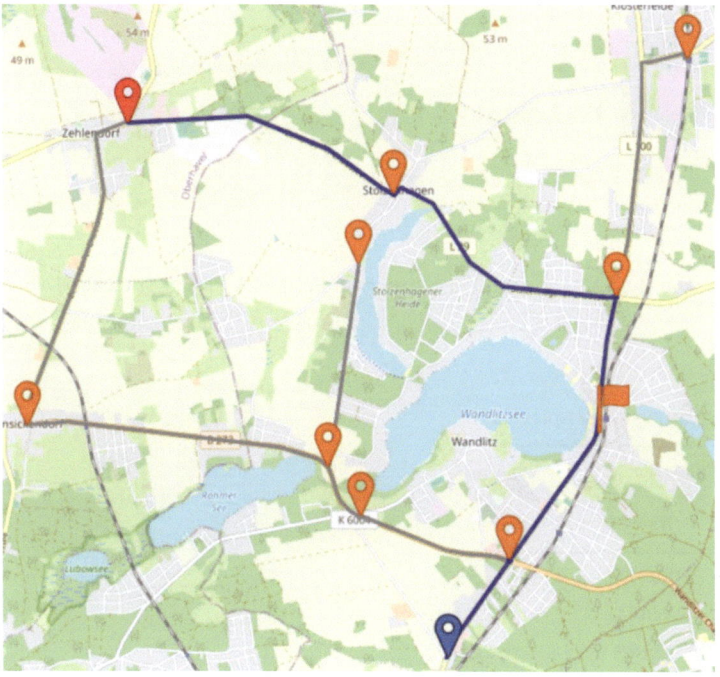

Abb. 4.7 Grafische Darstellung der Lösung für Beispiel 4.1 in LogisticsLab/NWF

Problem	Nodes	Edge editor	All edges						
Edges:	22		Costs based on:	OSM/Distances in km/unexact					
Costs:		10,89	Flow:		1				
From	Name	To	Name	Cost rate	Min. Cap.	Max. Cap.	Flow	Costs	
WA	Wandlitz	KVWA	Wandlitz Kreisverk	2,16	0	M			
WA	Wandlitz	KVL29	Kreisverkehr L29	1,54	0	M	1	1,54	
WE	Wensickendorf	ZE	Zehlendorf	3,74	0	M			
WE	Wensickendorf	KOCBS	Kreisverkehr B273	3,50	0	M			
ST	Stolzenhagen	ZE	Zehlendorf	3,23	0	M	1	3,23	
ST	Stolzenhagen	KVL29	Kreisverkehr L29	3,09	0	M			
KL	Klosterfelde	KVL29	Kreisverkehr L29	3,18	0	M			
ZE	Zehlendorf	WE	Wensickendorf	3,74	0	M			
ZE	Zehlendorf	ST	Stolzenhagen	3,23	0	M			
BA	Basdorf	KVWA	Wandlitz Kreisverk	1,33	0	M	1	1,33	
KVWA	Wandlitz Kreisverk	WA	Wandlitz	1,74	0	M	1	1,74	
KVWA	Wandlitz Kreisverk	BA	Basdorf	1,29	0	M			
KVWA	Wandlitz Kreisverk	KVB27	Kreisverkehr B273	1,86	0	M			
KVB27	Kreisverkehr B273	KVWA	Wandlitz Kreisverk	1,88	0	M			
KVB27	Kreisverkehr B273	KOCBS	Kreisverkehr B273	0,68	0	M			
KOCBS	Kreisverkehr B273	WE	Wensickendorf	3,50	0	M			
KOCBS	Kreisverkehr B273	KVB27	Kreisverkehr B273	0,77	0	M			
KOCBS	Kreisverkehr B273	ST2	Stolzenhagen 2	2,82	0	M			
KVL29	Kreisverkehr L29	WA	Wandlitz	1,53	0	M			
KVL29	Kreisverkehr L29	ST	Stolzenhagen	3,05	0	M	1	3,05	
KVL29	Kreisverkehr L29	KL	Klosterfelde	3,25	0	M			
ST2	Stolzenhagen 2	KOCBS	Kreisverkehr B273	2,82	0	M			

Abb. 4.8 Kantenliste mit der Lösung für Beispiel 4.1 in LogisticsLab/NWF

Tab. 4.2 Lösung für Beispiel 4.1

Kante		Distanz
Von	Nach	
BA	KVWA	1,33
KVWA	WA	1,74
WA	KVL29	1,54
KVL29	ST	3,05
ST	ZE	3,23
	Gesamt	10,89

4.3 Rundreiseprobleme

4.3.1 Grundlegende Aufgabenstellung

Eine der wichtigsten Problemstellungen der Routenplanung ist das *Rundreiseproblem* oder *Traveling-Salesman-Problem*. Mit diesem Problem ist die kürzeste geschlossene Reiseroute über eine Anzahl von Orten zu finden. Die Distanzen zwischen den Orten sind bekannt. Jeder Ort muss mindestens bzw. möglichst genau einmal aufgesucht werden. Anschließend wird zum Ausgangsort zurückgekehrt (Abb. 4.9).

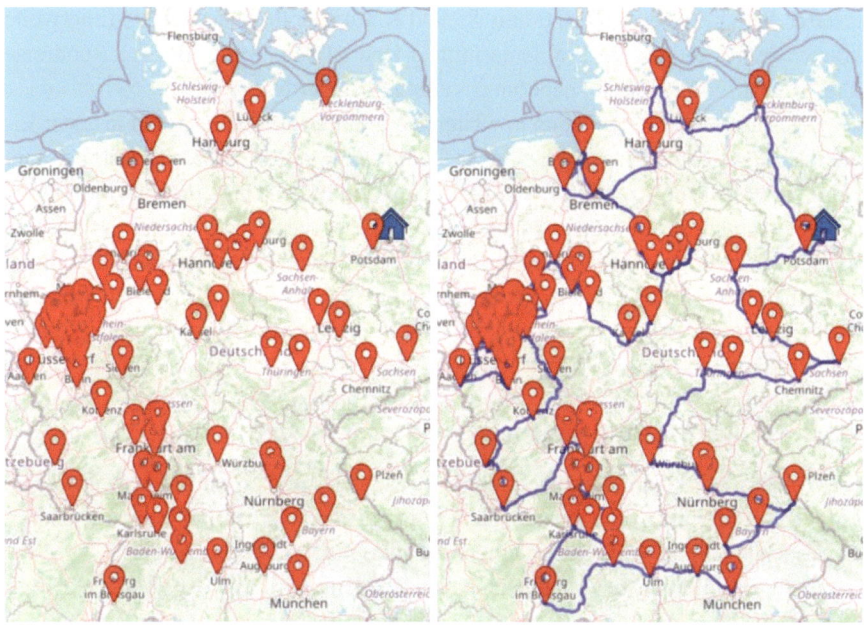

Abb. 4.9 Beispiel eines Rundreiseproblems mit ausgewählten deutschen Städten

Das Rundreiseproblem kann z. B. für einen Handlungsreisenden darin bestehen, an verschiedenen Orten ansässige Kunden auf einer möglichst kurzen Route nacheinander aufzusuchen. Neben vielfältigen Anwendungsfällen in der Logistik kann das Rundreiseproblem auch auf anderen Gebieten wie z. B. für den Entwurf von Leiterplatten und Mikrochips, für die Planung der Belegung von Maschinen, die Steuerung von Lasern für spezielle Gravuren oder für die Untersuchung von Kristallstrukturen mit Röntgenstrahlung verwendet werden.[8]

---

8   Ein Überblick über Problemstellung und Anwendungsgebiete ist z.B. in Applegate et al. (2006), S. 1 ff bzw. 59 ff. und Cook (2012), S. 44 ff. gegeben.

Vorläufer dieser Problemstellung sind u. a. das *Königsberger Brückenproblem* von EULER aus dem Jahre 1736 und das Kreisproblem des *Icosian-Spiels* des irischen Mathematikers HAMILTON aus dem 19. Jahrhundert.[9] Die erste einem Rundreiseproblem entsprechende Modellformulierung ist das *Botenproblem* von MENGER.[10] Seither ist eine Vielzahl von Veröffentlichungen zu Rundreiseproblemen zu finden, wobei die Größe der gelösten Probleme von 49 Städten durch DANTZIG, FULKERSON und JOHNSON im Jahre 1954[11] über eine gelöste Probleminstanz mit 2.392 Knoten durch PADBERG und RINALDI im Jahre 1987 und eine Tour über 24.978 schwedische Städte durch APPLEGATE, BIXBY, CHVÁTAL, COOK und HELSGAUN im Jahre 2004 gestiegen ist.[12] Das bisher größte Problem wurde 2006 für das Layout integrierter Schaltkreise mit insgesamt 85.900 Knoten optimal gelöst.[13] Mittlerweile können sehr viel größere Probleme mittels Heuristiken, wie z. B. eine Rundreise über 100 Millionen Sterne, näherungsweise gelöst werden.[14]

Das Rundreiseproblem kann in weiteren Varianten auftreten, wobei in erster Linie das *offene Rundreiseproblem* bzw. *Durchfahrtproblem* zu nennen ist, bei dem keine geschlossene Rundreise, sondern eine Route über eine Anzahl von Knoten mit unterschiedlichem Start- und Endpunkt gesucht wird.[15] Das Rundreiseproblem kann auch in Form eines kapazitierten Problems, unter Beachtung der Abholung und Auslieferung von Gütern, als zeitabhängiges Problem und in vielen weiteren Varianten auftreten[16], wobei diese Probleme in diesem Abschnitt aus Platzgründen nicht besprochen werden.

4.3.2 Problemstellung und mathematisches Modell

Im Weiteren wird das Rundreiseproblem betrachtet, mit dem die kürzeste geschlossene Reiseroute über eine Anzahl von Orten zu finden ist, wobei jeder Ort einmal zu besuchen ist und die Reise an einem definierten Ort startet und endet.

Zur Formulierung des mathematischen Modells wird ein vollständiger Graph $G = (N, A)$ betrachtet, wobei N die Menge der in die Rundreise einzubeziehenden Knoten (z. B. Städte) und die Kantenmenge A die Verbindungen zwischen den Knoten (z. B. Straßen) abbilden.

Für jede gerichtete bzw. ungerichtete Kante $(i,j) \in A$ bzw. $[i,j] \in A$ liegt ein Gewicht c_{ij} vor, das in der Regel die zwischen den zwei Knoten i und j auftretende

---

9 Vgl. Cook (2012), S.27 ff.
10 Vgl. Menger (1932).
11 Vgl. Dantzig et al. (1954).
12 Vgl. Applegate et al. (2006), S. 50 ff.
13 Vgl. Applegate et al. (2009).
14 Vgl. Cook (2023).
15 Vgl. Mattfeld und Vahrenkamp (2014), S. 234 ff., Schmitting (2000), S. 99.
16 Vgl. Domschke und Scholl (2010), S. 155 ff.

Distanz darstellt. Lassen sich die Knoten eines Rundreiseproblems in einem metrischen Raum positionieren, verwendet man Metriken zur Entfernungsbestimmung.[17] Zu ihnen gehören u. a. die *euklidische Distanz*[18] für die Berechnung der kürzesten Verbindung zweier Punkte auf einer Ebene und die *Orthodrome*[19] für die Berechnung der kürzesten Verbindung zweier Punkte auf einer Kugeloberfläche. Für Probleme, die reale Straßendistanzen verwenden, sind die Distanzen z. B. mittels GOOGLE MAPS, BING MAPS, APPLE MAPS oder mittels des quelloffenen Projekts OPEN SOURCE ROUTING MACHINE (OSRM) für OPENSTREETMAP zu bestimmen.[20]

Allerdings können auch andere Kantengewichte, wie z. B. Zeiten oder Kosten, anwendungsbezogen auftreten.

Grundsätzlich wird davon ausgegangen, dass der direkte Weg zwischen zwei Knoten nicht länger als der Umweg über einen beliebigen anderen Knoten ist. Diese Forderung wird durch die sogenannte Dreiecksungleichung ausgedrückt.[21]

$$c_{ij} \leq c_{ik} + c_{kj} \quad ; i, j, k \in N \qquad (4.4)$$

In der Praxis wird die Dreiecksungleichung nicht immer eingehalten. Dieses Phänomen tritt beispielsweise auf, wenn die gesamte Fahrzeit einer Rundreise minimiert werden soll. In solchen Fällen kann ein Umweg über eine Autobahn im Vergleich zu einer direkten Verbindung über eine Landstraße zu erheblich kürzeren Fahrzeiten führen. In solchen Situationen sollten die Kantenbewertungen auf der Grundlage des Kürzesten-Wege-Verfahrens berechnet werden. Dadurch können auch unvollständige Graphen mit den in diesem Abschnitt vorgestellten Modellen abgebildet werden.

In Abhängigkeit der Richtungen der Kanten ist zwischen symmetrischen und asymmetrischen Rundreiseproblemen zu unterscheiden. Ein *symmetrisches Rundreiseproblem* liegt vor, wenn die Entfernungen zwischen allen Knotenpaaren richtungsunabhängig sind und somit $c_{ij} = c_{ji}$ für alle Kanten gilt. In diesem Fall handelt es sich um einen ungerichteten Graphen. Sind die Gewichtungen der Kanten zwischen den Knoten richtungsabhängig, handelt es sich um ein *asymmetrisches Rundreiseproblem*, das in gerichteten Graphen auftritt.[22]

Asymmetrische Rundreiseprobleme
Zur Formulierung des mathematischen Modells für ein asymmetrisches Rundreiseproblem wird ein vollständiger gerichteter Graph $G = (N, A)$ betrachtet, wobei N die Menge der Knoten und die Kantenmenge A die Verbindungen zwischen den Knoten darstellen. Die Kantenbewertungen c_{ij}; $(i, j) \in A$ basieren auf den kürzes-

---

17 Vgl. zu den Metriken z. B. de Lange (2020), S. 135 ff.
18 Vgl. Panigrahi (2014), S. 211, Greenberg und Tod (2009), S. 14-27, de Lange (2020), S. 135 ff.
19 Vgl. de Lange (2020), S. 139, Panigrahi (2014), S. 211.
20 Apple (2025), Google (2025), Microsoft (2025), OSRM (2025).
21 Vgl. de Lange (2020), S. 141.
22 Vgl. Ghiani et al. (2022), S. 492 ff.

ten Wegen zwischen den jeweiligen Knoten. Die Nutzung einer gerichteten Kante innerhalb der Rundreise wird über die binären Nutzungsvariablen x_{ij}; $(i,j) \in A$ abgebildet. Das mathematische Modell lässt sich wie folgt formulieren:[23]

$$\sum_{(i,j) \in A} c_{ij} \cdot x_{ij} \to \min! \qquad (4.5)$$

u.d.N.

$$\sum_{\{j|(i,j) \in A\}} x_{ij} = 1 \qquad ; i \in N \qquad (4.6)$$

$$\sum_{\{i|(i,j) \in A\}} x_{ij} = 1 \qquad ; j \in N \qquad (4.7)$$

$$u_i - u_j + |N| \cdot x_{ij} \leq |N| - 1 \qquad ; (i,j) \in A, j \neq q \qquad (4.8)$$

$$x_{ij} \in \{0,1\} \qquad ; (i,j) \in A \qquad (4.9)$$

$$u_i \geq 0 \qquad ; i \in N \qquad (4.10)$$

mit
Indexmengen:

N Menge der Knoten

A Menge der gerichteten Kanten

Indizes:

i,j Indizes der Knoten, $i,j \in N$

(i,j) Indizes der Kanten, $(i,j) = A$

Parameter:

c_{ij} Bewertung der gerichteten Kante $(i,j) = A$

q Startknoten

Variablen:

x_{ij} Nutzungsvariable für die Kante $(i,j) \in A$

u_i Positionsvariable für den Knoten $i \in N$

Dieses Modell entspricht in den Ausdrücken (4.5) bis (4.7) einem linearen Zuordnungsproblem. Gesucht ist eine Rundreise und damit eine Belegung der Variablen x_{ij}, die die Zielfunktion (4.5) minimiert. Dabei wird mit Ausdruck (4.7) sichergestellt, dass ein Knoten i immer von genau einem anderen Knoten j erreicht und gemäß Ausdruck (4.6) immer in Richtung exakt eines anderen Knotens j verlassen wird. Allerdings kann eine ohne Beachtung des Ausdrucks (4.8) gefundene Lösung unter Umständen im Sinne der über alle Knoten zu findenden Rundreise unzulässig

---

23   Vgl. Ivanov et al. (2021), S. 418 ff., Chen et al. (2010), S. 142 ff., Vanderbei (2020), S. 391 ff., Ghiani et al. (2022), S. 492., Bektas (2017), S. 99 ff.

sein, wenn mehrere Kurzzyklen auftreten. In Abb. 4.10 ist links eine zulässige Rundreise über acht Knoten zu sehen, während die beiden Kurzzyklen auf der rechten Seite eine unzulässige Lösung des Rundreiseproblems darstellen.

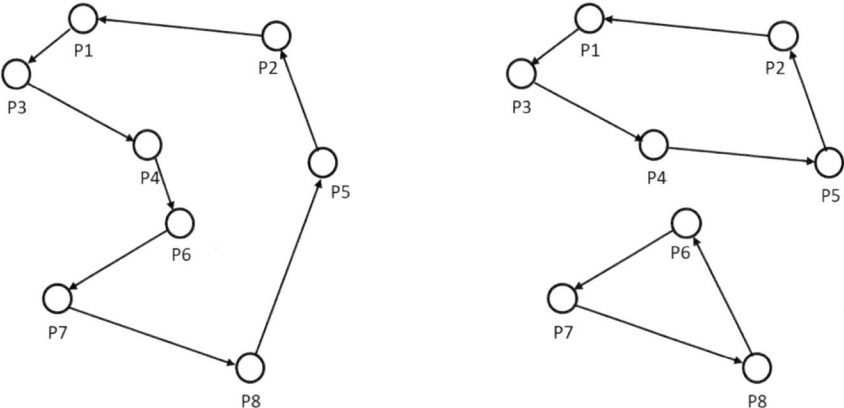

Abb. 4.10 Beispiel einer zulässigen und einer unzulässigen Rundreise mit acht Knoten

Hinsichtlich der Vermeidung von Kurzzyklen existieren für asymmetrische Rundreiseprobleme mehrere Ansätze[24], wobei mit Ausdruck (4.8) die *Miller-Tucker-Zemlin-Bedingung*[25] ausgewählt wurde. Diese Bedingung führt für eine aktive Kante $(i,j) \in A$ mit $x_{ij} = 1$ dazu, dass aufgrund $u_i - u_j + 1 \cdot |N| \leq |N| - 1$ bzw. kürzer $u_i - u_j \leq -1$ der Wert der Positionsvariable u_j des Nachfolgerknotens j größer als der Wert der Positionsvariablen u_i des Vorgängerknotens i sein muss. Betrachtet man in Abb. 4.10 auf der rechten Seite den unteren Kurzzyklus, erkennt man, dass das zugehörige System der Nebenbedingungen gemäß Ausdruck (4.8) keine zulässige Lösung haben kann und ein solcher Kurzzyklus durch diese Nebendingung verhindert werden würde.

$$u_6 - u_7 + 8 \leq 7 \qquad (4.11)$$
$$u_7 - u_8 + 8 \leq 7 \qquad (4.12)$$
$$u_8 - u_6 + 8 \leq 7 \qquad (4.13)$$

Letztlich können aufgrund dieser Nebenbedingungen für die Variablen x_{ij} im Gegensatz zum linearen Zuordnungsproblem reellwertige Lösungen auftreten, so dass sie gemäß Ausdruck (4.9) als binäre Variablen zu definieren sind.

Symmetrische Rundreiseprobleme

Ein symmetrisches Rundreiseproblem ist aufgrund der richtungsunabhängigen Bewertungen $c_{ij} = c_{ji}$ als vollständiger ungerichteter Graph (N, A) darzustellen.

---

24 Vgl. Bektas (2017), S. 104 ff., Chen et al. (2010), S. 143 ff., Domschke und Scholl (2010), S. 100.
25 Vgl. Miller et al. (1960).

Dabei stellt N die Menge der Knoten und A die Menge der die Knoten verbindenden ungerichteten Kanten $[i,j] = [j,i] \in A$ dar. Die Kantenbewertungen c_{ij}; $[i,j] \in A$ basieren auf den kürzesten Wegen zwischen den jeweiligen Knoten. Auch mit diesem Modell ist gemäß Ausdruck (4.14) eine Rundreise und damit eine Belegung der Variablen x_{ij} zu finden, die die gesamte Distanz (oder eine andere Bewertung) minimiert.[26]

$$\sum_{[i,j] \in A} c_{ij} \cdot x_{ij} \to \min! \tag{4.14}$$

u.d.N.

$$\sum_{[i,j] \in \delta(i)} x_{ij} = 2 \qquad ; i \in N \tag{4.15}$$

$$\sum_{[i,j] \in \delta(S)} x_{ij} \leq |S| - 1 \qquad ; S \subset N, |S| \geq 2 \tag{4.16}$$

$$x_{ij} \in \{0,1\} \qquad ;[i,j] \in A \tag{4.17}$$

mit
Indexmengen:

N Menge der Knoten

A Menge der ungerichteten Kanten

$\delta(i)$ Menge der mit dem Knoten i inzidenten ungerichteten Kanten

$\delta(S)$ Menge der mit den in der Knotenmenge S enthaltenen Knoten inzidenten ungerichteten Kanten

Indizes:

i,j Indizes der Knoten, $i,j \in N$

$[i,j]$ Indizes der ungerichteten Kanten, $[i,j] \in A$

Parameter:

c_{ij} Bewertung der ungerichteten Kante $[i,j] \in A$

q Startknoten

Variablen:

x_{ij} Nutzungsvariable für die ungerichtete Kante $[i,j] \in A$

In diesem Modell muss für die Bedingung, dass jeder Knoten genau einmal erreicht und genau einmal verlassen wird, eine neue Formulierung gefunden werden, da in ungerichteten Graphen anhand der Kantenbezeichnungen kein Vorgänger bzw. Nachfolger ermittelt werden kann. Dazu ist für jeden Knoten des Netzes eine Inzidenzliste $\delta(i)$ zu definieren, die die ungerichteten Kanten aus A enthält, mit denen

---

26   Vgl. Bektas (2017), S. 117 ff., Chen et al. (2010), S. 146 ff., Ghiani et al. (2022), S. 496 ff.

der Knoten i verbunden ist. Da jeder Knoten einer Rundreise genau einen Vorgänger und genau einen Nachfolger besitzt, muss dieser Knoten gemäß Ausdruck (4.15) mit genau zwei aktiven Kanten verbunden sein. Auch für die Vermeidung der Kurzzyklen ist eine andere Formulierung zu finden. Ausdruck (4.16) basiert auf dem Sachverhalt, dass bei einem Zyklus die Anzahl der Kanten und die der Knoten identisch ist. Um Kurzzyklen zu verhindern, wird gemäß (4.16) für alle echten Teilmengen S der Knotenmenge N mit einer Mächtigkeit größer eins gefordert, dass die Summe der genutzten Kanten (d. h. mit $x_{ij} = 1$) kleiner oder gleich der um den Wert eins reduzierten Anzahl der Knoten in dieser Teilmenge zu sein hat.[27] Betrachtet man wiederum in Abb. 4.10 auf der rechten Seite die beiden Kurzzyklen, erkennt man, dass die Anzahl der Kanten und die Anzahl der Knoten in diesen Kurzzyklen identisch und somit im Sinne von Ausdruck (4.16) unzulässig sind. Da die gesamte Knotenmenge N nicht von dieser Bedingung betroffen ist, ist dieser einzig zulässige Zyklus über alle Knoten die eigentliche Rundreise. Auch bei diesem Modell sind die Realisationsvariablen x_{ij} gemäß Ausdruck (4.17) als binäre Variablen zu definieren.

4.3.3 Überblick über die Lösungsverfahren für Rundreiseprobleme

Obwohl die Problemstellung des Rundreiseproblems umgangssprachlich einfach beschrieben werden kann und leicht nachvollziehbar ist, handelt es sich um eine schwer lösbare kombinatorische Optimierungsaufgabe. Eine hypothetische Lösung eines symmetrischen TSP durch vollständige Enumeration führt auf eine astronomische Zahl zu prüfender Varianten mit $(n-1)!/2$, so dass bei einer Rundreise über 10 Orte bereits 181.440 unterschiedliche Routen möglich sind. Die Anzahl der Rundreisevarianten für eine kleine Problemgröße von 26 Orten beträgt $25!/2 \approx 8 \cdot 10^{24}$. Unterstellt man sehr vereinfacht, dass eine Millisekunde für das Erzeugen und Prüfen einer jeden Rundreise notwendig ist, würde man eine Zeit benötigen, die das Lebensalter des Universums übersteigt.[28]

Die anschauliche, einfache Problemsituation und die dazu im Widerspruch stehende Schwierigkeit, eine optimale Lösung zu ermitteln, üben bis auf den heutigen Tag eine große Faszination auf mathematisch interessierte Menschen aus und stimulieren die Entwicklung von modernen Lösungsverfahren, die häufig auch auf andere schwierige Optimierungsprobleme übertragen werden können. Die unter-

---

27 Es handelt sich bei dieser Nebenbedingung um die *Dantzig-Fulkerson-Johnson-Bedingung* zur Verhinderung von Kurzzyklen. Vgl. Dantzig et al. (1954), Chen et al. (2010), S. 143 f.
28 Das Alter des Universums wird auf ca. 13,7 Milliarden Jahre geschätzt. Das sind $4{,}32 \cdot 10^{20}$ Millisekunden. Vgl. Spergel et al. (2003).

schiedlichen Lösungsverfahren für Rundreiseprobleme sind in exakte Verfahren und heuristische Lösungsverfahren zu unterscheiden.[29]

Mit *exakten Lösungsverfahren* kann eine optimale Lösung eines betrachteten Problems ermittelt werden. Dabei werden u. a. Branch-and-Bound-, Subtour-Eliminations- oder Schnittebenenverfahren, oft auch in Kombination, verwendet.[30] Allerdings sind diese Verfahren aufgrund der sehr langen Lösungszeiten für reale Probleme vor allem von theoretischem Interesse.

Heuristische Lösungsverfahren sind in der Lage, gute Lösungen in einer akzeptablen Zeit, allerdings ohne einen Optimalitätsnachweis, zu finden. Sie bestehen in der Regel aus einem Eröffnungs- und nachfolgenden Verbesserungsverfahren. Mit einem Eröffnungsverfahren wird eine vollständige Rundreise als Ausgangslösung ermittelt, die gewöhnlich weit vom Optimum entfernt ist. Ein typisches Eröffnungsverfahren ist das *Verfahren des Besten Nachfolgers*.[31] Als Verbesserungsverfahren wird oft ein *Kantentauschverfahren* verwendet, bei dem durch einen Austausch einer definierten Anzahl von k Kanten eine Verbesserung der Rundreise erreicht werden soll. Gemäß der Anzahl der in jedem Schritt ausgetauschten Kanten werden diese als k-opt-Verfahren bezeichnet.[32] Es existieren eine Vielzahl weiterer Heuristiken für das Rundreiseproblem z. B. auf der Basis von Metaheuristiken[33] oder auch künstlichen neuronalen Netzen[34], die in diesem Buch nicht näher betrachtet werden, da der Schwerpunkt auf die Modellierung von Logistikproblemen gelegt und das Lösen einer geeigneten Software überlassen wird.[35]

4.3.4 Lösung mit LogisticsLab/TSP

Zur Lösung des Rundreiseproblems steht LogisticsLab/TSP zur Verfügung. Mit dieser Software können vielfältige Varianten des symmetrischen bzw. asymmetrischen Rundreiseproblems in vollständigen und nicht vollständigen Graphen abgebildet und mittels heuristischer Lösungsverfahren gelöst werden.

4.3.4.1 Symmetrische Rundreiseprobleme in vollständigen Graphen

Beispiel 4.2: Waldüberwachung mit einer Drohne
(Beispieldatei: serrahn.tspx)

---

29 Vgl. Ivanov et al. (2021), S. 421 ff., Domschke und Scholl (2010), S. 103 ff., Applegate et al. (2006), S. 93 ff.
30 Vgl. Applegate et al. (2006), S. 129 ff., Cook (2012), S. 94 ff.
31 Vgl. Ivanov et al. (2021), S. 422 ff., Domschke und Scholl (2010), S. 104 f.
32 Vgl. Ivanov et al. (2021), S. 424 ff., Helsgaun (2009).
33 Vgl. zu Metaheuristiken u. a. Bektas (2017), S. 243 ff., Gendreau und Potvin (2010) sowie Domschke und Scholl (2010), S. 25 ff.
34 Vgl. Hopfield und Tank (1985), Nichols et al. (2010), Zhang (2000), S. 207 ff.
35 Ein guter Überblick über unterschiedliche Ansätze ist z. B. in Urquhart (2022), S. 6 ff., Hanne und Dornberger (2023), S. 55 ff. zu finden.

Rundreiseprobleme

Aufgabenstellung

In diesem fiktiven Beispiel soll für ein nicht befahrbares Waldstück in einem Gebiet in Mecklenburg südwestlich von Carpin der Zustand des Waldes mittels einer Drohne überprüft werden. Der Flug der Drohne soll auf dem Gelände des Nationalparkamtes Serrahn beginnen und enden und darf aufgrund der Batteriekapazität der Drohne nur über eine maximale Distanz von 15 Kilometern gehen. In Abb. 4.11 ist ein Überblick über das zu untersuchende Waldstück und seine Umgebung gegeben.[36]

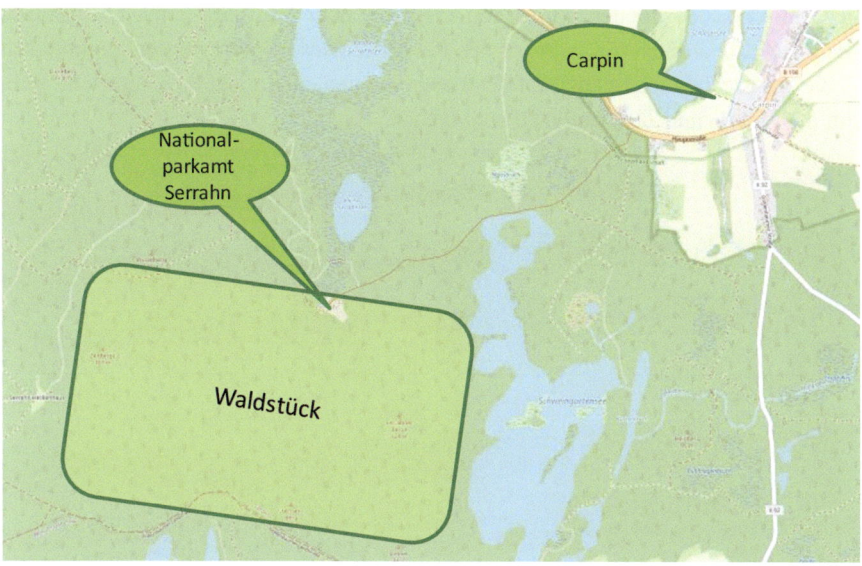

Abb. 4.11 Überblick über das zu untersuchende Gebiet gemäß Beispiel 4.2

Die Aufgabe besteht darin, die kürzeste Rundreise über eine Anzahl festzulegender Punkte in diesem Waldgebiet zu finden. Die Tour startet und endet auf dem Gelände des Nationalparkamtes in Serrahn.

Vorgehensweise

Der erste Schritt zur Lösung dieser Problemstellung besteht im Anlegen des Problems in LogisticsLab/TSP, indem entweder der Menüeintrag *File → New Problem* oder die Schaltfläche *New Problem* in der Symbolleiste gewählt wird. Da die einzelnen zu untersuchenden Punkte im Waldstück später per Doppelklick auf der Karte als Knoten des Netzwerks angelegt werden, ist die Anzahl der Knoten (*Nr. of Nodes*) im erscheinenden Dialog leer bzw. alle anderen Parameter auf ihren Standardwerten zu lassen und nur die Schaltfläche *Generate* zu drücken.

---

36 Quelle: OpenStreetMap (https://www.openstreetmap.org/#map=15/53.3411/13.2085, Letzter Abruf: 17. April 2024) und eigene Bearbeitung.

Im folgenden Schritt sind die Knoten des Netzwerkes zu spezifizieren. Dazu ist der Datenbereich *Nodes* zu aktivieren. Die einzelnen Knoten könnten wie in jedem anderen LogisticsLab-Modul über die Schaltfläche *Add* hinzugefügt und dann in der Tabelle mit ihren geografischen Koordinaten eingegeben werden. Für dieses Beispiel bietet es sich an, im Waldgebiet in regelmäßigen Abständen einen zu untersuchenden Knoten per Doppelklick in die Karte anzulegen. Wie in Abb. 4.12 zu sehen, fragt LogisticsLab nach dem Doppelklick, ob tatsächlich an dieser Stelle ein Knoten angelegt werden soll. Wenn das bejaht wird, ermittelt LogisticsLab die geografische Koordinaten und, wenn möglich, über die integrierten OpenStreet-Map-Funktionalitäten die Adresse des Knotens. Diese Daten werden automatisch in die entsprechenden Spalten für den neuen Knoten eingetragen. Es empfiehlt sich, mit dem Start- und Zielknoten zu beginnen.

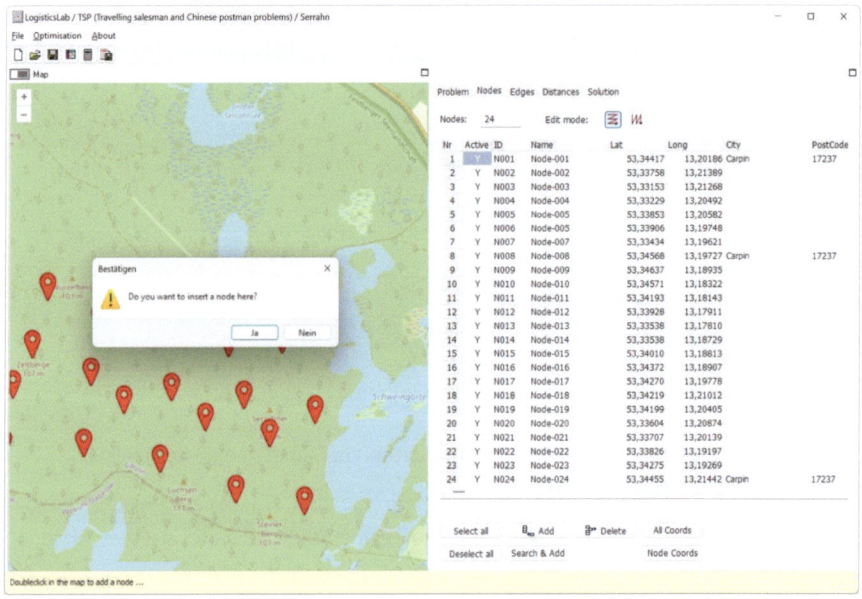

Abb. 4.12 Eingabe der Knoten für Beispiel 4.2

Auf diese Art und Weise wurden für das Beispiel 24 Knoten angelegt, die in regelmäßigen Abständen zueinander das zu untersuchende Waldstück abbilden (Abb. 4.13). Die roten Pins stellen die anzufliegenden Punkte und das blaue Haus den Start- und Zielpunkt auf dem Gelände des Nationalparkamtes in Serrahn dar.

Im folgenden Schritt sind die Entfernungen zwischen allen Knoten zu berechnen. Dieser Schritt kann entweder über das Menü *Optimisation → Calculate Distance Matrix* oder über die Schaltfläche *Calculate Distance Matrix* in der

Rundreiseprobleme

Abb. 4.13 Darstellung der Knoten in LogisticsLab/TSP für Beispiel 4.2

Symbolleiste erfolgen, worauf der in Abb. 4.14 dargestellte Dialog zur Berechnung der Distanzmatrix erscheint.

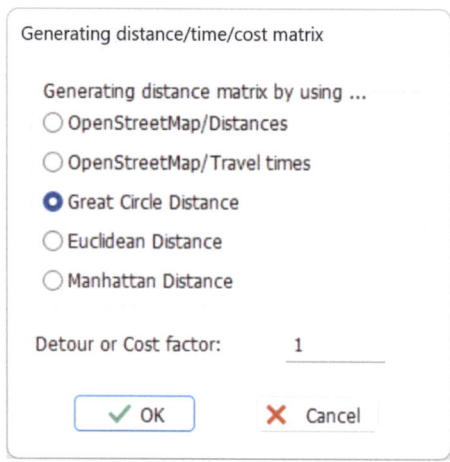

Abb. 4.14 Dialog zur Berechnung der Distanzmatrix in LogisticsLab/TSP

Da Luftliniendistanzen zu berechnen sind, ist *Great Circle Distance* zu wählen. Grundsätzlich könnte man noch einen Kosten- bzw. Umwegfaktor (*Detour or Cost factor*) eingeben. Dieser wird in diesem Beispiel auf den Wert eins gesetzt. Nach Abschluss der Berechnungen erscheint die Distanzmatrix im Datenbereich *Distances* (Abb. 4.15). Aufgrund der Tatsache, dass alle Knoten vollständig und richtungsunabhängig verbunden sind, wurde für dieses Problem eine symmetrische Distanzmatrix berechnet. Für die Diagonalelemente liegen keine Distanzen vor, da Kurzzyklen innerhalb eines Knotens per Definition nicht zugelassen sind.

Problem   Nodes   Edges   Distances   Solution

Method: GreatCircle in m/entire network
Dist. factor: 1,00

Nr	Nr From\To	1 N001	2 N002	3 N003	4 N004	5 N005
1	N001	0,00	1085,11	1580,22	1338,02	680,78
2	N002	1085,11	0,00	678,27	838,04	546,72
3	N003	1580,22	678,27	0,00	522,76	902,86
4	N004	1338,02	838,04	522,76	0,00	697,21
5	N005	680,78	546,72	902,86	697,21	0,00
6	N006	639,00	1103,11	1312,82	901,41	557,46
7	N007	1156,92	1229,31	1138,67	622,35	790,95
8	N008	348,29	1425,90	1878,90	1574,91	977,97
9	N009	866,70	1901,98	2265,75	1878,20	1399,95
10	N010	1250,57	2230,28	2515,14	2076,55	1701,45
11	N011	1380,49	2211,14	2378,03	1894,59	1664,67

Abb. 4.15 Berechnete Distanzmatrix in LogisticsLab/TSP

Nach Eingabe aller Daten kann das Problem gelöst werden, indem entweder das Menü *Optimisation* → *Start Optimisation* oder die Schaltfläche *Optimise* in der Symbolleiste gewählt wird. Im erscheinenden Optimierungsdialog (Abb. 4.16) ist als Startknoten (und zugleich Zielknoten) der erste Knoten entweder mit der *Nr* 1 oder der *ID* N001 zu spezifizieren. Wurde der Start- und Zielknoten in der Knotenliste an erster Stelle eingegeben, erscheint dieser, wenn nicht anders spezifiziert, standardmäßig als Startknoten. Zum Starten der Optimierung ist als Problemtyp *TSP* zu wählen und mit *OK* zu starten.

Nach dem Lösen dieses Rundreiseproblems erscheint im Bereich *Network* die grafische Darstellung der Lösung (Abb. 4.17) sowie im Datenbereich *Solution* die numerische Lösung (Abb. 4.18). Man erkennt an der grafischen Darstellung, dass die Rundreise keine Überschneidungen aufweist und dass jeder Punkt nur ein einziges Mal überflogen wird. Das ist auch im Datenbereich *Solution* ersichtlich, da das Feld *Total Legs* einen zur Anzahl der Knoten identischen Wert von 24 anzeigt. Weiterhin ist im Feld *Length* ersichtlich, dass die Distanz der gesamten Rundreise 10.253,89 Meter beträgt.

Rundreiseprobleme

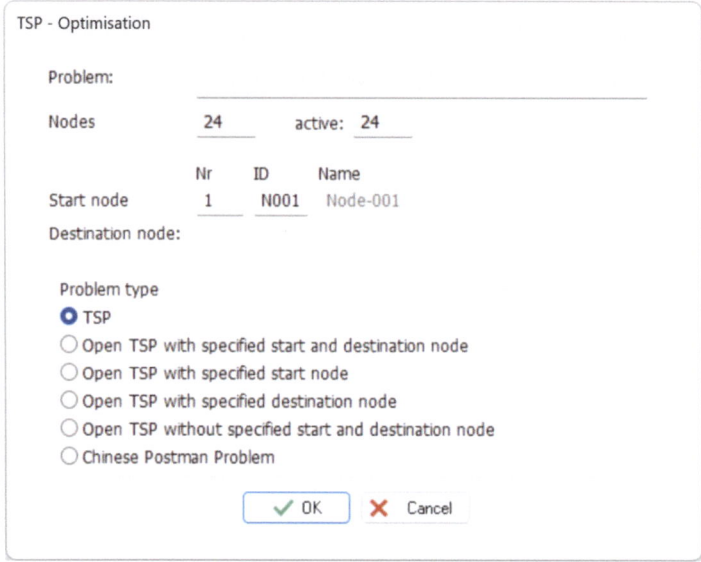

Abb. 4.16 Optimierungsdialog in LogisticsLab/TSP

Die eigentliche Rundreise ist als Liste angeben. Es ist ersichtlich, dass das gesamte zu untersuchende Waldstück mit einer Drohne innerhalb der maximal möglichen Distanz von 15 Kilometern überflogen und überwacht werden kann.

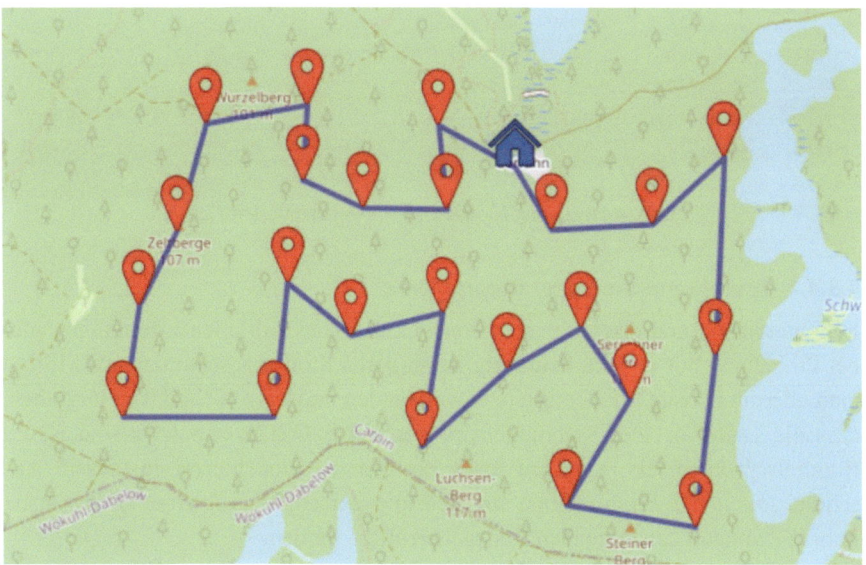

Abb. 4.17 Grafische Darstellung der Lösung für Beispiel 4.2 in LogisticsLab/TSP

Problem	Nodes	Edges	Distances	Solution			
Total legs:		24		Start node:	N001, Node-001		
Length:		10253,89		Destination:	N001, Node-001		

From	Name	To	Name	Distance	Trip Length
N001	Node-001	N008	Node-008	348,29	348,29
N008	Node-008	N017	Node-017	333,46	681,75
N017	Node-017	N023	Node-023	338,33	1020,08
N023	Node-023	N016	Node-016	263,71	1283,79
N016	Node-016	N009	Node-009	295,58	1579,37
N009	Node-009	N010	Node-010	413,95	1993,32
N010	Node-010	N011	Node-011	437,28	2430,60
N011	Node-011	N012	Node-012	332,87	2763,47
N012	Node-012	N013	Node-013	439,31	3202,78
N013	Node-013	N014	Node-014	610,88	3813,66
N014	Node-014	N015	Node-015	528,39	4342,05
N015	Node-015	N022	Node-022	327,26	4669,31
N022	Node-022	N006	Node-005	376,91	5046,22
N006	Node-005	N007	Node-007	532,17	5578,39
N007	Node-007	N021	Node-021	459,25	6037,64
N021	Node-021	N005	Node-005	336,33	6373,97
N005	Node-005	N020	Node-020	338,38	6712,35
N020	Node-020	N004	Node-004	488,61	7200,96
N004	Node-004	N003	Node-003	522,76	7723,72
N003	Node-003	N002	Node-002	678,27	8401,99
N002	Node-002	N024	Node-024	776,70	9178,69
N024	Node-024	N018	Node-018	388,18	9566,87
N018	Node-018	N019	Node-019	404,04	9970,91
N019	Node-019	N001	Node-001	282,98	10253,89

Abb. 4.18 Lösung für Beispiel 4.2 in LogisticsLab/TSP

4.3.4.2 Asymmetrische Rundreiseprobleme

Symmetrische Rundreiseprobleme treten vor allem bei Luftlinienentfernungen oder bei Problemen mit kurzen, beidseitig befahrbaren Straßenabschnitten auf. Möchte man allerdings reale Straßendistanzen verwenden und kann nicht davon ausgehen, dass alle Kanten in beide Richtungen mit identischen Distanzen nutzbar sind, ist das Rundreiseproblem als asymmetrisches Problem zu modellieren. In diesem Abschnitt sollen die Formulierung und Lösung derartiger Probleme in LogisticsLab/TSP anhand des folgenden Beispiels erörtert werden.

Rundreiseprobleme

Beispiel 4.3: Auslieferung von Essen in der Region Wandlitz
(Beispieldatei: wandlitz.tspx)

Aufgabenstellung

Ein Restaurant in Stolzenhagen (RES) im Land Brandenburg ist neben dem eigentlichem Geschäft im Restaurant auch in der Belieferung von Senioren tätig. Am heutigen Tag soll ein Fahrzeug vom Restaurant ausgehend sechs Kunden in naheliegenden Ortschaften auf kürzestem Weg beliefern und anschließend zum Restaurant zurückkehren. Die Daten des Restaurants und die der Kunden sind in Tab. 4.3 gegeben.

Tab. 4.3 Daten des Depots und der Kunden für Beispiel 4.3

ID	Ort	PLZ	Straße
RES	Stolzenhagen	16348	Basdorfer Straße 1a
WE	Wensickendorf	16515	Hauptstraße 9
ST	Stolzenhagen	16348	Dorfstraße 43
KL	Klosterfelde	16348	Am Bahnhof 1
ZE	Zehlendorf	16515	Alte Dorfstraße 70
BA	Wandlitz	16348	Prenzlauer Chaussee 3
WA	Wandlitz	16348	Prenzlauer Chaussee 187

Vorgehensweise

Der erste Schritt zur Lösung dieser Problemstellung besteht im Anlegen des Problems in LogisticsLab/TSP, indem entweder der Menüeintrag *File → New Problem* oder die Schaltfläche *New Problem* in der Symbolleiste gewählt wird. Es ist die Anzahl der *Nodes* (ein Restaurant plus sechs Kunden) einzugeben, wobei es sich anbietet, die *Coordinates* auf *Empty geographical coordinates* einzustellen, da die Koordinaten später eingegeben bzw. abgerufen werden sollen (Abb. 4.19).

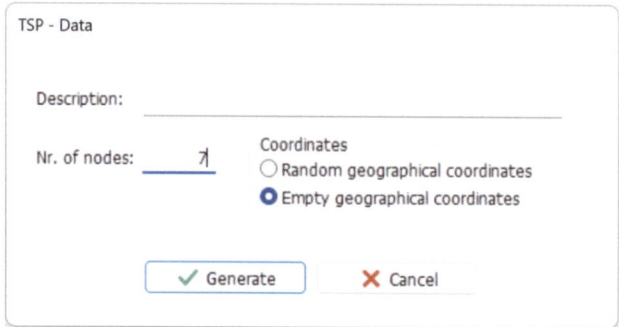

Abb. 4.19 Anlegen von Beispiel 4.3 in LogisticsLab/TSP

Im folgenden Schritt sind die Daten der sieben Knoten im Datenbereich *Nodes* einzugeben. Da bei einem realen Problem üblicherweise nicht geografische Koordinaten, sondern die Adressdaten vorliegen, sind vorerst lediglich die IDs, die Namen sowie die Adressdaten einzutragen. Die geografischen Koordinaten lassen sich darauffolgend mittels der in LogisticsLab implementierten OpenStreetMap-Funktionalitäten abrufen, in dem die Schaltfläche *All Coords* gedrückt wird. Die vollständigen Einträge der Knoten inklusive der so bestimmten geografischen Koordinaten sind in Abb. 4.20 zu sehen.

Problem Nodes Edges Distances Solution

Nodes: 7   Edit mode: [icons]

Nr	Active	ID	Name	Lat	Long	City	PostCode	Street
1	Y	RES	Fischerstube	52,77193	13,43319	Stolzenhagen	16348	Basdorfer Straße 1a
2	Y	WE	Wensickendorf	52,75518	13,37634	Wensickendorf	16515	Hauptstraße 9
3	Y	ST	Stolzenhagen	52,77789	13,43805	Stolzenhagen	16348	Dorfstraße 43
4	Y	KL	Klosterfelde	52,79124	13,48796	Klosterfelde	16348	Am Bahnhof 1
5	Y	ZE	Zehlendorf	52,78482	13,39347	Zehlendorf	16515	Alte Dorfstraße 70
6	Y	BA	Wandlitz (BA)	52,73399	13,44852	Wandlitz	16348	Prenzlauer Chaussee 3
7	Y	WA	Wandlitz (WA)	52,75902	13,47358	Wandlitz	16348	Prenzlauer Chaussee 187

Abb. 4.20 Daten der Knoten in LogisticsLab/TSP für Beispiel 4.3

Im folgenden Schritt sind die Entfernungen zwischen allen Knoten zu berechnen. Dieser Schritt kann entweder über das Menü *Optimisation → Calculate Distance Matrix* oder über die Schaltfläche *Calculate Distance Matrix* in der Symbolleiste erfolgen. Da reale Straßendistanzen verwendet werden, ist *OpenStreetMap/Distances* zu wählen und ein Kosten- bzw. Umwegfaktor (*Detour or Cost factor*) gleich eins einzugeben. Die über OpenStreetMap-Funktionalitäten abgerufenen Distanzen erscheinen automatisch im Datenbereich *Distances* (Abb. 4.21). Aufgrund der realen Straßendistanzen ist die Distanzmatrix asymmetrisch.

Problem Nodes Edges Distances Solution

Method: OSM/Distances in m/entire network
Dist. factor: 1,00

	Nr	1	2	3	4	5	6	7
Nr	From\To	RES	WE	ST	KL	ZE	BA	WA
1	RES	0,00	7773,00	812,00	4808,00	4033,00	5164,00	4816,00
2	WE	7773,00	0,00	6961,00	11001,00	3741,00	6327,00	8204,00
3	ST	812,00	6961,00	0,00	4039,00	3221,00	7360,00	4048,00
4	KL	4847,00	11040,00	4078,00	0,00	7299,00	7523,00	4210,00
5	ZE	4033,00	3741,00	3221,00	7260,00	0,00	10067,00	7268,00
6	BA	5238,00	6401,00	7406,00	7507,00	10142,00	0,00	3313,00
7	WA	4862,00	8172,00	4093,00	4194,00	7314,00	3313,00	0,00

Abb. 4.21 Distanzen für Beispiel 4.3 in LogisticsLab/TSP

Anschließend kann das Problem entweder über das Menü *Optimisation → Start Optimisation* oder die Schaltfläche *Optimise* in der Symbolleiste gelöst werden, indem im erscheinenden Optimierungsdialog das Restaurant als *Start node* entweder mit der *Nr* 1 oder der *ID* RES spezifiziert, als Problemtyp *TSP* gewählt und die Optimierung mit *OK* gestartet wird.

Nach dem Lösen dieses Rundreiseproblems erscheint im Bereich *Network* die grafische Darstellung der Lösung (Abb. 4.22) sowie im Datenbereich *Solution* die numerische Lösung (Abb. 4.23). Betrachtet man im Datenbereich *Solution* die Liste der einzelnen Teilstücke, erkennt man, dass die Liefertour mit einer Gesamtdistanz von 26,46 Kilometern[37] vom Restaurant startend über den Kunden in Stolzenhagen entgegen dem Uhrzeigersinn in der Reihenfolge Zehlendorf, Wensickendorf, Wandlitz (BA), Wandlitz (WA), Klosterfelde und zurück zum Restaurant erfolgt. Die einzelnen Teilstücke kann man in der Karte hervorheben, indem man in der Liste in eine der grauen Spalten in der entsprechenden Zeile mit der Maus klickt.

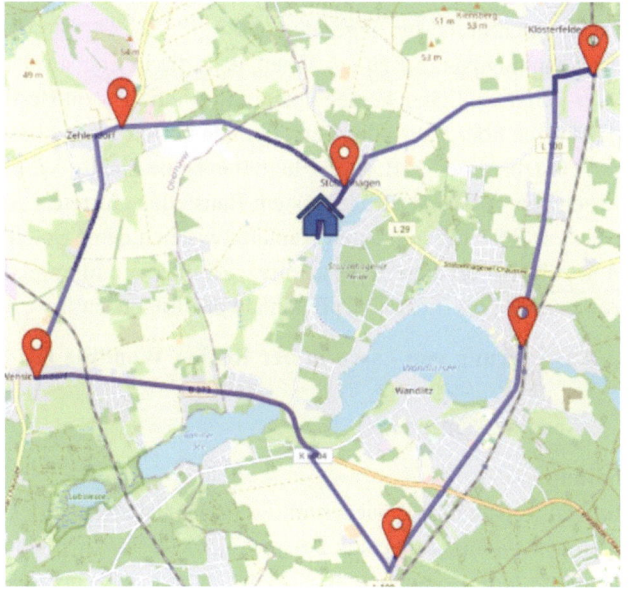

Abb. 4.22 Grafische Darstellung der Lösung für Beispiel 4.3

4.3.4.3 Rundreiseprobleme in unvollständigen Graphen

Bei den bisherigen Beispielen wurde angenommen, dass alle Verbindungen zwischen allen Knoten genutzt werden können. In diesem Sinne wurden nur die Knoten

---

37 Es ist zu beachten, dass LogisticsLab kleinere Distanzen in Metern angibt.

Problem	Nodes	Edges	Distances	Solution			
Total legs:		7	Start node:	RES, Fischerstube			
Length:		26455,00	Destination:	RES, Fischerstube			
From	Name		To	Name	Distance		Trip Length
RES	Fischerstube		ST	Stolzenhagen	812,00		812,00
ST	Stolzenhagen		ZE	Zehlendorf	3221,00		4033,00
ZE	Zehlendorf		WE	Wensickendorf	3741,00		7774,00
WE	Wensickendorf		BA	Wandlitz (BA)	6327,00		14101,00
BA	Wandlitz (BA)		WA	Wandlitz (WA)	3313,00		17414,00
WA	Wandlitz (WA)		KL	Klosterfelde	4194,00		21608,00
KL	Klosterfelde		RES	Fischerstube	4847,00		26455,00

Abb. 4.23 Lösung für Beispiel 4.3 in LogisticsLab/TSP

der jeweiligen Probleme angelegt und die Distanzen zwischen ihnen entweder berechnet oder über OpenStreetMap abgerufen.

In diesem Zusammenhang ist zu erwähnen, dass die in LogisticsLab genutzten OpenStreetMap-Funktionalitäten keine Echtzeitinformationen zur Bestimmung von Routen und Distanzen über Baustellen bzw. Unfälle besitzen. Sind bestimmte Verbindungen nicht nutzbar, weil z. B. zwei Flughäfen keine direkte Verbindung zueinander aufweisen oder in einem Straßensystem Baustellen auftreten, ist es notwendig, in LogisticsLab/TSP die nutzbaren Kanten zwischen den Knoten eines Problems explizit anzulegen. In diesem Abschnitt wird die Formulierung und Lösung derartiger Probleme in LogisticsLab/TSP anhand des folgenden Beispiels erörtert.

Beispiel 4.4: Auslieferung von Essen in der Region Wandlitz mit Straßenstörungen
(Beispieldatei: wandlitz-kanten.tspx)

Aufgabenstellung
In diesem fiktiven Beispiel wird wiederum die Essenauslieferung des Restaurants in Stolzenhagen in Brandenburg gemäß Beispiel 4.3 betrachtet. Die Tour startet und endet am Restaurant in Stolzenhagen, wobei (wie in Abb. 4.24 hervorgehoben) die Dorfstraße in Stolzendorf genutzt wird. Da in diesem fiktiven Beispiel aufgrund einer längerfristigen Baustelle diese Straße nicht genutzt werden kann, ist das Problem unter Beachtung der Baustelle neu zu planen.

Vorgehensweise
Da dieses Beispiel das bisherige Beispiel 4.3 erweitert, ist es sinnvoll, die zugehörige Problemdatei unter einem neuen Namen zu speichern. Da aufgrund von Baustellen nicht alle in der Lösung für Beispiel 4.3 enthaltenen Straßen befahrbar sind, müssen die verfügbaren Straßen als Kanten eingegeben werden.

Rundreiseprobleme

Abb. 4.24 Teilstück der Lösung gemäß Beispiel 4.3

Dazu bietet es sich an, die in Abb. 4.25 und Tab. 4.4 angegeben Kreuzungen bzw. Kreisverkehre als zusätzliche Netzwerkknoten einzuführen.

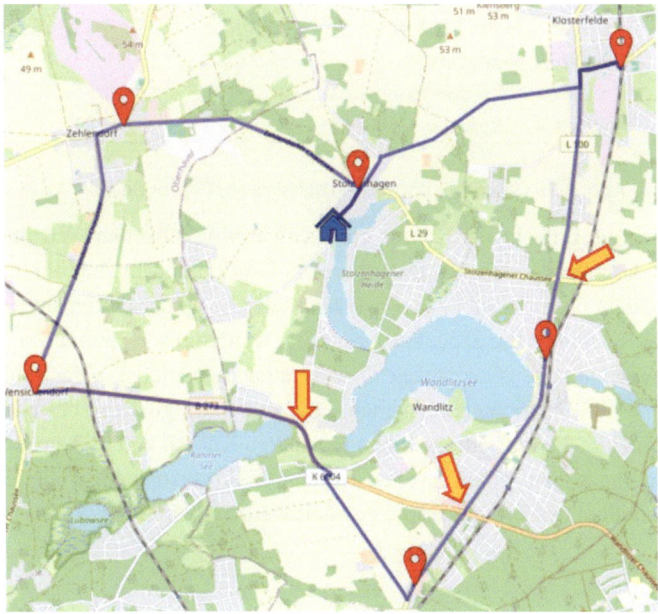

Abb. 4.25 Zusätzlich notwendige Knoten für Beispiel 4.4

Tab. 4.4 Daten der zusätzlichen Knoten für Beispiel 4.4

ID	Name	Breite	Länge
KVL29	Kreisverkehr L29	52,76796	13,47577
KZST	Kreuzung nach Stolzenhagen	52,75121	13,42731
KVWA	Kreisverkehr Wandlitz	52,74210	13,45789

Diese Knoten sind entweder zusätzlich in die Knotenliste im Datenbereich *Nodes* oder durch Doppelklick an der entsprechenden Position in der Karte hinzuzufügen. Die neue Knotenliste ist in Abb. 4.26 dargestellt.

Nr	Active	ID	Name	Lat	Long	City
1	Y	RES	Fischerstube	52,77193	13,43319	Stolzenhagen
2	Y	WE	Wensickendorf	52,75518	13,37634	Wensickendorf
3	Y	ST	Stolzenhagen	52,77789	13,43805	Stolzenhagen
4	Y	KL	Klosterfelde	52,79124	13,48796	Klosterfelde
5	Y	ZE	Zehlendorf	52,78482	13,39347	Zehlendorf
6	Y	BA	Wandlitz (BA)	52,73399	13,44852	Wandlitz
7	Y	WA	Wandlitz (WA)	52,75902	13,47358	Wandlitz
8	Y	KVL29	Kreisverkehr L29	52,76796	13,47577	
9	Y	KZST	Kreuzung nach Stolz	52,75121	13,42731	
10	Y	KVWA	Kreisverkehr Wandlit	52,74210	13,45789	

Abb. 4.26 Daten der Knoten in LogisticsLab/TSP für Beispiel 4.4

Hinsichtlich der Eingabe der Kanten gibt es zwei Möglichkeiten. Wie in Abb. 4.27 zu sehen, können Kanten im Datenbereich *Edges* im Kanteneditor eingegeben werden, in dem in der Kombobox *From node:* der Ausgangsknoten ausgewählt und in der Liste *To nodes:* die Zielknoten zugefügt werden. Da es sich um relativ kurze Straßensegmente ohne gegenläufige Umfahrungen handelt, ist in der Spalte *Typ* als Kantentyp *U* für ungerichtet anzugeben. Eine zweite Möglichkeit besteht darin, bei geöffnetem Kanteneditor eine mit dem gewählten Knoten verbundene Kante durch ein Doppelklicken auf einen zweiten Knoten direkt anzulegen, wobei ein Dialog erscheint, in dem der Typ der Kante gewählt werden kann (Abb. 4.28).

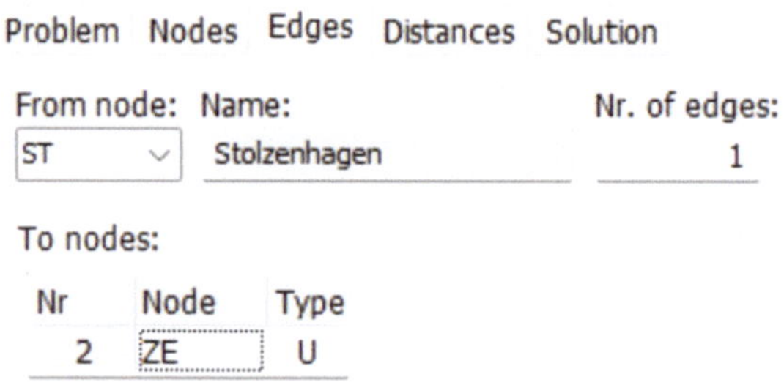

Rundreiseprobleme

Abb. 4.27 Kanteneditor in LogisticsLab/TSP

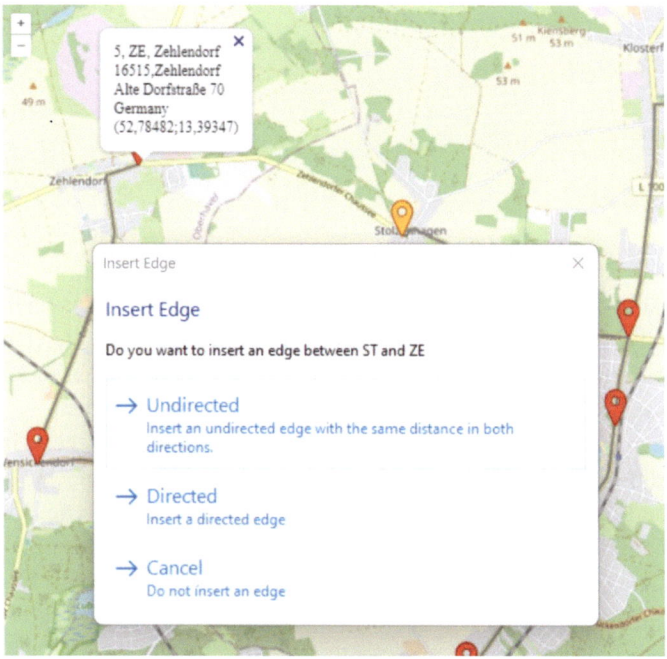

Abb. 4.28 Anlegen einer Kante in der Karte von LogisticsLab/TSP

Für die angelegten Kanten werden mittels OpenStreetMap die realen Straßenverläufe abgerufen und in der Karte mit grauer Farbe dargestellt (Abb. 4.29).

Anschließend sind die Entfernungen zwischen allen Knoten auf der Basis der angelegten Kanten zu bestimmen. Wiederum sind im Dialog zur Distanzberechnung *OpenStreetMap/Distances* und ein Umwegfaktor (*Detour or Cost factor*) gleich

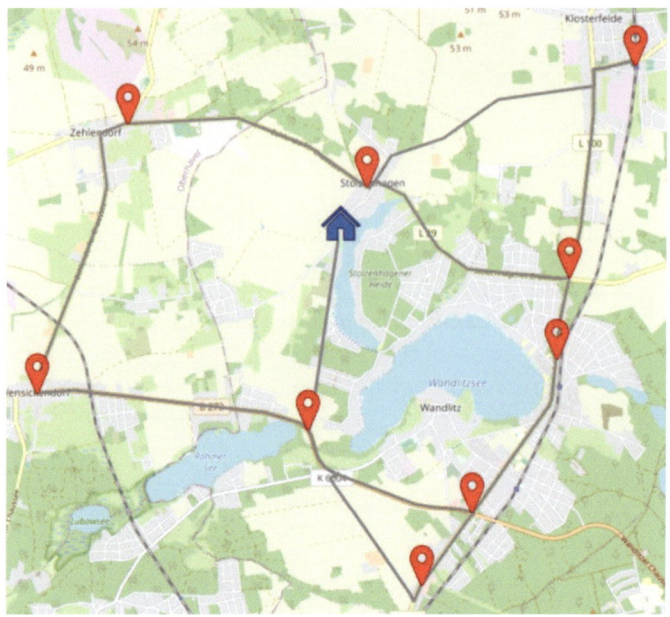

Abb. 4.29 Darstellung von Kanten in LogisticsLab/TSP

eins zu wählen. Die in Abb. 4.30 auszugsweise dargestellte Distanzmatrix basiert auf den mittels OpenStreetMap ermittelten kürzesten Wege für die eingegebenen Kanten. Aufgrund der internen Skalierungen werden diese Distanzen automatisch in Metern statt wie im vorherigen Beispiel in Kilometern angegeben.

Nachdem im folgenden Schritt die Optimierung erfolgte, erscheint im Bereich *Network* die grafische Lösung (Abb. 4.31) sowie im Datenbereich *Solution* die numerische Lösung (Abb. 4.32). Es ist ersichtlich, dass die gesperrte Dorfstraße in Stolzenhagen nicht genutzt wird. Aufgrund des gegenüber der Lösung für Beispiel 4.3 notwendigen Umwegs erhöht sich die gesamte zu fahrende Distanz von 26,46 auf 29,61 Kilometer (Abb. 4.32 → *Length*). Die Liefertour startet vom Restaurant zur Kreuzung KZST und verläuft dann in Uhrzeigerrichtung über Wensickendorf, Zehlendorf, Stolzenhagen, Klosterfelde, Kreisverkehr L29, Wandlitz (WA), Kreisverkehr Wandlitz, Wandlitz (BA) und Kreuzung KZST zurück zum Ausgangsort.

Rundreiseprobleme

Problem　Nodes　Edges　Distances　Solution

Method:　　　OSM/Distances in m/only for defined edges

Dist. factor:　1,00

Nr	Nr From\To	1 RES	2 WE	3 ST	4 KL	5 ZE	6 BA
1	RES	0,00	5843,00	11178,00	11298,00	9584,00	5165,00
2	WE	5843,00	0,00	6962,00	11001,00	3741,00	6328,00
3	ST	11178,00	6962,00	0,00	4039,00	3221,00	7479,00
4	KL	11298,00	11001,00	4039,00	0,00	7260,00	7599,00
5	ZE	9584,00	3741,00	3221,00	7260,00	0,00	10069,00
6	BA	5165,00	6328,00	7479,00	7599,00	10069,00	0,00
7	WA	7088,00	8251,00	4090,00	4210,00	7311,00	3389,00
8	KVL29	8121,00	9284,00	3057,00	3177,00	6278,00	4422,00
9	KZST	2340,00	3503,00	8838,00	8958,00	7244,00	2825,00
10	KVWA	4822,00	5985,00	6356,00	6476,00	9577,00	1123,00

Abb. 4.30 Distanzen für Beispiel 4.4 in LogisticsLab/TSP

Abb. 4.31 Grafische Darstellung der Lösung für Beispiel 4.4

Problem	Nodes	Edges	Distances	Solution			
Total legs:		11		Start node:	RES, Fischerstube		
Length:		29608,00		Destination:	RES, Fischerstube		

From	Name	To	Name	Distance	Trip Length
RES	Fischerstube	KZST	Kreuzung nach St	2340,00	2340,00
KZST	Kreuzung nach St	WE	Wensickendorf	3503,00	5843,00
WE	Wensickendorf	ZE	Zehlendorf	3741,00	9584,00
ZE	Zehlendorf	ST	Stolzenhagen	3221,00	12805,00
ST	Stolzenhagen	KL	Klosterfelde	4039,00	16844,00
KL	Klosterfelde	KVL29	Kreisverkehr L29	3177,00	20021,00
KVL29	Kreisverkehr L29	WA	Wandlitz (WA)	1033,00	21054,00
WA	Wandlitz (WA)	KVWA	Kreisverkehr Wanc	2266,00	23320,00
KVWA	Kreisverkehr Wanc	BA	Wandlitz (BA)	1123,00	24443,00
BA	Wandlitz (BA)	KZST	Kreuzung nach St	2825,00	27268,00
KZST	Kreuzung nach St	RES	Fischerstube	2340,00	29608,00

Abb. 4.32 Lösung für Beispiel 4.4 in LogisticsLab/TSP

4.4 Durchfahrtprobleme

4.4.1 Problemstellung und mathematisches Modell

In den vorangegangenen Abschnitten wurde das klassische Rundreiseproblem betrachtet, bei dem die Rundreise am selben Knoten beginnt und endet. Es existieren allerdings auch Probleme, bei denen alle Knoten besucht werden müssen, aber die Rückkehr zum Startknoten nicht erfolgen soll. Derartige Aufgaben werden *Durchfahrtprobleme*[38] oder *offene Rundreiseprobleme* genannt und können grundsätzlich in folgende vier Arten unterschieden werden:

1. Durchfahrtprobleme mit fixiertem Start- und Endknoten,
2. Durchfahrtprobleme mit fixiertem Start- und freiem Endknoten,
3. Durchfahrtprobleme mit freiem Start- und fixiertem Endknoten,
4. Durchfahrtprobleme mit freiem Start- und Endknoten.

Alle vier Problemarten lassen sich als Rundreiseprobleme modellieren und lösen. Nachfolgend wird die Modellierung dieser Durchfahrtprobleme, die sowohl für symmetrische als auch asymmetrische Probleme anwendbar ist, vorgestellt. Dazu wird exemplarisch das in Abb. 4.33 dargestellte Netzwerk verwendet.

---

38 Vgl. Mattfeld und Vahrenkamp (2014), S. 234 ff., Schmitting (2000), S. 99.

Durchfahrtprobleme 273

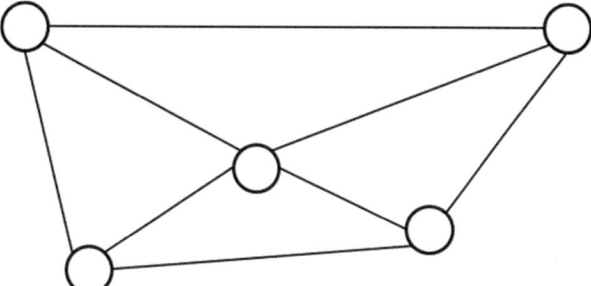

Abb. 4.33 Beispiel eines Netzes für ein Durchfahrtproblem

Durchfahrtprobleme mit fixiertem Start- und Endknoten

In dieser Problemstellung ist die kürzeste Route vom Startknoten (Quelle Q) zum Zielknoten (Senke S) über alle übrigen Knoten zu finden. Man kann diese Aufgabe durch folgende Veränderung der Netzstruktur (siehe Abb. 4.34) in ein äquivalentes Rundreiseproblem überführen:

- Für den Startknoten Q sind nur ausgehende gerichtete Kanten zu den übrigen Knoten mit Ausnahme des Zielknotens S zugelassen. Existierende Kanten zum Zielknoten S sind zu entfernen. Hinsichtlich der weiteren Knoten sind in den Startknoten Q eingehende gerichtete Kanten zu entfernen, während ungerichtete Kanten entsprechend umzuwandeln sind.
- Der Zielknoten S ist nur mit eingehenden gerichteten Kanten von den übrigen Knoten mit Ausnahme des Startknotens Q verbunden. Ausgehende gerichtete Kanten sind zu entfernen und ungerichtete Kanten adäquat umzuwandeln.
- Zusätzlich wird eine gerichtete Kante mit einer Bewertung von null vom Ziel- zum Startknoten eingeführt, der eine fiktive unbewertete Rückfahrt vom Ziel- zum Startknoten erzwingt.

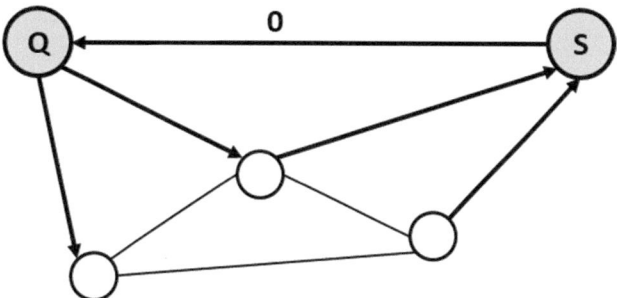

Abb. 4.34 Netz für ein Durchfahrtproblem mit fixiertem Start- und Endpunkt

Durchfahrtprobleme mit fixiertem Start- und freiem Endknoten

Das äquivalente Rundreiseproblem für diese Planungsaufgabe erhält man mit folgender veränderter Netzstruktur (Abb. 4.35):

- Wiederum sind für den Startknoten Q nur ausgehende gerichtete Kanten zu den anderen Knoten zugelassen, wobei eingehende gerichtete Kanten zu entfernen bzw. ungerichtete Kanten entsprechend umzuwandeln sind.
- Alle Knoten, mit Ausnahme des Startknotens Q, sind potenzielle Zielknoten und erhalten deshalb eine zusätzliche ausgehende gerichtete Kante mit einer Gewichtung von null zum Startknoten.

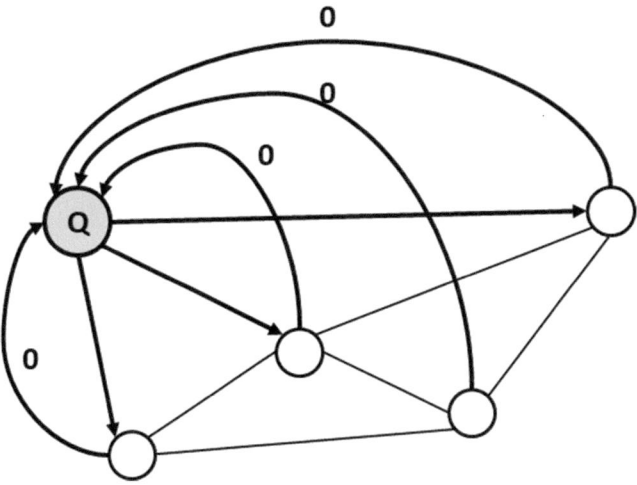

Abb. 4.35 Netz für ein Durchfahrtproblem mit fixiertem Start- und freiem Endpunkt

Durchfahrtprobleme mit freiem Start- und fixiertem Endknoten

Bei dieser Variante des Durchfahrtproblems kann jeder Knoten, mit Ausnahme des Zielknotens S, zum Startknoten werden, was durch folgende Änderungen der Struktur des Netzwerkes erreicht wird (Abb. 4.36):

- Der Zielknoten S soll nur eingehende gerichtete Kanten von den anderen Knoten besitzen. Daher sind ausgehende gerichtete Kanten zu entfernen bzw. ungerichtete Kanten adäquat umzuwandeln.
- Jeder Knoten, mit Ausnahme des Zielknotens S, kann zum Startknoten werden. Deshalb erhalten diese Knoten eine zusätzliche eingehende gerichtete Kante vom Zielknoten S mit einer Bewertung von null.

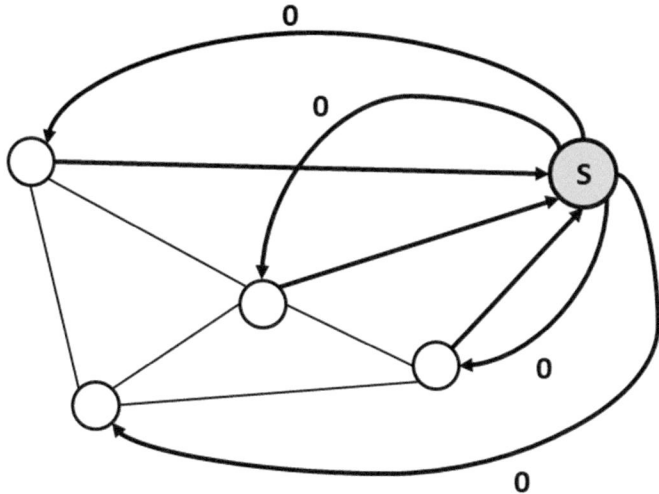

Abb. 4.36 Netz für ein Durchfahrtproblem mit fixiertem Endpunkt und freiem Startpunkt

Durchfahrtprobleme mit freiem Start- und Zielknoten

Wenn weder Start- noch Zielknoten fest vorgegeben sind, ist ein zusätzlicher fiktiver Knoten F einzufügen, der mit allen übrigen Knoten durch mit null bewertete ungerichtete Kanten verbunden ist (Abb. 4.37). Über den fiktiven Knoten schließt sich die Durchfahrtroute zu einer Rundfahrt. Auf dieser Rundfahrt bildet der Nachfolger des fiktiven Knotens den Startknoten der Durchfahrt und der Vorgänger den Zielknoten.

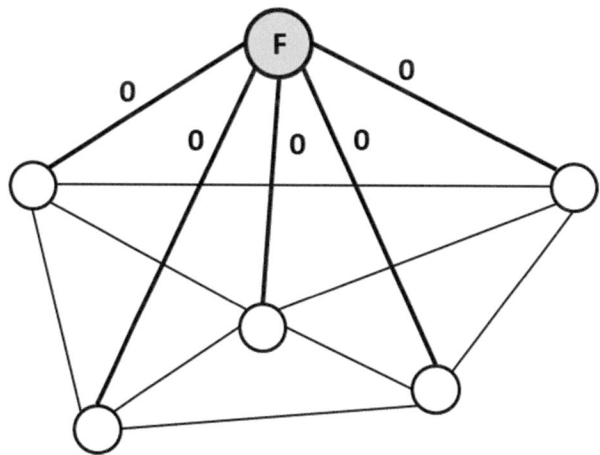

Abb. 4.37 Netz für ein Durchfahrtproblem mit freiem Start- und Zielpunkt

4.4.2 Lösung mit LogisticsLab/TSP

Die im vorherigen Abschnitt diskutierten Modellierungsaspekte zur Überführung eines Durchreiseproblems in ein Rundreiseproblem werden durch LogisticsLab/TSP automatisch durchgeführt, so dass Durchfahrtprobleme mit dieser Software direkt gelöst werden können.

Beispiel 4.5: Durchreise über ausgewählte deutschen Städte und Gemeinden
(Beispieldatei: deutsche-staedte.tspx)

Aufgabenstellung

In diesem Beispiel möchte ein Wahlkampfteam einer demokratischen Partei für den Bundestagswahlkampf alle deutschen Städte und Gemeinden mit mindestens 100.000 Einwohnern auf kürzestem Weg besuchen. Die Reise soll in Berlin starten und in München enden.

Vorgehensweise

Zur Ermittlung aller deutschen Städte mit mindestens 100.000 Einwohnern kann eine Excel-Datei des Statistischen Bundesamtes mit allen politisch selbständigen Gemeinden verwendet werden.[39] Wie in Abb. 4.38 zu sehen, enthält diese Datei neben weiteren Merkmalen die Einwohnerzahl und die geografischen Koordinaten der politisch selbständigen Gemeinden in Deutschland. Diese Tabelle ist nach der Einwohnerzahl in Spalte J absteigend zu sortieren und die Städte mit mindestens 100.000 Einwohnern herauszufiltern. Es handelt sich dabei um 82 Städte.

Im folgenden Schritt ist in LogisticsLab/TSP ein Problem mit 82 Knoten (*Nr. of nodes*) und leeren Koordinaten (*Empty geographical coordinates*) zu erzeugen. Dieses nichtbearbeitete Problem kann dann über das Menü *File → Export Nodes/Edges to Excel* als Excel-Datei exportiert werden. Wie in Abb. 4.39 zu sehen, enthält das Arbeitsblatt *Nodes* die Daten der erzeugten Knoten, die nun mit den vorher extrahierten Daten überschrieben werden können. So sind die Namen der Städte und Gemeinden in den Spalten B und E als Namen und Stadtbezeichnungen der Knoten und die Koordinaten in die Spalte C und D zu kopieren.

Die geänderte Excel-Datei kann nun in LogisticsLab/TSP über das Menü *File → Import Nodes/Edges from Excel* importiert und das gesamte Problem anschließend als LogisticsLab-Datei gespeichert werden. Nach dem Import sind die Knoten im Datenbereich *Nodes* mit den geänderten Daten und in der Karte mit den geografischen Koordinaten zu sehen (Abb. 4.40).

---

[39] Statistisches-Bundesamt (2024).

Durchfahrtprobleme

Gemeinden in Deutschland nach Fläche, Bevölkerung und Postleitzahl am 31.12.2023 (4. Quartal)

Text-Satzart	kenn-zeichen	Amtlicher Regionalschlüssel (ARS)				Gemeindename	Fläche km^2 [1]	Bevölkerung[2]				Postleit-zahl[3]	Geografische Mittelpunktkoordinaten	
		Land	RB	Kreis	VB	Gem			insgesamt	männlich	weiblich	je km^2		Längengrad	Breitengrad
		Gebietsstand am 31.12.2023 (4. Quartal)					31.12.20 22 (Jahr)	am 31.12.2022 (Jahr)					dnungsstand am 31.12.	
10	01					Schleswig-Holstein								
40	41	01	0	01		Flensburg, Stadt								
50	50	01	0	01	0000	Flensburg, Stadt								
60	61	01	0	01	0000	000 Flensburg, Stadt	56,73	92 550	45 874	46 676	1 631	24937	9,43751	54,78252
40	41	01	0	02		Kiel, Landeshauptstadt								
50	50	01	0	02	0000	Kiel, Landeshauptstadt								
60	61	01	0	02	0000	000 Kiel, Landeshauptstadt	118,65	247 717	120 149	127 568	2 088	24103	10,13727	54,321775
40	41	01	0	03		Lübeck, Hansestadt								
50	50	01	0	03	0000	Lübeck, Hansestadt								
60	61	01	0	03	0000	000 Lübeck, Hansestadt	214,19	218 095	104 723	113 372	1 018	23539	10,683932	53,866269
40	41	01	0	04		Neumünster, Stadt								
50	50	01	0	04	0000	Neumünster, Stadt								
60	61	01	0	04	0000	000 Neumünster, Stadt	71,66	79 502	39 256	40 246	1 109	24534	9,988422	54,069895
40	43	01	0	51		Dithmarschen								
50	50	01	0	51	0011	Brunsbüttel, Stadt								
60	63	01	0	51	0011	011 Brunsbüttel, Stadt	65,21	12 603	6 321	6 282	193	25541	9,13735	53,896932
50	50	01	0	51	0044	Heide, Stadt								
60	63	01	0	51	0044	044 Heide, Stadt	31,97	22 114	10 673	11 441	692	25746	9,091156	54,193962
50	51	01	0	51	5163	Burg-St. Michaelisdonn								
60	64	01	0	51	5163	003 Averlak	9,06	570	290	280	63	25715	9,182663	53,941154
60	64	01	0	51	5163	010 Brickeln	6,07	198	110	88	33	25712	9,221166	54,00849
60	64	01	0	51	5163	012 Buchholz	14,56	1 001	518	483	69	25712	9,223774	53,987132
60	64	01	0	51	5163	016 Burg (Dithmarschen)	11,25	4 206	2 024	2 182	374	25712	9,26246	53,99748
60	64	01	0	51	5163	022 Dingen	7,01	648	331	317	92	25715	9,125804	53,960888
60	64	01	0	51	5163	024 Eddelak	9,21	1 355	678	677	147	25715	9,137433	53,945888

Abb. 4.38 Auszug aus dem Verzeichnis der politisch selbständigen Gemeinden

	A	B	C	D	E	F	G	H
1	ID	Name	Lat	Lon	City	PostCode	Street	Country
2	N001	Berlin	52,51767	13,405538				
3	N002	Hamburg	53,550678	9,99697				
4	N003	München	48,137683	11,575997				
5	N004	Köln	50,938107	6,957068				
6	N005	Frankfurt am M	50,11088	8,682433				
7	N006	Stuttgart	48,775817	9,177734				
8	N007	Düsseldorf	51,22422	6,780068				
9	N008	Leipzig	51,338288	12,377931				
10	N009	Dortmund	51,514171	7,464165				
11	N010	Essen	51,455843	7,012583				
12	N011	Bremen	53,075606	8,809338				
13	N012	Dresden	51,051697	13,736883				
14	N013	Hannover	52,374551	9,738084				
15	N014	Nürnberg	49,450938	11,075269				
16	N015	Duisburg	51,433259	6,765477				
17	N016	Bochum	51,482699	7,217177				
18	N017	Wuppertal	51,271288	7,195874				

Abb. 4.39 Von LogisticsLab exportierte Excel-Datei mit Daten für Beispiel 4.5

Im folgenden Schritt sind die Entfernungen zwischen allen Knoten über das Menü *Optimisation → Calculate Distance Matrix* oder über die Schaltfläche *Calculate Distance Matrix* in der Symbolleiste zu berechnen. Im erscheinenden Dialog ist *OpenStreetMap/Distances* zu wählen und ein Kosten- bzw. Umwegfaktor (*Detour or Cost factor*) gleich eins einzugeben.

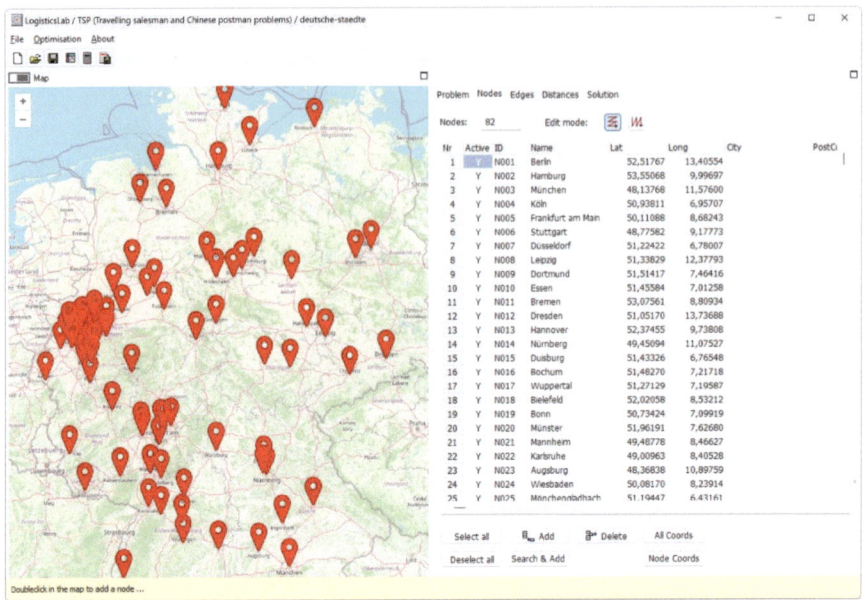

Abb. 4.40 Darstellung der Knoten nach Abruf der Koordinaten für Beispiel 4.5

Die mittels der in LogisticsLab implementierten OpenStreetMap-Funktionalitäten abgerufenen Distanzen erscheinen automatisch, wie in Abb. 4.41 dargestellt, im Datenbereich *Distances*.

Nr	From\To	1 N001	2 N002	3 N003	4 N004	5 N005	6 N006
1	N001	0,00	288,76	584,88	573,41	550,28	632,17
2	N002	288,44	0,00	791,22	425,06	497,29	666,85
3	N003	584,47	791,08	0,00	612,11	433,33	231,75
4	N004	572,56	424,90	574,11	0,00	189,31	366,03
5	N005	549,36	495,68	392,71	189,19	0,00	204,02
6	N006	632,28	667,45	222,42	365,23	203,31	0,00
7	N007	557,48	405,97	612,20	39,86	227,40	404,12
8	N008	190,33	396,60	430,25	497,38	395,65	477,54
9	N009	493,70	346,38	635,41	96,13	230,04	451,21
10	N010	531,74	374,23	636,58	73,42	251,78	428,50
11	N011	401,08	121,42	762,20	314,65	468,26	637,82

Abb. 4.41 Distanzmatrix für Beispiel 4.5 in LogisticsLab/TSP

Durchfahrtprobleme

Im folgenden Schritt ist das Problem entweder über das Menü *Optimisation* → *Start Optimisation* oder die Schaltfläche *Optimise* in der Symbolleiste zu lösen. Dazu ist im Optimierungsdialog (Abb. 4.42) als Problemtyp *Open TSP with specified start and destination node* zu wählen. Berlin ist entweder mit der *Nr* 1 oder mit der *ID* N001 als *Start node* einzutragen. Analog ist München mit der *Nr* 3 oder der *ID* N003 als *Destination node* zu spezifizieren.

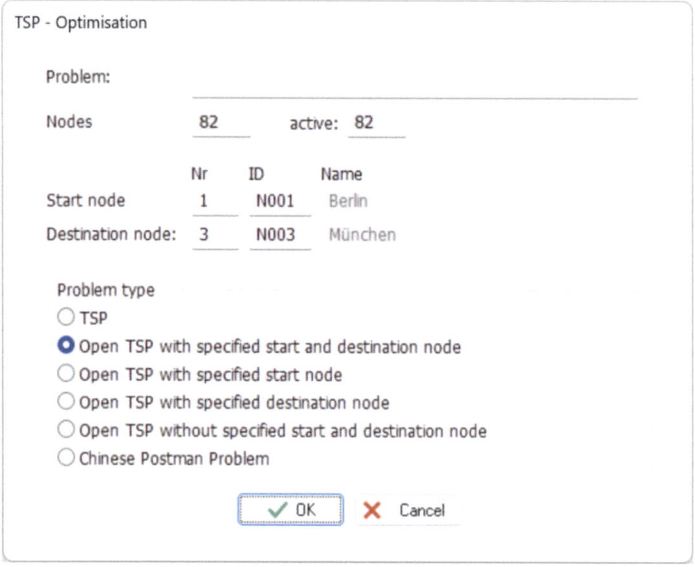

Abb. 4.42 Optimierungsdialog in LogisticsLab/TSP für Beispiel 4.5

Als Ergebnis ergibt sich eine Durchfahrt von Kiel nach Freiburg über alle Städten und Gemeinden mit mindestens 100.000 Einwohnern mit einer Gesamtdistanz von 4.909,06 Kilometern, deren Verlauf sowohl in der Karte bzw. im Datenbereich *Solution* eingesehen werden kann (Abb. 4.43). Löst man dieses Problem als Durchfahrtproblem mit freiem Start- und Endknoten, ergibt sich eine in Berlin startende und in Rostock endende Durchfahrt mit einer Distanz von 4.790,30 Kilometern, während eine Rundreise über 5.017,12 Kilometer gehen würde.

Abb. 4.43 Lösung für Beispiel 4.5 in LogisticsLab/TSP

4.5 Briefträgerprobleme

4.5.1 Grundsätzliche Problemstellung

Bei dem im vorherigen Abschnitt diskutierten Rundreiseproblem galt es, in einem Netzwerk $G = (N, A)$ ausgehend von einem Startknoten $q \in N$ alle Knoten $i \in N \setminus \{q\}$ mindestens bzw. möglichst genau einmal aufzusuchen und zum Ausgangsort zurückzukehren. Die Rundreise über die (gerichteten oder ungerichteten) Kanten A ist so zu bestimmen, dass die gesamte Distanz minimal wird.

Auch beim *Briefträgerproblem*[40] geht man von einem Netzwerk $G = (N, A)$ aus, wobei bei diesem Problem ausgehend von einem Startknoten $q \in N$ jede (gerichtete oder ungerichtete) Kante mindestens einmal zu durchlaufen und zum Startknoten zurückzukehren ist. Die zu findende kantenorientierte Rundreise soll die gesamte Distanz (oder eine andere adäquate Bewertung) minimieren.[41]

---

[40] Im englischsprachigen Raum wird das Problem auch *Chinese Postman Problem* genannt, da eine der ersten Erwähnungen dieses Problems auf den chinesischen Autor GUAN Anfang der 1960er Jahre zurückgeht. Vgl. Guan (1962).

[41] Vgl. Ghiani et al. (2022), S. 530 ff., Domschke und Scholl (2010), S. 167, Ahuja et al. (2013), S. 740.

Das Briefträgerproblem kann z. B. für die Bestimmung von Touren für Briefträger, für die Planung der Straßenreinigung oder des Winterdienstes durch ein Fahrzeug in einem bestimmten Straßennetz oder auch für die effiziente Gestaltung der Müllabfuhr angewendet werden.[42] So hat ein Briefträger jede Straße in einem Zustellbezirk zu bedienen. Dabei kann es unter Umständen notwendig sein, bestimmte Straßen nach einer Zustellung nochmals zu durchlaufen, um aufgrund des Straßennetzes eine andere Zustellstraße zu erreichen. Das Durchlaufen einer Straße ohne Zustellung stellt eine unproduktive Teilstrecke dar. Es liegt auf der Hand, dass es im Interesse des Briefträgers ist, diese unproduktiven Strecken und letztlich die gesamte Distanz der Zustellungstour vom Ausgangspunkt über alle Zustellungsstraßen zum Ausgangspunkt zurück zu minimieren.

Im Idealfall ist jede Kante genau einmal zu durchlaufen. Im mathematischen Sinn wird eine solche Tour als *Euler-Tour* bezeichnet.[43] Wenn das Netzwerk ein sogenanntes *Euler-Netzwerk* ist, enthält es eine *Euler-Tour* und das Briefträgerproblem ist einfach zu lösen.[44] Ein Euler-Netzwerk ist dadurch gekennzeichnet, dass bei einem ungerichteten Netzwerk alle Knoten einen geraden Grad besitzen.[45] Bei einem gerichteten Netzwerk hat die Anzahl der in einen Knoten eingehenden Kanten gleich der Anzahl der aus diesen Knoten herausgehenden Kanten zu sein.[46]

Betrachtet man Abb. 4.44 und Abb. 4.45, erkennt man, dass die beiden auf der linken Seite befindlichen Netzwerke Euler-Netze darstellen, da im ungerichteten Netz der Grad eines jeden Knotens mit dem Wert zwei gerade ist und im gerichteten Netz für jeden Knoten die Anzahl der eingehenden Kanten gleich der Anzahl der ausgehenden Kanten ist. Die Netzwerke auf der rechten Seite sind keine Euler-Netzwerke, da im ungerichteten Fall die Grade der Knoten 2 und 3 mit dem Wert drei ungerade sind und im gerichteten Fall Knoten 2 einen eingehenden und zwei ausgehende bzw. Knoten 4 zwei eingehende, aber nur eine ausgehende Kante besitzt.

Für beide Euler-Netzwerke lassen sich sehr einfach die Euler-Touren finden. Sie lauten ausgehend vom Knoten 1 für das ungerichtete Netzwerk 1→2→4→3→1 und für das gerichtete Netzwerk z. B. 1→2→3→6→5→3→5→4→1.

---

42 Vgl. Winkels (2012), S. 587 f., Domschke und Scholl (2010), S. 167 f.
43 Vgl. Diestel (2017), S. 23 f., Mattfeld und Vahrenkamp (2014), S. 222.
44 Eine Herleitung dieser Aussage ist in Diestel (2017), S. 24. und Mattfeld und Vahrenkamp (2014), S. 222 zu finden.
45 Vgl. Ghiani et al. (2022), S. 530 f., Diestel (2017), S. 24.
46 Vgl. Ghiani et al. (2022), S. 530, Korte und Vygen (2012), S. 35.

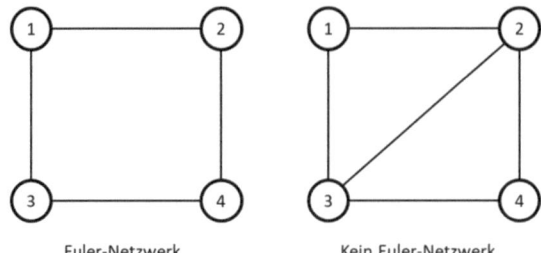

Abb. 4.44 Beispiele für ungerichtete Netzwerke

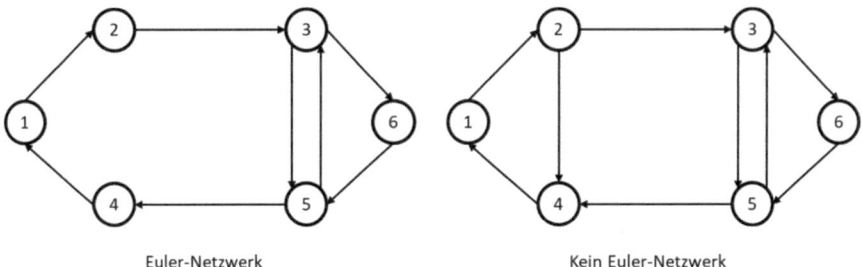

Abb. 4.45 Beispiele für gerichtete Netzwerke

Die Grundidee zur *Bestimmung einer Euler-Tour*[47] besteht darin, ausgehend vom Startknoten (hier Knoten 1) eine Kante aus der Menge der (ausgehenden) Kanten auszuwählen, diese als gewählt zu markieren und zu dem mit dieser Kante verbundenen Knoten zu laufen. Wiederum ist aus der Menge der unmarkierten ausgehenden Kanten eine Kante auszuwählen, zu markieren und zum verbundenen Knoten zu laufen. Das wird so lange durchgeführt, bis der Ausgangsknoten erreicht und so ein Zyklus gebildet wird. Existieren weitere unmarkierte Kanten, die daher noch nicht in einem Zyklus verwendet wurden, ist für diese unmarkierten Kanten von einem beliebigen Ausgangsknoten zu starten und nach dem gleichen Bildungsprinzip ein neuer Zyklus zu bilden. Nach Bildung aller Zyklen sind diese zusammenzufassen, indem ein Zyklus in einen anderen Zyklus an der Stelle eingefügt wird, an der der Ausgangsknoten des einzufügenden Zyklus steht.

So könnte für das gerichtete Netzwerk ein erster Zyklus aus 1→2→3→6→5→4→1 bestehen. Nach Abschluss dieses Zyklus verbleiben die unmarkierten Kanten (3,5) und (5,3), die ausgehend vom Knoten 5 zu einem Zyklus 5→3→5 führen. Dieser zweite Zyklus kann nun in den ersten an der Stelle des

---

[47] Vgl. Mattfeld und Vahrenkamp (2014), S. 222 f., Domschke und Scholl (2010), S. 188 ff., Korte und Vygen (2012), S. 36, Büsing (2010), S. 61 ff.

Knoten 5 eingefügt 1→2→3→6→(5→3→5)→4→1 und so zum schon gezeigten Zyklus 1→2→3→6→5→3→5→4→1 zusammengefasst werden. Es ist zu erwähnen, dass in einem Euler-Netzwerk abhängig vom gewählten Startknoten mehrere unterschiedliche Euler-Touren enthalten sein können.

In der Realität werden oftmals Probleme auftreten, deren zugrunde liegendes Netzwerk nicht einem Euler-Netzwerk entspricht. Wenn für solche Probleme das Briefträgerproblem gelöst werden soll, sind, wie schon erwähnt, eine oder mehrere Kanten mehrfach zu durchlaufen. Im Sinne der Graphentheorie gilt es, das Nicht-Euler-Netzwerk durch das Hinzufügen von (gerichteten oder ungerichteten) Kanten für die mehrfach zu durchlaufenden Straßen in ein Euler-Netzwerk zu transformieren, um dann die Euler-Tour bestimmen zu können.

In Abb. 4.46 und Abb. 4.47 sind die Transformationen der beiden oben gezeigten Nicht-Euler-Netzwerke in Euler-Netzwerke durch das Hinzufügen von Kanten dargestellt. So führt im ungerichteten Graphen die neue zusätzliche ungerichtete Kante [2,3] dazu, dass der Grad der Knoten 2 und 3 mit dem Wert vier im transformierten Netzwerk eine gerade Zahl ist und so das Netzwerk einem Euler-Netzwerk entspricht.

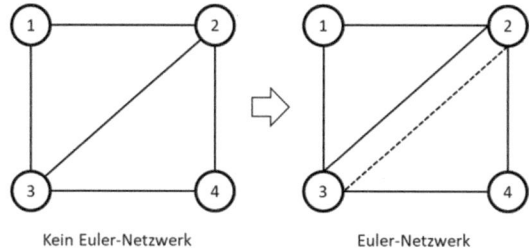

Abb. 4.46 Beispiel für die Transformation eines ungerichteten Nicht-Euler-Netzwerkes

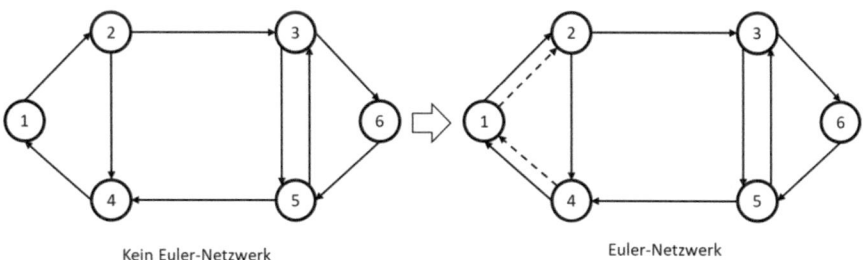

Abb. 4.47 Beispiel für die Transformation eines gerichteten Nicht-Euler-Netzwerkes

Im gerichteten Netzwerk kann durch das Einfügen der gerichteten Kanten (1,2) und (4,1) für die Knoten 2 und 4 sichergestellt werden, dass die Anzahl der eingehenden Kanten gleich der Anzahl der ausgehenden Kanten ist.

Für beide transformierte Netzwerke lassen sich nun sehr einfach Euler-Touren bestimmen. Sie können z. B. jeweils vom Knoten 1 ausgehend 1→2→4→3→2→3→1 für das ungerichtete Netzwerk und 1→2→3→5→3→6→5→4→1→2→4→1 für das gerichtete Netzwerk lauten.

Da beim Briefträgerproblem eine kosten- oder distanzminimale Tour zu ermitteln ist, sind bei der Transformation eines Netzwerkes in ein Euler-Netz auch die Erweiterungen kosten- oder distanzminimal zu bestimmen.[48]

Dazu existiert in der Literatur eine Vielzahl von exakten und heuristischen Ansätzen, wobei in solche für ungerichtete, gerichtete und gemischte Graphen unterschieden wird.[49] In dieser Arbeit werden nicht alle Ansätze oder auch keine weiteren Variationen des Briefträgerproblems wie z. B. *das Rural-Postman-Problem*[50] erörtert, sondern es wird im folgenden Abschnitt ein pragmatisches Modell zur kosten- oder distanzminimalen Erweiterung von Graphen diskutiert, das für ungerichtete, gerichtete und gemischte Graphen gleichermaßen anwendbar ist.

Zusammenfassend kann festgestellt werden, dass zur Lösung des Briefträgerproblems folgende zwei Arbeitsschritte zu durchlaufen sind[51]:

1. kosten- oder distanzminimale Erweiterung des Netzwerkes zu einem Euler-Netzwerk,
2. Bestimmung der Euler-Tour.

4.5.2 Mathematisches Modell zur kostenminimalen Erweiterung eines Graphen

Das in diesem Abschnitt vorgestellte Modell dient der kosten- oder distanzminimalen Erweiterung eines einfachen gemischten Graphen, wobei die Modellierung auf einem einfachen gerichteten Graphen basiert.

In einem ersten Schritt sind die im Originalgraphen existierenden ungerichteten Kanten in jeweils zwei gegenläufige gerichtete Kanten mit identischer Gewichtung zu überführen.[52] Die Menge der ursprünglich ungerichteten und in gerichtete überführten Kanten wird im Weiteren als A' bezeichnet, während die originalen gerichteten Kanten die Menge A bilden. Gemeinsam mit der Knotenmenge N bilden die

---

48 Es ist zu erwähnen, dass je nach Anwendungsfall weitere zu minimierende oder zu maximierende Bewertungen denkbar sind.
49 Vgl. Domschke und Scholl (2010), S. 172 ff., Ahuja et al. (2013), S. 740 ff., Ghiani et al. (2022), S. 531 ff.
50 Vgl. Ghiani et al. (2022), S. 535 ff., Domschke und Scholl (2010), S. 190 ff.
51 Vgl. Ghiani et al. (2022), S. 531.
52 Vgl. Winkels (2012), S. 589.

gerichteten Kanten den einfachen gerichteten Graphen $G = (N, A \cup A')$. Für jede Kante $(i, j) \in A \cup A'$ liegt eine Gewichtung c_{ij} vor, die die Distanz oder Kosten dieser Kante darstellt. Für alle Kanten $(i, j) \in A \cup A'$ wird eine ganzzahlige Variable x_{ij} eingeführt, die die Anzahl der Nutzungen der jeweiligen Kante abbildet. Besitzt eine solche Variable einen Wert größer als eins, ist diese Kante mehrfach zu durchlaufen, was zur Bestimmung der kantenorientierten Rundreise notwendig, aber im Sinne der zusätzlich anfallenden Kosten oder Distanzen unwirtschaftlich ist. Letztlich wird mit diesem Modell eine kosten- oder distanzminimale Erweiterung eines einfachen gemischten Graphen zu einem Euler-Netzwerk als Voraussetzung für die gesuchte Euler-Tour bestimmt.

Das gesamte Modell lässt sich als ganzzahliges lineares Optimierungsmodell wie folgt formulieren:[53]

$$\sum_{(i,j) \in A \cup A'} c_{ij} \cdot x_{ij} \to \min! \tag{4.18}$$

u.d.N.

$$\sum_{\{j|(i,j) \in A \cup A'\}} x_{ij} = \sum_{\{j|(i,j) \in A \cup A'\}} x_{ji} \quad ; i \in N \tag{4.19}$$

$$x_{ij} \in \{1, 2, \ldots\} \quad ; (i, j) \in A \tag{4.20}$$

$$x_{ij} + x_{ji} \geq 1 \quad ; (i, j) \in A' \tag{4.21}$$

$$x_{ij} \in \{0, 1, \ldots\} \quad ; (i, j) \in A' \tag{4.22}$$

mit
Indexmengen:

N Menge der Knoten

A Menge der originalen gerichteten Kanten

A' Menge der in gerichtete Kanten umgewandelten ungerichteten Kanten

Indizes:

(i, j) Index der Kanten, $(i, j) \in A \cup A'$

i Index der Knoten, $i \in N$

Parameter:

c_{ij} Distanz (oder Kosten) der Kante $(i, j) \in A \cup A'$

Variablen:

x_{ij} Nutzungsvariable für die Kante $(i, j) \in A \cup A'$

Gemäß der Zielfunktion (4.18) sind die mit der gesamten Nutzung aller Kanten verbundenen Kosten oder Distanzen zu minimieren.

---

53 Vgl. Domschke und Scholl (2010), S. 188, Winkels (2012), S. 590 f.

Als Voraussetzung für die Erweiterung des Netzwerkes zu einem Euler-Netzwerk und damit zur Bestimmung einer Euler-Tour hat für jeden Knoten $i \in N$ in einem gerichteten Graphen gemäß Ausdruck (4.19) die Anzahl der in diesen Knoten eingehenden Kanten gleich der Anzahl der aus diesem Knoten ausgehenden Kanten zu sein.

Für die Bestimmung einer Euler-Tour sind zudem alle gerichteten und ungerichteten Kanten mindestens einmal zu nutzen. Daher besitzen gemäß Ausdruck (4.20) die für die originalen gerichteten Kanten $(i,j) \in A$ zu definierenden ganzzahligen Variablen x_{ij} eine Untergrenze von eins. Auch die für die Kanten $(i,j) \in A'$ zu spezifizierenden Variablen x_{ij} sind ganzzahlig (Ausdruck (4.22)), wobei sie eine untere Grenze von null besitzen. Da zwei miteinander korrespondierende Kanten $(i,j), (j,i) \in A'$ letztlich die Abbildung einer zwischen den Knoten i und j verlaufenden ungerichteten Kante darstellen, ist es im Sinne der Euler-Tour notwendig, dass mindestens eine der beiden gerichteten Kanten $(i,j), (j,i) \in A'$ genutzt werden muss. Daher wird mit der Nebenbedingung (4.21) gefordert, dass die Summe der Variablen x_{ij} und x_{ji} größer oder gleich eins ist.

Dieses Modell ist auch für ungerichtete und gerichtete Netzwerke anwendbar, da diese lediglich Spezialfälle des vorliegenden Modells sind. Im Fall eines ungerichteten Netzwerkes ist die Menge der originalen gerichteten Kanten A eine Leermenge $A = \emptyset$, so dass die Nebenbedingungen gemäß Ausdruck (4.20) entfallen. Alle anderen Modellbestandteile bleiben unverändert. Für gerichtete Graphen gilt $A' = \emptyset$, so dass die Nebenbedingungen (4.21) und (4.22) entfallen.

Mit dieser Formulierung als ganzzahliges lineares Optimierungsmodell ist die distanz- oder kostenminimale Erweiterung eines einfachen gemischten Graphen zu einem Euler-Netzwerk auch für mittlere und größere Modellinstanzen mittels Lösungsverfahren der ganzzahligen linearen Optimierung adäquat lösbar. Nach der Transformation in ein Euler-Netzwerk kann das Briefträgerproblem durch Bestimmung der Euler-Tour in der oben angeführten Form gelöst werden.

4.5.3 Lösung mit LogisticsLab/TSP

Zur Lösung des Briefträgerproblems in ungerichteten, gerichteten und gemischten Netzwerken kann LogisticsLab/TSP genutzt werden. Der Lösungsalgorithmus zur kosten- oder distanzminimalen Erweiterung des bestehenden Netzwerkes basiert auf dem im letzten Abschnitt diskutierten ganzzahligen linearen Optimierungsmodell, dessen Ergebnisse mittels eines Algorithmus zur Bestimmung einer Euler-Tour und damit zur Lösung des Briefträgerproblems verwendet werden.

Beispiel 4.6: Winterdienst in Schulzendorf
(Beispieldatei: schulzendorf.tspx)

Aufgabenstellung
In einem Teilgebiet der Gemeinde Schulzendorf in Brandenburg wurde ein Unternehmen mit dem winterlichen Streudienst beauftragt. Das gemäß Vertrag zu bedienende Gebiet ist in Abb. 4.48 gegeben.[54] Für das Unternehmen besteht die Aufgabe beginnend von der linken unteren Ecke des Gebiets, die aufgrund der Anfahrt den geeignetsten Startpunkt darstellt, alle Straßen auf kürzesten Weg mit einem Streufahrzeug zu befahren und dann zum Startpunkt zurückzukehren. Aufgrund der geringen Breite der Straßen ist die Richtung der Befahrung irrelevant.

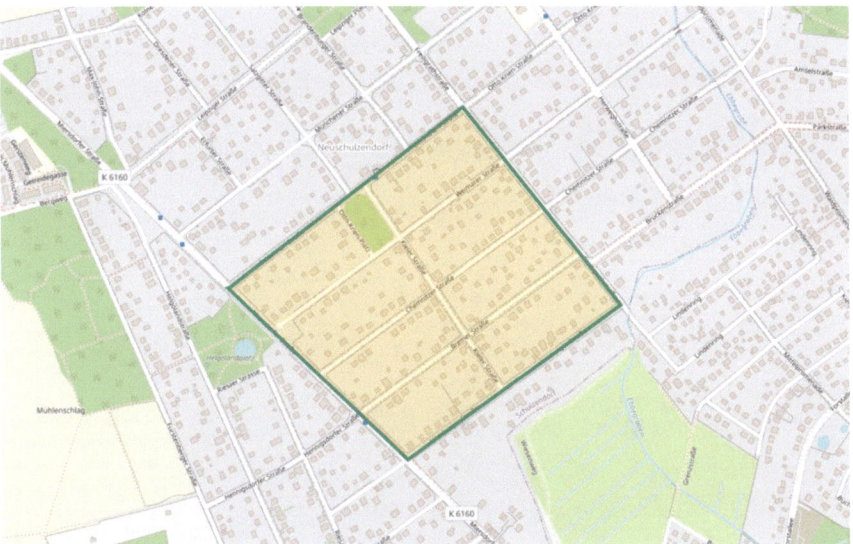

Abb. 4.48 Gebiet für den Winterdienst gemäß Beispiel 4.6

Vorgehensweise
Für dieses Problem bietet es sich an, die Kreuzungen bzw. Endpunkte von Straßen als Netzwerkknoten und die sie verbindenden Straßen als Kanten anzulegen. Aufgrund der geringen Straßenbreite und der daraus resultierenden Irrelevanz der Fahrtrichtung können die Kanten ungerichtet sein.

In einem ersten Schritte ist ein neues Problem anzulegen, indem entweder der Menüeintrag *File → New Problem* oder die Schaltfläche *New Problem* in der Symbolleiste gewählt wird. Da die einzelnen Kreuzungen bzw. Endpunkte der Straßen später per Doppelklick auf der Karte als Knoten des Netzwerks angelegt werden

---

54 Quelle: OpenStreetMap (https://www.openstreetmap.org/#map=16/52.3460/13.5974, Letzter Abruf: 18. April 2024) und eigene Bearbeitung.

können, ist die Anzahl der Knoten (*Nr. of Nodes*) im erscheinenden Dialog leer zu lassen und nur die Schaltfläche *Generate* zu drücken.

Im folgenden Schritt sind die Knoten des Netzwerkes zu spezifizieren. Dazu ist der Datenbereich *Nodes* zu aktivieren. Die einzelnen Knoten können per Doppelklick in die Karte angelegt werden. Wie in Abb. 4.49 zu sehen, fragt LogisticsLab nach dem Doppelklick, ob tatsächlich an dieser Stelle ein Knoten angelegt werden soll. Nach Bejahung ermittelt LogisticsLab die geografische Koordinaten und trägt diese automatisch in die entsprechenden Spalten für den neuen Knoten ein. Es ist sinnvoll, mit dem Start- und Zielknoten zu beginnen.

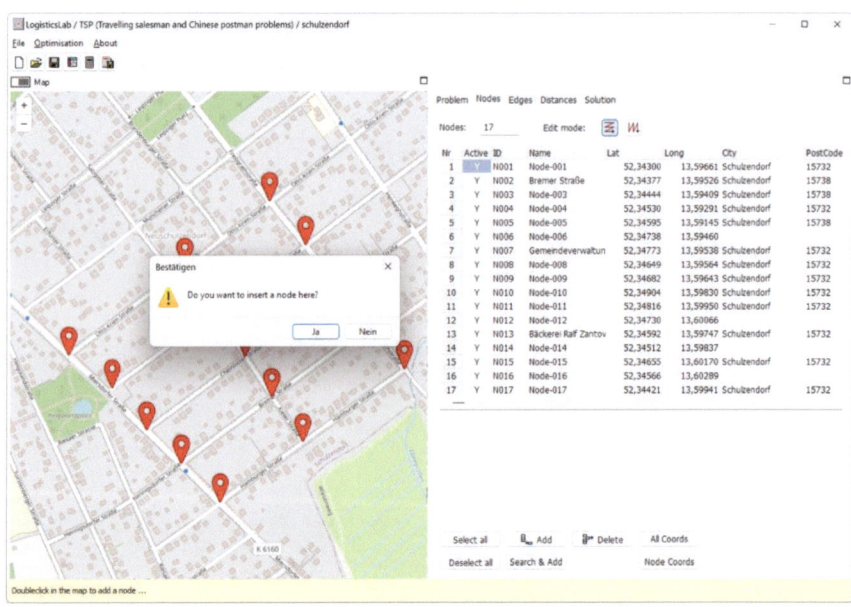

Abb. 4.49 Anlegen von Konten in LogisticsLab/TSP für Beispiel 4.6

Im folgenden Schritt sind die Kanten des Netzwerkes zu definieren. In diesem Beispiel empfiehlt sich die direkte Methode, indem bei geöffnetem Kanteneditor eine mit dem ausgewählten Knoten verbundene Kante durch ein Doppelklicken auf einen anderen Knoten angelegt wird, wobei ein Dialog erscheint, in dem der Typ der Kante gewählt werden kann (Abb. 4.50). In diesem Beispiel sind alle Kanten als ungerichtete Kanten zu spezifizieren. Für die angelegten Kanten werden mittels OpenStreetMap die realen Straßenverläufe abgerufen und in der Karte mit grauer Farbe dargestellt (Abb. 4.51).

Briefträgerprobleme

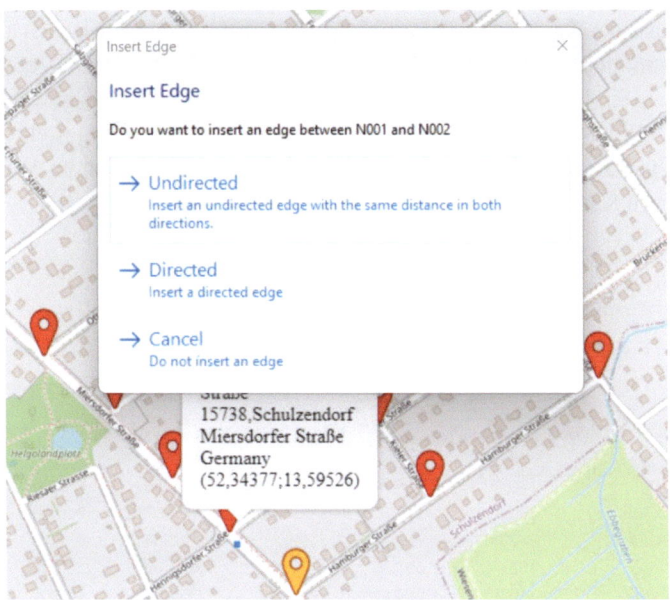

Abb. 4.50 Anlegen einer Kante für Beispiel 4.6 in LogisticsLab/TSP

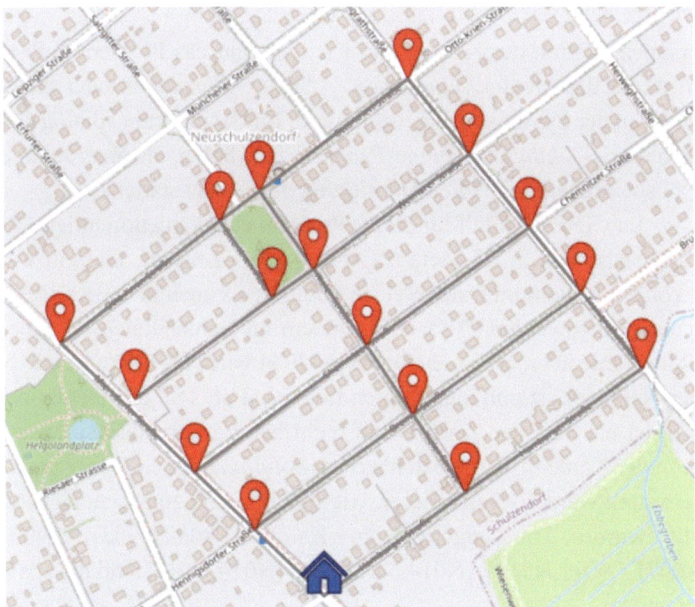

Abb. 4.51 Angelegte Kanten für Beispiel 4.6 in LogisticsLab/TSP

Auf der Basis der Kanten sind darauffolgend die Entfernungen zwischen allen Knoten zu bestimmen, indem im Dialog zur Distanzberechnung *OpenStreetMap/Distances* sowie ein Umwegfaktor (*Detour or Cost factor*) gleich eins gewählt und der Abruf mit *OK* gestartet wird. Die in Abb. 4.52 auszugsweise dargestellte Distanzmatrix basiert auf den mittels OpenStreetMap ermittelten kürzesten Wege für die eingegebenen Kanten.

Problem Nodes Edges Distances Solution

Method: OSM/Distances in m/only for defined edges

Dist. factor: 1,00

	Nr	1	2	3	4	5	6
Nr	From\To	N001	N002	N003	N004	N005	N006
1	N001	0,00	126,00	236,00	882,00	482,00	749,00
2	N002	126,00	0,00	110,00	785,00	356,00	623,00
3	N003	236,00	110,00	0,00	700,00	246,00	513,00
4	N004	882,00	785,00	700,00	0,00	617,00	350,00
5	N005	482,00	356,00	246,00	617,00	0,00	267,00
6	N006	749,00	623,00	513,00	350,00	267,00	0,00
7	N007	712,00	615,00	530,00	416,00	333,00	66,00
8	N008	654,00	557,00	472,00	228,00	389,00	122,00
9	N009	588,00	491,00	406,00	294,00	455,00	188,00

Abb. 4.52 Distanzmatrix für Beispiel 4.6 in LogisticsLab/TSP

Nach der Spezifikation der Knoten und Kanten kann das Problem gelöst werden, indem entweder das Menü *Optimisation → Start Optimisation* oder die Schaltfläche *Optimise* in der Symbolleiste gewählt wird. Im Optimierungsdialog (Abb. 4.53) ist als Problemtyp *Chinese Postman Problem* zu wählen, als *Start node* der Knoten N01 zu spezifizieren und die Optimierung mit *OK* zu starten.

LogisticsLab/TSP ermittelt für dieses Problem eine kantenorientierte Rundreise mit einer Distanz von 5.236 Metern (Abb. 4.54 → *Length*). Die einzelnen Teilstrecken können sowohl im Datenbereich Solution als auch in der Karte eingesehen und hervorgehoben werden (Abb. 4.55), indem im Datenbereich *Solution* für eine ausgewählte Kante in einer grauen Spalte geklickt wird. Da das originale Netzwerk kein Euler-Netzwerk ist und intern durch LogisticsLab/TSP distanzminimal erweitert wurde, ist ein Teil der Teilstrecken mehrfach zu durchfahren. Diese können entweder in der Kantenliste im Datenbereich *Solution* oder einfacher im Netzwerkbereich ermittelt werden, wenn dieser, wie in Abb. 4.56 zu sehen, zu Simple-Map umgestellt wurde. Die ungerichteten Kanten [N002,N003], [N004,N008], [N006,N007], [N011,N012], [N014,N015] und [N014,N017] sind jeweils zweifach zu durchfahren.

Briefträgerprobleme

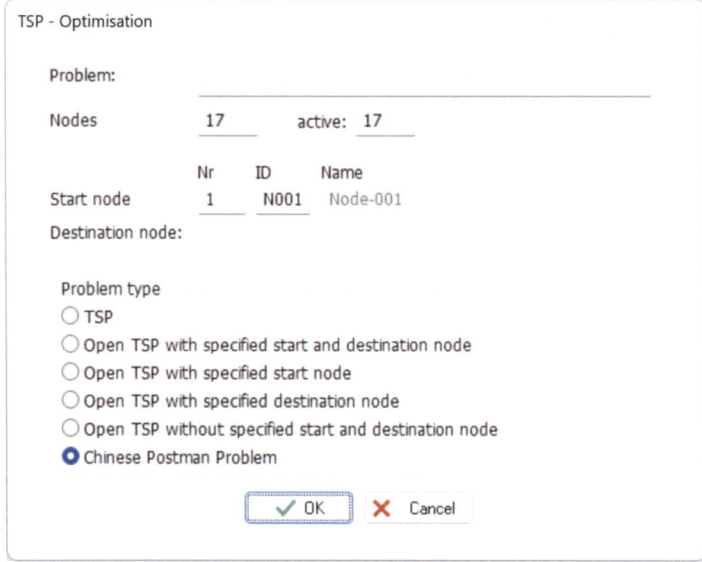

Abb. 4.53 Optimierungsdialog in LogisticsLab/TSP für Beispiel 4.6

Problem Nodes Edges Distances Solution

Total legs: 30   Start node: N001, Node-001
Length: 5236,00   Destination: N001, Node-001

From	Name	To	Name	Distance	Trip Length
N001	Node-001	N017	Node-017	233,00	233,00
N017	Node-017	N014	Node-014	123,00	356,00
N014	Node-014	N017	Node-017	123,00	479,00
N017	Node-017	N016	Node-016	286,00	765,00
N016	Node-016	N015	Node-015	129,00	894,00
N015	Node-015	N014	Node-014	277,00	1171,00
N014	Node-014	N013	Bäckerei Ralf Zant(	109,00	1280,00
N013	Bäckerei Ralf Zant(	N009	Node-009	123,00	1403,00
N009	Node-009	N007	Gemeindeverwaltu	124,00	1527,00

Abb. 4.54 Ausschnitt aus der Lösung für Beispiel 4.6 in LogisticsLab/TSP

Abb. 4.55 Darstellung der Lösung für Beispiel 4.6 LogisticsLab/TSP

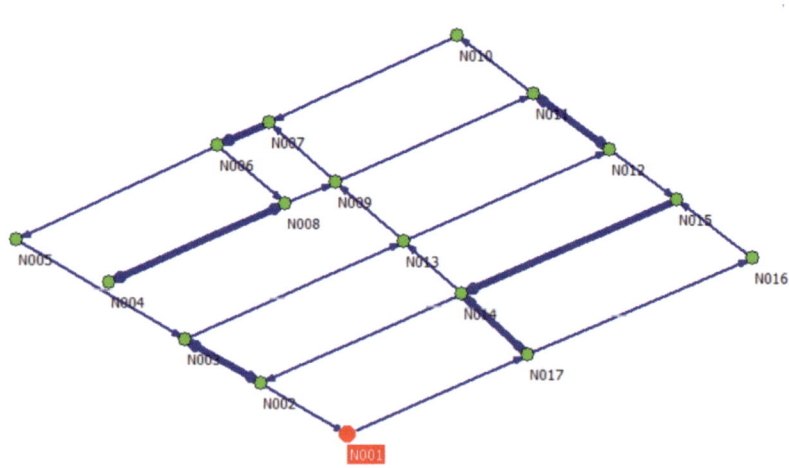

Abb. 4.56 Grafische Lösung für Beispiel 4.6 als Simple-Map in LogisticsLab/TSP

4.6 Tourenplanung

4.6.1 Grundsätzliche Problemstellung

Bei einem Rundreiseproblem geht es darum, eine Anzahl von Knoten auf dem kürzesten Weg zu bedienen. Handelt es sich dabei um eine Auslieferungstour zu mehreren Kunden, bleiben sowohl die Kapazität des Lieferfahrzeugs als auch die Bedarfe der Kunden unberücksichtigt. Würde man allerdings die Bedarfe der einzelnen Knoten einbeziehen, müsste unterstellt werden, dass die Kapazität des eingesetzten Fahrzeugs größer oder gleich der Summe der Bedarfe aller Knoten ist. Übersteigt jedoch die gesamte Menge, die an die Knoten zu liefern oder von diesen abzuholen ist, die Ladekapazität eines einzelnen Fahrzeugs, müssen die Knoten auf mehreren Routen beliefert werden (Abb. 4.57). Probleme dieser Art gehören zur Gruppe der *Tourenplanungsprobleme* oder der *Vehicle-Routing-Probleme*.

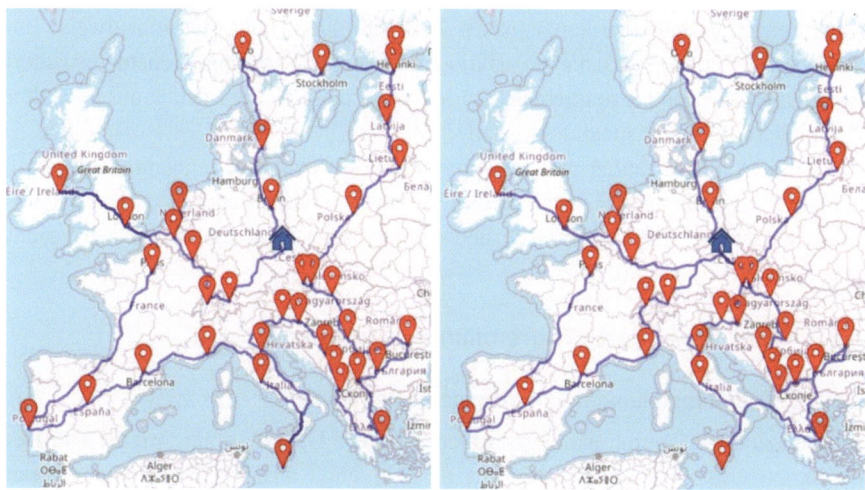

Abb. 4.57 Beispiel einer Rundreise und eines Tourenplans

Im Allgemeinen ist bei einem Tourenplanungsproblem von einem Depot ausgehend eine Anzahl von Bedarfsknoten zu bedienen. Der Bedarf jedes einzelnen Bedarfsknotens ist bekannt und ist kleiner oder gleich zur Kapazität des verwendeten Typs von Fahrzeug. Weiterhin sind die Bewertungen (z. B. Distanzen oder Kosten) zwischen den Knoten (Depot und Bedarfsknoten) bekannt. Die Bedarfe der Bedarfsknoten sind unter Einhaltung der Ladekapazitäten der Fahrzeuge auf einzelne Touren zu verteilen. Für die einzelnen Touren sind die Routen vom Depot über die den

Touren zugewiesenen Bedarfsknoten und zurück zum Depot zu finden. Es sind die gesamten Transportkosten oder -distanzen aller Touren zu minimieren.[55]

Diese Aufgabe beschreibt das *kapazitätsbeschränkte Tourenplanungsproblem* oder *Capacitated-Vehicle-Routing-Problem*, das als Grundproblem der Tourenplanung angesehen werden kann. Erstmals wurde ein Tourenplanungsproblem von DANTZIG und RAMSER im Jahre 1959 beschrieben.[56] Fünf Jahre später stellten CLARKE und WRIGHT (1964) das erste praktikable Lösungsverfahren vor.[57]

Inzwischen hat die Tourenplanung als wichtige Planungsmethode ihren Platz in der Logistik gefunden. Mit Hilfe der Tourenplanung will man erreichen, dass geforderte Transportaufgaben mit gut ausgelasteten Fahrzeugen, reduzierten Fahrstrecken und damit kostengünstig und umweltfreundlich durchgeführt werden können. Nicht zuletzt soll die Tourenplanung dazu beitragen, dass Kunden fristgerecht und in guter Qualität beliefert werden.

Hinsichtlich der Tourenplanung liegen vielfältige Varianten vor, wobei im Weiteren der Fokus auf dem kapazitierten Tourenproblem liegt, das schrittweise um zusätzliche Zeit- und Distanzrestriktionen und um Kundenzeitfenster erweitert wird. Dabei werden die mathematische Modellierung und die Lösung ausgewählter Beispiele mittels LogisticsLab erörtert.

Auf weitere Varianten und Erweiterungen des Tourenplanungsproblems, wie z. B. Tourenprobleme mit kombiniertem Verteilen und Einsammeln, Mehr-Depot-Tourenprobleme oder dynamische und stochastische Tourenprobleme wird nicht eingegangen und auf die Literatur verwiesen.[58]

4.6.2 Das kapazitierte Tourenplanungsproblem

4.6.2.1 Problemstellung und mathematisches Modell

Im kapazitierten Tourenplanungsproblem sind die Bedarfe einer Anzahl von Bedarfsknoten mit einer Anzahl gleichartiger Fahrzeuge, ausgehend von einem Depot zu decken. Es ist für alle einzubeziehenden Fahrzeuge eine Rundreise vom Depot über die von den Fahrzeugen zu beliefernden Bedarfsknoten zurück zum Depot zu finden. Die dabei anfallenden gesamten Transportkosten oder -distanzen sind zu minimieren, wobei alle Bedarfs- und Kapazitätsrestriktionen einzuhalten sind.

Letztlich kombiniert ein kapazitiertes Tourenplanungsproblem zwei miteinander verbundene Probleme. Es enthält einerseits ein Zuordnungsproblem, bei dem die Bedarfsknoten einer Tour zugeordnet werden. Andererseits ist für jede dieser

---

55 Es sind anwendungsbezogen weitere zu minimierende oder zu maximierende Bewertungen denkbar.
56 Vgl. Dantzig und Ramser (1959).
57 Vgl. Clarke und Wright (1964).
58 Vgl. Hanne und Dornberger (2023), S. 67 ff., Mattfeld und Vahrenkamp (2014) S. 317 ff., Domschke und Scholl (2010), S. 246 ff.

Touren ein kosten- oder distanzminierendes Rundreiseproblem (die eigentliche Route) zu bestimmen.

Zur Formulierung des mathematischen Modells wird ein Graph $G = (N, A)$ betrachtet. Die Menge N enthält die in die Touren einzubeziehenden Bedarfsknoten sowie das Depot q. Die Menge A bezeichnet die Menge der gerichteten Kanten zwischen den einzelnen Knoten. Für jede Kante $(i, j) \in A$ liegt eine Gewichtung c_{ij} vor, die die Kosten oder die Distanz dieser Strecke abbildet. Die Bedarfe der Bedarfsknoten b_i; $i \in N, i \neq q$ sind bekannt. Der Bedarf des Depots b_q ist gleich null. Die zur Verfügung stehenden homogenen Fahrzeuge bilden die Menge R, wobei die Fahrzeuge eine einheitliche Kapazität C besitzen. Die Anzahl der Fahrzeuge $|R|$ stellt die Anzahl der zu bestimmenden Touren dar. Die minimale Anzahl von benötigten Fahrzeugen für eine Menge von Bedarfsknoten $N \setminus \{q\}$ ergibt sich, in dem man den Gesamtbedarf der Bedarfsknoten durch die Kapazität eines Fahrzeuges dividiert und den Wert zur nächsten ganzen Zahl aufrundet:[59]

$$\left\lceil \left(\sum_{i \in N \setminus \{q\}} b_i \right) / C \right\rceil \quad (4.23)$$

Das mathematische Modell lässt sich wie folgt formulieren:[60]

$$\sum_{k \in R} \sum_{(i,j) \in A} c_{ij} \cdot x_{ijk} \to \min! \quad (4.24)$$

u.d.N.

$$\sum_{\substack{i \in N \\ i \neq q}} b_i \cdot y_{ik} \leq C \quad ; k \in R \quad (4.25)$$

$$\sum_{k \in R} y_{qk} = |R| \quad (4.26)$$

$$\sum_{k \in R} y_{ik} = 1 \quad ; i \in N, i \neq q \quad (4.27)$$

$$\sum_{\{j|(i,j) \in A\}} x_{ijk} = y_{ik} \quad ; i \in N, k \in R \quad (4.28)$$

$$\sum_{\{i|(i,j) \in A\}} x_{ijk} = y_{jk} \quad ; j \in N, k \in R \quad (4.29)$$

$$u_{ik} - u_{jk} + |N| \cdot x_{ijk} \leq |N| - 1 \quad ;(i,j) \in A, j \neq q, k \in R \quad (4.30)$$

$$x_{ijk} \in \{0,1\} \quad ;(i,j) \in A, k \in R \quad (4.31)$$

$$y_{ik} \in \{0,1\} \quad ;i \in N, k \in R \quad (4.32)$$

$$u_{ik} \geq 0 \quad ;i \in N, k \in R \quad (4.33)$$

---

59 Vgl. Laporte (1992), S. 347., Ghiani et al. (2022), S. 507.
60 Vgl. Golden et al. (1977), S. 114 ff., Fisher und Jaikumar (1981), S. 2 ff., Laporte (1992), S. 352 f., Mattfeld und Vahrenkamp (2014), S. 277 f., Domschke und Scholl (2010), S. 208, Ghiani et al. (2022), S. 507 ff., Bektas (2017), S. 122 ff.

mit
Indexmengen:

N Menge der Knoten (Depot und Bedarfsknoten)

A Menge der gerichteten Kanten

R Menge der Touren (bzw. der Fahrzeuge)

Indizes:

(i,j) Index der gerichteten Kanten, $(i,j) \in A$

i Index der Knoten, $i \in N$

k Index der Touren, $k \in R$

Parameter:

C Einheitliche Kapazität der Fahrzeuge

c_{ij} Bewertung der gerichteten Kante $(i,j) \in A$

b_i Bedarf des i-ten Bedarfsknotens, $i \in N, i \neq q$

q Depot, $q \in N$

Variablen:

x_{ijk} Nutzungsvariable für die gerichtete Kante $(i,j) \in A$ in der k-ten Tour

y_{ik} Zuordnungsvariable für Bedarfsknoten i zur k-ten Tour

u_{ik} Positionsvariable für den Bedarfsknoten i in der k-ten Tour

Gemäß Ausdruck (4.24) besteht das Ziel dieses Modells in der Minimierung der gesamten Transportkosten oder -distanzen der von den eingesetzten Fahrzeugen benutzten Kanten. Das wird ausgedrückt durch die Summe der Produkte der Bewertungen c_{ij} und der Binärvariablen x_{ijk}, wobei die Variablen den Wert eins besitzen, wenn jeweils die Kante (i,j) in der k-ten Tour benutzt wird.

Ausdruck (4.25) stellt sicher, dass die Kapazität eines Fahrzeugs $k \in R$ nicht überschritten wird. Dazu ist die binäre Variable y_{ik} notwendig, die den Wert eins annimmt, wenn der Bedarfsknoten i durch das Fahrzeug k bedient wird. Die Summe der mit den Bedarfen b_i multiplizierten Zuordnungsvariablen y_{ik} stellt die Ladung des k-ten Fahrzeugs dar, die die Kapazität C nicht überschreiten darf. Gemäß Ausdruck (4.26) hat jede Route vom Depot q zu starten, da durch diese Bedingung alle Variablen y_{qk} auf den Wert eins gezwungen werden und so das Depot q jeder Tour zugewiesen wird. Mit Ausdruck (4.27) wird sichergestellt, dass jeder Bedarfsknoten genau von einem Fahrzeug beliefert wird.

Die Nebenbedingungen (4.28) und (4.29) stellen die Verbindung zwischen den Variablen x_{ijk} und y_{ik} her, indem die Summe der aus dem i-ten Knoten herausgehenden benutzten Kanten (Ausdruck (4.28)) und die Summe der in diesen Knoten hineingehenden benutzten Kanten (Ausdruck (4.29)) gleich dem Wert der korrespondierenden binären Zuordnungsvariablen y_{ik} zu sein hat. Damit wird ein Bedarfsknoten i nur dann einem Fahrzeug k zugeordnet, wenn dieses Fahrzeug tatsächlich diesen Knoten anfährt und verlässt.

Da für jedes Fahrzeug eine Rundtour zu planen ist, sind auch bei einem Tourenplanungsproblem Kurzzyklen zu unterbinden. Dazu wurde in diesem Modell mit Ausdruck (4.30) die schon im Rahmen der Rundreiseprobleme diskutierte und für jede einzelne Route zu formulierende *Miller-Tucker-Zemlin-Bedingung*[61] verwendet, wobei die reellwertigen Variablen u_i wiederum die Positionen der Bedarfsknoten innerhalb einer Route abbilden.

Dieses Modell kann um distanz- und zeitabhängige Restriktionen je Route erweitert werden. Ist z. B. die maximal durch ein Fahrzeug auf einer Route zu fahrende Distanz beschränkt, kann das durch folgende Nebenbedingung ausgedrückt werden:

$$\sum_{(i,j) \in A} d_{ij} \cdot x_{ijk} \leq D \quad ; k \in R \tag{4.34}$$

mit
Parameter:

D maximale Distanz für die Routen

d_{ij} Distanz der gerichteten Kante $(i,j) \in A$

Wenn im bisherigen Modell für die Kantenbewertungen c_{ij} Distanzen verwendet wurden, sind diese im Ausdruck (4.34) anstelle der d_{ij} einzusetzen.

Ist die maximale Zeit, die für eine Tour zur Verfügung steht, begrenzt, sind die Fahrzeiten je Kante z_{ij} und die Zeiten für die Be- und Entladung je Knoten zs_i zu beachten. Die Summe der Fahrt- und Servicezeiten darf die für eine Tour zur Verfügung stehende Zeit Z nicht überschreiten.

$$\sum_{(i,j) \in A} (z_{ij} + zs_j) \cdot x_{ijk} \leq Z \quad ; k \in R, zs_q = 0 \tag{4.35}$$

mit
Parameter:

z_{ij} Fahrtzeit für Kante $(i,j) \in A$

zs_i Servicezeit für Knoten $i \in N$

Z maximale Zeitdauer für die Routen

Das bisher vorgestellte Modell geht von einem Fuhrpark aus, der über eine Anzahl Fahrzeuge eines einheitlichen Typs verfügt. Es kann jedoch erforderlich sein, unter-

---

61 Vgl. Miller et al. (1960).

schiedliche Fahrzeugarten bei der Planung zu berücksichtigen, wofür es z. B. folgende Gründe geben kann:

- Einzelne Kunden dürfen nur von bestimmten Fahrzeugtypen (Größe, Lademittel) angefahren werden.
- Der vorhandene heterogene Fuhrpark soll kostengünstig eingesetzt werden.
- Die Zusammensetzung des Fuhrparks soll in seiner Größe und den zu verwendenden Fahrzeugtypen an die aktuelle Auftragsstruktur angepasst werden.

Um solche Sachverhalte im betrachteten Modell abzubilden, werden für alle Fahrzeuge spezifische Kapazitäten $C_k; k \in R$ eingeführt und Kapazitätsrestriktionen (4.25) entsprechend angepasst:

$$\sum_{\substack{i \in N \\ i \neq q}} b_i \cdot y_{ik} \leq C_k \quad ; k \in R \tag{4.36}$$

mit
Parameter:

C_k Kapazität des k-ten Fahrzeugs, $k \in R$

Abschließend ist zu erwähnen, dass das dargestellte Modell zwar auf zusammenhängende gerichtete Graphen ausgerichtet ist, aber auch für gemischte oder symmetrische Graphen verwendet werden kann, wobei in diesem Fall die im Netzwerk vorhandenen ungerichteten Kanten in jeweils zwei gegenläufige gerichtete Kanten mit identischer Gewichtung zu transformieren sind.

4.6.2.2 Überblick über Lösungsverfahren des kapazitierten Tourenproblems

Grundsätzlich gehören Tourenplanungsprobleme zu den schwer lösbaren Optimierungsaufgaben, für die eine Vielzahl exakter und heuristischer Lösungsverfahren entwickelt wurde.

Obwohl in den letzten Jahren große Fortschritte bei der Verbesserung der Computerhardware und in der Entwicklung von Algorithmen gemacht wurden, erscheint ein Einsatz exakter Verfahren zur Lösung realer Probleme relevanter Größe nicht geeignet. Daher wird auf eine Darstellung exakter Verfahren in diesem Abschnitt verzichtet und auf die Literatur verwiesen.[62]

In der Logistikpraxis sind vorwiegend heuristische Planungsverfahren anzutreffen, die in der Regel kurze Rechenzeiten für die Bestimmung zulässiger Lösungen benötigen. Allerdings bleibt beim Einsatz dieser Verfahren im Gegensatz zu

---

62 Vgl. Laporte und Nobert (1987), Domschke und Scholl (2010), S. 211 ff., Toth und Vigo (2002), Baldacci et al. (2012), Semet et al. (2014), S. 37 ff., Poggi und Uchoa (2014), S. 59 ff.

exakten Verfahren die Güte einer gefundenen Lösung, d. h. ihre Abweichung vom Optimum, unbekannt.

Bei der Lösung eines Tourenplanungsproblems mit heuristischen Lösungsverfahren sind zwei eng miteinander verbundene Teilprobleme zu betrachten. So sind im Rahmen eines *Zuordnungsproblems* jeder Kunde genau einer Tour zuzuordnen und beim *Routenproblem* die Reihenfolge der Kundenanfahrten pro Fahrzeugtour zu bilden. In der Regel bestehen die zur Lösung des Tourenplanungsproblems existierenden heuristischen Verfahren aus einem *Konstruktions-* oder *Eröffnungsverfahren* und einem nachgeordneten *Verbesserungsverfahren*.

Konstruktionsverfahren[63], zu denen u. a. das *Savings-*[64] und das *Sweep-Verfahren*[65] gehören, lösen die beiden oben genannten Teilprobleme der Tourenplanung auf unterschiedliche Weise:[66]

- *Einstufige* oder *simultane Verfahren* bestimmen die Zuordnung der Kunden zu den Touren und die Routenbildung gleichzeitig.
- *Zweistufige* oder *sukzessive Verfahren* lösen die beiden Teilaufgaben der Tourenplanung getrennt und nacheinander. Dabei unterscheidet man nach der Reihenfolge der Aufgabenlösung die folgenden Verfahren:[67]
    o Im *Route-First-Cluster-Second-Verfahren* wird zuerst die Reihenfolge und dann die Tourzuordnung bestimmt, während
    o im *Cluster-First-Route-Second-Verfahren* zuerst die Tourzuordnung und dann die Reihenfolge geplant wird.

Verbesserungsverfahren[68] unterscheidet man in:

- die *Intra-Tour-Verfahren*, bei denen die Verbesserung der Reihenfolge der anzufahrenden Kundenorte innerhalb der einzelnen Touren vorgenommen wird, und
- die *Inter-Tour-Verfahren*, die eine Verbesserung des Plans durch Austausch von Kunden zwischen Touren erreichen.

Hinsichtlich der Verbesserungsverfahren spielen die schon aus der Lösung des Rundreiseproblems bekannten k-opt-Vertauschungsverfahren[69] eine große Rolle. Weiterhin sind Metastrategien und populationsorientierte Verfahren zu erwähnen.[70]

---

63 Vgl. Laporte et al. (2014), S. 88 f.
64 Vgl. Clarke und Wright (1964).
65 Vgl. Gillett und Miller (1974).
66 Vgl. Domschke und Scholl (2010), S. 226 f., Ghiani et al. (2022), S. 514 ff.
67 Vgl. Mattfeld und Vahrenkamp (2014), S. 278.
68 Vgl. Laporte et al. (2014), S. 89 ff.
69 Vgl. Helsgaun (2009), Domschke und Scholl (2010), S. 227 f.
70 Vgl. Mattfeld und Vahrenkamp (2014), S. 290 ff., Laporte et al. (2014), S. 90 ff.

4.6.2.3 Lösung mit LogisticsLab/VRP

Kapazitierte Tourenplanungsprobleme können in unterschiedlichen Varianten mit LogisticsLab/VRP auf der Basis aktueller Heuristiken gelöst werden.

Beispiel 4.7: Tourenplanung in der Region Wandlitz
(Beispieldatei: wandlitz.vrpx)

Aufgabenstellung

In diesem Beispiel wird die Lieferung eines Produktes an Kunden in elf Ortschaften im Norden Berlins ausgehend von einem Lager in Klosterfelde (N07) behandelt. Dafür stehen Fahrzeuge mit einer Kapazität von 300 Einheiten des Produkts zur Verfügung. Es sind die Auslieferungstouren zu ermitteln, die die Bedarfe der Kunden befriedigen und die gesamte zu fahrende Distanz minimieren.

Die Daten des Depots und der Kunden sind in Tab. 4.5 angegeben. Zusätzlich zu den dort angegebenen Informationen ist bekannt, dass pro Kunde eine Servicezeit von fünf Minuten einzuplanen ist.

Tab. 4.5 Daten des Depots und der Kunden für Beispiel 4.7

ID	Ort	PLZ	Straße	Bedarf
N01	Schönwalde	16348	Lindenstraße 33	45
N02	Basdorf	16348	Fliederstraße 28	50
N03	Wandlitz	16348	Prenzlauer Chaussee 187	30
N04	Wensickendorf	16515	Haupstraße 9	20
N05	Stolzenhagen	16348	Dorfstraße 43	10
N06	Zühlsdorf	16515	Dorfstraße 4	75
N07	Klosterfelde	16348	Am Bahnhof 1	0
N08	Schmachtenhagen	16515	Ernst-Thälmann-Platz 7B	60
N09	Liebenwalde	16559	Zehdenicker Straße 3a	80
N10	Zerpenschleuße	16348	Berliner Straße 4	100
N11	Groß Schönebeck	16244	Schloßstraße	90
N12	Klandorf	16244	Dorfstraße 49	15

Vorgehensweise

Es ist im ersten Schritt ein neues Problem anzulegen, indem entweder der Menüeintrag *File → New Problem* oder die Schaltfläche *New Problem* in der Symbolleiste gewählt wird. Anschließend ist im erscheinenden Dialog (Abb. 4.58) die Anzahl der Knoten (*Nr. of Nodes*) mit zwölf (ein Depot plus elf Kunden) anzugeben, alle anderen Parameter unverändert zu lassen und *Generate Data* zu klicken.

Tourenplanung

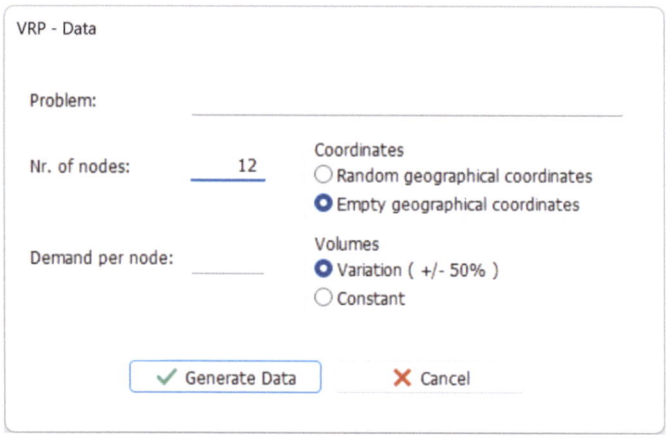

Abb. 4.58 Anlegen des Problems in LogisticsLab/VRP

Im folgenden Schritt sind gemäß Tab. 4.5 im Datenbereich *Nodes* die IDs, die Adressdaten, die Bedarfe sowie die Servicezeiten der Knoten in die entsprechenden Spalten einzugeben (Abb. 4.59). Als Eintrag für die jeweiligen Namen bietet sich die Ortsnamen an. Alle anderen Spalten sind unverändert zu lassen.

Abb. 4.59 Eingabe der Knotendaten in LogisticsLab/VRP für Beispiel 4.7

Die momentan fehlenden geografischen Koordinaten lassen sich mittels der in LogisticsLab implementierten OpenStreetMap-Funktionalitäten über die Schaltfläche *All Coords* abrufen. Sie werden automatisch in die Spalten *Lat* und *Long* einfügt (Abb. 4.60).

| | Problem | Nodes | Distances | Travel time | Routes | Route details |

Edit modus: [icons]

Nr.	ID	Name	Lat	Long
1	N01	Schönwalde	52,68328	13,43747
2	N02	Basdorf	52,71181	13,43946
3	N03	Wandlitz	52,75902	13,47358
4	N04	Wensickendorf	52,75518	13,37634
5	N05	Stolzenhagen	52,77789	13,43805
6	N06	Zühlsdorf	52,72880	13,38600
7	N07	Klosterfelde	52,79124	13,48796
8	N08	Schmachtenhagen	52,76738	13,32476
9	N09	Liebenwalde	52,87205	13,39546
10	N10	Zerpenschleuse	52,85120	13,52651
11	N11	Groß Schönebeck	52,90501	13,53151
12	N12	Klandorf	52,87351	13,56523

Abb. 4.60 Geografische Koordinaten der Knoten für Beispiel 4.7

Im folgenden Schritt sind die Vorgabedaten des Problems im Datenbereich *Problem* anzugeben (Abb. 4.61). So ist im Feld *Depot (at node)* die ID des Depot-Knotens anzugeben. In diesem Beispiel handelt es sich um den Knoten *N07* für Klosterfelde. Weiterhin ist die Kapazität der Fahrzeuge im Feld *Capacity per vehicle* mit 300 Stück einzugeben, wobei sich daraus automatisch eine minimale Anzahl von zwei Touren im Feld *Vehicles* ergibt.

Bevor mit der Optimierung gestartet werden kann, ist die Distanz- und die Fahrtzeitmatrix zu berechnen. Dieser Schritt erfolgt entweder über das Menü *Optimisation → Calculate Distance Matrix* oder über die Schaltfläche *Calculate Distance Matrix* in der Symbolleiste, worauf der in Abb. 4.62 dargestellte Dialog erscheint. Da reale Straßendistanzen und Fahrtzeiten verwendet werden sollen, ist *OpenStreetMap* zu wählen. Nach dem Abruf dieser Daten werden sie automatisch im Datenbereich *Distances* (Abb. 4.63) und *Travel time* (Abb. 4.64) eingetragen und angezeigt.

Im folgenden Schritt kann das Problem gelöst werden, indem entweder das Menü *Optimisation → Start Optimisation* oder die Schaltfläche *Optimise* in der Symbolleiste gewählt wird.

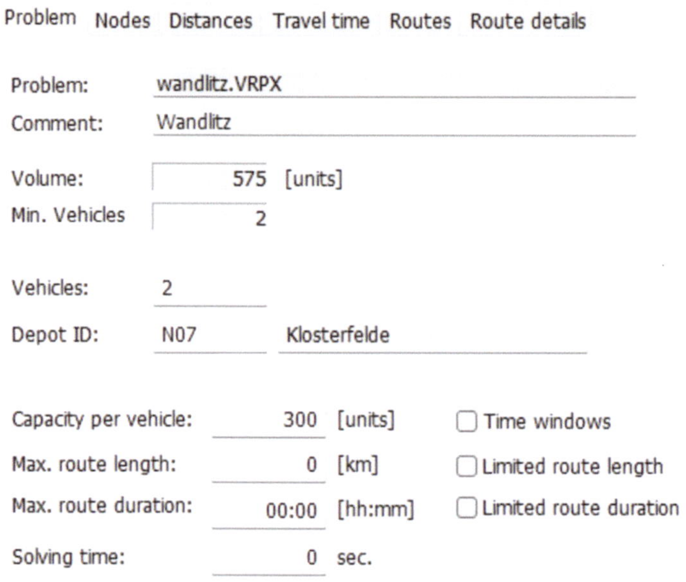

Tourenplanung

| Problem | Nodes | Distances | Travel time | Routes | Route details |

Problem:　　　wandlitz.VRPX
Comment:　　　Wandlitz

Volume:　　　　575 [units]
Min. Vehicles　　2

Vehicles:　　　2
Depot ID:　　　N07　　　Klosterfelde

Capacity per vehicle:　　300 [units]　　☐ Time windows
Max. route length:　　　　0 [km]　　　☐ Limited route length
Max. route duration:　　00:00 [hh:mm]　☐ Limited route duration
Solving time:　　　　　　0 sec.

Abb. 4.61 Eingabe der Vorgabedaten in LogisticsLab/VRP für Beispiel 4.7

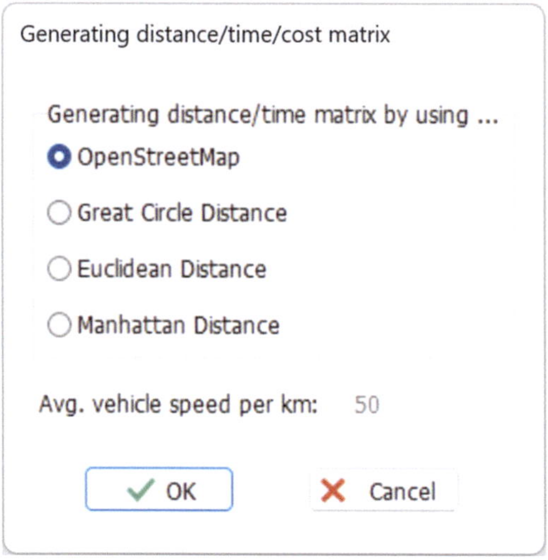

Generating distance/time/cost matrix

Generating distance/time matrix by using ...
● OpenStreetMap
○ Great Circle Distance
○ Euclidean Distance
○ Manhattan Distance

Avg. vehicle speed per km:　50

✓ OK　　　✗ Cancel

Abb. 4.62 Dialog zur Bestimmung der Distanz- und Fahrtzeitmatrix in LogisticsLab/VRP

| Problem | Nodes | Distances | Travel time | Routes | Route details |

Method: OSM

Nr	Nr From\To	1 N01	2 N02	3 N03	4 N04
1	N01	0	4	10	12
2	N02	4	0	6	9
3	N03	10	6	0	8
4	N04	12	9	8	0
5	N05	14	10	4	7
6	N06	8	5	8	6

Abb. 4.63 Distanzmatrix für Beispiel 4.7 in LogisticsLab/VRP

| Problem | Nodes | Distances | Travel time | Routes | Route details |

Method: OSM

Nr	Nr From\To	1 N01	2 N02	3 N03	4 N04
1	N01	00:00	00:05	00:16	00:19
2	N02	00:06	00:00	00:10	00:13
3	N03	00:16	00:10	00:00	00:12
4	N04	00:19	00:13	00:13	00:00
5	N05	00:22	00:16	00:06	00:07
6	N06	00:16	00:11	00:11	00:07

Abb. 4.64 Fahrtzeitmatrix für Beispiel 4.7 in LogisticsLab/VRP

Nach dem Lösen dieses Tourenproblems kann im Datenbereich *Routes* eine Übersicht über die gebildeten Touren (Abb. 4.65) eingesehen werden. Es wird eine gesamte Zeit (Fahrt- und Servicezeit) von drei Stunden und zwölf Minuten für eine Strecke von 91 Kilometern benötigt. Beide Touren sind mit jeweils fünf bzw. sechs Kunden und 295 und 280 Stück Beladung bei einer Kapazität von 300 Stück in etwa gleich ausgelastet und benötigen jeweils etwas mehr als 90 Minuten.

| Problem | Nodes | Distances | Travel time | Routes | Route details |

Total routes: 2

Total distance: 91 [km]   Total duration: 03:12 [h:mm]

Route	Stops	Volume	Distance	Duration
1	5	295	46	01:33
2	6	280	45	01:39

Abb. 4.65 Übersicht über die Touren für Beispiel 4.7 in LogisticsLab/VRP

Die Details bzw. der Verlauf der beiden Touren lassen sich im Datenbereich *Route details* (Abb. 4.66) und zusätzlich hervorgehoben in der Karte einsehen (Abb. 4.67). Insbesondere in der grafischen Darstellung lässt sich erkennen, dass die erste Tour das nördliche und die zweite Tour das südliche Kundengebiet bedient und dass auf diese Weise keine Überschneidungen zwischen den beiden Touren auftreten.

| Problem | Nodes | Distances | Travel time | Routes | Route details |

Routes: 2   Route: 1

From	To	Departure	TravelTime	WaitingTime	Arrival	ServiceTime	Volume	Distance
N07	N10	00:00	00:11	00:00	00:11	00:05	100	8
N10	N12	00:16	00:10	00:00	00:26	00:05	15	5
N12	N11	00:31	00:10	00:00	00:41	00:05	90	5
N11	N09	00:46	00:15	00:00	01:01	00:05	80	11
N09	N05	01:06	00:13	00:00	01:19	00:05	10	13
N05	N07	01:24	00:09	00:00	01:33	00:00	0	4

Abb. 4.66 Darstellung der Lösung für Beispiel 4.7 in LogisticsLab/VRP

Nachträglich soll die Problemstellung um die Forderung erweitert werden, dass jede Tour maximal eine Stunde dauern darf. Dazu ist, wie in Abb. 4.68 zu sehen, im Problembereich *Problem* im Feld *Max. route duration* die maximale Zeit von einer Stunde einzutragen und die Checkbox *Limited route duration* zu aktivieren. Würde man das Problem wie bisher mit zwei Fahrzeugen optimieren, wäre das Problem nicht lösbar. Daher ist sukzessive die Anzahl der Fahrzeuge zu erhöhen, bis eine Lösung gefunden wird. In diesem Fall sind fünf Fahrzeuge notwendig, um mit der zusätzlichen Nebenbedingung eine Lösung zu generieren. Wie im Datenbereich *Routes* zu sehen, sind insgesamt für die erweiterte Problemstellung 149 Kilometer zu fahren, wobei die gesamte Fahrt- und Servicezeit vier Stunden und 25 Minuten beträgt (Abb. 4.69).

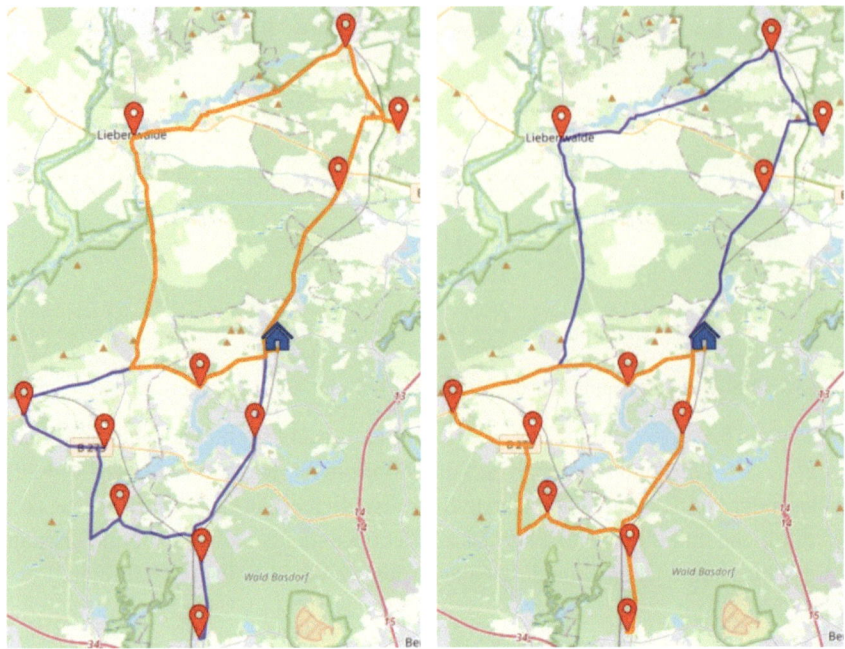

Abb. 4.67 Grafische Darstellung der Lösung für Beispiel 4.7 in LogisticsLab/VRP

Betrachtet man die Daten der einzelnen Touren, erkennt man, dass diese ungleich ausgelastet sind sowie recht unterschiedliche Distanzen und Zeiten ausweisen. Diese aus der zusätzlichen Zeitrestriktion resultierenden Effekte sind auch in der grafischen Darstellung in Abb. 4.70 zuerkennen.

Vehicles:	5		
Depot ID:	N07	Klosterfelde	
Capacity per vehicle:	300	[units]	☐ Time windows
Max. route length:	0	[km]	☐ Limited route length
Max. route duration:	01:00	[hh:mm]	☑ Limited route duration
Solving time:	10	sec.	

Abb. 4.68 Vorgabedaten für die erweiterte Problemstellung für Beispiel 4.7

Problem	Nodes	Distances	Travel time	Routes	Route details

Total routes: 5
Total distance: 149 [km]   Total duration: 04:25 [h:mm]

Route	Stops	Volume	Distance	Duration
1	2	105	33	00:59
2	3	125	28	00:59
3	2	80	28	00:50
4	3	190	36	00:58
5	1	75	24	00:39

Abb. 4.69 Lösung für die erweiterte Problemstellung für Beispiel 4.7

4.6.3 Kapazitierte Tourenprobleme mit Kundenzeitfenstern

4.6.3.1 Problemstellung und mathematisches Modell

Das kapazitierte Tourenproblem mit Kundenzeitfenstern stellt eine Erweiterung des bisher betrachteten kapazitierten Tourenproblems dar.[71] Hierbei wird für jeden Kunden ein Zeitfenster eingeführt, innerhalb dessen die Belieferung des Kunden zu starten hat. Die Berücksichtigung von Kundenzeitfenstern hat einen großen Einfluss auf den Tourenverlauf. Enge Zeitfenster erzwingen schlechte Routen und verteuern die Touren. Die Zeitfenster werden gewöhnlich kundenindividuell vergeben. In der Regel müssen die Zeitfenstervorgaben streng eingehalten werden. In manchen Fällen ist dagegen die Überschreitung von Zeitfenstern möglich. Wenn ihre Einhaltung wünschenswert, aber nicht zwingend ist, kann man in Planungsmodellen die Überschreitung von Zeitfenstergrenzen mit Strafkosten belegen. Diese *weichen Zeitfenster* werden in der Literatur mit dem englischen Begriff *Soft Time Windows* bezeichnet.[72]

In diesem Abschnitt wird das kapazitierte Tourenproblem mit beidseitig begrenzten Kundenzeitfenstern betrachtet. Hierbei wird für jeden Kunden ein Zeitfenster eingeführt, innerhalb dessen die Belieferung des Kunden zu starten hat. Zusätzlich kann eine späteste Rückkehrzeit aller Fahrzeuge im Depot gefordert werden.

---

71 Dieses Problem wird häufig als das *Capacitated Vehicle Routing Problem with Time Windows* bezeichnet.
72 Vgl. Bektas (2017), S. 135 ff.

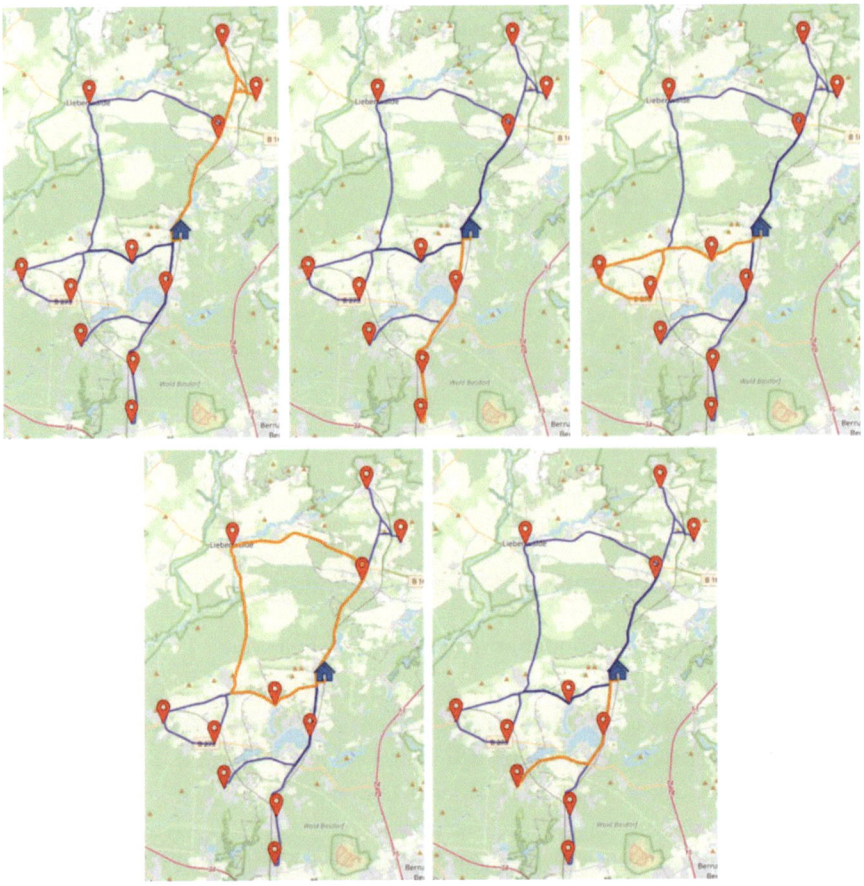

Abb. 4.70 Grafische Lösung für die erweiterte Problemstellung für Beispiel 4.7

Dieses Modell ist z. B. dann relevant, wenn mit einem Kunden ein bestimmter Zeitraum der Belieferung vereinbart wurde und zusätzlich ein Fahrer alle Lieferungen innerhalb einer bestimmten Zeit (z. B. der Schicht) durchführen muss.

Es bietet sich für die Modellierung an, die Zeitfenster in Minuten, ausgehend vom Startzeitpunkt aller Touren im Depot, anzugeben. Sollen alle Touren z. B. 6:00 Uhr am Depot starten und ein Kunde i hat ein Lieferzeitfenster von 8:30 – 9:00 Uhr vereinbart, wäre der Startzeitpunkt aller Touren z_q mit dem Wert null zu belegen, während der früheste Beginn der Lieferung für diesen Kunden z_i^u 150 Minuten beträgt und der späteste Beginn z_i^o gleich 180 Minuten ist. Der tatsächliche Lieferzeitpunkt z_i muss innerhalb dieser beiden Grenzen liegen. Betrachtet man zwei Kunden i und j, die nacheinander auf derselben Tour bedient werden, dann ist der Lieferbeginn z_j des nachfolgenden Kunden j vom Lieferbeginn z_i sowie der

Servicezeit zs_i des vorherigen Kunden i und der Transportzeit zt_{ij} auf der die beiden Kunden verbindendenen Kante (i,j) abhängig. Letztlich gilt, dass mit

$$x_{ijk} = 1 \Rightarrow z_i + zs_i + zt_{ij} \leq z_j \tag{4.37}$$

der Lieferbeginn des j-ten Knotens größer oder gleich der Summe aus dem Lieferbeginn und der Servicezeit des i-ten Knotens sowie der Transportzeit sein muss. Diese Beziehung ist nur dann relevant, wenn die gerichtete Kante (i,j) tatsächlich in einer Tour k genutzt wird. Dieser Zusammenhang kann mit der folgenden Nebenbedingung formuliert werden.

$$z_i + zs_i + zt_{ij} - (1 - x_{ijk}) \cdot M \leq z_j \quad ; (i,j) \in A, j \neq q, k \in R, z_q = zs_q = 0 \tag{4.38}$$

Der Ausdruck M entspricht wiederum einem sehr großen positiven Wert. Da der Ausdruck $-(1 - x_{ijk}) \cdot M$ im Fall $x_{ijk} = 0$ gleich $-M$ und anderenfalls gleich dem Wert null ist, erkennt man, dass, wenn die Kante genutzt wird, der oben genannte Zusammenhang in jedem Fall eingehalten werden muss.

Eine analoge Formulierung lässt sich mit

$$z_i + zs_i + zt_{iq} - (1 - x_{iqk}) \cdot M \leq zDep \quad ; i \in N, i \neq q \tag{4.39}$$

für den Rückkehrzeitpunkt $zDep$ aller Touren im Depot formulieren, wobei festzuhalten ist, dass der Rückkehrzeitpunkt $zDep$ die maximale Tourenzeit Z nicht überschreiten darf.

Das gesamte mathematische Modell stellt eine Erweiterung des asymmetrischen Tourenplanungsmodells gemäß der Ausdrücke (4.24) bis (4.33) dar und lässt sich wie folgt formulieren:[73]

$$\sum_{k \in R} \sum_{(i,j) \in A} c_{ij} \cdot x_{ijk} \to \min! \tag{4.40}$$

u.d.N.

$$\sum_{\substack{i \in N \\ i \neq q}} b_i \cdot y_{ik} \leq C \qquad ; k \in R \tag{4.41}$$

$$\sum_{k \in R} y_{qk} = |R| \tag{4.42}$$

$$\sum_{k \in R} y_{ik} = 1 \qquad ; i \in N, i \neq q \tag{4.43}$$

$$\sum_{\{j|(i,j) \in A\}} x_{ijk} = y_{ik} \qquad ; i \in N, k \in R \tag{4.44}$$

$$\sum_{\{i|(i,j) \in A\}} x_{ijk} = y_{jk} \qquad ; j \in N, k \in R \tag{4.45}$$

---

73 Vgl. Lenstra et al. (1988), S. 67 f., Desaulniers et al. (2014), S. 120 ff., Williams (2013), S. 199, Winkels (2012), S. 567 ff., Bektas (2017), S. 133 ff.

$$z_i + zs_i + zt_{ij} - (1 - x_{ijk}) \cdot M \leq z_j \quad ;(i,j) \in A, j \neq q, k \in R, z_q = zs_q = 0 \quad (4.46)$$

$$z_i + zs_i + zt_{iq} - (1 - x_{iqk}) \cdot M \leq zDep \quad ;i \in N, i \neq q, k \in R \quad (4.47)$$

$$u_{ik} - u_{jk} + |N| \cdot x_{ijk} \leq |N| - 1 \quad ;(i,j) \in A, j \neq q, k \in R \quad (4.48)$$

$$x_{ijk} \in \{0,1\} \quad ;(i,j) \in A, k \in R \quad (4.49)$$

$$y_{ik} \in \{0,1\} \quad ;i \in N, k \in R \quad (4.50)$$

$$u_{ik} \geq 0 \quad ;i \in N, k \in R \quad (4.51)$$

$$z_i^u \leq z_i \leq z_i^o \quad ;i \in N, i \neq q, k \in R \quad (4.52)$$

$$0 \leq zDep \leq Z \quad (4.53)$$

Zusätzlich zu den für das asymmetrische Tourenplanungsmodell eingeführten Bezeichnungen gelten folgende Definitionen:

Parameter:

zt_{ij} Fahrtzeit auf der gerichteten Kante $(i,j) = A$

zs_i Servicezeit des i-ten Kunden, $i \in N, i \neq q$

z_i^u Frühester Lieferzeitpunkt des i-ten Kunden, $i \in N, i \neq q$

z_i^o Spätester Lieferzeitpunkt des i-ten Kunden, $i \in N, i \neq q$

$z_q = 0$ Startzeitpunkt aller Touren am Depot

$zs_q = 0$ Servicezeit des Depots

Z Spätester Rückkehrtermin aller Touren im Depot

Variablen:

z_i Lieferzeitpunkt des i-ten Kunden, $i \in N, i \neq q$

$zDep$ Rückkehrtermin aller Touren im Depot q

Da alle anderen Modellbestandteile unverändert bleiben, wurde das bisherige asymmetrische Tourenplanungsmodell mit expliziter Bestimmung der Touren lediglich durch die Ausdrücke (4.46), (4.47), (4.52) und (4.53) erweitert.

Die Lösung des kapazitierten Tourenplanungsproblems mit Zeitfenstern mit exakten Verfahren ist für reale Problemgrößen nicht zu empfehlen, sondern sollte durch heuristische Verfahren erfolgen. Auf die heuristischen Verfahren, die teilweise Varianten der schon vorgestellten Lösungsverfahren darstellen, wird an dieser Stelle nicht eingegangen und auf die Literatur verwiesen.[74]

---

74 Vgl. Desaulniers et al. (2014), S. 135 ff., Domschke und Scholl (2010), S. 243 ff.

4.6.3.2 Lösung mit LogisticsLab/VRP

Kapazitierte Tourenplanungsprobleme mit Kundenzeitfenstern können mit LogisticsLab/VRP auf der Basis aktueller Heuristiken gelöst werden.

Beispiel 4.8: Tourenplanung mit Kundenzeitfenstern in der Region Wandlitz (Beispieldatei: wandlitz-tw.vrpx)

Aufgabenstellung

Es gelten weiterhin alle Informationen aus Beispiel 4.7, in dem die Bedarfe von elf Kunden in verschiedenen Ortschaften im Norden Berlins von einem Lager in Klosterfelde aus mit Fahrzeugen mit einer Kapazität von 300 Einheiten zu bedienen sind. Zusätzlich ist bekannt, dass die Auslieferungstouren um 8:00 Uhr in Klosterfelde beginnen und spätestens 17:00 Uhr im Depot enden müssen. Weiterhin haben die Kunden für die Belieferungen früheste und späteste Lieferzeiten angegeben, die in Tab. 4.6 zu finden sind.

Tab. 4.6 Kundenzeitfenster für Beispiel 4.8

ID	Name	Startzeit	Endzeit
N01	Schönwalde	9:00	10:00
N02	Basdorf	8:30	10:00
N03	Wandlitz	8:00	9:00
N04	Wensickendorf	8:00	9:00
N05	Stolzenhagen	8:00	8:45
N06	Zühlsdorf	8:00	8:30
N07	Klosterfelde	8:00	17:00
N08	Schmachtenhagen	10:30	11:00
N09	Liebenwalde	9:00	11:00
N10	Zerpenschleuse	9:00	12:00
N11	Groß Schönebeck	8:00	10:00
N12	Klandorf	8:00	9:00

Es sind die Auslieferungstouren zu ermitteln, die die Bedarfe der Kunden befriedigen, die vereinbarten Lieferzeiten einhalten und die gesamte zu fahrende Distanz minimieren.

Vorgehensweise

Da dieses Beispiel eine Erweiterung des vorherigen Beispiels darstellt, bietet es sich an, die Problemdatei für Beispiel 4.7 unter einem anderen Namen zu speichern und dann im Datenbereich *Nodes* in den Spalten *Start TW* und *End TW* die Daten der Kundenzeitfenster zu ergänzen (Abb. 4.71). Dabei ist zu beachten, dass in LogisticsLab/VRP die Kundenzeitfenster als zeitliche Differenzen zur Startzeit aller Touren anzugeben sind. Dabei wird die Startzeit im Depot auf 0:00 Uhr gelegt. Wenn

Kunde N01 in Schönwalde zwischen 9:00 und 10:00 Uhr zu bedienen ist, führt das zu einem umgerechneten Zeitfenster von 1:00 – 2:00. Der Kunde ist also nach Beginn der Lieferschicht innerhalb der nächsten ein bis zwei Stunden zu beliefern.

Da alle anderen Daten inklusive der Entfernungs- und Fahrtzeitdaten unverändert und vorhanden sind, kann das Problem unter Beachtung der Kundenzeitfenster gelöst werden. Dazu ist im Datenbereich *Problem* die Nebenbedingung für die Kundenzeitfenster in der Checkbox *Time Window* zu aktivieren (Abb. 4.72).

Nr.	ID	Name	Lat	Long	Demand	Service time	Start TW	End TW
1	N01	Schönwalde	52,68328	13,43547	45	00:05	01:00	02:00
2	N02	Basdorf	52,71181	13,43946	50	00:05	00:30	02:00
3	N03	Wandlitz	52,75902	13,47358	30	00:05	00:00	01:00
4	N04	Wensickendorf	52,75518	13,37634	20	00:05	00:00	01:00
5	N05	Stolzenhagen	52,77789	13,43805	10	00:05	00:00	00:45
6	N06	Zühlsdorf	52,72880	13,38600	75	00:05	00:00	00:30
7	N07	Klosterfelde	52,79124	13,48796	0	00:00	00:00	09:00
8	N08	Schmachtenhagen	52,76738	13,32476	60	00:05	02:30	03:00
9	N09	Liebenwalde	52,87205	13,39546	80	00:05	01:00	03:00
10	N10	Zerpenschleuse	52,85120	13,52651	100	00:05	01:00	04:00
11	N11	Groß Schönebeck	52,90501	13,53151	90	00:05	00:00	02:00
12	N12	Klandorf	52,87351	13,56523	15	00:05	00:00	01:00

Abb. 4.71 Kundenzeitfenster in LogisticsLab/VRP für Beispiel 4.8

Daraufhin ist das Problem entweder über das Menü *Optimisation → Start Optimisation* oder die Schaltfläche *Optimise* in der Symbolleiste zu lösen, worauf die Lösung in der Karte und in den Datenbereichen *Routes* und *Route details* angezeigt wird.

Vehicles: 2
Depot ID: N07   Klosterfelde

Capacity per vehicle: 300 [units]   ☑ Time windows
Max. route length: 0 [km]   ☐ Limited route length
Max. route duration: 00:00 [hh:mm]   ☐ Limited route duration
Solving time: 2 sec.

Abb. 4.72 Eingabe der Vorgabedaten in LogisticsLab/VRP für Beispiel 4.8

Wie in Abb. 4.73 zu sehen, wird für beide Touren eine gesamte Distanz von 115 Kilometern und eine gesamte Fahrtzeit von 4:41 Stunden benötigt. Das ist gegenüber der ursprünglichen Lösung für Beispiel 4.7 ohne Kundenzeitfenster eine Erhöhung

Tourenplanung   313

Problem	Nodes	Distances	Travel time	Routes	Route details

Total routes: 2

Total distance: 115 [km]   Total duration: 04:41 [h:mm]

Route	Stops	Volume	Distance	Duration
1	5	295	55	01:47
2	6	280	60	02:54

Abb. 4.73 Übersicht über die Touren für Beispiel 4.8 in LogisticsLab/VRP

um 24 Kilometer bzw. 89 Minuten, die sich aus der Beachtung der Kundenzeitfenster ergibt. Weiterhin sind nun beide Touren hinsichtlich der Fahrtzeiten ungleich belastet.

Die Verläufe der beiden Touren lassen sich in der Karte (Abb. 4.74) einsehen. Trotz der Kundenzeitfenster ergibt sich wiederum, dass die erste Tour das nördliche und die zweite Tour das südliche Kundengebiet bedient und keine Überschneidungen zwischen den beiden Touren auftreten.

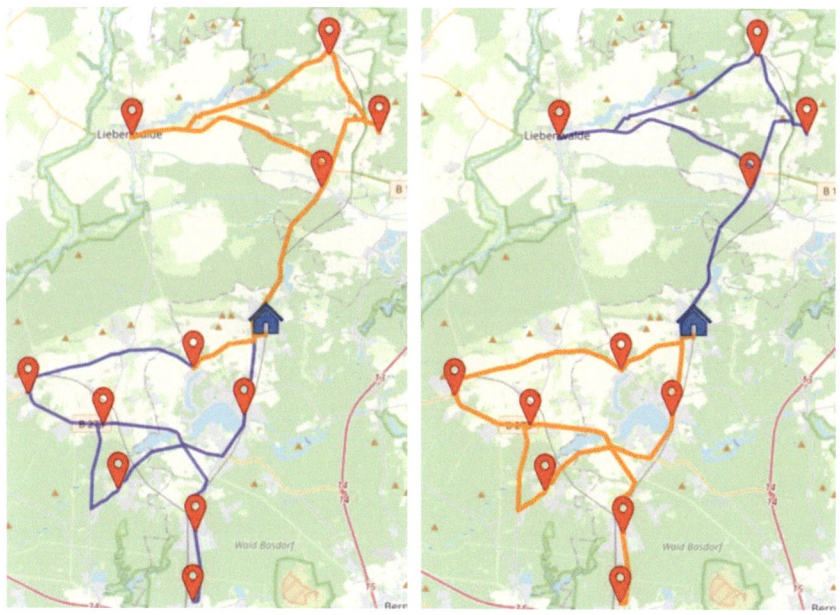

Abb. 4.74 Grafische Darstellung der Lösung für Beispiel 4.8 in LogisticsLab/VRP

Die Details der beiden Touren sind im Datenbereich *Route details*, wie exemplarisch in Abb. 4.75 für die zweite Tour dargestellt, abgebildet. Interessanterweise können bei Problemen mit Kundenzeitfenstern Wartezeiten auftreten, wenn das

Fahrzeug vor der vereinbarten frühesten Lieferzeit beim Kunden ankommt. Ein solcher Fall tritt in der zweiten Tour auf dem Teilstück zwischen N04 (Wensickendorf) und N01 (Schönwalde) auf. Das Fahrzeug verlässt N04 39 Minuten (Spalte *Departure*) nach Start der gesamten Tour (also 8:39 Uhr). Da die Fahrt nach Schönwalde 19 Minuten (*TravelTime*) beträgt, erreicht das Fahrzeug den Kunden N01 58 Minuten nach Tourstart gegen 8:58 Uhr. Die früheste Lieferzeit für den Kunden N01 ist allerdings 9:00 Uhr (1:00 Stunden nach Start der Tour). Daher hat das Fahrzeug zwei Minuten zu warten (*WaitingTime*), so dass die offizielle Ankunft beim Kunden dem frühesten Liefertermin entspricht (*Arrival*).

From	To	Departure	TravelTime	WaitingTime	Arrival	ServiceTime	Volume	Distance
N07	N03	00:00	00:06	00:00	00:06	00:05	30	4
N03	N06	00:11	00:11	00:00	00:22	00:05	75	8
N06	N04	00:27	00:07	00:00	00:34	00:05	20	6
N04	N01	00:39	00:19	00:02	01:00	00:05	45	12
N01	N02	01:05	00:05	00:24	01:34	00:05	50	4
N02	N08	01:39	00:19	00:32	02:30	00:05	60	13
N08	N07	02:35	00:19	00:00	02:54	00:00	0	13

Abb. 4.75 Darstellung der Lösung für Beispiel 4.8 in LogisticsLab/VRP

Literatur

Ahuja, R.K., T.L. Magnanti und J.B. Orlin (2013): Network Flows: Pearson New International Edition: Theory, Algorithms, and Applications, Pearson, Harlow.

Apple (2025): Apple Maps, https://developer.apple.com/maps/, Letzter Zugriff: 25.01.2025.

Applegate, D.L., R.E. Bixby, V. Chvátal, W. Cook, D.G. Espinoza, M. Goycoolea und K. Helsgaun (2009): Certification of an optimal TSP tour through 85,900 cities. Operations Research Letters 37 (1), S. 11-15.

Applegate, D.L., R.E. Bixby, V. Chvátal und W.J. Cook (2006): The traveling salesman problem : a computational study, Princeton University Press, Princeton.

Baldacci, R., A. Mingozzi und R. Roberti (2012): Recent exact algorithms for solving the vehicle routing problem under capacity and time window constraints. European Journal of Operational Research 218 (1), S. 1-6.

Bektas, T. (2017): Freight Transport and Distribution - Concepts and Optimisation Models, CRC Press, Boca Raton.

Büsing, C. (2010): Graphen- und Netzwerkoptimierung, Spektrum Akademischer Verlag, Heidelberg.

Chen, D.-S., R.G. Batson und Y. Dang (2010): Applied integer programming modeling and solution, John Wiley & Sons, Hoboken.

Clarke, G. und J.W. Wright (1964): Scheduling of Vehicles from a Central Depot to a Number of Delivery Points. Operations Research 12 (4), S. 568-581.

Cook, W. (2012): In pursuit of the traveling salesman : mathematics at the limits of computation, Princeton University Press, Princeton.

Cook, W. (2023): 100,000,000 Stars, https://www.math.uwaterloo.ca/tsp/star/star100m.html, Letzter Zugriff: 06. Juni 2024.

Dantzig, G.B., R. Fulkerson und S. Johnson (1954): Solution of a large-scale traveling-salesman problem. Operations Research 2, S. 393-410.

Dantzig, G.B. und J.H. Ramser (1959): The Truck Dispatching Problem. Management Science 6 (1), S. 80-91.

de Lange, N. (2020): Geoinformatik in Theorie und Praxis, 4. Auflage, Springer Spektrum, Berlin et al.

Desaulniers, G., O.B.G. Madsen und S. Ropke (2014): The Vehicle Routing Problem with Time Windows, in: P Toth und D Vigo (Hrsg.): Vehicle Routing: Problems, Methods, and Applications, 2. Aufl., SIAM, S. 117-159.

Diestel, R. (2017): Graphentheorie, 5. Aufl., Springer Spektrum, Berlin.

Dijkstra, E.W. (1959): A note on two problems in connexion with graphs. Numer. Math. 1, S. 269-271.

Domschke, W. und A. Scholl (2010): Logistik: Rundreisen und Touren, 5. Aufl., Oldenbourg, München.

Fisher, M.L. und R. Jaikumar (1981): A generalized assignment heuristic for vehicle routing. Networks 11 (2), S. 109-124.

Gendreau, M. und J.-Y. Potvin (2010): Handbook of metaheuristics, 2., Springer US, Berlin.

Ghiani, G., G. Laporte und R. Musmanno (2022): Introduction to Logistics Systems Management, 3. Aufl., Wiley, Hoboken und Chichester.

Gillett, B.E. und L.R. Miller (1974): A heuristic algorithm for the vehicle-dispatch problem. Operations Research 22 (2), S. 340-349.

Golden, B.L., T.L. Magnanti und H.Q. Nguyen (1977): Implementing vehicle routing algorithms. Networks 7 (2), S. 113-148.

Google (2025): Google Maps Platform APIs nach Plattform, https://developers.google.com/maps/apis-by-platform, Letzter Zugriff: 25.01.2025.

Greenberg, H.J. und M. Tod (2009): Robust Optimization, in: A R Ravindran (Hrsg.): Operations research methodologies, CRC Press, Boca Raton et al., S. 14-11 - 14-33.

Guan, M. (1962): Graphic programming using odd or even points. Chinese Mathematics 1, S. 273-277.

Hanne, T. und R. Dornberger (2023): Computational Intelligence in Logistik und Supply Chain Management, Springer Gabler, Cham.

Helsgaun, K. (2009): General k-opt submoves for the Lin–Kernighan TSP heuristic. Mathematical Programming Computation 1 (2-3), S. 119-163.

Hillier, F.S. und G.J. Lieberman (2015): Introduction to Operations Research, 10. Aufl., McGraw-Hill, New York et al.

Hopfield, J.J. und D.W. Tank (1985): "Neural" computation of decisions in optimization problems. Biological cybernetics 52 (3), S. 141-152.

Ivanov, D., A. Tsipoulanidis und J. Schönberger (2021): Global Supply Chain and Operations Management, 3. Auflage, Springer Cham.

Korte, B. und J. Vygen (2012): Kombinatorische Optimierung Theorie und Algorithmen, 2. Aufl. 2012, Springer, Berlin et al.

Krumke, S.O. und H. Noltemeier (2012): Graphentheoretische Konzepte und Algorithmen, 3. Aufl., Springer Vieweg, Wiesbaden.

Laporte, G. (1992): The Vehicle Routing Problem: An overview of exact and approximate algorithms. European Journal of Operational Research 59, S. 345-358.

Laporte, G. und Y. Nobert (1987): Exact algorithms for the vehicle routing problem, in: S. Martello, G. Laporte, M Minoux und C Ribeiro (Hrsg.):

Surveys in Combinatorial Optimization, North-Holland, Amsterdam, S. 147-184.

Laporte, G., S. Ropke und T. Vidal (2014): Heuristics for the Capacitated Vehicle Routing Problem, in: P Toth und D Vigo (Hrsg.): Vehicle Routing: Problems, Methods, and Applications, 2. Aufl., SIAM, S. 87-116.

Lenstra, J., M. Desroches, M. Savelbergh und F. Soumis (1988): Vehicle routing with time windows: optimization and approximation, in: B L Golden und A A Assad (Hrsg.): Vehicle Routing: Methods and Studies, Elsevier Science Publishers, North-Holland, S. 65-84.

Mattfeld, D.C. und R. Vahrenkamp (2014): Logistiknetzwerke : Modelle für Standortwahl und Tourenplanung, 2. Aufl., Springer Gabler, Wiesbaden.

Menger, K. (1932): Das Botenproblem, in: (Hrsg.): Ergebnisse eines Mathematischen Kolloquiums, Teubner, Leipzig, S. 11-12.

Microsoft (2025): Bing Maps Platform, https://www.microsoft.com/en-us/maps/bing-maps, Letzter Zugriff: 25.01.2025.

Miller, C.E., A.W. Tucker und R.A. Zemlin (1960): Integer programming formulation of traveling salesman problems. Journal of the Association for Computing Machinery 7, S. 326-329.

Nichols, E., L. McDaid und N. Siddique (2010): Case study on a self-organizing spiking neural network for robot navigation. International journal of neural systems 20 (06), S. 501-508.

OSRM (2025): API-Documentation, https://project-osrm.org/docs/v5.24.0/api/#, Letzter Zugriff: 25.01.2025.

Panigrahi, N. (2014): Computing in geographic information systems, CRC Press, Boca Raton et al.

Poggi, M. und E. Uchoa (2014): New Exact Algorithms for the Capacitated Vehicle Routing Problem, in: P Toth und D Vigo (Hrsg.): Vehicle Routing: Problems, Methods, and Applications, 2. Aufl., SIAM, S. 59-86.

Schmitting, W. (2000): Das Traveling-Salesman-Problem : Anwendungen und heuristische Nutzung von Voronoi-/Delaunay-Strukturen zur Lösung euklidischer, zweidimensionaler Traveling-Salesman-Probleme, Heinrich-Heine-Universität Düsseldorf.

Semet, F., P. Toth und D. Vigo (2014): Classical Exact Algorithms for the Capacitated Vehicle Routing Problem, in: P Toth und D Vigo (Hrsg.): Vehicle Routing: Problems, Methods, and Applications, 2. Aufl., SIAM, S. 37-57.

Spergel, D.N., L. Verde, H.V. Peiris, E. Komatsu, M. Nolta, C. Bennett, M. Halpern, G. Hinshaw, N. Jarosik und A. Kogut (2003): First-year Wilkinson Microwave Anisotropy Probe (WMAP) observations: determination of cosmological parameters. The Astrophysical Journal Supplement Series 148 (1), S. 175.

Statistisches-Bundesamt (2024): Alle politisch selbständigen Gemeinden mit ausgewählten Merkmalen am 31.12.2023, https://www.destatis.de/DE/Themen/Laender-Regionen/Regionales/Gemeindeverzeichnis/Administrativ/Archiv/GVAuszugQ/AuszugGV4QAktuell.html, Letzter Zugriff: 19.04.2024.

Suhl, L. und T. Mellouli (2013): Optimierungssysteme Modelle, Verfahren, Software, Anwendungen, 3. Aufl., Springer Gabler, Berlin et al.

Toth, P. und D. Vigo (2002): Models, relaxations and exact approaches for the capacitated vehicle routing problem. Discrete Applied Mathematics 123 (1–3), S. 487-512.

Urquhart, N. (2022): Nature Inspired Optimisation for Delivery Problems - From Theory to the Real World, Springer Cham.

Vanderbei, R.J. (2020): Linear programming - Foundations and extensions 5. Aufl., Springer Cham.

Williams, H.P. (2013): Model building in mathematical programming, 5., Wiley, Chichester, West Sussex.

Winkels, H.-M. (2012): Modellbasiertes Logistikmanagement mit Excel - Lösungen von Problemen in der Logistik unter Verwendung der Tabellenkalkulation, 1. Aufl., DVV Media Group, Hamburg.

Yildirim, M.B. (2009): Network Optimization, in: A R Ravindran (Hrsg.): Operations research methodologies, The operations research series, CRC Press, Boca Raton et al., S. 4-1 ff.

Zhang, X.-S. (2000): Neural networks in optimization, Kluwer Academic Publishers, Dordrecht et al.

5 Standortprobleme

Dieses Kapitel ist der Planung von Standorten gewidmet. Nach einem Überblick werden ausgewählte kontinuierliche und diskrete Standortprobleme diskutiert, indem jeweils das mathematische Modell vorgestellt und auf der Basis der mathematischen Grundlagen die Lösung eines realistischen Problems anhand von Logistics-Lab oder CMPL illustriert wird.

5.1   Einführung in die Standortplanung

Die Wahl geeigneter Standorte für Logistikknoten (wie z. B. Produktionsstätten, Lager, Distributionszentren) ist eine der zentralen Planungsaufgaben bei der Neugestaltung oder Reorganisation von Logistiknetzen und daher Bestandteil des strategischen Supply-Chain-Managements.[1]

Grundsätzlich kann man die Standortplanung in die volkswirtschaftliche Standorttheorie, die betriebliche Standortplanung und die innerbetriebliche Layoutplanung einteilen.[2] Die *volkswirtschaftliche Standorttheorie* beschäftigt sich im Wesentlichen mit der optimalen räumlichen Anordnung aller relevanten ökonomischen Aktivitäten in einem bestimmten Gebiet. Eine der frühesten Arbeiten zu einer volkswirtschaftlichen Standorttheorie wurde von THÜNEN im Jahre 1826[3] veröffentlicht, der die Standorte landwirtschaftlicher Betriebe in Abhängigkeit vom Wert des Bodens, den Distanzen zum Markt und den Produktionskosten untersuchte.[4] Die *innerbetriebliche Standort-* oder *Layoutplanung* beschäftigt sich mit der Anordnung von Betriebsmitteln innerhalb eines Unternehmens.[5] Im Fokus dieser Arbeit steht die *betriebliche Standortplanung*, die die Wahl einzelner Standorte für Produktionsstätten, Lager, Distributionszentren usw. aus der Sicht einzelner Unternehmen umfasst. In die Standortwahl ist eine Vielzahl qualitativer und quantitativer Faktoreinsatz-, Produktions- sowie Absatzfaktoren auf der Basis entsprechender Modelle einzubeziehen.[6]

---

1   Vgl. Ivanov et al. (2021), S. 158 f.
2   Vgl. Domschke und Drexl (1996), S. 1 ff..
3   Vgl. Thünen (1826).
4   Vgl. Laporte et al. (2019), S. 3 ff., Domschke und Drexl (1996), S. 2.
5   Vgl. Ivanov et al. (2021), S. 247 ff.
6   Vgl. Heizer et al. (2020), S. 372 ff., Vahs und Schäfer-Kunz (2021) S. 112 ff.

Eine derartige Vorgehensweise begann mit LAUNHARDT, der 1882 in seinem Beitrag „Die Bestimmung des zweckmäßigsten Standortes einer gewerblichen Anlage" folgende Aufgabe formulierte:

„Die Bestimmung des Standortes einer gewerblichen Anlage ist in der Regel in entscheidender Weise von der Lage der Gewinnungsorte der Roh- und Hülfsstoffe und dem Verwendungsorte des fertigen Gutes abhängig. Neben der Berücksichtigung dieser Transportverhältnisse sind in manchen Fällen freilich auch noch andere Umstände in Betracht zu ziehen, wie z. B. der örtlich verschiedene Preis für den Grunderwerb, die Ausnutzung einer Wasserkraft, die nicht überall gleichen Bedingungen für den Lebensunterhalt und Lohn der Arbeiter oder für Heranziehung eines geschulten Arbeiterstammes u.s.w. Diese nur ausnahmsweise entscheidend auftretenden Umstände können aber zutreffend erst dann in Rechnung gezogen werden, wenn die zweckmäßigste Lage des Standortes der gewerblichen Anlage in Abhängigkeit von den Transportverhältnissen bestimmt ist."[7]

Oftmals werden nicht alle Faktoren simultan in ein Modell, sondern schrittweise in aufeinander folgenden Modellen unterschiedlicher Aggregation einbezogen, wobei die Berechnung unterschiedlicher Szenarien auf der Basis unterschiedlicher Annahmen sinnvoll erscheint.

Im Rahmen dieser Arbeit liegt der Schwerpunkt auf quantitativen Entscheidungsmodellen, mit denen die Standorte und die Zuordnung der Nachfrageknoten zu den neu gefundenen Standorten optimal bestimmt werden. Diese Probleme können u. a. in kontinuierliche Modelle (Standortmodelle in der Ebene) und in diskrete Modelle (Netzwerkmodelle) unterschieden werden.[8]

Für *kontinuierliche Modelle* wird angenommen, dass die Bedarfsorte auf einer ebenen Fläche oder auf einer Kugeloberfläche verteilt sind und jeder Punkt der Fläche ein potenzieller Standort ist. Die Hauptvertreter dieser Gruppe sind *kontinuierliche Median- und Zentren-Probleme*.

Im Rahmen *diskreter Modelle* wird das Entscheidungsproblem als Graph modelliert. Die Knoten des Graphen stellen die zu versorgenden Bedarfsorte und die potenziellen Standorte dar. Transporte erfolgen auf den die Knoten verbindenden Kanten. Die potenziellen Standorte sind auf alle oder einen Teil der Knoten des Graphen beschränkt. Auf der Basis dieser Annahmen kann eine Reihe von Standardproblemen der Standortplanung formuliert werden. Das sind insbesondere die *Median- und Zentren-Probleme in Netzwerken*, die *Überdeckungsprobleme* und die *Warehouse-Location-Probleme*.

---

7 Launhardt (1882), S. 105.
8 Vgl. Laporte et al. (2019), S. 8, Mattfeld und Vahrenkamp (2014), S. 101 f., Klose und Drexl (2005).

In den folgenden Abschnitten werden diese Modelltypen und ihre Anwendung als Planungsinstrumente ausführlicher betrachtet.

5.2 Kontinuierliche Median- und Zentren-Probleme

5.2.1 Überblick

Mit kontinuierlichen Standortproblemen sollen die Standorte für einen oder mehrere Logistikknoten auf der *grünen Wiese* optimal bestimmt werden. Die einzelnen Punkte auf einer ebenen Fläche oder auf einer Kugeloberfläche stellen zulässige Lösungen dar. Die Entfernungen sind mit den in den Abschnitten 1.3.2.5 und 1.3.2.6 vorgestellten Distanzfunktionen zur Bestimmung von Luftlinienentfernungen auf einer Fläche bzw. einer Kugeloberfläche zu bestimmen.[9]

Hinsichtlich der Zielstellung lassen sich Median- und Zentren-Probleme unterscheiden. Bei *Median-Problemen* werden die gesamten, für alle zu transportierenden Mengen anfallenden Distanzen zwischen den zu errichtenden Standorten der Angebotsknoten und den zugeordneten Nachfrageknoten minimiert. Da sich variable Transportkosten in der Regel proportional zur Distanz verhalten, werden diese automatisch bei einer Minimierung der Gesamtdistanz minimiert. Teilweise können bei solchen Problemen Lösungen auftreten, bei denen für einzelne Nachfrageknoten die zu fahrende Distanz oder die damit verbundenen Kosten inakzeptabel hoch sind. Daher wird bei *Zentren-Problemen* das über alle Transportrelationen auftretende Maximum der Distanzen oder das der Transportkosten minimiert.

Grundsätzlich wird bei Median- und Zentren-Problemen mit mehreren potenziellen Standorten davon ausgegangen, dass diese gleichartig sind. Die zugehörigen Investitionsausgaben sowie die Betriebskosten werden daher nicht betrachtet.

Kontinuierliche Verfahren liefern Punktkoordinaten für Standorte, die jedoch selten unverändert genutzt werden. Gewöhnlich muss auf die Ermittlung eines theoretischen Standorts eine Analyse folgen, in der die in einem gewissen Umkreis um den gefundenen Punkt gelegenen Orte hinsichtlich ihrer Eignung für die Errichtung der vorgesehenen Anlage geprüft werden und eine geeignete Ortslage ausgewählt wird.

5.2.2 Median-Probleme

5.2.2.1 Das Median-Problem mit einem Standort

Es wird von einer ebenen Fläche oder Kugeloberfläche ausgegangen, auf der eine Menge D von Bedarfsorten existiert. Für jeden dieser Bedarfsorte $j \in D$ sind die Nachfrage b_j und die Koordinaten (x_j, y_j) bekannt. Die Aufgabe im Rahmen des

---

9   Vgl. Domschke et al. (2019), S. 17 ff.

Median-Problems mit nur einem Standort, das auch als *Steiner-Weber-Problem*[10] bekannt ist, besteht darin, einen Standort mit den Koordinaten (u, v) so zu bestimmen, dass die gesamten mit den Bedarfen gewichteten Distanzen zwischen diesem Standort und den Bedarfsorten minimal werden.[11]

$$\sum_{j \in D} b_j \cdot d\big((u,v),(x_j,y_j)\big) \to \min! \quad (5.1)$$

mit

Indexmenge:

D Menge der Bedarfsorte

Indizes:

j Index der Bedarfsorte, $j \in D$

Parameter:

b_j Bedarf des Bedarfsortes $j \in D$

(x_j, y_j) Koordinaten des Bedarfsortes $j \in D$

Variablen:

(u, v) Koordinaten des Standorts

$d(\cdot)$ Distanzfunktion zwischen dem Standort und einem Bedarfsort

Lassen sich die Orte in einem metrischen Raum positionieren, verwendet man Metriken zur Entfernungsbestimmung.[12] Zu ihnen gehören u. a. die *euklidische Distanz*[13] für die Berechnung der kürzesten Verbindung zweier Punkte auf einer ebenen Fläche und die *Orthodrome*[14] für die Berechnung der kürzesten Verbindung zweier Punkte auf einer Kugeloberfläche. Verwendet man z. B. die euklidische Distanz, lautet die zu minimierende Zielfunktion wie folgt:[15]

$$\sum_{j \in D} b_j \cdot \sqrt{(u-x_j)^2 + (v-y_j)^2} \to \min! \quad (5.2)$$

Grundsätzlich ist es denkbar, dass das kontinuierliche Median-Problem für einen Standort auf der Basis von Kosten gelöst wird, indem die Distanzen in der Zielfunktion mit einem konstanten Kostenfaktor oder mit einem spezifischen Kostenfaktor für jeden Bedarfsort multipliziert werden. In diesem Fall entspricht der optimale Standort den Koordinaten, mit denen die gesamten distanzabhängigen Kosten

---

10 Vgl. Domschke et al. (2019), S. 19 f., Daskin (2013), Pos. 701, Drezner et al. (2004), S. 1.
11 Vgl. zu den Annahmen des Median-Problems mit einem Standort in der Ebene z. B. Ghiani et al. (2022), S. 190.
12 Vgl. zu den Metriken z. B. de Lange (2020), S. 135 ff.
13 Vgl. Panigrahi (2014), S. 211, de Lange (2020), S. 135.
14 Vgl. de Lange (2020), S. 139, Panigrahi (2014), S. 211.
15 Vgl. Ghiani et al. (2022), S. 190.

minimal werden. Da ein einheitlicher Kostenfaktor keinen Einfluss auf die Lage des Standorts besitzt, wird er üblicherweise weggelassen.[16] In einer weiteren Modellvariante werden die Bedarfe der Nachfrageknoten einheitlich mit dem Wert eins belegt ($b_j = 1, j \in D$). In diesem Fall wird der Median durch den Standort gebildet, bei dem die Summe der reinen Distanzen minimal wird.

Es handelt sich um ein nichtlineares Optimierungsproblem ohne Nebenbedingungen, das mit Näherungsverfahren (z. B. WEISZFELD bzw. MIEHLE[17]) iterativ gelöst wird. Generell eignen sich dazu auch die Solver-Add-ins in Excel oder LibreOffice.

5.2.2.2 Das p-Median-Problem

Im vorherigen Abschnitt wurde der Median als einziger optimaler Punkt auf einer ebenen Fläche oder Kugeloberfläche betrachtet. Sind mehrere Standorte zur Versorgung der Bedarfsorte zu ermitteln, handelt es sich um das *kontinuierliche p-Median-Problem*.

Es gelten weiterhin alle Definitionen, die im vorherigen Abschnitt eingeführt wurden. Zusätzlich wird eine Menge der Standorte S mit maximal p Elementen eingeführt. Die Koordinaten (u_i, v_i) der insgesamt p zu ermittelnden Standorte $i \in S, |S| = p$ und die Zuordnungen der Kunden zu den Standorten sind so zu bestimmen, dass die gesamten mit den Bedarfen gewichteten Distanzen minimal werden.[18] Für die Zuordnung der einzelnen Bedarfsorte $j \in D$ zu einem Standort $i \in S$ werden binäre Zuordnungsvariablen x_{ij} verwendet. Das gesamte Modell des kontinuierlichen p-Median-Problems in der Ebene lässt sich unter Verwendung einer allgemeinen Abstandsfunktion $d(\cdot)$ wie folgt formulieren:[19]

$$\sum_{i \in S} \sum_{j \in D} b_j \cdot x_{ij} \cdot d\big((u_i, v_i), (x_j, y_j)\big) \to \min! \quad (5.3)$$

u.d.N.

$$\sum_{i \in S} x_{ij} = 1 \quad ; j \in D \quad (5.4)$$

$$x_{ij} \in \{0,1\} \quad ; i \in S, j \in D \quad (5.5)$$

mit
Indexmengen:

S Menge der Standorte, $|S| = p$

D Menge der Bedarfsorte

---

16 Vgl. Domschke et al. (2019), S. 19.
17 Vgl. Miehle (1958), Plastria (2011), S. 357 ff., Drezner et al. (2004), S. 9 f.
18 Vgl. zu den Annahmen des kontinuierlichen p-Median-Problems z. B. Domschke et al. (2019), S. 20, Winkels (2012), S. 403, Eiselt und Marianov (2011), S. 9.
19 Vgl. Winkels (2012), S. 416 f., Neema et al. (2011), S. 84.

Indizes:

i Index der Standorte, $i \in S$

j Index der Bedarfsorte, $j \in D$

Parameter:

p maximale Anzahl von Standorten

b_j Bedarf des Knotens $j \in D$

(x_j, y_j) Koordinaten des Bedarfsortes $j \in D$

Variablen:

(u_i, v_i) Koordinaten des Standorts $i \in S$

x_{ij} Zuordnungsvariable des Bedarfsortes j zum Standort i

$d(\cdot)$ Distanzfunktion zwischen einem Standort und einem Bedarfsort

Die Zielfunktion (5.3) minimiert die gesamten mit den Bedarfen gewichteten Distanzen. Soll lediglich die Summe der reinen Distanzen zwischen den zu errichtenden p Standorten und den zugeordneten Nachfrageknoten minimiert werden, sind die Bedarfe aller Nachfrageknoten gleich dem Wert eins zu setzen ($b_j = 1, j \in D$). Gegebenenfalls können in der Zielfunktion die Distanzen mit nachfragerspezifischen oder identischen Transportstückkosten multipliziert werden, um die gesamten Transportkosten zu minimieren. Als Metrik für die Distanzberechnung können wiederum u. a. die euklidische Distanz oder die Orthodrome verwendet werden. Mit Ausdruck (5.4) wird sichergestellt, dass ein Bedarfsort genau einem Standort zugeordnet wird.

Für die Lösung dieses nichtlinearen Problems werden in der Regel heuristische Verfahren verwendet, wobei auf die einschlägige Literatur verwiesen wird.[20]

Das bisher unkapazitiert betrachtete kontinuierliche p-Median-Problem kann in ein kapazitiertes Problem überführt werden, indem für jeden Standort $i \in S$ eine Kapazität a_i definiert wird. Dazu ist in das bisherige Modell folgende Nebenbedingung einzuführen:[21]

$$\sum_{j \in D} b_j \cdot x_{ij} \leq a_i \qquad ; i \in S \qquad (5.6)$$

Zusätzlich zu den bisher in diesem Abschnitt verwendeten Bezeichnungen gilt:

Parameter:

a_i Kapazität des Standorts $i \in S$

---

20   Vgl. zu den Lösungsverfahren z. B.: Neema et al. (2011), S. 85 ff., Ghiani et al. (2022), S. 194 ff., Domschke und Drexl (1996), S. 173 ff.

21   Vgl. Winkels (2012), S. 417.

Eine weitere Variante besteht darin, dass auf eine Single-Source-Belieferung verzichtet wird, so dass ein Bedarfsknoten von mehreren Standorten beliefert werden kann. Dieser Fall wird als *Transportation-Location-Problem* bezeichnet.[22] Anstelle der binären Zuordnungsvariablen werden in diesem Modell die Variablen x_{ij} als Transportmengen von den Standorten $i \in S$ zu den Bedarfsorten $j \in D$ angesehen. Damit kann das folgende mathematische Optimierungsproblem formuliert werden:[23]

$$\sum_{i \in S} \sum_{j \in D} x_{ij} \cdot d\big((u_i, v_i), (x_j, y_j)\big) \to \min! \qquad (5.7)$$

u.d.N.

$$\sum_{i \in S} x_{ij} = b_j \qquad ; j \in D \qquad (5.8)$$

$$\sum_{j \in D} x_{ij} \leq a_i \qquad ; i \in S \qquad (5.9)$$

$$x_{ij} \geq 0 \qquad ; i \in S, j \in D \qquad (5.10)$$

Zusätzlich zu den bisher in diesem Abschnitt verwendeten Bezeichnungen gilt:
Variablen:

x_{ij} Transportmenge zwischen Standort i und Bedarfsort j

5.2.2.3 Lösung mit LogisticsLab/CLP

LogisticsLab/CLP ist eine Software, mit der u. a. kontinuierliche Median- und Zentren-Probleme mit einem oder mehreren Standorten gelöst werden können, wie in diesem Abschnitt anhand eines Beispiels mit bis zu drei Medianen illustriert wird.

Beispiel 5.1: Kontinuierliches Median-Problem
(Beispieldatei: drogma.clp)
Die Drogeriemarktkette DROGA-M, deren Umsätze in den letzten Jahren stark angestiegen sind, plant die Errichtung neuer Auslieferungslager zur Belieferung ihrer Filialen im süddeutschen Raum. Es sollen drei Varianten mit einem, zwei bzw. drei Lagern auf der Grundlage der Wochenbedarfe der Verkaufsstellen betrachtet werden. Die Daten der Bedarfsorte inklusive der in Tonnen gemessenen wöchentlichen Bedarfe sind in Tab. 5.1 gegeben.

Vorgehensweise
In einem ersten Schritt ist in LogisticsLab/CLP ein neues Problem zu generieren. Dazu ist der Menüeintrag *File → New Problem* oder die Schaltfläche *New Problem* in der Symbolleiste zu wählen und es erscheint der in Abb. 5.1 abgebildete Dialog.

---

22 Vgl. Cooper (1972).
23 Vgl. Winkels (2012), S. 417, Domschke et al. (2019), S. 21 f., Domschke und Drexl (1996), S. 182.

Tab. 5.1 Daten der Kundenorte für Beispiel 5.1

Name	Breite	Länge	PLZ	Bedarf [t]
Amberg	49,42942	11,86795	92224	25
Ansbach	49,30583	10,58828	91522	35
Bad Mergentheim	49,49380	9,77209	97980	35
Bamberg	49,89238	10,89570	96047	70
Bayreuth	49,94798	11,57509	95444	85
Cham	49,22077	12,66277	93413	10
Coburg	50,24993	10,92514	96450	30
Eichstätt	48,89333	11,18073	85072	15
Erlangen	49,58520	10,98487	91052	90
Fürth	49,46998	10,99005	90762	55
Höchstadt	49,70383	10,80654	91315	15
Hof	50,31712	11,92178	95028	40
Ingolstadt	48,77824	11,37662	85049	20
Kelheim	48,92107	11,88697	93309	5
Kitzingen	49,73198	10,15867	97318	20
Kronach	50,23964	11,32010	96317	10
Kulmbach	50,11434	11,46268	95326	50
Lichtenfels	50,15455	11,07686	96215	5
Marktredwitz	50,00565	12,08890	95615	10
Neumarkt	49,28589	11,48580	92318	20
Nürnberg	49,45080	11,08041	90402	75
Regensburg	49,01658	12,09580	93047	40
Rothenburg	49,38780	10,18700	91541	70
Schwabach	49,33550	11,04053	91126	10
Schwandorf	49,30160	12,08327	92421	5
Schweinfurt	50,04622	10,20433	97421	25
Sulzbach-Rosenberg	49,48606	11,77998	92237	5
Weiden	49,66208	12,18019	92637	5
Weißenburg	49,03118	10,96765	91781	5
Würzburg	49,79280	9,93917	97070	55

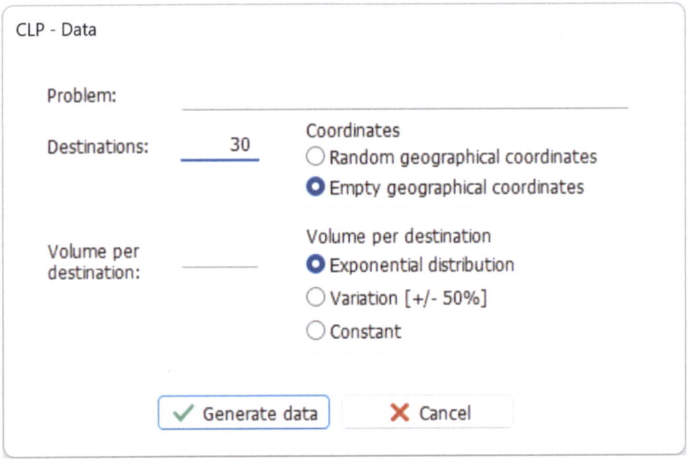

Kontinuierliche Median- und Zentren-Probleme

Abb. 5.1 Anlegen des Problems für Beispiel 5.1 in LogisticsLab/CLP

Dort ist die Anzahl der Verkaufsstellen im Feld *Destinations* einzugeben. Alle anderen Werte können auf den Standardwerten belassen werden. Nach dem Anlegen des Problems sind im Datenbereich *Destinations* die Bezeichnungen (*Name*), die Koordinaten (*Lat* und *Lon*) sowie die Bedarfe (*Demand*) der Verkaufsstellen gemäß Tab. 5.1 einzugeben (Abb. 5.2).

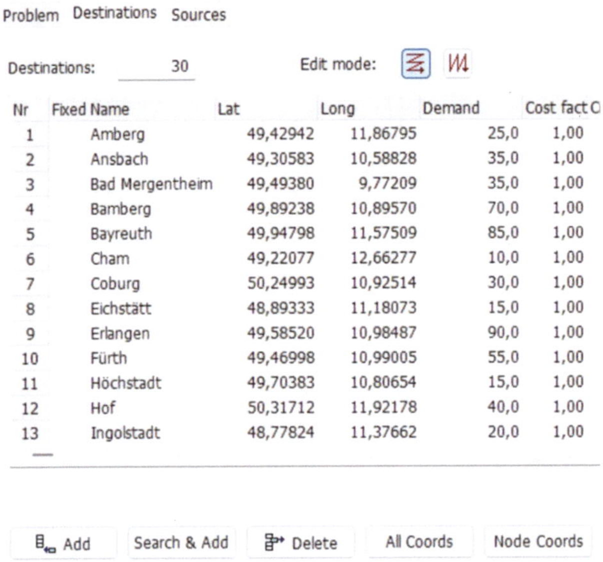

Nr	Fixed	Name	Lat	Long	Demand	Cost fact C
1		Amberg	49,42942	11,86795	25,0	1,00
2		Ansbach	49,30583	10,58828	35,0	1,00
3		Bad Mergentheim	49,49380	9,77209	35,0	1,00
4		Bamberg	49,89238	10,89570	70,0	1,00
5		Bayreuth	49,94798	11,57509	85,0	1,00
6		Cham	49,22077	12,66277	10,0	1,00
7		Coburg	50,24993	10,92514	30,0	1,00
8		Eichstätt	48,89333	11,18073	15,0	1,00
9		Erlangen	49,58520	10,98487	90,0	1,00
10		Fürth	49,46998	10,99005	55,0	1,00
11		Höchstadt	49,70383	10,80654	15,0	1,00
12		Hof	50,31712	11,92178	40,0	1,00
13		Ingolstadt	48,77824	11,37662	20,0	1,00

Abb. 5.2 Kundendaten für Beispiel 5.1 in LogisticsLab/CLP

Als Kostensatz wird für alle Filialen einheitlich der Wert eins verwendet, so dass die gesamte Bewertung in Tonnenkilometern gemessen wird.

Würden für ein reales Problem die Adressdaten vorliegen, könnten die Koordinaten entweder mittels der in LogisticsLab implementierten OpenStreetMap-Funktionalitäten oder durch Doppelklicken auf die Karte an der entsprechenden Position ermittelt werden. Liegen die geografischen Koordinaten vor, werden die Knoten automatisch in der Karte auf der linken Seite angezeigt (Abb. 5.3).

Abb. 5.3 Lage der Kundenknoten für Beispiel 5.1 in LogisticsLab/CLP

Die Anzahl der zu bestimmenden Standorte kann, wie in Abb. 5.4 zu sehen, im Datenbereich *Problem* im Feld *Sources* eingegeben werden. In diesem Beispiel wird dieser Wert für die drei Modellrechnungen nacheinander auf eins, zwei und drei gesetzt. Weiterhin sind als Zielfunktion (*Objective Function*) *Median*, für die Distanzbestimmung *Great Circle* und die Option *Demand weighted* zu wählen.

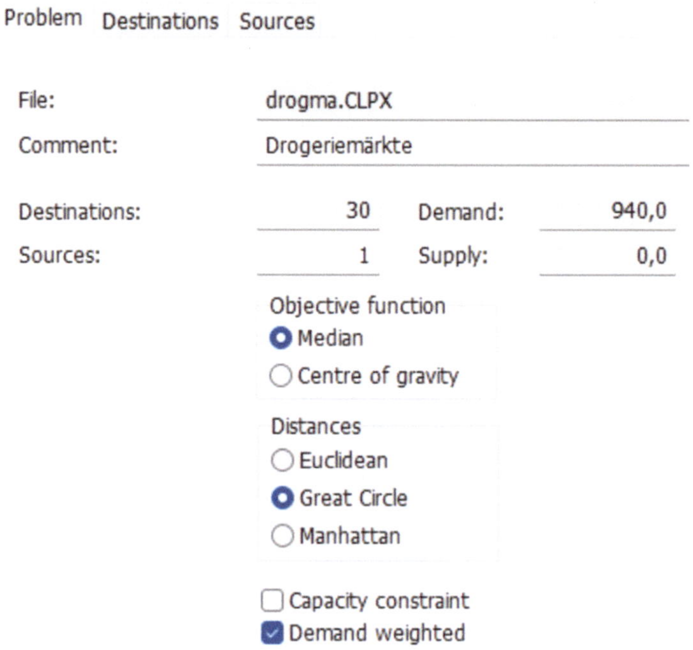

Problem	Destinations	Sources			
File:		drogma.CLPX			
Comment:		Drogeriemärkte			
Destinations:		30	Demand:		940,0
Sources:		1	Supply:		0,0

Objective function
● Median
○ Centre of gravity

Distances
○ Euclidean
● Great Circle
○ Manhattan

☐ Capacity constraint
☑ Demand weighted

Abb. 5.4 Problemdaten für Beispiel 5.1 in LogisticsLab/CLP

Anschließend kann dieses Median-Problem gelöst werden, indem entweder das Menü *Optimisation* → *Start Optimisation* oder die Schaltfläche *Optimise* in der Symbolleiste gewählt wird.

Nach Abschluss der Optimierung können der Zielfunktionswert im Datenbereich *Problem* (Abb. 5.5), die optimalen Koordinaten des Standorts (oder der Standorte) im Datenbereich *Sources* sowie deren Lage und die Zuordnungen der Nachfrageknoten in der Karte (Abb. 5.6) eingesehen werden. Die jeweiligen Zuordnungen der Nachfrageknoten zu den Standorten können auch im Datenbereich *Destinations* mit den zugehörigen Distanzen und Kosten in den Spalten *Source*, *Distance* und *Costs* entnommen werden.

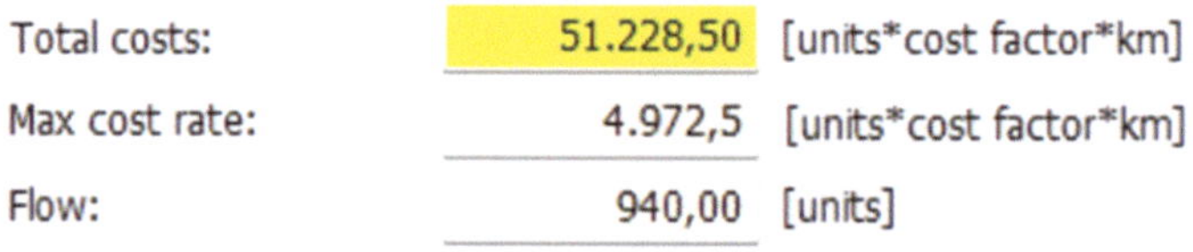

Total costs:	51.228,50	[units*cost factor*km]
Max cost rate:	4.972,5	[units*cost factor*km]
Flow:	940,00	[units]

Abb. 5.5 Zielfunktionswert einer Variantenrechnung für Beispiel 5.1 in LogisticsLab/CLP

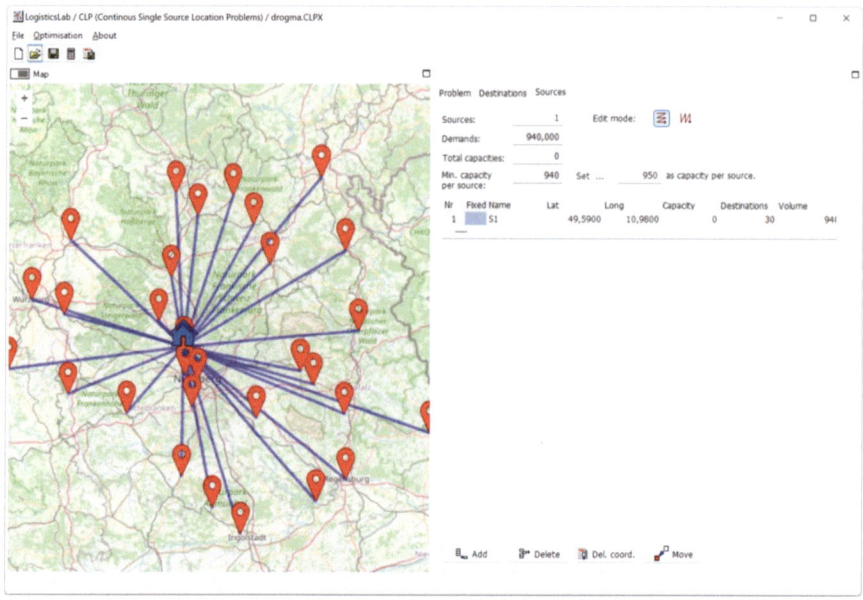

Abb. 5.6 Lösung einer Variantenrechnung für Beispiel 5.1 in LogisticsLab/CLP

Es ist darauf hinzuweisen, dass LogisticsLab mit Heuristiken arbeitet, die in Abhängigkeit von zufällig gewählten Anfangslösungen in jedem Optimierungslauf zu unterschiedlichen Lösungen kommen können.

In Tab. 5.2 sind die Ergebnisse der Variantenrechnungen mit einem, zwei bzw. drei Standorten zu finden. Auf den ersten Blick ist ersichtlich, dass mit einer Erhöhung der Anzahl der Standorte eine Verringerung der Transportkosten einhergeht. Im ersten Fall würde der eine Standort in der Nähe von Erlangen zu 51.228,50 Tonnenkilometern führen, während mit den beiden Standorten in der Nähe von Fürth und Bayreuth eine Reduzierung gegenüber dem ersten Fall um 24 % auf 38.904,00 Tonnenkilometer erreicht werden kann. Im letzten Fall mit den Standorten in der Nähe von Kitzingen, Kulmbach und Nürnberg beträgt die Einsparung der Transportkosten gegenüber dem ersten Fall 44 % mit den geringsten Transportkosten von 28.803,00 Tonnenkilometern. In allen drei Varianten ist ersichtlich, dass die Mediane aufgrund der Zielfunktionen (5.1) und (5.3) tendenziell zu Nachfrageknoten mit hohen Nachfragen hingezogen werden.

Grundsätzlich ist anzumerken, dass bei diesen Betrachtungen die Investitionsausgaben der Errichtung von Standorten sowie deren Betriebskosten zusätzlich zu den Transportkosten einbezogen werden sollten. Weiterhin ist nicht sichergestellt, dass diese Lösungen aufgrund der Kapazitäten der Auslieferungslager überhaupt realisierbar sind.

Tab. 5.2 Ergebnisse verschiedener Variantenrechnungen für Beispiel 5.1

Variante	Standorte	Koordinaten		nächster Kunde	Zielfunktionswert
1	S001	49,5900	10,9800	Erlangen	51.228,50
2	S001	49,5134	10,9233	Fürth	38.904,00
	S002	49,9554	11,5733	Bayreuth	
3	S001	50,0596	11,4516	Kulmbach	28.803,00
	S002	49,6605	10,0409	Kitzingen	
	S003	49,4499	11,0794	Nürnberg	

Ein weiteres Problem kontinuierlicher Medianprobleme besteht darin, dass es unter Umständen nicht möglich ist, an einem gefundenen Standort tatsächlich ein Lager, Werk oder Umschlagspunkt aufgrund fehlender Infrastruktur oder anderer Gründe zu errichten. So ist der für die Variante mit drei Standorten gefundene Standort S001 zwar malerisch am Aubach in der Nähe des Ortes Lanzenreuth gelegen, scheint aber für einen realen Lagerstandort aus logistischen Gründen eher ungeeignet (Abb. 5.7). Weiterhin führen Luftlinienentfernungen, wenn der tatsächliche Transport mit Fahrzeugen auf Straßen ausgeführt wird, nur zu groben Planungen der Transportkosten.

Abb. 5.7 Lage eines der gefundenen Standorte für Beispiel 5.1

In diesem Sinn sind Lösungen kontinuierlicher Standortprobleme für reale Logistikprobleme eher als Näherungs- und weniger als exakte Lösungen anzusehen.

5.2.3 Zentren-Probleme

5.2.3.1 Das Zentrum-Problem mit einem Standort

Analog zum Median-Problem wird von einer ebenen Fläche oder Kugeloberfläche ausgegangen, auf der eine Menge D von Bedarfsorten $j \in D$ existiert, deren Nachfragen b_j und Koordinaten (x_j, y_j) bekannt sind.

Im Rahmen des Zentrum-Problems mit nur einem Standort sind dessen Koordinaten (u, v) so zu bestimmen, dass die maximal auftretende gewichtete Distanz zu den Bedarfsorten minimal wird:[24]

$$R \to \min! \tag{5.11}$$

u.d.N.

$$b_j \cdot d\big((u,v),(x_j,y_j)\big) \leq R \quad ; j \in D \tag{5.12}$$

Zusätzlich zu den bisher in diesem Abschnitt definierten Bezeichnungen gilt:
Variable:

R maximale Distanz des Standorts zu den Bedarfsorten

Gemäß der Zielfunktion (5.11) und der für alle Bedarfsorte einzubeziehenden Nebenbedingung (5.12) ist die maximal auftretende gewichtete Distanz R zwischen dem zu findenden Standort und den Bedarfsorten zu minimieren. Bei einem Vorliegen distanzproportionaler, für alle Bedarfsknoten identischer Transportstückkosten, werden so gleichzeitig die maximal auftretenden Transportkosten über alle Transportrelationen hinweg minimiert. Soll lediglich das Maximum der reinen Distanzen zwischen dem zu errichtenden Standort und den Nachfrageknoten minimiert werden, sind die Bedarfe aller Nachfrageknoten gleich dem Wert eins zu setzen ($b_j = 1, j \in D$). Die einzelnen Distanzen sind gemäß Ausdruck (5.12) mit einer geeigneten Metrik zu finden, wobei die Koordinaten der Bedarfsorte (x_j, y_j) als Parameter und die Koordinaten des Standorts als Variablen (u, v) eingehen.

Es handelt sich um ein nichtlineares Optimierungsmodell, das mit entsprechenden Algorithmen zu lösen ist. Wird als Metrik die euklidische Distanz verwendet, bietet sich z. B. das *Gradientenverfahren* an.[25] Generell können für kleinere Probleme die Solver-Add-Ins in Excel oder LibreOffice genutzt werden.

---

24   Vgl. Drezner (2011), S. 63 f., Domschke et al. (2019), Domschke und Drexl (1996), S. 184 f., Winkels (2012), S. 426 f.
25   Vgl. Winkels (2012), S. 427.

5.2.3.2 Das p-Zentren-Problem

Es gelten weiterhin alle Definitionen, die im vorherigen Abschnitt hinsichtlich des kontinuierlichen Zentrum-Problems mit nur einem Standort eingeführt wurden. Zusätzlich existiert eine Menge von Angebotsknoten S mit maximal p Elementen, für die es die optimalen Standorte zu bestimmen gilt.

Die zu ermittelnden Koordinaten (u_i, v_i) der Standorte $i \in S$ und die Zuordnungen der Kunden zu den Standorten sind so zu bestimmen, dass die maximal auftretende, mit den Bedarfen gewichtete Distanz zwischen den Standorten und den Bedarfsorten minimiert wird.[26] Für die Zuordnung der einzelnen Bedarfsorte $j \in D$ zu einem Standort $i \in S$ werden binäre Zuordnungsvariablen x_{ij} verwendet. Das gesamte Modell des kontinuierlichen p-Zentren-Problems lässt sich unter Verwendung einer allgemeinen Abstandsfunktion $d(\cdot)$ wie folgt formulieren:[27]

$$R \to \min! \tag{5.13}$$

u.d.N.

$$b_j \cdot x_{ij} \cdot d\big((u_i, v_i), (x_j, y_j)\big) \leq R \quad ; i \in S, j \in D \tag{5.14}$$

$$\sum_{i \in S} x_{ij} = 1 \quad ; j \in D \tag{5.15}$$

$$x_{ij} \in \{0,1\} \quad ; i \in S, j \in D \tag{5.16}$$

Wie schon erläutert, ist gemäß der Zielfunktion (5.13) die maximal auftretende, mit den Bedarfen gewichtete Distanz zwischen den Standorten und den Bedarfsorten zu minimieren. Setzt man alle Bedarfe einheitlich gleich eins ($b_j = 1, j \in D$), wird die maximal auftretende Distanz über alle Relationen zwischen den Anbietern und Nachfragern hinweg minimiert. Die Distanzen sind gemäß Ausdruck (5.14) für alle Kombinationen aus den Standorten und den Bedarfsorten mit einer geeigneten Metrik zu finden. Dabei gehen in die Distanzfunktion $d(\cdot)$ die Koordinaten (x_j, y_j) der Bedarfsorte $j \in D$ als Parameter und die Koordinaten (u_i, v_i) der Standorte $i \in S$ als Variablen ein. Diese Distanzen sind nur dann relevant, wenn die korrespondierende Zuordnungsvariable x_{ij} gleich dem Wert eins ist, d. h. der Bedarfsort $j \in D$ dem Standort $i \in S$ zugeordnet wird. Mit Ausdruck (5.15) wird sichergestellt, dass ein Bedarfsort genau einem Standort zugeordnet wird.

Das kontinuierliche p-Zentren-Problem, das bisher ohne Beachtung der Kapazitäten der Standorte diskutiert wurde, kann in ein kapazitiertes Problem überführt werden, indem die folgende Nebenbedingung in das obige Modell eingefügt wird:

$$\sum_{j \in D} b_j \cdot x_{ij} \leq a_i \quad ; i \in S \tag{5.17}$$

---

26 Vgl. Drezner (2011), S. 73 f., Calik et al. (2019), S. 61 f.
27 Vgl. Winkels (2012), S. 431 ff.

Zusätzlich zu den bisher in diesem im Abschnitt definierten Bezeichnungen gilt:
Parameter:

a_i Kapazität des Standorts $i \in S$

Zur Lösung dieses nichtlinearen Problems existieren unterschiedliche spezialisierte Verfahren, die hier nicht beschrieben werden; stattdessen wird auf die einschlägige Literatur verwiesen.[28]

5.2.3.3 Lösung mit LogisticsLab/CLP

In diesem Abschnitt wird die Lösung eines p-Zentren-Problems in der Ebene mit LogisticsLab/CLP erörtert.

Beispiel 5.2: Kontinuierliches Zentren-Problem
(Beispieldatei: sued-lds.clp)
Ein kleineres Einzelhandelsgeschäft plant im südlichen Raum des Landkreises Dahme-Spreewald die Versorgung einzelner Orte mittels Drohnen zu unterstützen. Dabei werden als Nachfragepunkte die in diesem Gebiet liegenden kleinen Städte und Gemeindezentren betrachtet. Die Namen und Koordinaten der betrachteten Orte sind in Tab. 5.3 angegeben. Die verwendeten Drohnen haben eine für kleinere Lieferungen ausreichende Nutzlast, sind allerdings in ihrer Reichweite auf 40 Kilometer pro Flug begrenzt. Die Aufgabe besteht darin, in drei Szenarien einen, zwei oder drei Standorte zu finden, die die maximale Distanz zu den Nachfragepunkten minimieren. Diese Distanz soll 40 Kilometer nicht überschreiten. Da in diesem Beispiel die reinen Luftliniendistanzen betrachtet werden, sind die geplanten Bedarfe der Nachfrager für die Standortentscheidung nicht relevant.

Tab. 5.3 Daten der Nachfrageknoten für Beispiel 5.2[29]

Name	Breite	Länge
Groß Köris	52,15966	13,65573
Schwerin	52,15279	13,63704
Münchehofe	52,14715	13,8364
Teupitz, Stadt	52,13622	13,61057
Märkisch Buchholz, Stadt	52,10976	13,76186
Unterspreewald	52,10831	13,90292
Halbe	52,10614	13,69878
Märkische Heide/Markojska Góla	52,03825	14,03776
Krausnick-Groß Wasserburg	52,03175	13,82904
Schlepzig/Slopišca	52,02848	13,89519

---

28   Vgl. Drezner (2011), S. 73 ff., Domschke und Drexl (1996), S. 185 f.
29   Quelle: Statistisches-Bundesamt (2024).

Name	Breite	Länge
Schwielochsee/Gójacki Jazor	52,01965	14,17487
Rietzneuendorf-Staakow	52,01078	13,66697
Jamlitz	51,99161	14,3541
Lieberose, Stadt	51,98827	14,30064
Schönwald	51,97777	13,76492
Golßen, Stadt	51,97042	13,60298
Bersteland	51,96523	13,74493
Lübben (Spreewald) / Lubin (Blota), Stadt	51,94203	13,8966
Steinreich	51,94193	13,44253
Kasel-Golzig	51,93443	13,69846
Spreewaldheide/Blosanska Góla	51,9305	14,16813
Neu Zauche/Nowa Niwa	51,92858	14,09075
Alt Zauche-Wußwerk/Stara Niwa-Wózwjerch	51,91777	14,01605
Drahnsdorf	51,91603	13,57609
Straupitz (Spreewald)/Tšupc (Blota)	51,9121	14,12003
Byhleguhre-Byhlen/Bela Góra-Belin	51,87927	14,17216
Luckau, Stadt	51,85266	13,71589
Heideblick	51,83285	13,64256

Vorgehensweise

Da die benötigten Daten aus einer Excel-Datei des Statistischen Bundesamtes[30] entnommen werden können, bietet es sich an, ein neues Problem mit 28 Nachfrageknoten anzulegen und anschließend das noch leere Problem über den Menüeintrag *File → Export Nodes to Excel* in eine von LogisticsLab strukturierte Excel-Datei zu exportieren. In dieser Datei ist eine Mappe *Nodes* enthalten, in die die Namen und Koordinaten aus der Datei des Statistischen Bundesamtes kopiert und in die Spalten B, C und D eingefügt werden (Abb. 5.8). Die Bedarfe werden in der Spalte J einheitlich auf den Wert eins gesetzt.

Diese Excel-Datei kann im nächsten Schritt in LogisticsLab über den Menüeintrag *File → Import Nodes from Excel* importiert werden. Die so bearbeiteten Daten erscheinen im Datenbereich *Nodes*, während die Lage der Nachfrageknoten auf der Karte visualisiert wird. (Abb. 5.9). Alternativ können die Daten auch eingegeben oder die Koordinaten über die in LogisticsLab implementierten OpenStreetMap-Funktionalitäten abgerufen werden.

---

30 Statistisches-Bundesamt (2024).

	A	B	C	D	E	F	G	H	I	J	
1	ID	Name	Lat	Lon	City	PostCode	Street	Country	Supply	Demand	
2	1	Groß Köris	52,15966	13,65573	Groß Köris				0	1
3	2	Schwerin	52,15279	13,63704	Schwerin				0	1
4	3	Münchehofe	52,14715	13,8364	Münchehofe				0	1
5	4	Teupitz, Stadt	52,13622	13,61057	Teupitz, Stadt				0	1
6	5	Märkisch Buch	52,10976	13,76186	Märkisch Buchholz, Stadt				0	1
7	6	Unterspreewa	52,10831	13,90292	Unterspreewald				0	1
8	7	Halbe	52,10614	13,69878	Halbe				0	1
9	8	Märkische He	52,03825	14,03776	Märkische Heide/Markojska Góla				0	1
10	9	Krausnick-Gro	52,03175	13,82904	Krausnick-Groß Wasserburg				0	1
11	10	Schlepzig/Słop	52,02848	13,89519	Schlepzig/Słopišća				0	1
12	11	Schwielochse	52,01965	14,17487	Schwielochsee/Gójacki Jazor				0	1
13	12	Rietzneuendor	52,01078	13,66697	Rietzneuendorf-Staakow				0	1
14	13	Jamlitz	51,99161	14,3541	Jamlitz				0	1
15	14	Lieberose, Sta	51,98827	14,30064	Lieberose, Stadt				0	1
16	15	Schönwald	51,97777	13,76492	Schönwald				0	1
17	16	Goßen, Stadt	51,97042	13,60298	Goßen, Stadt				0	1
18	17	Bersteland	51,96523	13,74493	Bersteland				0	1
19	18	Lübben (Spree	51,94203	13,8966	Lübben (Spreewald) / Lubin (Blota), Stadt				0	1
20	19	Steinreich	51,94193	13,44253	Steinreich				0	1
21	20	Kasel-Golzig	51,93443	13,69846	Kasel-Golzig				0	1
22	21	Spreewaldhei	51,9305	14,16813	Spreewaldheide/Błosanska Góla				0	1
23	22	Neu Zauche/N	51,92858	14,09075	Neu Zauche/Nowa Niwa				0	1
24	23	Alt Zauche-W	51,91777	14,01605	Alt Zauche-Wußwerk/Stara Niwa-Wózwjerch				0	1
25	24	Drahnsdorf	51,91603	13,57609	Drahnsdorf				0	1
26	25	Straupitz (Spre	51,9121	14,12003	Straupitz (Spreewald)/Tšupc (Blota)				0	1
27	26	Byhleguhre-By	51,87927	14,17216	Byhleguhre-Byhlen/Bela Góra-Belin				0	1
28	27	Luckau, Stadt	51,85266	13,71589	Luckau, Stadt				0	1
29	28	Heideblick	51,83285	13,64256	Heideblick				0	1

Abb. 5.8 Bearbeitung der Daten für Beispiel 5.2 in Excel

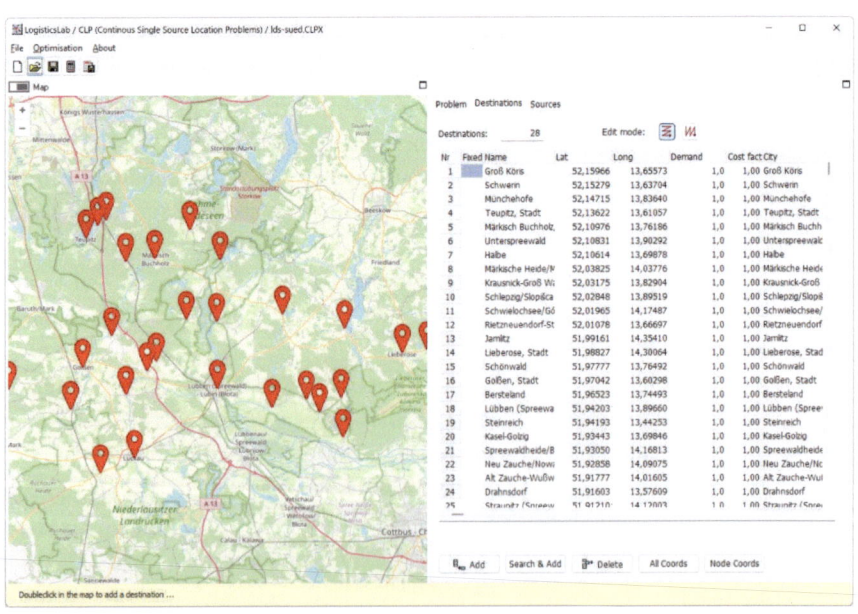

Abb. 5.9 Daten und Lage der Nachfrageknoten für Beispiel 5.2 in LogisticsLab/CLP

Analog zu der Vorgehensweise bei Median-Problemen kann die Anzahl der zu bestimmenden Standorte im Datenbereich *Problem* im Feld *Sources* eingegeben werden. Für die Zielfunktion (*Objective Function*) ist *Centre of Gravity* und für die Distanzbestimmung *Great Circle* zu wählen (Abb. 5.10). Da reine Distanzen betrachtet werden, ist die Option *Demand weighted* nicht zu aktivieren.

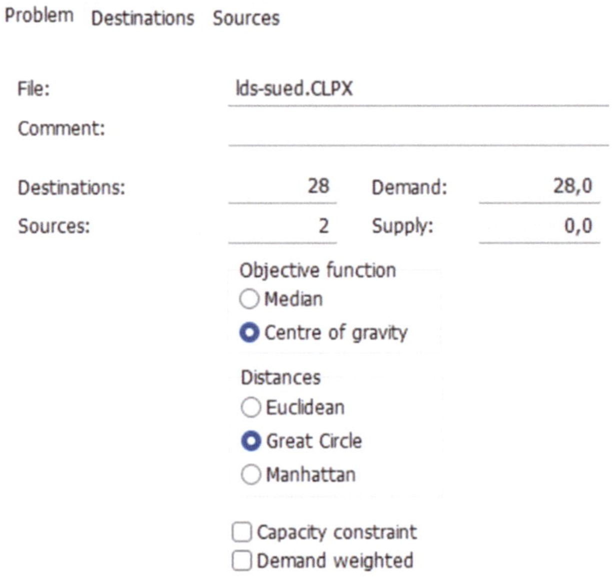

Abb. 5.10 Problemdaten für Beispiel 5.2 in LogisticsLab/CLP

Nach Abschluss der Optimierung (Menü *Optimisation → Start Optimisation* oder Schaltfläche *Optimise* in der Symbolleiste) erscheinen der Zielfunktionswert im Datenbereich *Problem* (Abb. 5.11), die optimalen Koordinaten des Standorts (oder der Standorte) im Datenbereich *Sources* und deren Lage sowie die Zuordnungen der Nachfrageknoten in der Karte (Abb. 5.12).

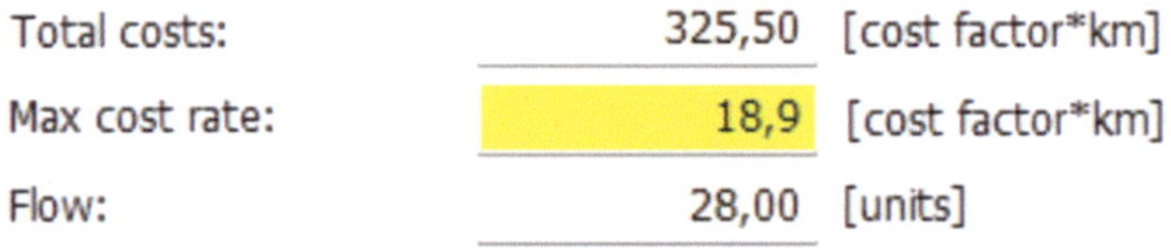

Abb. 5.11 Zielfunktionswert einer Variantenrechnung für Beispiel 5.2 in LogisticsLab/CLP

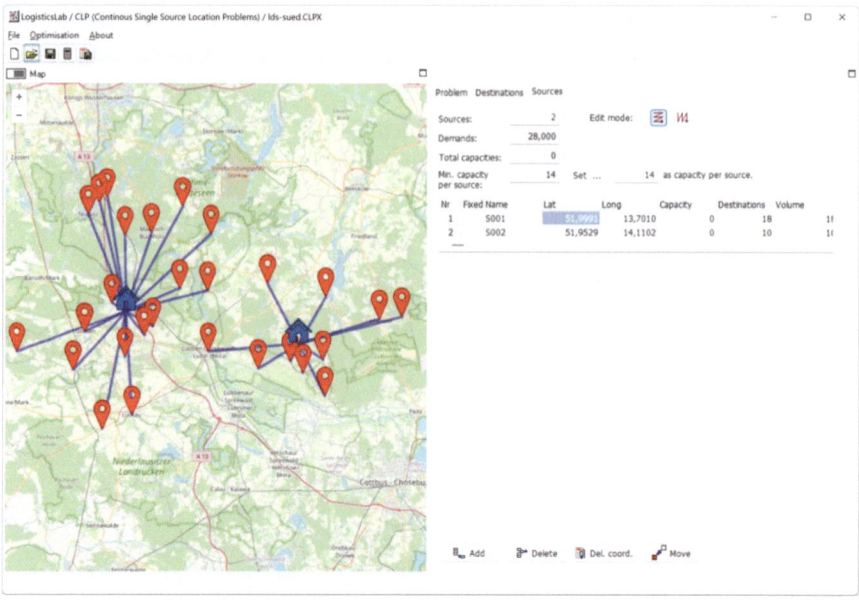

Abb. 5.12 Lösung einer Variantenrechnung für Beispiel 5.2 in LogisticsLab/CLP

In Tab. 5.4 sind die Ergebnisse verschiedener Rechnungen für die drei Szenarien zu finden, wobei darauf hinzuweisen ist, dass LogisticsLab mit Heuristiken arbeitet, die in Abhängigkeit von zufällig gewählter Anfangslösungen zu unterschiedlichen Lösungen kommen können. Da standardmäßig mit einem Kostensatz von eins und ohne Nachfragegewichtung gerechnet wurde, stellen die Zielfunktionswerte die minimalen maximalen Luftlinienentfernungen in Kilometern zwischen den gefundenen Standorten und den zugeordneten Nachfrageknoten dar.

Tab. 5.4 Ergebnisse verschiedener Variantenrechnungen für Beispiel 5.2

Variante	Standorte			Zielfunktionswert
		Koordinaten		
1	S001	52,0000	13,8600	33,90
2	S001	51,9671	14,1661	18,90
	S002	51,9981	13,7030	
3	S001	51,8996	13,6016	14,70
	S002	52,0496	13,7713	
	S003	51,9620	14,1800	

Es ist offensichtlich, dass mit einer Erhöhung der Anzahl der Standorte diese Werte sinken. In Bezug auf die Reichweite der verwendeten Drohnen sind diese Distanzen mit dem Wert zwei zu multiplizieren, da die Drohnen nach Auslieferung in das jeweilige Depot zurückkehren müssen. Damit kann die Variante mit nur einem Standort ausgeschlossen werden, da die doppelte minimale maximale Entfernung mit 67,8 Kilometern deutlich über der Reichweite der Drohnen liegt. In der zweiten Variante müsste eine Drohne im Maximalfall eine Entfernung von 37,8 Kilometern zum Kunden und zurück zum Depot fliegen, was in Bezug auf eine Reichweite von 40 Kilometern möglich ist. Betrachtet man jedoch in Abb. 5.13 die Lage des Standorts S001, der zum Nachfrageort Heideblick die maximale Entfernung von 18,7 Kilometern aufweist, sieht man, dass dieser in einem Waldstück nahe Waldow/Brand liegen würde. Daher wäre für einen realen Standort eine Verlegung notwendig, die

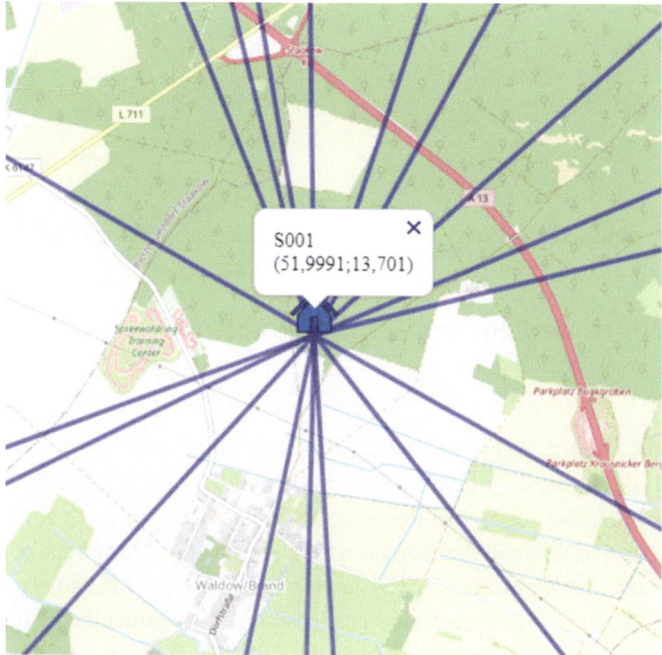

Abb. 5.13 Lage eines der gefundenen Standorte für Beispiel 5.2

zu einer größeren maximalen Distanz und daher zu einer möglichen Überschreitung der Reichweite der Drohnen führen würde. Einzig mit drei Standorten kann die Reichweite der Drohnen eingehalten werden. Die Lage der für diese Variante gefundenen Standorte ist in Abb. 5.14 zu sehen. Auch für diese Variante erscheint eine Verlegung der Standorte aus logistischen und betriebswirtschaftlichen Gründen nötig, so dass diese Lösung eine erste Näherungslösung für das Problem darstellt. So liegt der nördlichste der drei Standorte in einem Waldgebiet in der Nähe eines Vergnügungsparks ohne jegliche Anbindung an eine Infrastruktur. Wie schon mehrfach erwähnt werden bei Zentren-Problemen keine Investitionsausgaben bzw. Betriebskosten der zu errichtenden Standorte betrachtet.

Abb. 5.14 Lage von drei gefundenen Standorten für Beispiel 5.2

5.3 Diskrete Median- und Zentren-Probleme

5.3.1 Überblick

Median- und Zentren-Probleme in Netzwerken gehören zur Gruppe der diskreten Standortprobleme. Zu ihrer Lösung wird ein Graph $G = (N, A)$, bestehend aus der Knotenmenge N und der Menge der gerichteten oder ungerichteten Kanten A, zugrunde gelegt. Hinsichtlich der Knoten wird zwischen der Menge der potenziellen Standorte S und der Menge der Bedarfsknoten D mit $N = S \cup D$ unterschieden. Jeder Bedarfsknoten $j \in D$ besitzt eine Nachfrage b_j hinsichtlich eines homogenen Gutes. Für jede gerichtete bzw. ungerichtete Kante $(i, j) \in A$ bzw. $[i, j] \in A$ zwischen einem potenziellen Standort $i \in S$ und einem Bedarfsknoten $j \in D$ liegt eine Bewertung c_{ij} vor, wobei oftmals die Distanz oder Transportstückkosten auf dieser Kante verwendet werden. Für eine Anzahl von Angebotsknoten $i \in S$ sind die optimalen Standorte zu finden und die Bedarfsknoten zuzuordnen.

Analog zu den kontinuierlichen Problemen können hinsichtlich der Zielstellung Median- und Zentren-Probleme unterschieden werden. *Median-Probleme* haben die Minimierung der gesamten, für alle zu transportierenden Mengen anfallenden Distanzen zwischen den zu errichtenden Standorten der Angebotsknoten und den zugeordneten Nachfrageknoten zum Ziel. Liegen distanzproportionale und für alle Transportrelationen identische Transportstückkosten vor, werden automatisch auch die gesamten Transportkosten minimiert. Zusätzlich existieren sogenannte ungewichtete Modellvarianten, bei denen lediglich die reinen Distanzen betrachtet werden. In diesem Zusammenhang können Lösungen auftreten, bei denen für einzelne Nachfrageknoten die zu fahrende Distanz oder die damit verbundenen Kosten zu hoch sind. Daher wird bei *Zentren-Problemen* das über alle Transportrelationen auftretende Maximum der (ggf. gewichteten) Distanzen oder der Transportkosten minimiert.

Sind die Standorte mehrerer Angebotsknoten zu finden, werden diese bei Median- und Zentren-Problemen als gleichartig angesehen und die zugehörigen Investitionsausgaben sowie Betriebskosten nicht betrachtet.

5.3.2 Median-Probleme

5.3.2.1 Das Median-Problem mit einem Standort

Der *Median* eines Graphen ist der Knoten eines Netzwerks, für den die Summe der mit den Nachfragen der Bedarfsknoten gewichteten kürzesten Distanzen zu allen Bedarfsknoten minimal ist. Da unterstellt werden kann, dass die Transportkosten in einem linearen Zusammenhang zur Distanz stehen, können bei einer Minimierung der gewichteten Distanzen zugleich die korrespondierenden Transportkosten minimiert werden.[31]

Median eines ungerichteten Graphen

In einem ungerichteten Graphen wird der Median durch den Standort $i \in S$ gebildet, bei dem die gesamten mit den Bedarfen gewichteten Distanzen bzw. Transportkosten minimal sind:[32]

$$i^* = \arg\min_{i \in S} \left\{ \sum_{\{j \mid [i,j] \in A\}} c_{ij} \cdot b_j \right\} \quad (5.18)$$

Median eines gerichteten Graphen

In einem gerichteten Netzwerk ist es im Gegensatz zu einem ungerichteten Netzwerk nicht gleichgültig, ob der zu bestimmende Standort dafür vorgesehen ist, die Bedarfsknoten zu beliefern oder zu entsorgen, da die Kantenbewertungen richtungsabhängig sind. So können sich die Kosten für die Belieferung der Bedarfsknoten von den Distanzen zur Abholung von Gütern unterscheiden. Deshalb fallen der optimale Standort für ein Auslieferungslager und der optimale Standort für ein Entsorgungslager unter Umständen nicht auf denselben Netzwerkknoten.

In einem gerichteten Graphen wird daher zwischen dem *Out-Median* für ausgehende Transporte und dem *In-Median* für eingehende Transporte unterschieden.

---

31 Vgl. Mattfeld und Vahrenkamp (2014), S. 122, Winkels (2012), S. 381.
32 Vgl. Domschke und Drexl (1996), S. 42 f., Krumke und Noltemeier (2012), S. 306 ff.

Der optimale Standort sowohl für ausgehende als auch für eingehende Transporte des gerichteten Graphen wird *In-Out-Median* genannt.

Der Out-Median ergibt sich aus dem potenziellen Standort $i \in S$, bei dem die gesamten mit den Bedarfen gewichteten Distanzen bzw. Transportkosten hinsichtlich der ausgehenden Kanten minimal sind:[33]

$$i^* = \underset{i \in S}{\arg\min} \left\{ \sum_{j \in D} c_{ij} \cdot b_j \right\} \tag{5.19}$$

Zur Ermittlung des In-Medians werden statt der Liefermengen b_j die Abholmengen q_j des Nachfrageknotens $j \in D$ in die Berechnung einbezogen:[34]

$$i^* = \underset{i \in S}{\arg\min} \left\{ \sum_{j \in D} c_{ji} \cdot q_j \right\} \tag{5.20}$$

Zur Bestimmung des In-Out-Medians ist das Minimum der mit den Bedarfen gewichteten Distanzen bzw. Transportkosten der aus- und eingehenden Mengen zu bestimmen:[35]

$$i^* = \underset{i \in N}{\arg\min} \left\{ \sum_{j \in D} c_{ij} \cdot b_j + \sum_{j \in D} c_{ji} \cdot q_j \right\} \tag{5.21}$$

5.3.2.2 Das p-Median-Problem

Anhand der bisherigen Betrachtungen ist ersichtlich, dass die Ermittlung eines einzelnen Medians in einem Netzwerk unproblematisch ist. Schwieriger gestaltet sich die Aufgabe, eine bestimmte Anzahl von optimalen Standorten für Logistikknoten zu finden. Diese Aufgabenstellung wird *p-Median-Problem* genannt. Es sind die Standorte für eine vorgegebene Anzahl p potenzieller Angebotsknoten in einem Logistiknetzwerk so zu finden, dass die Summe der Transportkosten oder der für die gesamte Transportmenge notwendigen Distanzen zwischen den gewählten Standorten und den zugeordneten Bedarfsorten minimal wird.

Im Folgenden wird das p-Median-Problem aus Vereinfachungsgründen nur für Out-Mediane in gerichteten Netzwerken und damit für p optimale Auslieferungsstandorte betrachtet. Zusätzlich zu den eingeführten Größen für Mediane in gerichteten Netzwerken wird für die Wahl eines potenziellen Angebotsknotens $i \in S$ die binäre Variable y_i eingeführt, die den Wert eins annimmt, wenn der Knoten $i \in S$ als Standort ausgewählt wird. Die Zuordnung, welcher Bedarfsknoten $j \in D$ von welchem Standort $i \in S$ beliefert wird, erfolgt über die binären Variablen $x_{ij}, (i,j) \in A$. Besitzt eine solche Variable den Wert eins, wird der Bedarfsknoten $j \in D$ vom zu errichtenden Angebotsknoten $i \in S$ bedient. Als Parameter werden die Kantengewichte c_{ij}, die Bedarfe der einzelnen Knoten b_i und die maximale Anzahl

---

33 Vgl. Domschke und Drexl (1996), S. 42.
34 Vgl. Domschke und Drexl (1996), S. 42.
35 Vgl. Domschke und Drexl (1996), S. 42.

von Standorten p benötigt. Mit diesen Parametern und Variablen lässt sich das p-Median-Problem wie folgt als binäres, lineares Optimierungsmodell formulieren:[36]

$$\sum_{(i,j)\in A} d_{ij} \cdot b_j \cdot x_{ij} \to \min! \tag{5.22}$$

u.d.N.

$$\sum_{i\in S} x_{ij} = 1 \quad ; j \in D \tag{5.23}$$

$$\sum_{j\in D} x_{ij} \leq M \cdot y_i \quad ; i \in S, M \geq |D|+1 \tag{5.24}$$

$$\sum_{i\in S} y_i = p \quad ; p \leq |N| \tag{5.25}$$

$$x_{ij} \in \{0,1\} \quad ;(i,j) \in A \tag{5.26}$$

$$y_i \in \{0,1\} \quad ; i \in S \tag{5.27}$$

mit
Indexmengen:

S Menge der potenziellen Standorte

D Menge der Nachfrageknoten

Indizes:

i Index der potenziellen Standorte, $i \in S$

j Index der Bedarfsknoten, $j \in D$

Parameter:

d_{ij} Transportstückkosten oder Distanz auf der Kante $(i,j) \in A$

p maximale Anzahl von Standorten

b_j Bedarf des Knotens $i \in D$

Variablen:

x_{ij} Zuordnungsvariable für Standort $i \in S$ und Bedarfsknoten $j \in D$

y_i Standortvariable für Knoten $i \in S$

Die Zielfunktion (5.22) minimiert die Summe der mit den Bedarfen gewichteten Distanzen bzw. der Transportkosten und bestimmt letztlich die Mediane der zu errichtenden Standorte. Je nach Anwendungsfall (z. B. bei einer Minimierung der reinen Distanzen) kann es sinnvoll sein, die Bedarfe aller Nachfrageknoten gleich dem Wert eins zu setzen ($b_j = 1, j \in D$).

---

36   Vgl. Marin und Pelegrín (2019), S. 29 ff., Steglich (2019), S. 267, Domschke und Drexl (1996), S. 46 f.

Die Bedingung (5.23) fordert, dass ein Bedarfsknoten genau einem Standort zugeordnet werden muss. Mit Ausdruck (5.24) wird sichergestellt, dass eine Zuordnung der Bedarfsknoten nur zu einem aktiven Standort ($y_i = 1$) erfolgt.

Dieses unkapazitierte Modell kann in ein p-Median-Modell unter Beachtung der Kapazitäten der Auslieferungsstandorte $a_i; i \in S$ überführt werden, wenn Ausdruck (5.24) wie folgt ersetzt wird:[37]

$$\sum_{j \in D} b_j \cdot x_{ij} \leq a_i \cdot y_i \quad ; i \in S \tag{5.28}$$

Schließlich stellt die Bedingung (5.25) sicher, dass exakt p Standorte eingerichtet werden. Alternativ kann man auch mit $\sum_{i \in S} y_i \leq p$ fordern, dass die Anzahl der Standorte die maximale Anzahl von p nicht überschreitet.

Als binäres, lineares Optimierungsmodell kann das p-Median-Problem mittels Verfahren der ganzzahligen linearen Optimierung gelöst werden. Allerdings existiert eine Vielzahl von exakten und heuristischen Verfahren, die für sehr große Probleminstanzen Laufzeitvorteile aufweisen.[38]

5.3.2.3 Lösung mit LogisticsLab/DLP

Neben weiteren diskreten Standortproblemen können diskrete Median-Probleme mit LogisticsLab/DLP gelöst werden. Kleinere Probleme werden exakt mittels ganzzahliger linearer Optimierung und größere Probleme mit einer eigenständigen, auf ganzzahliger linearer Optimierung basierenden Heuristik gelöst. In diesem Abschnitt wird die Lösung von Median-Problemen mit mehreren Standorten mit LogisticsLab/DLP erörtert.

Beispiel 5.3: Diskretes p-Median-Problem
(Beispieldatei: drogma.dlp)
In dieser Fallstudie werden die Daten und Ergebnisse aus Beispiel 5.1 weiterverwendet. Die Drogeriemarktkette DROGA-M plant die Errichtung neuer Auslieferungslager zur Belieferung ihrer Filialen im süddeutschen Raum.

In einem ersten Schritt wurden mittels eines kontinuierlichen Median-Problems die Errichtung von bis zu drei Standorten auf der „grünen Wiese" ermittelt. Die im Rahmen der Variantenrechnungen gefundenen Standorte gemäß Tab. 5.2 wurden auf den jeweils nächstgelegenen Kundenort verschoben und zusätzlich mittels weiterer Kriterien untersucht, ob die dort vorhandene Infrastruktur eine Errichtung eines Auslieferungslagers erlaubt. Als Ergebnis ist in Tab. 5.5 die Lage der potenziellen Standorte gegeben.

---

37 Vgl. Mulvey und Beck (1984), S. 339, Lorena und Senne (2003), S. 412.
38 Vgl. zu heuristischen Lösungsverfahren für das p-Median-Problem z. B. Steglich (2019), Marin und Pelegrín (2019), S. 25 ff., Brimberg und Hodgson (2011), S. 335 ff.

Diskrete Median- und Zentren-Probleme

Tab. 5.5 Lage der potenziellen Standorte für Beispiel 5.3

Name	Breite	Länge
Kitzingen	49,73198	10,15867
Nürnberg	49,45080	11,08041
Kulmbach	50,11434	11,46268
Bayreuth	49,94798	11,57509
Erlangen	49,58520	10,98487
Fürth	49,46998	10,99005

Für alle potenziellen Auslieferungslager ist eine identische modulare Bauweise mit einer periodischen Umschlagskapazität von 350 Tonnen und identischen Investitionsausgaben und Betriebskosten geplant. Hinsichtlich der Nachfrageknoten gelten weiterhin die Daten aus Beispiel 5.1 gemäß Tab. 5.1.

Es sollen für die Belieferung der Kunden maximal fünf neue Standorte gefunden werden, die, unter Annahme konstanter Transportstückkosten, die mit den Kundenbedarfen gewichteten Distanzen und letztlich die gesamten Transportkosten minimieren.

Vorgehensweise

Da diese Fallstudie auf Beispiel 5.1 aufsetzt, empfiehlt es sich, in LogisticsLab/CLP das ursprüngliche Problem nach Excel über den Menüeintrag *File → Export Nodes to Excel* in eine von LogisticsLab strukturierte Excel-Datei zu exportieren und anschließend in LogisticsLab/DLP über den Menüeintrag *File → Import Nodes from Excel* zu importieren, um die Daten der Nachfrageknoten zu übernehmen. Anschließend sind im Datenbereich Sources die Daten der potenziellen Standorte gemäß Tab. 5.5 einzugeben (Abb. 5.15).

Problem	Sources	Destinations	Variable costs		

Nr. of potential sources: 6   Edit mode:

Nr	Name	Lat	Long	Fixed costs	Supply
1	Kitzingen	49,73198	10,15867	0	350
2	Nürnberg	49,45080	11,08041	0	350
3	Kulmbach	50,11434	11,46268	0	350
4	Bayreuth	49,94798	11,57509	0	350
5	Erlangen	49,58520	10,98487	0	350
6	Fürth	49,46998	10,99005	0	350

Abb. 5.15 Daten der potenziellen Standorte für Beispiel 5.3 in LogisticsLab/DLP

Nach der Eingabe sind diese in der Karte durch blaue Häuschen und die Nachfrageknoten durch rote Pins an ihren jeweiligen Koordinaten dargestellt (Abb. 5.16).

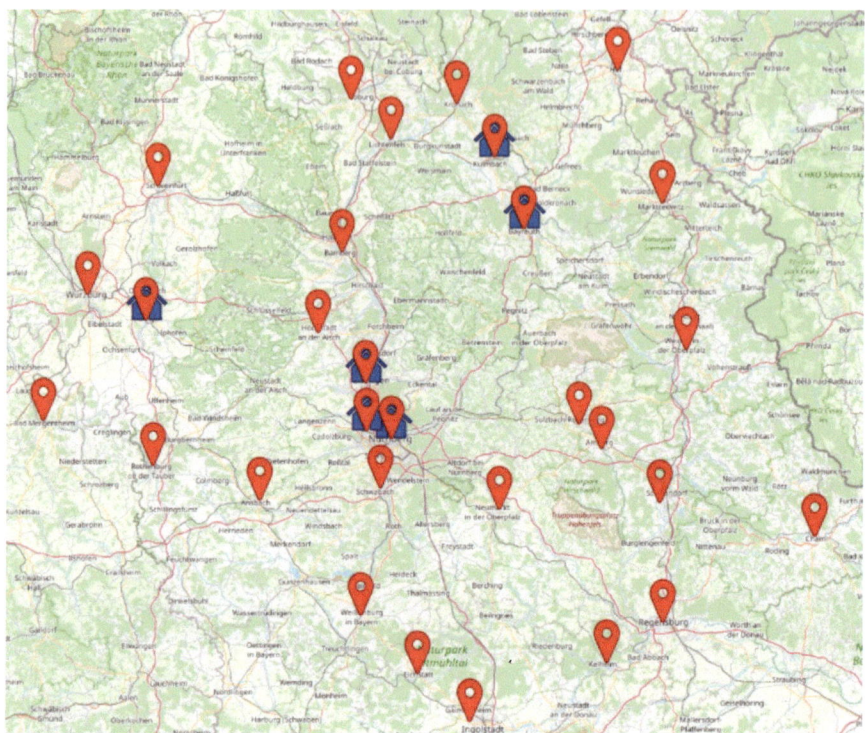

Abb. 5.16 Lage der potenziellen Standorte und der Nachfrageknoten für Beispiel 5.3

Anschließend ist zur Bestimmung der Distanzen zwischen den potenziellen Standorten und den Nachfrageorten der Menüeintrag *Optimisation → Calculate variable costs* oder die Schaltfläche *Calculate variable costs* in der Symbolleiste zu wählen, worauf der in Abb. 5.17 dargestellte Dialog erscheint. Da reale Straßendistanzen verwendet werden und kein distanz- und mengenabhängiger Kostensatz bestimmt wurde, ist *OpenStreetMap/Distances* zu wählen und ein Kostenfaktor (*Distance/cost factor per km*) gleich eins einzugeben. Die über OpenStreetMap-Funktionalitäten abgerufenen Distanzen erscheinen automatisch im Datenbereich *Variable costs* (Abb. 5.18).

Bevor die Optimierung mit dem Menüeintrag *Optimisation → Start optimisation* oder der Schaltfläche *Optimise* in der Symbolleiste gestartet wird, sind die Problemparameter im Datenbereich *Problem* zu setzen (Abb. 5.19).

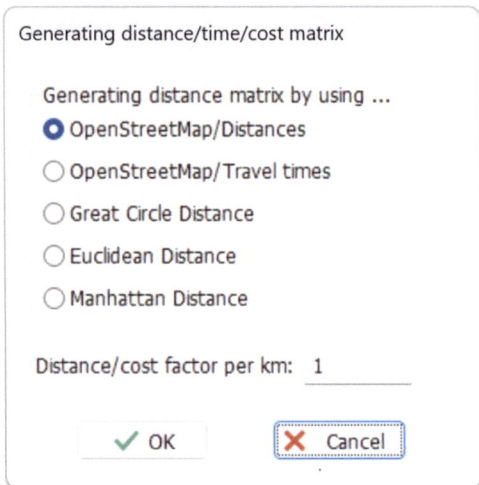

Abb. 5.17 Dialog zur Berechnung der Kostenmatrix in LogisticsLab/DLP

Nr	from\to	1 Amberg	2 Ansbach	3 Bad Mergentheim	4 Bamberg
1	KITZINGEN	156,16	74,31	66,68	82,15
2	NÜRNBERG	69,01	59,45	144,09	61,65
3	KULMBACH	111,69	159,14	210,81	63,08
4	BAYREUTH	82,00	129,44	219,16	71,43
5	ERLANGEN	80,57	84,75	140,65	42,25
6	FÜRTH	77,50	43,98	151,66	57,37

Abb. 5.18 Distanzmatrix für Beispiel 5.3 in LogisticsLab/DLP

Es ist der Problemtyp *p-Median* zu wählen sowie die Kapazitätsrestriktionen (*Capacity constraint*) und die Gewichtung der Zielfunktion mit den Bedarfen (*Demand weighted*) zu aktivieren. Zusätzlich ist im Feld *Nr. of sources* anzugeben, wie viele Mediane zu bestimmen sind. Aufgrund der standardisierten Kapazitäten sind mindestens drei Standorte notwendig, so dass drei Varianten mit drei, vier und fünf Standorten zu berechnen sind.

| Problem | Sources | Destinations | Variable costs |

File:	drogma.DLPX
Comment:	Drogeriemärkte
Destinations:	30	Demand:	940
Potential sources:	6	Supply:	2.100

Problem type
- ○ Warehouse location
- ○ Set covering location
- ○ Maximal covering location
- ● p-Median
- ○ p-Centre

☑ Capacity constraint
☑ Demand weighted

| Covering radius: | 142 | Max. covering costs: |
| Nr. of sources: | 3 | Max. solving time: |

Abb. 5.19 Problemparameter für Beispiel 5.3 in LogisticsLab/DLP

Nach Abschluss der Rechnungen kann der Zielfunktionswert im Datenbereich *Problem* eingesehen werden (Abb. 5.20).

Active sources:	3	
Costs fixed:	0,00	
variable:	44.945,95	[sum of units*cost factor*km]
total:	44.945,95	
Max. cost rate:	7.265,45	[units*cost factor*km]
Flow:	940	

Abb. 5.20 Zielfunktionswert einer Variantenrechnung für Beispiel 5.3

Die tatsächlich aus der Menge der potenziellen Standorte verwendeten Standorte sind in der Karte durch blaue Häuschen gekennzeichnet (Abb. 5.21). Die Zuordnungen der Nachfrageknoten sind in der Karte an den blauen Verbindungen, die die

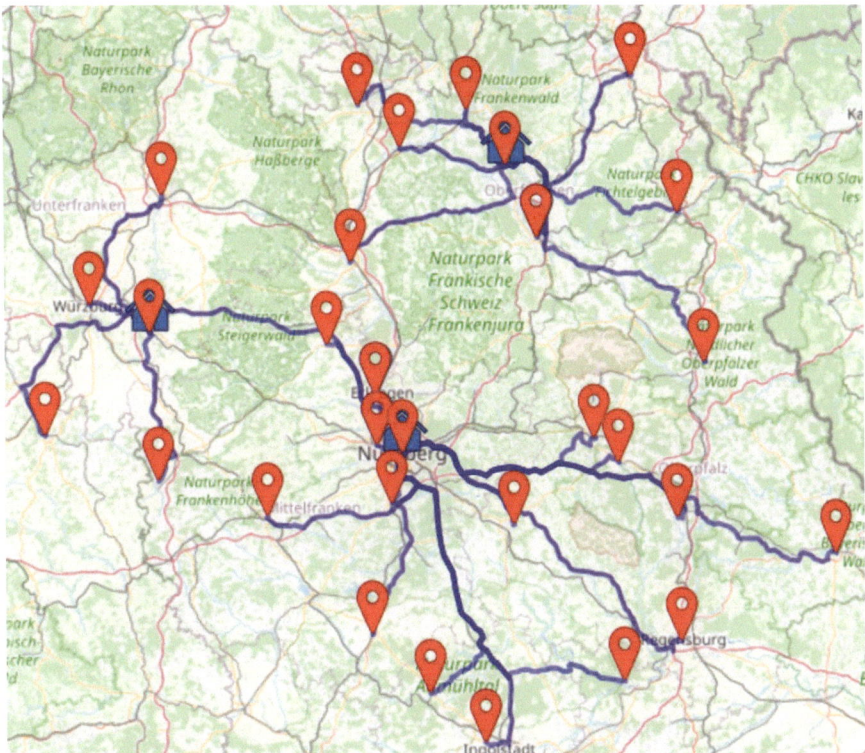

Abb. 5.21 Lösung einer Variantenrechnung für Beispiel 5.3 in LogisticsLab/DLP

realen Straßenverbindungen abbilden, zu erkennen. Zusätzlich können die Zuordnungen je Nachfrageknoten im Datenbereich *Destinations* mit den zugehörigen Kosten aus den Spalten *Source*, *Cost rate* und *Costs* entnommen werden.

In Tab. 5.6 sind die Ergebnisse der Variantenrechnungen mit drei, vier und fünf Standorten gegeben. Es ist erkennbar, dass eine Erhöhung der Zahl der Mediane zu einer Verringerung der Transportkosten führt. Die erste Variante mit den drei gefundenen Standorten in Kitzingen, Nürnberg und Kulmbach bedingt transportkostenrelevante 44.945,95 Tonnenkilometern, die mit der Hinzunahme von Erlangen als vierten Standort um 20 % auf 35.958,20 Tonnen reduziert werden können. Mit einem zusätzlichen fünften Standort geht eine geringere zusätzliche Reduzierung von 7 % einher, die zu 32.707,93 Tonnenkilometern führt. Bei allen Varianten werden die Kapazitätsrestriktionen eingehalten, wobei die Anzahl der zugeordneten Kunden bzw. die Liefermengen ungleich verteilt sind. Zusammenfassend kann man festhalten, dass eine Erhöhung der Standorte zu einer Reduzierung der Transportkosten führt, wobei sich diese nicht zwingend proportional verhält. Es wäre zu untersuchen, ob die mit steigender Anzahl der Standorte höheren Investitionsausgaben bzw. Betriebskosten durch die Einsparungen bei den Transportkosten kompensiert werden können.

Tab. 5.6 Ergebnisse verschiedener Variantenrechnungen für Beispiel 5.3

Variante	Standorte			Zielfunktionswert
	Name	Anzahl Kunden	Mengen	
3	Kitzingen	6	295	44.945,95
	Nürnberg	15	340	
	Kulmbach	9	305	
4	Kitzingen	5	205	35.958,20
	Nürnberg	14	325	
	Kulmbach	8	235	
	Erlangen	3	175	
5	Kitzingen	5	205	32.707,93
	Nürnberg	14	325	
	Kulmbach	4	95	
	Bayreuth	4	140	
	Erlangen	3	175	

5.3.3 Zentren-Probleme

5.3.3.1 Das Zentrum-Problem mit einem Standort

Das *Zentrum* eines Graphen ist der Knoten eines Netzwerks, für den die maximal auftretende nachfragegewichtete Distanz zu den Nachfrageknoten des Graphen minimal wird.[39] Wie bei den Median-Problemen wird oftmals unterstellt, dass die Transportkosten in einem linearen Zusammenhang zur Distanz stehen. Daher wird mit der Bestimmung des Minimums der maximalen gewichteten Distanzen zugleich auch das der maximalen Transportkosten bestimmt. Grundsätzlich können Zentren-Probleme auch ungewichtet auftreten, wenn z. B. die maximale Distanz zwischen den zu errichtenden Standorten und den zugeordneten Nachfrageknoten minimiert werden soll.

Zentrum eines ungerichteten Graphen

In einem ungerichteten Graphen werden zur Bestimmung des Zentrums die Radien aller potenziellen Standorte bestimmt. Der Radius R_i eines Knotens $i \in S$ bezeichnet die maximale mit den Bedarfen gewichtete Distanz zu den Nachfrageknoten:[40]

---

39 Vgl. Mattfeld und Vahrenkamp (2014), S. 103 f., Calik et al. (2019), S.51 f.
40 Vgl. Domschke et al. (2019), S. 14.

$$R_i = \max_{j \in D}\{c_{ij} \cdot b_j\} \quad ; i \in S \tag{5.29}$$

Soll der Radius eines potenziellen Standorts auf der Basis der reinen Distanz bestimmt werden, sind die Bedarfe aller Bedarfsknoten auf den Wert eins zu setzen ($b_j = 1, j \in D$).

Das Zentrum des Graphen ist der Knoten i^*, dessen Radius R_{i^*} den minimalen Wert der Radien aller potenziellen Standorte besitzt:

$$i^* = \arg\min_{i \in S}\{R_i\} \tag{5.30}$$

Zentrum eines gerichteten Graphen

Bei der Bestimmung von Zentren in gerichteten Graphen ist zwischen ausgehenden und eingehenden Transporten und damit zwischen dem *Out-Zentrum* für ausgehende Transporte und dem *In-Zentrum* für eingehende Transporte zu unterscheiden. Der optimale Standort sowohl für ausgehende als auch für eingehende Transporte des gerichteten Graphen wird *In-Out-Zentrum* genannt.

Zur Bestimmung des optimalen Standorts für ausgehende Transporte ist zunächst für alle potenziellen Standorte $i \in S$ der Radius für ausgehende Transporte R_i^{out} zu berechnen und dann der Knoten mit dem geringsten ausgehenden Radius (Out-Zentrum) zu ermitteln:[41]

$$R_i^{out} = \max_{j \in D}\{c_{ij} \cdot b_j\} \quad ; i \in S \tag{5.31}$$

$$i^* = \arg\min_{i \in S}\{R_i^{out}\} \tag{5.32}$$

Zur Bestimmung des optimalen Standorts für eingehende Transporte sind die Abholmengen q_j der einzelnen Nachfrageknoten $j \in D$ einzubeziehen, auf deren Basis der Radius für eingehende Transporte R_i^{in} sowie das In-Zentrum berechnet werden können:[42]

$$R_i^{in} = \max_{j \in D}\{c_{ji} \cdot q_j\} \quad ; i \in S \tag{5.33}$$

$$i^* = \arg\min_{i \in S}\{R_i^{in}\} \tag{5.34}$$

Soll der optimale Standort für kombinierte Lieferung und Abholung ermittelt werden, so ist für jeden potenziellen Standort $i \in S$ der In-Out-Radius R_i^{in-out} und daraufhin das Minimum dieser Größen zu berechnen:[43]

$$R_i^{in-out} = R_i^{in} + R_i^{out} \quad ; i \in S \tag{5.35}$$

$$i^* = \arg\min_{i \in S}\{R_i^{in-out}\} \tag{5.36}$$

---

41 Vgl. Domschke und Drexl (1996), S. 122.
42 Vgl. Domschke und Drexl (1996), S. 122.
43 Vgl. Domschke und Drexl (1996), S. 122.

Die Berechnung der Radien in gerichteten Netzwerken kann auch ohne Gewichtung durch die Bedarfe erfolgen. Dazu sind die Bedarfe aller Nachfrageknoten einheitlich auf dem Wert eins zu setzen ($b_j = 1, j \in D$).

5.3.3.2 Das p-Zentren-Problem

Bei einem *p-Zentren-Problem* sind p potenzielle Standorte eines gerichteten Graphen so auszuwählen, dass das Maximum der Radien aller potenziellen Standorte minimal wird. Im Folgenden wird das p-Zentren-Problem aus Vereinfachungsgründen nur für ausgehende Transporte in einem gerichteten Netzwerk betrachtet und als binäres lineares Optimierungsmodell formuliert. Für die Formulierung des Modells verwendet man wie bei dem p-Median-Problem die binären Zuordnungsvariablen x_{ij} und die binären Standortvariablen y_i. Neu hinzu kommt eine stetige Variable R, die den zu minimierenden maximalen Radius ausdrückt. Als Parameter werden die Distanzen (bzw. Transportstückkosten) c_{ij} zwischen den Knoten, die Bedarfe der Nachfrageknoten b_i und die maximale Anzahl von Standorten p benötigt. Mit diesen Parametern und Variablen lässt sich das p-Zentren-Problem wie folgt als binäres lineares Optimierungsmodell formulieren:[44]

$$R \to \min! \qquad (5.37)$$

u.d.N.

$$\sum_{i \in S} c_{ij} \cdot b_j \cdot x_{ij} \leq R \quad ; j \in D \qquad (5.38)$$

$$\sum_{i \in S} x_{ij} = 1 \quad ; j \in D \qquad (5.39)$$

$$\sum_{j \in S} x_{ij} \leq M \cdot y_i \quad ; i \in S, M \geq |D|+1 \qquad (5.40)$$

$$\sum_{i \in S} y_i = p \quad ; p \leq |N| \qquad (5.41)$$

$$x_{ij} \in \{0,1\} \quad ;(i,j) \in A \qquad (5.42)$$

$$y_i \in \{0,1\} \quad ; i \in S \qquad (5.43)$$

$$R \geq 0 \qquad (5.44)$$

Zusätzlich zu den bisher definierten Bezeichnungen gilt:
Variable:

R zu minimierender Radius des gesamten Netzwerks

Letztlich unterscheidet sich dieses Modell vom Modell des p-Median-Problems nur durch die Zielfunktion (5.37) und die zugehörigen Nebenbedingungen (5.38) und (5.44). Gemäß der Zielfunktion (5.37) und der für alle Nachfrager relevanten Nebenbedingung (5.38) soll der maximale Radius R (d. h. die maximale gewichtete Distanz der Knoten zum jeweilig zugeordneten Standort) minimiert werden. Analog

---

[44] Vgl. Calik et al. (2019), S. 55 ff., Mattfeld und Vahrenkamp (2014), S. 104 f.

zum diskreten p-Median-Problem kann es Anwendungsfälle (z. B. bei einer Minimierung der maximalen reinen Distanz) geben, bei denen es sinnvoll ist, die Radien ungewichtet, d. h. mit konstanten Bedarfen ($b_j = 1, j \in D$), zu bestimmen. Es handelt sich bei dieser Zielfunktion um einen klassischen Minimax-Ansatz der linearen Optimierung. Die Nebenbedingungen (5.39) bis (5.43) sind identisch zum p-Median-Problem und brauchen daher an dieser Stelle nicht diskutiert werden.

Zu ergänzen ist, dass auch das unkapazitierte p-Zentren-Problem unter Beachtung der Kapazitäten der Auslieferungsstandorte $a_i; i \in N$ in ein kapazitiertes Problem überführt werden kann, wenn Ausdruck (5.40) wie folgt ersetzt wird:[45]

$$\sum_{j \in N} b_j \cdot x_{ij} \leq a_i \cdot y_i \quad ; i \in N \tag{5.45}$$

Als binäres lineares Optimierungsmodell kann das p-Zentren-Problem mittels Verfahren der ganzzahligen linearen Optimierung gelöst werden. Alternativ ist eine Vielzahl von exakten und heuristischen Verfahren verfügbar, die auf die Lösung des p-Zentren-Problems spezialisiert sind.[46]

5.3.3.3 Lösung mit LogisticsLab/DLP

Neben weiteren diskreten Standortproblemen können diskrete Zentren-Probleme mit LogisticsLab/DLP gelöst werden. Kleinere Probleme werden exakt mittels ganzzahliger linearer Optimierung und größere Probleme mit einer eigenständigen, auf ganzzahliger linearer Optimierung basierenden Heuristik gelöst.

Beispiel 5.4: Diskretes p-Zentren-Problem
(Beispieldatei: einzelhandel.dlp)
Eine Einzelhandelskette möchte im Landkreis Dahme-Spreewald neu in den Markt eintreten und plant, maximal 21 Ladengeschäften zu errichten. Da es sich bei diesem Landkreis um eine zu großen Teilen ländliche Gegend handelt, soll die von den in den einzelnen Orten ansässigen Kunden maximal zu fahrende Distanz minimiert werden. Für die Bestimmung der Nachfrageorte wurden Daten des Statistischen Bundesamtes für die Städte und Gemeinden in diesem Landkreis verwendet. Die Namen und Koordinaten sind in Tab. 5.7 angegeben. Dabei werden als Nachfragepunkte die in diesem Gebiet liegenden 37 kleinen Städte und Gemeindezentren betrachtet. Es wird vereinfachend davon ausgegangen, dass ein Haushalt aus zwei Personen besteht. Daher ergibt sich die Anzahl der in Tab. 5.7 angegebenen Haushalte aus der halbierten und gerundeten Zahl der Einwohner der einzelnen Nachfrageorte. Weiterhin wird angenommen, dass pro Woche ein Einkauf pro Haushalt erfolgt und ein Ladengeschäft 10.000 Kunden pro Woche bedienen kann. Zusätzlich wurden

---

45 Vgl. Calik et al. (2019), S. 60f., Mulvey und Beck (1984), S. 339, Lorena und Senne (2003), S. 412.
46 Vgl. zu Lösungsverfahren für das p-Zentrum-Problem z. B. Calik et al. (2019), S. 54 ff., Ghiani et al. (2022), S. 234 ff., Domschke und Drexl (1996), S. 124 ff.

von diesen 37 kleinen Städten und Gemeindezentren 21 Ortschaften als potenzielle Standorte der Ladengeschäfte ausgewählt und bekamen eine Kapazität von 10.000 Kunden pro Woche zugeordnet. Einzig Königs-Wusterhausen besitzt als größter Ort im Landkreis eine Kapazität von 20.000 Kunden pro Woche.

Tab. 5.7 Daten der Nachfrageorte und potenziellen Standorte für Beispiel 5.4[47]

Name	Breite	Länge	Kapazität	Haushalte
Steinreich	51,940000	13,442532	0	226
Spreewaldheide	51,930000	14,168133	0	227
Alt Zauche-Wußwerk	51,917765	14,016045	0	233
Münchehofe	52,147148	13,836398	0	247
Jamlitz	51,991607	14,354101	0	256
Schlepzig	52,028481	13,895191	0	304
Rietzneuendorf-Staakow	52,010784	13,666971	0	304
Krausnick-Groß Wasserburg	52,031752	13,829042	0	311
Kasel-Golzig	51,934426	13,698458	0	335
Drahnsdorf	51,916030	13,576087	0	339
Byhleguhre-Byhlen	51,879267	14,172163	0	390
Unterspreewald	52,108315	13,902915	0	390
Märkisch Buchholz, Stadt	52,109763	13,761856	0	432
Bersteland	51,965230	13,744925	0	433
Schwerin	52,152793	13,637041	0	463
Straupitz (Spreewald)	51,912102	14,120032	0	476
Neu Zauche	51,928580	14,090753	10.000	543
Schönwald	51,977766	13,764921	10.000	602
Lieberose, Stadt	51,988274	14,300640	10.000	665
Schwielochsee	52,019648	14,174865	10.000	751
Teupitz, Stadt	52,136218	13,610567	10.000	948
Halbe	52,106140	13,698782	10.000	1.232
Groß Köris	52,159665	13,655728	10.000	1.235
Golßen, Stadt	51,970422	13,602979	10.000	1.253
Heideblick	51,832852	13,642563	10.000	1.788
Märkische Heide	52,038253	14,037763	10.000	1.959
Eichwalde	52,371580	13,622166	10.000	3.238
Heidesee	52,293584	13,790831	10.000	3.708

[47] Quelle: Statistisches-Bundesamt (2024).

Diskrete Median- und Zentren-Probleme 355

Name	Breite	Länge	Kapa-zität	Haus-halte
Bestensee	52,243008	13,632815	10.000	4.466
Luckau, Stadt	51,852659	13,715887	10.000	4.751
Schulzendorf	52,357838	13,596432	10.000	4.788
Mittenwalde, Stadt	52,264886	13,536256	10.000	4.927
Wildau, Stadt	52,321356	13,636571	10.000	5.492
Zeuthen	52,353337	13,630155	10.000	5.746
Lübben (Spreewald)	51,942032	13,896595	10.000	6.983
Schönefeld	52,387554	13,506629	10.000	9.587
Königs Wusterhausen	52,299444	13,624464	20.000	19.465

Es sollen die Standorte der Ladengeschäfte bestimmt werden, mit denen die maximal zu fahrende Distanz für die in den einzelnen Orten ansässigen Kunden minimiert wird. Da angenommen wird, dass sich mit einer Erhöhung der Anzahl der zu errichtenden Ladengeschäfte die Maximaldistanz verringert, sollen verschiedene Szenarien mit einer zwischen 8 und 14 liegenden Anzahl von Ladengeschäften berechnet und analysiert werden.

Vorgehensweise
In einem ersten Schritt ist ein neues Problem mit 21 potenziellen Standorten und 37 Nachfrageknoten anzulegen, wobei alle weiteren Parameter im Dialog zum Anlegen eines neuen Problems mit ihren Standardwerten verwendet werden. Anschließend könnte man die Daten der potenziellen Standorte und der Nachfrageknoten in den Datenbereichen *Sources* und *Destinations* eingeben, wobei man die geografischen Koordinaten mit den in LogisticsLab implementierten OpenStreetMap-Funktionalitäten bestimmen könnte. Da allerdings die Daten vom Statistischen Bundesamt bereitgestellt werden, bietet es sich an, das noch unbearbeitete Problem über den Menüeintrag *File → Export Nodes to Excel* in eine von LogisticsLab strukturierte Excel-Datei zu exportieren. Wie in Abb. 5.22 zu sehen, ist in dieser Datei eine Mappe *Nodes* enthalten, in die die Namen und Koordinaten aus der Datei des Statistischen Bundesamtes kopiert und in die Spalten B, C und D eingefügt werden. Es ist zu beachten, dass 21 Ortschaften (z. B. Neu Zauche) zusätzlich als potenzieller Standorte für ein Ladengeschäft vorgesehen und daher als Anbieter sowie als Nachfrager einzugeben sind. Die Angebote und Bedarfe sind in den Spalten I und J einzusetzen.

Diese Excel-Datei kann im nächsten Schritt in LogisticsLab über den Menüeintrag *File → Import Nodes from Excel* importiert werden. Daraufhin sind die Daten im Datenbereich *Nodes* verfügbar, und die potenziellen Standorte und Nachfrageknoten werden in der Karte (Abb. 5.23) durch blaue Häuschen bzw. rote Pins visualisiert.

	A	B	C	D	E	F	G	H	I	J
1	ID	Name	Lat	Lon	City	PostCode	Street	Country	Supply	Demand
2	1	Neu Zauche/Nowa Ni	51,92858	14,09075					10000	0
3	2	Schönwald	51,97777	13,76492					10000	0
4	3	Lieberose, Stadt	51,98827	14,30064					10000	0
5	4	Schwielochsee/Gójac	52,01965	14,17486					10000	0
6	5	Teupitz, Stadt	52,13622	13,61057					10000	0
7	6	Halbe	52,10614	13,69878					10000	0
8	7	Groß Köris	52,15966	13,65573					10000	0
9	8	Golßen, Stadt	51,97042	13,60298					10000	0
10	9	Heideblick	51,83285	13,64256					10000	0
11	10	Märkische Heide/Mar	52,03825	14,03776					10000	0
12	11	Eichwalde	52,37158	13,62217					10000	0
13	12	Heidesee	52,29358	13,79083					10000	0
14	13	Bestensee	52,24301	13,63282					10000	0
15	14	Luckau, Stadt	51,85266	13,71589					10000	0
16	15	Schulzendorf	52,35784	13,59643					10000	0
17	16	Mittenwalde, Stadt	52,26489	13,53626					10000	0
18	17	Wildau, Stadt	52,32136	13,63657					10000	0
19	18	Zeuthen	52,35334	13,63016					10000	0
20	19	Lübben (Spreewald) /	51,94203	13,8966					10000	0
21	20	Schönefeld	52,38755	13,50663					10000	0
22	21	Königs Wusterhauser	52,29944	13,62446					20000	0
23	22	Steinreich	51,94193	13,44253					0	226
24	23	Spreewaldheide/Blos	51,9305	14,16813					0	227
25	24	Alt Zauche-Wußwerk/	51,91776	14,01604					0	233
26	25	Münchehofe	52,14715	13,8364					0	247
27	26	Jamlitz	51,99161	14,3541					0	256
28	27	Schlepzig/Slopišca	52,02848	13,89519					0	304
29	28	Rietzneuendorf-Staal	52,01078	13,66697					0	304
30	29	Krausnick-Groß Was	52,03175	13,82904					0	311

Options | Nodes | +

Abb. 5.22 Bearbeitung der Daten für Beispiel 5.4 in Excel

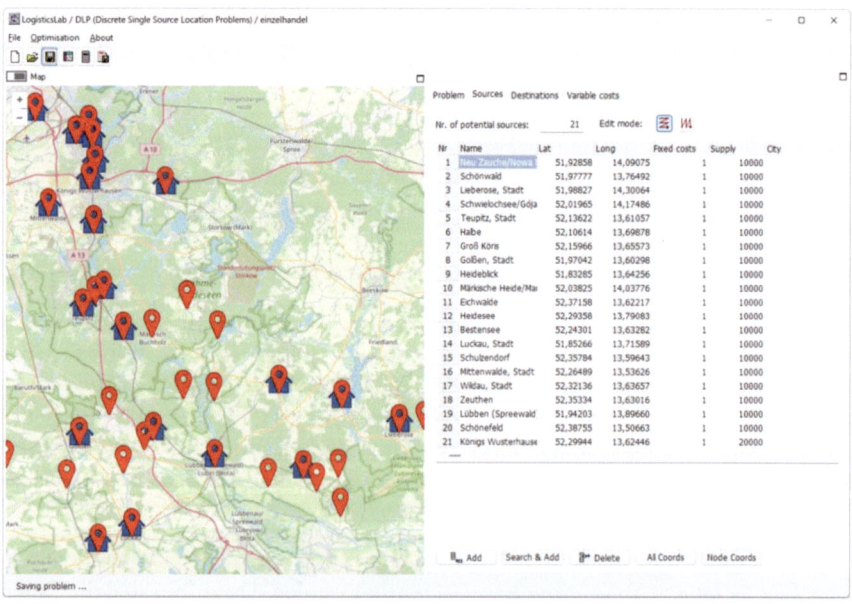

Abb. 5.23 Daten und Lage der Knoten für Beispiel 5.4 in LogisticsLab/CLP

Diskrete Median- und Zentren-Probleme

Anschließend sind die Distanzen zwischen den potenziellen Standorten und den Nachfrageorten über den Menüeintrag *Optimisation → Calculate variable costs* oder die Schaltfläche *Calculate variable costs* in der Symbolleiste zu bestimmen. Da die maximal zu fahrenden Distanz zwischen den Nachfrageorten und den Standorten minimiert wird, ist im entsprechenden Dialog *OpenStreetMap/Distances* zu wählen und ein Kostenfaktor (*Distance/cost factor per km*) gleich eins einzugeben. Die über die OpenStreetMap-Funktionalitäten abgerufenen Distanzen erscheinen automatisch im Datenbereich *Variable costs* (Abb. 5.24).

Problem   Sources   Destinations   Variable costs

Costs based on: OSM/Distances in km

Edit mode:

Nr	from\to	1 Steinreich	2 Spreewaldheide/B	3 Alt Zauche-Wußw	4 Münchehofe
1	NEU ZAUCHE	50,70	6,90	7,90	46,14
2	SCHÖNWALD	28,58	35,04	24,99	30,22
3	LIEBEROSE,	70,62	13,81	28,60	48,70
4	SCHWIELOCH	60,33	12,48	21,34	37,02
5	TEUPITZ, S	37,41	55,26	45,21	18,74
6	HALBE	38,90	56,76	46,71	11,75
7	GROß KÖRIS	39,27	57,13	47,08	20,04
8	GOLßEN, ST	15,66	42,50	32,45	38,39
9	HEIDEBLICK	22,53	43,78	33,74	60,49

Abb. 5.24 Distanzmatrix für Beispiel 5.4 in LogisticsLab/DLP

Anschließend ist, wie in Abb. 5.25 abgebildet, im Datenbereich *Problem* der Problemtyp als *p-Centre* zu spezifizieren, die Anzahl der zu errichteten Standorte im Feld *Nr. of sources* (zwischen 8 und 14 in Abhängigkeit des betrachteten Szenarios) einzugeben und die Kapazitätsrestriktion (*Capacity constraint*) zu aktivieren. Da reine Straßendistanzen betrachtet werden, bleibt die Option *Demand weighted* inaktiv.

Nach dem Abschluss der mit dem Menüeintrag *Optimisation → Start optimisation* oder die Schaltfläche *Optimise* in der Symbolleiste gestarteten Optimierung, wird der Zielfunktionswert im Datenbereich *Problem* im Feld *Max. cost rate* sowie die gewählten Standorte und die Zuordnungen der Nachfrageknoten in der Karte angezeigt (Abb. 5.26). Die Lösungen für die Standorte, inklusive der Menge der zu bedienenden Kunden, sind im Datenbereich *Sources* in den letzten drei Spalten zu sehen (Abb. 5.27) Analog sind die Lösungen für die Nachfrageknoten im Datenbereich *Destinations* in den letzten drei Spalten zu finden (Abb. 5.28).

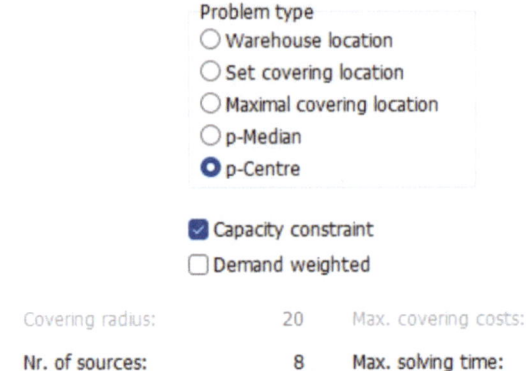

Abb. 5.25 Problemparameter für Beispiel 5.4 in LogisticsLab/DLP

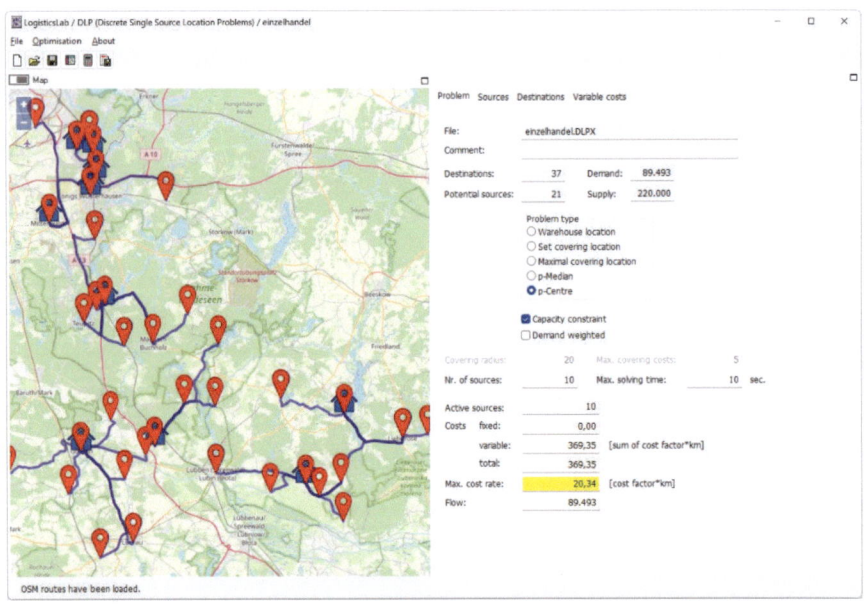

Abb. 5.26 Lösung mit zehn Standorten für Beispiel 5.4 in LogisticsLab/DLP

Als Vergleichswert für die verschiedenen Variantenrechnungen lässt sich die minimale maximale Distanz über alle Nachfrageknoten und alle potenziellen Standorte bestimmen.

Diskrete Median- und Zentren-Probleme

Problem	Sources	Destinations	Variable costs

Nr. of potential sources: 21   Edit mode:

Nr	Name	Lat	Long	Fixed costs	Supply	Act.	Nr. of dest.	Flow
1	NEU ZAUCHE	51,92858	14,09075	1	10000	A	5	8309
2	SCHÖNWALD	51,97777	13,76492	1	10000	A	4	1607
3	LIEBEROSE,	51,98827	14,30064	1	10000			
4	SCHWIELOCH	52,01965	14,17486	1	10000	A	5	4174
5	TEUPITZ, S	52,13622	13,61057	1	10000			
6	HALBE	52,10614	13,69878	1	10000			
7	GROß KÖRIS	52,15966	13,65573	1	10000	A	7	9023

Abb. 5.27 Lösungen mit zehn Standorten für die Standorte für Beispiel 5.4

Problem	Sources	Destinations	Variable costs

Destinations: 37   Edit mode:

Nr	Name	Lat	Long	Demand	Source	Cost rate	Costs
1	Steinreich	51,94193	13,44253	226	GOLßEN, ST	15,66	15,660
2	Spreewaldheide/Blo	51,93050	14,16813	227	NEU ZAUCHE	6,90	6,900
3	Alt Zauche-Wußwer	51,91776	14,01604	233	NEU ZAUCHE	7,90	7,900
4	Münchehofe	52,14715	13,83640	247	GROß KÖRIS	20,04	20,040
5	Jamlitz	51,99161	14,35410	256	SCHWIELOCH	15,58	15,580
6	Schlepzig/Slopišca	52,02848	13,89519	304	SCHÖNWALD	12,53	12,530
7	Rietzneuendorf-Staa	52,01078	13,66697	304	GOLßEN, ST	8,03	8,030
8	Krausnick-Groß Was	52,03175	13,82904	311	SCHÖNWALD	7,59	7,590
9	Kasel-Golzig	51,93443	13,69846	335	GOLßEN, ST	8,62	8,620

Abb. 5.28 Lösungen mit zehn Standorten für die Nachfrager für Beispiel 5.4

Dabei ist in der Distanzmatrix das Maximum der Spaltenminima (Minimum der Distanzen des Nachfrageknotens über alle potenziellen Standorte) zu bestimmen. So beträgt z. B. die Distanz der Kunden in Spreewaldheide zum nächstgelegenen potenziellen Ladengeschäft in Neu Zauche 6,90 Kilometer (Abb. 5.24). Das Maximum aller minimalen Distanzen beträgt 15,66 Kilometer zwischen den Kunden in Steinreich und dem nächstgelegenen potenziellen Ladengeschäft in Golßen. Die in Tab. 5.8 dargestellten Zielfunktionswerte aller Variantenrechnungen sind mit diesem Wert zu vergleichen. Es ist ersichtlich, dass mit einer Erhöhung der Anzahl der Standorte eine Verminderung der maximal zu fahrenden Distanz einhergeht, bis das theoretische Minimum von 15,66 Kilometern erreicht wird. So liegen die Minimax-Werte der Varianten mit acht bis elf Standorten zwischen 151 bis 28 Prozent über dem geringstmöglichen Wert von 15,66 Kilometern, der mit einer Anzahl von 12 Standorten erreicht wird und durch eine Erhöhung der Standorte nicht mehr verbessert werden kann.

Tab. 5.8 Ergebnisse verschiedener Varianten für Beispiel 5.4

Anzahl Standorte	Zielfunktionswert	Abweichung vom Minimalwert	
8	39,35	23,69	151%
9	21,69	6,03	39%
10	20,34	4,68	30%
11	20,04	4,38	28%
12	15,66	0	0%
13	15,66	0	0%
14	15,66	0	0%

In diesem Zusammenhang stellt sich die Frage, ob hinsichtlich der in einem p-Zentren-Problem nicht beachteten Investitionsausgaben und Betriebskosten für die zu errichtenden Standorte eine Lösung mit zehn oder elf Standorten vorteilhafter gegenüber zwölf Standorten wäre, da die Minimax-Werte dieser beiden Varianten lediglich zu einer Erhöhung von 4,68 bzw. 4,38 Kilometern führen.

5.4 Überdeckungsprobleme

5.4.1 Überblick

Bei allen bisher diskutierten Standortproblemen wurden Distanzen oder Kosten als Zielgrößen betrachtet. Es können allerdings Problemfälle auftreten, bei denen nicht diese Zielgrößen, sondern Servicegesichtspunkte für eine Entscheidung relevant sind. Auf solche Problemstellungen trifft man beispielsweise, wenn Standorte so zu bestimmen sind, dass die in einem bestimmten Gebiet vorhandenen Bedarfsorte innerhalb einer maximalen Entfernung erreicht oder innerhalb einer maximalen Zeit bedient werden können. Das ist z. B. bei der Planung von Rettungsstellen relevant, für die sichergestellt werden muss, dass bestimmte Orte innerhalb einer bestimmten Zeit erreicht werden. Ein anderes Beispiel ist die Planung von Standorten für Supermärkte, die ausgehend von den einzelnen Kundenorten innerhalb bestimmter Entfernungen liegen sollten. Diese Servicestandorte sollen somit ein bestimmtes Gebiet und damit die dort befindlichen Bedarfsorte ab- bzw. überdecken.[48] So zeigt Abb. 5.29 ein Beispiel mit vier Standorten, die alle im Gesamtgebiet befindlichen Bedarfsorte überdecken.

---

48 Vgl. García und Marin (2019), S. 99 ff., Ghiani et al. (2022), S. 230, Daskin (2013), Pos. 2732, Snyder (2011), S. 109 f.

Überdeckungsprobleme

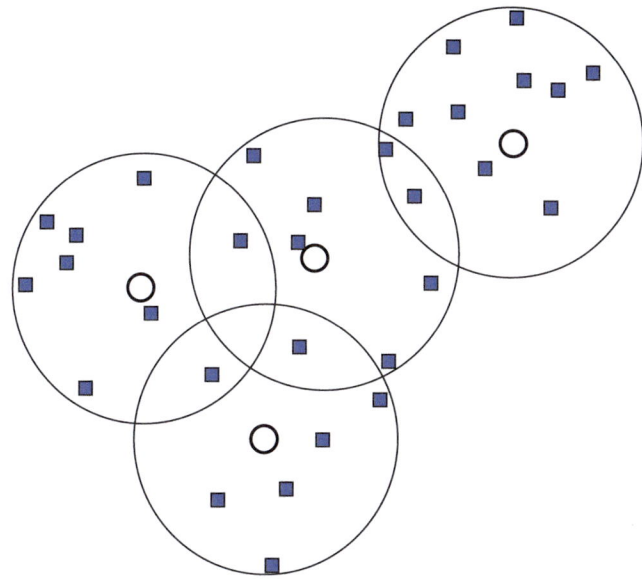

Abb. 5.29 Überdeckungsproblem mit vier Standorten

Es existieren mit dem *Set-Covering-Location-* und dem *Maximal-Covering-Location-Problem* zwei unterschiedliche Modellvarianten für Überdeckungsprobleme. Geht man davon aus, dass das Servicekriterium in der Distanz der Bedarfsknoten zu den Standorten besteht, sind beim Set-Covering-Location-Problem die Bedarfsorte innerhalb einer Maximalentfernung mit einer minimalen Zahl von Standorten (oder minimalen Betriebskosten) zu bedienen. Im Rahmen des Maximal-Covering-Location-Problems sind bei einer vorgegebenen Zahl von Standorten (oder vorgegebenen maximalen Betriebskosten) die Standorte so zu wählen, dass ein Maximum der Bedarfsorte innerhalb der höchstzulässigen Distanz bedient werden kann.

5.4.2 Das Set-Covering-Location-Problem

5.4.2.1 Problemstellung und mathematisches Modell

Es wird von einer Menge potenzieller Standorte S ausgegangen, mit der die Menge der Bedarfsorte D bedient werden soll. Ob ein potenzieller Standort $i \in S$ einen Bedarfsort $j \in D$ bedienen kann, wird mit einem binären Parameter a_{ij} abgebildet, der den Wert eins annimmt, wenn der Bedarfsort $j \in D$ vom Standort $i \in S$ gemäß dem gewählten Servicekriterium überdeckt werden kann. Die Fähigkeit der Überdeckung kann von unterschiedlichen Kriterien abgeleitet werden, wobei im Rahmen der Standortplanung oft von einer maximalen Distanz oder Fahrtzeit zwischen einem Bedarfsort und einem Standort ausgegangen wird.

Die Entscheidung, ob ein potenzieller Standort $i \in S$ als Standort eingerichtet werden soll, wird über die binäre Variable $x_i \in \{0,1\}$; $i \in S$ abgebildet. Ist der Wert dieser Variable gleich eins, wird der Standort eingerichtet. Es ist eine minimale Anzahl von Standorten aus der Menge S auszuwählen, mit der alle Bedarfsorte bedient bzw. überdeckt werden können.

Das Set-Covering-Location-Problem lässt sich auf der Basis dieser Definitionen wie folgt als binäres lineares Optimierungsmodell formulieren:[49]

$$\sum_{i \in S} x_i \to \min! \tag{5.46}$$

u.d.N.

$$\sum_{i \in S} a_{ij} \cdot x_i \geq 1 \quad ; j \in D \tag{5.47}$$

$$x_i \in \{0,1\} \quad ; i \in S \tag{5.48}$$

mit

Indexmengen:

S Menge der potenziellen Standorte

D Menge der Bedarfsorte

Indizes:

i Index der potenziellen Standorte, $i \in S$

j Index der Bedarfsorte, $j \in D$

Parameter:

a_{ij} Fähigkeit des Standorts i zur Bedienung des Bedarfsorts j

Variablen:

x_i Standortvariable für den potenziellen Standort i

Gemäß der Zielfunktion (5.46) ist die Summe der zu errichtenden Standorte zu minimieren. Sollen sprungfixe Betriebskosten F_i ; $i \in S$ für die Standorte einbezogen und die gesamten Betriebskosten der zu errichtenden Standorte minimiert werden, ist die Zielfunktion um die Betriebskosten zu erweitern:[50]

$$\sum_{i \in S} F_i \cdot x_i \to \min! \tag{5.49}$$

Mit der Nebenbedingung (5.47) wird sichergestellt, dass jeder Bedarfsort in Abhängigkeit von der Überdeckungsfähigkeit der Standorte von mindestens einem Standort bedient wird.

---

49   Vgl. Ghiani et al. (2022), S. 230, García und Marin (2019), S. 103, Mattfeld und Vahrenkamp (2014), S. 109 f.
50   Vgl. Daskin (2013), Pos. 2749.

Das Covering-Location-Problem ist in der oben angeführten Modellierung mit Verfahren der ganzzahligen linearen Optimierung lösbar, wobei es sich bei großen Probleminstanzen anbietet, die Überdeckungsmatrix anhand der folgenden Regeln zu reduzieren:[51]

- Unzulässige Spalten
  Enthält eine Spalte j der Überdeckungsmatrix nur Null-Elemente, dann kann dieser Bedarfsort von keinem Standort bedient werden. In diesem Fall ist das gesamte Problem nicht lösbar. Gegebenenfalls wird dieser Bedarfsort durch Löschen der Spalte j aus dem Entscheidungsproblem ausgeschlossen.

- Unzulässige Zeilen
  Besteht eine Zeile i ausschließlich aus Null-Elementen, ist der potenzielle Standort nicht in der Lage, mindestens einen Bedarfsort zu überdecken und steht daher nicht als potenzieller Standort zur Verfügung. Die Zeile i ist zu löschen.

- Standortfixierung
  Existiert in der Überdeckungsmatrix eine Spalte j, die lediglich ein einziges Zeilenelement i mit dem Wert eins enthält, dann kann der Bedarfsort j lediglich durch diesen einen Standort i überdeckt werden. Die zugehörige Standortvariable x_i ist auf den Wert eins zu fixieren. Die Zeile i und alle Spalten, die in der Zeile i den Wert eins besitzen, werden gestrichen. Diese Bedarfsorte werden damit vom fixierten Standort i überdeckt.

- Spaltendominanz
  Wird eine Spalte k von einer Spalte j dominiert, d. h. es gilt $a_{ij} \geq a_{ik}$; $i \in S$, kann die dominierte Spalte k gelöscht werden. Der Bedarfsort k wird garantiert überdeckt, wenn der Bedarfsort j überdeckt wird.

- Zeilendominanz
  Wird eine Zeile l von einer Zeile i dominiert, d. h. es gilt $a_{ij} \geq a_{lj}$; $j \in D$, kann die dominierte Zeile l gelöscht werden. Der dominierte potenzielle Standort l kann entfallen, da alle durch diesen Standort überdeckbaren Bedarfsorte auch vom Standort i bedient werden können. Die zugehörige Entscheidungsvariable x_l ist auf den Wert null zu fixieren oder vollständig aus dem Modell zu löschen. Werden allerdings die Betriebskosten als Zielkriterium gemäß Ausdruck (5.49) einbezogen, sind zusätzliche Analysen vorzunehmen. Beispielsweise kann die Zeile dann gelöscht werden, wenn die Betriebskosten aller anderen potenziellen Standorte kleiner oder gleich den Betriebskosten des dominierten Standorts l sind.

---

51 Vgl. zu den Reduktionsregeln Daskin (2013), Pos. 2810 ff., Mattfeld und Vahrenkamp (2014), S. 122.

Hinsichtlich weiterführender Aspekte der Lösbarkeit des Covering-Location-Problems bzw. von spezialisierten Lösungsverfahren sei auf die Literatur verwiesen.[52]

5.4.2.2 Lösung mit LogisticsLab/DLP

Neben weiteren diskreten Standortproblemen können Set-Covering-Location-Probleme mit LogisticsLab/DLP gelöst werden. Kleinere Probleme werden exakt mittels ganzzahliger linearer Optimierung gelöst, während für größere Probleme eine eigenständige, auf ganzzahliger linearer Optimierung basierende Heuristik verwendet wird. Dabei ist zu beachten, dass LogisticsLab/DLP alle Probleme als Single-Source-Problem löst, d. h., ein Nachfrageknoten ist immer nur einem Standort zugeordnet. Bei Set-Covering-Location-Problemen wird dabei immer der nächstgelegene Standort gewählt.

Beispiel 5.5: Set-Covering-Location-Problem
(Beispieldatei: europa-vertrieb.dlp)
Ein Unternehmen will neue europäische Lagerstandorte errichten, die insgesamt zwölf europäische Geschäftskunden bedienen sollen. Als mögliche Standorte wurden Southampton, Düsseldorf, Ferno und Wrocław identifiziert. Die Daten der vier potenziellen Standorte und der Kunden sind in Tab. 5.9 gegeben.

Tab. 5.9 Daten der potenziellen Lagerstandorte und der Kunden für Beispiel 5.5

Name	Land	Breite	Länge	Betriebskosten [€]
Ferno	Italy	45,61415	8,75455	1.000.000
Wroclaw	Poland	51,10898	17,03267	1.200.000
Southampton	United Kingdom	50,90253	-1,40419	800.000
Düsseldorf	Germany	51,2254	6,77631	900.000
Ludwigshafen am Rhein	Germany	49,47041	8,43816	0
Sankt Andrä	Austria	46,76611	14,82361	0
Leopoldshöhe	Germany	52,01252	8,69874	0
Giaveno	Italy	45,04201	7,35199	0
Legionowo	Poland	52,39523	20,93083	0
Plunge	Lithuania	55,91393	21,85339	0
Brzozów	Poland	49,69504	22,01965	0
Wakefield	United Kingdom	53,68295	-1,49673	0
Velyki Mosty	Ukraine	50,24016	24,13855	0
Bandol	France	43,13577	5,75236	0

---

52 Vgl. García und Marin (2019), S. 110 ff., Daskin (2013), Pos. 2896.

Name	Land	Breite	Länge	Betriebskosten [€]
Ljubljana	Slovenia	46,05003	14,50693	0
Johnstone	United Kingdom	55,83652	-4,51228	0

Die Aufgabe besteht darin, die Standorte zu finden, die die gesamten Betriebskosten minimieren und die Kunden in einem Umkreis von 1.000 Kilometern bedienen können.

Vorgehensweise

In einem ersten Schritt ist in LogisticsLab/DLP ein neues Problem zu generieren, indem der Menüeintrag *File → New Problem* oder die Schaltfläche *New Problem* in der Symbolleiste gewählt wird. Im darauf erscheinenden Dialog ist die Anzahl der potenziellen Standorte im Feld *Nr. of potential sources* und die der Kunden im Feld *Nr. of destinations* einzugeben (Abb. 5.30). Alle anderen Werte können auf den Standardwerten belassen werden.

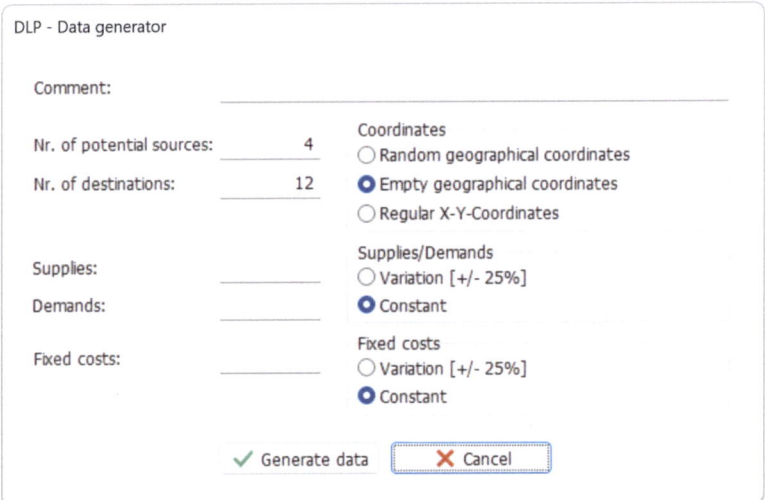

Abb. 5.30 Anlegen eines neuen Problems in LogisticsLab/DLP

Nach dem Anlegen des Problems sind im Datenbereich *Sources* die Daten der potenziellen Standorte und im Datenbereich *Destinations* die der Geschäftskunden gemäß Tab. 5.9 einzugeben (Abb. 5.31 und Abb. 5.32). In diesem Beispiel wurden die Standardbezeichner für die Anbieter (S0001 – S0004) und Nachfrager (D0001 – D0012) in der Spalte *Name* beibehalten und die Namen der Orte in die Spalte *City* eingetragen. Hinsichtlich der geografischen Koordinaten existieren zwei Möglichkeiten: Entweder werden sie eingegeben oder über die OpenStreetMap-Funktionalitäten abgerufen.

Problem Sources Destinations Variable costs

Nr. of potential sources: 4   Edit mode: [≡] [W]

Nr	Name	Lat	Long	Fixed costs	Supply	City	Country
1	S0001	45,61415	8,75455	1.000.000	0	Ferno	Italy
2	S0002	51,10898	17,03267	1.200.000	0	Wrocław	Poland
3	S0003	50,90253	-1,40419	800.000	0	Southampton	United Kingdom
4	S0004	51,22540	6,77631	900.000	0	Düsseldorf	Germany

[Add]   [Search & Add]   [Delete]   [All Coords]   [Node Coords]

Abb. 5.31 Eingabe der Daten der Standorte für Beispiel 5.5

Problem Sources Destinations Variable costs

Destinations: 12   Edit mode: [≡] [W]

Nr	Name	Lat	Long	Demand	City	Country
1	D0001	49,47041	8,43816	0	Ludwigshafen am Rhe	Germany
2	D0002	46,76611	14,82361	0	Sankt Andrä	Austria
3	D0003	52,01252	8,69874	0	Leopoldshöhe	Germany
4	D0004	45,04201	7,35199	0	Giaveno	Italy
5	D0005	52,39523	20,93083	0	Legionowo	Poland

[Add]   [Search & Add]   [Delete]   [All Coords]   [Node Coords]

Abb. 5.32 Eingabe der Daten der Nachfrager für Beispiel 5.5

Dazu bietet es sich an, zusätzlich zu den Bezeichnungen in der Spalte *City* auch die englische Staatenbezeichnung in der Spalte *Country* einzutragen. Anschließend können alle Koordinaten über die Schaltfläche *All Coords* oder für einen ausgewählten Ort über *Node Coords* abgerufen werden.

Die Distanzen zwischen den potenziellen Standorten und den Nachfrageorten sind über den Menüeintrag *Optimisation → Calculate variable costs* oder die Schaltfläche *Calculate variable costs* in der Symbolleiste zu bestimmen. Da reine Straßendistanzen betrachtet werden, ist im entsprechenden Dialog *OpenStreetMap-/Distances* zu wählen und ein Kostenfaktor (*Distance/cost factor per km*) gleich eins einzugeben. Die über die OpenStreetMap-Funktionalitäten abgerufenen Distanzen erscheinen automatisch im Datenbereich *Variable costs* (Abb. 5.33).

Überdeckungsprobleme

	Problem	Sources	Destinations	Variable costs		
Costs based on:	OSM/Distances in km					
Edit mode:	≊ ℳ					
	Nr	1	2	3	4	5
Nr	from\to	D0001	D0002	D0003	D0004	D0005
1	S0001		591,09	627,25	921,61	162,51	1582,78
2	S0002		801,74	800,41	693,37	1315,79	367,16
3	S0003		916,42	1663,16	848,75	1344,03	1769,07
4	S0004		287,62	1012,83	187,25	1013,18	1107,56

Abb. 5.33 Distanzmatrix für Beispiel 5.5 in LogisticsLab/DLP

Anschließend ist im Datenbereich *Problem* der Problemtyp als *Set covering location* sowie die maximale Überdeckungsdistanz von 1.000 Kilometern im Feld *Covering radius* zu spezifizieren (Abb. 5.34) und die Optimierung mit dem Menüeintrag *Optimisation → Start optimisation* oder die Schaltfläche *Optimise* in der Symbolleiste zu starten.

Problem   Sources   Destinations   Variable costs

File: europa-vertrieb.DLPX

Comment:

Destinations: 12   Demand:

Potential sources: 4   Supply:

Problem type
- ○ Warehouse location
- ● Set covering location
- ○ Maximal covering location
- ○ p-Median
- ○ p-Centre

☐ Capacity constraint
☐ Demand weighted

Covering radius: 1000   Max. covering c

Nr. of sources: 3   Max. solving tin

Abb. 5.34 Problemparameter für Beispiel 5.5 in LogisticsLab/DLP

Wie in Abb. 5.35 zu sehen, beträgt der Zielfunktionswert 3 Millionen Euro, da die potenziellen Standorte S001, S002 und S003 (Ferno, Wrocław und Southampton) gewählt wurden. Diese Standortwahl und die Zuordnungen der Nachfrageknoten werden auch in der Karte angezeigt (Abb. 5.36).

Active sources:	3
Costs fixed:	3.000.000,00
variable:	0,00
total:	3.000.000,00
Max. cost rate:	940,62
Flow:	12

Abb. 5.35 Zielfunktionswert für Beispiel 5.5

Abb. 5.36 Grafische Lösungen für Beispiel 5.5

Überdeckungsprobleme

Die Lösungen für die Standorte, inklusive der Anzahl der zugeordneten Nachfrageknoten und der Menge der zu bedienenden Kunden sind im Datenbereich *Sources* in den gelbfärbten Spalten zu sehen (Abb. 5.37). Analog sind die Lösungen, wie in Abb. 5.38 dargestellt, für die Nachfrageknoten im Datenbereich *Destinations* in den gelben Spalten zu finden.

Problem Sources Destinations Variable costs

Nr. of potential sources: 4   Edit mode:

Nr	Name	Lat	Long	Fixed costs	Act.	Nr. of dest.	Flow
1	S0001	45,61415	8,75455	1.000.000	A		5
2	S0002	51,10898	17,03267	1.200.000	A		5
3	S0003	50,90253	-1,40419	800.000	A		2
4	S0004	51,22540	6,77531	900.000			

Abb. 5.37 Lösungen der Standorte für Beispiel 5.5

Problem Sources Destinations Variable costs

Destinations: 12   Edit mode:

Nr	Name	Lat	Long	Source	Cost rate
1	D0001	49,47041	8,43816	S0001	591,09
2	D0002	46,76611	14,82361	S0001	627,25
3	D0003	52,01252	8,69874	S0002	693,37
4	D0004	45,04201	7,35199	S0001	162,51
5	D0005	52,39523	20,93083	S0002	367,16
6	D0006	55,91393	21,85339	S0002	940,62
7	D0007	49,69504	22,01965	S0002	484,35
8	D0008	53,68295	-1,49673	S0003	362,35
9	D0009	50,24016	24,13855	S0002	627,74
10	D0010	43,13577	5,75236	S0001	524,35
11	D0011	46,05003	14,50693	S0001	534,90
12	D0012	55,83652	-4,51228	S0003	703,22

Abb. 5.38 Lösungen der Nachfrageknoten für Beispiel 5.5

Mit den Standorten Ferno, Wrocław und Southampton können alle Kunden innerhalb einer Straßendistanz von 1.000 Kilometern bedient werden und zugleich die dazu notwendigen gesamten Betriebskosten minimiert werden. Nicht geklärt ist, ob die Standorte kapazitätsmäßig in der Lage wären, die zugeordneten Nachfrageknoten zu beliefern. So haben Ferno und Wrocław jeweils fünf und Southampton nur zwei Nachfrager zu bedienen (*Nr. of dest.* in Abb. 5.37).

5.4.3 Das Maximal-Covering-Location-Problem

5.4.3.1 Problemstellung und mathematisches Modell

Ein Maximal-Covering-Location-Problem liegt dann vor, wenn die Anzahl der potenziellen Standorte (oder die Betriebskosten) begrenzt ist und nicht alle Bedarfsorte in vollem Maße bedient werden können. In diesem Falle versucht man, die Standorte so zu wählen, dass ein maximaler Deckungsgrad erreicht wird.[53]

Es wird wiederum von einer Menge potenzieller Standorte S ausgegangen, mit der die Menge der Bedarfsorte D bedient werden soll. Die maximale Anzahl zu errichtender Standorte ist auf den Wert p beschränkt.

Wie beim Set-Covering-Location-Problem ist die Fähigkeit, ob ein potenzieller Standort $i \in S$ einen Bedarfsort $j \in D$ bedienen kann, durch den Parameter a_{ij} abgebildet. Zusätzlich ist für jeden Bedarfsort $j \in D$ der Bedarf b_j zu bestimmen. Neben den binären Standortvariablen $x_i \in \{0,1\}$; $i \in S$ sind die binären Variablen $y_j \in \{0,1\}$; $j \in D$ einzuführen, die abbilden, ob ein Bedarfsort j durch einen der Standorte bedient wird.

Das Maximal-Covering-Location-Problem lässt sich wie folgt als binäres lineares Optimierungsmodell formulieren:[54]

$$\sum_{j \in D} b_j \cdot y_j \to \max! \qquad (5.50)$$

u.d.N.

$$\sum_{i \in S} a_{ij} \cdot x_i \geq y_j \quad ; j \in D \qquad (5.51)$$

$$\sum_{i \in S} x_i \leq p \quad ; i \in S \qquad (5.52)$$

$$x_i \in \{0,1\} \quad ; i \in S \qquad (5.53)$$

$$y_j \in \{0,1\} \quad ; j \in D \qquad (5.54)$$

Zusätzlich zu den im Abschnitt 5.4.2.1 eingeführten Bezeichnungen gelten folgende Definitionen:

Parameter:

p maximale Anzahl von zu errichtenden Standorten

b_j Bedarf des Bedarfsortes $j \in D$

Variablen:

y_j Bedienungsvariable für den Bedarfsort $j \in D$

---

53 Vgl. Calik et al. (2019), S. 100, Snyder (2011), S. 119 ff.
54 Vgl. Church und Velle (1974), S. 103 f., Calik et al. (2019), S. 104 f., Snyder (2011), S. 119 ff., Daskin (2013), Pos. 3128 ff., Mattfeld und Vahrenkamp (2014), S. 116 ff.

Gemäß der zu maximierenden Zielfunktion (5.50) sind die Nachfragen der Bedarfsorte so stark wie möglich zu befriedigen. Die Bedingung (5.51) garantiert, dass die Bedienungsvariable y_j nur dann den Wert eins annehmen kann, wenn der Bedarfsknoten $j \in D$ durch einen der gewählten Standorte überdeckt wird. Mit der Bedingung (5.52) wird die Anzahl der ausgewählten Standorte auf maximal p begrenzt. Wenn die einzelnen Standorte unterschiedliche Betriebskosten besitzen, kann diese Nebenbedingung durch eine Obergrenze der Betriebskosten ersetzt werden.

$$\sum_{i \in S} F_i \cdot x_i \leq B \tag{5.55}$$

mit
Parameter:

B \quad Obergrenze der Betriebskosten

Das Maximal-Covering-Location-Problem lässt sich in der oben angeführten Modellierung mit Verfahren der ganzzahligen linearen Optimierung lösen. Zusätzlich bietet es sich an, die im Rahmen des Set-Covering-Location-Problems vorgestellten Möglichkeiten der Matrixreduzierung für die Überdeckungsmatrix anzuwenden.

Hinsichtlich weiterführender Aspekte der Lösbarkeit des Maximal-Covering-Location-Problems bzw. spezialisierter Lösungsverfahren sei wiederum auf die Literatur verwiesen.[55]

5.4.3.2 Lösung mit LogisticsLab/DLP

Neben weiteren diskreten Standortproblemen können Maximal-Covering-Probleme mit LogisticsLab/DLP gelöst werden. Wie bei den Set-Covering-Location-Problemen werden kleinere Probleme exakt mittels ganzzahliger linearer Optimierung gelöst, während für größere Probleme eine eigenständige, auf ganzzahliger linearer Optimierung basierende Heuristik verwendet wird. Dabei ist zu beachten, dass LogisticsLab/DLP alle Probleme als Single-Source-Problem löst, d.h., ein Nachfrageknoten ist immer nur einem Standort zugeordnet. Bei Maximal-Covering-Location-Problemen wird dabei immer der nächstgelegene Standort gewählt.

Beispiel 5.6: Maximal-Covering-Problem
(Beispieldatei: europa-vertrieb.dlp)
In dieser Fallstudie wird Beispiel 5.5 weitergeführt. Im Sinne der Lösung des Set-Covering-Location-Problems mit den Standorten Ferno, Wrocław und Southampton können alle Kunden innerhalb einer Straßendistanz von 1.000 Kilometern bedient werden, was zu minimalen gesamten Betriebskosten von drei Millionen Euro führt. Im Rahmen der Analyse dieser Entscheidung stellte die Geschäftsführung fest, dass lediglich 2,2 Millionen Euro für die jährlichen Betriebskosten möglich sind. Daher soll in einem neuen Ansatz entschieden werden, mit welchen der

---
55 Vgl. Mattfeld und Vahrenkamp (2014), S. 118 ff., Daskin (2013), Pos. 3183.

potenziellen Standorte unter Beachtung der maximalen Betriebskosten eine maximale Anzahl von Kunden innerhalb einer maximalen Distanz von 1.000 Kilometern bedient werden kann.

Vorgehensweise

Da diese Fallstudie auf Beispiel 5.5 basiert, kann diese Problemdatei wiederum mit den Daten für die potenziellen Standorte, der Nachfrageknoten sowie der Distanzmatrix verwendet werden.

Gemäß der Zielfunktion (5.50) ist die Summe der überdeckten Bedarfe zu maximieren. In diesem Beispiel soll die Anzahl der überdeckten Nachfrageorte maximiert werden. Daher ist der Bedarf jedes Nachfrageknotens im Problembereich *Destinations* in der Spalte *Demand* auf den Wert eins zu setzen (Abb. 5.39).

Problem   Sources   Destinations   Variable costs

Destinations: 12   Edit mode:

Nr	Name	Lat	Long	Demand	City
1	D0001	49,47041	8,43816	1	Ludwigshafen am Rhe
2	D0002	46,76611	14,82361	1	Sankt Andrä
3	D0003	52,01252	8,69874	1	Leopoldshöhe
4	D0004	45,04201	7,35199	1	Giaveno
5	D0005	52,39523	20,93083	1	Legionowo
6	D0006	55,91393	21,85339	1	Plunge
7	D0007	49,69504	22,01965	1	Brzozów
8	D0008	53,68295	-1,49673	1	Wakefield
9	D0009	50,24016	24,13855	1	Velyki Mosty
10	D0010	43,13577	5,75236	1	Bandol
11	D0011	46,05003	14,50693	1	Ljubljana
12	D0012	55,83652	-4,51228	1	Johnstone

Abb. 5.39 Änderung der Nachfragen für Beispiel 5.6 in LogisticsLab/DLP

Weiterhin sind die Problemparameter zu ändern. Dazu ist im Datenbereich *Problem,* wie in Abb. 5.40 dargestellt, der Problemtyp als *Maximal covering location* sowie die maximalen Kosten von 2,2 Millionen Euro im *Feld Max. covering costs* zu spezifizieren.

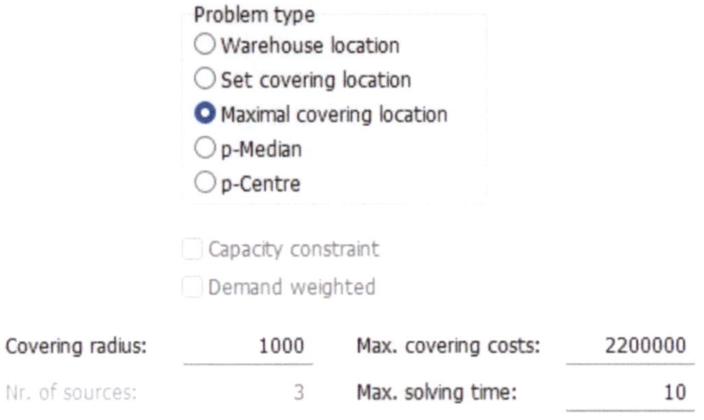

Überdeckungsprobleme

```
Problem type
○ Warehouse location
○ Set covering location
● Maximal covering location
○ p-Median
○ p-Centre

☐ Capacity constraint
☐ Demand weighted

Covering radius:    1000     Max. covering costs:   2200000
Nr. of sources:        3     Max. solving time:          10
```

Abb. 5.40 Problemparameter für Beispiel 5.6 in LogisticsLab/DLP

Optimiert man das Problem, ergibt sich ein Zielfunktionswert von zehn überdeckten Kunden, wie im Datenbereich *Problem* im Feld *Flow* zu sehen ist (Abb. 5.41). Weiterhin ist festzustellen, dass dieser Wert mit zwei Standorten (*Active sources*) und jährlichen Betriebskosten von 2 Millionen Euro (*Fixed costs*) erreicht wird.

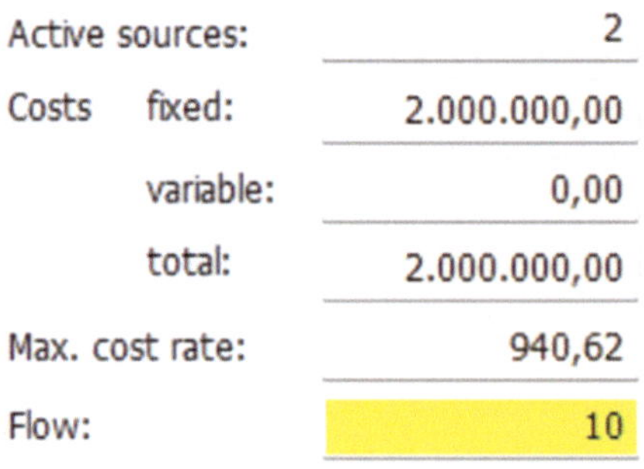

```
Active sources:                        2
Costs    fixed:              2.000.000,00
         variable:                    0,00
         total:              2.000.000,00
Max. cost rate:                     940,62
Flow:                                   10
```

Abb. 5.41 Zielfunktionswert für Beispiel 5.6

Bei den beiden ausgewählten Standorten handelt es sich um Wrocław und Southampton, wie in der Karte (inklusive der Kundenzuordnungen) und im Datenbereich Sources zu sehen ist (Abb. 5.42 und Abb. 5.43).

Abb. 5.42 Grafische Lösung für Beispiel 5.6

Die potenziellen Standorte in Ferno und Düsseldorf werden nicht errichtet. Betrachtet man die grafische Lösung in der Karte bzw. die Anzahl der Zuordnungen im Datenbereich Sources, erkennt man eine inhomogene Verteilung der Nachfrageknoten zu den beiden zu errichtenden Standorten.

Nr	Name	Lat	Long	Fixed costs	Act.	Nr. of dest.
1	S0001	45,61415	8,75455	1.000.000		
2	S0002	51,10898	17,03267	1.200.000	A	8
3	S0003	50,90253	-1,40419	800.000	A	2
4	S0004	51,22540	6,77631	900.000		

Abb. 5.43 Lösungen der Standorte für Beispiel 5.6

So hat Wrocław (S002) acht zugeordnete Kunden, während Southampton (S003) lediglich zwei Kunden zu bedienen hat. Da Kapazitäten im Rahmen eines Maximal-Covering-Problems nicht beachtet werden, stellt sich die Frage, ob diese Zuordnungen in der Realität logistisch durchführbar sind.

Von den insgesamt zwölf Nachfrageknoten können mit dieser Lösung lediglich zehn Kunden (Abb. 5.41, *Flow*) bedient werden. Sowohl in der Karte als auch anhand der Zuordnungen, die im Datenbereich *Destinations* (Abb. 5.44) in der Spalte *Source* zu sehen sind, ist ersichtlich, dass es sich um die beiden südlichsten Nachfrager Giaveno (D0004) in Italien und Bandol (D0010) in Frankreich handelt. Wenn diese Lösung umgesetzt würde, wäre eine weitere Entscheidung nötig, wie mit diesen beiden Kunden zukünftig umgegangen werden soll.

Nr	Name	Lat	Long	Source	Cost rate
1	D0001	49,47041	8,43816	S0002	801,74
2	D0002	46,76611	14,82361	S0002	800,41
3	D0003	52,01252	8,69874	S0002	693,37
4	D0004	45,04201	7,35199		162,51
5	D0005	52,39523	20,93083	S0002	367,16
6	D0006	55,91393	21,85339	S0002	940,62
7	D0007	49,69504	22,01965	S0002	484,35
8	D0008	53,68295	-1,49673	S0003	362,35
9	D0009	50,24016	24,13855	S0002	627,74
10	D0010	43,13577	5,75236		524,35
11	D0011	46,05003	14,50693	S0002	906,03
12	D0012	55,83652	-4,51228	S0003	703,22

Abb. 5.44 Lösungen der Nachfrageknoten für Beispiel 5.6

5.5 Warehouse-Location-Probleme

5.5.1 Überblick

Mit dem Begriff Warehouse-Location-Problem werden diskrete Standortprobleme bezeichnet, bei denen sowohl die sprungfixen Standortkosten als auch die variablen Transportkosten in die Standortentscheidung einbezogen werden.

Es existiert wiederum eine Menge potenzieller Standorte, deren sprungfixe Betriebskosten und Angebote bekannt sind. Für die Bedarfsorte liegen die Nachfragen vor. Weiterhin gehen in diese Modelle die variablen Transportkosten zwischen den potenziellen Standorten und den Bedarfsorten ein. Es sind aus der Menge der potenziellen Standorte die Standorte zu bestimmen, mit denen die Bedarfe der

Bedarfsorte befriedigt und die Summe der sprungfixen Standortkosten und der variablen Transportkosten minimiert werden.[56]

Zu den Warehouse-Location-Problemen gehört eine Vielzahl von unterschiedlichen Aufgabenstellungen, wobei im Weiteren das einstufige und das mehrstufige Warehouse-Location-Problem diskutiert werden.

Warehouse-Location-Probleme können als ganzzahlige lineare Optimierungsprobleme dargestellt werden und lassen sich in vielen Fällen mit entsprechenden Lösungsverfahren lösen. Größere Probleme können zu Laufzeitproblemen führen, so dass man in solchen Fällen auf spezialisierte Verfahren angewiesen ist.[57]

5.5.2 Einstufige Warehouse-Location-Probleme

5.5.2.1 Problemstellung und mathematisches Modell

Die einfachste Aufgabe aus dieser Gruppe von Standortproblemen ist das einstufige Warehouse-Location-Problem. Die allgemeine Problemstellung besteht in der Auswahl von Standorten aus einer Menge von potenziellen Standorten, mit denen die Belieferung der Kunden zu minimalen Gesamtkosten gewährleistet werden kann. Letztlich soll mit diesem Problem ein Trade-off zwischen den sprungfixen Standortkosten und den variablen Lieferkosten gefunden werden.[58]

Zur Formulierung eines gemischt-ganzzahligen linearen Modells wird von einem gerichteten Graphen $G = (N, A)$, bestehend aus einer Knotenmenge N und einer Menge der gerichteten Kanten A, ausgegangen. Die Menge der Knoten ist bipartit und setzt sich aus der Menge der potenziellen Standorte S und der Menge der Bedarfsknoten D mit $N = S \cup D$ zusammen. Jeder potenzielle Standort besitzt ein Angebot $a_i; i \in S$. Für jeden Bedarfsknoten liegt eine Nachfrage $b_j; j \in D$ vor. Mit c_{ij} werden die gesamten Transportkosten bezeichnet, die auf einer Kante $(i, j) \in A$ bei der Lieferung der Gesamtnachfrage eines Kunden $j \in D$ von einem Standort $i \in S$ auftreten. Sie können neben den reinen Transportkosten auch Kosten für den Umschlag und weitere mengenabhängige Kosten enthalten. Die sprungfixen Kosten, die mit der Einrichtung und dem Betrieb eines Standorts $i \in S$ verbunden sind, werden mit F_i bezeichnet. Sie können Mieten, Abschreibungen und sonstige Betriebskosten, aber auch Investitionsausgaben enthalten. Diese Kosten treten nur dann auf, wenn ein Standort tatsächlich ausgewählt und errichtet wird.

Wie alle Standortmodelle umfasst auch das Warehouse-Location-Problem zwei miteinander verbundene Entscheidungen. So sind die eigentlichen Standorte und die Zuordnung von Bedarfsknoten zu den ausgewählten Standorten simultan zu

---

56 Vgl. Ivanov et al. (2021), S. 160, Fernández und Landete (2019), S. 67 ff.
57 Vgl. z. B. Fernández und Landete (2019), S. 74 ff., Ghiani et al. (2022), S. 212 ff., Domschke und Drexl (1996), S. 60 ff.
58 Vgl. Ghiani et al. (2022), S. 200 f.

bestimmen. Die Standortwahl wird über die binären Variablen y_i ; $i \in S$ abgebildet. Wird am Knoten i ein Standort errichtet, nimmt die korrespondierende Variable y_i den Wert eins an. Die Zuordnung der einzelnen Kunden $j \in D$ zu den gewählten Standorten $i \in S$ erfolgt über die binären Variablen x_{ij}. Wird der j-te Kunde dem Standort i zugeordnet, ist die zugehörige Variable x_{ij} gleich dem Wert eins. Anhand dieser Definitionen lässt sich das einstufige Warehouse-Location-Problem als ganzzahliges lineares Optimierungsproblem wie folgt formulieren:[59]

$$\sum_{i \in S} \sum_{j \in D} c_{ij} \cdot x_{ij} + \sum_{i \in S} F_i \cdot y_i \to \min! \qquad (5.56)$$

u.d.N.

$$\sum_{i \in S} x_{ij} = 1 \qquad ; j \in D \qquad (5.57)$$

$$\sum_{j \in D} b_j \cdot x_{ij} \le a_i \cdot y_i \quad ; i \in S \qquad (5.58)$$

$$x_{ij} \in \{0,1\} \qquad ; i \in S, j \in D \qquad (5.59)$$

$$y_i \in \{0,1\} \qquad ; i \in S \qquad (5.60)$$

mit
Indexmengen:

S   Menge der potenziellen Standorte

D   Menge der Bedarfsknoten

Indizes:

i Index der potenziellen Standorte, $i \in S$

j Index der Bedarfsknoten, $j \in D$

Parameter:

a_i Angebotsmenge bzw. Kapazität des i-ten potenziellen Standorts

b_j Bedarfsmenge des j-ten Bedarfsknotens

c_{ij} Transportkosten für die gesamte Lieferung vom Standort i zum Bedarfsknoten j

F_i sprungfixe Kosten des Standorts i

Variablen:

x_{ij} Zuordnungsvariable des Bedarfsknotens j zum Standort i

y_i Standortvariable für Knoten i

---

[59] Vgl. Fernández und Landete (2019), S. 100 f., Ghiani et al. (2022), S. 203, Domschke und Drexl (1996), S. 53 f.

Gemäß der Zielfunktion (5.56) ist die simultane Zuordnungs- und Standortentscheidung so zu treffen, dass die Summe der Transport- und der sprungfixen Standortkosten minimiert wird. Mit der Nebenbedingung (5.57) wird für jeden Bedarfsknoten die vollständige Belieferung sichergestellt und zugleich definiert, dass ein Bedarfsknoten immer von genau einem Standort beliefert wird. Ausdruck (5.58) verbindet die Zuordnungsvariablen mit den korrespondierenden Standortvariablen und stellt sicher, dass ein Bedarfsknoten j nur dann einem Standort i zugeordnet wird, wenn dieser tatsächlich errichtet wird. Zusätzlich stellt diese Bedingung für alle Angebotsknoten sicher, dass die zu liefernden Mengen die Kapazitäten der Standorte nicht überschreiten. In diesem Zusammenhang wird angenommen, dass die Summe der Angebote größer oder gleich der Summe der Nachfragen ist.

$$\sum_{i \in N} a_i \geq \sum_{i \in N} b_i \qquad (5.61)$$

5.5.2.2 Lösung mit LogisticsLab/DLP

Neben weiteren diskreten Standortproblemen können Warehouse-Location-Probleme mit LogisticsLab/DLP gelöst werden. Dabei werden für kleinere Probleme Verfahren der ganzzahligen linearen Optimierung und für größere eine Heuristik verwendet, die auf ganzzahliger linearer Optimierung basiert.

Beispiel 5.7: Einstufiges Warehouse-Location-Problem
(Beispieldatei: europa-vertrieb-wlp.dlp)

In dieser Fallstudie wird Beispiel 5.5 weitergeführt. Gegenüber den bisherigen Betrachtungen zu den p-Median- bzw. p-Zentren-Problemen sollen in diesem Beispiel zusätzlich die Angebote der vier europäischen Lagerstandorte sowie die Nachfragen der zwölf Geschäftskunden gemäß Tab. 5.10 in die Standortentscheidung einbezogen werden. Weiterhin ist zu beachten, dass die Transportstückkosten 20 Cent je Kilometer betragen.

Tab. 5.10 Daten der potenziellen Lagerstandorte und der Kunden für Beispiel 5.7

Name	Land	Angebot	Nachfrage
Ferno	Italy	1.200	
Wroclaw	Poland	1.500	
Southampton	United Kingdom	750	
Düsseldorf	Germany	750	
Ludwigshafen am Rhein	Germany		500
Sankt Andrä	Austria		350
Leopoldshöhe	Germany		230
Giaveno	Italy		410
Legionowo	Poland		300

Warehouse-Location-Probleme

Name	Land	Angebot	Nachfrage
Plunge	Lithuania		100
Brzozów	Poland		250
Wakefield	United Kingdom		300
Velyki Mosty	Ukraine		260
Bandol	France		240
Ljubljana	Slovenia		255
Johnstone	United Kingdom		180

Es sollen aus der Menge der potenziellen Standorte die europäischen Lagerstandorte ausgewählt werden, mit denen die zugeordneten Geschäftskunden kostenminimal unter Beachtung der beschränkten Angebote der Lagerstandorte beliefert werden können. Die gesamten zu minimierenden Kosten setzen sich aus den Transport- und den Betriebskosten der Standorte zusammen.

Vorgehensweise

Da diese Fallstudie auf Beispiel 5.5 basiert, kann diese Problemdatei wiederum mit den Daten für die potenziellen Standorte sowie der Nachfrageknoten verwendet werden. Es sind lediglich die Angebote der Lagerstandorte im Datenbereich *Sources* in die Spalte *Supply* (Abb. 5.45) und die Nachfragen der Geschäftskunden im Datenbereich *Destinations* in der Spalte *Demand* (Abb. 5.46) einzutragen.

Nr	Name	Lat	Long	Fixed costs	Supply
1	S0001	45,61415	8,75455	1.000.000	1200
2	S0002	51,10898	17,03267	1.200.000	1500
3	S0003	50,90253	-1,40419	800.000	750
4	S0004	51,22540	6,77631	900.000	750

Abb. 5.45 Daten der Standorte für Beispiel 5.7 in LogisticsLab/DLP

Da im ursprünglichen Beispiel reine Distanzen verwendet wurden und jetzt Transportstückkosten 20 Cent je Kilometer Anwendung finden, ist die Transportkostenmatrix über den Menüeintrag *Optimisation* → *Calculate variable costs* oder die Schaltfläche *Calculate variable costs* in der Symbolleiste neu zu bestimmen. Dazu ist im entsprechenden Dialog *OpenStreetMap/Distances* zu wählen und ein Kostenfaktor (*Distance/cost factor per km*) gleich 0,2 einzugeben (Abb. 5.47).

Problem Sources Destinations Variable costs

Destinations:		12		Edit mode:	
Nr	Name	Lat	Long	Demand	
1	D0001	49,47041	8,43816	500	
2	D0002	46,76611	14,82361	350	
3	D0003	52,01252	8,69874	230	
4	D0004	45,04201	7,35199	410	
5	D0005	52,39523	20,93083	300	
6	D0006	55,91393	21,85339	100	
7	D0007	49,69504	22,01965	250	
8	D0008	53,68295	-1,49673	300	
9	D0009	50,24016	24,13855	260	
10	D0010	43,13577	5,75236	240	
11	D0011	46,05003	14,50693	255	
12	D0012	55,83652	-4,51228	180	

Abb. 5.46 Daten der Geschäftskunden für Beispiel 5.7 in LogisticsLab/DLP

Die über die OpenStreetMap-Funktionalitäten abgerufenen Distanzen erscheinen automatisch im Datenbereich *Variable costs* (Abb. 5.48).

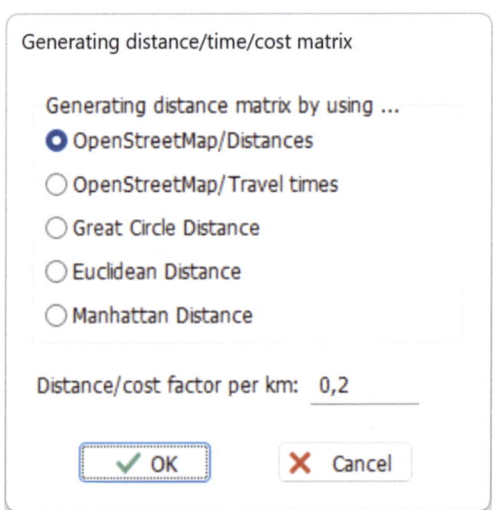

Abb. 5.47 Bestimmung der Transportkostenmatrix für Beispiel 5.7 in LogisticsLab/DLP

Warehouse-Location-Probleme

Nr	from\to	1 D0001	2 D0002	3 D0003	4 D0004
1	S0001	118,22	125,45	184,32	32,50
2	S0002	160,35	160,08	138,67	263,16
3	S0003	183,28	332,63	169,75	268,81
4	S0004	57,52	202,57	37,45	202,64

Abb. 5.48 Transportkostenmatrix für Beispiel 5.7 in LogisticsLab/DLP

Bevor die Optimierung mit dem Menüeintrag *Optimisation → Start optimisation* oder die Schaltfläche *Optimise* in der Symbolleiste gestartet wird, ist im Datenbereich *Problem* der Problemtyp als *Warehouse location* zu wählen sowie die Bedingung Capacity constraint zu aktivieren (Abb. 5.49).

File: europa-vertrieb-wlp.DLPX

Destinations: 12 Demand: 3.375
Potential sources: 4 Supply: 4.200

Problem type:
- ● Warehouse location
- ○ Set covering location
- ○ Maximal covering location
- ○ p-Median
- ○ p-Centre

☑ Capacity constraint

Abb. 5.49 Problemparameter für Beispiel 5.7 in LogisticsLab/DLP

Die Optimierung führt zu einem Zielfunktionswert von 3.400.115,82 Euro, der sich aus 400.115,82 Euro Transportkosten und 3.000.000 Euro Betriebskosten für die ausgewählten Standorte S001, S002 und S003 (Ferno, Wrocław und Southampton) zusammensetzt (Abb. 5.50).

Active sources:	3
Costs fixed:	3.000.000,00
variable:	400.115,82
total:	**3.400.115,82**
Max. cost rate:	67.717,82
Flow:	3.375

Abb. 5.50 Zielfunktionswert für Beispiel 5.7

Diese Standortwahl und die Zuordnungen der Nachfrageknoten werden in der Karte angezeigt (Abb. 5.51).

Abb. 5.51 Grafische Lösung für Beispiel 5.7

Die Details der Standortwahl sind im Datenbereich *Source* ersichtlich. Betrachtet man in Abb. 5.52 die gelb gefärbten Lösungsdaten, erkennt man, dass alle drei gewählten Standorte de facto vollständig ausgelastet sind, wobei S0002-Wrocław die höchste Anzahl von Kunden zu bedienen hat. Die Zuordnungen der Geschäftskunden zu den gewählten europäischen Lagerstandorten sind, wie in Abb. 5.53 im Datenbereich *Destinations* in den letzten drei Spalten angegeben.

Warehouse-Location-Probleme

Problem Sources Dest

Nr. of potential sources:

Nr	Name	Supply	City	Act.	Nr. of dest.	Flow
1	S0001	1200	Ferno	A	3	1165
2	S0002	1500	Wroclaw	A	6	1490
3	S0003	750	Southampton	A	3	720
4	S0004	750	Düsseldorf			

Abb. 5.52 Lösungen der Standorte für Beispiel 5.7

Problem Sources Destin

Destinations: 1

Nr	Name	Demand	City	Source	Cost rate	Costs
1	D0001	500	Ludwigshafen am Rhe	S0001	118,22	59.109,438
2	D0002	350	Sankt Andrä	S0002	160,08	56.028,744
3	D0003	230	Leopoldshöhe	S0002	138,67	31.894,919
4	D0004	410	Giaveno	S0001	32,50	13.325,877
5	D0005	300	Legionowo	S0002	73,43	22.029,865
6	D0006	100	Plunge	S0002	188,12	18.812,445
7	D0007	250	Brzozów	S0002	96,87	24.217,269
8	D0008	300	Wakefield	S0003	72,47	21.741,073
9	D0009	260	Velyki Mosty	S0002	125,55	32.642,415
10	D0010	240	Bandol	S0003	282,16	67.717,824
11	D0011	255	Ljubljana	S0001	106,98	27.279,884
12	D0012	180	Johnstone	S0003	140,64	25.316,071

Abb. 5.53 Lösungen der Nachfrageknoten für Beispiel 5.7

Obwohl es sich bei dieser Lösung anhand der gegebenen Daten um die optimale Lösung handelt, die die gesamten Transport- und Betriebskosten minimiert, erscheint sie doch partiell unausgewogen. So weist der Geschäftskunde D0010 in Bandol die höchsten Transportstückkosten von 282,16 Euro auf. Dieser hohe Kostensatz basiert, wie in Abb. 5.54 hervorgehoben, auf der Zuordnung dieses Kunden zum Standort S0003 in Southampton und der daraus resultierenden hohen Transportdistanz.

Es scheint naheliegend, dass dieser Geschäftskunde durch Standort S0001 in Ferno bedient werden sollte. Diese Zuordnung ist allerdings aufgrund der beschränkten Kapazitäten, die durch die diesem Standort zugeordneten Kunden D0001, D0004 und D0011 (Ludwigshafen am Rhein, Giaveno und Ljubljana) ausgelastet sind, nicht möglich. Somit liegt zwar eine im Sinne der Transport- und Betriebskosten optimale Lösung vor, die weitere Analysen bedingen sollte. So müsste untersucht werden, ob mit einer Kapazitätssteigerung für den Standort S0001 in

Abb. 5.54 Teillösung für Beispiel 5.7 in LogisticsLab/DLP

Ferno eine ausreichende Verringerung der Transportkosten einhergeht, die die daraus resultierenden zusätzlichen Investitionsausgaben und höheren Betriebskosten deckt.

5.5.3 Mehrstufige Warehouse-Location-Probleme

5.5.3.1 Problemstellung und mathematisches Modell

Bei den bisher betrachteten Warehouse-Location-Problemen wurde die Standortproblematik nur auf einer Stufe des Netzwerks betrachtet. Liegen allerdings mehrstufige Netzwerke vor, kann die Standortbestimmung auf unterschiedlichen Stufen des Netzwerks relevant sein. Als Beispiel lassen sich die Planung eines Distributionsnetzes mit Zentral- und Regionallagern nennen, deren Standorte kostenminimal zu bestimmen sind.[60]

Zur Modellierung wird das *Fixed-Charge-Minimum-Cost-Flow-Problem* verwendet, welches das Minimum-Cost-Flow-Problem um sprungfixe Kosten für die Nutzung von Kanten erweitert. Es wird dabei von einem gerichteten Graphen $G = (N, A)$ ausgegangen, wobei N die Knotenmenge und A die Menge der gerichteten Kanten bezeichnet.

---

60 Vgl. Domschke et al. (2019), S. 7f., Ghiani et al. (2022), S. 222 f., Domschke und Drexl (1996), S. 57, Matuschke (2014), S. 18.

Für jede Kante $(i,j) \in A$ existieren Kosten c_{ij} je Mengeneinheit des vom Knoten $i \in N$ zum Knoten $j \in N$ zu transportierenden homogenen Gutes. Die Knotenmenge N setzt sich aus Versendern, Empfängern und Umladeknoten zusammen. Stellt ein Knoten $i \in N$ einen Versender dar, besitzt er ein ganzzahliges Angebot a_i. Als Empfänger verfügt ein Knoten $i \in N$ über einen ganzzahligen Bedarf b_i. Weiterhin können Umladeknoten $i \in N$ auftreten, bei denen die eingehenden Güter auf die aus diesen Knoten ausgehenden Sendungen aufgeteilt werden.

Die über die Kanten $(i,j) \in A$ zu transportierenden Mengen werden in Form der kontinuierlichen Variablen x_{ij} abgebildet, wobei die Transportmenge auf einer Kante $(i,j) \in A$ durch eine untere Schranke x_{ij}^u sowie eine obere Schranke x_{ij}^o beschränkt ist. Wird eine Kante $(i,j) \in A$ genutzt, nimmt die binäre Kantenbenutzungsvariable y_{ij} den Wert eins an und es treten sprungfixe Kosten F_{ij} auf. Auf der Basis dieser Definitionen lässt sich das Fixed-Charge-Minimum-Cost-Flow-Problem wie folgt formulieren:[61]

$$\sum_{(i,j)\in A} c_{ij} \cdot x_{ij} + \sum_{(i,j)\in A} F_{ij} \cdot y_{ij} \to \min! \tag{5.62}$$

u.d.N.

$$\sum_{\{j|(i,j)\in A\}} x_{ij} - \sum_{\{j|(j,i)\in A\}} x_{ji} = a_i - b_i \qquad ; i \in N \tag{5.63}$$

$$x_{ij}^u \leq x_{ij} \leq x_{ij}^o \cdot y_{ij} \qquad ;(i,j) \in A \tag{5.64}$$

$$y_{ij} \in \{0,1\} \qquad ;(i,j) \in A \tag{5.65}$$

mit

Indexmengen:

A Menge der gerichteten Kanten

N Menge der Knoten

Indizes:

(i,j) Index der gerichteten Kanten, $(i,j) \in A$

i,j Indizes der Knoten, $i,j \in N$

Parameter:

c_{ij} Kostensatz für den Transport einer Mengeneinheit auf der gerichteten Kante $(i,j) \in A$

F_{ij} sprungfixe Kosten für die Benutzung der gerichteten Kante $(i,j) \in A$

a_i Angebotsmenge des i-ten Knotens

b_i Bedarfsmenge des i-ten Knotens

---

61   Vgl. Ghiani et al. (2022), S. 475, Kim und Pardalos et al. (2002), S. 148 ff.

x_{ij}^u Untergrenze der Transportmenge auf der gerichteten Kante $(i,j) \in A$

x_{ij}^o Obergrenze der Transportmenge auf der gerichteten Kante $(i,j) \in A$

Variablen:

x_{ij} Transportmenge auf der gerichteten Kante $(i,j) \in A$

y_{ij} Nutzungsvariable für die gerichteten Kante $(i,j) \in A$

Die Zielfunktion (5.62) minimiert die Summe der Transportkosten und der sprungfixen Kosten in Abhängigkeit von den Flussmengen x_{ij} und den Kantennutzungsvariablen y_{ij}. Die Flusserhaltungsbedingungen in (5.63) stellen sicher, dass die Angebotsknoten ihre kompletten Mengen ausliefern, dass die in einen Umladeknoten eingehende Menge den Knoten auch wieder vollständig verlässt und dass die Bedarfe der Empfängerknoten vollständig befriedigt werden. Ausdruck (5.64) stellt sicher, dass die Transportmengen innerhalb der vorgesehenen Unter- und Obergrenzen bleiben. Zugleich muss eine Kantennutzungsvariable y_{ij} den Wert eins annehmen, wenn die korrespondierende Transportmenge x_{ij} positiv ist. In diesem Fall wird der Fixkostenausdruck in der Zielfunktion wirksam.

Dieses Modell kann nun für ein mehrstufiges Warehouse-Location-Problem adaptiert werden. Es wird im Weiteren unterstellt, dass eine Standortentscheidung nur für Umladeknoten zu treffen ist. Für jeden dieser Knoten liegen die Kapazitäten und die sprungfixen Kosten vor, die anfallen würden, wenn an einem solchen Knoten ein Standort errichtet und betrieben wird.

Da im bisher dargestellten Modell Knotengewichte wie z. B. Ober- und Untergrenzen für Kapazitäten kap_i^u, kap_i^o und knotenspezifische Fixkosten F_i nicht abgebildet werden können, ist analog der Vorgehensweise bei mehrstufigen Transportproblemen für solche Umladeknoten eine Knotenaufspaltung vorzunehmen. Dazu ist, wie in Abb. 5.55 zu sehen, ein solcher Knoten in zwei Knoten aufzuspalten und durch eine Kante zu verbinden, die die ursprünglichen Knotenbewertungen als Kantenbewertungen aufnimmt.[62] Eine solche künstliche Kante zwischen den Knoten ia und den Knoten ib besitzt variable Transportkosten $c_{ia,ib}$ von null. Die Kapazitätsbeschränkungen des potenziellen Standorts stellen nun die Ober- und Untergrenzen der Flussmenge auf dieser Kante $x_{ia,ib}^u \leq x_{ia,ib} \leq x_{ia,ib}^o$; $x_{ia,ib}^u = kap_i^u, x_{ia,ib}^o = kap_i^o$ dar.

---

62   Vgl. Suhl und Mellouli (2013), S. 194 f.

Warehouse-Location-Probleme

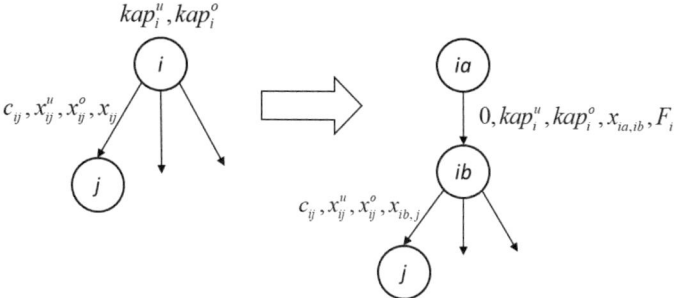

Abb. 5.55 Knotensplittung im Rahmen von Fixed-Charge-Minimum-Cost-Flow-Problemen

Mit einer solchen Vorgehensweise lässt sich das Fixed-Charge-Minimum-Cost-Flow-Problem unverändert für das mehrstufige Warehouse-Location-Problem verwenden, wobei nun die binären Variablen y_{ij} als Standortvariablen und die reellwertigen Flussmengen x_{ij} als Zuordnungsvariablen interpretiert werden können. Für alle Knoten, die nicht im Sinne der Standortwahl relevant sind, d. h. die Versender- und die Empfängerknoten, sind die Fixkosten mit dem Wert null zu belegen. Allerdings bietet es sich an, die Größe eines solchen Modells zu reduzieren, indem die Fixkosten und die Standortvariablen nur für die im Sinne der Standortwahl betrachteten Umladeknoten definiert werden. Daher wird als echte Teilmenge der Kantenmenge A eine zusätzliche Indexmenge $A_S \subset A$ für die Kanten eingeführt, die aus der Aufspaltung der in die Standortwahl einzubeziehenden Umladeknoten resultiert. Nur für diese neuen künstlichen Kanten werden die Fixkosten sowie die Standortvariablen definiert. Das veränderte Fixed-Charge-Minimum-Cost-Flow-Problem für das mehrstufige kapazitierte Warehouse-Location-Problem lässt sich dann wie folgt als gemischt-ganzzahliges lineares Optimierungsmodell formulieren:

$$\sum_{(i,j) \in A} c_{ij} \cdot x_{ij} + \sum_{(i,j) \in A_s} F_{ij} \cdot y_{ij} \to \min! \tag{5.66}$$

u.d.N.

$$\sum_{\{j|(i,j) \in A\}} x_{ij} - \sum_{\{j|(j,i) \in A\}} x_{ji} = a_i - b_i \qquad ; i \in N \tag{5.67}$$

$$x_{ij}^u \le x_{ij} \le x_{ij}^o \qquad ;(i,j) \in A \setminus A_s \tag{5.68}$$

$$x_{ij}^u \le x_{ij} \le x_{ij}^o \cdot y_{ij} \qquad ;(i,j) \in A_s \tag{5.69}$$

$$y_{ij} \in \{0,1\} \qquad ;(i,j) \in A_s \tag{5.70}$$

Zusätzlich zu den in diesem Abschnitt definierten Bezeichnungen gilt:
Indexmengen:

A_S Menge der künstlichen Kanten für die potenziellen Standorte, $A_S \subset A$

Wie im ursprünglichen Modell minimiert die Zielfunktion (5.66) die Summe der Transportkosten und der sprungfixen Kosten der gewählten Standorte, wobei im zweiten Ausdruck der Zielfunktion die sprungfixen Kosten lediglich für die Kanten der aufgespaltenen Knoten der potenziellen Standorte betrachtet werden. Die Flusserhaltungsbedingungen (5.67) sind unverändert. Die ursprünglichen Kantenkapazitätsrestriktionen (5.64) sind für die Kanten der potenziellen Standorte $(i,j) \in A_S$ gemäß Ausdruck (5.69) und für alle anderen Kanten $(i,j) \in A \setminus A_S$ gemäß Ausdruck (5.68) separat zu betrachten, da die binären Standortvariablen y_{ij} nur für die potenziellen Standorte einzubeziehen sind.

Als gemischt-ganzzahliges lineares Optimierungsmodell kann das mehrstufige kapazitierte Warehouse-Location-Problem mittels Lösungsverfahren der ganzzahligen linearen Optimierung gelöst werden. Für große Modellinstanzen bietet es sich allerdings an, spezialisierte Lösungsverfahren für das Fixed-Charge-Minimum-Cost-Flow-Problem anzuwenden.[63]

Dieses Problem lässt sich einfach erweitern. Wenn beispielsweise auch die Versenderknoten als potenzielle Standorte einbezogen werden sollen, ist eine einzige Senke als zusätzlicher Knoten mit einem Angebot, das der Summe aller Angebote entspricht, einzuführen und vollständig mit den Versenderknoten zu verbinden. Diese Kanten sind in die Menge $A_S \subset A$ aufzunehmen und analog den bisher betrachteten, auf der Knotenaufspaltung der Umladeknoten resultierenden, Kanten zu behandeln. Die variablen Transportkosten je Mengeneinheit betragen null. Die Obergrenzen der Kantenkapazitäten sind gleich den Angeboten der korrespondierenden Versenderknoten. Zusätzlich sind die Fixkosten und die binären Standortvariablen für diese neuen künstlichen Kanten einzuführen.

Im bisher betrachteten mehrstufigen Modell kann ein Nachfrageknoten durch mehrere Umladeknoten bedient werden. Wenn zusätzlich Single-Sourcing in das Modell einbezogen werden soll, sind zusätzliche Nebenbedingungen einzuführen. Betrifft das Single-Sourcing nur die Menge der Empfängerknoten $D \subset N$, sind für diese Knoten die Variablen x_{ij} der in diese Knoten eingehenden Kanten als diskrete Variablen zu fordern:

$$x_{ij} \in \{0, b_j\} \; ; j \in D, \{i : (i,j) \in A\} \qquad (5.71)$$

Für eine alternative Formulierung sind die zusätzlichen Variablen w_{ij} einzuführen, die gemäß Ausdruck (5.72) den Wert eins annehmen, wenn die korrespondierende Flussvariable x_{ij} einen positiven Wert besitzt. Die Summe dieser Variablen über die in einen Empfängerknoten eingehenden Kanten hat gemäß Ausdruck (5.74) dann gleich dem Wert eins zu sein:

---

63 Vgl. Ghiani et al. (2022), S. 475 ff., Kim und Hooker (2002).

$$x_{ij} \le b_j \cdot w_{ij} \qquad ; j \in D, \{i : (i,j) \in A\} \qquad (5.72)$$

$$\sum_{\{i:(i,j)\in A\}} w_{ij} = 1 \qquad ; j \in D \qquad (5.73)$$

$$w_{ij} \in \{0,1\} \qquad ; j \in D, \{i : (i,j) \in A\} \qquad (5.74)$$

5.5.3.2 Lösung mit CMPL

In diesem Abschnitt wird die Lösung eines mehrstufigen kapazitierten Warehouse-Location-Problems auf der Basis der ganzzahligen linearen Optimierung mit CMPL erörtert.

Beispiel 5.8: Mehrstufiges Warehouse-Location-Problem
(Beispieldatei: wlp-mehrstufig.cmpl, transport.xlsx → wlp-mehrstufig)
Es wird das mehrstufige europäische Distributionsnetz eines Herstellers von Körperpflegeartikeln betrachtet. Dieses Unternehmen produziert kosmetische Artikel in drei europäischen Werken (W1–W3). Zusätzlich benötigte Angebotsmengen werden aus Übersee bezogen und im Hafen von Rotterdam (H) bereitgestellt. Die Distribution soll über drei Zentrallager (Z1–Z3), vier Regionallager (R1–R4) und sieben Distributionszentren (D1–D7) in alle europäischen Länder erfolgen. Das gesamte Distributionsnetz ist schematisch, d. h. ohne Beachtung der Originalkoordinaten, inklusive der monatlichen Angebote der drei Werke und des Hafens in Rotterdam, der monatlichen Nachfragen der sieben Distributionszentren sowie der Kapazitäten der geplanten Zentral- und Regionallager in Abb. 5.56 gegeben.

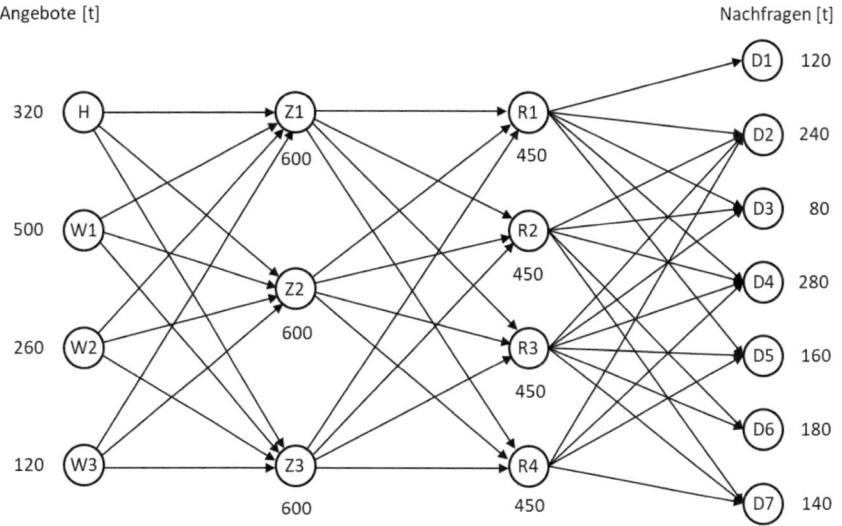

Abb. 5.56 Schematisches Distributionsnetz für Beispiel 5.8

Die Kapazitäten der geplanten Zentrallager betragen jeweils 600 Tonnen und die der Regionallager jeweils 450 Tonnen. Weiterhin wurden die sprungfixen Kosten für den Betrieb der Zentral- und Regionallager geplant und in Tab. 5.11 angegeben.

Tab. 5.11 Sprungfixe Kosten der potenziellen Standorte für Beispiel 5.8

Name	Fixkosten [Euro]
Z1	25.000
Z2	20.000
Z3	20.000
R1	25.000
R2	20.000
R3	15.000
R4	20.000

In den folgenden Tabellen (Tab. 5.12, Tab. 5.13, Tab. 5.14) sind die mit örtlichen Transportdienstleistern vereinbarten Frachtsätze angegeben. Im Rahmen der Verhandlungen wurde eine monatliche Transportkapazität von 340 Tonnen zwischen den Angebotsknoten (H und W1–W3) sowie zwischen den Regionallagern (R1–R4) und den Distributionszentren (D1–D7) vereinbart. Die Transportkapazitäten zwischen den Zentral- und den Regionallagern betragen einheitlich 600 Tonnen.

Tab. 5.12 Frachtsätze in €/t für Transporte zu den Zentrallagern für Beispiel 5.8

	Z1	Z2	Z3
H	25	45	60
W1	12	50	36
W2	110	62	54
W3	30	24	28

Tab. 5.13 Frachtsätze in €/t für Transporte zu den Regionallagern für Beispiel 5.8

	R1	R2	R3	R4
Z1	15	18	24	20
Z2	28	30	22	12
Z3	22	14	16	8

Tab. 5.14 Frachtsätze in €/t für Transporte zu den Distributionszentren für Beispiel 5.8

	D1	D2	D3	D4	D5	D6	D7
R1	60	52	70	60	40	-	-
R2	-	84	15	28	-	42	120
R3	-	72	42	18	30	50	60
R4	-	74	-	45	20	-	110

Alle angegebenen Zentral- und Regionallager stellen potenzielle Standorte dar. Die Aufgabe für die Logistikabteilung besteht darin, die Zentral- und Regionallager zu bestimmen, mit denen alle notwendigen Transporte zwischen den Ausgangsknoten (W1–W3 und H) zu den Distributionszentren (D1–D7) vollzogen werden können und zugleich die Summe der Transport- und der Standortkosten zu minimieren.

Vorgehensweise
Im ersten Schritt ist in Excel ein Arbeitsblatt für die Indexmengen bzw. die Parameter des Problems und die für die Lösung vorgesehenen Datenbereichen anzulegen. Da dieses Problem auf der Basis eines Fixed-Charge-Minimum-Cost-Flow-Problems formuliert und gelöst werden soll, werden eine Knoten- und eine Kantenliste mit den entsprechenden Informationen benötigt.

So ist in Abb. 5.57 die in Excel erstellte Knotenliste des Problems zu sehen. Die Zellen A3:A27 enthalten die Namen der Knoten. Es ist zu beachten, dass die potenziellen Standorte (Z1–Z3, R1–R4) aufgespalten wurden, um die Knotenbewertungen auf die so entstandenen Kanten zwischen diesen Knoten zu transferieren. So wurde der Knoten Z1 in den Knoten Z1a und den Knoten Z1b aufgespalten. Die zugehörige Kante Z1→Z1a ist in der Kantenliste (Abb. 5.58) in Zeile 15 zu sehen. Für alle Knoten wurden die Angebote in den Zellen C3:C27 und die Nachfragen im Bereich D3:D27 eingegeben. Die Angebotsknoten H und W1–W3 besitzen dabei nur Angebote, die Distributionszentren D1–D7 nur Nachfragen, während für die potenziellen Zentral- und Regionallager als Umladeknoten keine Angebote bzw. Nachfragen existieren.

In Spalte B sollen nach Abschluss der Optimierung automatisch die Nettoflüsse auf der Basis der Transportmengen der Kanten (Zellbereich L3:L53 in der Kantenliste) eingetragen werden. Die Nettoflüsse in der Knotenliste werden gemäß Ausdruck (5.67) als Differenz der aus den in einen Knoten ein- und ausgehenden Mengen berechnet. Das geschieht mit Excel-Funktionalität auf der Basis der SUMME-WENN-Funktion, die z. B. für Zelle B3 SUMMEWENN($F$3:$F$53;A3;x)-SUMMEWENN($G$3:$G$53;A3;x) lautet.

Die nur ausschnittsweise in Abb. 5.58 abgebildete Kantenliste enthält in den Spalten F und G die Bezeichnungen der Kanten. Die folgenden Spalten H und I dienen der Bereitstellung der unteren und oberen Kapazitätsschranken der Kanten.

	A	B	C	D
1	**Knoten**			
2		Netto-fluss	An-gebot	Nach-frage
3	H	0	320	0
4	W1	0	500	0
5	W2	0	260	0
6	W3	0	120	0
7	Z1a	0	0	0
8	Z2a	0	0	0
9	Z3a	0	0	0
10	R1a	0	0	0
11	R2a	0	0	0
12	R3a	0	0	0
13	R4a	0	0	0
14	Z1b	0	0	0
15	Z2b	0	0	0
16	Z3b	0	0	0
17	R1b	0	0	0
18	R2b	0	0	0
19	R3b	0	0	0
20	R4b	0	0	0
21	D1	0	0	120
22	D2	0	0	240
23	D3	0	0	80
24	D4	0	0	280
25	D5	0	0	160
26	D6	0	0	180
27	D7	0	0	140

Abb. 5.57 Knotenliste für Beispiel 5.8

Die untere Grenze ist für alle Kanten mit null angegeben, während für alle originalen Kanten eine Obergrenze von 340 bzw. 600 Tonnen existiert. Die Kapazitätsobergrenzen der aus der Knotenaufspaltung der potenziellen Standorte entstandenen Kanten in den Zeilen 15 bis 21 besitzen den Wert der Kapazität des jeweiligen Knotens. Die folgende Spalte J enthält die variablen Transportkosten je Tonne gemäß Tab. 5.12 bis Tab. 5.14, wobei die Kostensätze der künstlichen Kanten in den Zellen J15:J21 den Wert null besitzen. Nur für diese, auf der Knotenaufspaltung basierenden Kanten existieren Fixkosten, die in den Zellen K15:K21 eingegeben wurden. Die Zellen L3:L53 dienen der Aufnahme der Transportmengen. Da die Standortvariablen nur für die potenziellen Standorte benötigt werden, wurde der Zellbereich M15:M21 für die Standortvariablen vorgesehen. In den folgenden Spalten werden die noch zu bestimmenden Variablenwerte mit den variablen Kostensätzen und den

Warehouse-Location-Probleme

	F	G	H	I	J	K	L	M	N	O	P
1	Kanten										
2	Von	Nach	Min. Kap.	Max. Kap.	Kosten-satz	Fix-kosten	Fluss	Standort	var. Kosten	Fix-kosten	Gesamt
3	H	Z1a	0	340	25				0	0	0
4	H	Z2a	0	340	45				0	0	0
5	H	Z3a	0	340	60				0	0	0
6	W1	Z1a	0	340	12				0	0	0
7	W1	Z2a	0	340	50				0	0	0
8	W1	Z3a	0	340	36				0	0	0
9	W2	Z1a	0	340	110				0	0	0
10	W2	Z2a	0	340	62				0	0	0
11	W2	Z3a	0	340	54				0	0	0
12	W3	Z1a	0	340	30				0	0	0
13	W3	Z2a	0	340	24				0	0	0
14	W3	Z3a	0	340	28				0	0	0
15	Z1a	Z1b	0	600	0	25.000			0	0	0
16	Z2a	Z2b	0	600	0	20.000			0	0	0
17	Z3a	Z3b	0	600	0	20.000			0	0	0
18	R1a	R1b	0	450	0	25.000			0	0	0
19	R2a	R2b	0	450	0	20.000			0	0	0
20	R3a	R3b	0	450	0	15.000			0	0	0
21	R4a	R4b	0	450	0	20.000			0	0	0
22	Z1b	R1a	0	600	15				0	0	0
23	Z1b	R2a	0	600	18				0	0	0
24	Z1b	R3a	0	600	24				0	0	0
25	Z1b	R4a	0	600	20				0	0	0
26	Z2b	R1a	0	600	28				0	0	0
27	Z2b	R2a	0	600	30				0	0	0

Abb. 5.58 Kantenliste für Beispiel 5.8

fixen Kosten per Multiplikation verbunden, um die daraus resultierenden gesamten variablen und fixen Kosten bzw. deren Summe zu berechnen.

Im folgenden Schritt ist ein neues CMPL-Modell in CMPLs Benutzeroberfläche Coliop zu erstellen. Wie im Listing für CMPL-Modell 5.1 zu sehen, startet das Modell mit dem Einlesen der in der zugehörigen CmplXlsData-Datei definierten Indexmengen und Parameter (Zeile 1). In Zeile 4 werden die Flussvariablen x[i,j] für alle Kanten A als reellwertige Variablen mit den in den Parameterfeldern minKap und maxKap gegebenen Unter- und Obergrenzen definiert. In der folgenden Zeile werden die binären Standortvariablen y für alle Elemente der Indexmenge As definiert. Die zu minimierende Zielfunktion wird in der Sektion obj gemäß Ausdruck (5.66) als Summe der variablen Transportkosten (sum{ [i,j] in A: c[i,j]*x[i,j]}) und der sprungfixen Standortkosten (sum{ [i,j] in As: F[i,j]*y[i,j]}) in Zeile 8 spezifiziert. Die Zeilen 10 bis 13 dienen zur Definition der Flussrestriktionen gemäß Ausdruck (5.67) für alle Knoten. Den Abschluss des CMPL-Modells bildet in Zeile 15 die Definition der Nebenbedingungen gemäß Ausdruck (5.69).

CMPL-Modell 5.1 CMPL-Modell für Beispiel 5.8

```
1    %xlsdata
2
3    var:
4        { [i,j] in A: x[i,j] : real[minKap[i,j]..maxKap[i, j]]; }
5        y[As] : binary;
6
7    obj:
8        sum { [i,j] in A: c[i,j] * x[i,j] } + sum{ [i,j] in As: F[i,j]*y[i,j]} ->min;
9
10   con:
11       { i in N :
12           sum{ [i,j] in A  : x[i,j] } - sum{ [j,i] in A  : x[j,i] } = a[i] - b[i];
13       }
14
15       { [i,j] in As : x[i,j] <= maxKap[i,j] * y[i,j];}
```

Diese stellt für die potenziellen Standorte sicher, dass eine Standortvariable y[i,j] nur dann den Wert eins annimmt, wenn die korrespondierende Transportmenge x[i,j] positiv ist. In diesem Fall wird der Fixkostenausdruck in der Zielfunktion wirksam.

Nachdem das CMPL-Modell definiert wurde, sind die aus Excel einzulesenden Indexmengen und Parameter und die nach Excel zu schreibenden Lösungselemente in der zugehörigen CmplXlsData-Datei (CMPL-Modell 5.2) zu definieren. Der Abschnitt @source (Zeilen 1 bis 3) dient zur Angabe der Excel-Datei (*standort.xlsx*) und des Datenblatts (*WLP-mehrstufig*), das zum Lesen der Indexmengen und Parameter sowie zum Schreiben der Optimierungsergebnisse verwendet werden soll. Im Abschnitt @input werden in den Zeilen 6 bis 8 die Indexmengen für die originalen Kanten (A), die auf der Knotensplittung basierenden Kanten (As) und die Knoten (N) eingeführt, wobei nach dem Schlüsselwort set die Zellbereiche, aus denen die Daten dieser Mengen aus Excel gelesen werden sollen, in spitzen Klammern angegeben sind. In den Zeilen 9 bis 18 werden diese Indexmengen für die Definition der Transportkosten (c) auf den Kanten, der Angebote (a) und der der Bedarfe (b) der Knoten, der sprungfixen Kosten (F), sowie der unteren und oberen Grenzen der Kantenmengen (minKap und maxKap) verwendet, indem nach dem Namen des jeweiligen Parameterfeldes die zugehörigen Indexmengen in eckigen Klammern und die Zellbereiche, aus denen die Daten gelesen und den Parameterfeldern zugewiesen werden sollen, in spitzen Klammern angegeben werden. Im @output-Abschnitt wird definiert, dass die Aktivitäten der Variablen x_{ij}; $(i,j) \in A$ der Transportmengen in den Zellbereich L3:L53 und die der Standortvariablen y_{ij}; $(i,j) \in As$ in den Zellbereich M15:M21 geschrieben werden sollen.

CMPL-Modell 5.2 CmplXlsData für Beispiel 5.8

```
1    @source
2    %file < standort.xlsx >
3    %sheet < WLP-mehrstufig >
4
5    @input
6    %A set[2] < F3:G53 >
7    %As set[2] < F15:G21 >
8    %N set < A3:A27 >
9
10   %c[A] < J3:J53 >
11
12   %a[N] < C3:C27 >
13   %b[N] < D3:D27 >
14
15   %F[As] < K15:K21 >
16
17   %minKap[A] < H3:H53 >
18   %maxKap[A] < I3:I53 >
19
20   @output
21   %x[A].activity < L3:L53 >
22   %y[As].activity < M15:M21 >
```

Nach Abschluss der Eingaben in Coliop und Excel kann das Modell gelöst werden, indem in Coliop das Menü *Actions → Solve* oder in der Symbolleiste der entsprechende Eintrag gewählt wird. Nachdem das Modell gelöst wurde, schreibt CMPL die gefundenen Lösungen in die in der CmplXlsData-Datei spezifizierten Zellbereiche (Abb. 5.59 und Abb. 5.60).

In der Knotenliste (Abb. 5.59) ist ersichtlich, dass alle Restriktionen eingehalten wurden, da die Nettoflüsse der Angebotsknoten (H, W1–W3) den Angeboten entsprechen, die Nettoflüsse der Umladeknoten (Z1–Z3, R1–R4) gleich Null sind und die Beträge der negativen Nettoflüsse der Empfängerknoten (D1–D7) identisch mit den Nachfragen sind.

Die Lösung für die Kanten wurde in Abb. 5.60 für positive Flussmengen gefiltert dargestellt, da nur diese Kanten für das betrachtete Problem interessant sind. Die Standortentscheidung ist anhand der Standortvariablen y in der Spalte M erkennbar. Es sind zwei Zentrallager an den Knoten Z1 und Z3 und drei Regionallager an den Knoten R1, R2 und R3 einzurichten. Anhand der positiven Flussmengen und damit der zu nutzenden Kanten können nun auch die Zuordnungen der Zentrallager zu den Angebotsknoten, der Regionallager zu den aktiven Zentrallagern und der Vertriebszentren zu den ausgewählten Regionallagern inklusive der auf diesen Kanten zu liefernden Mengen nachvollzogen werden. Diese Zuordnungen wurden nochmals in Abb. 5.61 grafisch dargestellt.

	A	B	C	D
1	Knoten			
2		Netto-fluss	An-gebot	Nach-frage
3	H	320	320	0
4	W1	500	500	0
5	W2	260	260	0
6	W3	120	120	0
7	Z1a	0	0	0
8	Z2a	0	0	0
9	Z3a	0	0	0
10	R1a	0	0	0
11	R2a	0	0	0
12	R3a	0	0	0
13	R4a	0	0	0
14	Z1b	0	0	0
15	Z2b	0	0	0
16	Z3b	0	0	0
17	R1b	0	0	0
18	R2b	0	0	0
19	R3b	0	0	0
20	R4b	0	0	0
21	D1	-120	0	120
22	D2	-240	0	240
23	D3	-80	0	80
24	D4	-280	0	280
25	D5	-160	0	160
26	D6	-180	0	180
27	D7	-140	0	140

Abb. 5.59 Lösung mittels CMPL für die Knoten für Beispiel 5.8

Wie in den Zellen N54:P54 zu sehen, betragen die gesamten Kosten 208.410 Euro, wobei sich diese Kosten aus 103.410 Euro variablen Transportkosten und 105.000 Euro Betriebskosten für die gewählten Standorte zusammensetzen.

Warehouse-Location-Probleme

	F	G	H	I	J	K	L	M	N	O	P
1	Kanten										
2	Von	Nach	Min. Kap.	Max. Kap.	Kosten-satz	Fix-kosten	Fluss	Standort	var. Kosten	Fix-kosten	Gesamt
3	H	Z1a	0	340	25		320		8.000	0	8.000
6	W1	Z1a	0	340	12		280		3.360	0	3.360
8	W1	Z3a	0	340	36		220		7.920	0	7.920
11	W2	Z3a	0	340	54		260		14.040	0	14.040
14	W3	Z3a	0	340	28		120		3.360	0	3.360
15	Z1a	Z1b	0	600	0	25.000	600	1	0	25.000	25.000
17	Z3a	Z3b	0	600	0	20.000	600	1	0	20.000	20.000
18	R1a	R1b	0	450	0	25.000	450	1	0	25.000	25.000
19	R2a	R2b	0	450	0	20.000	300	1	0	20.000	20.000
20	R3a	R3b	0	450	0	15.000	450	1	0	15.000	15.000
22	Z1b	R1a	0	600	15		450		6.750	0	6.750
23	Z1b	R2a	0	600	18		150		2.700	0	2.700
31	Z3b	R2a	0	600	14		150		2.100	0	2.100
32	Z3b	R3a	0	600	16		450		7.200	0	7.200
34	R1b	D1	0	340	60		120		7.200	0	7.200
35	R1b	D2	0	340	52		240		12.480	0	12.480
38	R1b	D5	0	340	40		90		3.600	0	3.600
40	R2b	D3	0	340	15		80		1.200	0	1.200
41	R2b	D4	0	340	28		40		1.120	0	1.120
42	R2b	D6	0	340	42		180		7.560	0	7.560
46	R3b	D4	0	340	18		240		4.320	0	4.320
47	R3b	D5	0	340	30		70		2.100	0	2.100
49	R3b	D7	0	340	60		140		8.400	0	8.400
54							Gesamt		103.410	105.000	208.410

Abb. 5.60 Lösung mittels CMPL für die Kanten für Beispiel 5.8

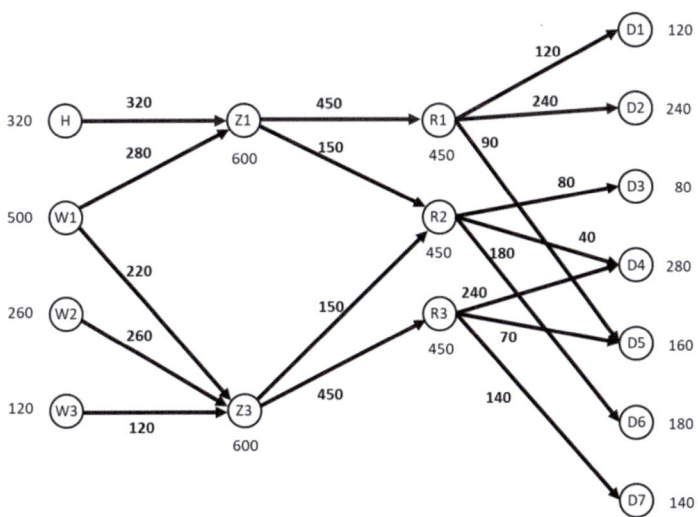

Abb. 5.61 Grafische Darstellung der Lösung für Beispiel 5.8

Literatur

Brimberg, J. und J.M. Hodgson (2011): Heuristics for Location Models, in: H A Eiselt und V Marianov (Hrsg.): Foundations of Location Analysis, Springer US, S. 335-355.

Calik, H., M. Labbé und H. Yaman (2019): p-Center Problems, in: G Laporte, S Nickel und F Saldanha da Gama (Hrsg.): Location Science, 2. ed., Springer, Cham, S. 51-65.

Church, R. und C.R. Velle (1974): THE MAXIMAL COVERING LOCATION PROBLEM. Papers in Regional Science 32 (1), S. 101-118.

Cooper, L. (1972): The Transportation-Location Problem. Operations Research 20 (1), S. 94-108.

Daskin, M.S. (2013): Network and discrete location models, algorithms, and applications, Kindl ed., Wiley, Chichester.

de Lange, N. (2020): Geoinformatik in Theorie und Praxis, 4. Auflage, Springer Spektrum, Berlin et al.

Domschke, W. und A. Drexl (1996): Logistik: Standorte, 4. Aufl., Oldenburg, München et al.

Domschke, W., A. Drexl, G. Mayer und G. Tadumadze (2019): Betriebliche Standortplanung, in: K Furmans, M Henke, H Tempelmeier, M ten Hompel und T Schmidt (Hrsg.): Handbuch Logistik, Springer Berlin Heidelberg, Berlin, Heidelberg, S. 1-18.

Drezner, Z. (2011): Continuous Center Problems, in: H A Eiselt und V Marianov (Hrsg.): Foundations of Location Analysis, Springer US, S. 63-78.

Drezner, Z., K. Klamroth, A. Schöbel und G.O. Weselowsky (2004): The Weber Problem, in: Z Drezner und H W Hamacher (Hrsg.): Facility Location: Applications and Theory, 2. Aufl., S. 1-36.

Eiselt, H.A. und V. Marianov (2011): Pioneering Developments in Location Analysis, in: H A Eiselt und V Marianov (Hrsg.): Foundations of Location Analysis, Springer, New York et al., S. 3-22.

Fernández, E. und M. Landete (2019): Fixed-Charge Facility Location Problems, in: G Laporte, S Nickel und F Saldanha da Gama (Hrsg.): Location Science, 2. ed., Springer, Cham, S. 67-98.

García, S. und A. Marin (2019): Covering Location Problems, in: G Laporte, S Nickel und F Saldanha da Gama (Hrsg.): Location Science, 2. ed., Springer, Cham, S. 99-119

Ghiani, G., G. Laporte und R. Musmanno (2022): Introduction to Logistics Systems Management, 3. Aufl., Wiley,

Heizer, J., B. Render und M. C. (2020): Principles of Operations Management: Sustainability and Supply Chain Management, 11. ed., Global Edition, Pearson, Harlow et.al.

Ivanov, D., A. Tsipoulanidis und J. Schönberger (2021): Global Supply Chain and Operations Management, 3. Auflage, Springer Cham.

Kim, H.-J. und J.N. Hooker (2002): Solving fixed-charge network flow problems with a hybrid optimization and constraint programming approach. Annals of Operations Research 115 (1-4), S. 95-124.

Klose, A. und A. Drexl (2005): Facility location models for distribution system design. European Journal of Operational Research 162 (1), S. 4-29.

Krumke, S.O. und H. Noltemeier (2012): Graphentheoretische Konzepte und Algorithmen, 3. Aufl., Springer Vieweg, Wiesbaden.

Laporte, G., S. Nickel und F. Saldanha da Gama (2019): Introduction to Location Science, in: G Laporte, S Nickel und F Saldanha da Gama (Hrsg.): Location Science, 2. ed., Springer, Cham, S. 1-21.

Launhardt, W. (1882): Die Bestimmung des zweckmäßigsten Standortes einer gewerblichen Anlage. Zeitschrift des Vereines Deutscher Ingenieure, Band XXVI, Heft 3, Märzheft, S. 105-116.

Lorena, L.A.N. und E.L.F. Senne (2003): Local Search Heuristics For Capacitated P-Median Problems. Networks and Spatial Economics 3, S. 407-419.

Marin, A. und M. Pelegrín (2019): p-Median Problems, in: G Laporte, S Nickel und F Saldanha da Gama (Hrsg.): Location Science, 2. ed., Springer, Cham, S. 25-50.

Mattfeld, D.C. und R. Vahrenkamp (2014): Logistiknetzwerke : Modelle für Standortwahl und Tourenplanung, 2. Aufl., Springer Gabler, Wiesbaden.

Matuschke, J. (2014): Network flows and network design in theory and practice, Dissertation, Technische Universität Berlin.

Miehle, W. (1958): Link-Length Minimization in Networks. Operations Research 6 (2), S. 232-243.

Mulvey, J.M. und M.P. Beck (1984): Solving Capacitated Clustering Problems. European Journal of Operational Research 18, S. 339-348.

Neema, M.N., K.M. Maniruzzaman und A. Ohgai (2011): New Genetic Algorithms Based Approaches to Continuous p-Median Problem. Networks and Spatial Economics 11 (1), S. 83-99.

Panigrahi, N. (2014): Computing in geographic information systems, CRC Press, Boca Raton et al.

Pardalos, P.M., A. Migdalas und R.E. Burkard (2002): Combinatorial and Global Optimization, World Scientific, New Jersey et al.

Plastria, F. (2011): The Weiszfeld Algorithm: Proof, Amendments, and Extensions, in: H A Eiselt und V Marianov (Hrsg.): Foundations of Location Analysis, Springer, S. 356-389.

Snyder, L.V. (2011): Covering Problems, in: H A Eiselt und V Marianov (Hrsg.): Foundations of Location Analysis, Springer US, S. 109-135.

Statistisches-Bundesamt (2024): Alle politisch selbständigen Gemeinden mit ausgewählten Merkmalen am 31.12.2023, https://www.destatis.de/DE/Themen/Laender-Regionen/Regionales/Gemeindeverzeichnis/Administrativ/Archiv/GVAuszugQ/AuszugGV4QAktuell.html, Letzter Zugriff: 19.04.2024.

Steglich, M. (2019): A Hybrid Heuristic Based On Self-Organising Maps And Binary Linear Programming Techniques For The Capacitated P-Median Problem, in: Proceedings of the 33rd International ECMS Conference on Modelling and Simulation ECMS 2019, Caserta, Italy, S. 267-276.

Suhl, L. und T. Mellouli (2013): Optimierungssysteme Modelle, Verfahren, Software, Anwendungen, 3. Aufl., Springer Gabler, Berlin et al.

Thünen, J.H.v. (1826): Der isolirte Staat in Beziehung auf Landwirthschaft und Nationalökonomie, 1. Aufl., Perthes, Hamburg. http://www.deutschestextarchiv.de/book/view/thuenen_staat_1826, Letzter Zugriff: 20.02.2025.

Vahs, D. und J. Schäfer-Kunz (2021): Einführung in die Betriebswirtschaftslehre, 8. Auflage, Schäffer-Poeschel, Stuttgart.

Winkels, H.-M. (2012): Modellbasiertes Logistikmanagement mit Excel - Lösungen von Problemen in der Logistik unter Verwendung der Tabellenkalkulation, 1. Aufl., DVV Media Group, Hamburg.

Sach- und Personenverzeichnis

Adjazenz 38
Angebotsüberschuss 65
Applegate 250
Augmenting-Path-Verfahren 69

Barrieren 48
Betriebliche Standortplanung 319
Bewerteter Graph 42
bBpartiter Graph 41
Bixby 250
Botenproblem 250
Briefträgerproblem 241, 280
- mathematisches Modell zur kostenminimalen Erweiterung eines Graphen 284
- Euler-Tour 281, 282, 286

Capacitated-Facility-Location-Problem
  s. Warehouse-Location-Problem, einstufig, kapazitiert
Capacitated-Vehicle-Routing-Problem
  s. Tourenplanungsproblem, kapaziziert
Chvátal 250
Chinese Postman Problem
  s. Briefträgerproblem
Clarke und Wright 294
CMPL 29
Cook 250

Dantzig 61, 62, 294
Dantzig-Fulkerson-Johnson-Bedingung 250, 255

Decision Support System
  s. Entscheidungsunterstützendes System
deskriptive Entscheidungstheorie 5
Diskrete Median- und Zentren-Probleme 340
Diskrete Median-Probleme 341
- mit einem Standort 341
- p-Median-Problem 342
- Median eines gerichteten Graphen 341
- Median eines ungerichteten Graphen 341
Diskrete Zentren-Probleme 350
- mit einem Standort 350
- p-Zentren-Problem 352
- Zentrum eines gerichteten Graphen 351
- Zentrum eines ungerichteten Graphen 350
Distanzbestimmung 43 ff
Dijkstra-Algorithmus 242
Dreiecksungleichung 251
Durchfahrtproblem 272
- mit fixiertem End- und freiem Startknoten 274
- mit fixiertem Start- und Endknoten 273
- mit fixiertem Start- und freiem Endknoten 274
- mit freiem Start- und Zielknoten 275

Elementarer Weg 41
Entscheidungsfeld 13

Entscheidungsmodell 15
Entscheidungsunterstützendes System 19
Euklidische Distanz 45
Euler 250
Euler-Netzwerk 281
Fixed-Charge Minimum-Cost-Flow-Problem 168, 385
Flussanalysen 94
Flusserhaltungsbedingungen 64, 161
Ford 62, 69
Fulkerson 62, 69

Generalized-Assignment-Problem
    s. verallgemeinertes Zuordnungsproblem
Geocoder 26
Geoinformationssystem 49
Graph 37
Graphentheorie 35

Hamilton 250
Helsgaun 250

Icosian-Spiel 250
Innerbetriebliche Standortplanung 319
Inzidenz 38

Kanten 37
Kantentauschverfahren 256
Kantorowitsch 61
Kapazitätsanalyse 95
Komplexmethode 182
Königsberger Brückenproblem 36, 250
Konstruktionsverfahren 299
kontinuierliche Standortmodelle 320

Kontinuierliche Median-Probleme 320
- p-Median-Problem 323
- mit einem Standort 321
Kontinuierliche Zentren-Probleme
- mit einem Standort 332
- p-Zentren-Problem 333
Koopmans 61
Koopmans und Beckmann 216
k-opt-Verfahren 256
Kreise 41
Kuhn 200
Kürzester Weg 241
Kurzzyklen 253, 255

Länge eines Weges 241
Lassmann 182
Launhardt 320
LogisticsLab 22
Logistik 3
Logistikkosten 52

Matching 197
Maximum-Flow-Problem 94, 211
Maximum-Cardinality-Matching-Problem
    s. kardinalitätsmaximales Matching-Problem
Menger 250
Miller-Tucker-Zemlin-Bedingung 253, 297
Minimum-Cost-Flow-Problem 62, 242
Minimum-Cost-Flow-Multicommodity-Model 160
Minimum-Cost-Perfect-Matching-Problem 232
Modifizierte Distributionsmethode 62

Monge 61
Netzwerk-Simplexverfahren 64
Nordwesteckenregel 69

Operations Research 6
Optimierungsmodell 7
Orthodrome 47
Out-of-Kilter-Algorithmus 62, 69

Padberg 250
Präskriptive Entscheidungstheorie 5,6

Quadratische euklidische Distanz 46
Quelle-Senke-Flussproblem 108, 112

Ramser 294
Rinaldi 250
Rogge 182, 185, 219, 222
Route 241
Rundreiseproblem 241, 249
- asymmetrisches 251
- symmetrisches 253
- offenes 250, 272
- Lösungsverfahren 255
Rural-Postman-Problem 284

Standortprobleme 319
Set-Covering-Location-Problem 361

Thünen 319
Tomizawa 69
Tour 241
Tourenplanungsproblem 241
- kapazitierte Tourenplanungsprobleme 294
- kapazitierte Tourenprobleme mit Kundenzeitfenstern 307
- Lösungsverfahren 298
Transportation-Location-Problem 325
Transportproblem 61
- Bottleneck-Transportproblem 65, 138
- einstufiges Transportproblem 65
- kapazitiertes Transportproblem 150
- komplexes verallgemeinertes Transportproblem 185
- konkave Transportkostenverläufe 128
- konvexe Transportkostenverläufe 127
- Mehrgüter-Transportproblem 66, 160
- mehrstufiges Transportproblem 65, 79
- mit alternativen Transportmitteln 167
- mit Bedarfsüberschuss 104
- mit gesperrten Lieferbeziehungen 147
- mit Mindestangeboten und -bedarfen 65, 107
- mit nicht-klassischen Zielfunktionen 116
- mit Sperrungen von Lieferbeziehungen 66
- mit sprungfixen Kosten 65, 119
- multimodales Transportproblem 66
- nichtlineare Zielfunktionen 65
- Single-Source-Transportproblem 154
- stückweise-lineare Zielfunktion 126
- Transport-Umlade-Problem 81
- verallgemeinertes Transportproblem 66, 175
- weder konvexe noch konkave Transportkostenverläufe 130
- zweiseitig beschränkte Transportprobleme 65, 111

Transport-Umlade-Problem
   s. Transportproblem, mehrstufiges
Transshipment Problem
   s. Transportproblem, mehrstufiges
Traveling-Salesman-Problem
   s. Rundreiseproblem

Überdeckungsproblem 360
- Reduktion der Überdeckungsmatrix 363
- Set-Covering-Location-Problem 361
- Maximal-Covering-Location-Problem 361, 370
Umwegfaktor 48
Ungarische Methode 200

Variablenprodukte 185
Vehicle-Routing-Problem
   s. Tourenplanungsproblem
Verbesserungsverfahren 299
Verfahren des besten Nachfolgers 256
Vogelsche Approximationsmethode 69

Volkswirtschaftliche Standorttheorie 319

Warehouse-Location-Problem 375
- einstufiges 376
- mehrstufiges 384
Wege 41
Weiszfeld 323

Zeilenminimummethode 69
Zielsystem 8
Zuordnungsprobleme 197
- Bottleneck-Zuordnungsproblem 206
- kardinalitätsmaximales Matching 209
- klassisches lineares Zuordnungsproblem 198
- nicht-bipartite Probleme 230
- quadratisches Zuordnungsproblem 215
- verallgemeinertes Zuordnungsproblem 223
Zusammenhängender Graph 41
Zyklus 41

 springer-vieweg.de

Angewandte Wirtschaftsinformatik

Thomas Barton
Christian Müller
Christian Seel *Hrsg.*

Mobile Anwendungen in Unternehmen

Konzepte und betriebliche Einsatzszenarien

Springer Vieweg

Jetzt bestellen:
link.springer.com/978-3-658-12009-2

# Springer Vieweg

springer-vieweg.de

Angewandte Wirtschaftsinformatik

Thomas Barton
Christian Müller
Christian Seel *Hrsg.*

Geschäftsprozesse

Von der Modellierung zur Implementierung

Springer Vieweg

Jetzt bestellen:
link.springer.com/978-3-658-17296-1

springer-vieweg.de

Angewandte Wirtschaftsinformatik

Thomas Barton
Christian Müller
Christian Seel *Hrsg.*

Digitalisierung in Unternehmen

Von den theoretischen Ansätzen zur praktischen Umsetzung

EBOOK INSIDE

Springer Vieweg

Jetzt bestellen:
link.springer.com/978-3-658-22772-2

springer-vieweg.de

Angewandte Wirtschaftsinformatik

Thomas Barton
Christian Müller
Christian Seel *Hrsg.*

Hochschulen in Zeiten der Digitalisierung

Lehre, Forschung und Organisation

EBOOK INSIDE

Springer Vieweg

Jetzt bestellen:
link.springer.com/978-3-658-26617-2

MIX
Papier aus verantwortungsvollen Quellen
Paper from responsible sources
FSC® C105338

If you have any concerns about our products,
you can contact us on
ProductSafety@springernature.com

In case Publisher is established outside the EU,
the EU authorized representative is:
Springer Nature Customer Service Center GmbH
Europaplatz 3, 69115 Heidelberg, Germany

Printed by Libri Plureos GmbH
in Hamburg, Germany